Wilke · Weber

Lehrbuch
Internationales Steuerrecht

Zusätzliche digitale Inhalte für Sie!

Zu diesem Buch stehen Ihnen kostenlos folgende digitale Inhalte zur Verfügung:

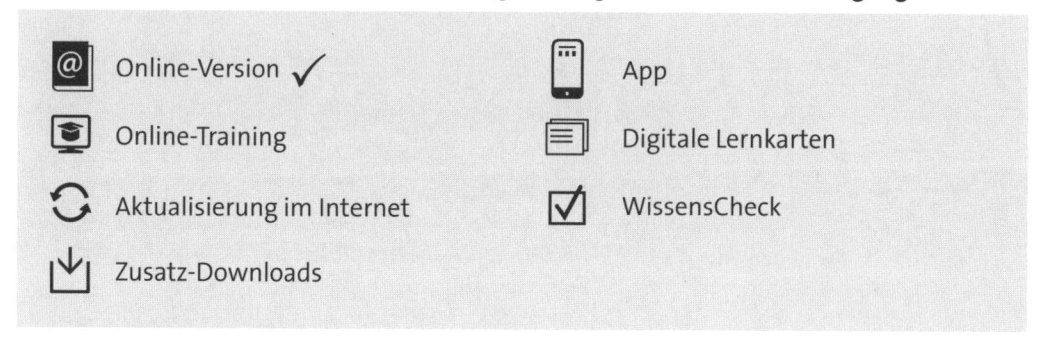

- Online-Version ✓
- Online-Training
- Aktualisierung im Internet
- Zusatz-Downloads
- App
- Digitale Lernkarten
- WissensCheck

Schalten Sie sich das Buch inklusive Mehrwert direkt frei.

Scannen Sie den QR-Code **oder** rufen Sie die Seite **www.nwb.de** auf. Geben Sie den Freischaltcode ein und folgen Sie dem Anmeldedialog. Fertig!

Ihr Freischaltcode
CCDG-MWGD-EZBF-CPRN-CSBX-KZ

Steuerfachkurs · Lehrbuch

Lehrbuch internationales Steuerrecht

Von
Prof. Dr. iur. Kay-Michael Wilke,
Vorsitzender Richter am Finanzgericht a. D., Rechtsanwalt, Steuerberater
und
Prof. Dr. iur. Jörg-Andreas Weber, LL.M.,
Steuerberater

15., überarbeitete und erweiterte Auflage

nwb AUSBILDUNG

ISBN 978-3-482-**63965**-4
15., überarbeitete und erweiterte Auflage 2020

© NWB Verlag GmbH & Co. KG, Herne 1981
www.nwb.de

Alle Rechte vorbehalten.

Dieses Buch und alle in ihm enthaltenen Beiträge und Abbildungen sind urheberrechtlich geschützt. Mit Ausnahme der gesetzlich zugelassenen Fälle ist eine Verwertung ohne Einwilligung des Verlages unzulässig.

Satz: Print Media Group GmbH & Co. KG, Hamm
Druck: Stückle Druck und Verlag, Ettenheim

VORWORT

Die vorliegende überarbeitete und erweiterte 15. Auflage berücksichtigt die Entwicklung auf dem Gebiet des internationalen Steuerrechts in Gesetzgebung, Rechtsprechung, Literatur und Verwaltung bis Ende März 2020.

Der bewährte und an den Bedürfnissen in Ausbildung und Praxis orientierte Aufbau wurde beibehalten.

Die Zielsetzung dieses Buches ist und bleibt unverändert: Dem Leser soll ein solider Einstieg in die komplexe Materie des internationalen Steuerrechts ermöglicht werden mit dem Ziel, ihn in die Lage zu versetzen, Fälle des internationalen Steuerrechts von durchschnittlicher Schwierigkeit, wie sie in der alltäglichen Praxis vorkommen, lösen zu können. Grundlage der Darstellung ist dabei neben den gesetzlichen Bestimmungen, Verwaltungserlassen und Doppelbesteuerungsabkommen insbesondere die Rechtsprechung des Bundesverfassungsgerichts, des Europäischen Gerichtshofs, des Bundesfinanzhofs sowie der Finanzgerichte. Versucht wurde im Rahmen des Möglichen auch auf Fragen der Gestaltungsmöglichkeiten, Gesamtsteuerbelastung usw. einzugehen.

Hinweisen möchten wir, wie auch schon bei den Vorauflagen, dass naturgemäß im Rahmen eines kleineren Lehrbuches manche Probleme vereinfacht dargestellt werden müssen. Dies glauben wir vor der Zielsetzung des Buches – Einstieg in das internationale Steuerrecht – verantworten zu können, zumal der Leser anhand der zitierten Urteile und Erlasse viele Fragen im Selbststudium vertiefen kann. Diesem Selbststudium dienen auch das Internetverzeichnis und die dort aufgeführten Quellen.

Herr Prof. Dr. Jörg-Andreas Weber, L.L.M., hat die Betreuung der Kapitel 2.5, 4, 5.11 und 7 übernommen.

Karlsruhe/Offenburg, im März 2020

Kay-Michael Wilke
Jörg-Andreas Weber

INHALTSÜBERSICHT

	Rdn.	Seite
Vorwort		V
Literaturverzeichnis		XI
Abkürzungsverzeichnis		XIII
Internetverzeichnis		XXI

Kapitel 1: Einführung in das internationale Steuerrecht, Grundlagen, Grundbegriffe		1
1.1 Begriff des internationalen Steuerrechts	1	3
1.2 Staats- und völkerrechtliche Grundlagen der Steuererhebung	8	4
1.3 Grundprinzipien der Besteuerung	16	6
1.4 Persönliche Anknüpfungspunkte für die Besteuerung	22	7
1.5 Entstehung der Doppelbesteuerung	50	14
1.6 Maßnahmen zur Vermeidung der Doppelbesteuerung	57	16
1.7 Gliederung des internationalen Steuerrechts	70	19
1.8 Zielsetzungen des internationalen Steuerrechts	72	20
1.9 Qualifikationskonflikt	92	25
1.10 Der Steuerpflichtige im internationalen Steuerrecht	95	26
1.11 Ausland	99	27

Kapitel 2: Steuerinländer mit Auslandsbeziehungen – Die Einzelsteuergesetze		29
2.1 Abgabenordnung	150	34
2.2 Einkommensteuerrecht	174	41
2.3 Körperschaftsteuerrecht	381	91
2.4 Gewerbesteuerrecht	426	102
2.5 Internationales Umwandlungssteuerrecht	440	106
2.6 Vermögensteuergesetz	500	128
2.7 Erbschaftsteuer- und Schenkungsteuergesetz	503	128

		Rdn.	Seite
Kapitel 3:	**Das Recht der Doppelbesteuerungsabkommen**		**141**
3.1	Einführung	550	146
3.2	Geschichte der Doppelbesteuerungsabkommen	553	147
3.3	Völkerrechtliche und staatsrechtliche Grundlagen	562	148
3.4	Aufbau eines Doppelbesteuerungsabkommens	573	152
3.5	Wirkungsweise eines Doppelbesteuerungsabkommens	582	153
3.6	Geltungsbereich eines Doppelbesteuerungsabkommens	609	161
3.7	Zuordnungsprinzipien	665	174
3.8	Rechtsbehelfe und Verständigungsverfahren (Art. 25 OECD-MA)	992	247
3.9	Internationale Amts- und Rechtshilfe sowie Informationsverkehr	1006	251
3.10	Abkommensmissbrauch – Abkommensvergünstigung	1034	259
3.11	Mitglieder diplomatischer Missionen und konsularischer Vertretungen (Art. 28 OECD-MA)	1044	261
3.12	Gleichbehandlungsgebot, Diskriminierungsverbot (Art. 24 OECD-MA)	1045	261
3.13	Das Multilaterale Instrument – MLI	1056	264
3.14	Besondere Regelungen in der VG-DBA	1058	265
Kapitel 4:	**Besonderes Außensteuerrecht**		**267**
4.1	Verlagerung von Einkünften in Steueroasenländer – Basisgesellschaften	1200	269
4.2	Außensteuergesetz	1203	270
4.3	Sonstige Gesetze	1411	316
Kapitel 5:	**Die Europäische Union**		**321**
5.1	Grundlagen der Europäischen Union	1450	323
5.2	Ziele, Organe und Rechtsakte	1453	324
5.3	Der Gerichtshof der Europäischen Union	1479	329
5.4	Verhältnis nationales Recht – Europarecht	1484	331
5.5	Steuerliche Zielsetzungen der EU – Steuerharmonisierung	1487	332
5.6	Stand der Harmonisierung	1494	334
5.7	Amts- und Rechtshilfe sowie Informationsaustausch	1538	346
5.8	Die Bekämpfung des Steuerbetrugs, der Steuerhinterziehung und der aggressiven Steuerplanung	1550	349
5.9	Beitreibungshilfe	1556	350

		Rdn.	Seite
5.10	Der Europäische Wirtschaftsraum	1559	351
5.11	Brexit-Übergangsgesetz und Brexit-Steuerbegleitgesetz	1566	352

Kapitel 6: Verrechnungspreise — 357

		Rdn.	Seite
6.1	Einführung	1600	359
6.2	Entwicklung der OECD-Regeln über Verrechnungspreise	1603	359
6.3	Rechtsgrundlagen für Verrechnungspreise	1607	360
6.4	Verrechnungspreise – allgemeine Grundsätze	1608	363
6.5	Prüfungsmethoden für die Angemessenheit der Verrechnungspreise	1617	365
6.6	Berichtigung von Einkünften (§ 1 AStG)	1627	368
6.7	§§ 1 ff. AStG i. d. F. des ATADUmsG	1661	377
6.8	Liefer- und Leistungsverkehr zwischen nahestehenden Personen – Verwaltungsgrundsätze	1676	381
6.9	Dokumentationspflichten	1699	386
6.10	Abgrenzungsverordnungen	1717	391
6.11	Durchführung der Berichtigung	1728	395
6.12	Vorteilsausgleich	1734	396
6.13	Advance Pricing Agreement (APA)	1735	396
6.14	Das EU-Verrechnungspreisforum	1739	397

Kapitel 7: Steuerausländer mit Inlandsbeziehungen – Die Einzelsteuergesetze — 399

		Rdn.	Seite
7.1	Einkommensteuerrecht	1750	401
7.2	Körperschaftsteuerrecht	1869	439
7.3	Erbschaft- und Schenkungsteuerrecht	1885	443

Stichwortverzeichnis — 447

LITERATURVERZEICHNIS

Bernhardt, Verrechnungspreise, 2. Aufl., Stuttgart, 2017

Breithecker/Klapdor, Einführung in die Internationale Betriebswirtschaftliche Steuerlehre, 4. Aufl., Berlin, 2016

Egner, Internationale Steuerlehre, Heidelberg, 2. Aufl., 2019

Fischer/Kleineidam/Warneke, Internationale Betriebswirtschaftliche Steuerlehre, 5. Aufl., Bielefeld, 2005

Flick/Piltz, Der Internationale Erbfall, München, 2. Aufl., 2008

Flick/Wassermeyer/Baumhoff/Schönfeld, Außensteuerrecht – Kommentar, Loseblatt, Köln

Frotscher, Internationales Steuerrecht, 4. Aufl., München, 2015

Fuhrmann, Außensteuergesetz – Kommentar, 3. Aufl., Herne, 2017

Gosch/Kroppen/Grotherr, DBA-Kommentar, Loseblatt, Herne

Grotherr/Herfort/Strunk, Internationales Steuerrecht, 4. Aufl., Achim, 2020

Haase, Internationales und Europäisches Steuerrecht, 5. Aufl., Heidelberg, 2017

Haase, Außensteuergesetz – Doppelbesteuerungsabkommen, 3. Aufl., Heidelberg, 2016

Jacobs, Internationale Unternehmensbesteuerung, 8. Aufl., München, 2016

Kofler/Schnitger, BEPS-Handbuch, München, 2019

Korts, Grundzüge im internationalen Steuerrecht, 2. Aufl., Stuttgart, 2016

Kraft, Außensteuergesetz (AStG) – Kommentar, 2. Aufl., München, 2019

Kroppen, Handbuch Internationale Verrechnungspreise, Loseblatt, Köln

Looks/Heinsen, Betriebsstättenbesteuerung, 3. Aufl., München, 2017

Mennel/Förster, Steuern in Europa, Amerika und Asien, Loseblatt, Herne

Mössner/Fuhrmann, Außensteuergesetz – Kommentar, 3. Aufl., Herne, 2017

Mössner (u. a.), Steuerrecht international tätiger Unternehmen, 5. Aufl., Köln, 2018

Prinz, Umwandlungen im Internationalen Steuerrecht, Köln, 2013

Rehm/Nagler, Europäisches Steuerrecht, Heidelberg, 2013

Rupp/Knies/Ott/Faust/Hüll, Internationales Steuerrecht, 4. Aufl., Stuttgart, 2018

Schaumburg/Englisch, Europäisches Steuerrecht, Köln, 2015

Schaumburg/von Freeden/Häck, Internationales Steuerrecht, 4. Aufl., Köln, 2017

Schönfeld/Ditz, DBA – Kommentar, Köln, 2013

Schmitt/Farle, Deutsches internationales Steuerrecht, München, 2015

Strunk/Kaminski/Köhler, Außensteuergesetz – Doppelbesteuerungsabkommen, Loseblatt, Bonn

Vogel/Lehner, Doppelbesteuerungsabkommen (DBA) der Bundesrepublik Deutschland auf dem Gebiet der Steuern vom Einkommen und Vermögen, 6. Aufl., München, 2015

Vögele/Borstell/Engler, Verrechnungspreise, 5. Aufl., München, 2020

Wassermeyer, Doppelbesteuerung: DBA, Loseblatt, München

Wassermeyer/Andresen/Ditz, Betriebsstätten-Handbuch – Gewinnermittlung und Besteuerung in- und ausländischer Betriebsstätten, 2. Auflage, Köln, 2018

Wassermeyer/Baumhoff, Verrechnungspreise international verbundener Unternehmen, Köln, 2014

Wassermeyer/Richter/Schnittker, Personengesellschaften im Internationalen Steuerrecht, 2. Aufl., Köln, 2015

Weber-Grellert, Europäisches Steuerrecht, 2. Aufl., München, 2016

Wilke (Hrsg.), Fallsammlung Internationales Steuerrecht, 13. Aufl., Herne, 2018

Wöhrle/Schelle/Groß, AStG – Kommentar, Loseblatt, Stuttgart

ABKÜRZUNGSVERZEICHNIS

A

ABl	Amtsblatt der Europäischen Union
Abs.	Absatz
Abschn.	Abschnitt
AEAO	Anwendungserlass zur AO
AEUV	Konsolidierte Fassung des Vertrags über die Arbeitsweise der Europäischen Union
AIG	Auslandsinvestitionsgesetz
AktG	Aktiengesetz
AmtshilfeRLUmsG	Amtshilferichtlinie-Umsetzungsgesetz
AO	Abgabenordnung
AOA	Authorised OECD Approach
APA	Advanced Pricing Agreements
Art.	Artikel
AStG	Außensteuergesetz
AStG-AE	Grundsätze zur Anwendung des Außensteuergesetzes
ATAD	Anti Tax Avoidance Directive - Richtlinie (EU) 2016/1164 vom 12. 7. 2016 mit Vorschriften zur Bekämpfung von Steuervermeidungspraktiken mit unmittelbaren Auswirkungen auf das Funktionieren des Binnenmarkts
ATAD-2	Anti Tax Avoidance Directive - Richtlinie (EU) 2017/952 vom 29. 5. 2017 zur Änderung der Richtlinie (EU) 2016/1164 bezüglich hybrider Gestaltungen mit Drittländern
ATADUmsG	Gesetz zur Umsetzung der Richtlinie der Anti-Steuervermeidungsrichtlinie – ATAD-Umsetzungsgesetz
ATE	Auslandstätigkeitserlass
ATR	Advance Tax Rulings
AuslInvestmG	Auslandsinvestmentgesetz

B

Ba-Wü	Baden-Württemberg
Bay	Bayern
BB	Betriebs-Berater (Zeitschrift)
BeitrRLUmsG	Gesetzes zur Umsetzung der Beitreibungsrichtlinie sowie zur Änderung steuerlicher Vorschriften (Beitreibungsrichtlinie-Umsetzungsgesetz)
BEPS	Base Erosion and Profit Shifting
BewG	Bewertungsgesetz
BfF	früheres Bundesamt für Finanzen
BFH	Bundesfinanzhof
BFHE	Entscheidungen des BFH
BFH/NV	Sammlung der Entscheidungen des BFH (Zeitschrift)
BGB	Bürgerliches Gesetzbuch
BGBl	Bundesgesetzblatt
BGH	Bundesgerichtshof

BGHZE	Sammlung der Entscheidungen des Bundesgerichtshofs in Zivilsachen
BMF	Bundesministerium der Finanzen
BR-Drs.	Bundesrat-Drucksache
BsGaV	Betriebsstättengewinnaufteilungsverordnung
Bsp.	Beispiel
BS-VwG	Betriebsstätten-Verwaltungsgrundsätze
BStBl	Bundessteuerblatt
BT-Drs.	Bundestag-Drucksache
Buchst.	Buchstabe
BVerfG	Bundesverfassungsgericht
BVerfGE	Entscheidungen des BVerfG
BZSt	Bundeszentralamt für Steuern

C

CbCR	Country by Country Report
CCCTB	Common Consolidated Corporate Tax Base
CFC	Controlled foreign corporation
CRS	Automatic Exchange of Financial Account Information – Common Reporting Standard

D

DB	Der Betrieb (Zeitschrift)
DBA	Abkommen zur Vermeidung der Doppelbesteuerung/Doppelbesteuerungsabkommen
DBG	(Schweizer) Bundesgesetz über die direkte Besteuerung
DDR	Deutsche Demokratische Republik
DStR	Deutsches Steuerrecht (Zeitschrift)
DStZ/E	Deutsche Steuerzeitung/Eildienst (Zeitschrift)
DVBl	Deutsches Verwaltungsblatt (Zeitschrift)

E

EAG	Europäische Atomgemeinschaft
EFG	Entscheidungen der Finanzgerichte (Zeitschrift)
EFTA	European Free Trade Association
EG	Europäische Gemeinschaft
EGAHiG	EG-Amtshilfegesetz
EGBeitrG	EG-Beitreibungsgesetz
EGBGB	Einführungsgesetz zum Bürgerlichen Gesetzbuch
EGKS	Europäische Gemeinschaft für Kohle und Stahl
EGMR	Europäischer Gerichtshof für Menschenrechte
EGV	Vertrag zur Gründung der Europäischen Gemeinschaft
EntwLStG	Entwicklungsländer-Steuergesetz
ErbStG	Erbschaft- und Schenkungsteuergesetz
ErbStH	Hinweise zu den Erbschaftsteuer-Richtlinien
ErbStR	Erbschaftsteuer-Richtlinien

EStDV	Einkommensteuer-Durchführungsverordnung
EStG	Einkommensteuergesetz
EStH	Einkommensteuer-Richtlinien, Amtliche Hinweise
EStR	Einkommensteuer-Richtlinien
EU	Europäische Union
EUAHiG	EU-Amtshilfegesetz
EUBeitrG	EU-Beitreibungsgesetz
EuGH	Europäischer Gerichtshof
EuGHDiVUmsG	Gesetz zur Umsetzung des EuGH-Urteils vom 20.10.2011 in der Rechtssache C-284/09
EU JTPF	EU Joint Transfer Pricing Forum
EURATOM	Europäische Atomgemeinschaft
EU TPD	EU Transfer Pricing Documentation
EUV	Konsolidierte Fassung des Vertrags über die Europäische Union
EuZW	Europäische Zeitschrift für Wirtschaftsrecht (Zeitschrift)
EWG	Europäische Wirtschaftsgemeinschaft
EWIV	Europäische Wirtschaftliche Interessenvereinigung
EWR	Europäischer Wirtschaftsraum
EWS	Europäisches Wirtschafts- & Steuerrecht (Zeitschrift)

F

FA	Finanzamt
FATCA	(US-amerikanischer) Foreign Account Tax Compliance Act
FG	Finanzgericht
FGO	Finanzgerichtsordnung
f./ff.	folgend/fortfolgend
FinBeh	Finanzbehörde
FinMin	Finanzministerium
FKAustG	Finanzkonten-Informationsaustauschgesetz
FR	Finanzrundschau (Zeitschrift)
FVerlV	Funktionsverlagerungsverordnung
FVG	Finanzverwaltungsgesetz

G

GAufzV	Gewinnabgrenzungsaufzeichnungsverordnung
GbR	Gesellschaft bürgerlichen Rechts
GewStDV	Gewerbesteuer-Durchführungsverordnung
GewStG	Gewerbesteuergesetz
GewStR	Gewerbesteuer-Richtlinien
GG	Grundgesetz
GKKB	Gemeinsame Konsolidierte Körperschaftsteuer-Bemessungsgrundlage
GmbH	Gesellschaft mit beschränkter Haftung
GmbHG	GmbH-Gesetz
GmbHR	GmbH-Rundschau (Zeitschrift)

GUS	Gemeinschaft unabhängiger Staaten
GwG	Gesetz über das Aufspüren von Gewinnen aus schweren Straftaten (Geldwäschegesetz - GwG)

H

H	Hinweis
HGB	Handelsgesetzbuch

I

IFSC	International Financial Service Centre Dublin
InvG	Investmentgesetz
InvStG	Investmentsteuergesetz
i. d. R.	in der Regel
i. S.	im Sinne
IStR	Internationales Steuerrecht (Zeitschrift)
i.V. m.	in Verbindung mit
IWB	Internationale Wirtschafts-Briefe (Zeitschrift)

J

JStG	Jahressteuergesetz

K

KG	Kommanditgesellschaft
KGaA	Kommanditgesellschaft auf Aktien
KMU	Kleine und mittlere Unternehmen
KraftStG	Kraftfahrzeugsteuergesetz
KStDV	Körperschaftsteuer-Durchführungsverordnung
KStG	Körperschaftsteuergesetz
KStR	Körperschaftsteuer-Richtlinien
KWG	Kreditwesengesetz

L

LOB	Limitation-on-Benefits-Klausel
LStDV	Lohnsteuer-Durchführungsverordnung
LStR	Lohnsteuer-Richtlinien

M

MAP APAs	Mutual Agreement Procedure Advance Pricing Arrangements
MCAA CbCR	Multilateral competent Authority Agreement on the Exchange of Country-by-Country Reports
Mio.	Million
MLI	Multilaterales Instrument

MV	Mecklenburg-Vorpommern
m.w.N.	mit weiteren Nachweisen

N

n.v.	nicht veröffentlicht
Nds	Niedersachsen
NJW	Neue Juristische Wochenschrift (Zeitschrift)
NRW	Nordrhein-Westfalen
NWB	Neue Wirtschafts-Briefe (Zeitschrift)

O

OECD	Organization for Economic Cooperation and Development
OECD-MA	Musterabkommen zur Vermeidung der Doppelbesteuerung der OECD
OECD-MK	Musterkommentar zum OECD-MA der OECD
OFD	Oberfinanzdirektion
OHG	Offene Handelsgesellschaft

P

PPT	Principal-Purpose-Test

R

Rdn.	Randnummer
REIT	Real Estate Investment Trusts
RFH	Reichsfinanzhof
RL	Richtlinie
RIW	Recht der internationalen Wirtschaft (Zeitschrift)
R-P	Rheinland-Pfalz
RStBl	Reichssteuerblatt

S

S.	Seite
SCE	Societas Cooperativa Europaea (= Europäische Genossenschaft)
SE	Societas Europaea (= Europäische Gesellschaft)
SEStEG	Gesetz über steuerliche Begleitmaßnahmen zur Einführung der Europäischen Gesellschaft und zur Änderung weiterer steuerlicher Vorschriften
SGB	Sozialgesetzbuch
StandOG	Standortsicherungsgesetz
StÄndG	Steueränderungsgesetz
StBereinG	Steuerbereinigungsgesetz
StEd	Steuer-Eildienst (Zeitschrift)
StEntlG	Steuerentlastungsgesetz 1999/2000/2002
StEK	Steuererlasse in Karteiform
SteuerHBekG	Gesetz zur Bekämpfung der Steuerhinterziehung

VERZEICHNIS Abkürzungen

SteuerHBekV	Steuerhinterziehungsbekämpfungsverordnung
StGB	Strafgesetzbuch
StHG	(Schweizer) Bundesgesetz über die Harmonisierung der direkten Steuern der Kantone und Gemeinden
StRefG	Steuerreformgesetz 1990
StUmgBG	Gesetz zur Bekämpfung der Steuerumgehung und zur Änderung weiterer steuerlicher Vorschriften (Steuerumgehungsbekämpfungsgesetz)
st. Rspr.	ständige Rechtsprechung
StVergAbG	Steuervergünstigungsabbaugesetz

T

TIEA	Tax Information Exchange Agreement
TNMM	Transactional net margin method
Tz.	Textziffer

U

UmwG	Umwandlungsgesetz
UmwStG	Umwandlungssteuergesetz
UmwStE	Umwandlungssteuererlass 2011
UntStFG	Unternehmenssteuerfortentwicklungsgesetz
UntStRefG	Unternehmenssteuerreformgesetz 2008

V

vGA	verdeckte Gewinnausschüttung
VG-DBA	(Deutsche) Verhandlungsgrundlage für Doppelbesteuerungsabkommen im Bereich der Steuern vom Einkommen und Vermögen
vgl.	vergleiche
VStG	Vermögensteuergesetz
VVaG	Versicherungsverein auf Gegenseitigkeit
VwG	Verwaltungsgrundsätze für die Prüfung der Einkunftsabgrenzung bei international verbundenen Unternehmen
VWG-BsGaV	Grundsätze für die Anwendung des Fremdvergleichsgrundsatzes auf die Aufteilung der Einkünfte zwischen einem inländischen Unternehmen und seiner ausländischen Betriebsstätte und auf die Ermittlung der Einkünfte der inländischen Betriebsstätte eines ausländischen Unternehmens nach § 1 Absatz 5 des Außensteuergesetzes (AStG) und der Betriebsstättengewinnaufteilungsverordnung
VwG-Entsendung	Grundsätze für die Prüfung der Einkunftsabgrenzung zwischen international verbundenen Unternehmen in Fällen der Arbeitnehmerentsendung (Verwaltungsgrundsätze – Arbeitnehmerentsendung)
VwG-Umlageverträge	Grundsätze für die Prüfung der Einkunftsabgrenzung durch Umlageverträge zwischen international verbundenen Unternehmen
VwGV	Grundsätze für die Prüfung der Einkunftsabgrenzung zwischen nahestehenden Personen mit grenzüberschreitenden Geschäftsbeziehungen in Bezug auf Ermittlungs- und Mitwirkungspflichten, Berichtigungen sowie Verständigungs- und EU-Schiedsverfahren (Verwaltungsgrundsätze – Verfahren)

W

WÜRV   Wiener Übereinkommen über das Recht der Verträge

Z

z. B.   zum Beispiel
ZIV   Zinsinformationsverordnung

INTERNETVERZEICHNIS

1. Gerichte

Bundesfinanzhof: www.bundesfinanzhof.de

Bundesgerichtshof: www.bundesgerichtshof.de

Bundesverfassungsgericht: www.bundesverfassungsgericht.de

Europäischer Gerichtshof: http://curia.europa.eu

2. Verwaltungen

a) national

Bundeszentralamt für Steuern: www.bzst.de

Bundesfinanzministerium: www.bundesfinanzministerium.de

Finanzverwaltung: www.steuerliches-info-center.de

b) ausländische Finanzverwaltungen (Auswahl)

Frankreich: www.impots.gouv.fr

Großbritannien: www.hm-treasury.gov.uk

Irland: www.revenue.ie

Kanada: www.fin.gc.ca

Liechtenstein: www.liechtenstein.li

Luxemburg: https://mfin.gouvernemant.lu/de.html

Niederlande: www.belastingdienst.nl

Österreich: www.bmf.gv.at

Schweiz: www.estv.admin.ch

USA: www.irs.gov

3. Sonstige Institutionen

Bundestag: www.bundestag.de

Bundesrat: www.bundesrat.de

Europäische Kommission: http://ec.europa.eu

Europäische Union: http://europa.eu

Europäisches Parlament: www.europarl.europa.eu

Europarat: www.coe.int

OECD: www.oecd.org

UN: www.un.org

4. Verkündungsblätter/Rechtssammlungen

Bundesgesetzblatt: www.bgbl.de

Bundessteuerblatt: www.bundessteuerblatt.de

Amtsblatt der Europäischen Gemeinschaft/EU-Recht (EUR-Lex): http://eur-lex.europa.eu

Deutsche Gesetze: www.gesetze-im-internet.de

KAPITEL 1: EINFÜHRUNG IN DAS INTERNATIONALE STEUERRECHT, GRUNDLAGEN, GRUNDBEGRIFFE

		Rdn.	Seite
1.1	Begriff des internationalen Steuerrechts	1	3
1.2	Staats- und völkerrechtliche Grundlagen der Steuererhebung	8	4
1.3	Grundprinzipien der Besteuerung	16	6
1.4	Persönliche Anknüpfungspunkte für die Besteuerung	22	7
	1.4.1 Überblick	22	7
	1.4.2 Wohnsitz (§ 8 AO)	23	7
	1.4.3 Gewöhnlicher Aufenthalt (§ 9 AO)	34	10
	1.4.4 Geschäftsleitung (§ 10 AO)	40	12
	1.4.5 Sitz (§ 11 AO)	49	14
1.5	Entstehung der Doppelbesteuerung	50	14
1.6	Maßnahmen zur Vermeidung der Doppelbesteuerung	57	16
	1.6.1 Überblick	57	16
	1.6.2 Nationale Maßnahmen zu Vermeidung der Doppelbesteuerung	62	17
	1.6.2.1 Freistellung mit Progressionsvorbehalt	70	18
	1.6.2.2 Anrechnung der ausländischen Steuer	70	18
	1.6.2.3 Fiktive Anrechnung	70	19
	1.6.2.4 Abzug bei der Ermittlung der Einkünfte	70	19
1.7	Gliederung des internationalen Steuerrechts	70	19
1.8	Zielsetzungen des internationalen Steuerrechts	72	20
	1.8.1 Überblick	72	20
	1.8.2 Addressing Base Erosion and Profit Shifting (BEPS)	88	23

KAPITEL 1

Einführung in das internationale Steuerrecht, Grundlagen, Grundbegriffe

		Rdn.	Seite
1.9	Qualifikationskonflikt	92	25
1.10	Der Steuerpflichtige im internationalen Steuerrecht	95	26
1.11	Ausland	98	27

Kapitel 1: Einführung in das internationale Steuerrecht, Grundlagen, Grundbegriffe

1.1 Begriff des internationalen Steuerrechts

Ohne auf die Frage nach der Staatsangehörigkeit, der Religion, dem Alter, dem Geschlecht oder dem Status einzugehen, unterwirft das Einkommensteuergesetz in § 1 Abs. 1 EStG alle natürlichen Personen, die in Deutschland ihren Wohnsitz (§ 8 AO) oder gewöhnlichen Aufenthalt (§ 9 AO) haben, der unbeschränkten, allumfassenden Einkommensteuerpflicht. Dabei gilt der verfassungsrechtliche Grundsatz der **Besteuerung nach der Leistungsfähigkeit**:[1] Nicht auf die räumliche Herkunft der Einkünfte, sondern lediglich auf das individuell verfügbare Einkommen der Person wird abgestellt (sog. **Welteinkommen**).[2] Gleiches gilt nach § 1 Abs. 1, § 8 Abs. 1 KStG für die Körperschaftsteuersubjekte, die ihre Geschäftsleitung (§ 10 AO) oder ihren Sitz (§ 11 AO) im Inland haben.[3]

Solange der Staat, in dem die Einkünfte erzielt werden, und der Staat, in dem der Steuerpflichtige der unbeschränkten Steuerpflicht unterworfen ist, identisch sind, wirft dieses System der Besteuerung weder für den steuererhebenden Staat noch für den der Besteuerung unterworfenen Bürger Probleme auf. Anders sieht es aber dagegen dann aus, wenn in Deutschland Einkünfte besteuert werden, die durch den im Inland unbeschränkt Steuerpflichtigen ausschließlich im Ausland verwirklicht worden sind (Bsp.: Vermietung eines Ferienhauses in Spanien durch einen deutschen Eigentümer; Montagearbeiten in Frankreich), und sowohl der Wohnsitzstaat (Deutschland) als auch der Staat, aus dem die Einkünfte stammen (Quellenstaat - hier: Spanien bzw. Frankreich), dieselben Einkünfte besteuern möchten. Hier setzt nun der **sachliche Geltungsbereich des internationalen Steuerrechts** ein: **Die steuerliche Regelung grenzüberschreitender Sachverhalte.**

Weitere exemplarische Beispiele für einen grenzüberschreitenden Sachverhalt wären die Verlagerung der Teilefertigung aus Deutschland in einen osteuropäischen Staat (sog. Funktionsverlagerung), die „Flucht" eines Berufssportlers (Tennisspieler, Rennfahrer, Fußballspieler), der sich der seiner Meinung nach zu hohen Besteuerung in Deutschland durch Wohnsitzverlegung nach Belgien oder Monaco entzieht, die Beteiligung an einem Wettbewerber im Ausland, Vorortvertrieb durch eine ausländische Tochtergesellschaft, Arbeitnehmerentsendung ins Ausland, Steuergestaltungen, mit denen Gewinne in Steueroasen verschoben werden sollen usw. In all den vorgenannten Fällen muss das internationale Steuerrecht eine Antwort auf die Frage finden, wie dieser Sachverhalt steuerlich zu behandeln ist.

Bevor nun nachfolgend die Grundlagen des internationalen Steuerrechts dargestellt werden, ist vorab der Begriff internationales Steuerrecht zu erläutern: Es hat sich in der Rechtswissenschaft allgemein eingebürgert, Tatbestände und Rechtsbeziehungen, die

---

1 BVerfG v. 10. 4. 2018 1 BvR 1236/11, BStBl 2018 II 303.
2 Ständige Rechtsprechung; vgl. statt vieler BFH v. 21. 1. 2016 I R 49/14, BStBl 2017 II 107.
3 BFH v. 18. 4. 2018 I R 37/16, DB 2018, 2218.

sich nicht ausschließlich innerhalb eines Staatsgebietes vollziehen, als „international" zu bezeichnen. Die Rechtsgebiete, die sich mit derartigen Fällen befassen, tragen das Adjektiv „international", obwohl es sich um nationale Gesetze handelt.

> **BEISPIEL:** (1) Eine ledige Deutsche möchte einen ledigen US-Bürger heiraten; die familienrechtliche Seite regelt das „internationale Privatrecht" (Art. 13 ff. EGBGB).
> (2) § 5 StGB: Auslandstaten mit besonderem Inlandsbezug (internationales Strafrecht).

5   In diesem Sinne ist internationales Steuerrecht als das nationale Steuerrecht zu definieren, das sich mit der Besteuerung grenzüberschreitender Sachverhalte befasst.

6   Neben dem Begriff „internationales Steuerrecht" findet man auch den Begriff **Außensteuerrecht.** In der Regel werden hierunter nur die Normen des Außensteuergesetzes (AStG) verstanden. In diesem Sinne wird es nachfolgend gebraucht.

7   Mit der Definition des Begriffs „internationales Steuerrecht" ist nichts über die Art des Rechtssystems und der einzelnen Bestimmungen ausgesagt: Das in Deutschland geltende internationale Steuerrecht ist nicht in einem einzigen Gesetz zusammengefasst; es umfasst vielmehr eine Vielzahl von Bestimmungen in den Einzelsteuergesetzen, von speziellen Gesetzen, Verwaltungsvereinbarungen, Erlassen, Verfügungen, völkerrechtlichen Verträgen mit anderen Staaten und Bestimmungen des EU-Rechts. Traditionell spricht man nur im Zusammenhang mit dem Ertragsteuerrecht (Einkommen-, Körperschaft- und Gewerbesteuerrecht) sowie Vermögensteuerrecht vom internationalen Steuerrecht. Bei der Umsatzbesteuerung grenzüberschreitender Lieferungen und sonstiger Leistungen spricht man vom „internationalen Umsatzsteuerrecht".

Internationales Steuerrecht ist demnach eine Sammelbezeichnung für all diejenigen nationalen steuerlichen Regelungen, die sich mit grenzüberschreitenden Tatbeständen im Bereich der Ertragsbesteuerung befassen.

1.2 Staats- und völkerrechtliche Grundlagen der Steuererhebung

8   Nach der klassischen Staatslehre ist ein Staat (Völkerrechtssubjekt) durch die drei Elemente Staatsvolk, Staatsgewalt und Staatsgebiet gekennzeichnet. Das Recht und die Macht, Abgaben festzusetzen, zu erheben und ggf. zwangsweise einzutreiben, kann wohl als eines der ältesten und originären Rechte jedes Staatswesens bezeichnet werden. Es ist Ausdruck der Staatsgewalt, die in der Lage ist, ihren Willen innerhalb des Staatsgebiets durchzusetzen.

9   Souveränität eines Staates kann im Völkerrecht vereinfacht definiert werden als Unabhängigkeit eines Staates und seiner Staatsgewalt von jedem anderen Staatswesen. Kann die Staatsgewalt innerhalb ihres Staatsgebietes gegenüber den dort lebenden Personen ihren Willen durchsetzen, so wird dies in Bezug auf andere Staaten als äußere Souveränität, und in Bezug auf die unterworfenen Personen als innere Souveränität bezeichnet.

10 Die Tatsache, dass heutzutage ein Staat durch völkerrechtliche Verträge und Mitgliedschaften in internationalen Organisationen vielfach so in seinen Entscheidungen ge-

bunden ist, dass die Souveränität de facto eingeschränkt ist (Bsp.: Aus der Mitgliedschaft in der EU entstehen für die Bundesrepublik Deutschland Verpflichtungen gegenüber ihren Staatsangehörigen sowie gegenüber den übrigen Mitgliedstaaten; Art. 23, 24 GG), berührt die Definition der Souveränität grundsätzlich nicht. Auch wird dadurch die Existenz des Staates nicht beeinträchtigt, solange die drei Elemente in ihrem Kerngehalt vorhanden sind.

Verbunden mit der Existenz und der Souveränität eines Staates sind sog. völkerrechtliche Grundrechte der Staaten, die auch für das Recht auf Steuererhebung von Bedeutung sind: Jeder Staat hat das Recht auf Achtung seiner Unabhängigkeit. Kein Staat darf sich in die inneren Angelegenheiten eines anderen Staates einmischen (Gebot der Nichteinmischung in die inneren Angelegenheiten). Daraus folgt, dass jeder Staat innerhalb seines Hoheitsgebietes die ausschließliche und umfassende Staatsmacht ausübt, die von den anderen Staaten zu respektieren ist (Achtung der Gebietshoheit, Territorialitätsprinzip). Dieser Gebietshoheit unterliegen alle Personen, die sich innerhalb der Grenzen des jeweiligen Staates aufhalten, unabhängig davon, ob sie Staatsangehörige dieses Staates sind oder nicht. Somit unterliegen der Gebietshoheit auch Ausländer (Bsp.: Touristen) und Staatenlose, die sich in dem jeweiligen Staat aufhalten.

Auf das Recht zur Steuererhebung bezogen bedeuten die vorstehenden Grundsätze, dass jeder Staat prinzipiell seine nationalen Steuergesetze so gestalten kann, wie es ihm beliebt. Andere Staaten haben grundsätzlich kein Recht, auf die Ausgestaltung dieser nationalen Gesetze in irgendeiner Weise Einfluss zu nehmen, es sei denn, die betreffenden Gesetze tangieren ihrerseits die Grundrechte anderer Staaten. Die Tatsache, dass z. B. von der OECD auf Steueroasen (Panama, Bahamas Britische Jungferninseln usw.) politischer Druck ausgeübt wird, damit diese ihre Steuergesetze ändern, lässt den Grundsatz von seinem Wesensgehalt her unberührt.

Aus dem Gebot zur Achtung der Gebietshoheit folgt, dass grundsätzlich kein Staat auf dem Gebiet eines anderen Staates Hoheitsakte setzen darf – Achtung der Souveränität (Bsp.: Zustellung von Steuerbescheiden im Ausland),[4] es sei denn, dass besondere völkerrechtliche Vereinbarungen getroffen sind (Bsp.: Durchführung von Betriebsprüfungen im Ausland).[5]

Ein weiteres Grundrecht der Staaten ist das Gebot zur Achtung der Personalhoheit. Da der Gebietshoheit alle auf dem Territorium befindlichen Personen unterworfen sind, muss das Staatsvolk als Element des Staates von den sonstigen Personen, die sich auf dem Staatsgebiet aufhalten, abgegrenzt werden. Dieses Unterscheidungsmerkmal ist grundsätzlich die Staatsangehörigkeit. Mittels der Staatsangehörigkeit übt der Staat die Personalhoheit über seine Staatsangehörigen aus, gleich ob sie sich im In- oder Ausland befinden. Die Personalhoheit ist von anderen Staaten zu achten (Bsp.: Die Bundesrepublik Deutschland durfte grundsätzlich nicht ausländische Staatsangehörige zum Wehrdienst einziehen). Sie ist u. a. Grundlage für den diplomatischen Schutz im Aus-

---

4 Vgl. AEAO zu § 122 Nr. 3.1.4; vgl. ferner §§ 11, 12 EUAHiG.
5 BFH v. 19.12.1996 V R 130/92, BStBl 1998 II 279; § 10 EUAHiG.

land. Das Prinzip der Personalhoheit findet auch auf Schiffe und Flugzeuge des Staates Anwendung, in dem sie registriert sind.

15 Damit ergibt sich in Bezug auf Steuergesetzgebung und Steuererhebung völkerrechtlich folgende Situation: Ein Staat kann kraft seiner Gebiets- oder Territorialhoheit innerhalb seines Staatsgebietes alle öffentlich-rechtlichen Anordnungen – wozu auch Gesetze und Verwaltungsakte (Bsp.: Steuerbescheid) zählen – erzwingen. Außerhalb seines Staatsgebietes ist er zur Achtung der Souveränität der anderen Staaten verpflichtet. Hier kann er nur kraft seiner Personalhoheit Regelungen gegenüber den seiner Personalhoheit unterworfenen Personen aufstellen, aber nicht erzwingen. Geraten die beiden Grundrechte der Staaten miteinander in Konflikt, so erfolgt i. d. R. eine Lösung zugunsten der Gebietshoheit / der Souveränität.

> **BEISPIEL:** ▶ In Deutschland ist es den Finanzbehörden staats- und völkerrechtlich möglich, innerhalb der Staatsgrenzen eine Steuerschuld zwangsweise auch gegen den Willen des Steuerschuldners einzutreiben. Dies ist im Ausland nicht möglich. Hier bedarf es eines Hoheitsaktes des anderen Staates (**zwischenstaatliche Beitreibungshilfe**).[6] Gleiches gilt für die Zustellung von Verwaltungsakten, soweit dies nicht völkerrechtlich vom Empfangsstaat geduldet wird.

1.3 Grundprinzipien der Besteuerung

16 Wendet man die dargestellten Prinzipien des Völkerrechts auf das Recht zur Steuererhebung an, so ist demnach jeder Staat aufgrund seiner Gebietshoheit berechtigt, alle auf seinem Territorium verwirklichten Tatbestände zum Anlass einer Besteuerung zu nehmen (**Territorialitätsprinzip**).[7]

17 Darüber hinaus wird aus dem Prinzip der Gebietshoheit abgeleitet, dass ein Staat grundsätzlich auch außerhalb seines Staatsgebietes verwirklichte Tatbestände der Besteuerung unterwerfen kann (**Welteinkommensprinzip**), solange der Anknüpfungspunkt der Besteuerung nicht außerhalb des eigenen Staatsgebiets Wirkungen entfaltet, die die Gebietshoheit eines anderen Staates tangieren.

18 Davon ist im Rahmen der Ertrags- und Vermögensbesteuerung das Zugriffsobjekt der Besteuerung zu unterscheiden. Hier hat ein Staat grundsätzlich zwei Möglichkeiten:

▶ Zugriff lediglich auf die auf seinem Staatsgebiet befindlichen Einkommens- und Vermögensquellen: **Quellenbesteuerung** (Bsp.: Einkünfte aus Vermietung und Verpachtung von auf dem Staatsgebiet belegenen unbeweglichen Vermögen ohne Ansehen der Person);

---

6 Vgl. Rdn. 1032, 1556.
7 EuGH v. 21.12.2016 C-503/14 Kommission gegen Portugal, IStR 2017, 180; v. 23.1.2014 C-164/12 DMC, DStR 2014, 193; v. 18.7.2007 C-231/05 Oy AA, IStR 2007, 631; BFH v. 18.12.2013 I R 71/10, BStBl 2015 II 361: „Eine Freiheitsverletzung wird jedoch durch den Rechtfertigungsgrund der notwendigen Wahrung einer ausgewogenen Aufteilung der Besteuerungsbefugnis zwischen den Mitgliedstaaten, also durch das Territorialitätsprinzip, gerechtfertigt."; BFH v. 13.7.2016 XI R 8/15, BStBl 2016 II 952: Die Anknüpfung der Kindergeldberechtigung an den Wohnsitz oder gewöhnlichen Aufenthalt des Kindes in § 63 Abs. 1 Satz 3 EStG als weitere Ausprägung des Territorialitätsprinzips ist nicht sachwidrig.

▶ Zugriff auf die auf seinem Staatsgebiet befindlichen Personen: **Wohnsitzbesteuerung** (Bsp.: Besteuerung aller Personen, die sich im Staatsgebiet aufhalten, mit allen Einkünften, gleich, ob es sich um in- oder ausländische Einkünfte handelt).

Während bei der Quellenbesteuerung allgemein anerkannt ist, dass das Vorhandensein der Einkommensquelle für die Unterwerfung der Einkünfte unter die Besteuerung ausreicht, muss bei der Wohnsitzbesteuerung noch ein weiteres Merkmal hinzutreten: Würde man der Wohnsitzbesteuerung alle Personen unterwerfen, die sich auf dem Staatsgebiet aufhalten, würde man auch solche Personen besteuern, die sich dort nur vorübergehend aufhalten (Bsp.: Touristen, Monteure zur zeitlich begrenzten Montage). Dies ist aber nicht gewollt, zumal die Gefahr besteht, dass die Personalhoheit des anderen Staates verletzt wird.

Für die Besteuerung des Einkommens und des Vermögens haben sich weltweit zwei bestimmte Prinzipien durchgesetzt:

▶ **Wohnsitzbesteuerung:** Unbeschränkte, allumfassende Steuerpflicht des Welteinkommens (Bsp.: § 1 Abs. 1 EStG, § 1 Abs. 2 KStG);

▶ **Quellenbesteuerung:** Beschränkte Steuerpflicht mit den Territorialeinkünften (Bsp.: § 1 Abs. 4 EStG, §§ 49 ff. EStG, § 2 Nr. 1 KStG).

Es bleibt natürlich jedem Staat unbenommen, auf bestimmte Einkünfte oder Steuerquellen zu verzichten (Bsp.: Monaco verzichtet auf die Einkommensbesteuerung der natürlichen, in Monaco ansässigen Personen, ausgenommen französische Staatsangehörige) bzw. Vergünstigungen zu gewähren.

1.4 Persönliche Anknüpfungspunkte für die Besteuerung

1.4.1 Überblick

Persönliche Anknüpfungspunkte für die unbeschränkte Steuerpflicht sind bei natürlichen Personen der Wohnsitz oder gewöhnliche Aufenthalt im Inland, und bei juristischen Personen, Körperschaften, Personenvereinigungen und Vermögensmassen die Geschäftsleitung oder der Sitz im Inland. Dagegen ist für die beschränkte Steuerpflicht die Erzielung inländischer Einkünfte der Anknüpfungspunkt – vgl. ausführlich Kapitel 7.

1.4.2 Wohnsitz (§ 8 AO)

Der Ausdruck „Wohnsitz" ist nur auf natürliche Personen anwendbar, und für das Steuerrecht der Bundesrepublik Deutschland in § 8 AO definiert. Das Wesen des Wohnsitzbegriffes im steuerrechtlichen Sinne ist es, durch Anknüpfen an äußere Merkmale eine Beurteilung nach objektiven Kriterien vorzunehmen im Gegensatz zum bürgerlichen Recht, das an subjektive rechtsgeschäftliche Willenserklärungen anknüpft (§§ 7 bis 11 BGB). Ebenso sind die Pflichten nach dem Bundesmeldegesetz über An- und Abmeldung (§ 17 BMG) für den steuerlichen Wohnsitzbegriff ohne Belang.[8] Dies gilt auch für den Begriff der Wohnung gemäß § 20 BMG.

24 Der steuerliche Wohnsitz i. S. des § 8 AO bedeutet das Innehaben einer Wohnung unter Umständen, die den Schluss rechtfertigen, dass der Wohnungsinhaber diese Wohnung beibehalten und benutzen wird.[9] Eine Wohnung setzt neben zum dauerhaften Wohnen geeigneten Räumlichkeiten das Innehaben der Wohnung in dem Sinne voraus, dass der Steuerpflichtige tatsächlich über sie verfügen kann und sie als Bleibe entweder ständig benutzt oder sie doch mit einer gewissen Regelmäßigkeit, wenn auch in größeren Zeitabständen, aufsucht; auf die Nutzungsdauer pro Jahr kommt es nicht an;[10] auch unregelmäßige Aufenthalte in einer Wohnung können zur Aufrechterhaltung des dort bestehenden Wohnsitzes führen.[11] Entscheidend für die Begründung eines Wohnsitzes ist, dass nach den objektiv erkennbaren Umständen die tatbestandlichen Voraussetzungen des Wohnsitzbegriffes erfüllt sind. Der bloße Wille des Betroffenen ist hingegen nicht maßgebend.[12] Gleiches gilt auch für die Aufgabe eines Wohnsitzes; auch insoweit ist ein entgegenstehender Wille unbeachtlich. Die Feststellung einer Rückkehrabsicht sagt grundsätzlich nichts darüber aus, ob ein Inlandswohnsitz während eines Auslandsaufenthaltes beibehalten oder aber aufgegeben und nach der Rückkehr neu begründet wird.[13] Ein von vornherein nur vorübergehendes Innehaben der Wohnung oder ein nur gelegentliches Verweilen zu Erholungszwecken begründet keinen Wohnsitz, wobei der 6-Monats-Frist (vgl. § 9 Satz 2 AO)[14] eine, allerdings widerlegbare Indizwirkung für das Vorliegen einer Wohnung zukommt.[15] Die Wohnung muss objektiv jederzeit ihrem Inhaber, wann immer er es wünscht, als Bleibe zur Verfügung stehen und von ihm subjektiv zu entsprechender Nutzung bestimmt sein (im Gegensatz zur Widmung als Büro). Ein von vornherein nur vorübergehendes Innehaben der Wohnung oder ein nur gelegentliches Verweilen zu Besuchs- oder Erholungszwecken begründet keinen Wohnsitz.[16]

25 Außer dem Innehaben einer Wohnung setzt der Wohnsitzbegriff Umstände voraus, die darauf schließen lassen, dass die Wohnung durch den Inhaber beibehalten und als solche genutzt werden soll. Es muss sich um eine zum dauernden Wohnen geeignete Räumlichkeit handeln, die insgesamt den persönlichen und wirtschaftlichen Verhältnissen des Steuerpflichtigen entspricht, und über die er tatsächlich verfügen kann. Es ist ausreichend, wenn die Wohnung mit einfachsten Mitteln ausgestattet ist; unerheblich ist es, ob die Einrichtung vom Vermieter gestellt oder vom Mieter selbst beschafft wor-

---

8 BFH v. 23.10.1985 I R 274/82, BStBl 1986 II 133, Abs. 11; v. 14.11.1969 III R 95/68, BStBl 1970 II 153, Abs. 8.
9 St. Rspr., vgl. BFH v. 8.5.2014 III R 21/12, BStBl 2015 II 135.
10 BFH v. 24.7.2007 I R 64/06, BFH/NV 2007, 1893; vgl. ferner AEAO zu § 8 AO.
11 BFH v. 17.7.2019 II B 29/18, BFH/NV 2019, 1237; v. 24.7.2018 I R 58/16, IStR 2019, 226; v. 27.9.1999 I B 83/98, BFH/NV 2000, 673; a. A. FG Hamburg, Urteil vom 18.6.2014 1 K 134/12, juris.
12 BFH v. 5.11.2001 VI B 219/00, BFH/NV 2002, 311.
13 BFH v. 21.3.2003 III B 123/01, BFH/NV 2003, 944.
14 BFH v. 19.11.1989 VI R 27/86, BStBl 1990 II 308.
15 BFH v. 23.11.1988 II R 139/87, BStBl 1989 II 182 m.w.N.
16 BFH v. 5.1.2012 III B 42/11, BFH/NV 2012, 978.

den ist.[17] Der steuerrechtliche Wohnsitzbegriff ist objektiviert, stellt auf die tatsächliche Gestaltung ab und knüpft an äußeren Merkmalen an.[18]

Ein Steuerpflichtiger kann mehrere Wohnsitze nebeneinander haben[19] (vgl. auch § 19 Abs. 1 Satz 2 AO) und diese können im In- und Ausland belegen sein.[20] Eine vorübergehende räumliche Trennung vom Wohnort steht der Beibehaltung eines Wohnsitzes nicht entgegen.

26

Für die unbeschränkte Steuerpflicht reicht es aus, wenn bei einer natürlichen Person, die über mehrere Wohnsitze verfügt, sich nur ein einziger von ihnen im Inland befindet.[21] Ein inländischer Wohnsitz führt auch dann zur unbeschränkten Einkommensteuerpflicht, wenn sich der Mittelpunkt der Lebensinteressen im Ausland befindet.[22]

27

Bei einem ins Ausland versetzten Arbeitnehmer begründet die Beibehaltung einer eingerichteten Wohnung im Inland grundsätzlich die Vermutung für das Fortbestehen eines inländischen Wohnsitzes.[23] Allerdings wird bei einem auf mehr als ein Jahr angelegten Auslandsaufenthalt ein inländischer Wohnsitz durch kurzzeitige Besuche und sonstige kurzfristige Aufenthalte zu Urlaubs-, Berufs- oder familiären Zwecken, die nicht einem Aufenthalt mit Wohncharakter gleichkommen, nicht beibehalten oder begründet.[24] Das Vorhalten einer Wohnung im Inland begründet keinen Wohnsitz, wenn die Wohnung nach dauerhaften Wegzug der Familie ins Ausland nur zweimal im Jahr zwei bis drei Wochen genutzt wird.[25] Wird ein Hotelzimmer dagegen langfristig angemietet, so kann es nach der Rechtsprechung ebenfalls zum Wohnsitz werden.[26]

28

Bei **Eheleuten** kann man grundsätzlich davon ausgehen, dass ein Ehepartner die Wohnung, in der seine Familie wohnt, auch benutzt und daher dort einen Wohnsitz hat – widerlegbare Vermutung.[27] Dies gilt aber dann nicht mehr, wenn die Ehepartner familienrechtlich getrennt (§ 1567 BGB) leben.

29

Minderjährige **Kinder** teilen grundsätzlich den Wohnsitz der sorgeberechtigten Eltern Zu einem **Kind**, das im Heimatland bei Verwandten untergebracht ist, dort die Schule besucht und die Ferien jeweils bei seinen Eltern in Deutschland verbringt, hat der BFH in ständiger Rechtsprechung zum Kindergeld entschieden, dass es grundsätzlich nicht unbeschränkt steuerpflichtig ist, weil es keinen Wohnsitz im Inland hat.[28] Es teilt auch nicht automatisch den Wohnsitz der Eltern.[29] Begibt sich ein Kind zum Zwecke des Stu-

30

---

17 BFH v. 10.4.2013 I R 50/12, BFH/NV 2013, 1909.
18 BFH v. 30.10.2002 VIII R 86/00, BFH/NV 2003, 464.
19 BFH v. 24.7.2018 I R 58/16, IStR 2019, 226.
20 BFH v. 13.11.2013 I R 38/13, BFH/NV 2014, 1046; v. 10.4.2013 I R 50/12, BFH/NV 2013, 1909.
21 BFH v. 19.3.2002 I R 15/01, BFH/NV 2002, 1411; v. 19.3.1997 I R 69/96, BStBl 1997 II 447.
22 BFH v. 28.1.2004 I R 56/02, BFH/NV 2004, 917; v. 24.1.2001 I R 100/99, BFH/NV 2001, 1402.
23 BFH v. 27.9.1999 I B 83/98, BFH/NV 2000, 673.
24 BFH v. 17.5.2013 III B 121/12, BFH/NV 2013, 1381.
25 BFH v. 26.1.2001 VI R 89/00, BFH/NV 2001, 1018.
26 FG Hamburg v. 31.1.2013 6 K 224/12, Rdnr. 69, juris.
27 BFH v. 6.2.1985 I R 23/82, BStBl 1985 II 331; vgl. auch BFH v. 2.11.1994 I B 110/94, BFH/NV 1995, 801; zu beachten ist, dass die Frage des Wohnsitzes grundsätzlich für jeden Ehegatten gesondert zu prüfen ist.
28 BFH v. 27.12.2011 III B 14/10, BFH/NV 2012, 555.
29 BFH v. 7.4.2011 III R 77/09, BFH/NV 2011, 1351.

diums für mehrere Jahre ins Ausland, behält es seinen Wohnsitz in der Wohnung der Eltern im Inland nur dann bei, wenn es diese Wohnung in ausbildungsfreien Zeiten zum zwischenzeitlichen Wohnen nutzt.[30] Die Absicht des Kindes, nach Beendigung des Auslandsstudiums nach Deutschland zurückzukehren, besagt nichts darüber, ob der Wohnsitz bei den Eltern zwischenzeitlich beibehalten wird. Auch bei langjährigen Auslandsaufenthalten kann ein Wohnsitz des Kindes jedenfalls dann gegeben sein, wenn es die ausbildungsfreien Zeiten im Regelfall zumindest überwiegend im Inland verbringt.[31]

31 Wird die Wohnung beibehalten, ist es Aufgabe des Steuerpflichtigen nachzuweisen, dass keine Absicht mehr besteht, diese ständig oder mit einer gewissen Regelmäßigkeit zu nutzen. So kann als Umstand, der gegen eine künftige regelmäßige Nutzung spricht, die unbefristete Untervermietung der Wohnung angesehen werden.[32]. Dagegen nimmt die Rechtsprechung bei einem von vornherein zeitlichen begrenzten Auslandseinsatz und befristeter Vermietung oder Untervermietung der Wohnung die Beibehaltung des Wohnsitzes an.[33] Ein weiterer Umstand, aus dem die Aufgabe der Wohnung abgeleitet werden kann, ist die uneingeschränkte Residenzpflicht am ausländischen Tätigkeitsort.[34]

32 Hinzuweisen ist, dass der EuGH in seiner Rechtsprechung[35] den Begriff „Wohnsitz" jeweils im Zusammenhang mit dem Regelungsgegenstand der konkreten Verordnung oder Richtlinie sieht.[36]

33 Zum Wohnsitz von NATO-Truppenangehörigen, Angehörigen internationaler Organisationen sowie Diplomaten und Konsuln vgl. Rdn. 369, zur Ansässigkeit und zum Wohnsitzbegriff im DBA-Recht vgl. Rdn. 644 ff.

1.4.3 Gewöhnlicher Aufenthalt (§ 9 AO)

34 Den gewöhnlichen (= nicht nur vorübergehenden) Aufenthalt hat nach § 9 Satz 1 AO eine natürliche Person dort, wo sie sich (im Inland) unter Umständen aufhält, die erkennen lassen, dass sie an diesem Ort oder in dieser Gegend nicht nur vorübergehend weilt.[37] Als gewöhnlicher Aufenthalt ist stets und von Beginn an ein zeitlich zusammenhängender Aufenthalt von mehr als sechs Monaten Dauer anzusehen; dabei bleiben kurzfristige Unterbrechungen unberücksichtigt (§ 9 Satz 2 AO). Der Begriff „gewöhnlich" ist mit „dauernd" gleichbedeutend (AEAO Zu § 9 AO Nr. 1).[38] Liegt ein Tat-

---

30 BFH v. 12.6.2017 III B 157/16, BFH/NV 2017, 1318; v. 23.6.2015 III R 38/14, BStBl 2016 II 102.
31 BFH v. 17.5.2017 III B 92/16, BFH/NV 2017, 1179; v. 23.6.2015 III R 38/14, BStBl 2016 II 102.
32 BFH v. 17.5.1995 I R 8/94 , BStBl 1996 II 2.
33 BFH v. 23.10.1985 I R 274/82, BStBl 1986 II 133, Abs. 11; FG Hamburg, 12.9.1991 III 47/90, EFG 1992, 277.
34 BFH v. 17.5.1995 I R 8/94, BStBl 1995 II 2.
35 EuGH v. 12.7.2001 C-262/99 Louloudakis, NJW 2001, 2702.
36 BFH v. 11.2.2003 VII B 244/02, BFH/NV 2003, 833.
37 St. Rspr., z.B. BFH v. 19.6.2015 III B 143/14, BFH/NV 2015, 1386.
38 BFH v. 30.8.1989 I R 215/85, BStBl 1989 II 956.

bestand des § 9 Satz 3 AO vor, wird dieser grundsätzlich nicht mit in die 6-Monats-Frist miteinberechnet.

Die Sechs-Monats-Frist muss nicht innerhalb eines Kalenderjahres verwirklicht sein.[39] Sie muss auch nicht unbedingt zusammenhängend (im Sinne von ohne zeitliche Unterbrechung) sein; ein zeitlich zusammenhängender Aufenthalt von mehr als sechs Monaten i. S. des § 9 Satz 2 AO kann auch dann vorliegen, wenn ein Steuerpflichtiger während dieses Zeitraums mehrfach aufeinander folgend in das Inland für jeweils kürzere Zeiträume entsandt wird, sofern objektive Umstände vorliegen, die für einen Zusammenhang und eine Fortdauer des Anlasses sprechen.[40] So auch in dem Fall, in dem ein Ausländer mit Ansässigkeit im Ausland sich über einen Zeitraum von mehr als 2 Jahren jeweils montags bis freitags in Deutschland aufhielt, dort Fernsehaufnahmen durchführte, in einem Hotel übernachtete und Wochenende, Ferien und Feiertags zuhause in der Schweiz bei seiner Familie verbrachte.[41] Es ist eine einzelfallbezogene zeitliche Gewichtung der kurzfristigen Unterbrechung unter Berücksichtigung der Dauer des Gesamtaufenthalts maßgebend. Die Festlegung einer konkreten und in ihrem Maß an der Sechsmonats-Grenze orientierten Zeitgrenze für die (unschädliche) Abwesenheit lehnt der BFH ab.[42] Allerdings ist eine Unterbrechung von mehr als 3 Monaten nicht mehr als kurzfristige Unterbrechung zu werten. Ein gewöhnlicher Aufenthalt wird im Inland nicht begründet, wenn von vornherein der Aufenthalt auf einen bestimmten Zeitraum (i. d. R. weniger als 6 Monate) beschränkt wird.[43]

Zur erstmaligen Begründung des gewöhnlichen Aufenthalts ist die persönliche körperliche Anwesenheit der natürlichen Person erforderlich.[44] Die spätere körperliche Entfernung vom Ort des (bisherigen) gewöhnlichen Aufenthalts beendet denselben dagegen nicht notwendigerweise. Der gewöhnliche Aufenthalt setzt insoweit keine ständige Anwesenheit voraus. Da jedoch eine natürliche Person ihren gewöhnlichen Aufenthalt immer nur an einem Ort haben kann, darf die körperliche Entfernung vom Ort des bisherigen gewöhnlichen Aufenthaltes nicht mit der anderweitigen Begründung eines gewöhnlichen Aufenthaltes verbunden sein, wenn nicht ersterer entfallen soll.

Es gibt immer nur einen gewöhnlichen Aufenthalt: Aus dem Wortlaut des Gesetzes („den" gewöhnlichen Aufenthalt) folgt, dass eine Person nicht gleichzeitig verschiedene gewöhnliche Aufenthalte, sondern zu einer bestimmten Zeit immer nur einen einzigen gewöhnlichen Aufenthalt haben kann; möglich ist aber, dass er neben dem einen gewöhnlichen Aufenthalt mehrere Wohnsitze hat.[45] Die Begründung eines neuen gewöhnlichen Aufenthalts bedeutet zugleich die Beendigung des bisherigen Aufenthalts.

Für den gewöhnlichen Aufenthalt im Inland ist auch die regelmäßige Übernachtung erforderlich;[46] eine Schlafstelle auf dem Firmengelände, die bei gelegentlichen, betrieb-

---

39 BFH v. 22. 6. 2011 I R 26/10, BFH/NV 2011, 2001.
40 BFH v. 19. 6. 2015 III B 143/14, BFH/NV 2015, 1386.
41 BFH v. 22. 6. 2011 I R 26/10, BFH/NV 2011, 2001.
42 BFH v. 22. 6. 2011 I R 26/10, BFH/NV 2011, 2001.
43 BFH v. 30. 8. 1989 I R 215/85, BStBl 1989 II 956.
44 BFH v. 18. 7. 1990 I R 109/88, BFHE 161, 482.
45 BFH v. 27. 4. 2005 I R 112/04, BFH/NV 2005, 1756.
46 BFH v. 10. 5. 1989, I R 50/85, BStBl 1989 II 757.

lich bedingten Aufenthalten benutzt wird, stellt weder einen Wohnsitz dar noch hat sie den gewöhnlichen Aufenthalt zur Folge.[47] Kehrt ein Unternehmer mit Wohnsitz im Ausland und Betrieb in der Bundesrepublik Deutschland regelmäßig nach Geschäftsschluss zu seiner Familienwohnung zurück, so hat er in Deutschland keinen gewöhnlichen Aufenthalt. Das Vorhandensein der wirtschaftlichen Existenzgrundlage im Inland, die die tägliche Anwesenheit im Inland erfordert, reicht nicht aus, wenn der Steuerpflichtige allabendlich zu seiner Familie in die außerhalb des Geltungsbereichs des Grundgesetzes gelegene Wohnung zurückkehrt, sog. Grenzpendler.[48] Gleiches gilt für sog. Grenzgänger.[49] Bleibt die Person aber an Arbeitstagen regelmäßig am Beschäftigungsort und kehrt lediglich an den Wochenenden, Feiertagen und Urlaub zu ihrer Wohnung im Ausland zurück, so ist ein gewöhnlicher Aufenthalt im Inland gegeben.

39 Bei Unterbrechungen der Anwesenheit kommt es darauf an, ob noch ein einheitlicher Aufenthalt oder mehrere getrennte Aufenthalte anzunehmen sind. Ein einheitlicher Aufenthalt ist gegeben, wenn der Aufenthalt nach den Verhältnissen fortgesetzt werden sollte und die Unterbrechung nur kurzfristig ist, d. h. objektive Umstände vorliegen, die für einen solchen Zusammenhang und eine Fortdauer des Anlasses sprechen. Als kurzfristige Unterbrechung kommen in Betracht Familienheimfahrten, Jahresurlaub, längerer Heimaturlaub, Kur und Erholung, aber auch geschäftliche Reisen.[50]

1.4.4 Geschäftsleitung (§ 10 AO)

40 Der Anknüpfungspunkt „Ort der Geschäftsleitung" für eine unbeschränkte Steuerpflicht kann nach der Systematik des deutschen Steuerrechts, welches von der Transparenz der deutschen Personengesellschaft ausgeht, grundsätzlich nur für Kapitalgesellschaften in Betracht kommen. Da bei der Besteuerung der transparenten Personengesellschaften auf die Tätigkeit der für sie handelnden Personen abstellt, kann aber die Geschäftsleitung durchaus als (indirekter) Anknüpfungspunkt in Betracht kommen.

41 Geschäftsleitung i. S. des § 10 AO ist der Mittelpunkt der geschäftlichen Oberleitung.[51] Dieser bestimmt sich danach, wo der für die Geschäftsleitung maßgebliche Wille von einiger Wichtigkeit angeordnet wird. Regelmäßig ist das der Ort, an dem die zur Vertretung befugten Personen die ihnen obliegende laufende Geschäftsführertätigkeit entfalten, d. h. an dem sie die tatsächlichen und rechtsgeschäftlichen Handlungen vornehmen, die der gewöhnliche Betrieb der Gesellschaft mit sich bringt (sog. Tagesgeschäfte).[52] Zur laufenden Geschäftsführung gehören die tatsächlichen und rechtsgeschäftlichen Handlungen, die der gewöhnliche Betrieb der Gesellschaft mit sich bringt, und solche organisatorischen Maßnahmen, die zur gewöhnlichen Verwaltung der Gesellschaft gehören. Der Begriff der „Geschäfte, die der gewöhnliche Betrieb des Handels-

---

47 BFH v. 6. 2. 1985, I R 23/82, BStBl 1985 II 331.
48 BFH v. 6. 2. 1985 I R 23/82, BStBl 1985 II 331; v. 10. 8. 1983 I R 241/82, BStBl 1984 II 11.
49 BFH v. 16. 3. 1994, I B 186/93, BStBl 1994 II 696.
50 AEAO zu § 9 AO Nr. 1.
51 St. Rspr, z. B. BFH v. 5. 11. 2014 IV R 30/11, BStBl 2015 II 601.
52 BFH v. 12. 2. 2004 IV R 29/02, BStBl 2004 II 602.

gewerbes mit sich bringt", findet sich auch in §§ 116, 164 HGB. Es handelt sich um diejenigen Geschäfte, die in die alleinige Zuständigkeit des Geschäftsführers fallen und keines Gesellschafterbeschlusses bedürfen. Zu ihnen gehören nicht die Festlegung der Grundsätze der Unternehmenspolitik und die Mitwirkung der Gesellschafter an ungewöhnlichen Maßnahmen bzw. an Entscheidungen von besonderer wirtschaftlicher Bedeutung und Tragweite.

Unerheblich ist, wo das sog. Tagesgeschäft ausgeführt oder umgesetzt werden. Jedes Unternehmen hat einen Ort der geschäftlichen Oberleitung. Befindet sich die Geschäftsleitung nicht nur an einem Ort, ist der Mittelpunkt der geschäftlichen Oberleitung dort, wo sich die nach dem Gesamtbild der Verhältnisse in organisatorischer und wirtschaftlicher Hinsicht bedeutungsvollste Stelle befindet,[53] wo sich das kaufmännische Büro, ggf. der Wohnsitz des leitenden Geschäftsführers befindet.[54] Allerdings setzt die Geschäftsleitung keine feste Geschäftseinrichtung oder Anlage voraus.[55]

42

Eine Kapitalgesellschaft kann grundsätzlich nur einen Ort der Geschäftsleitung haben.[56] Er befindet sich in der Regel dort, wo die zur Vertretung der Gesellschaft befugte Person die ihr nach dem Gesellschaftsvertrag und dem Gesetz obliegende geschäftsführende Tätigkeit entfaltet, d. h. an dem sie die tatsächlichen, organisatorischen und rechtsgeschäftlichen Handlungen vornimmt, die der gewöhnliche Betrieb der Gesellschaft mit sich bringt.[57] Dabei sind jedoch die Verhältnisse des Einzelfalles zu beachten; es hängt letztlich von den tatsächlich ausgeübten Tätigkeiten ab, welche von ihnen für die Gesellschaft besonderes Gewicht haben, und auf welche deshalb bei der Bestimmung des Ortes der Geschäftsleitung abzustellen ist. Dies schließt nicht aus, dass ein Unternehmen mehrere Orte der Geschäftsleitung haben kann, und dass einzelne Geschäftsleitungstätigkeiten verschiedenen Mittelpunkten zugeordnet sein können.[58] Der Mittelpunkt der geschäftlichen Oberleitung einer Kapitalgesellschaft kann sich u. U. in der Wohnung ihres Geschäftsführers oder in einem Baucontainer befinden.[59] Der Ort der Geschäftsleitung einer Kapitalgesellschaft liegt im Inland, wenn diese im Ausland nicht wirtschaftlich tätig ist und dort auch über keine Geschäftsausstattung verfügt, sondern ihre Geschäfte lediglich über eine inländische Niederlassung abschließt und auch den wesentlichen Teil ihrer Umsätze dieser Niederlassung zuordnet.[60]

43

Für Personengesellschaften bedeutet § 10 AO, dass sich der Mittelpunkt der Geschäftsleitung regelmäßig dort befindet, wo die zur Vertretung befugten Personen die ihnen obliegende Geschäftsführertätigkeit entfalten. Für die Komplementär-GmbH einer KG ist deshalb entscheidend, an welchem Ort die für die GmbH handelnde Geschäftsfüh-

44

---

53 BFH v. 5.11.2014 IV R 30/11, BStBl 2015 II 601; v. 21.9.1989 V R 55/84, BFH/NV 1990, 353.
54 BFH v. 20.12.2017 I R 98/15, BFH/NV 2018, 497; v. 7.9.1993 VII B 169/93, BFH/NV 1994, 193.
55 BFH v. 28.7.1993, I R 15/93, BStBl 1994 II 148.
56 Werden die laufenden Geschäfte bzw. die Vertretung der Gesellschaft durch mehrere Personen wahrgenommen, ist zu gewichten, um den Ort der Geschäftsleitung festzulegen; BFH v. 25.8.1999 VIII R 76/95, BFH/NV 2000, 300; v. 3.7.1997 IV R 58/95, BStBl 1998 II 86.
57 BFH v. 19.3.2002 I R 15/01, BFH/NV 2002, 1411.
58 BFH v. 5.11.2014 IV R 30/11, BStBl 2015 II 601.
59 BFH v. 16.12.1998 I R 138/97, BStBl 1999 II 437.
60 BFH v. 8.9.2010 I R 6/09, BStBl 2013 II 186.

rung die Geschäfte, die der gewöhnliche Betrieb des Handelsgewerbes mit sich bringt, tatsächlich wahrnimmt.

45 Führt ein Unternehmer ganzjährig im Ausland Bau- oder Montagearbeiten aus, so hat er dennoch seine Geschäftsleitung im Inland, wenn er am inländischen Familienwohnsitz ein für seinen Betrieb genutztes Büro unterhält und an den Wochenenden regelmäßig dorthin zurückkehrt.[61]

46 Bei einem Schifffahrtsunternehmen kann sich der Mittelpunkt der geschäftlichen Oberleitung in den Geschäftsräumen eines ausländischen Managers oder Korrespondentreeders befinden. Maßgeblich sind die tatsächlichen Umstände.[62]

47 Auch eine Organgesellschaft hat grundsätzlich einen „eigenen" Ort der Geschäftsleitung. Dieser kann zwar mit dem Ort der Geschäftsleitung des Organträgers übereinstimmen. Jedoch ist nicht automatisch der Ort der Geschäftsleitung des Organträgers zugleich auch der der Organgesellschaft.[63]

48 Zum DBA-Recht vgl. Rdn. 651, 697.

1.4.5 Sitz (§ 11 AO)

49 Eine Kapitalgesellschaft, Personenvereinigung oder Vermögensmasse (§ 1 Abs. 1 KStG) hat steuerrechtlich ihren Sitz an dem Ort, der durch den Gesellschaftsvertrag oder die Satzung bestimmt wird.[64] Hierbei handelt es sich um den Sitz im Sinne des Zivilrechts, wenn es im Gesetz heißt, dass eine Körperschaft, Personenvereinigung oder Vermögensmasse (vgl. § 1 Abs. 1 KStG) ihren Sitz an dem Ort hat, der durch Gesetz (vgl. § 24 BGB), Gesellschaftsvertrag (vgl. § 106 HGB, § 4a GmbHG, § 5 AktG), Satzung (vgl. § 5 AktG), Stiftungsgeschäft (vgl. § 81 Abs. 1 BGB) oder dergleichen bestimmt ist. Ein u. U. zivilrechtlich zulässiger Doppelsitz ist steuerrechtlich unbeachtlich; in diesem Falle sind zur zutreffenden Sitzbestimmung die Regeln über die Geschäftsleitung ergänzend heranzuziehen.

1.5 Entstehung der Doppelbesteuerung

50 Bei einem grenzüberschreitenden Sachverhalt ergibt sich aufgrund der Konkurrenz des Prinzips der Wohnsitzbesteuerung und des der Quellenbesteuerung fast zwangsläufig eine Konkurrenz von Steueransprüchen zweier Staaten.

> **BEISPIEL:** Rechtsanwalt RA, wohnhaft in Freiburg, besitzt in den Vogesen/Frankreich ein Ferienhaus. Dieses nutzt er 2016 insgesamt vier Monate selbst, die übrige Zeit ist es fremd vermietet. Frankreich als Quellenstaat möchte alle Einkünfte aus dieser Quelle besteuern, während Deutschland als Wohnsitzstaat alle weltweit erzielten Einkünfte besteuern will. Bestehen bei-

---

61 BFH v. 9. 7. 2003 I R 4/02, BFH/NV 2004, 83.
62 BFH v. 1. 4. 2003 I R 31/02, BStBl 2003 II 875.
63 BFH v. 7. 12. 1994 I K 1/95, BStBl 1995 II 175.
64 BFH v. 12. 2. 2008 XI B 201/06, BFH/NV 2008, 1195, Abs. 14.

de Staaten uneingeschränkt auf ihrem Besteuerungsrecht, muss RA dieselben Einkünfte zweimal versteuern.

Dieser Besteuerungskonflikt kann zu einer „internationalen Doppelbesteuerung" führen, wenn die nachfolgenden Voraussetzungen erfüllt sind: 51

- Identität des Abgabenpflichtigen (im obigen Beispiel RA);
- Identität des Tatbestandes, an den die Besteuerung anknüpft (im obigen Beispiel Einkunftserzielung aus der Vermietung eines Ferienhauses);
- Gleichartigkeit der Besteuerung (im obigen Beispiel nur dann gegeben, wenn beide Staaten Einkommensteuer erheben; erhebt dagegen der eine Staat Grundsteuer und der andere Staat Einkommensteuer, fehlt es an der Gleichartigkeit);
- Identität des Besteuerungszeitraumes (im obigen Beispiel Einkünfte des Jahres 2016);
- Konkurrierende Steueransprüche verschiedener Staaten (im obigen Beispiel Steueransprüche Deutschlands und Frankreichs).

Anzumerken ist, dass eine internationale Doppelbesteuerung auch dann gegeben ist, wenn auf der einen Seite ein Staat und auf der anderen Seite eine Gliedkörperschaft (Kanton, Gemeinde) den Steueranspruch erheben; erfasst werden im Rahmen der Gleichartigkeit der Besteuerung auch Zusatzsteuern und Zuschläge. 52

> **BEISPIEL:** (1) Der in Frankfurt wohnhafte Arzt D besitzt in der Schweiz ein Chalet. Die Einkünfte aus Vermietung und Verpachtung werden zur schweizerischen Bundeseinkommensteuer und zur kantonalen Staatssteuer herangezogen.
>
> (2) In den USA erheben einige Gemeinden zusätzlich zur Bundeseinkommensteuer und zur Einkommensteuer des jeweiligen Bundesstaates eine eigene kommunale Einkommensteuer.

Man spricht auch dann von einer Doppelbesteuerung, wenn eine **effektive Doppelbelastung / effektive Doppelbesteuerung** konkret nicht eingetreten ist. Ausreichend für die Bejahung der Doppelbesteuerung ist allein die abstrakte Möglichkeit der doppelten Besteuerung (sog. **virtuelle Doppelbesteuerung**).[65] 53

Eine unterschiedliche steuerliche Behandlung eines bestimmten Sachverhalts im Wohnsitzstaat und in dem Staat, in dem der Sachverhalt verwirklicht wurde (Quellenstaat), hängt u. a. damit zusammen, dass die Einkommensermittlung grundsätzlich nach den jeweiligen nationalen Gesetzen erfolgt und hierbei Differenzen auftreten können. 54

> **BEISPIEL:** Die inländische Textil AG unterhält in Thailand eine Betriebsstätte. Da die Einkommensermittlung nach nationalen Gesetzen erfolgt, kann der Fall eintreten, dass nach thailändischen Gesetzen, etwa aufgrund von Sonderabschreibungen, die Betriebsstätte einen steuerlichen Verlust erzielt und keine örtlichen Steuern entrichten muss, während sich nach den deutschen Steuergesetzen ein Gewinn ergibt.

In der Regel ergibt sich bei natürlichen Personen eine internationale Doppelbesteuerung aus dem Zusammentreffen von Wohnsitz- und Quellenbesteuerung. Ein in der Praxis seltener vorkommender Fall ist das Zusammentreffen von Wohnsitzbesteuerung 55

---

65 BFH v. 7. 7. 1967 III R 210/61, BStBl 1967 III 588; vgl. ausführlich Rdn. 594.

mit Wohnsitzbesteuerung.⁶⁶

> **BEISPIEL:** ▶ Ingenieur I wird von seinem Arbeitgeber für 12 Monate nach Spanien versetzt und nimmt dort seinen Wohnsitz ein; seine Familie zieht mit ihm mit. Die inländische Wohnung wird beibehalten, sodass er sowohl in Spanien als auch in Deutschland über eine ständige Wohnstätte verfügt.

56 Sowohl in der Rechtsprechung als auch in der Literatur findet man schließlich auch noch den Begriff der **wirtschaftlichen Doppelbesteuerung.** Hierunter versteht man die Tatsache, dass unabhängig von der Art der Entstehung der Doppelbesteuerung und der Art der Vermeidung oder Milderung der Doppelbesteuerung eine Doppelbesteuerung im Inland immer dann eintritt, wenn im Ausland bereits versteuerte Gewinnanteile oder Einkünfte im Inland besteuert werden. Sie wird nur vermieden, wenn im Inland auf jegliche Besteuerung verzichtet wird.⁶⁷

1.6 Maßnahmen zur Vermeidung der Doppelbesteuerung

1.6.1 Überblick

57 Um eine Doppelbesteuerung beseitigen oder mildern zu können, existieren mehrere Möglichkeiten. Allgemein üblich sind folgende Maßnahmen, u. U. auch nebeneinander:

58 **Einseitige oder unilaterale Maßnahmen:** Der jeweilige Staat versucht durch Regelungen in seinen nationalen Steuergesetzen eine bereits eingetretene Doppelbesteuerung zu beseitigen oder zu mildern (Bsp.: § 34c EStG, § 26 KStG).

59 **Zweiseitige oder bilaterale Maßnahmen:** Durch Abschluss eines sog. Abkommens zur Vermeidung der Doppelbesteuerung (DBA) wird die Besteuerung zwischen den beiden beteiligten Staaten durch Zuweisung von Besteuerungsrechten geregelt; damit soll bereits das Entstehen einer Doppelbesteuerung vermieden werden. In diesen Bereich gehören auch sonstige völkerrechtliche Verträge, die sich mit Steuern befassen, z. B. Kapitalschutzabkommen, Luftfahrtabkommen, Schifffahrtsabkommen usw.

60 **Mehrseitige oder multilaterale Maßnahmen:** Mehrseitige völkerrechtliche Verträge und zwischenstaatliche Vereinbarungen, z. B. über die Errichtung internationaler Organisationen (Bsp.: Wiener Übereinkommen über diplomatische und konsularische Beziehungen).⁶⁸

61 **Supranationale Maßnahmen:** Steuerharmonisierung innerhalb der Europäischen Union.

---

66 BFH v. 23.10.1985 I R 274/82, BStBl 1986 II 133.
67 BFH v. 5.11.2013 I B 126/12, BFH/NV 2014, 386.
68 H 3.29 EStH 2016 Stichwort „Wiener Übereinkommen"; BMF v. 18.3.2013 betr. steuerliche Vorrechte und Befreiungen aufgrund zwischenstaatlicher Vereinbarungen, BStBl 2013 I 404.

1.6.2 Nationale Maßnahmen zu Vermeidung der Doppelbesteuerung

Aufgrund seiner Steuergesetzgebungshoheit kann ein Staat in seinen nationalen Gesetzen alle rechtlich zulässigen Maßnahmen ergreifen, um eine Doppelbesteuerung zu vermeiden oder zumindest zu mildern. In den Steuergesetzen Deutschlands sind u. a. folgende Möglichkeiten vorgesehen (grundsätzliche Darstellung; vgl. die ausführliche Darstellung in den nachfolgenden Kapiteln):

Freistellung mit Progressionsvorbehalt (§§ 32b EStG): Die ausländischen Einkünfte werden von der inländischen Besteuerung freigestellt; für die Ermittlung des auf das zu versteuernde Einkommen anzuwendenden Steuersatzes werden aber die ausländischen Einkünfte berücksichtigt.

Anrechnung der ausländischen Steuer (§ 34c Abs. 1 EStG): Im Inland werden alle Einkünfte einschließlich der ausländischen Einkünfte besteuert; die im Ausland entrichtete Steuer wird auf die deutsche Einkommensteuer, die auf die ausländischen Einkünfte entfällt, angerechnet.

Anrechnung einer fiktiven ausländischen Steuer: Viele Entwicklungsländer gewähren ausländischen Investoren steuerliche Anreize, z. B. Steuerbefreiungen.[69] Um diesen Investitionsanreiz im Inland zum Tragen kommen zu lassen, wird auf die inländische Steuerschuld eine fiktive (= tatsächlich nicht erhobene und nicht gezahlte) ausländische Steuer angerechnet – grundsätzlich nur in DBA zu finden.

Abzug bei der Ermittlung der Einkünfte (§ 34c Abs. 2 und 3 EStG): Die ausländische Steuer wird bei der Ermittlung der Einkünfte abgezogen und mindert somit das zu versteuernde Einkommen; eine Freistellung der ausländischen Einkünfte von der inländischen Besteuerung oder eine Anrechnung der ausländischen Steuern scheiden aus.

Pauschalierung der inländischen Steuer (§ 34c Abs. 5 EStG): Auf die ausländischen Einkünfte wird ein geminderter, pauschaler Steuersatz erhoben; eine Freistellung von der inländischen Besteuerung, eine Anrechnung oder ein Abzug der ausländischen Steuer ist ausgeschlossen.

Besonderer Steuersatz (§ 5a EStG): Die Einkünfte aus dem Betrieb von Handelsschiffen im internationalen Verkehr werden mit einem bestimmten, ermäßigten Steuersatz besteuert ohne die Möglichkeit der Anrechnung oder des Abzuges der ausländischen Steuer.

Die unterschiedlichen Auswirkungen der vier erstgenannten Methoden zur Vermeidung der Doppelbesteuerung auf die Gesamtsteuerbelastung sollen an dem nachfolgenden, stark vereinfachten Beispiel verdeutlicht werden (ohne Solidaritätszuschlag, Kirchen- und Gewerbesteuer):

BEISPIEL: Der unbeschränkt steuerpflichtige ledige Unternehmer U hat Einkünfte i. H. von 100 000 €, darin enthalten ausländische Einkünfte i. H. von 25 000 € (ausländischer Steuersatz:

---

69 Vgl. BFH v. 29. 3. 2000 I R 15/99, BStBl 2000 II 577.

20 %); die das zu versteuernde Einkommen beeinflussenden Abzugsbeträge belaufen sich auf 10 000 €.

1.6.2.1 Freistellung mit Progressionsvorbehalt

Deutsche Einkommensteuer auf 90 000 €	29 604 €
durchschnittlicher Steuersatz	32,89 %
zu versteuerndes Einkommen	65 000 €
multipliziert mit 32,89 %	21 378 €[70]
Gesamtsteuerbelastung:	
Inländische Einkommensteuer	21 378 €
zzgl. ausländische Steuer	5 000 €
	26 378 €

Die Freistellung führt demnach bei einer Gesamtbetrachtung zu einer niedrigeren Steuerlast, als wenn die Einkünfte insgesamt in Inland erzielt worden wären (Einkommensteuer bei einem zu versteuernden Einkommen von 90 000 €: 29 604 €).

An der inländischen Steuerbelastung ändert sich im Rahmen des Progressionsvorbehalts auch dann nichts, wenn im Ausland keine Einkommensteuer oder eine höhere Einkommensteuer als im Inland erhoben wird.

1.6.2.2 Anrechnung der ausländischen Steuer

Zu versteuerndes Einkommen	90 000 €
Einkommensteuer	29 604 €
abzgl. ausländische Steuer	5 000 €
Einkommensteuer nach Anrechnung	24 604 €
Gesamtsteuerbelastung:	
Inländische Einkommensteuer	24 604 €
zzgl. ausländische Steuer	5 000 €
	29 604 €

Das Anrechnungsverfahren führt demnach grundsätzlich dazu, dass es aus der Sicht des Steuerpflichtigen unerheblich ist, ob er die Einkünfte im Inland oder im Ausland erzielt.

---

[70] Zum Vergleich: Die tarifliche Einkommensteuer beträgt bei einem zu versteuerndes Einkommen von 65 000 € lediglich 19 104 €.

1.6.2.3 Fiktive Anrechnung

Unterstellt, der Staat X erhebt zur Förderung ausländischer Investitionen fünf Jahre lang keine Steuern, und die Bundesrepublik Deutschland gewährt die Anrechnung der sonst üblicherweise erhobenen Steuer, so beträgt die inländische Einkommensteuer wie im vorhergehenden Fall 24 604 €; dies stellt zugleich die Gesamtsteuerbelastung dar.

1.6.2.4 Abzug bei der Ermittlung der Einkünfte

Summe der Einkünfte	100 000 €
abzgl. ausländischer Steuer	5 000 €
Einkommen	95 000 €
Abzugsbeträge	10 000 €
zu versteuerndes Einkommen	85 000 €
Einkommensteuer	27 504 €
Gesamtsteuerbelastung:	
inländische Einkommensteuer	27 504 €
zzgl. ausländischer Steuer	5 000 €
	32 504 €

Der Abzug der ausländischen Steuer bei der Bemessungsgrundlage der inländischen Steuer führt demnach zu der geringsten steuerlichen Entlastung der eingetretenen wirtschaftlichen Doppelbesteuerung.

1.7 Gliederung des internationalen Steuerrechts

Für eine Gliederung des internationalen Steuerrechts ist von folgenden Grundtatbeständen auszugehen: 70

- Steuerinländer mit Auslandsbeziehungen – sog. Outboundbeziehungen
- Steuerausländer mit Inlandsbeziehungen – sog. Inboundbeziehungen

Hinsichtlich der nationalen **Rechtsquellen** kann man folgende Gliederung aufstellen: 71

- **Allgemeines internationales Steuerrecht:** Die einzelnen Bestimmungen in den jeweiligen Einzelsteuergesetzen (EStG, KStG, BewG, ErbStG).
- **Besonderes internationales Steuerrecht:** Einzelsteuergesetze, die sich speziell mit grenzüberschreitenden Sachverhalten befassen, wie Außensteuergesetz (AStG), Auslandsinvestitionsgesetz (AIG), Entwicklungsländer-Steuergesetz (EntwLStG), Auslandsinvestmentgesetz (AuslInvG) bzw. Investmentsteuergesetz (InvStG).
- **Doppelbesteuerungsabkommen.**
- **Supranationales Steuerrecht:** Steuerharmonisierung in der EU, steuerliche Vorschriften des AEUV.

1.8 Zielsetzungen des internationalen Steuerrechts

1.8.1 Überblick

72 Das internationale Steuerrecht verfolgt u. a. folgende Ziele:

- ▶ Vermeidung der virtuellen Doppelbesteuerung;
- ▶ Vermeidung der effektiven Doppelbesteuerung;
- ▶ Vermeidung sog. weißer Einkünfte (= nichtbesteuerter Einkünfte, Keinmalbesteuerung, doppelte Nichtbesteuerung);
- ▶ Prüfung bzw. Beschränkung sog. grauer Einkünfte (nur zu einem durch DBA begrenzten Steuersatz besteuert);
- ▶ Bekämpfung aggressiver Steuerplanung, Vermeidung der Ausnutzung von tatsächlichen oder vermeintlichen Steuerschlupflöchern, Vermeidung von Steuerdumping;
- ▶ Vermeidung des Steuerwettbewerbs zwischen den Staaten;
- ▶ Sicherstellung angemessener Verrechnungspreise;
- ▶ Bekämpfung der Steuerumgehung durch gegenseitigen Informationsaustausch;
- ▶ Bekämpfung der Steuerflucht;
- ▶ Steuerliche Förderung von Auslandsinvestitionen.

73 Die Mechanismen zur Erreichung der genannten Ziele werden in den einzelnen Kapiteln bei der Behandlung der jeweiligen Vorschriften dargestellt. Nachfolgend nur einige grundsätzliche Anmerkungen.

74 Hinsichtlich der **Vermeidung der virtuellen Doppelbesteuerung** gilt Folgendes: Der Gesetzgeber möchte grundsätzlich lediglich eine Entlastung bei einer tatsächlich eingetretenen (= effektiven) Doppelbesteuerung gewähren (vgl. § 50d Abs. 8, 9, 10, 11 EStG).[71] Auch die Finanzverwaltung versucht in den Verhandlungen über die Revision eines DBA oder bei Neuverhandlungen lediglich die effektive Doppelbesteuerung auszuschließen oder zu mildern.

75 Um **weiße Einkünfte** zu verhindern, ist das Steuerabzugsverfahren ein legitimes Mittel,[72] damit nicht Einkünfte sowohl im Wohnsitzstaat als auch im Staat der Leistungserbringung unversteuert bleiben. Ein weiteres Mittel ist das Verlangen eines Nachweises, dass im Ausland die Einkünfte versteuert wurden.[73]

76 In Deutschland wurde bis einschließlich 1989 die **Förderung der Auslandsinvestitionen** durch zwei besondere Gesetze geregelt: Auslandsinvestitionsgesetz (AIG)[74] und Entwicklungsländer-Steuergesetz (EntwLStG).[75] Inzwischen sind die wichtigsten Regelungen aus den vorgenannten Gesetzen in das EStG bzw. KStG übernommen worden.

---

71 In diesem Sinne auch BFH v. 10. 5. 2017 I R 82/15, BFH/NV 2018, 33, zu dem Problem der Rückfallklausel.
72 BFH v. 29. 11. 2007 I B 181/07, BStBl 2008 II 195, Abs. 11; EuGH v. 3. 10. 2006 C-290/04 Scorpio, BStBl 2007 II 352.
73 Vgl. § 50d Abs. 8 Satz 1 EStG.
74 Vgl. Rdn. 1411.
75 Vgl. Rdn. 1414.

Zielsetzungen des internationalen Steuerrechts **KAPITEL 1**

Die Bekämpfung der **Steuerflucht** ist ein Problem, das die meisten westlichen Industriestaaten betrifft. Dies beruht auf der relativ hohen Einkommensteuerbelastung in diesen Ländern. 77

> **BEISPIEL:** Die Einkommensteuer-Spitzensteuersätze (einschließlich Zuschläge der Gebietskörperschaften und sonstiger Zuschläge) betrugen 2017 z. B. in Deutschland 47,48 %, in Belgien 53,5 %, in Dänemark 51,95 %, in Frankreich 54,61 %, in Großbritannien 45 %, in Italien 445,28 %, in Japan 55,95 %, in den USA 47,27 % (vor der Steuerreform) und in der Schweiz 39,97 %.[76]

Der objektive Tatbestand der Wohnsitzverlagerung allein aus steuerrechtlichen Gründen (Steuerflucht)[77] lässt sich relativ genau umschreiben: Verlegung des Wohnsitzes oder Sitzes in ein Gebiet mit keiner oder einer sehr niedrigen Ertragsbesteuerung und Beibehaltung der wirtschaftlichen Aktivitäten im bisherigen Wohnsitzstaat. 78

> **BEISPIEL:** Keine Einkommensteuer wird erhoben u. a. in Andorra und Monaco sowie auf den Bermudas, eine niedrige Einkommensteuer wird erhoben z. B. auf den britischen Kanalinseln.

Mit der Wohnsitz- oder Sitzverlegung ist grundsätzlich das Entweichen aus der inländischen Besteuerung verbunden. Diese Sitzverlegung braucht aber nicht notwendigerweise auf der für eine Steuerflucht erforderlichen subjektiven Absicht beruhen, Steuern zu sparen. 79

> **BEISPIEL:** Das Unternehmen F verlegt einen Teil der Produktion nach Rumänien. Entscheidend für diese Verlagerung der Produktion war die Tatsache, dass die Fertigungslöhne in Rumänien nur ca. 20 % derjenigen in Deutschland betragen. Die Tatsache, dass die Gewinnbesteuerung ebenfalls deutlich niedriger ist als in Deutschland, war nicht entscheidend; maßgebend war der vom Markt ausgeübte Druck, die Kosten zu senken.

Dieser Bereich wird in erster Linie durch das **Außensteuergesetz** (AStG) geregelt.[78] Unabhängig davon ist in solchen Fällen immer auch die Anwendung des § 42 AO zu prüfen.[79] 80

Nicht unbedingt mit Steuerflucht, aber mit dem Ziel, die **Besteuerung zu minimieren**, hängt der Versuch zusammen, die Steuer dort entstehen zu lassen, wo die Steuerlastquote am niedrigsten ist. Dies geht natürlich in einem Konzern leichter, wenn z. B. Leistungen zwischen inländischer Muttergesellschaft und ausländischer Tochtergesellschaft so berechnet werden, dass im Sitzland der Tochtergesellschaft mehr Gewinne entstehen als unter Berücksichtigung aller Umstände wirtschaftlich entstehen dürften. Dies kann z. B. bei konzerninternen Transaktionen geschehen, wenn die Verrechnungspreise zwischen Mutter- und Tochtergesellschaft oder Stammhaus und Betriebsstätte nicht wie unter fremden Dritten ermittelt werden. 81

In diesem Zusammenhang sind auch die Fälle der sog. Funktionsverlagerung zu erwähnen, z. B. (Teil-)Verlagerung von Produktion oder Vertrieb ins Ausland.[80] Hintergrund ist 82

---

76 Quelle: BMF, Die wichtigsten Steuern im internationalen Vergleich 2018, S. 23 ff.
77 BVerfG v. 14. 5. 1986 2 BvL 2/83, BStBl 1986 II 259, unter C. 4. a) der Entscheidungsgründe.
78 Vgl. Rdn. 1203 ff.
79 BFH v. 20. 3. 2002 I R 63/99, BStBl 2003 II 50.
80 Ausführlich Rdn. 1700 ff.

die Prüfung der Frage, ob Gewinnpotenzial zu angemessenen steuerlichen Bedingungen ins Ausland verlagert wird.

83 Zum Bereich der Steuerminimierung gehört auch der Begriff der **aggressiven Steuerplanung,** den die EU-Kommission in einer Empfehlung näher untersucht.[81] Aggressive Steuerplanung ist keine Steuerumgehung oder Steuerhinterziehung; sie besteht vielmehr darin, die Feinheiten eines Steuersystems oder Unstimmigkeiten zwischen zwei oder mehr Steuersystemen auszunutzen, um die Steuerschuld zu senken. Hierzu gehören z. B. doppelte Abzüge (d. h. ein und derselbe Verlust wird sowohl im Quellenstaat als auch im Ansässigkeitsstaat abgezogen),[82] doppelte Nichtbesteuerung, künstliche Einschaltung von Tochtergesellschaften in Niedrigsteuerländern, Ausnutzung von hybriden Gestaltungen.[83]

BEISPIEL:

> Der Y- Konzern überträgt seine Lizenzen auf eine Tochtergesellschaft in einer Steueroase; für die Nutzung der Lizenzen müssen seine Tochtergesellschaften in Ländern mit hohen Steuersätzen einkommensmindernde Gebühren entrichten.[84]

84 Im Rahmen des **Steuerwettbewerbs innerhalb der EU** stellt sich ebenfalls das Problem der „Steuerflucht": So hat der EuGH im Fall Cadbury Schweppes[85] ausgeführt, dass allein das Ausnutzen der niedrigen Besteuerung in einem anderen Mitgliedstaat keinen Tatbestand darstellt, der Abwehrmaßnahmen des Staates rechtfertigt, aus dem das Unternehmen „geflohen" ist.[86]

85 Eine besondere Variante der Steuerflucht bzw. Steuerhinterziehung ist der Versuch, die Steuer dadurch zu umgehen, dass man in In- und Ausland unterschiedliche, ggf. sogar einander widersprechende Angaben macht und darauf vertraut, dass diese nicht ausgetauscht werden mit der Folge, dass man in beiden Staaten zu nicht besteuerten Einkünften gelangt: Besteuert der andere Staat, dem im konkreten Fall das Besteuerungsrecht zusteht, die Einkünfte nur deshalb nicht, weil er von den Einkünften keine Kenntnis erhält, so findet eine Ungleichbesteuerung statt, die sowohl die Steuergerechtigkeit berührt als auch wettbewerbsverzerrend wirken kann.[87] Im Hinblick auf den Grundsatz der Besteuerung eines jeden nach seiner persönlichen Leistungsfähigkeit besteht demnach grundsätzlich eine Pflicht der deutschen Finanzbehörden, auch unaufgefordert Kontrollmitteilungen ins Ausland zu versenden, um so im Wege der Gegenseitigkeit die notwendigen Informationen auszutauschen – **Informationsaustausch.**[88]

86 Heute kommt dem Informationsaustausch eine ganz herausragende Bedeutung zu. Deutschland hat mit einer Reihe von Steueroasen spezielle Abkommen zum Informati-

---

81 K(2012) 8806 v. 6. 12. 2012.
82 Sog. Double Dip.
83 Hierunter versteht man eine Gesellschaft, deren Rechtsform in verschiedenen Staaten unterschiedlich steuerlich behandelt wird (Staat A: Kapitalgesellschaft, Staat B: Personengesellschaft – vgl. z. B. die LLC in den USA und in Deutschland – BMF v. 10. 3. 2004, BStBl 2004 I 411.
84 Fall Starbucks und Fiat; vgl. Pressemitteilung der EU-Kommission IP/15/5880 vom 21. 10. 2015.
85 EuGH v. 12. 9. 2006 C-196/04 Cadbury Schweppes, IStR 2006, 670.
86 Vgl. ferner EuGH v. 17. 12. 2014 C-419/14 WebMindLicenses Kft., BFH/NV 2016, 366.
87 BFH v. 16. 8. 2010 I B 119/09, BFH/NV 2010, 2055.
88 Vgl. Rdn. 1006 ff.; BFH v. 8. 2. 1995 I B 92/94, BStBl 1995 II 358.

onsaustausch geschlossen.[89] Mit den USA hat die Bundesrepublik Deutschland das sog. FATCA-Abkommen[90] geschlossen, das zwecks Vermeidung einer Strafsteuer umfassende Mitwirkungs- und Informationspflichten von Banken und Vermögensverwaltern vorsieht. Der automatische Informationsaustausch über Finanzkonten nach dem gemeinsamen Meldestandard der OECD hat zum 30. 9. 2017 begonnen. Weltweit bestehen zwischen allen an diesem Informationsaustausch teilnehmenden Staaten und Gebieten schon über 2000 bilaterale Austauschbeziehungen. Derzeit haben sich bereits über 100 Staaten und Gebiete dazu bekannt, den gemeinsamen Meldestandard einzuführen.

Zum Bereich „Internationaler Auskunftsverkehr – Informationsaustausch" vgl. ausführlich Rdn. 1006 ff. 87

1.8.2 Addressing Base Erosion and Profit Shifting (BEPS)

Um Steuerminderungen entgegenzuwirken, hat die OECD am 12. 2. 2013 ihre im Auftrag der G-20-Staaten erstellte Studie veröffentlicht, die sich unter dem Titel **„Addressing Base Erosion and Profit Shifting" (BEPS)** mit der Gewinnverlagerung und der Aushöhlung von Steuerbemessungsgrundlagen durch multinationale Konzerne befasst. In diesem Bericht werden sechs konkrete Handlungsfelder (sog. key pressure areas) benannt, die aus der Sicht der OECD einer Lösung zugeführt werden müssen: 88

▶ Einsatz hybrider Gesellschaften;

▶ Quellenbesteuerung insbesondere im Bereich der Lieferung digitaler Güter und Leistungen;

▶ steuerliche Behandlung von Fremdfinanzierungen durch nahestehende Personen, Eigenversicherung und andere konzerninterne Finanztransaktionen;

▶ Verrechnungspreise vor allem in Bezug auf die Risikoverlagerung und immaterielle Vermögenswerte;

▶ Wirksamkeit von Missbrauchsvorschriften, Hinzurechnungsbesteuerung, Finanzierungsregeln und Vorschriften zur Vorbeugung des Missbrauchs von DBA;

▶ Existenz sog. schädlicher Präferenzsysteme.

Am 19. 7. 2013 hatte die OECD einen BEPS-Aktionsplan vorgelegt.[91] Der Aktionsplan der OECD strebte grundlegende Änderungen der internationalen Besteuerungsregeln und einen abgestimmten Ansatz zur Bekämpfung von BEPS an. Im Einzelnen enthielt der Aktionsplan der OECD folgende Maßnahmen: 89

▶ 1. Besteuerung der digitalen Wirtschaft;

▶ 2. Verhinderung doppelter Nichtbesteuerung bei hybriden Gestaltungen, Neutralisierung der Effekte von sog. Hybrid Mismatch Arrangements;

---

89 Vgl. Rdn. 1025.
90 Vgl. Rdn. 1029.
91 Deutsche Arbeitsübersetzung auf den Internetseiten des BMF.

- 3. Erarbeitung von internationalen Standards für die Hinzurechnungsbesteuerung (CFC-Besteuerung);[92]
- 4. Verhinderung von Steuerverkürzungen durch Regelungen zur Versagung des Zinsabzugs – oder des Abzugs sonstigen Aufwendungen;
- 5. wirksamere Bekämpfung steuerschädlicher Praktiken unter Berücksichtigung von Transparenz und Substanz;
- 6. Verhinderung von Abkommensmissbrauch (sog. treaty abuse);
- 7. Überarbeitung des Betriebsstättenbegriffs, um eine künstliche Vermeidung des Betriebsstättenstatus zu verhindern;
- 8. Aktualisierung der Verrechnungspreisleitlinien in Hinblick auf immaterielle Wirtschaftsgüter;
- 9. Aktualisierung der Verrechnungspreisleitlinien in Hinblick auf Risiko- und Kapitalzuordnungen;
- 10. Aktualisierung der Verrechnungspreisleitlinien in Hinblick auf andere risikobehaftete Transaktionen;
- 11. Entwicklung von Methoden und Regelungen zur Erfassung und Analyse von BEPS-Daten und Gegenmaßnahmen;
- 12. Verbesserung der Transparenz in Hinblick auf aggressive Steuerplanungen – Verpflichtung von Steuerpflichtigen zur Offenlegung aggressiver Steuerplanungsmodelle;
- 13. Überarbeitung der Dokumentationsanforderungen für die Verrechnungspreisermittlungen;
- 14. Verbesserung der Verwaltungszusammenarbeit in Verständigungs- und Schiedsverfahren – Verbesserung der Effizienz von Streitbeilegungsmechanismen;
- 15. Entwicklung einer multilateralen Vertragsgrundlage für die Umsetzung von BEPS-Maßnahmen.

Am 5.10.2015 hat die OECD die Ergebnisse des BEPS-Projekts veröffentlicht;[93] die G20-Finanzminister haben am 8.10.2015 die finalen Berichte verabschiedet. Die Berichte bedürfen zum größten Teil der Umsetzung in nationales Recht; so ist z.B. BEPS Aktion 13 – Anforderung für die Dokumentation der Verrechnungspreise – durch eine Änderung der AO (§§ 90 Abs. 3, 138a AO) umgesetzt worden.

90 Im Juni 2019 hat die OECD für die G20-Finanzminister einen Fortschrittsbericht veröffentlicht, in dem sie über die Entwicklungen über die weltweite Umsetzung der BEPS Aktionen berichtet.

91 Ende Mai 2019 hat die OECD eine Roadmap für die Entwicklung eines globalen Ansatzes für die Besteuerung der digitalen Wirtschaft veröffentlicht.

---

[92] Vgl. Rdn. 1203 ff.
[93] Vgl. Internetseiten des BMF sowie Internetseiten der OECD.

1.9 Qualifikationskonflikt

Unter dem Stichwort Qualifikationskonflikt werden verschiedene Dinge erfasst: Ganz allgemein geht es darum, dass durch die unterschiedlichen Wertungen der verschiedenen in- und ausländischen Rechts- und Steuersysteme Schwierigkeiten bei der Beurteilung eines grenzüberschreitenden Steuerfalls auftreten können (Bsp.: Zusammenveranlagung eines mit zwei Frauen verheirateten marokkanischen Gastarbeiters, wenn alle drei Beteiligten in Deutschland wohnhaft sind).[94] Diese können u.U. trotz aller getroffenen generellen Maßnahmen im konkreten Einzelfall zu einer nicht beabsichtigten Doppelbesteuerung bzw. unerwünschten Doppelentlastung / Keinmalbesteuerung führen.

92

Qualifikationsprobleme können sich z. B. bei der Frage stellen,

93

- ▶ Entspricht eine ausländische Steuer der deutschen Einkommensteuer?[95]
- ▶ Wie ist die Besteuerung durchzuführen, wenn die ausländische Gesellschaft, die im Ausland als transparente Personengesellschaft behandelt wird, nach deutschem Rechtsverständnis mit einer Kapitalgesellschaft vergleichbar ist?[96]
- ▶ Wie ist die Besteuerung durchzuführen, wenn die Einkünfte nach ausländischem Steuerrecht Einkünfte aus Kapitalvermögen (Dividenden), nach deutschem Steuerrecht aber Einkünfte aus Gewerbebetrieb (Einkünfte aus der Beteiligung an einer Mitunternehmerschaft) darstellen?[97]
- ▶ Kann eine ausländische Kapitalgesellschaft Einkünfte aus selbständiger Arbeit erzielen?[98]
- ▶ Liegen gewerbliche oder selbständige Einkünfte vor?
- ▶ Liegen inländische oder ausländische Einkünfte vor?[99]
- ▶ Wie ist ein grenzüberschreitender Leasingvertrag zu behandeln, wenn der Leasinggegenstand aufgrund unterschiedlicher Zuordnungsprinzipien in beiden Staaten jeweils dem Leasinggeber zugeordnet wird?[100]
- ▶ Welche Rechtsfolgen ergeben sich, wenn der ausländische Staat die Einkünfte als solche aus Vermietung und Verpachtung qualifiziert, der Heimatstaat dagegen als gewerbliche Einkünfte?

Häufig hilft bei derartigen Qualifikationsproblemen – sofern ein DBA abgeschlossen ist – eine Auslegung des Abkommens. Lässt sich aber trotz aller Bemühungen eine effektive Doppelbesteuerung nicht vermeiden, bleibt bei Bestehen eines DBA als Ausweg nur die Einleitung eines Verständigungsverfahrens zwischen den Finanzbehörden der betei-

94

---

94 BFH v. 6.12.1985 VI R 56/82, BStBl 1986 II 390; v. 25.3.1988 VI R 142/87, BStBl 1988 II 584; vgl. auch BFH v. 17.4.1998 VI R 16/97, BStBl 1998 II 473, zur lediglich nach islamischen Recht gültigen Ehe; ebenso BFH v. 19.4.2007 III R 85/03, BFH/NV 2007, 1855.
95 FG Hamburg v. 13.9.2006 6 K 242/02, EFG 2007, 616.
96 BFH v. 4.4.2007 I R 110/05, BStBl 2007 II 521.
97 BMF v. 26.9.2014, BStBl 2014 I 1258, Tz. 4.1.4.
98 BFH v. 1.12.1982 I R 238/81, BStBl 1983 II 213.
99 BFH v. 24.3.1998 I R 38/97, BStBl 1998 II 471.
100 Diese Konstellation ist u.a. Grundlage für ein Cross-Border-Leasing, weil dann z.B. die Abschreibungen in beiden Staaten in Anspruch genommen werden können (Double Dip).

ligten Staaten,[101] Bzw. im Rahmen der EU ein Verfahren nach der Streitbeilegungsrichtlinie.[102] Fehlt ein solches, dann kann nur eine Billigkeitsmaßnahme des Heimatstaates Abhilfe schaffen.

1.10 Der Steuerpflichtige im internationalen Steuerrecht

95 Grundsätzlich kann davon ausgegangen werden, dass derjenige, der im Ausland zu einer Steuer herangezogen wird, auch derjenige ist, der im Inland der Besteuerung unterliegt und umgekehrt. Aber bereits oben wurde zum Problembereich Qualifikationskonflikt ausgeführt, dass die unterschiedlichen Rechts- und Steuersysteme häufig nicht miteinander harmonieren, auch nicht innerhalb der EU. Um nun die steuerlichen Regeln der Einzelsteuergesetze oder eines DBA bei ausländischen Einkünften anwenden zu können, muss die Identität des Abgabenpflichtigen gegeben sein: Derjenige, der im Ausland die Einkünfte erzielt hat und dort zur Steuer herangezogen wurde, muss auch derjenige sein, der im Inland Steuerpflichtiger ist und hier der Besteuerung unterliegt; dabei ist auf die wirtschaftliche Steuerlast abzustellen (sog. **Subjektidentität**).[103]

96 Schwierigkeiten können sich insbesondere bei Beteiligungen an Personengesellschaften im Ausland ergeben, wenn, wie z. B. in Frankreich, Spanien oder Tschechien, die Gesellschaft und nicht der einzelne Gesellschafter – ggf. als juristische Person – Steuerpflichtiger ist, d. h. das System der Transparenzbesteuerung nicht zur Anwendung kommt.[104] Zur Lösung des Problems kann man ganz grob eine ausländische Gesellschaft anhand folgender Frage prüfen: Entspricht die ausländische Gesellschaft nach Aufbau, Struktur und wirtschaftlicher Bedeutung einer Mitunternehmerschaft nach § 15 EStG? Ist die Frage zu bejahen, wird der inländische Gesellschafter so behandelt, als wenn er selbst als Gesellschafter der ausländischen Personengesellschaft die ausländischen Einkünfte erzielt hätte, d. h., die Subjektidentität wird bejaht.

> **BEISPIEL:** Der Inländer X ist als Kommanditist an der spanischen Z Sociedad en Comandita (S.C. = KG) mit Sitz in Madrid beteiligt. Nach dem spanischen Zivilgesetzbuch ist diese eine juristische Person und wird auch als solche in Spanien besteuert. Für Zwecke der deutschen Besteuerung ist sie als Personengesellschaft (Mitunternehmerschaft) einzustufen.[105]

97 Gleich verhält es sich, wenn die Frage zu entscheiden ist, ob das ausländische Rechtsgebilde einer Kapitalgesellschaft nach deutschem Rechtsverständnis entspricht: Man vergleicht die Struktur und Kennzeichen der ausländischen Gesellschaft mit denen einer deutschen Kapitalgesellschaft;[106] wenn sie eine korporationsrechtliche Struktur aufweist, kann sie aus der insoweit maßgebenden deutschen Sicht als eine Kapitalgesellschaft angesehen werden. Erst dann ist Subjektidentität zu bejahen.[107]

---

101 Ausführlich Rdn. 993 ff.
102 Rdn. 1499 ff.
103 BFH v. 2.3.2016 I R 73/14, BStBl 2016 II 887.
104 Vgl. ausführlich Rdn. 617 ff. zum Thema Personengesellschaften im Abkommensrecht.
105 BMF v. 26.9.2014, BStBl I 2014, 1258, Tz. 4.1.4.1; BFH v. 19.5.2010 I B 191/09, BStBl II 2011, 156.
106 BFH v. 26.6.2013 I R 48/12, BFH/NV 2013, 2002.
107 Vgl. Rdn. 630 ff.

1.11 Ausland

Unter **Ausland** ist bis zur Herstellung der Einheit Deutschlands am 3.10.1990 ertragsteuerlich dasjenige Gebiet zu verstehen, das nicht zu den sog. alten Bundesländern einschließlich Berlin (West) (= Inland) zählt.[108] Das Gebiet der ehemaligen DDR einschließlich Berlin (Ost) wurde steuerrechtlich als Ausland,[109] staatsrechtlich weder als In- noch als Ausland behandelt.[110]

98

Die Definition des Festlandsockels[111] ist durch Art. 3 Nr. 1 des Kroatienanpassungsgesetzes[112] erweitert und an das internationale Seerecht angepasst worden.

99

Durch Art. 3 Nr. 1 des Steueränderungsgesetzes 2015[113] wurde der ertragsteuerliche Inlandsbegriff in § 1 Abs. 1 EStG mit Wirkung ab 1.1.2016 um die Ausschließliche Wirtschaftszone[114] erweitert. Begründet wurde dies[115] mit der Anpassung des Inlandsbegriffs an die Bestimmungen der UN-Seerechtskonvention vom 10.12.1982. Diese Erweiterung gilt auch für das Körperschaftsteuer- und das Gewerbesteuerrecht.

100

Schiffe auf hoher See, d. h. außerhalb der sog. Zwölf-Seemeilen-Zone[116] und einer sich etwa anschließenden Ausschließlichen Wirtschaftszone, gelten als schwimmender Gebietsteil des Staates, dessen Flagge sie führen[117] – sog. Flaggenprinzip;[118] innerhalb der Hoheitsgewässer eines anderen Staates unterliegen sie dessen Steuergesetzen.

101

Die **Luftsäule oberhalb der Staatsfläche** zählt völkerrechtlich und steuerrechtlich zum Staatsgebiet des jeweils betroffenen Staates,[119] unabhängig davon, ob der ausländische Staat sein Besteuerungsrecht wahrnimmt. Im Übrigen gelten für Flugzeuge die obigen Ausführungen betreffend Seeschiffe entsprechend.

102

---

108 BFH v. 25.3.1992 I B 98/91, BStBl 1992 II 878; für die Zeit zwischen dem 3.10.1990 und 31.12.1990 verbleibt es nach dem Einigungsvertrag vom 31.8.1990 bei der bisherigen Regelung.
109 BFH v. 7.5.1993 VI R 98/92, BFH/NV 1994, 91 m.w.N.
110 BVerfG v. 31.7.1973 2 BvF 1/73, BVerfGE 36,1 zum Grundlagenvertrag.
111 Definition in Art. 76 UN-Seerechtsübereinkommen vom 10.2.1982, BGBl II 1994, 1798: „Der Festlandsockel eines Küstenstaates umfasst den jenseits seines Küstenmeers gelegenen Meeresboden und Meeresuntergrund der Unterwassergebiete, die sich über die gesamte natürliche Verlängerung seines Landgebiets bis zur äußeren Kante des Festlandrands erstrecken oder bis zur Entfernung von 200 Seemeilen von den Basislinien, von denen aus die Breite des Küstenmeers gemessen wird, wo die äußere Kante des Festlandrands in einer geringeren Entfernung verläuft".
112 BGBl 2014 I 1266.
113 BGBl 2015 I 1834.
114 Definition in Art. 55 ff. UN-Seerechtsübereinkommen: „Die ausschließliche Wirtschaftszone ist ein jenseits des Küstenmeers gelegenes und an diese angrenzendes Gebiet, das der in diesem Teil festgelegten besonderen Rechtsordnung unterliegt, nach der die Rechte und Hoheitsbefugnisse des Küstenstaats und die Rechte und Freiheiten anderer Staaten durch die diesbezüglichen Bestimmungen diese Übereinkommens geregelt werden.".
115 BT-Drs. 18/4901, S. 41.
116 Proklamation über die Ausweitung des deutschen Küstenmeeres vom 11.11.1994, BGBl I 1994, 3428, entsprechend Art. 2, 3 UN-Seerechtsübereinkommen.
117 BFH v. 19.3.1997 I R 37/96, BFH/NV 1997, 666; v. 5.2.1992 I R 9/90, BStBl 1992 II 607; v. 5.10.1977 I R 250/75, BStBl 1978 II 50.
118 BGH v. 7.4.2009 2 Ars 180/09, NJW 2009, 3735; wegen der Einzelheiten vgl. die Internetseiten unter www.deutsche-flagge.de.
119 BFH v. 7.5.1993 VI R 98/92, BFH/NV 1994, 91; v. 14.12.1988 I R 148/87, BStBl 1989 II 319.

103 Zum ertragsteuerlichen Inland gehören auch **Helgoland** und **Büsingen** sowie grundsätzlich **Freizonen (Freihäfen)**;[120] das Klein-Walsertal ist ertragsteuerlich Ausland.

104 Eine Besonderheit stellen die Vereinbarungen mit den Niederlanden über **grenzüberschreitende Gewerbegebiete** dar.[121] Hierunter ist ein räumlich abgeschlossenes Gebiet zu verstehen, das sich sowohl auf niederländisches als auch auf deutsches Hoheitsgebiet erstreckt und durch das die gemeinsame Grenze der beiden Vertragsstaaten verläuft, sofern die Vertragsstaaten das Gebiet einvernehmlich als grenzüberschreitendes Gewerbegebiet bestimmt haben.

105–149 *Vorläufig nicht besetzt*

---

120 BFH v. 13. 4. 1989 IV R 196/85, BStBl 1989 II 614.
121 Vgl. Art. 26 DBA-Niederlande 2015.

KAPITEL 2: STEUERINLÄNDER MIT AUSLANDSBEZIEHUNGEN – DIE EINZELSTEUERGESETZE

			Rdn.	Seite
2.1	Abgabenordnung		150	34
	2.1.1	Mitwirkungspflichten bei Auslandssachverhalten (§ 90 Abs. 2 AO, § 76 FGO)	150	34
	2.1.2	Dokumentationspflichten (§ 90 Abs. 3, § 138a AO)	155	35
	2.1.3	Zwischenstaatliche Rechts- und Amtshilfe (§§ 117 AO ff.)	157	36
	2.1.4	Anzeigepflichten von Auslandssachverhalten (§ 138 AO)	158	36
	2.1.5	Mitteilungspflichten (§§ 138b, § 138c AO)	160	36
	2.1.6	Anzeigepflicht für grenzüberschreitende Sachverhalte (§ 138d ff. AO)	162	37
	2.1.7	Buchführungs- und Aufzeichnungspflichten nach anderen Gesetzen (§§ 140, 146 AO)	168	38
	2.1.8	Benennung von Zahlungsempfängern (§ 160 AO)	169	39
2.2	Einkommensteuerrecht		174	41
	2.2.1	Unbeschränkte Einkommensteuerpflicht	174	41
		2.2.1.1 Grundsätze (§ 1 Abs. 1, 4 EStG)	174	41
		2.2.1.2 Erweitert unbeschränkte Steuerpflicht (§ 1 Abs. 2 EStG)	175	41
		2.2.1.3 Unbeschränkte Steuerpflicht auf Antrag (§ 1 Abs. 3 EStG)	177	42
		2.2.1.4 Steuerpflicht für Staatsangehörige eines EU-Mitgliedstaates (§ 1a EStG)	181	43
		2.2.1.5 Wechsel zwischen beschränkter und unbeschränkter Steuerpflicht (§ 2 Abs. 7 EStG)	184	44
	2.2.2	Ausländische Einkünfte	186	44
		2.2.2.1 Überblick, Grundsätze	186	44
		2.2.2.2 Einkünfte aus Land- und Forstwirtschaft (§ 34d Nr. 1 EStG)	187	45
		2.2.2.3 Einkünfte aus Gewerbebetrieb (§ 34d Nr. 2 EStG)	192	45
		2.2.2.4 Einkünfte aus selbständiger Arbeit (§ 34d Nr. 3 EStG)	199	46
		2.2.2.5 Einkünfte aus Veräußerungsgeschäften (§ 34d Nr. 4 EStG)	203	47
		2.2.2.6 Einkünfte aus nichtselbständiger Arbeit (§ 34d Nr. 5 EStG)	207	47
		2.2.2.7 Einkünfte aus Kapitalvermögen (§ 34d Nr. 6 EStG)	213	48

KAPITEL 2 — Steuerinländer m. Auslandsbeziehungen – Einzelsteuergesetze

			Rdn.	Seite
	2.2.2.8	Einkünfte aus Vermietung und Verpachtung (§ 34d Nr. 7 EStG)	217	49
	2.2.2.9	Sonstige Einkünfte (§ 34d Nr. 8 EStG)	220	49
2.2.3		Ermittlung der ausländischen Einkünfte	223	50
	2.2.3.1	Überblick, Grundsätze	223	50
	2.2.3.2	Umrechnung	228	51
	2.2.3.3	Wechselkursgewinne und -verluste, Währungskursschwankungen	229	51
	2.2.3.4	Währungsverluste am Dotationskapital	231	52
	2.2.3.5	Entnahme (§ 4 Abs. 1 Satz 3 und 4, § 4g, § 15 Abs. 1a EStG)	232	53
	2.2.3.6	Einlage (§ 4 Abs. 1 Satz 8 EStG)	238	54
	2.2.3.7	Zinsschranke (§ 4h EStG)	239	54
	2.2.3.8	Sonderbetriebsausgabenabzug (§ 4i EStG)	240	55
	2.2.3.9	Lizenzschranke (§ 4j EStG)	241	55
	2.2.3.10	Betriebsausgabenabzug bei hybriden Gestaltungen (§ 4k EStG)	244	56
	2.2.3.11	Ermittlung gewerblicher Einkünfte – Grundsätze	245	58
	2.2.3.12	Sitzverlegung einer Kapitalgesellschaft (§ 17 Abs. 5 EStG)	246	58
	2.2.3.13	Gewinnermittlung bei Handelsschiffen im internationalen Verkehr (§ 5a EStG)	248	59
	2.2.3.14	Ermittlung der Einkünfte aus Kapitalvermögen	253	60
	2.2.3.15	Ermittlung der Einkünfte aus Vermietung und Verpachtung	255	61
	2.2.3.16	Einschränkung des Verlustausgleichs (§ 2a EStG)	258	61
2.2.4		Anrechnungsverfahren (§ 34c Abs. 1 EStG)	269	65
	2.2.4.1	Überblick, Grundsätze	269	65
	2.2.4.2	Anrechenbare ausländische Steuer	276	65
	2.2.4.3	Berechnungsmethode, Durchführung der Anrechnung	283	67
2.2.5		Abzug der ausländischen Steuer bei der Ermittlung der Einkünfte (§ 34c Abs. 2, 3 EStG)	306	72
	2.2.5.1	Abzug auf Antrag (§ 34c Abs. 2 EStG)	306	72
	2.2.5.2	Abzug von Amts wegen (§ 34c Abs. 3 EStG)	314	74
2.2.6		Ermäßigungsverfahren bei Doppelbesteuerungsabkommen (§ 34c Abs. 6 EStG)	316	75
2.2.7		Steuerpauschalierung (§ 34c Abs. 5 EStG)	323	76
	2.2.7.1	Überblick	323	76
	2.2.7.2	Pauschalierungserlass	326	77

			Rdn.	Seite
	2.2.7.3	Auslandstätigkeitserlass	332	78
2.2.8	Ausländische Einkünfte aus Kapitalvermögen (§ 32d Abs. 5 EStG)		343	80
2.2.9	Verfahrensrechtliche Bestimmungen		346	81
	2.2.9.1	Nachweise über die Höhe der ausländischen Einkünfte und Steuern, Übersetzungen ausländischer Urkunden (§ 68b EStDV)	346	81
	2.2.9.2	Änderungsvorschriften, Berichtigung von Erklärungen (§ 153 AO)	347	81
2.2.10	Progressionsvorbehalt (§ 32b EStG)		349	82
	2.2.10.1	Überblick, Grundsätze	349	82
	2.2.10.2	Progressionsvorbehalt bei zeitweiser unbeschränkter Steuerpflicht sowie bei Doppelwohnsitz (§ 32b Abs. 1 Satz 1 Nr. 2 EStG)	352	82
	2.2.10.3	Progressionsvorbehalt für steuerfreie DBA-Einkünfte (§ 32b Abs. 1 Satz 1 Nr. 3 EStG)	355	83
	2.2.10.4	Anpassung an EU-Recht (§ 32b Abs. 1 Satz 2 EStG)	363	86
	2.2.10.5	Sonstige zwischenstaatliche Abkommen (§ 32b Abs. 1 Satz 1 Nr. 4 EStG)	364	87
	2.2.10.6	Progressionsvorbehalt bei unbeschränkter Steuerpflicht auf Antrag (§ 32b Abs. 1 Satz 1 Nr. 5 EStG)	365	87
	2.2.10.7	Organschaft und Progressionsvorbehalt (§ 32b Abs. 1a EStG)	368	88
2.2.11	Begünstigung der nicht entnommenen Gewinne (§ 34a EStG)		369	88
2.2.12	Besteuerung von Diplomaten, Konsuln, NATO-Truppenangehörigen und Angehörigen internationaler Organisationen		376	89

2.3	Körperschaftsteuerrecht		381	91
2.3.1	Grundlagen, Steuerpflicht, ausländische Einkünfte, Einkunftsermittlung		381	91
2.3.2	Besteuerung ausländischer Einkünfte – Überblick		385	92
2.3.3	Steuerfreie ausländische Einkünfte		386	92
2.3.4	Steuerermäßigung bei ausländischen Einkünften (§ 26 KStG)		387	92
2.3.5	Abzug bei der Ermittlung der Summe der Einkünfte		392	93
2.3.6	Tonnagebesteuerung		393	94
2.3.7	Pauschalierung, Erlass		394	94
2.3.8	Beteiligung an anderen Körperschaften und Personenvereinigungen (§ 8b KStG)		395	94
	2.3.8.1	Überblick	395	94
	2.3.8.2	Laufende Erträge (§ 8b Abs. 1 Satz 1 KStG)	397	95

			Rdn.	Seite
	2.3.8.3	Hybride Finanzierung und sonstige Bezüge (§ 8b Abs. 1 Satz 2 bis 4 KStG)	400	96
	2.3.8.4	Erträge aus Veräußerungen (§ 8b Abs. 2 KStG)	404	97
	2.3.8.5	Abzug von Betriebsausgaben (§ 8b Abs. 3 und Abs. 5 KStG)	405	97
	2.3.8.6	Ausschüttungen aus Streubesitz (§ 8b Abs. 4 KStG)	416	99
2.3.9	Organschaft (§§ 14 ff. KStG)		417	99
	2.3.9.1	Zinsschranke, Gesellschafterfremdfinanzierung (§ 8a KStG)	422	101
2.3.10	Entstrickungs- und Wegzugsbesteuerung (§ 12 KStG)		423	101
	2.3.10.1	Verlust oder Beschränkung des Besteuerungsrechts (§ 12 Abs. 1 KStG)	423	101
	2.3.10.2	Umwandlung von Nicht-EU-Gesellschaften (§ 12 Abs. 2 KStG)	424	102
	2.3.10.3	Sitzverlegung (§ 12 Abs. 3 KStG)	425	102

2.4	Gewerbesteuerrecht		426	102
	2.4.1	Steuersubjekt	426	102
	2.4.2	Gewerbeertrag, Hinzurechnungen, Kürzungen	430	103

2.5	Internationales Umwandlungssteuerrecht		440	106
	2.5.1	Einführung	440	106
	2.5.2	Verschmelzung auf eine Personengesellschaft oder auf eine natürliche Person und Formwechsel einer Kapitalgesellschaft in eine Personengesellschaft (§§ 3 bis 10 UmwStG)	447	108
		2.5.2.1 Inländische Verschmelzung auf eine Personengesellschaft	447	108
		2.5.2.2 Ausländische Verschmelzung auf eine Personengesellschaft	456	111
		2.5.2.3 Grenzüberschreitende Verschmelzung auf eine Personengesellschaft	458	112
	2.5.3	Verschmelzung oder Vermögensübertragung (Vollübertragung) auf eine andere Körperschaft (§§ 11 bis 13 UmwStG)	463	114
		2.5.3.1 Inländische Verschmelzung mit Auslandsbezug	463	114
		2.5.3.2 Ausländische Verschmelzung mit Inlandsbezug	466	115
		2.5.3.3 Grenzüberschreitende Verschmelzung	469	116

			Rdn.	Seite
	2.5.4	Aufspaltung, Abspaltung und Vermögensübertragung (§§ 15 f. UmwStG)	477	118
	2.5.5	Gewerbesteuer (§§ 18 f. UmwStG)	480	119
	2.5.6	Einbringung von Unternehmensteilen in eine Kapitalgesellschaft oder Genossenschaft und Anteilstausch (§§ 20 bis 23 UmwStG)	481	120
		2.5.6.1 Einbringung in eine inländische Kapitalgesellschaft mit Auslandsbezug	486	122
		2.5.6.2 Einbringung in eine ausländische Kapitalgesellschaft mit Inlandsbezug	488	123
		2.5.6.3 Grenzüberschreitende Einbringung in eine Kapitalgesellschaft	489	123
	2.5.7	Einbringung eines Betriebs, Teilbetriebs oder Mitunternehmeranteils in eine Personengesellschaft (§ 24 UmwStG)	495	126
		2.5.7.1 Einbringung in eine inländische Personengesellschaft	496	127
		2.5.7.2 Einbringung in eine ausländische Personengesellschaft	497	127
		2.5.7.3 Grenzüberschreitende Einbringung in eine Personengesellschaft	498	127
	2.5.8	Formwechsel einer Personengesellschaft in eine Kapitalgesellschaft oder Genossenschaft (§ 25 UmwStG)	499	128
2.6	**Vermögensteuergesetz**		500	128
2.7	**Erbschaftsteuer- und Schenkungsteuergesetz**		503	128
	2.7.1	Überblick	503	128
	2.7.2	Unbeschränkte und beschränkte Steuerpflicht (§ 2 ErbStG)	506	129
	2.7.3	Erwerb von Todes wegen, Bemessungsgrundlage, Steuerbefreiungen, Freibeträge	514	131
	2.7.4	Anrechnung, Auslandsvermögen (§ 21 ErbStG)	519	132
	2.7.5	Anrechnungsverfahren bei Doppelbesteuerungsabkommen (§ 21 Abs. 4 ErbStG)	533	135
	2.7.6	Progressionsvorbehalt (§ 19 Abs. 2 ErbStG)	535	136
	2.7.7	Korrekturvorschriften	536	136
	2.7.8	Anzeigepflicht (§ 33 ErbStG)	538	137
	2.7.9	ErbStG und Europarecht	539	137

Kapitel 2: Steuerinländer mit Auslandsbeziehungen – Die Einzelsteuergesetze

2.1 Abgabenordnung

2.1.1 Mitwirkungspflichten bei Auslandssachverhalten (§ 90 Abs. 2 AO, § 76 FGO)

150   Da es den deutschen Finanzbehörden aus völkerrechtlichen Grundsätzen heraus verwehrt ist, außerhalb des Hoheitsgebiets der Bundesrepublik Deutschland Ermittlungsmaßnahmen vorzunehmen, hat der Gesetzgeber in § 90 Abs. 2 AO die erhöhte Mitwirkungspflicht **des Steuerpflichtigen bei Auslandssachverhalten** normiert, die de facto zu einer Umkehr der Beweislast führt: Der Steuerpflichtige ist verpflichtet, alle erforderlichen und notwendigen Unterlagen beizubringen und ggf. innere Tatsachen, wie etwa eine Gewinnerzielungsabsicht, nachzuweisen, wobei für den Grad der Mitwirkungspflicht die Beweisnähe maßgebend ist.[122] Er hat dabei alle für ihn bestehenden rechtlichen und tatsächlichen Möglichkeiten auszuschöpfen. Die Mitwirkungspflicht des Steuerpflichtigen ist umso größer, je mehr Tatsachen und Beweismittel der von ihm beherrschten Informations- und Tätigkeitssphäre angehören und je ungewöhnlicher die Gestaltungen sind.

151   Die erhöhte Mitwirkungspflicht beinhaltet vor allem eine umfassende Auskunfts- und Darlegungspflicht (= Darlegung des wirtschaftlichen Zusammenhangs zwischen Leistungen und Aufwendungen)[123] sowie eine Beweisvorsorge- und Beweisbeschaffungspflicht[124] (Bsp.: Nachweis über die Höhe der ausländischen Einkünfte und über die Zahlung der ausländischen Steuer, Nachweis über Unterhaltszahlungen ins Ausland[125] usw.) einschließlich Vorlage ausländischer Bilanzen[126] und ggf. Benennung der hinter der ausländischen Gesellschaft stehenden Personen.[127] Der Steuerpflichtige kann sich dabei nicht auf entgegenstehendes ausländisches Recht berufen.[128] Die Mitwirkungspflicht bezieht sich nicht auf negative Tatsachen.[129]

152   Finanzbehörden und Finanzgerichte dürfen bei außergewöhnlichen Gestaltungen[130] und bei Steueroasen strengere Maßstäbe anlegen. Die Finanzverwaltung darf auf die

---

122 Statt vieler vgl. BFH v. 11.7.2013 IV R 27/09, BStBl 2013 II 989.
123 BFH v. 20.7.1988 I R 49/84, BStBl 1989 II 140.
124 BFH v. 20.3.2002 II R 84/99, BFH/NV 2002, 1017.
125 BFH v. 9.3.2017 VI R 33/16, BFH/NV 2017, 1042; v. 7.2.2015 VI R 32/14, BFH/NV 2015, 1248; v. 2.12.2004 III R 49/03, BFH/NV 2005, 739, mit ausführlicher Darlegung der Rechtsprechung.
126 BFH v. 16.4.1986 I R 32/84, BStBl 1986 II 736.
127 BFH v. 5.11.2001 VIII B 16/01, BFH/NV 2002, 312; v. 25.11.1999 I B 34/99, BFH/NV 2000, 677.
128 BFH v. 20.4.2000 V B 156/99, BFH/NV 2000, 1347; v. 16.4.1986 I R 32/84, BStBl 1986 II 736; v. 16.4.1980 I R 75/8, BStBl 1981 II 492.
129 BFH v. 10.5.2017 II R 53/14, BFH/NV 2017, 1389.
130 BFH v. 11.2.1993 V R 128/89, BFH/NV 1994, 109.

Erkenntnisse des BZSt über steuerliche Auslandsbeziehungen (§ 5 Abs. 1 Nr. 6 FVG) zurückgreifen.[131]

Verletzt der Steuerpflichtige seine erhöhte Mitwirkungspflicht, wird die den Finanzbehörden obliegende Amtsermittlungspflicht (vgl. §§ 86, 88 AO) zulasten des Steuerpflichtigen begrenzt.

153

Im **finanzgerichtlichen Verfahren** gilt hinsichtlich der erhöhten Mitwirkungspflicht Folgendes: Kommt der Steuerpflichtige seiner auch im finanzgerichtlichen Verfahren geltenden erhöhten Mitwirkungspflicht (vgl. § 76 Abs. 1 Satz 4 FGO) nicht nach, trifft den Steuerpflichtigen die Feststellungslast;[132] beschafft der Kläger Beweismittel zu ausländischen Sachverhalten gemäß § 90 Abs. 2 AO (verschuldet oder unverschuldet) nicht, darf das FG den ihm vorliegenden Sachverhalt ohne Berücksichtigung des ausländischen Beweismittels nach freier Überzeugung würdigen. Es kann in diesem Fall grundsätzlich auch zum Nachteil des Klägers von einem Sachverhalt ausgehen, für den unter Berücksichtigung der Beweisnähe des Klägers und seiner Verantwortung für die Aufklärung des ausländischen Sachverhaltes eine gewisse Wahrscheinlichkeit spricht.[133] In diesem Fall kann das Finanzgericht seiner Entscheidung den Sachverhalt zugrunde legen, für den die größte Wahrscheinlichkeit spricht.[134] Einen im Ausland ansässigen Zeugen muss das Finanzgericht nicht von Amts wegen laden, sondern er muss nach der ständigen Rechtsprechung des BFH von demjenigen Prozessbeteiligten, der sich auf diesen Zeugen beruft, in die Sitzung gestellt werden.[135] Wird der Zeuge nicht gestellt, darf das Finanzgericht ohne Berücksichtigung dieses Beweismittels den ihm vorliegenden Sachverhalt nach freier Überzeugung (§ 96 Abs. 1 FGO) würdigen.[136]

154

2.1.2 Dokumentationspflichten (§ 90 Abs. 3, § 138a AO)

Die Bestimmung des § 90 Abs. 3 AO über die besondere Form der Mitwirkung in Form der Aufzeichnung über die Art und den Inhalt der Geschäftsbeziehungen mit nahestehenden Personen i. S. des § 1 Abs. 2 AStG (Dokumentationspflichten) ist die Rechtsgrundlage für die dazu erlassene Abgrenzungsaufzeichnungsverordnung.[137] Durch das Gesetz zur Umsetzung der Änderungen der EU-Amtshilferichtlinie und von weiteren Maßnahmen gegen Gewinnkürzungen und -verlagerungen" wurde § 90 Abs. 3 AO sowie die GAufzV neu gefasst.[138]

155

Als weitere Folge der BEPS-Ergebnisse wurde § 138a eingefügt.[139]

156

---

131 BFH v. 19. 5. 2004 III B 23/03, juris.
132 St. Rspr.; grundlegend BFH v. 15. 2. 1989 X R 16/86, BStBl 1989 II 462; aus der neueren Rechtsprechung: v. 12. 2. 2019 VIII B 89/18, BFH/NV 2019, 578; v. 15. 12. 2016 VI B 50/16, BFH/NV 2017, 598.
133 BFH v. 12. 2. 2019 VIII B 89/18, BFH/NV 2019, 578.
134 BFH v. 18. 12. 2002 I R 92/01, BFH/NV 2003, 964.
135 St. Rspr., BFH v. 13. 2. 2019 VIII B 83/18, BFH/NV 2019, 579; v. 27. 10. 2015 I B 124/14, juris.
136 BFH v. 23. 9. 2010 XI B 97/09, BFH/NV 2011, 269; v. 12. 2. 2010 VIII B 192/09, BFH/NV 2010, 833.
137 Vgl. Rdn. 1717 ff.
138 Vgl. Rdn. 1699, 1717.
139 Vgl. Rdn. 1710 ff.

2.1.3 Zwischenstaatliche Rechts- und Amtshilfe (§§ 117 AO ff.)

157 Rechtsgrundlage für die zwischenstaatliche Rechts- und Amtshilfe in Steuersachen ist grundsätzlich § 117 AO, der durch § 117a (Übermittlung personenbezogener Daten an Mitgliedstaaten der EU) und § 117b AO (Verwendung von den nach dem Rahmenbeschluss 2006/960/JI des Rates übermittelten Daten) ergänzt wird. Weitere Rechtsgrundlagen finden sich zum einen in den DBA[140] und zum anderen in verschiedenen EU-Richtlinien.[141]

2.1.4 Anzeigepflichten von Auslandssachverhalten (§ 138 AO)

158 Um die Finanzbehörden in die Lage zu versetzen, ihrem Gesetzauftrag aus § 88 AO nachkommen zu können, die Steuern zutreffend festzusetzen, sieht § 138 Abs. 2 AO eine Anzeigepflicht von steuerrechtlich relevanten Auslandsbeziehungen vor. Die Norm ist mit Wirkung ab 1.1.2018 durch das StUmgBG wesentlich erweitert und verschärft worden.

159 Wegen der Einzelheiten vgl. BMF-Schreiben vom 5.2.2018.[142] Eine Verletzung der Verpflichtung aus § 138 Abs. 2 AO kann als Steuergefährdung mit einem Bußgeld geahndet werden (§ 379 Abs. 2 Nr. 1 AO). Die Anzeigen und die beizufügenden Unterlagen wertet das BZSt aus und stellt sie in die finanzverwaltungsinterne Datenbank ein.

2.1.5 Mitteilungspflichten (§§ 138b, § 138c AO)

160 Als Reaktion auf die im April 2016 veröffentlichten sog. Panama-Papers ist das StUmgBG verkündet worden, das den Finanzbehörden die Aufklärung und Feststellung entsprechender Sachverhalte erleichtern soll. Es sieht u.a. die Mitteilungspflicht Dritter über Beziehungen inländischer Steuerpflichtiger zu Drittstaat-Gesellschaften (§ 138b AO) vor; diese Norm ist im Zusammenhang mit § 2 Abs. 1 Nr. 1 bis 3 und 6 GwG zu sehen. Es statuiert Mitteilungspflichten für Kreditinstitute, Finanzdienstleister, Zahlungsinstitute, E-Geldinstitute sowie Finanzdienstunternehmen, soweit von ihnen Beziehungen von inländischen Steuerpflichtigen i.S. des § 138 Abs. 2 Satz 1 AO zu Drittstaat-Gesellschaften i.S. des § 138 Abs. 3 AO hergestellt oder vermittelt worden sind. § 138b AO ist erstmals auf mitteilungspflichtige Sachverhalte anzuwenden, die nach dem 31.12.2017 verwirklicht worden sind.[143] Auf Sachverhalte, die vor dem 1.1.2018 verwirklicht worden sind, ist § 138 Abs. 2 und 3 AO in der am 24.6.2017 geltenden Fassung weiter anzuwenden.

161 Zu der Norm des § 138b AO wurde durch § 138c AO eine Verordnungsermächtigung zum Erlass einer Rechtsverordnung zur Regelung des Wie der Mitteilungspflicht nach § 138b AO.

---

140 Rdn. 1006 ff.
141 Rdn. 1530 ff.
142 BStBl 2018 I 289 i.V.m. BMF v. 21.5.2019, Internet.
143 BMF v. 5.2.2018, BStBl 2018 I 289 sowie Änderung durch BMF v. 18.7.2018, BStBl 2018 I 815.

2.1.6 Anzeigepflicht für grenzüberschreitende Sachverhalte (§ 138d ff. AO)

Am 5. 6. 2018 wurde die Richtlinie (EU) 2018/822 zur Änderung der Amtshilferichtlinie 2011/16/EU im Amtsblatt der EU veröffentlicht, die sog. DAC 6 (= Directive for Administration Cooperation).[144] Diese neue Richtlinie (RL) trägt den Titel „Richtlinie bezüglich des verpflichtenden automatischen Informationsaustausches im Bereich der Besteuerung über meldepflichtige grenzüberschreitende Gestaltungen". In nationales Recht wurde diese Richtlinie durch das „Gesetz zur Einführung einer Pflicht zur Mitteilung grenzüberschreitender Steuergestaltungen"[145] umgesetzt; es ist ab 1. 7. 2020 anzuwenden. Am zwanzigsten Tag nach der Veröffentlichung (= 25. 6. 2018) ist die RL, die auf auf den BEPS Aktionspunkt 12 zurückgeht, in Kraft getreten.

162

Ziel der RL ist, wegen der Bekämpfung von Steuermissbrauch und der Sicherstellung einer faireren Besteuerung in der EU eine Meldepflicht und den Informationsaustausch unter den Mitgliedsstaaten von gewissen grenzüberschreitenden Steuergestaltungen zu statuieren und zu regeln, die ggf. unerwünschte steuerliche Auswirkungen verfolgen. In deutsches Steuerrecht wurde die RL durch die Einfügung der § 138d bis § 138k AO umgesetzt.

163

Meldepflichtig ist ab 1. 7. 2020 binnen 30 Tagen als Modell jede grenzüberschreitende Gestaltung, die mindestens eines der in Anhang IV der RL aufgeführten Kennzeichen aufweist. Da die Richtlinie 20 Tage nach Veröffentlichung in Kraft getreten ist, werden Anzeigen nach dieser Richtlinie daher für solche meldepflichtigen Gestaltungen abzugeben sein, die ab dem 25. 6. 2018 umgesetzt wurden und werden.

164

Grundsätzlich sind nur solche Gestaltungen lt. Anlage IV betroffen, bei denen festgestellt werden kann, dass der Hauptvorteil oder einer der Hauptvorteile, den eine Person unter Berücksichtigung aller relevanten Fakten und Umstände vernünftigerweise von einer Gestaltung erwarten kann, die Erlangung eines Steuervorteils ist. Hinweiszeichen für eine unerwünschte Gestaltung können u. a. sein

165

- ▶ qualifizierte Vertraulichkeitsklausel;
- ▶ erfolgsabhängige Gebühren;
- ▶ Standardisierte Strukturen (wesentliche inhaltliche oder konzeptionelle Bestandteile lassen sich ohne große Anpassung bei anderen Steuerpflichtigen verwenden);
- ▶ Unangemessene rechtliche Schritte zur Verlustnutzung;
- ▶ Umwandlung von Einkünften in nicht oder niedriger besteuerte Einnahmen;
- ▶ Transaktionen über Zwischengesellschaften ohne wirtschaftliche Tätigkeit;
- ▶ Ausnutzung von Hoheitsgebieten mit keiner Körperschaftsteuer oder einem Satz nahe Null;
- ▶ Grenzüberschreitende Zahlungen zwischen zwei oder mehr verbundenen Unternehmen in Steuerhoheitsgebieten mit Steuerbefreiung oder einer steuerlichen Präferenzregelung;

---

144 ABl 2018 L139, 1.
145 BT-Drs. 19/15876; BGBl 2019 I 2875.

- Zahlungen zwischen zwei oder mehr verbundenen Unternehmen bei den der Empfänger in keinem oder einem Steuerhoheitsgebiet auf der Schwarzen Liste der EU ansässig ist;
- Vermögensübertragungen zwischen zwei Steuerhoheitsgebieten mit wesentlich unterschiedlichen Bewertungen;
- Aushöhlung der Mitteilungspflichten nach automatischem Informationsaustausch;
- Briefkastenstrukturen;
- Spezifische Verrechnungspreisgestaltungen z. B. Gestaltungen, die unilaterale Safe-Harbor-Regeln nutzen, hard-to-value intangibles übertragen, oder zu einer Funktionsverlagerung mit mehr als 50 % Einkünfteverlagerung führen.

166 Die Mitteilungspflicht trifft in erster Linie sog. Intermediäre, zu denen auch die Angehörigen der steuerberatenden Berufe gemäß § 3 StBerG gehören. Intermediär ist jeder, der ein Modell

- konzipiert,
- vermarktet,
- organisiert,
- zur Nutzung bereitstellt oder
- dessen Umsetzung steuert.

Die Anzeigepflicht kann in bestimmten Fällen auf den Nutzer der Gestaltung übergehen.

167 Die Anzeigepflicht betrifft nur grenzüberschreitende Gestaltungen, die diejenigen Steuern berühren, die vom EUAHiG betroffen sind.[146] Grenzüberschreitend liegt dann vor, wenn die Steuergestaltung mehr als einen EU-Mitgliedstaat bzw. mindestens einen EU-Mitgliedstaat und einen Drittstaat betrifft, und die Beteiligten nicht alle im selben Hoheitsgebiet ansässig sind. Schließlich muss die Gestaltung auf die Erlangung eines steuerlichen Vorteils gerichtet sein. Dieser Begriff ist weitumfassend; hierzu zählen u. a. Steuererstattungen, doppelte Berücksichtigung von abzugsfähigen Ausgaben, Verhinderung von Entstehung von Steueransprüchen.

Eine Nichtbeachtung der Anzeigepflicht kann mit einer Geldbuße bis zu 25 000 € geahndet werden (§ 379 Abs. 2 Nr. 1e ff. AO).

2.1.7 Buchführungs- und Aufzeichnungspflichten nach anderen Gesetzen (§§ 140, 146 AO)

168 Zu § 140 AO vgl. Rdn. 225. Bücher und die sonstigen Aufzeichnungen sind gemäß § 146 Abs. 2 Satz 1 AO grundsätzlich im Inland zu führen und aufzubewahren. Dies gilt nicht, soweit für Betriebsstätten im Ausland nach dortigem Recht eine Verpflichtung besteht, Bücher und Aufzeichnungen zu führen, und diese Verpflichtung erfüllt wird. In diesem

---

146 § 1 Abs. 1 S. 2, Abs. 2 EUAHiG.

Fall sowie bei ausländischen Organgesellschaften müssen die Ergebnisse der dortigen Buchführung in die Buchführung des hiesigen Unternehmens übernommen werden, soweit sie für die Besteuerung von Bedeutung sind. Unter bestimmten, im Gesetz genau bezeichneten Voraussetzungen lässt § 146 Abs. 2a AO abweichend von diesem Grundsatz die Verlagerung der elektronischen Bücher und der sonstigen elektronischen Aufzeichnungen ins Ausland zu. Papierunterlagen sind dagegen weiterhin im Inland aufzubewahren.[147]

2.1.8 Benennung von Zahlungsempfängern (§ 160 AO)

Nach § 160 AO sind Betriebsausgaben steuerlich regelmäßig nicht zu berücksichtigen, wenn der Steuerpflichtige dem Verlangen der Finanzbehörde nicht nachkommt, den Empfänger genau zu benennen. Nicht zu berücksichtigen sind hiernach auch Ausgaben für den Erwerb eines Wirtschaftsguts, die infolge einer zunächst stattfindenden Aktivierung erst später zu einer Gewinnminderung führen, sei es in Gestalt von Abschreibungen auf den aktivierten Betrag, sei es durch gewinnmindernde Ausbuchung des Buchwerts bzw. Restbuchwerts bei Veräußerung oder Untergang des aktivierten Wirtschaftsguts.[148] Empfänger der in § 160 Abs. 1 Satz 1 AO bezeichneten Ausgaben ist derjenige, dem der in der Betriebsausgabe enthaltene wirtschaftliche Wert übertragen worden ist.[149] Dies kann anstelle der im Ausland ansässigen (Domizil-)Gesellschaft die hinter ihr stehende Person oder Personenmehrheit sein.[150] Das heißt der Empfänger i. S. des § 160 AO ist nicht benannt, wenn zwar die ausländische (Domizil-)Gesellschaft, nicht aber die hinter der Gesellschaft stehenden Personen benannt sind;[151] denn nach Auffassung des BFH ist nicht die Domizilgesellschaft Empfänger, sondern die Person, an die diese Gesellschaft die Gelder weitergeleitet hat.[152] Benannt ist ein Empfänger erst, wenn er nach Namen und Adresse ohne Schwierigkeiten und eigene Ermittlungen der Finanzbehörden bestimmt und ermittelt werden kann.[153]

169

Das Benennungsverlangen der Finanzbehörden steht unter dem Vorbehalt der Zumutbarkeit: Es darf für den Steuerpflichtigen nicht unverhältnismäßig sein,[154] und die für den Steuerpflichtigen zu befürchtenden Nachteile dürfen nicht außer Verhältnis zum beabsichtigten Aufklärungserfolg stehen. Auf die Benennung des Empfängers kann aber nur dann verzichtet werden, wenn er mit an Sicherheit grenzender Wahrscheinlichkeit im Inland nicht steuerpflichtig ist. Die bloße Möglichkeit, dass er im Inland nicht steuerpflichtig ist, reicht allein nicht aus, um von der Rechtsfolge des § 160 AO

170

---

147 Bayerisches Landesamt für Steuern v. 20. 1. 2017
VV BY LfSt 2017-01-20 S 0316.1.1-3/5 St42, juris; vgl. zur unbewilligten Verlagerung der Buchhaltung ins Ausland FG Hessen v. 20. 2. 2014 4 K 2542/12, juris.
148 BFH v. 11. 7. 2013 IV R 27/09, BFH/NV 2013, 1826.
149 St. Rspr.; vgl. statt vieler v. 11. 10. 2013 III B 50/13, BFH/NV 2014, 289.
150 BFH v. 25. 1. 2006 I R 39/05, BFH/NV 2006, 1618; v. 16. 1. 2003 VIII B 114/02, BFH/NV 2003, 738.
151 BFH v. 5. 11. 2001 VIII B 16/01, BFH/NV 2002, 312; v. 17. 10. 2001 I R 19/01, BFH/NV 2002, 629; v. 25. 11. 1999 I B 34/99, BFH/NV 2000, 677.
152 BFH v. 16. 11. 2011 X B 61/10, BFH/NV 2012, 374; v. 24. 4. 2009 IV B 104/07, BFH/NV 2009, 1398.
153 BFH v. 11. 7. 2013 IV R 27/09, BFH/NV 2013, 1826; v. 1. 4. 2003 I R 28/02, BStBl 2007 II 855.
154 BFH v. 13. 12. 2016 X B 23/16, BFH/NV 2017, 564; v. 17. 10. 2001 I R 19/01, BFH/NV 2002, 609.

abzusehen. Die Rechtsfolge der Norm ist somit nicht schon dann ausgeschlossen, wenn keine konkreten Anhaltspunkte für eine inländische Steuerpflicht des Empfängers bestehen, sondern erst dann, wenn dem FA oder dem Finanzgericht Tatsachen bekannt sind, nach denen der Empfänger mit sehr hoher Wahrscheinlichkeit im Inland nicht steuerpflichtig ist.[155] Ein Benennungsverlangen ist grundsätzlich dann rechtmäßig, wenn aufgrund der Lebenserfahrung die Vermutung nahe liegt, dass der Empfänger einer Zahlung die Einnahmen nicht versteuert; diese Vermutung begründet bei Auslandsbeziehungen eine erhöhte Mitwirkungspflicht, unabhängig von der regelmäßig schwierigen Aufklärung der Verhältnisse.[156] Sprechen z. B. konkrete Anhaltspunkte dafür, dass die Anteile an einer ausländischen Basisgesellschaft treuhänderisch für Dritte gehalten werden, kann das FA gemäß § 160 Abs. 1 Satz 1 AO deren Benennung verlangen.[157] Allerdings ist im Rahmen der Prüfung der Zumutbarkeit des Benennungsverlangens nach § 160 Abs. 1 Satz 1 AO (auch) zu würdigen, ob zwischen einer Ausgabe zum Erwerb eines aktivierungspflichtigen Wirtschaftsguts, darauf beruhenden erfolgswirksamen Buchungen des bilanzierenden Steuerpflichtigen und einem hieran anknüpfenden Benennungsverlangen der Finanzverwaltung ein Zeitraum liegt, der das Benennungsverlangen im konkreten Einzelfall als unverhältnismäßig erscheinen lässt.[158]

171 Ein Benennungsverlangen darf auch dann gestellt werden, wenn der Steuerpflichtige den Empfänger nicht bezeichnen kann, weil ihm bei Auszahlung des Geldes dessen Name und Anschrift unbekannt waren. Denn bei Auslandssachverhalten ist der Steuerpflichtige nach § 90 Abs. 2 AO in erhöhtem Maße zur Erbringung von Nachweisen und zur Beschaffung und Vorlegung von Beweismitteln verpflichtet.[159] Dies gilt umso mehr, je ungewöhnlicher der grenzüberschreitende Sachverhalt gestaltet ist.[160]

172 Die Rechtsfolgen einer nicht ordnungsgemäßen Empfängerbezeichnung stehen grundsätzlich im Ermessen der Finanzverwaltung: Aus § 160 Abs. 1 Satz 1 AO folgt, dass regelmäßig (= 2. Ermessensstufe) die Betriebsausgaben/Werbungskosten nicht zu berücksichtigen sind. Bei der Bemessung des als Betriebsausgaben nicht abziehbaren Betrags sind die jeweiligen steuerlichen Verhältnisse des Empfängers zugrunde zu legen. Der Betriebsausgabenabzug ist daher nicht zu versagen, wenn feststeht, dass der Empfänger im Inland keiner Besteuerung unterliegt oder sein zu versteuerndes Einkommen unterhalb des für die Steuerfestsetzung relevanten Betrags liegt. Aber auch in den Fällen, in denen von einer Besteuerung des Empfängers auszugehen ist, sind bei der Bemessung des nicht abziehbaren Betrags seine jeweiligen steuerlichen Verhältnisse zugrunde zu legen.

173 Im Rahmen der Ermessensentscheidung zweiter Stufe sind pauschale Berechnungen unumgänglich und daher ohne Ermessensfehler möglich. Es ist lediglich die Steuerbelastung des jeweiligen Empfängerkreises angemessen zu berücksichtigen; Ungenauigkeiten in der Schätzung gehen zulasten des Steuerpflichtigen.

---

155 BFH v. 25. 2. 2004 I B 66/02, BFH/NV 2004, 919.
156 BFH v. 13. 7. 2011 X B 187/10, BFH/NV 2011, 1899; v. 16. 1. 2003 VIII B 114/01, BFH/NV 2003, 738.
157 BFH v. 1. 4. 2003 I R 28/02, BFH/NV 2003, 1241.
158 BFH v. 11. 7. 2013 IV R 27/09, BFH/NV 2013, 1826.
159 BFH v. 20. 4. 2005 X R 40/04, BFH/NV 2005, 1739; v. 31. 10. 2002 IV B 126/01, BFH/NV 2003, 291.
160 BFH v. 1. 6. 1994 X R 73/91, BFH/NV 1995, 2.

2.2 Einkommensteuerrecht

2.2.1 Unbeschränkte Einkommensteuerpflicht
2.2.1.1 Grundsätze (§ 1 Abs. 1, 4 EStG)

Der **unbeschränkten Einkommensteuerpflicht** mit der Folge der **Besteuerung des Welteinkommens** unterliegen diejenigen natürlichen Personen, die im Inland einen Wohnsitz oder ihren gewöhnlichen Aufenthalt haben (§ 1 Abs. 1 Satz 1 EStG). Umgekehrt unterliegen diejenigen, die zwar inländische Einkünfte beziehen, aber im Inland weder über einen Wohnsitz noch einen gewöhnlichen Aufenthalt verfügen, nach § 1 Abs. 4 EStG lediglich mit ihren Quelleneinkünften der beschränkten Steuerpflicht. Die Tatsache, dass ein Steuerpflichtiger neben einem inländischen Wohnsitz auch einen solchen im Ausland hat, schließt die unbeschränkte Steuerpflicht auch dann nicht aus, wenn der ausländische Wohnsitz den Lebensmittelpunkt des Steuerpflichtigen begründet.[161]

174

2.2.1.2 Erweitert unbeschränkte Steuerpflicht (§ 1 Abs. 2 EStG)

In § 1 Abs. 2 EStG wird die sog. **erweitert unbeschränkte Steuerpflicht für deutsche Auslandsbeamte** geregelt.[162] Danach unterliegen auch diejenigen natürlichen Personen der unbeschränkten Steuerpflicht, die

175

- die deutsche Staatsangehörigkeit besitzen,
- im Inland weder über Wohnsitz noch gewöhnlichen Aufenthalt verfügen,
- zu einer inländischen juristischen Person des öffentlichen Rechts in einem konkreten Dienstverhältnis stehen,[163]
- Arbeitslohn hierfür aus einer inländischen öffentlichen Kasse[164] beziehen,[165]
- in dem Staat, in dem sie ihren Wohnsitz oder gewöhnlichen Aufenthalt haben, lediglich in einem der beschränkten Steuerpflicht entsprechenden Umfang zu einer Steuer vom Einkommen herangezogen werden.[166]

Diese erweitert unbeschränkte Einkommensteuerpflicht gilt auch für die zum Haushalt gehörenden Angehörigen (§ 15 AO), die die deutsche Staatsangehörigkeit besitzen oder über keine oder nur im Inland steuerpflichtigen Einkünfte verfügen. Bei der Beurteilung der Frage, ob ein deutscher Staatsangehörige i. S. von § 1 Abs. 2 Satz 2 EStG lediglich in einem der beschränkten deutschen Einkommensteuerpflicht ähnlichem Umfang zu einer Steuer vom Einkommen herangezogen wird, ist rein auf die objektive Rechtslage nach dem ausländischen Steuerrecht abzustellen, wobei die nach dem deutschen Ein-

176

---

161 BFH v. 23.10.2018 I R 74/16, BFH/NV 2019, 388; vgl. ferner BFH v. 17.7.2019 II B 29/18, BFH/NV 2019, 1237.
162 Zur Besteuerung der ausländischen Diplomaten Rdn. 376 ff.
163 Erfasst werden Beamte, Angestellte, Arbeiter und Richter; BFH v. 23.9.1998 I R 53/98, BFH/NV 1999, 458; v. 4.12.1991 I R 38/91, BStBl 1992 II 548.
164 Zum Begriff öffentliche Kasse Rdn. 209.
165 Abgelehnt z. B. für Mitarbeiter des Goethe-Instituts: BFH v. 22.2.2006 I R 60/05, BStBl 2007 II 106.
166 Vgl. BFH v. 5.9.2001 I R 88/00, BFH/NV 2002, 623: Der Steuerpflichtige darf im anderen Staat nicht aufgrund seines Wohnsitzes unbeschränkt steuerpflichtig sein.

kommensteuerrecht prägenden Merkmale der beschränkten Steuerpflicht zu beachten sind. Unerheblich ist, ob der Steuerpflichtige in seinem Wohnsitzstaat oder Aufenthaltsstaat tatsächlich besteuert wird oder inwiefern dort Steuerbefreiungen bestehen.[167]

2.2.1.3 Unbeschränkte Steuerpflicht auf Antrag (§ 1 Abs. 3 EStG)

177 Aufgrund des sog. Schumacker-Urteils des EuGH[168] wurde § 1 Abs. 3 EStG ab VZ 1996 den Erfordernissen des Gemeinschaftsrechts angepasst sowie § 1a EStG in das Gesetz eingefügt. Der EuGH hat in diesem Urteil gefordert, dass in Deutschland (Tätigkeitsstaat) beschränkt steuerpflichtige EU-Angehörige mit Wohnsitz in einem anderen EU-Mitgliedstaat, die ihr Einkommen ausschließlich oder fast ausschließlich aus nichtselbständiger Tätigkeit im (anderen) Tätigkeitsstaat beziehen, unbeschränkt Steuerpflichtigen gleichzustellen sind, wenn sie im Wohnsitzstaat keine ausreichenden Einkünfte erzielen, um dort der Besteuerung unterworfen zu werden.

178 Auf Antrag nach § 1 Abs. 3 Satz 1 EStG werden natürliche Personen unabhängig von ihrer Staatsangehörigkeit[169] als unbeschränkt steuerpflichtig behandelt, die

▶ im Inland weder über Wohnsitz noch gewöhnlichen Aufenthalt verfügen und
▶ inländische Einkünfte i. S. des § 49 EStG haben,

179 wenn ihre Einkünfte – § 1 Abs. 3 Satz 2 EStG – ausschließlich oder fast ausschließlich (mindestens 90 %) der deutschen Einkommensteuer unterliegen (sog. relative Wesentlichkeitsgrenze) oder die nicht der deutschen Einkommensteuer unterliegenden Einkünfte den Grundfreibetrag nach § 32a Abs. 1 Satz 2 Nr. 1 EStG nicht übersteigen (sog. absolute Wesentlichkeitsgrenze); dieser Betrag ist zu kürzen, soweit es nach den Verhältnissen im Wohnsitzstaat des Steuerpflichtigen notwendig und angemessen ist.[170] Die Einkünfte von Eheleuten sind nach deutschem Recht zu ermitteln, auch wenn die Einkünfte im ausländischen Wohnsitzstaat steuerfrei sind.[171] Inländische Einkünfte, die nach einem DBA nur der Höhe nach beschränkt besteuert werden dürfen (Bsp.: Kapitaleinkünfte), gelten hierbei als nicht der deutschen Einkommensteuer unterliegend.[172] Unberücksichtigt bleiben bei der Ermittlung der Einkünfte nicht der deutschen Einkommensteuer unterliegende Einkünfte, die im Ausland nicht besteuert werden, soweit vergleichbare Einkünfte im Inland steuerfrei sind (Bsp.: Lohnersatzleistungen).[173] Die Höhe der ausländischen Einkünfte ist durch eine Bescheinigung der ausländischen Steuerbehörde nachzuweisen – § 1 Abs. 3 Satz 5 EStG –, und zwar auch dann, wenn der Steuerpflichtige vorträgt, keine derartigen Einkünfte erzielt zu haben.[174] Ein Steuerabzug nach § 50a EStG darf für die dort genannten Einkünfte – Aufsichtsratstätigkeit, Künstler,

---

167 FG Köln v. 26. 9. 2018 4 K 3634/13, juris.
168 EuGH v. 14. 2. 1995 C-273/93 Schumacker, NJW 1995, 1207.
169 Einschließlich der deutschen Staatsangehörigen.
170 Ländergruppeneinteilung lt. BMF v. 20. 10. 2016, BStBl 2016 I 1183.
171 BFH v. 20. 8. 2008 I R 78/07, BStBl 2009 II 708.
172 BFH v. 13. 11. 2002 I R 67/01, BStBl 2003 II 587.
173 FG Düsseldorf v. 5. 12. 2017 10 K 1232/16 E, juris – Revision anhängig unter I R 3/18.
174 BFH v. 8. 9. 2010 I R 80/09, BStBl 2011 II 447.

Sportler, Entertainer, Journalist, Lizenzgeber usw. – zur Sicherung des Steueraufkommens vorgenommen werden – § 1 Abs. 3 Satz 6 EStG. Bei der Berechnung der Wesentlichkeitsgrenze sind auch die der Abgeltungssteuer unterliegenden Kapitaleinkünfte zu berücksichtigen.[175]

Der Splittingtarif wird nur gewährt, wenn beide Ehegatten die Voraussetzungen des § 1 Abs. 3 EStG erfüllen;[176] die Beträge nach Satz 2 werden dann verdoppelt. Es wird dabei nicht auf die Verhältnisse des einzelnen Ehegatten abgestellt, sondern unter Ansatz des doppelten Grundfreibetrags auf die (zusammengerechneten) Einkünfte beider Ehegatten.[177]

180

2.2.1.4 Steuerpflicht für Staatsangehörige eines EU-Mitgliedstaates (§ 1a EStG)

Zielgruppe des § 1a Abs. 1 EStG sind verheiratete Personen mit EU-Staatsangehörigkeit, wenn der Ehegatte[178] und die ggf. gemeinsamen Kinder im EU-Ausland wohnen. Aufgrund des EWR-Vertrags[179] müssen darüber hinaus die Staatsangehörigen Islands, Liechtensteins und Norwegens den EU-Bürgern gleichgestellt werden.

181

Der Ehegatte, der die inländischen Einkünfte erzielt, muss entweder nach § 1 Abs. 1 oder nach § 1 Abs. 3 EStG unbeschränkt steuerpflichtig sein. Sind die vorgenannten Voraussetzungen erfüllt, wird eine Zusammenveranlagung (Splittingtarif)[180] mit dem nicht dauernd getrennt lebenden Ehegatten, der über keinen Wohnsitz oder gewöhnlichen Aufenthalt im Inland verfügt, nebst Verdoppelung von Höchst- und Pauschbeträgen – einschließlich der Kinderkomponenten – und unter Berücksichtigung des Progressionsvorbehalts (§ 32b Abs. 1 Nr. 5 EStG) durchgeführt (§ 1a Abs. 1 Nr. 2 EStG), wobei in den Fällen, in denen der eine Ehegatte nach § 1 Abs. 1 EStG unbeschränkt steuerpflichtig ist, es nicht erforderlich ist, dass die gemeinsamen Einkünfte der Ehegatten zu mindestens 90 % der deutschen Einkommensteuer unterliegen oder die ausländischen Einkünfte der Ehegatten den doppelten Grundfreibetrag nicht übersteigen.[181]

182

Ferner ist es möglich, Versorgungsleistungen (§ 10 Abs. 1 Nr. 1a EStG) an einen im Ausland ansässigen Empfänger sowie Unterhaltsleistungen an den geschiedenen oder dauernd getrennt lebenden Ehegatten (§ 10 Abs. 1 Nr. 1 EStG) als Sonderausgaben abzuziehen. Sind im Wohnsitzstaat des Empfängers der Leistungen diese nicht steuerpflichtig, scheidet insoweit ein Abzug aus (§ 1a Abs. 1 Nr. 1 Satz 3 EStG).[182]

183

---

175 BFH v. 12. 8. 2015 I R 18/14, BStBl 2016 II 201.
176 BFH v. 22. 2. 2006 I R 60/05, BStBl 2007 II 106.
177 BFH v. 6. 5. 2015 I R 16/14, BFH/NV 2015, 1628.
178 Der Ehegatte muss nicht die EU- bzw. EWR-Staatsangehörigkeit besitzen.
179 BGBl 1993 II 266; ABl 1994 L 1, 3; vgl. Rdn. 1559.
180 Zusammenfassend BFH v. 6. 5. 2015 I R 16/14, BFH/NV 2015, 1628.
181 BFH v. 6. 5. 2015 I R 16/14, BFH/NV 2015, 1628.
182 BFH v. 13. 12. 2005 XI R 5/02, BFH/NV 2006, 1069.

2.2.1.5 Wechsel zwischen beschränkter und unbeschränkter Steuerpflicht (§ 2 Abs. 7 EStG)

184 Die Einkommensteuer ist eine Jahressteuer (§ 2 Abs. 7 Satz 1 EStG), deren Grundlagen jeweils für ein Kalenderjahr zu ermitteln sind (§ 2 Abs. 7 Satz 2 EStG). Bei einem Steuerpflichtigen, der während eines Kalenderjahres von der unbeschränkten in die beschränkte Steuerpflicht oder umgekehrt wechselt, sind die während der Zeit der beschränkten Steuerpflicht erzielten inländischen Einkünfte in die Veranlagung zur unbeschränkten Steuerpflicht einzubeziehen (§ 2 Abs. 7 Satz 3 EStG).[183] In diesen Fällen ist eine einheitliche Einkommensteuerveranlagung für den VZ vorzunehmen.

> **BEISPIEL:** Der Steuerpflichtige A mit Einkünften aus nichtselbständiger Arbeit wird von seinem Arbeitgeber auf den 1.7.2015 nach Riad/Saudi Arabien versetzt und verlegt seinen Wohnsitz dorthin. Seine Vierzimmerwohnung in Köln, die bisher eigengenutzt war, wird ab dem Zeitpunkt des Wohnsitzwechsels fremdvermietet. In die Einkommensteuerveranlagung 2015 sind auch die ab 1.7.2015 erzielten beschränkt steuerpflichtigen Einkünfte aus Vermietung und Verpachtung mit einzubeziehen.

185 Soweit der Steuerpflichtige ausländische Einkünfte erzielt hat, die nicht der deutschen Einkommensteuer unterlegen haben, sind diese im Rahmen des Progressionsvorbehalts nach § 32b Abs. 1 Nr. 2 EStG zu berücksichtigen.[184]

2.2.2 Auslandische Einkünfte
2.2.2.1 Überblick, Grundsätze

186 In § 34d EStG werden - insbesondere auch für Zwecke der Anrechnung der ausländischen Steuern nach § 34c EStG - die ausländischen Einkünfte i. S. des EStG einzeln definiert und erläutert. Die Qualifizierung der ausländischen Einkünfte erfolgt nach deutschem Steuerrecht; sie werden dann der entsprechenden Einkunftsart i. S. des § 34d EStG zugeordnet[185]. Nicht zu den ausländischen Einkünften i. S. des § 34d EStG zählen diejenigen ausländischen Einkünfte, die aufgrund der Bestimmungen der Hinzurechnungsbesteuerung nach §§ 7 ff. AStG dem Steuerpflichtigen als Einkünfte hinzugerechnet werden.[186] Weisen die Aufwendungen sowohl mit ausländischen Einkünften i. S. des § 34d EStG als auch mit inländischen Einkünften oder mit mehreren Arten von ausländischen Einkünften einen Veranlassungszusammenhang auf, so sind sie aufzuteilen oder den Einkünften zuzurechnen, zu denen sie vorwiegend gehören.[187]

---

183 BFH v. 25.8.2009 I R 33/08, BFH/NV 2009, 2033.
184 Vgl. Rdn. 352 ff.
185 Zur Frage, wann ausländische Einkünfte (= Auslandsbezug der Einkünfte) vorliegen vgl. BFH v. 24.3.1998 I R 38/97, BStBl 1998 II 471.
186 BFH v. 20.4.1988 I R 197/84, BStBl 1988 II 983.
187 BFH v. 6.4.2016 I R 61/14, BStBl 2017 II 48.

2.2.2.2 Einkünfte aus Land- und Forstwirtschaft (§ 34d Nr. 1 EStG)

Voraussetzung ist die **Auslandsbelegenheit der bewirtschafteten Flächen**.[188] Zu den Einkünften aus einer im Ausland betriebenen Land- und Forstwirtschaft können auch Einkünfte aus der Veräußerung von Wirtschaftsgütern und Kapitalanteilen (§ 34d Nr. 4 EStG), Einkünfte aus Kapitalvermögen (§ 34d Nr. 6 EStG), Einkünfte aus Vermietung und Verpachtung (§ 34d Nr. 7 EStG) und sonstige Einkünfte (§ 34d Nr. 8 EStG) zählen, soweit sie wirtschaftlich zu den Einkünften aus Land- und Forstwirtschaft gehören. Unerheblich ist, ob der Steuerpflichtige selbst den Betrieb betreibt oder durch einen Angestellten im Ausland bewirtschaften lässt und vom Inland ausführt.[189]

187

Werden von einem inländischen Betrieb aus im Ausland belegene Grundstücke bewirtschaftet,[190] so ist bei einer Gewinnermittlung nach § 13a EStG der auf die ausländischen Grundstücke entfallende Gewinn in der Weise zu ermitteln, dass der Gesamtgewinn nach dem Verhältnis der in- und ausländischen Grundstücke aufgeteilt wird.[191]

188

Bei buchführungspflichtigen Landwirten wird vorab ein Teil des Gesamtgewinns dem Hof zugerechnet und sodann die Aufteilung des Restgewinns nach dem Verhältnis der Flächen vorgenommen.

189

Bei **Verlusten** ist § 2a Abs. 1 Nr. 1 EStG zu prüfen (vgl. Rdn. 258 ff.).

190

Zu Einkünften aus Land- und Forstwirtschaft im Rahmen eines DBA vgl. Rdn. 669.

191

2.2.2.3 Einkünfte aus Gewerbebetrieb (§ 34d Nr. 2 EStG)

Die gewerblichen Einkünfte müssen durch eine **im Ausland belegene Betriebsstätte** (§ 12 AO)[192] oder einen dort tätigen ständigen Vertreter (§ 13 AO) erzielt werden (§ 34d Nr. 2 Buchst. a EStG).

192

Für die Begründung ausländischer Einkünfte genügt es, dass im Ausland eine Betriebsstätte für den Gewerbebetrieb einer inländischen Personengesellschaft unterhalten wird, und die Betriebsstätteneinkünfte anteilig dem unbeschränkt Steuerpflichtigen zuzurechnen sind. Ist der unbeschränkt Steuerpflichtige an einer ausländischen Personengesellschaft beteiligt, wird der Gesellschafter so behandelt, als betreibe er mit seinem Gesellschaftsanteil ein eigenes, von den Mitgesellschaftern unabhängiges Unternehmen, für das er eine Betriebsstätte am Ort der Geschäftseinrichtung der ausländischen Personengesellschaft unterhält.[193] Der Steuerpflichtige hat bei mehreren in- und ausländischen Betriebsstätten die konkrete Höhe der in einer deutschen Betriebs-

193

---

188 Vgl. BFH v. 17.12.1997 I R 95/96, BStBl 1998 II 260, zu dem insoweit wortgleichen § 49 Abs. 1 Nr. 1 EStG; ferner zum DBA-Spanien BFH v. 27.10.2011 I R 26/11, BStBl 2012 II 457.
189 Zur Führung einer im Ausland belegenen Farm sowie zur Unternehmensinitiative vgl. u. a. BFH v. 2.7.1998 IV R 90/96, BFH/NV 1999, 754.
190 Vgl. BFH v. 2.4.2014 I R 68/12, BStBl 2014 II 875.
191 BFH v. 17.12.1997 I R 95/96, BStBl 1998 II 260; vgl. Verständigungsvereinbarung zur Aufteilung der Gewinne deutscher und niederländischer land- und forstwirtschaftlicher Betriebe mit Grundstücken im jeweils anderen Staat v. 27.11.2015, BStBl 2015 I 1085.
192 Ausführlich zum Begriff der Betriebsstätte Rdn. 681 ff.
193 Ausführlich Rdn. 617 ff.

stätte erzielten Einnahmen zu erklären; ebenso sind Aufzeichnungen, die eine direkte Zuordnung von Einnahmen und Ausgaben einerseits zu der deutschen und andererseits zu der ausländischen Betriebsstätte ermöglichen, vorzulegen.[194]

194 Wie bei den Einkünften aus Land- und Forstwirtschaft sind den Einkünften nach § 34d Nr. 2 Buchst. a EStG Veräußerungseinkünfte, Kapitaleinkünfte, Einkünfte aus Vermietung und Verpachtung sowie Einkünfte aus sonstigen Leistungen hinzuzurechnen, sofern sie wirtschaftlich zu den Einkünften aus Gewerbebetrieb gehören.

195 Ferner fallen unter die gewerblichen Einkünfte nach § 34d Nr. 2 Buchst. b EStG Einkünfte aus Bürgschafts- und Avalprovisionen (= Wechselbürgschaft, Wechselkredit; Art. 30 ff. WechselG) und nach § 34d Nr. 2 Buchst. c EStG Einkünfte aus dem Betrieb von Seeschiffen und Luftfahrzeugen zwischen ausländischen und von ausländischen zu inländischen Häfen.

196 Nachträgliche Einkünfte aus Gewerbebetrieb (= Einkünfte nach Aufgabe der Betriebsstätte) sind in dem Staat zu besteuern, in dem die aktive Tätigkeit ausgeübt wurde, sofern die frühere Tätigkeit der Betriebsstätte ursächlich für diese Einkünfte ist – Veranlassungsprinzip.[195]

197 Bei **Verlusten** ist § 2a Abs. 1, 2 EStG zu prüfen (vgl. Rdn. 258 ff.).

198 Zu gewerblichen Einkünften im Rahmen eines DBA vgl. Rdn. 676 ff., 743 ff.

2.2.2.4 Einkünfte aus selbständiger Arbeit (§ 34d Nr. 3 EStG)

199 Wird eine selbständige Tätigkeit i. S. des § 18 EStG im Ausland ausgeübt oder verwertet, so liegen ausländische Einkünfte aus selbständiger Arbeit vor. **Ausgeübt** wird die selbständige Tätigkeit dort, **wo sich die ausübende Person physisch aufhält** und die Berufstätigkeit persönlich entfaltet.[196] Einkünfte aus selbständiger Arbeit kann nur eine natürliche Person erzielen.[197] Zur selbständigen Arbeit gehören auch künstlerische, sportliche, artistische und ähnliche Darstellungen. Soweit durch diese Tätigkeit Einkünfte gemäß § 34d Nr. 4, 6, 7 und 8 Buchst. c EStG veranlasst sind, zählen diese ebenfalls zu den Einkünften aus selbständiger Arbeit.

200 **Verwertung** setzt einen über die Arbeitsleistung hinausgehenden Vorgang voraus, mit dem das Ergebnis der Arbeitsleistung vom Steuerpflichtigen selbst dem Ausland zugeführt wird, d. h. Nutzbarmachung an einem Ort, der nicht mit dem Ort der Ausübung identisch ist.[198] Problematisch kann im Einzelfall die Abgrenzung zu Einkünften aus Vermietung und Verpachtung sein. Beispiele für Verwertung: Vergabe von Lizenzen für

---

194 BFH v. 21. 2. 2017 VIII R 46/13, BStBl 2017 II 745.
195 BFH v. 20. 5. 2015 I R 75/14, BFH/NV 2015, 1687.
196 BFH v. 11. 4. 1990 I R 82/86, BFH/NV 1991, 143; v. 12. 11. 1986 I R 268/83, BStBl 1987 II 372; schriftstellerische Tätigkeit an dem Ort, an dem die Texte verfasst werden: BFH v. 15. 2. 1990 IV R 13/89, BStBl 1990 II 621.
197 BFH v. 4. 3. 1970 I R 140/66, BStBl 1970 II 428.
198 BFH v. 5. 11. 1992 I R 41/92, BStBl 1993 II 407.

die Auswertung einer Erfindung,[199] Verwertung durch Verfilmung eines Romans,[200] Verwertung von Autorenrechten (in der Regel am Ort der Geschäftsleitung des Verlages)[201] sowie Vergütungen für spätere Verwertung schriftstellerischer Tätigkeit.[202]

Verluste aus selbständiger Arbeit fallen **nicht unter** § 2a EStG. 201

Zu Einkünften aus selbständiger Tätigkeit im Rahmen eines DBA vgl. Rdn. 869 ff. 202

2.2.2.5 Einkünfte aus Veräußerungsgeschäften (§ 34d Nr. 4 EStG)

Hierunter fallen Einkünfte aus der **Veräußerung von beweglichen und unbeweglichen Wirtschaftsgütern,** sofern das Wirtschaftsgut zum Anlagevermögen eines Betriebes gehört und sich im Ausland befindet und nicht im Rahmen der Einkünfte gemäß § 34d Nr. 1, 2, oder 3 EStG veräußert wird. 203

Weiter zählen zu dieser Einkunftsart die Einkünfte aus der **Veräußerung von Anteilen an Kapitalgesellschaften** mit Geschäftsleitung oder Sitz im Ausland. 204

Neu eingefügt wurde durch das Gesetz zur Vermeidung von Umsatzsteuerausfällen beim Handel mit Waren im Internet und zur Änderung weiterer steuerlichen Vorschriften mit Wirkung ab 1.1.2019[203] eine Regelung, die dem Art. 13 Abs. 4 OECD-MA 2017 (vgl. Rdn. 865) entspricht: Veräußerung von Anteilen an Kapitalgesellschaften, deren Vermögen zu mehr als 50% auf ausländischem Immobilienbesitz beruht; das zeitliche Moment (Anteilswert zu irgendeinem Zeitpunkt während der 365 Tage vor der Veräußerung unmittelbar oder mittelbar zu mehr als 50 Prozent auf in einem ausländischen Staat belegenen unbeweglichen Vermögen beruhte) wurde ebenfalls übernommen.

Bei **Verlusten** ist § 2a Abs. 1 EStG zu prüfen (vgl. Rdn. 258 ff.). 205

Zu Einkünften aus Veräußerungsgeschäften im Rahmen eines DBA vgl. Rdn. 862 ff. 206

2.2.2.6 Einkünfte aus nichtselbständiger Arbeit (§ 34d Nr. 5 EStG)

Wird die nichtselbständige Arbeit i.S. des § 19 EStG im Ausland ausgeübt, so liegen ausländische Einkünfte[204] i.S. des § 34d Nr. 5 EStG vor. Die Besteuerung erfolgt grundsätzlich nach dem sog. **Arbeitsortsprinzip = Besteuerung an dem Ort, an dem die Arbeitsleistung erbracht wird. Ausgeübt** wird die Tätigkeit auf dem Gebiet des Staates, in dem sich der Arbeitnehmer **tatsächlich physisch** aufhält und die vereinbarte Arbeitsleitung erbracht wird (Bsp.: Ein Fernfahrer übt seine nichtselbständige Tätigkeit dort aus, wo er das ihm anvertraute Fahrzeug lenkt).[205] 207

---

199 BFH v. 11.4.1990 I R 82/86, BFH/NV 1991, 143; v. 13.10.1976 I R 261/70, BStBl 1977 II 76.
200 BFH v. 12.11.1986 I R 268/83, BStBl 1987 II 372.
201 BFH v. 20.7.1988 I R 174/85, BStBl 1989 II 87.
202 BFH v. 15.2.1990 IV R 13/98, BStBl 1990 II 621.
203 BGBl 2018 I 2338.
204 Zum Umfang der Einkünfte aus nichtselbständiger Arbeit vgl. BFH v. 20.12.2000 XI R 32/00, BFH/NV 2001, 860.
205 BFH v. 16.5.2002 I B 80/01, BFH/NV 2002, 1423, mit weiteren Nachweisen der Rechtsprechung.

208 **Der Ausübungstatbestand hat Vorrang vor dem Verwertungstatbestand:** Wird die Arbeit im Ausland verwertet, so handelt es sich nur dann um ausländische Einkünfte i.S. des § 34d Nr. 5 EStG, wenn sie nicht im Inland ausgeübt worden ist. Eine **Verwertung** nichtselbständiger Arbeit ist ein Vorgang, durch den der Arbeitnehmer das Ergebnis seiner Arbeit seinem Arbeitgeber zuführt.[206] Unerheblich ist, ob der Arbeitslohn zulasten eines inländischen Arbeitgebers gezahlt wird.

> **BEISPIEL:** ▶ Die Tätigkeit des Arbeitnehmers besteht darin, mit ausländischen Interessenten vor Ort im Ausland Kontakt aufzunehmen und diesen Personen Auskünfte über Produkte seines inländischen Arbeitgebers zu erteilen, wodurch deren Meinungsbildung derart beeinflusst wird, dass diese bei irgendwelchen Projekten an den Arbeitgeber denken und ihn bei der Auftragsvergabe bedenken. Dies stellt eine Verwertung der Tätigkeit im Ausland dar.

209 Ferner fallen unter Nr. 5 Einkünfte aus **ausländischen öffentlichen Kassen** (sog. **Kassenstaatsprinzip**).[207] Unter „öffentlicher Kasse" ist die Kasse einer Körperschaft des öffentlichen Rechts zu verstehen, die einer Dienstaufsicht und Prüfung hinsichtlich des Finanzgebarens durch die öffentliche Hand unterliegt.[208]

210 Nicht zu den ausländischen Einkünften i.S. des § 34d Nr. 5 EStG zählen die Zahlungen **inländischer öffentlicher Kassen** einschließlich der der Deutschen Bundesbahn und der Deutschen Bundesbank für eine im Ausland ausgeübte Arbeit.[209]

211 **Verluste** aus nichtselbständiger Arbeit **fallen nicht unter § 2a EStG.**

212 Zu Einkünften aus nichtselbständiger Arbeit im Rahmen eines DBA vgl. Rdn. 885 ff., zum Auslandstätigkeitserlass vgl. Rdn. 332.

2.2.2.7 Einkünfte aus Kapitalvermögen (§ 34d Nr. 6 EStG)

213 Ausländische Einkünfte aus Kapitalvermögen i.S. des § 20 EStG liegen dann vor, wenn der Schuldner Wohnsitz, Geschäftsleitung oder Sitz im Ausland hat, oder wenn das Kapitalvermögen durch im Ausland belegenen Grundbesitz gesichert ist (Hypothek, Grundschuld auf einem ausländischen Grundstück).[210]

214 Zu der Besteuerung ausländischer Kapitalerträge siehe § 32d EStG.[211]

215 Bei **Verlusten** ist § 2a Abs. 1 EStG zu prüfen (vgl. Rdn. 258 ff.).

---

206 BFH v. 12.11.1986 I R 69/83, BStBl 1987 II 379; v. 12.11.1986 I R 320/83, BStBl 1987 II 381; v. 12.11.1986 I R 192/85, BStBl 1987 II 383; v. 12.11.1986 I R 38/83, BStBl 1987 II 377; v. 12.11.1986 I R 140/80, BFH/NV 1987, 761; v. 12.11.1986 I R 24/84, BFH/NV 1988 298.
207 Vgl. Rdn. 971 ff.
208 BFH v. 7.8.1986 IV R 228/82, BStBl 1986 II 848; v. 9.2.1956 IV 609/54 U, BStBl 1956 III 183; ferner zur vergleichbaren Norm des § 49 Abs. 1 Nr. 4 Buchst. b) EStG BFH v. 28.3.2018 I R 42/16, BFH/NV 2018, 1118, sowie BMF v. 13.11.2019, BStBl 2019 I 1082.
209 BFH v. 23.9.1998 I B 53/98, BFH/NV 1999, 458, und v. 13.8.1997 I R 65/95, BStBl 1998 II 21 (Auslandslehrer), v. 17.12.1997 I R 60-61/97, BStBl 1999 II 13 (Beamter mit Wohnsitz im Ausland bei privatrechtlicher Versicherungsanstalt).
210 BFH v. 17.11.1999 I R 11/99, BStBl 2001 II 822; v. 13.4.1994 I R 97/93, BStBl 1994 II 743; v. 6.2.1985 I R 87/84, BFH/NV 1985, 104.
211 Rdn. 343.

Zu Kapitaleinkünften im Rahmen eines DBA vgl. Rdn. 814 ff. (Dividendeneinkünfte), Rdn. 844 ff. (Zinseinkünfte).

2.2.2.8 Einkünfte aus Vermietung und Verpachtung (§ 34d Nr. 7 EStG)

Ausländische Einkünfte aus Vermietung und Verpachtung i. S. des § 21 EStG sieht das Gesetz vor, wenn das unbewegliche Vermögen oder die vermieteten Sachinbegriffe im Ausland belegen oder die Rechte zur Nutzung (§ 21 Abs. 1 EStG; Bsp.: Überlassung geschützter Filmrechte,[212] Lizenzen,[213] Autorenrechte,[214] Überlassung von Nutzungsrechten an Standardsoftware,[215] Einräumung des Rechts zur Bandenwerbung)[216] im Ausland überlassen sind. Nicht zu den Einkünften aus Vermietung und Verpachtung gehören Zinsen eines der Immobilienverwaltung dienenden Bankkontos; hierbei handelt es sich um Kapitaleinkünfte.

Durch das Gesetz zur Vermeidung von Umsatzsteuerausfällen beim Handel mit Waren im Internet und zur Änderung weiterer steuerlichen Vorschriften wurde mit Wirkung ab 1. 1. 2019[217] ein Satz angefügt, wonach auch Wertveränderungen, die mit unbeweglichem Vermögen im Zusammenhang stehen, zu den Einkünften zählen; damit soll das BFH-Urteil vom 7. 12. 2016 I R 76/14[218] ausgehebelt werden.

Bei **Verlusten** ist § 2a Abs. 1 EStG zu prüfen (vgl. Rdn. 258 ff.).

Zu Einkünften aus unbeweglichem Vermögen im Rahmen eines DBA vgl. Rdn. 665 ff.

2.2.2.9 Sonstige Einkünfte (§ 34d Nr. 8 EStG)

Sonstige ausländische Einkünfte sind in folgenden Fällen gegeben:

Der zur Leistung wiederkehrender Bezüge (§ 22 Nr. 1 EStG) Verpflichtete muss in einem ausländischen Staat Wohnsitz, Geschäftsleitung oder Sitz haben (Bsp.: Zahlungen aus einer ausländischen Rentenversicherung);

- ▶ bei privaten Veräußerungsgeschäften (§ 23 EStG) muss das veräußerte Wirtschaftsgut in einem ausländischen Staat belegen sein;
- ▶ bei Einkünften aus Leistungen (§ 22 Nr. 3 EStG) einschließlich der Einkünfte aus Leistungen i. S. des § 49 Abs. 1 Nr. 9 EStG (Bsp.: Überlassung von Know-how,[219] Gebrauchsmustern, Produktionsverfahren u. Ä.)[220] muss der Schuldner der Leistung Wohnsitz, Sitz oder Geschäftsleitung im Ausland haben.

---

212 BFH v. 25. 4. 2012 I R 76/10, BFH/NV 2012, 1444.
213 BFH v. 23. 4. 2003 IX R 57/99, BFH/NV 2003, 1311; v. 5. 11. 1992 I R 41/92, BStBl 1993 II 407; v. 27. 7. 1988 I R 130/84, BStBl 1989 II 101.
214 BFH v. 20. 7. 1988 I R 174/85, BStBl 1989 II 87.
215 BFH v. 27. 2. 2002 I R 62/01, BFH/NV 2002, 1142.
216 BFH v. 16. 5. 2001 I R 64/99, BStBl 2003 II 641.
217 BGBl 2018 I 2338.
218 BStBl 2017 II 704.
219 BFH v. 10. 4. 2013 I R 22/12, BStBl II 2013, 728 (Nutzung einer beweglichen Sache im Inland); v. 13. 11. 2002 I R 90/01, BStBl II 2003, 249.
220 BFH v. 20. 7. 1988 I R 174/85, BStBl 1989 II 99.

221 Bei **Verlusten** ist § 2a Abs. 1 EStG zu prüfen (vgl. Rdn. 258 ff.).

222 Zu sonstigen Einkünften im Rahmen eines DBA vgl. Rdn. 985 f.

2.2.3 Ermittlung der ausländischen Einkünfte
2.2.3.1 Überblick, Grundsätze

223 Aus dem völkerrechtlichen Grundsatz der Gebietshoheit folgt, dass für die Bearbeitung und Lösung eines internationalen Steuerfalls das jeweils eigene nationale Steuerrecht anzuwenden ist. Auch soweit der Steuerfall den Bestimmungen eines DBA unterliegt, wird nationales Recht angewendet, weil das DBA nicht als völkerrechtlicher Vertrag unmittelbar, sondern lediglich mittelbar in der Form des jeweiligen Zustimmungsgesetzes und damit als innerstaatliches Recht zur Anwendung gelangt. Dies gilt auch für die Frage, wem die Einkünfte zuzurechnen sind, denn die Frage, welcher Person bestimmte Einkünfte nach steuerlichen Gesichtspunkten zuzurechnen ist, ist nicht Gegenstand der abkommensrechtlichen Zuordnung des Besteuerungssubstrats.[221] Die Regelungen eines ordnungsgemäß transformierten DBA haben grundsätzlich Vorrang vor dem bestehenden innerstaatlichen Recht und sind von den Steuerbehörden von Amts wegen zu beachten (§ 2 AO). Das BVerfG hat festgelegt, inwieweit der Gesetzgeber später eine vom Zustimmungsgesetz abweichende Regelung treffen kann, die dann nach der Lex-posterior-Regel dem DBA vorgeht (= treaty override).[222]

224 **Die ausländischen Einkünfte sind nach den Grundsätzen des deutschen Einkommensteuerrechts einschließlich der Grundsätze ordnungsgemäßer Buchführung zu ermitteln;**[223] dabei sind alle Betriebsausgaben und Werbungskosten zu berücksichtigen, die mit den im Ausland erzielten Einnahmen in wirtschaftlichem Zusammenhang stehen, unabhängig davon, ob sie im Ausland oder im Inland angefallen sind. Für den Abzug von Betriebsausgaben oder Werbungskosten sind § 4 Abs. 4[224] oder § 9 EStG maßgebend. Der Gewinn ist entsprechend § 4 Abs. 1 oder § 4 Abs. 3 zu ermitteln.[225]

225 Abschließend geklärt ist die Frage, dass eine Buchführungspflicht nach ausländischem Recht zu **einer inländischen Buchführungspflicht** nach § 140 AO führt.[226] Der BFH hatte bisher schon entschieden, dass eine ausländische Buchführungspflicht ebenso wie eine tatsächliche (freiwillige) Buchführung jedenfalls das Wahlrecht zur Überschussrechnung nach § 4 Abs. 3 EStG ausschließen.[227]

226 Im Zusammenhang mit **steuerfreien ausländischen Einkünften** – sei es, weil es sich um im Inland nicht steuerbare Einkünfte handelt, sei es, weil die Einkünfte nach einem

---

[221] BFH v. 25.5.2011 I R 95/10, BFH/NV 2011, 1602.
[222] Vgl. hierzu BVerfG v. 15.12.2015 2 BvL 1/12, BVerfGE 141, 1; Rdn. 608 zum treaty override.
[223] H 2a EStH Stichwort „Einkünfteermittlung"; R 34c Abs. 3 Satz 3 EStR.
[224] BFH v. 20.9.2006 I R 59/05, BStBl 2007 II 756.
[225] BFH v. 22.5.1991 I R 32/90, BStBl 1992 II 94 zur Gewinnermittlung einer ausländischen Personenhandelsgesellschaft; v. 13.9.1989 I R 117/87, BStBl 1990 II 57.
[226] BFH v. 14.11.2018 I R 81/16, BStBl 2019 II 390.
[227] BFH v. 25.6.2014 I R 24/13, BStBl 2015 II 141; v. 10.12.2014 I R 3/13, BFH/NV 2015, 667.

DBA steuerfrei sind – stehende Betriebsausgaben und Werbungskosten können nach § 3c Abs. 1 EStG grundsätzlich nicht berücksichtigt werden.

Im Rahmen des Welteinkommens sind in- und ausländische Gewinne und Verluste grundsätzlich uneingeschränkt miteinander zu verrechnen, es sei denn, die Regelung des § 2a EStG greift ein.[228]

227

2.2.3.2 Umrechnung

Die in **ausländischer Währung ermittelten Gewinne** sind in Euro umzurechnen; dabei kann dann, wenn nicht wesentliche Kursschwankungen vorliegen, auf das Stichtagskursverfahren zurückgegriffen werden.[229] Grundsätzlich darf nur ein solches Umrechnungsverfahren gewählt werden, das im Einzelfall zu keinem Verstoß gegen die deutschen Grundsätze ordnungsmäßiger Bilanzierung führt.[230] Nach Auffassung des BFH ist es in der Regel rechtsfehlerhaft, den Gewinn ausschließlich nach dem Kurswert umzurechnen, der für den Bilanzstichtag gilt. Diese Grundsätze gelten auch bei Anwendung eines DBA. Lohnzahlungen sind bei Zufluss des Arbeitslohns umzurechnen; Umrechnungsmaßstab ist – soweit vorhanden – der auf den Umrechnungszeitpunkt bezogene Euro-Referenzkurs der Europäischen Zentralbank.[231] Bei in ausländischer Währung angeschafften und veräußerten Wirtschaftsgütern sind die für die Ermittlung des Veräußerungsgewinns maßgeblichen Bemessungsgrundlagen (Anschaffungskosten, Veräußerungspreis, Veräußerungskosten) im Zeitpunkt ihrer jeweiligen Entstehung in DM/€ umzurechnen.[232] Gleiches gilt für einen Auflösungsgewinn bei Veräußerung von Beteiligungen.

228

2.2.3.3 Wechselkursgewinne und -verluste, Währungskursschwankungen

Bei der Gewinnermittlung nach § 4 Abs. 1 EStG müssen wechselkursbedingte Wertverluste oder Wertsteigerungen bei der Umrechnung der Geschäftsvorfälle in DM bzw. Euro berücksichtigt werden.[233] Eine Dividendenforderung ist bereits mit dem Zeitpunkt der Entstehung der Forderung zu aktivieren. Lautet sie auf eine ausländische Währung, so ist sie unter Zugrundelegung des maßgeblichen Wechselkurses am Tag der Entstehung der Forderung in die inländische Währung umzurechnen.[234] Ist diese Forderung zum Bilanzstichtag auf einen niedrigeren Wert abzuschreiben, weil sich der Wechselkurs verschlechtert hat, dann ergibt sich ein Verlust, der nach Auffassung des BFH auf die Verwaltung der Forderung, nicht aber auf die Erzielung der – ggf. steuerfreien –

229

---

228 Vgl. Rdn. 264 ff.
229 Ausführlich BMF v. 24. 12. 1999, BStBl 1999 I 1076, unter Tz. 2.8.
230 BFH v. 3. 12. 2009 VI R 4/08, BFH/NV 2010, 727 zur Umrechnung von Arbeitslohn in fremder Währung; v. 16. 12. 2008 I B 44/08, BFH/NV 2009, 940 m. w. N.; v. 13. 9. 1989 I R 117/87, BStBl 1990 II 57, mit Darstellung der einzelnen grundsätzlich zulässigen Methoden.
231 BFH v. 3. 12. 2009 VI R 4/08, BStBl II 2010, 698.
232 BFH v. 24. 1. 2012 IX R 62/10, BStBl II 2012, 564.
233 BFH v. 16. 12. 2008 I B 44/08, BFH/NV 2009, 940 m. w. N.
234 BFH v. 7. 11. 2001 I R 3/01, BStBl 2002 II 865.

ausländischen Einnahmen zurückzuführen ist. Dieser Kursverlust mindert den inländischen Gewinn bzw. erhöht ihn, wenn ein Kursgewinn zwischen dem Zeitpunkt der Entstehung der Forderung und der Zahlung entsteht.[235] Entstehen zwischen der Aktivierung der Forderung und der Zahlung durch Veränderung des Wechselkurses Währungsgewinne, so unterliegen auch diese Gewinne der deutschen Ertragsbesteuerung.[236] Allerdings ist bei Fremdwährungsverbindlichkeiten mit langer Laufzeit davon auszugehen, dass sich Kursschwankungen in der Regel auf die Laufzeit bezogen ausgleichen.[237]

230 Ermittelt der Steuerpflichtige den Gewinn im Wege der Einnahmeüberschussrechnung nach § 4 Abs. 3 EStG, ist die ausländische Forderung mit dem Wechselkurs am Tage des Zuflusses umzurechnen.[238] Betriebsausgaben in Fremdwährung sind nach dem Briefkurs des Tages der Zahlung umzurechnen. Es ist höchstrichterlich geklärt, dass es aufgrund des bei einem privaten Veräußerungsgeschäft geltenden Stichtagsprinzips bei einer Anschaffung und Veräußerung in Fremdwährung auf den amtlichen Umrechnungskurs zum jeweiligen Zeitpunkt ankommt.[239] Währungskursschwankungen im Privatvermögen gehören bis zur Einführung der Abgeltungsteuer zum nichtsteuerbaren Bereich, sofern nicht der Tatbestand eines privaten Veräußerungsgeschäfts erfüllt ist.[240]

2.2.3.4 Währungsverluste am Dotationskapital

231 Nach der früheren Rechtsprechung des BFH sind Währungsverluste, die das inländische Stammhaus einer ausländischen Betriebsstätte an deren Dotationskapital erleidet, im Inland steuerlich nicht zu berücksichtigen.[241] Demgegenüber hat der EuGH entschieden:[242] Nach Art. 49 AEUV ist eine innerstaatliche Regelung nicht mit dem EU-Vertrag vereinbar, wonach die Berücksichtigung eines Währungsverlustes aus der Rückführung von Dotationskapital, das ein Steuerpflichtiger seiner in einem anderen Mitgliedstaat belegenen Betriebsstätte gewährt hatte, ausgeschlossen ist. Auch eine innerstaatliche Regelung, nach der ein Währungsverlust nur in dem Umfang abgezogen werden darf, in dem die in einem anderen Mitgliedstaat belegene Betriebsstätte keine steuerfreien Gewinne erzielt hat, ist europarechtswidrig. Zur Umsetzung dieses EuGH-Urteils hat sich das BMF in einem Schreiben geäußert.[243] Die Grundsätze seines Urteils hat der EuGH in einem neueren Urteil bestätigt und folgenden Leitsatz aufgestellt: Wird der Währungsgewinn besteuert, dann ist auch der Währungsverlust steuerlich zu berück-

---

[235] BFH v. 7.11.2001 I R 3/01, BStBl 2002 II 865, unter 2. b) der Entscheidungsgründe.
[236] BFH v. 31.5.1995 I R 74/93, BStBl 1995 II 683.
[237] BFH v. 4.3.2016 IX B 85/15, BFH/NV 2016, 917; v. 23.4.2009 IV R 62/06, BFH/NV 2009, 1307.
[238] BFH v. 7.11.2001 I R 3/01, BStBl 2002 II 865; BMF v. 24.12.1999, BStBl 1999 I 1070, Tz. 2.8.2.
[239] BFH v. 6.11.2015 IX B 54/15, BFH/NV 2016, 194.
[240] BFH v. 30.11.2010 VIII R 58/07, BStBl II 2011, 491.
[241] BFH v. 7.11.2001 I R 3/01, BStBl 2002 II 865; v. 18.9.1996 I R 69/95, BFH/NV 1997, 408; v. 16.2.1996 I R 43/95, BStBl 1997 II 128, und I R 46/95, BFH/NV 1997, 111.
[242] EuGH v. 28.2.2008 C-293/06 Deutsche Shell GmbH, IStR 2008, 224.
[243] BMF v. 23.11.2009, BStBl 2009 I 1332.

sichtigen; bleibt hingegen ein Währungsgewinn steuerlich unbeachtlich, dann kann auch ein Währungsverlust sich steuerlich nicht auswirken.[244]

2.2.3.5 Entnahme (§ 4 Abs. 1 Satz 3 und 4, § 4g, § 15 Abs. 1a EStG)

Mit Urteil vom 17. 7. 2008 hat der BFH die **Theorie der finalen Entnahme aufgegeben**.[245] Nach dieser Theorie war in der Überführung von Einzelwirtschaftsgütern aus einem inländischen Stammhaus in eine ausländische Betriebsstätte stets eine Gewinn verwirklichende Entnahme i. S. von § 4 Abs. 1 Satz 2 EStG zu erblicken, wenn die ausländischen Betriebsstättengewinne aufgrund eines DBA von der Besteuerung im Inland freigestellt sind.[246] Hierauf hat der Gesetzgeber reagiert und Satz 3 in § 4 Abs. 1 EStG eingefügt. Nach § 4 Abs. 1 Satz 3 EStG steht einer steuerpflichtigen Entnahme für betriebsfremde Zwecke der Ausschluss oder die Beschränkung des deutschen Besteuerungsrechts hinsichtlich des Gewinns aus der Veräußerung oder der Nutzung eines Wirtschaftsguts gleich – sog. **Entstrickung**.[247] Als Wert der Entnahme wird nach § 6 Abs. 1 Nr. 4 Satz 1 zweiter Halbsatz EStG der gemeine Wert angesetzt. Durch das ATADUmsG ist nun neu geregelt, wenn der ausländische Staat im Rahmen seiner Entstrickungsbesteuerung diese durchgeführt hat, dass Deutschland die dort angesetzten Werte zu übernehmen hat.

232

Mit den weiteren Urteilen vom 28. 10. 2009 hat der BFH zum einen das vorgenannte Urteil zur finalen Entnahme bestätigt und zum anderen seine **Theorie der finalen Betriebsaufgabe aufgegeben**.[248] Diese Theorie war eine Fortentwicklung der Theorie der finalen Entnahme: Eine Sitzverlegung ins Ausland wurde als Betriebsaufgabe angesehen, wenn der Gewinn aus dem in das Ausland verlagerten Gewerbebetriebs aufgrund eines DBA nicht der inländischen Besteuerung unterliegt. Auch auf diese Urteile hat der Gesetzgeber reagiert durch die Einfügung des Satzes 4 in § 4 Abs. 1 EStG (hinsichtlich der Entnahme)[249] sowie durch die Einfügung des § 16 Abs. 3a EStG (hinsichtlich der Betriebsaufgabe).

233

Um die sofortige Versteuerung der stillen Reserven bei Entnahme von Anlagevermögen zu mildern, sieht § 4g EStG (neu gefasst durch das ATADUmsG ab VZ 2020) die Bildung eines Ausgleichspostens vor: Der Steuerpflichtige kann beantragen, dass ein Ausgleichsposten in Höhe der stillen Reserven gebildet wird. Einzelheiten ergeben sich aus § 4g Abs. 2 EStG sowie § 36 Abs. 5 EStG i. d. F. des ATADUmsG. Bei einer Gewinnermittlung nach § 4 Abs. 3 EStG gilt die Vorschrift entsprechend (§ 4g Abs. 4 EStG).

234

---

244 EuGH v. 10. 6. 2015 C-686/13 X AB, IStR 2015, 557; vgl. auch BFH v. 2. 12. 2015 I R 13/14, BStBl 2016 II 1278.
245 BFH v. 17. 7. 2008 I R 77/06, BStBl 2009 II 464; Nichtanwendungserlass: BMF v. 20. 5. 2009, BStBl 2009 I 671 sowie BMF v. 18. 11. 2011, BStBl 2011 I 1278.
246 Vgl. BFH-Urteil v. 16. 7. 1969 I 266/65, BStBl 1970 II 175.
247 Zur Begründung der Vorschrift vgl. BT-Drs. 16/2710, S. 28.
248 BFH v. 28. 10. 2009 I R 99/08, BFH/NV 2010, 346; v. 28. 10. 2009 I R 28/08, BFH/NV 2010, 432; hierzu BMF v. 18. 11. 2011, BStBl 2011 I 1278.
249 Vgl. Entscheidung des FG Düsseldorf v. 19. 11. 2015 8 K 3664/11 F, EFG 2016, 209, wonach die Vorschriften europarechtlich und verfassungsrechtlich unbedenklich seien; hiergegen Revision unter I R 99/15 anhängig.

235 Aus der Sicht der Finanzverwaltung wird der Entnahmetatbestand dann erfüllt, wenn ein Wirtschaftsgut aus einem inländischen Betrieb in eine ausländische Betriebsstätte überführt wird und im Rahmen der Gewinnbesteuerung der Gewinn aus der Veräußerung des Wirtschaftsguts entweder von der deutschen Besteuerung freigestellt ist (Bsp.: § 32b Abs. 1 Nr. 3 EStG i.V. mit einem DBA) oder die ausländische Steuer angerechnet werden muss (Bsp.: § 34c Abs. 1 EStG). Die gegen § 4 Abs. 1 Satz 3 und Satz 4 EStG vorgebrachten Bedenken[250] hat der EuGH nicht geteilt und im Zusammenhang mit § 4g EStG den streitigen Vorschriften bescheinigt, dass sie nicht gegen die Niederlassungsfreiheit des Art. 49 AEUV verstoßen.[251]

236 Die bisher bei Rücküberführung des Wirtschaftsguts vor Ablauf von fünf Jahren vorgesehene Auflösung des nach § 4g EStG gebildete Ausgleichsposten, ist mit Inkrafttreten des ATADUmsG ersatzlos aufgehoben worden.

237 Der Entnahmebegriff gilt nicht für Anteile an einer SE oder SCE in den Fällen einer Sitzverlegung (§ 4 Abs. 1 Satz 5 EStG). Ergänzt wird diese Regelung durch § 15 Abs. 1a EStG. Da in den vorgenannten Fällen keine Aufdeckung der stillen Reserven erfolgt, ist der Gewinn aus einer späteren Veräußerung der Anteile ungeachtet der Bestimmungen eines DBA in der gleichen Art und Weise zu besteuern, wie die Veräußerung dieser Anteile zu besteuern gewesen wäre, wenn keine Sitzverlegung stattgefunden hätte. Dies gilt auch, wenn später die Anteile verdeckt in eine Kapitalgesellschaft eingelegt werden, die SE oder SCE aufgelöst wird oder wenn ihr Kapital herabgesetzt und zurückgezahlt wird oder wenn Beträge aus dem steuerlichen Einlagenkonto i. S. des § 27 KStG ausgeschüttet oder zurückgezahlt werden.

2.2.3.6 Einlage (§ 4 Abs. 1 Satz 8 EStG)

238 Einer Einlage steht die Begründung des Besteuerungsrechts Deutschlands hinsichtlich des Gewinns aus der Veräußerung eines Wirtschaftsguts gleich. Das eingelegte Wirtschaftsgut ist mit dem gemeinen Wert zu bilanzieren (§ 6 Abs. 1 Nr. 5a EStG). Nach Auffassung der Finanzverwaltung ist die Regelung des § 4 Abs. 1 Satz 8 EStG nur dann anzuwenden, wenn das Wirtschaftsgut aus einem DBA-Staat in das inländische Stammhaus überführt wird und das DBA bisher die Freistellungsmethode vorsah, denn nur dann wird ein bisher nicht vorhandenes Besteuerungsrecht Deutschlands begründet.[252]

> **BEISPIEL:** Das britische Bauunternehmen errichtet in Frankfurt ein Hochhaus (Dauer: 10 Monate); in diese Betriebsstätte wird ein Baukran aus Großbritannien überführt. Im Gegensatz zu § 4 Abs. 1 Satz 3 begründet die zeitweise Nutzung im Inland keine Einlage.

2.2.3.7 Zinsschranke (§ 4h EStG)

239 Durch das UntStRefG wurde u. a. als neues Rechtsinstitut die sog. Zinsschranke in § 4h EStG geschaffen. Auf die Einzelheiten dieser Regelung soll an dieser Stelle nicht einge-

---

250 Vgl. den Vorlagebeschluss des FG Düsseldorf v. 5. 12. 2013 8 K 3664/11 F; EFG 2014, 119.
251 EuGH v. 21. 5. 2015 C-657/13 Verder Lab Tec, IStR 2015, 440.
252 BMF v. 25. 8. 2009, BStBl 2009 I 888, Tz. 2.6.2.

gangen werden.[253] Da die ausländischen Einkünfte für deutsche Besteuerungszwecke nach deutschem Steuerrecht zu ermitteln sind, ist die Zinsschranke auch bei der Ermittlung der ausländischen Einkünfte ggf. zu berücksichtigen; für die Dotation der Betriebsstätte mit Eigenkapital gelten außerdem die BS-VwG[254]; vgl. auch §§ 12 bis 15 und § 20 BsGaV.[255]

2.2.3.8 Sonderbetriebsausgabenabzug (§ 4i EStG)

BEPS Aktion 2 befasste sich mit der Neutralisierung der Wirkung hybrider Strukturen, die zur Nichtbesteuerung führen (Neutralising Hybrid Mismatch Arrangements). Hybride Gestaltungen knüpfen daran an, dass bei grenzüberschreitenden Transaktionen die betroffenen Staaten unterschiedliche Regelungen für die steuerliche Einordnung bestimmter Finanzierungsinstrumente und Gesellschaftsformen anwenden (Bsp.: In einem Staat stellen die Beträge Dividenden dar, im anderen Betriebsausgaben, grenzüberschreitende Refinanzierungskosten eines inländischen Mitunternehmeranteils[256]). Es soll verhindert werden, dass diese Vorgänge im Ergebnis in keinem der beteiligten Staaten besteuert bzw. Ausgaben doppelt abgezogen werden.[257] Dies kommt z. B. durch die unterschiedliche steuerliche Behandlung von Personengesellschaften und ihrer Gesellschafter zum Ausdruck, da das deutsche System eine Sonderstellung im internationalen Umfeld einnimmt.[258] Mit dem „Gesetz zur Umsetzung der Änderung der EU-Amtshilferichtlinie und von weiteren Maßnahmen gegen Gewinnverkürzungen und -verlagerungen"[259] wurde zur Vermeidung der Keinmalbesteuerung bzw. des double dip § 4i EStG – Sonderbetriebsausgabenabzug bei Vorgängen mit Auslandsbezug – in das Gesetz eingefügt.

240

Die neue Vorschrift des § 4i EStG bestimmt, dass Aufwendungen eines Mitunternehmers nicht als Sonderbetriebsausgaben abgezogen werden dürfen, soweit diese Aufwendungen auch die Steuerbemessungsgrundlage in einem anderen Staat mindern bzw. gemindert haben. Dies gilt dann nicht, soweit die Aufwendungen die Erträge desselben Steuerpflichtigen mindern, die bei ihm sowohl der inländischen Besteuerung unterliegen als auch nachweislich der tatsächlichen Besteuerung in dem anderen Staat.

2.2.3.9 Lizenzschranke (§ 4j EStG)

Ausgehend von dem BEPS Schlussbericht zu BEPS Aktion 5 (Maßnahmen gegen schädlichen Steuerwettbewerb) hat der Bundestag das „Gesetz gegen schädliche Steuerprakti-

241

---

253 BMF v. 4. 7. 2008, BStBl 2008 I 718: Anwendungsschreiben zur Zinsschranke (§ 4h EStG; § 8a KStG).
254 BMF v. 24. 12. 1999, BStBl 1999 I 1076, v. 4. 7. 2008, BStBl 2008 I 718, Tz. 64.
255 BGBl 2014 I 160.
256 BFH v. 12. 10. 2016 I R 92/12, IStR 2017, 278.
257 BR-Drs. 406/16 (Beschluss), S. 4.
258 BR-Drs. 406/16 (Beschluss), S. 3.
259 BGBl 2016 I 3000.

ken im Zusammenhang mit Rechteüberlassungen"[260] verabschiedet, mit dem § 4j EStG – Aufwendungen für Rechtsüberlassungen – in das Gesetz eingefügt wurde. Nach § 52 Abs. 8a EStG ist die Norm erstmals für Aufwendungen zu beachten, welche nach dem 31.12.2017 entstehen.

242 Hierzu heißt es in der amtlichen Begründung:[261] Mit dem Gesetz soll die steuerliche Abzugsmöglichkeit für Lizenzzahlungen und andere Aufwendungen für Rechteüberlassungen an nahestehende Personen eingeschränkt werden, die beim Empfänger aufgrund eines als schädlich einzustufenden Präferenzregimes[262] nicht oder nur niedrig (unter 25 %) besteuert werden. Das Gesetz orientiert sich an dem von OECD und G20 für das Vorliegen einer schädlichen Steuerpraxis herangezogenen Merkmal der fehlenden substanziellen Geschäftätigkeit („Nexus-Ansatz")[263]. Durch das Erfordernis eines Näheverhältnisses i.S. des § 1 Abs. 2 AStG zwischen Schuldner und Gläubiger der Zahlung wird sichergestellt, dass die Regelung nur Sachverhalte zwischen nahestehenden Personen erfasst. Zur Verhinderung von Ausweichgestaltungen ist die Regelung auch auf sog. Zwischenschaltungsfälle anwendbar. Sofern die Tatbestandsvoraussetzungen der Regelung erfüllt sind, richtet sich die Höhe des Betriebsausgabenabzugsverbots nach der Ertragsteuerbelastung beim Gläubiger der Zahlung. Je höher die steuerliche Belastung beim Gläubiger, desto höher auch der abziehbare Anteil beim Schuldner. Ziel ist es – dem Gedanken der korrespondierenden Besteuerung folgend – eine angemessene Steuerwirkung der Lizenzausgaben sicherzustellen.

243 Weiter wird in der amtlichen Begründung ausgeführt, dass durch § 4j EStG die Mehrzahl der bekannten Arten der Lizenzboxen erfasst werden sollen. Diese sehen entweder eine vollständige oder teilweise Steuerbefreiung von Lizenzeinnahmen, besondere Steuersätze für Lizenzeinkünfte oder sonstige an die Lizenzvergütungen anknüpfende Vergünstigungen vor. Nicht von der Regelung erfasst sind demgegenüber steuerliche Vergünstigungen, die weder (unmittelbar noch mittelbar) an den Steuersatz oder die Einnahmen beim Empfänger anknüpfen, sondern an dessen tatsächliche Aufwendungen (z.B. steuerliche Forschungsprämien). Ebenfalls nicht erfasst sind Zahlungen, die beim Empfänger aufgrund eines auch für die übrigen Einkünfte anzuwendenden Regelsteuersatzes niedrig besteuert werden.

2.2.3.10 Betriebsausgabenabzug bei hybriden Gestaltungen (§ 4k EStG)

244 Die Richtlinie (EU) 2016/1164 des Rates vom 12.7.2016 mit Vorschriften zur Bekämpfung von Steuervermeidungspraktiken mit unmittelbaren Auswirkungen auf das Funk-

---

260 BGBl 2017 I 2074.
261 BT-Drs. 18/11233.
262 IP-Boxen, Patentboxen, Lizenzboxen, die nicht eine substanzielle Geschäftätigkeit des Empfängers voraussetzen, d.h. die das immaterielle Wirtschaftsgut nicht entwickelt haben, oder der Empfänger hat seinen Sitz/Geschäftsleitung in einem Staat, der für derartige Einnahmen kein oder nur geringe Steuern erhebt.
263 Ausführlich BMF v. 19.2.2020, Internetseiten des BMF.

tionieren des Binnenmarktes[264] (Anti-Steuervermeidungs-Richtlinie – ATAD), geändert durch Art. 1 der Richtlinie (EU) 2017/952 des Rates vom 29.5.2017 zur Änderung der Richtlinie (EU) 2016/1164 bezüglich hybrider Gestaltungen mit Drittländern[265], ist von Deutschland mit dem ATADUmsG in nationales Recht umgesetzt worden. Dieses Gesetz hat auch den § 4k EStG – „Betriebsausgabenabzug bei hybriden Gestaltungen" – ins Gesetz eingefügt. Er befasst sich mit dem Betriebsausgabenabzug im Zusammenhang mit sog. hybriden Gestaltungen zwischen nahestehenden Personen i. S. des § 1 Abs. 2 AStG, zwischen Unternehmen und seinen Betriebsstätten oder bei sog. strukturierten Gestaltungen. Unter „hybrider Gestaltung" ist nach Art. 2 Abs. 9 ATAD-RL zu verstehen:

Eine Situation zwischen einem Steuerpflichtigen in einem Mitgliedstaat und einem verbundenen Unternehmen in einem anderen Mitgliedstaat oder eine strukturierte Vereinbarung zwischen Parteien in Mitgliedstaaten, in der Unterschiede bei der rechtlichen Einordnung eines Finanzinstruments oder Unternehmens zu folgendem Ergebnis führen:

a) ein und dieselben Zahlungen, Aufwendungen oder Verluste werden sowohl in dem Mitgliedstaat, aus dem die Zahlungen stammen bzw. in dem die Aufwendungen oder Verluste angefallen sind, als auch in einem anderen Mitgliedstaat abgezogen („doppelter Abzug"), oder

b) eine Zahlung wird in dem Mitgliedstaat, aus dem sie stammt, abgezogen, ohne dass im anderen Mitgliedstaat eine entsprechende Besteuerung derselben Zahlung erfolgt („Abzug bei gleichzeitiger Nichtbesteuerung").

Ziel der RL sowie des § 4k EStG soll es sein, dass eine Einmalbesteuerung garantiert wird und andererseits keine doppelte steuerliche Berücksichtigung erfolgt. Die Vorschrift ist auch bei allen DBA anzuwenden (treaty override).

Überblick über die Regelungen des § 4k EStG:

- ▶ § 4k Abs. 1 bis 3 EStG beinhalten Bestimmungen zu Abzugs-/Nichtbesteuerungsfällen und umgekehrten hybriden Gestaltungen;
- ▶ § 4k Abs. 4 EStG befasst sich mit dem doppelten Betriebsausgabenabzug und Inkongruenzen bei der Steueransässigkeit;
- ▶ § 4k Abs. 5 EStG beinhaltet Vorschriften zu sog. importierten Besteuerungsinkongruenzen; diese liegen vor, wenn ein Effekt einer Besteuerungsinkongruenz, die zwischen anderen Staaten eingetreten und von diesen nicht beseitigt worden sind, ganz oder teilweise ins Inland verlagert wird;
- ▶ § 4k Abs. 6 EStG umfasst allgemeine Definitionen, die für die Anwendung der Vorschriften zu hybriden Gestaltungen erforderlich sind.

---

264 ABl 2016 L 193, 1.
265 ABl 2017 L 144, 1.

2.2.3.11 Ermittlung gewerblicher Einkünfte – Grundsätze

245 Bei **ausländischen gewerblichen Einkünften** ist der Gewinn grundsätzlich nach der sog. **direkten Methode**[266] zu ermitteln, die zu genaueren Ergebnissen als andere Methoden führt: Die ausländische Betriebsstätte ist als wirtschaftlich selbständige Einheit zu sehen. Nach der direkten Methode können bei einer inländischen Betriebsstätte eines im Ausland ansässigen Unternehmens solche Schulden abgezogen werden, die durch die inländische Betriebsstätte selbst veranlasst sind. Dementsprechend können die von der inländischen Betriebsstätte für ihre eigenen Bedürfnisse selbst aufgenommenen Fremdmittel (Außentransaktionen), ferner die vom Stammhaus für die Betriebsstätte aufgenommenen und an diese weitergeleiteten Darlehen (durchgeleitete Darlehen) sowie ein möglicher Verrechnungssaldo, der sich aus dem laufenden Geschäftsbetrieb zugunsten der Zentrale und anderer Zweigstellen (Betriebsstätten) ergibt, als Schulden abgezogen werden. Denn nur durch das Erfordernis eines konkreten wirtschaftlichen Zusammenhangs zwischen Darlehensaufnahme und Mittelzuweisung durch die ausländische Zentrale kann verhindert werden, dass dieselben Darlehen in mehreren Staaten als Schulden verschiedener Betriebsstätten zum Ansatz gelangen.[267] Führt diese Gewinnermittlungsmethode zu keinem sinnvollen Ergebnis, kann u.U. die sog. **indirekte Methode**[268] angewandt werden, bei der der Gewinn des Gesamtunternehmens im Wege der Schätzung auf Inland und Ausland aufgeteilt wird. Die sog. **Kapitalspiegelmethode** als Schätzungsmethode ist grundsätzlich nicht zulässig, weil sie nicht den vom Gesetz geforderten wirtschaftlichen Zusammenhang gewährleistet;[269] dabei können sich für bestimmte Branchen (Bsp.: Banken) Besonderheiten ergeben.[270] Wegen der Einzelheiten der Gewinnermittlung (im Zusammenhang mit dem Betriebsstättengewinn) vgl. die für Wirtschaftsjahre, die nach dem 31.12.2014 beginnen, anzuwendende Betriebsstättengewinnaufteilungsverordnung – BsGaV (Rdn. 778 ff.).

2.2.3.12 Sitzverlegung einer Kapitalgesellschaft (§ 17 Abs. 5 EStG)

246 Zusammen mit der Einfügung des § 4 Abs. 1 Satz 3 EStG wurde auch § 17 EStG um einen Absatz 5 ergänzt: Danach gilt, dass die Beschränkung oder der Ausschluss des Besteuerungsrechts Deutschlands hinsichtlich des Gewinns aus der Veräußerung der Anteile an einer Kapitalgesellschaft im Fall der Verlegung des Sitzes oder des Orts der Geschäftsleitung der Kapitalgesellschaft in einen anderen Staat der Veräußerung der Anteile zum gemeinen Wert gleich stehen (§ 17 Abs. 5 Satz 1 EStG).

> **BEISPIEL:** Der unbeschränkt steuerpflichtige A ist Gesellschafter der Z-AG, die Sitz und Geschäftsleitung nach Tunesien verlegt. Da nach Art. 13 Abs. 3 DBA-Tunesien Gewinne aus der Veräußerung von Anteilen an einer in Tunesien ansässigen Gesellschaft in Tunesien besteuert

---

266 BFH v. 22.8.2011 I B 169/10, BFH/NV 2011, 2119; v. 20.3.2002 II R 84/99, BFH/NV 2002, 1017, mit umfangreichen Nachweisen der Rechtsprechung.
267 Vgl. das zur Ertragsteuer ergangene BFH-Urteil v. 20.7.1988 I R 49/84, BStBl 1989 II 140.
268 BFH v. 18.8.1993 II S 7/93, BFH/NV 1994, 151, m.w.N.
269 BFH v. 20.3.2002 II R 84/99, BFH/NV 2002, 1017; v. 12.1.1994 II R 95/89, BFH/NV 1994, 690.
270 BFH v. 22.8.2011 I B 169/10, BFH/NV 2011, 2119.

werden können, liegt nach § 17 Abs. 5 Satz 1 EStG eine fiktive steuerpflichtige Veräußerung vor.

Die vorgenannte Regelung gilt nicht für die Sitzverlegung einer SE in einen anderen Mitgliedstaat der EU sowie die Sitzverlegung einer anderen Kapitalgesellschaft in einen anderen EU-Mitgliedstaat (§ 17 Abs. 5 Satz 2 EStG). In diesen Fällen ist der Gewinn aus einer späteren Veräußerung der Anteile ungeachtet der Bestimmungen eines DBA nach § 17 Abs. 5 Satz 3 EStG in der gleichen Art und Weise zu besteuern, wie die Veräußerung dieser Anteile zu besteuern gewesen wäre, wenn keine Sitzverlegung stattgefunden hätte (vgl. auch § 15 Abs. 1a EStG). 247

> **BEISPIEL:** Die in Deutschland ansässige Y-SE, an welcher der unbeschränkt Steuerpflichtige B beteiligt ist, verlegt Sitz und Geschäftsleitung nach Tschechien. Da Art. 13 Abs. 3 des fortgeltenden DBA-Tschechoslowakei von 1980 die Versteuerung des Gewinns aus der Veräußerung von Anteilen im Sitzstaat der Gesellschaft vorsieht, verliert Deutschland das Besteuerungsrecht, aber wegen § 17 Abs. 5 Satz 2 EStG erfolgt keine Veräußerungsgewinnbesteuerung. Wenn Z später seine Anteile veräußert, werden diese im Rahmen des § 17 EStG „normal" versteuert.

2.2.3.13 Gewinnermittlung bei Handelsschiffen im internationalen Verkehr (§ 5a EStG)

Durch das „Gesetz zur Anpassung der technischen und steuerlichen Bedingungen in der Seeschifffahrt an den internationalen Standard"[271] wurde die sog. **Tonnagebesteuerung** eingeführt. § 5a EStG soll dem Anreiz der inländischen Bereederung von Seeschiffen durch Einführung einer pauschalen Besteuerung dienen. Denn anstelle der Ermittlung des Gewinns nach § 4 Abs. 1 oder § 5 EStG ist bei einem Gewerbebetrieb mit Geschäftsleitung im Inland auf Antrag der Gewinn, soweit er auf den Betrieb von Handelsschiffen im internationalen Verkehr entfällt, pauschal nach der bereederten Tonnage zu ermitteln. Die Vergünstigung wird auf Antrag gewährt (§ 5a Abs. 3 EStG), der im Wirtschaftsjahr der Anschaffung oder Herstellung des Handelsschiffes mit Wirkung ab Beginn dieses Wirtschaftsjahres zu stellen ist; der Steuerpflichtige ist zehn Jahre an die einmal gewählte Gewinnermittlung gebunden. Bei der Tonnagebesteuerung scheidet eine Steuerermäßigung für die im Ausland bezahlten Steuern nach § 34c Abs. 1 bis 3 EStG aus (§ 5a Abs. 5 EStG); zur Betriebsausgabenbeschränkung vgl. § 4 Abs. 5 Satz 1 Nr. 11 EStG. 248

Der Begriff **Betrieb von Handelsschiffen im internationalen Verkehr** wird in § 5a Abs. 2 EStG definiert: Im betreffenden Wirtschaftsjahr muss das Schiff überwiegend (= mehr als die Hälfte der Seereisetage) in einem inländischen Schiffsregister eingetragen sein und die Flagge der Bundesrepublik Deutschland führen; ferner muss es mit eigener Kraft überwiegend der Erbringung internationaler Beförderungsleistungen dienen (Beförderung von Personen oder Gütern im Verkehr mit oder zwischen ausländischen Häfen, innerhalb eines ausländischen Hafens oder zwischen einem ausländischen Hafen und der Hohen See). Zu den begünstigten Einkünften gehören Neben- und Hilfsgeschäfte, u. a. auch die Vercharterung und Veräußerung. 249

---

271 BStBl 1998 I 1158.

250 Für die Versteuerung der gezahlten Heuer auf Schiffen, die unter § 5a EStG fallen, ist in § 41a Abs. 4 EStG eine gesonderte Regelung enthalten.[272]

251 Gewerbesteuerrechtliche Konsequenzen sind in § 7 Satz 3 GewStG geregelt:[273] Der nach § 5a EStG ermittelte Gewinn gilt als Gewerbeertrag nach § 7 Satz 1 GewStG.[274] Soweit der Gewinn nach § 5a EStG ermittelt worden ist, kommen Hinzurechnungen und Kürzungen nicht in Betracht.[275] § 35 EStG findet keine Anwendung auf Gewinne, die der Tonnagebesteuerung nach § 5a Abs. 1 EStG unterliegen (§ 5a Abs. 5 EStG).

252 Durch § 5a EStG soll die deutsche Handelsschifffahrt subventioniert werden, damit sie im internationalen Wettbewerb mit Handelsschiffen aus Staaten mit „billigen Flaggen" (Bsp.: Liberia, Panama) konkurrenzfähig bleiben kann. Denn diese Staaten gewähren nicht nur Erleichterungen in schifffahrtstechnischer Hinsicht, sondern besteuern diese Einkünfte lediglich mit einem Minimalsteuersatz.

2.2.3.14 Ermittlung der Einkünfte aus Kapitalvermögen

253 Für die Ermittlung der ausländischen Einkünfte aus Kapitalvermögen gemäß § 34d Nr. 6 EStG gelten dieselben Grundsätze wie für die Ermittlung der inländischen Einkünfte aus Kapitalvermögen, sodass insoweit auf diese verwiesen werden darf.[276] Werden Dividenden innerhalb eines inländischen Betriebsvermögens erzielt, so ist bei der Anwendung des § 34d Nr. 6 EStG darauf abzustellen, ob die Dividenden „isoliert gesehen" ausländische i. S. der Vorschrift sind.[277] Den ausländischen Einkünften können nur solche Aufwendungen zugeordnet werden, die im direkten wirtschaftlichen Zusammenhang mit der Einnahmeerzielung stehen und, sofern die Einnahmen im Privatvermögen erzielt werden, als Werbungskosten angesetzt werden könnten.[278]

254 Ausländischen Zinsen oder Dividenden sind als Betriebsausgaben nur solche Aufwendungen zuzuordnen, die im Sinne der direkten Gewinnermittlungsmethode einen Bezug zu der Erzielung der Zinsen und Dividenden haben.[279] Diese Voraussetzung ist bei Refinanzierungskosten nur dann erfüllt, wenn das Darlehen, das die Refinanzierungskosten auslöste, aufgenommen wurde, um mit seiner Hilfe ein Darlehen an einen anderen Darlehensnehmer zu vergeben oder den Erwerb einer Beteiligung zu finanzieren.[280] Allgemeine Verwaltungskosten können den Einnahmen nur dann aufwandsmäßig zugeordnet werden, wenn sie durch die Verwaltung der Kapitaleinkünfte anfallen. Unzulässig ist es, den Einkünften aus Zinsen einen nach einem indirekten Auftei-

---

272 BFH v. 13. 7. 2011 VI R 84/10, BFH/NV 2011, 1954.
273 BFH v. 25. 10. 2018 IV R 40/16, BFH/NV 2019, 291.
274 BFH v. 13. 12. 2007 IV R 92/05, BStBl 2008 II 583; v. 6. 7. 2005 VIII R 72/02, BFH/NV 2006, 363.
275 BFH v. 4. 12. 2014 IV R 27/11, BStBl 2015 II 278; v. 6. 7. 2005 VIII R 74/02, BStBl 2008 II 180.
276 BFH v. 26. 1. 2011 VIII R 14/10, BFH/NV 2011, 1512; v. 29. 3. 2001 IV R 71/99, BFH/NV 2001, 1251, mit ausführlichen Rechtsprechungsnachweisen.
277 BFH v. 9. 4. 1997 I R 178/94, BStBl 1997 II 657.
278 BFH v. 7. 3. 1995 VIII R 9/94, BStBl 1995 II 697.
279 Vgl. betreffend Zuordnung von Betriebsausgaben zu Dividenden BFH v. 9. 4. 1997 I R 178/94, BStBl 1997 II 657.
280 Ausführlich zu Refinanzierungskosten BFH v. 29. 3. 2000 I R 15/99, BStBl 2000 II 577.

lungsschlüssel (z. B. nach dem Verhältnis der Buchwerte der aktivierten Forderungen und Beteiligungen oder nach dem Verhältnis der Bruttoerträge) global ermittelten Aufwand zuzurechnen;[281] vgl. auch § 7 BsGaV.

2.2.3.15 Ermittlung der Einkünfte aus Vermietung und Verpachtung

Für die Ermittlung der ausländischen Einkünfte aus Vermietung und Verpachtung gelten grundsätzlich dieselben Prinzipien wie für die Ermittlung von inländischen Einkünften aus Vermietung und Verpachtung, sodass insoweit auf diese verweisen werden darf. 255

Auch die Rechtsprechung des BFH zu den Ferienwohnungen im Inland gilt uneingeschränkt bei **Ferienwohnungen im Ausland.** Die Vermietung von Ferienwohnungen kann u. U. nach den allgemeinen Grundsätzen gewerbliche Einkünfte darstellen, wenn der Vermieter über die Vermietung hinausgehende diverse, ins Gewicht fallende Sonderleistungen erbringt[282] oder wenn ein besonders häufiger Wechsel der Mieter eine einem gewerblichen Beherbergungsbetrieb (Hotel, Fremdenpension) vergleichbare, unternehmerische Organisation erfordert. Ob es sich dann um ausländische Einkünfte i. S. des § 34d Nr. 2a EStG handelt, hängt davon ab, ob der Steuerpflichtige im Ausland über eine Betriebsstätte verfügt. 256

Bei der Nutzung von Immobilien im Ausland kommt ggf. auch das **Prinzip der Liebhaberei** zum Tragen. 257

2.2.3.16 Einschränkung des Verlustausgleichs (§ 2a EStG)

Aus dem Grundsatz der Besteuerung des Welteinkommens folgt, dass nicht nur ausländische Gewinne, sondern auch ausländische Verluste bei der Ermittlung der Summe der Einkünfte zu berücksichtigen sind. Diese Tatsache wurde in der Vergangenheit von Abschreibungs- und Verlustzuweisungsgesellschaften dazu ausgenutzt, möglichst hohe Verluste im Ausland zu produzieren, z. B. bei Einkünften aus Vermietung und Verpachtung, Erwerb von Tierfarmen und Plantagen usw. Nach Auffassung des Gesetzgebers sind und waren derartige Aktivitäten für die deutsche Volkswirtschaft nicht sinnvoll.[283] Deswegen wurde mit Wirkung ab dem VZ 1983 § 2a EStG in das Gesetz eingefügt, der in bestimmten Fällen den Ausgleich ausländischer Verluste mit inländischen positiven Einkünften ausschließt.[284] Da nach der Rechtsprechung des EuGH[285] sowie der Rechtsauffassung der EU-Kommission die Regelung des § 2a EStG nicht mit den 258

---

281 BFH v. 16. 3. 1994 I R 42/93, BStBl 1994 II 799.
282 BFH v. 17. 3. 2009 IV B 52/08, BFH/NV 2009, 1114; v. 23. 7. 2003 IX B 23/03, BFH/NV 2003 1425 m. w. N.
283 BT-Drs. 9/2074, S. 62.
284 Zur Verfassungsmäßigkeit und der Geschichte dieser Vorschrift sowie zur Rechtsprechung des BFH und des BVerfG zu § 2a EStG BFH v. 29. 5. 2001 VIII R 43/00, BFH/NV 2002, 14.
285 EuGH v. 29. 3. 2007 C-347/04 Rewe Zentralfinanz, BStBl 2007 II 492 (betreffend § 2a Abs. 1 Nr. 3 EStG), hierzu BMF v. 11. 6. 2007, BStBl 2007 I 488; v. 21. 2. 2006 C-152/03 Ritter-Coulais, IStR 2006, 196 (betreffend 2a Abs. 1 Nr. 6 EStG); hierzu: BFH v. 20. 9. 2006 I R 13/02, BFH/NV 2007, 410 sowie BMF v. 24. 11. 2006, BStBl 2006I 763.

Verpflichtungen Deutschlands aus den Verträgen, insbesondere mit der Niederlassungs- sowie Kapitalverkehrsfreiheit und der Freizügigkeit der Arbeitnehmer, vereinbar gewesen ist, sah sich der Gesetzgeber gezwungen, den § 2a EStG durch das JStG 2009 europarechtskonform auszugestalten. Durch die Neufassung des § 2a EStG wird nunmehr die Verlustausgleichs- und -abzugsbeschränkung auf Tatbestände beschränkt, die außerhalb von EU- und EWR-Mitgliedstaaten verwirklicht werden. Das heißt, § 2a EStG ist nur noch auf sog. **Drittstaaten** anwendbar. Hierzu zählen diejenigen Staaten, die nicht EU-Mitgliedstaaten sind (§ 2a Abs. 2a Satz 1 Nr. 1 EStG) und nicht EWR-Staaten, sofern Amtshilfe nicht in dem erforderlichen Umfang geleistet wird (§ 2a Abs. 2a Satz 2 EStG). Soweit ein Staat der EU erst in jüngerer Zeit beigetreten ist (Bsp.: Kroatien), kann die Vorschrift für die Jahre, in denen er noch nicht EU-Mitgliedstaat gewesen ist, angewandt werden; für Großbritannien gilt § 2a EStG grundsätzlich wieder nach dem Brexit. Noch nicht höchstrichterlich geklärt ist, ob aufgrund des Freizügigkeitsabkommens[286] auch die Schweiz den EU- und EWR-Staaten im Hinblick auf diese Vorschrift gleichgestellt wird.

259 Uneingeschränkt anwendbar ist § 2a EStG auf Einkünfte aus Nicht-DBA-Staaten. Ferner ist davon auszugehen, dass Einkünfte aus Drittstaaten, die unter § 2a EStG fallen und durch ein DBA aber freigestellt werden, nicht im Wege des negativen Progressionsvorbehalts[287] zu berücksichtigen sind.[288]

260 Nach § 2a Abs. 1 EStG sind bestimmte negative ausländische Einkünfte nicht ausgleichsfähig. Die Verluste müssen aus den in § 2a Abs. 1 EStG abschließend aufgeführten Einkunftsquellen stammen. Hierbei handelt es sich nicht um Einkunftsarten i. S. des § 2 Abs. 1, § 34d EStG, sondern es werden Einkunftsbereiche umschrieben. Daher kann die Umqualifizierung nach dem Subsidiaritätsprinzip gemäß § 20 Abs. 8 EStG oder § 8 Abs. 2 KStG außer Acht gelassen werden. Die Einkünfte sind nach den Vorschriften des deutschen Einkommensteuerrechts zu ermitteln. Die schädlichen Bereiche (abschließende Aufzählung!) sind:

▶ Verluste aus einer land- und forstwirtschaftlichen Betriebsstätte (Nr. 1);

▶ Verluste aus einer gewerblichen Betriebsstätte (Nr. 2; vgl. aber § 2a Abs. 2 EStG); bei mehreren ausländischen Betriebsstätten ist für jede ausländische Betriebsstätte gesondert zu prüfen, ob negative Einkünfte vorliegen.[289] Negative Einkünfte aus einer nicht aktiven gewerblichen Betriebsstätte dürfen nicht mit positiven Einkünften aus einer aktiven gewerblichen Betriebsstätte im selben Drittstaat ausgeglichen werden;

▶ Verluste aus dem Ansatz des niedrigeren Teilwerts (Nr. 3 Buchst. a), der Veräußerung oder Entnahme von Anteilen an einer ausländischen Kapitalgesellschaft, sofern die Beteiligung zum Betriebsvermögen gehört (Nr. 3 Buchst. b);

▶ Verluste aus der Veräußerung von Anteilen i. S. des § 17 EStG an einer ausländischen Kapitalgesellschaft (Nr. 4);

---

286 Vgl. Rdn. 1565.
287 Vgl. Rdn. 360.
288 BFH v. 12.1.2011 I R 35/10, BStBl 2011 II 494.
289 R 2a Abs. 2 EStR.

- Verluste aus der Beteiligung als stiller Gesellschafter oder aus einem partiarischen Darlehen, wenn der Schuldner Wohnsitz, Sitz oder Geschäftsleitung in einem ausländischen Staat hat (Nr. 5);[290]
- Verluste aus Vermietung und Verpachtung unbeweglichen Vermögens oder von Sachinbegriffen (Nr. 6 Buchst. a) sowie aus der entgeltlichen Überlassung von Schiffen unter bestimmten Voraussetzungen (Nr. 6 Buchst. b) oder aus dem Ansatz des niedrigeren Teilwerts der vermieteten Wirtschaftsgüter (Nr. 6 Buchst. c);
- Verluste aus der zum Betriebsvermögen gehörenden Beteiligung an einer zwischengeschalteten inländischen Kapitalgesellschaft (Nr. 7).[291]

Liegen unter den Katalog des § 2a Abs. 1 EStG fallende ausländische Verluste vor, so können diese ausländischen Verluste nicht mit inländischen positiven Einkünften verrechnet werden. Lediglich ein Ausgleich dieser Verluste innerhalb desselben VZ mit positiven Einkünften der jeweils selben Art,[292] die aus demselben ausländischen Staat stammen (Staatenidentität), ist möglich.[293] Beide Voraussetzungen müssen kumulativ erfüllt sein. Nach Verwaltungsauffassung sind die Worte „der jeweils selben Art" eng auszulegen, d. h., ausgleichsfähig sind nur positive und negative Einkünfte derselben Katalogziffer (Quellengleichheit). Somit können z. B. negative Einkünfte, die unter § 2a Abs. 1 Nr. 4 EStG fallen, nicht mit positiven Einkünften aus demselben ausländischen Staat, die unter § 2a Abs. 1 Nr. 2 EStG fallen, ausgeglichen werden. Liegt zwar Quellengleichheit vor, befinden sich aber die Einkunftsquellen in verschiedenen ausländischen Staaten, scheidet ein Verlustausgleich ebenfalls aus, da das Gesetz weiter Staatenidentität fordert.

261

BEISPIEL: Verluste aus Vermietung und Verpachtung einer Wohnung auf den Bahamas sind nicht ausgleichsfähig mit positiven Einkünften aus der Vermietung eines Appartements in Monaco (fehlende Staatenidentität). Ebenso sind die Verluste aus der Beteiligung an einer Rinderfarm in Paraguay nicht ausgleichsfähig mit Gewinnen aus der Vermietung einer Wohnung in Asunción/Paraguay (fehlende Quellengleichheit).

Sind die Verluste in einem VZ nicht ausgleichsfähig, so sieht § 2a Abs. 1 Satz 3 EStG einen eingeschränkten Verlustausgleich vor: Ausgleich mit positiven Einkünften der jeweils selben Art aus demselben ausländischen Staat in den folgenden VZen. Auch hier gilt das Prinzip der Quellenidentität. Nicht erforderlich ist Objektidentität. Soweit in einem der folgenden Veranlagungszeiträume positive Einkünfte mit Verlusten verrechnet werden, liegen im Inland steuerfreie Einkünfte vor. Die am Schluss eines VZ verbleibenden negativen Einkünfte werden entsprechend § 180 AO gesondert festgestellt (§ 2a Abs. 1 Satz 5 EStG).

262

---

290 BFH v. 17.12.1998 I B 89/98, BStBl 1999 II 293, bei vorbereitenden Aufwendungen für gescheiterte stille Beteiligung an ausländischem Handelsgewerbe.
291 Ausführlich H 2a EStH.
292 Vgl. R 2a Abs. 1 EStR.
293 Unter dieser Voraussetzung sind auch negative ausländische Einkünfte des einen Ehegatten mit den positiven ausländischen Einkünften des anderen Ehegatten ausgleichsfähig (R 2a Abs. 7 EStR).

BEISPIEL: (1) Verluste 2009 aus einem Mietshaus in A-Stadt, das 2010 verkauft wurde, können mit positiven Einkünften aus einer Wohnung in B-Burg 2012 verrechnet werden, wenn A-Stadt und B-Burg im selben ausländischen Staat liegen.

(2) Der Stpfl. A erzielt aus der Vermietung einer in Andorra gelegenen Ferienwohnung in den Jahren 01 bis 03 insgesamt negative Einkünfte in Höhe von ./. 10 000 €; in den Jahren 04 bis 06 erzielt er jeweils positive Einkünfte in Höhe von 4 000 €. Für die Jahre 01 bis 03 sind die negativen Einkünfte jeweils gesondert festzustellen (§ 2a Abs. 1 Satz 5 EStG). Bei der Veranlagung 04 sind die positiven Einkünfte mit den vorgetragenen negativen Einkünften zu verrechnen (§ 2a Abs. 1 Satz 3 und 4 EStG); auf den 31. 12. 04 ist dann ein nicht ausgeglichener Verlust von 6 000 € festzustellen; Gleiches gilt für den VZ 05; festgestellter nicht verrechenbarer Verlust auf den 31. 12. 05: ./. 2 000 €. Bei der Veranlagung 06 ergibt sich dann ein zu versteuerndes Einkommen von + 2 000 € aus den Einkünften aus der Ferienwohnung.

263 Soweit im Ausland eine Steuer vom Einkommen erhoben wurde, scheidet hinsichtlich dieser Steuer eine Anrechnung nach § 34c Abs. 1 EStG aus. Möglich ist ein Abzug bei der Ermittlung der Summe der Einkünfte nach § 34c Abs. 2, 3 EStG. Somit werden die nicht ausgleichsfähigen Verluste um die ausländische Steuer erhöht und wirken sich erst dann aus, wenn sie mit späteren positiven ausländischen Einkünften verrechnet werden. Dies gilt auch dann, wenn ein DBA nur die Anrechnung vorsieht.

264 Von dem Ausgleichsverbot des § 2a Abs. 1 EStG trifft § 2a Abs. 2 EStG eine Ausnahme bei negativen Einkünften aus einer im Ausland belegenen gewerblichen Betriebsstätte. Voraussetzung ist, dass die Betriebsstätte ausschließlich oder fast ausschließlich (mindestens 90 %)[294] bestimmte Tätigkeiten zum Gegenstand hat, z. B. Herstellung oder Lieferung von Waren (ausgenommen Waffen[295]), Gewinnung von Bodenschätzen, Bewirkung gewerblicher Leistungen usw. (**Aktivitätsklausel**) mit gewissen Ausnahmen.[296]

265 Zusätzlich gilt das unmittelbare Halten einer Beteiligung von mindestens 25 % am Nennkapital einer ausländischen Kapitalgesellschaft, die ihrerseits die Aktivitätsklausel erfüllt, als unschädliche Bewirkung gewerblicher Leistungen.

266 Ob eine gewerbliche Betriebsstätte ausschließlich oder fast ausschließlich eine aktive Tätigkeit zum Gegenstand hat, ist für jedes Wirtschaftsjahr gesondert zu prüfen.[297]

267 Negative ausländische Einkünfte i. S. des § 2a Abs. 1 Nr. 3 und 4 EStG fallen nicht unter das Ausgleichsverbot, wenn der Steuerpflichtige nachweist, dass die in § 2a Abs. 2 Satz 1 EStG genannten Voraussetzungen bei der Körperschaft entweder seit ihrer Gründung oder während der letzten fünf Jahre vor und in dem VZ vorgelegen haben, in dem die negativen Einkünfte bezogen werden.

268 Sind die Voraussetzungen des § 2a Abs. 2 EStG erfüllt, so können negative ausländische Einkünfte uneingeschränkt mit positiven inländischen sowie ausländischen Einkünften verrechnet werden.

---

294 BFH v. 30. 8. 1995 I R 77/94, BStBl 1996 II 122.
295 Nach BFH v. 30. 4. 2003 I R 95/02, BStBl 2003 II 918, stellt der Handel mit Jagd- und Sportmunition keine „Lieferung von Waffen" i. S. des § 2a Abs. 2 EStG dar.
296 BFH v. 25. 4. 2007 I B 52/06, BFH/NV 2007, 1646 zu einem Bistro als dem Fremdenverkehr dienende Anlage; der Ausschluss des Abzugs von Verlusten aus Fremdenverkehrsleistungen in EU-Staaten widerspricht nach Auffassung des BFH Art. 49 und 56 AEUV - BFH v. 29. 1. 2008 I R 85/06, BStBl II 2008, 671; hierzu Nichtanwendungserlass BMF v. 4. 8. 2008, BStBl 2008 I 837.
297 R 2a Abs. 3 EStR.

2.2.4 Anrechnungsverfahren (§ 34c Abs. 1 EStG)
2.2.4.1 Überblick, Grundsätze

Nach § 34c Abs. 1 Satz 1 EStG ist bei unbeschränkt steuerpflichtigen natürlichen Personen, die mit ihren aus einem ausländischen Staat stammenden Einkünften dort zu einer der deutschen Einkommensteuer entsprechenden Steuer herangezogen wurden, die festgesetzte und gezahlte und um einen entstandenen Ermäßigungsanspruch gekürzte ausländische Steuer auf die deutsche Einkommensteuer anzurechnen, die auf die ausländischen Einkünfte entfällt (anteilige Anrechnung). Voraussetzung ist, dass mit dem ausländischen Staat kein DBA abgeschlossen ist (§ 34c Abs. 6 Satz 1 EStG). Die Anrechnung ist von Amts wegen durchzuführen, und zwar auch dann, wenn sich der Steuerpflichtige nicht darauf beruft;[298] insoweit besteht seitens des Steuerpflichtigen kein Wahlrecht.

269

Liegen die Voraussetzungen für eine Anrechnung nicht vor, so ist ein Abzug der ausländischen Steuer bei der Ermittlung der Einkünfte nach § 34c Abs. 2 und 3 EStG zu prüfen.[299]

270

Besteht mit dem Staat, aus dem die ausländischen Einkünfte stammen, ein DBA, so regelt sich ein im Abkommen vereinbartes Anrechnungsverfahren nach § 34c Abs. 6 Satz 2 ff. EStG.

271

Anrechnungsregelungen finden sich ferner in § 47 Investmentsteuergesetz in der ab 1.1.2018 gültigen Fassung (InvStG).

272

Ausgeschlossen ist das Anrechnungsverfahren in den Fällen der sog. erweitert beschränkten Einkommensteuerpflicht nach § 2 AStG.

273

Bei beschränkt steuerpflichtigen natürlichen Personen regelt § 50 Abs. 3 EStG das Anrechnungsverfahren.

274

Bei ausländischen Einkünften aus Kapitalvermögen regelt § 32d Abs. 5 EStG die Anrechnung ausländischer Steuern (§ 34c Abs. 1 Satz 1 2. Halbsatz EStG).[300]

275

2.2.4.2 Anrechenbare ausländische Steuer

Auf die deutsche Einkommensteuer kann nur diejenige ausländische Steuer angerechnet werden, die der deutschen Einkommensteuer entspricht. Unter entsprechender Steuer ist eine ausländische Steuer zu verstehen, die ihrem Grundsystem nach der deutschen Einkommensteuer entspricht und das Einkommen besteuert. Unerheblich sind u. a. Bezeichnung, Bemessungsgrundlage, Erhebungsform und Steuersatz, sofern

276

---

298 BFH v. 19.3.1996 VIII R 15/94, BStBl 1996 II 312.
299 Vgl. Rdn. 306 ff.
300 BMF v. 18.1.2016, BStBl 2016 I 85, Tz. 148.

das Grundprinzip – Besteuerung des Einkommens – gewahrt bleibt. Dies kann dazu führen, dass in einem ausländischen Staat auch mehrere der deutschen Einkommensteuer entsprechende Steuern vom Einkommen existieren.[301]

277 Wegen der mit der Einordnung der ausländischen Steuer verbundenen Schwierigkeiten, und um die Gleichmäßigkeit der Besteuerung zu wahren, trifft das BMF über die Frage der Entsprechung eine abschließende Entscheidung. In Anhang 12 II. zum Einkommensteuer-Handbuch 2018 „Verzeichnis ausländischer Steuern in Nicht-DBA-Staaten" befindet sich eine Liste derjenigen ausländischen Steuern, die der deutschen Einkommensteuer entsprechen. Ist eine Steuer nicht in dieser Liste aufgeführt, entscheidet das BMF über die Gleichartigkeit. Wird sie verneint, ist eine Anrechnung nach § 34c Abs. 1 EStG nicht möglich; in Betracht kommt dann ein Abzug der ausländischen Steuer nach § 34c Abs. 3 EStG.[302]

278 Ferner ist die ausländische Steuer um einen entstandenen Ermäßigungsanspruch zu kürzen. Die Praktikabilität der Regelung muss man bezweifeln, denn sie setzt eine umfassende Kenntnis der Steuerpflichtigen und/oder des Finanzbeamten vom ausländischen Steuerrecht voraus. Bedeutung hat die Bestimmung vor allem für die Anrechnung ausländischer Quellensteuer bei Zinsen, Dividenden und Lizenzen; denn häufig kann nach dem innerstaatlichen Recht des ausländischen Staates (oder nach dem DBA mit dem Quellenstaat) die Quellensteuer – ggf. auf Antrag – ermäßigt werden.[303]

> **BEISPIEL:** Die Schweizer Quellensteuer i. H. von 35 % wird auf Antrag auf den Satz nach dem DBA (15 %) herabgesetzt und insoweit erstattet, als der Erstattungsantrag rechtzeitig gestellt wird. Entstanden ist aber der Erstattungsanspruch und somit zu berücksichtigen, auch wenn der Antrag nicht gestellt wurde.

279 Nur die ermäßigte Steuer kann angerechnet oder abgezogen werden; unerheblich ist, ob der Steuerpflichtige tatsächlich eine bestehende Steuerermäßigung bei der ausländischen Steuerverwaltung beantragt hat oder nicht.

280 Die ausländische Steuer muss festgesetzt sein, d. h., es muss grundsätzlich ein Steuerbescheid existieren, aus dem sich die festgesetzte ausländische Steuer ergibt (vgl. § 68b EStDV). Steuerfestsetzung i. S. des § 34c Abs. 1 EStG kann auch die Steueranmeldung durch den privaten Arbeitgeber sein.[304]

281 Die gemäß § 34c Abs. 1 bis 3, 6 EStG zu berücksichtigende ausländische Steuer muss gezahlt worden sein; der gezahlte Betrag ist ggf. in € umzurechnen.[305]

282 Anrechenbar ist nur die ausländische Steuer, die in dem Staat erhoben wurde, aus dem die Einkünfte stammen. Das heißt, Drittstaatsteuern können nicht angerechnet werden; in Betracht kommt insoweit lediglich der Abzug nach § 34c Abs. 3 EStG.

---

301 BFH v. 12.7.1989 I R 46/85, BStBl 1990 II 113, zur Anrechnung schweizerischer kantonaler und gemeindlicher Einkommensteuer; v. 9.11.1983 I R 120/79, BStBl 1984 II 468.
302 Vgl. Rdn. 314.
303 Das BZSt veröffentlicht regelmäßig auf seinen Internetseiten eine Übersicht über die Anrechenbarkeit der Quellensteuer auf Dividenden und Zinsen von Staaten, mit denen Deutschland ein DBA abgeschlossen hat.
304 BFH v. 5.2.1992 I R 9/90, BStBl 1992 II 607; FG Köln v. 15.6.2016 13 K 3649/13, EFG 2016, 1711, zum Nachweis der Festsetzung und Entrichtung von im Tätigkeitsstaat angefallenen Steuern; H 34c (1–2) EStH.
305 R 34c Abs. 1 EStR.

BEISPIEL: Der Steuerpflichtige S erzielt gewerbliche Einkünfte aus der in einem Nicht-DBA-Staat belegenen Betriebsstätte; zu den Betriebsstätteneinkünften zählen Dividenden aus einem Drittstaat, in dem eine Quellensteuer auf die Dividenden erhoben wurde.

2.2.4.3 Berechnungsmethode, Durchführung der Anrechnung

Nach dem ausdrücklichen Wortlaut des § 34c Abs. 1 Satz 1 EStG wird nur diejenige ausländische Steuer auf die deutsche Einkommensteuer angerechnet, die auf die im Inland steuerpflichtigen ausländischen Einkünfte entfällt (anteilige Anrechnung: § 68a Satz 1 EStDV). 283

Die ausländischen Einkünfte sind für die deutsche Besteuerung unabhängig von der Einkünfteermittlung im Ausland nach den Vorschriften des deutschen Einkommensteuerrechts zu ermitteln.[306] Dabei sind alle Betriebsausgaben und Werbungskosten zu berücksichtigen, die mit den im Ausland erzielten Einnahmen in wirtschaftlichem Zusammenhang stehen (§ 34c Abs. 1 Satz 4 EStG).[307] 284

Durch das Gesetz zur Anpassung der Abgabenordnung an den Zollkodex der Union und zur Änderung weiterer steuerlicher Vorschriften[308] wurde § 34c Abs. 1 Satz 2 und Satz 3 EStG mit Wirkung vom 1.1.2015 geändert und den Anforderungen der Rechtsprechung des EuGH[309] und des BFH[310] angepasst.[311] Der Anrechnungs(höchst)betrag wird nunmehr in der Weise ermittelt, dass der sich bei der Veranlagung des zu versteuernden Einkommens, einschließlich der ausländischen Einkünfte, ergebende durchschnittliche Steuersatz auf die ausländischen Einkünfte anzuwenden ist; bis zu dieser Höhe kann die ausländische Steuer angerechnet werden. Durch die neue Berechnungsmethode wird ein Systemwechsel bei der Berechnung des Anrechnungshöchstbetrags für ausländische Steuern vollzogen.[312] Für VZ bis einschließlich 2014 ist § 52 Abs. 34a EStG zu beachten. 285

Bei der Ermittlung des Höchstbetrags der anrechenbaren ausländischen Steuer bleiben ausländische Einkünfte, die nach § 34c Abs. 5 EStG pauschal besteuert werden, und die darauf entfallende Pauschsteuer außer Betracht.[313] 286

Ebenfalls nicht zu berücksichtigen sind die ausländischen Einkünfte, die in dem Staat, aus dem sie stammen, nach dessen Recht nicht besteuert werden (§ 34c Abs. 1 Satz 3 zweiter Halbsatz EStG);[314] Begründung: Diese im Ausland nicht besteuerten Einkünfte unterliegen keiner Doppelbesteuerung, sodass eine Nichtberücksichtigung dem Sinn und Zweck des § 34c EStG entspricht. 287

---

306 R 34c Abs. 3 Satz 3 ff. EStR.
307 Vgl. zu den Betriebsausgaben und Betriebsvermögensminderungen BFH v. 14.8.2018 I R 37/16, BStBl 2019 II 79; v. 6.4.2016 I R 61/14m BStBl 2017 II 48.
308 BGBl 2014 I 2417.
309 EuGH v. 28.2.2013 C-168/11 Beker, BStBl 2015 II 431.
310 BFH v. 18.12.2013 I R 71/10, BFH/NV 2014, 759.
311 BMF v. 4.5.2015, BStBl 2015 I 452.
312 BT-Drs. 18/3017, S. 50.
313 R 34c Abs. 3 Satz 1 EStR.
314 R 34c Abs. 3 Satz 2 EStR.

288 Schließlich sind bei der Ermittlung des zu versteuernden Einkommens und der ausländischen Einkünfte diejenigen Einkünfte aus Kapitalvermögen nicht zu berücksichtigen, auf die § 32d Abs. 1 und 3 bis 6 EStG anzuwenden sind (§ 34c Abs. 1 Satz 3 erster Halbsatz EStG).

289 Zum Anrechnungsverfahren bei Verlusten, die unter § 2a EStG fallen, vgl. Rdn. 263.

290 Ist die Bemessungsgrundlage der ausländischen Einkünfte im Inland niedriger als im Ausland, so ist die anzurechnende ausländische Steuer dennoch ungekürzt bei der Höchstbetragsberechnung gemäß § 34c Abs. 1 Satz 2 EStG anzusetzen.[315]

291 Nicht die festgesetzte ausländische Steuer ist für das Anrechnungsverfahren maßgebend, sondern die ausländische **Tarifsteuer** vor Anrechnung etwaiger Drittstaatsteuern einschließlich der deutschen Einkommensteuer.[316] Damit wird sichergestellt, dass nur die ausländische Steuer der Anrechnung zugrunde gelegt wird, die anteilmäßig auf die im Ausland bezogenen Einkünfte entfällt.

292 Entfällt eine zu berücksichtigende ausländische Steuer auf negative ausländische Einkünfte, die unter die Verlustausgleichsbeschränkung des § 2a Abs. 1 EStG fallen, oder auf die durch die spätere Verrechnung gekürzten positiven ausländischen Einkünfte, ist sie im Rahmen des Höchstbetrags nach § 34c Abs. 1 EStG anzurechnen oder auf Antrag nach § 34c Abs. 2 EStG bei der Ermittlung der Einkünfte abzuziehen. Bei Abzug erhöhen sich die – im VZ nicht ausgleichsfähigen – negativen ausländischen Einkünfte.[317]

293 Zur Berechnung der anteilig anrechenbaren deutschen Einkommensteuer benötigt man folgende Rechengrößen:
- Ausländische Einkünfte = Summe der nach deutschem Steuerrecht steuerpflichtigen ausländischen Einkünfte aus einem[318] ausländischen Staat;
- zu versteuerndes Einkommen;
- deutsche tarifliche Einkommensteuer (§ 2 Abs. 5 EStG) auf das zu versteuernde Einkommen.

294 Anrechenbar ist höchstens diejenige ausländische Steuer, die aus der Multiplikation folgt, wenn der durchschnittliche Steuersatz, der sich ergibt, wenn die sich bei der Veranlagung ergebene Einkommensteuer durch das zu versteuernde Einkommen – z.v.E. – (einschließlich der ausländischen Einkünfte) geteilt wird, auf die ausländischen Einkünfte anwendet wird; ist die tatsächlich festgesetzte und gezahlte ausländische Steuer niedriger, kann nur der niedrigere Betrag angerechnet werden:

$$\frac{\text{Einkommensteuer}}{\text{zvE}} \times \text{ausländische Einkünfte} = \text{anrechenbarer Höchstbetrag}$$

---

315 BFH v. 2. 2. 1994 I R 66/92, BStBl 1994 II 727; H 34c (3) EStH Stichwort „Anrechnung".
316 BFH v. 21. 5. 1986 I R 37/83, BStBl 1986 II 739.
317 R 34c Abs. 2 EStR.
318 Bei Einkünften aus mehreren ausländischen Staaten vgl. Rdn. 298.

BEISPIEL: (1) Zu versteuerndes Einkommen 60 000 €, hierin enthalten ausländische Einkünfte i. H. von 10 000 €, gezahlte ausländische Steuer 2 000 €, Einkommensteuer 17 000 €.[319]

anrechenbarer Höchstbetrag:

$$\frac{17\,000\,€}{60\,000\,€} \times 10\,000\,€ = 2\,833\,€$$

Die ausländische Steuer i. H. 2 000 € kann in voller Höhe angerechnet werden.

(2) Zu versteuerndes Einkommen 60 000 €, hierin enthalten ausländische Einkünfte i. H. von 3 500 €, gezahlte ausländische Steuer 1 700 €, Einkommensteuer 17 000 €.

Anteilig anrechenbarer Höchstbetrag:

$$\frac{17\,000\,€}{60\,000\,€} \times 3\,500\,€ = 992\,€$$

Die ausländische Steuer kann nur i. H. von 992 € angerechnet werden, das bedeutet i. H. von 708 € verbleibt eine zusätzliche Belastung:

deutsche Einkommensteuer	17 000 €
abzüglich Anrechnungsbetrag	992 €
festzusetzende Einkommensteuer	16 008 €
zuzüglich ausländische Steuer	1 700 €
Gesamtsteuerbelastung	17 708 €

Das Anrechnungsverfahren führt in diesem Fall zu einer steuerlichen Mehrbelastung i. H. von 708 €.

Aus den Beispielen ergibt sich, dass das Anrechnungsverfahren nicht immer zur völligen Beseitigung der Doppelbesteuerung führt. Dem Steuerpflichtigen kann u. U. eine nicht zu beseitigende Doppelbelastung oder eine nicht mehr anrechenbare ausländische Steuer verbleiben (sog. **Anrechnungsüberhang**). Zu beachten ist, dass der nicht ausgeschöpfte Betrag des anteilig anrechenbaren Höchstbetrages verfällt (Beispiel (1)) und nicht zu einer weiteren Minderung der deutschen Einkommensteuer auf die übrigen Einkünfte oder gar zu einer Erstattung deutscher Einkommensteuer auf inländische Einkünfte führt. Auch eine Billigkeitsmaßnahme scheidet grundsätzlich aus.

Da die ausländischen Einkünfte nach den Vorschriften des deutschen Steuerrechts ermittelt werden, kann der Fall eintreten, dass die ausländischen Einkünfte nach ausländischem Steuerrecht positiv, nach deutschem Steuerrecht aber negativ sind bzw. umgekehrt.

BEISPIEL: (1) Zu versteuerndes Einkommen i. H. von 100 000 €; die Einkünfte der ausländischen Betriebsstätte betragen nach dem Steuerrecht des Belegenheitsstaates 20 000 € (ausländische Steuer 4 000 €); nach deutschem Steuerrecht ergibt sich ein Verlust von 10 000 €. Anrechnung ausgeschlossen, da keine deutsche Einkommensteuer entstanden ist, auf die die ausländische Steuer angerechnet werden könnte; in Betracht kommt ein Abzug nach § 34c Abs. 2, 3 EStG.

(2) Zu versteuerndes Einkommen i. H. von 100 000 €; die Einkünfte der ausländischen Betriebsstätte betragen nach dem Steuerrecht des Betriebsstättenstaates ./. 20 000 €; nach deutschem Steuerrecht ergibt sich ein Gewinn von + 10 000 €. Eine etwa im Ausland erhobene Steuer kann angerechnet werden.

---

[319] Ohne Solidaritätszuschlag.

297 Sind im Ausland Einkünfte besteuert worden, die im Inland nicht der Besteuerung unterliegen, so sind zuerst die im Inland steuerpflichtigen ausländischen Einkünfte und sodann im Wege der Verhältnisrechnung die darauf entfallende ausländische Einkommensteuer zu ermitteln. Danach erst kann die Berechnung des Höchstbetrages erfolgen.

> **BEISPIEL:** Der Steuerpflichtige X hat neben inländischen Einkünften auch ausländische Einkünfte aus Vermietung und Verpachtung i. H. von 30 000 € erzielt, hierin enthalten ein im Inland nicht steuerpflichtiger Veräußerungsgewinn i. H. von 10 000 €; ausländische Steuer 7 500 €.
>
> Im Inland steuerpflichtige ausländische Einkünfte: 20 000 €
>
> Hierauf entfallende ausländische Steuer:
>
> $$\frac{20\,000\,€}{30\,000\,€} \times 7\,500\,€ = 5\,000\,€$$
>
> Dem Anrechnungsverfahren nach § 34c EStG sind ausländische Einkünfte i. H. von 20 000 € und ausländische Steuern i. H. von 5 000 € zugrunde zu legen.

298 Stammen die **ausländischen Einkünfte aus mehreren ausländischen Staaten,** so ist das Berechnungsverfahren für die Ermittlung der anrechenbaren ausländischen Steuer für jeden einzelnen ausländischen Staat **getrennt** durchzuführen (**§ 68a Satz 2 EStDV**). Verschiedene ausländische Einkünfte i. S. des § 34d EStG aus demselben ausländischen Staat sind zusammenzurechnen. Entscheidend ist bei dieser getrennten Ermittlung der anrechenbaren Steuer, dass der nicht ausgenutzte Höchstbetrag für die anteilig anrechenbare ausländische Steuer nicht auf die Besteuerung der Einkünfte aus einem anderen ausländischen Staat übertragen werden kann (**per-country-limitation**).[320]

> **BEISPIEL:** Zu versteuerndes Einkommen 100 000 €, darin enthalten ausländische Einkünfte aus Staat A i. H. von 11 500 € (ausländische Steuer 1 500 €) und aus dem Staat B i. H. von 7 500 € (ausländische Steuer 3 150 €), Einkommensteuer 33 000 €.
>
> Einkünfte Staat A
>
> $$\frac{33\,000\,€}{100\,000\,€} \times 11\,500\,€ = 3\,795\,€$$
>
> Die ausländische Steuer i. H. von 1 500 € ist voll anrechenbar; nicht ausgenutzter und nicht übertragbarer Betrag: 2 295 €.
>
> Einkünfte Staat B
>
> $$\frac{33\,000\,€}{100\,000\,€} \times 7\,500\,€ = 2\,475\,€$$
>
> Von der im Staat B festgesetzten und gezahlten ausländischen Steuer i. H. von 3 150 € können nur 2 475 € angerechnet werden; der Restbetrag i. H. von 675 € kann nicht auf den nicht ausgenutzten Anrechnungsbetrag betr. die Einkünfte aus dem Staat A übertragen werden und verbleibt somit als Anrechnungsüberhang.

---

[320] Der BFH hat in seinem Urteil vom 18.12.2013 I R 71/10, BFH/NV 2014, 759, entschieden, dass die länderbezogene Begrenzung der Anrechnung nicht gegen Unionsrecht verstößt.

Einkommensteuer	33 000 €
abzüglich anrechenbare Steuer Staat A	1 500 €
abzüglich anrechenbare Steuer Staat B	2 475 €
festzusetzende Einkommensteuer	29 025 €
zuzüglich Steuer Staat A	1 500 €
zuzüglich Steuer Staat B	3 150 €
Gesamtsteuerbelastung	33 675 €

Eine Anrechnung scheidet aus, wenn der Steuerpflichtige im betreffenden VZ keine inländische Einkommensteuer zu entrichten hat, weil z. B. der Gesamtbetrag der Einkünfte negativ ist oder das zu versteuernde Einkommen unter der Eingangsstufe der Steuertabelle liegt. 299

BEISPIEL: Zu versteuerndes Einkommen 8 200 €, darin enthalten ausländische Einkünfte i. H. von 25 000 € (ausländische Steuer 5 000 €): inländische Einkommensteuer = 0 €, somit keine Anrechnung, ggf. Abzug der ausländischen Steuer nach § 34c Abs. 2 EStG.

Ferner kann der Fall eintreten, dass die Berechnung der anrechenbaren ausländischen Steuer überflüssig ist, weil die inländische Einkommensteuer ausschließlich auf ausländische Einkünfte entfällt. In derartigen Fällen führt die Verhältnisrechnung nach § 34c Abs. 1 Satz 2 EStG zu unzutreffenden Ergebnissen. 300

BEISPIEL: Zu versteuerndes Einkommen 20 000 €, darin enthalten inländische Einkünfte i. H. von ./. 50 000 € und ausländische Einkünfte i. H. von 70 000 € (ausländische Steuer 15 400 €). Einkommensteuer lt. Grundtarif 2 800 €. Auf diese Steuer kann die ausländische Steuer bis zur Höhe von 2 800 € angerechnet werden, sodass die inländische Einkommensteuer 0 € beträgt. Die restliche Steuer kann im Inland nicht angerechnet werden, da dies zu einer Erstattung ausländischer Steuern im Inland führen würde.

Bei der Ermittlung der ausländischen Einkünfte sind die ausländischen Einkünfte nicht zu berücksichtigen, die in dem Staat, aus dem sie stammen, nach dem Recht dieses Staates nicht besteuert wurden (§ 34c Abs. 1 Satz 3 zweiter Halbsatz EStG). 301

BEISPIEL: Der Inländer I hat u. a. ausländische Einkünfte aus dem Staat X aus Gewerbebetrieb i. H. von 50 000 € (ausländische Steuer: 20 000 €) sowie einen im Ausland nicht besteuerten, im Inland aber steuerpflichtigen Veräußerungserlös i. H. von 10 000 €; das zu versteuerndes Einkommen beträgt 150 000 €; Einkommensteuer 55 000 €.

Für die Anwendung der Steuerermäßigung nach § 34c Abs. 1 EStG bleiben die nicht besteuerten ausländischen Einkünfte (10 000 €) außer Betracht (§ 34c Abs. 1 Satz 3 EStG):

Formel für die Anrechnung nach § 34c Abs. 1 EStG:

$$\frac{55\,000\,€}{150\,000\,€} \times 50\,000\,€ = 18\,333\,€$$

Eine Einschränkung der Anrechnung ergibt sich aus § 34c Abs. 1 Satz 5 EStG: Die ausländische Steuer darf nur insoweit angerechnet werden, als sie auf die im VZ bezogenen Einkünfte entfällt.[321] Unberührt bleibt die Möglichkeit, die ausländische Steuer in dem Jahr anzurechnen, in dem die Einkünfte im Inland zu versteuern sind. 302

---

321 Ausführlich BFH v. 31. 7. 1991 I R 51/89, BStBl 1991 II 922; v. 4. 6. 1991 X R 35/88, BStBl 1992 II 187.

> **BEISPIEL:** Bei einem mehrjährigen Bauvorhaben müssen bereits während der Bauausführung im Ausland Steuern an die dortigen Finanzbehörden entrichtet werden. Eine Anrechnung kann aber erst in dem VZ erfolgen, in dem der Gewinn aus der Bauausführung nach deutschem Steuerrecht zu versteuern ist.

303 Hat der Steuerpflichtige ausländische **Einkünfte aus Kapitalvermögen** erzielt, sind **bis einschließlich VZ 2008** die §§ 3 Nr. 40, 3c Abs. 2 EStG zu beachten; zur Rechtslage ab dem VZ 2009 vgl. Rdn. 343. Der Sparer-Freibetrag nach § 20 Abs. 4 EStG wird insoweit abgezogen,[322] als er auf die ausländischen Einkünfte entfällt. Die zu berücksichtigende ausländische Steuer ist nicht zu kürzen, wenn die entsprechenden Einnahmen nach § 3 Nr. 40 a. F. EStG nur zur Hälfte anzusetzen sind.

304 Bei Einzelveranlagung kann nur derjenige Steuerpflichtige die Steuerermäßigung nach § 34c EStG in Anspruch nehmen, der die ausländischen Einkünfte erzielt hat.

305 Bei Zusammenveranlagung wird die ausländische Steuer auf die deutsche Einkommensteuer angerechnet, die sich für das von beiden Ehegatten gemeinsam zu versteuernde Einkommen ergibt, unabhängig davon, wer welche Einkünfte erzielt hat.

2.2.5 Abzug der ausländischen Steuer bei der Ermittlung der Einkünfte (§ 34c Abs. 2, 3 EStG)

2.2.5.1 Abzug auf Antrag (§ 34c Abs. 2 EStG)

306 Der Abzug der ausländischen Steuer bei der Ermittlung der Einkünfte mindert im Regelfall eine eingetretene Doppelbesteuerung in geringerem Umfang als die Anrechnung nach § 34c Abs. 1 EStG.

> **BEISPIEL:** Summe der Einkünfte 98 000 €, darin enthalten ausländische Einkünfte i. H. von 18 000 € (ausländische Steuer 3 600 €), Sonderausgaben 10 000 €. Ist die Anrechnung nach § 34c Abs. 1 EStG nicht möglich, so beträgt die Bemessungsgrundlage für die deutsche Einkommensteuer 84 400 € (98 000 € ./. 3 600 € ./. 10 000 €) - Einkommensteuer 27 018 €, Gesamtsteuerbelastung 30 618 € (= 27 018 € + 3 600 €). Könnte dagegen die ausländische Steuer in vollem Umfange angerechnet werden, so ergäbe sich ein zu versteuerndes Einkommen von 88 000 € sowie eine Gesamtsteuerbelastung von 30 298 (= 26 698 € + 3 600 €).

307 Dieser steuerliche Nachteil muss sich aber nicht in jedem Fall ergeben: Ist die deutsche Einkommensteuer, die anteilig auf die ausländischen Einkünfte entfällt, im Verhältnis zur ausländischen Einkommensteuer, die für diese Einkünfte entrichtet wurde, gering, so ist der Abzug der ausländischen Steuer bei der Ermittlung der Einkünfte grundsätzlich für den Steuerpflichtigen günstiger.

> **BEISPIEL:** Z. v. E. 10 000 €, darin enthalten ausländische Einkünfte i. H. von 8 000 € (ausländische Steuer: 2 800 €), deutsche Einkommensteuer: 179 €. Auf die ausländischen Einkünfte

---

322 BFH v. 16. 5. 2001 I R 102/00, BStBl 2001 II 710; R 34c Abs. 3 Satz 6 EStR.

entfällt lediglich eine deutsche Einkommensteuer i. H. von 144 €. Wird hingegen die ausländische Steuer abgezogen, so ergibt sich ein z. v. E. von 7 200 €.

Daher räumt § 34c Abs. 2 EStG dem Steuerpflichtigen das Wahlrecht ein, statt der Anrechnung nach Abs. 1 den Abzug nach Abs. 2 zu beantragen. Die ausländischen Steuern mindern durch Berücksichtigung als Betriebsausgaben oder Werbungskosten die Einkünfte aus der jeweiligen Einkunftsart. Dabei ist zu berücksichtigen, dass dies nur gilt, soweit die ausländische Steuer auf ausländische Einkünfte entfällt, die in Deutschland steuerpflichtig sind (§ 34c Abs. 2 zweiter Halbsatz EStG). 308

Ferner wird durch den Abzug der ausländischen Steuer bei der Ermittlung der Einkünfte sichergestellt, dass sich dieser Abzug beim Verlustabzug nach § 10d EStG auswirken kann. 309

BEISPIEL: Summe der Einkünfte ./. 150 000 €, darin enthalten ausländische Einkünfte i. H. von 50 000 € (ausländische Steuer 15 000 €). Eine Anrechnung nach § 34c Abs. 1 EStG scheidet mangels festzusetzender Einkommensteuer aus. Wird die ausländische Steuer bei der Ermittlung des Gesamtbetrags der Einkünfte abgezogen, so beträgt der nach § 10d EStG ausgleichsfähige Verlust insgesamt 165 000 €, d. h., die ausländische Steuer kann rückgetragen werden.

Schließlich ist der Abzug der ausländischen Steuer dann die einzige Ermäßigungsmöglichkeit, wenn die ausländischen Einkünfte nach den deutschen Gewinnermittlungsvorschriften negativ sind und/oder ein Verlustausgleich nach § 2a Abs. 1 EStG ausscheidet. 310

BEISPIEL: (1) A erzielt ausländische Verluste aus dem Betrieb einer land- und forstwirtschaftlichen Betriebsstätte i. H. von 50 000 €, auf die eine ausländische Sockelsteuer i. H. von 5 % erhoben wird. Eine Anrechnung scheidet aus; in Betracht kommt ein Abzug nach § 34c Abs. 2 EStG.

(2) B erzielt im Ausland Einkünfte aus Gewerbebetrieb i. H. von 10 000 € (ausländische Steuer 1 500 €); diese Einkünfte sind aber bei Anwendung der deutschen Gewinnermittlungsvorschriften negativ: die ausländische Steuer kann nicht angerechnet werden; in Betracht kommt nur ein Abzug.

Voraussetzung für die Ausübung des Wahlrechts ist, dass die Anrechnung gemäß § 34c Abs. 1 EStG dem Grunde nach möglich ist, d. h., die o. a. Voraussetzungen für eine Anrechnung müssen erfüllt sein. Anderenfalls kommt ein Abzug von Amts wegen nach § 34c Abs. 3 EStG in Betracht. Für die Ausübung des Wahlrechts gelten die allgemeinen abgabenrechtlichen Regelungen für nichtfristgebundene Anträge: Der Antrag kann bis zur Bestandskraft des Steuerbescheides gestellt werden, d. h., auch noch im Rechtsbehelfsverfahren oder im finanzgerichtlichen Verfahren bis zum Schluss der mündlichen Verhandlung vor dem Finanzgericht, nicht mehr aber vor dem BFH (§ 118 Abs. 2 FGO), bzw. solange, wie die Steuerfestsetzung unter dem Vorbehalt der Nachprüfung nach § 164 AO steht.[323] Der Antrag muss sich auf die gesamten Einkünfte und Steuern aus demselben Staat beziehen; stammen die ausländischen Einkünfte aus mehreren ausländischen Staaten, so kann das Wahlrecht für jeden Staat gesondert ausgeübt werden. 311

Bei zusammenveranlagten Ehegatten braucht das Wahlrecht nach § 34c Abs. 2 EStG nicht einheitlich ausgeübt zu werden. D. h. während ein Ehegatte den Abzug nach § 34c 312

---

323 R 34c Abs. 4 Satz 7 EStR.

Abs. 2 EStG wählt, kann sich der andere für die Anrechnung nach § 34c Abs. 1 EStG entscheiden.[324]

313 Sind an den ausländischen Einkünften mehrere Personen beteiligt und sind daher die ausländischen Einkünfte gesondert und einheitlich festzustellen, so hat jeder Feststellungsbeteiligte ein eigenes Wahlrecht, das aber bereits im Feststellungsverfahren auszuüben ist.[325]

2.2.5.2 Abzug von Amts wegen (§ 34c Abs. 3 EStG)

314 Scheidet eine Anrechnung der ausländischen Steuer aus, weil die Voraussetzungen des § 34c Abs. 1 EStG ganz oder teilweise nicht vorliegen, kann der Steuerpflichtige auch nicht das Wahlrecht nach § 34c Abs. 2 EStG ausüben. In derartigen Fällen ist nach § 34c Abs. 3 EStG von Amts wegen ein Abzug der ausländischen Steuer bei der Ermittlung der Einkünfte zu prüfen, soweit sie auf im Inland steuerpflichtige ausländische Einkünfte entfällt. Der Abzug ist in voller Höhe ohne eine Beschränkung durch die Höchstbetragsberechnung, allerdings unter Berücksichtigung eines entstandenen Ermäßigungsanspruchs, vorzunehmen.

315 Einen von Amts wegen vorzunehmenden Abzug sieht Abs. 3 in den nachfolgenden Fällen vor:

- ▶ Es handelt sich um eine ausländische Steuer, die nicht der deutschen Einkommensteuer entspricht;
- ▶ die ausländische Steuer wird nicht in dem Staat erhoben, aus dem die Einkünfte stammen (Bsp.: Steuern eines Drittstaates auf Einkünfte einer ausländischen Betriebsstätte);
- ▶ es liegen keine ausländischen Einkünfte i. S. des § 34d EStG vor. Hierzu zählen die Fälle, in denen der ausländische Staat Steuern auf Einkünfte erhebt, die nach den Grundsätzen des EStG im Inland entstanden sind und daher inländische Einkünfte darstellen.

BEISPIEL: ▶ (1) Indien besteuert mit einer sog. capital gains Gewinne aus Veräußerungs- und Liefergeschäften. Liefert eine deutsche Firma, z. B. im Rahmen einer Montage, Maschinen nach Indien, so muss für den Gewinn aus dieser Lieferung u. U. indische Steuer bezahlt werden, obwohl der Gewinn aus der Lieferung nach deutschem Steuerrecht als inländischer Gewinn aus Gewerbebetrieb allein in Deutschland zu versteuern ist (Bsp.: Tz. 1 zu Artikel 7 Buchst. a des Protokolls zum DBA-Indien).

(2) Eine in der Schweiz statuarisch ansässige Domizilgesellschaft – tatsächliche Geschäftsleitung in Deutschland – reicht in der Schweiz eine Steuererklärung für angeblich Schweizer Einkünfte ein, die aber tatsächlich aus Deutschland stammende Einkünfte sind. Es wird die festgesetzte Schweizer Steuer entrichtet. Als nach Aufdeckung des tatsächlichen Sachverhalts die Schweizer Steuerbehörden eine Erstattung der zu Unrecht entrichteten Steuern ablehnen, ist zwecks Verminderung der Doppelbesteuerung § 34c Abs. 3 EStG zu prüfen.[326]

---

324 R 34c Abs. 4 Satz 2 EStR.
325 R 34c Abs. 4 Satz 3 bis 6 EStR.
326 BFH v. 10.10.2018 I R 67/16, BFH/NV 2019, 394; v. 24.3.1998 I R 38/97, BStBl 1998 II 471.

2.2.6 Ermäßigungsverfahren bei Doppelbesteuerungsabkommen (§ 34c Abs. 6 EStG)

Nach § 34c Abs. 6 Satz 1 EStG ist das Ermäßigungsverfahren nach § 34c Abs. 1 bis 3 EStG nur dann anwendbar, wenn die Einkünfte aus einem Staat stammen, mit dem kein DBA auf dem Gebiet der Steuern vom Einkommen besteht. Ist dagegen mit dem ausländischen Staat ein DBA abgeschlossen worden, so treffen § 34c Abs. 6 Satz 2 bis 6 EStG folgende Regelungen:

316

Das DBA sieht die Anrechnung der ausländischen Steuer vor (§ 34c Abs. 6 Satz 2 EStG): Entsprechende Anwendung der Regelungen des § 34c Abs. 1 Satz 2 bis 5 sowie des Abs. 2 auf die nach dem Abkommen anzurechnende ausländische Steuer, ausgenommen, es handelt sich um Einkünfte, auf die § 32d Abs. 1 und 3 bis 6 EStG (Einkünfte aus Kapitalvermögen) anzuwenden ist. Sieht das DBA nur die Anrechnung vor, kann der Steuerpflichtige dennoch den Abzug der ausländischen Steuer bei der Ermittlung der Summe der Einkünfte wählen.[327]

317

Sieht das DBA die Anrechnung einer fiktiven Steuer vor, so scheidet nach § 34c Abs. 6 Satz 2 letzter Halbsatz EStG die Wahlmöglichkeit des § 34c Abs. 2 EStG aus; des Weiteren ist die Regelung des § 34c Abs. 1 Satz 3 EStG nicht anzuwenden, d. h., in die Höchstbetragsberechnung sind auch die im Ausland nicht besteuerten Einkünfte mit einzubeziehen; Begründung: Nur auf diese Weise kann den abkommensrechtlichen Verpflichtungen nachgekommen und eine Vertragsverletzung vermieden werden, da die Gewährung einer fiktiven Anrechnung im Regelfall eine im Abkommen vereinbarte besondere Förderungsmaßnahme darstellt.

318

Klarstellend ist in § 34c Abs. 6 Satz 3 EStG geregelt, dass Abs. 1 Satz 3 auch dann entsprechend gilt, wenn die Einkünfte in dem ausländischen Staat nach dem DBA mit diesem Staat nicht besteuert werden können.

319

Erfasst das DBA nicht die ausländische Steuer vom Einkommen (§ 34c Abs. 6 Satz 4 EStG), so sind die Regelungen in § 34c Abs. 1 und Abs. 2 EStG entsprechend anzuwenden.

320

In den Fällen, in denen die Einkünfte nach § 50d Abs. 9 EStG nicht von der Bemessungsgrundlage auszunehmen sind, ist eine Anrechnung der ausländischen Steuer nach § 34c Abs. 1 bis 3 EStG sowie nach § 34c Abs. 6 Satz 6 EStG sichergestellt.

321

Trotz Bestehen eines DBA besteuert der ausländische Staat Einkünfte, die nicht aus diesem Staat stammen (§ 34c Abs. 6 Satz 6 EStG):[328] Entsprechende Anwendung des § 34c Abs. 3 EStG, es sei denn, die Besteuerung hat ihre Ursache in einer Gestaltung, für die wirtschaftliche oder sonstige beachtliche Gründe fehlen (Bsp.: ausländische Domizilge-

322

---

327 R 34c Abs. 5 EStR.
328 Ausführlich zum Begriff „stammen" BFH v. 17. 11. 2010 I R 76/09, BFH/NV 2011, 674.

sellschaft,[329] selbstverschuldete Doppelbesteuerung)[330] oder das Abkommen gestattet dem ausländischen Staat ausdrücklich die Besteuerung.

2.2.7 Steuerpauschalierung (§ 34c Abs. 5 EStG)
2.2.7.1 Überblick

323   Nach § 34c Abs. 5 EStG können die obersten Finanzbehörden der Länder oder die von ihnen beauftragten Finanzbehörden mit Zustimmung des BMF die auf die ausländischen Einkünfte entfallende deutsche Einkommensteuer ganz oder teilweise erlassen oder in einem Pauschbetrag festsetzen. Voraussetzung für diese Billigkeitsmaßnahmen ist, dass der Erlass oder die Pauschalierung aus volkswirtschaftlichen Gründen zweckmäßig oder dass die Anwendung des Anrechnungsverfahrens aus rechtlichen oder tatsächlichen Gründen besonders schwierig ist.

324   Sinn und Zweck des § 34c Abs. 5 EStG ist es u. a., Mängel der Anrechnungsmethode zu kompensieren und schnelle, auf den Einzelfall bezogene entlastende Maßnahmen zu ermöglichen,[331] wenn § 34c Abs. 1 bis 3 EStG im konkreten Einzelfall nicht zu sachgerechten, außenwirtschaftlich erwünschten Ergebnissen führt. Probleme können z. B. dann auftreten, wenn die ausländischen Einkünfte im Ausland nicht oder nur sehr niedrig besteuert werden: Industriell und wirtschaftlich unterentwickelte Länder versuchen häufig mit der (i. d. R. zeitlich begrenzten) Freistellung der Einkünfte von der eigenen Besteuerung Unternehmer und Kapitalgeber zu Investitionen in ihrem Land zu veranlassen. Bei Anwendung der Anrechnungsmethode geht dieser vom ausländischen Staat gewährte Investitionsanreiz verloren.

> **BEISPIEL:** Gesamtbetrag der Einkünfte 1 Million €, darin enthalten ausländische Einkünfte i. H. von 300 000 €, die im Ausland nicht besteuert wurden. Im Rahmen des Welteinkommens werden die ausländischen Einkünfte anteilmäßig mit dem Spitzensteuersatz belegt; mangels ausländischer Steuer scheidet sowohl eine Anrechnung als auch ein Abzug aus. Das heißt, die Nichtbesteuerung im Ausland entfaltet demnach keine Wirkungen, der Investitionsanreiz geht verloren.

325   Von den zu § 34c Abs. 5 EStG ergangenen Verwaltungsanweisungen sind von Bedeutung der sog. **Pauschalierungserlass** und der sog. **Auslandstätigkeitserlass.** Diese beiden Erlasse stellen nach ständiger Rechtsprechung keine abschließende Regelung der Möglichkeiten des Steuererlasses nach § 34c Abs. 5 EStG dar.[332]

---

[329] BFH v. 1. 4. 2003 I R 39/02, BStBl 2003 II 869, zur missbräuchlichen Benutzung einer schweizerischen Briefkastengesellschaft.
[330] BFH v. 10. 10. 2018 I R 67/16, BFH/NV 2019, 394: Vorsätzliche unzutreffende Erklärung hinsichtlich des Orts der Entstehung der Einkünfte.
[331] BFH v. 14. 6. 1991 VI R 185/87, BStBl 1991 II 926; BVerfG v. 19. 4. 1978 2 BvL 2/75, BStBl 1978 II 548.
[332] BFH v. 20. 5. 1992 I B 16/92, BFH/NV 1992, 740.

2.2.7.2 Pauschalierungserlass

Aufgrund des BMF-Schreibens v. 10.4.1984 betr. die Pauschalierung der Einkommensteuer und Körperschaftsteuer für ausländische Einkünfte nach § 34c Abs. 5 EStG und § 26 Abs. 6 KStG[333] können der unbeschränkten Einkommen- oder Körperschaftsteuerpflicht[334] unterliegende natürliche Personen oder Körperschaftsteuersubjekte, die ihren Gewinn durch Betriebsvermögensvergleich ermitteln, beantragen, dass die Steuer für folgende ausländische Einkünfte aus Nicht-DBA-Staaten pauschal festgesetzt wird: 326

▶ Einkünfte aus Gewerbebetrieb, die durch eine im Ausland belegene Betriebsstätte erzielt werden, wenn die ausländische Betriebsstätte von dem inländischen Teil des Gesamtunternehmens durch organisatorische Maßnahmen, z. B. in der Buchführung oder durch eine Kostenträgerrechnung, so getrennt ist, dass die Ausgliederung des Teils der Einkünfte sichergestellt ist, für den die pauschale Besteuerung beantragt wird;[335]

▶ Einkünfte als Mitunternehmer einer ausländischen Personengesellschaft, wenn die Beteiligung zum Betriebsvermögen eines inländischen Gewerbebetriebes gehört;

▶ Einkünfte aus selbständiger Arbeit, wenn diese Einkünfte auf der technischen Beratung, Planung und Überwachung bei Anlagenerrichtung beruhen und in einer im Ausland belegenen Betriebsstätte (sog. feste Einrichtung) erzielt werden.

Für die Pauschalierung muss die sog. Aktivitätsklausel oder Produktivitätsklausel[336] (Tz. 5 des Pauschalierungserlasses) erfüllt sein: Die ausländische Betriebsstätte, Personengesellschaft oder Körperschaft, Personenvereinigung und Vermögensmasse muss ihre Einkünfte ausschließlich oder fast ausschließlich (= mindestens 90 %)[337] aus der Herstellung oder Lieferung von Waren (ausgenommen Waffen), der Gewinnung von Bodenschätzen oder der Bewirkung von gewerblichen Leistungen erzielen. Nicht begünstigt sind Einkünfte im Zusammenhang mit Fremdenverkehr, aus Vermietung und Verpachtung einschließlich der Rechtsüberlassung (Patente, Lizenzen, Know-how usw.) sowie dem Betrieb von Handelsschiffen im internationalen Verkehr.   327

Hat der Steuerpflichtige in einem ausländischen Staat mehrere Einkunftsquellen i. S. des Erlasses, so ist auf das Gesamtergebnis abzustellen, d. h., Gewinne und Verluste der einzelnen Einkunftsquellen sind zu saldieren. Ein negatives Gesamtergebnis mindert nicht die pauschal zu versteuernden Einkünfte der folgenden VZ (= kein Verlustvortrag).   328

Die pauschale Steuer beträgt 25 % der begünstigten Einkünfte, höchstens aber 25 % des zu versteuernden Einkommens ohne weitere Ermäßigungsmöglichkeiten nach § 34c Abs. 1 bis 3 EStG. Auf die pauschal versteuerten Einkünfte entfallende ausländische Steuer kann weder angerechnet noch nach § 34c Abs. 2 EStG abgezogen werden.   329

---

[333] BStBl 1984 I 252.
[334] Soweit der Erlass Vergünstigungen auch für die Körperschaftsteuer vorgesehen hat, ist er mit Wirkung vom VZ 2004 aufgehoben worden (BMF v. 24.11.2003, BStBl 2003 I 747).
[335] Vgl. zu nicht ordnungsgemäßen Aufzeichnungen BFH v. 21.2.2017 VIII R 46/13, BStBl 2017 II 745.
[336] Vgl. zur im Wesentlichen vergleichbaren Aktivitätsklausel des § 2a Rdn. 258.
[337] BFH v. 30.8.1995 I R 77/94, BStBl 1996 II 122.

330 Stammen ausländische Einkünfte i. S. des Erlasses aus **mehreren ausländischen Staaten,** so kann der Steuerpflichtige den Pauschalierungsantrag auf die Einkünfte aus einem ausländischen Staat beschränken und hinsichtlich der übrigen ausländischen Einkünfte die Anwendung des § 34c Abs. 1 bis 3 EStG wählen.

331 Verfügt der Steuerpflichtige in einem ausländischen Staat sowohl über Einkünfte i. S. des Erlasses als auch über andere Einkünfte, so kann für Letztere die Anrechnung gewählt werden. Allerdings sind in diesem Falle bei der Ermittlung der anrechenbaren ausländischen Steuer die pauschal besteuerten Einkünfte sowie die Pauschsteuer auszuscheiden; Gleiches gilt bei der Ermittlung des besonderen Steuersatzes im Rahmen des Progressionsvorbehalts.

2.2.7.3 Auslandstätigkeitserlass

332 Nach dem Erlass betreffend die **Steuerliche Behandlung von Arbeitnehmereinkünften bei Auslandstätigkeit (Auslandstätigkeitserlass – ATE)**[338] können Einkünfte aus nichtselbständiger Arbeit im Ausland unter bestimmten Voraussetzungen von der deutschen Besteuerung auf Antrag freigestellt werden. In den Genuss der Vergünstigung können unbeschränkt und beschränkt steuerpflichtige Arbeitnehmer gelangen. Voraussetzungen für diese Freistellung sind:

333 Inländischer Arbeitgeber (§ 38 Abs. 1 EStG);[339] nicht anwendbar ist der Erlass bei Zahlungen inländischer öffentlicher Kassen.

> **BEISPIEL:** ▶ (1) A hat seinen Wohnsitz im Inland und ist bei einem inländischen Unternehmen beschäftigt: ATE ist anwendbar.
> (2) B hat seinen Wohnsitz in Österreich und ist bei einem deutschen Unternehmen in Lindau beschäftigt: ATE ist anwendbar.
> (3) C hat seinen Wohnsitz in Inland und ist bei einem französischen Unternehmen in Frankreich beschäftigt: ATE ist nach EuGH anwendbar.
> (4) D hat seinen Wohnsitz im Inland und ist bei einem schweizerischen Unternehmen in der Schweiz beschäftigt: ATE ist nach EuGH und unter Berücksichtigung des sog. Freizügigkeitsabkommens (FZA)[340] anwendbar.

334 Auslandstätigkeit für einen inländischen Lieferanten, Hersteller, Auftragnehmer, Inhaber von Mineralgewinnungsrechten.

335 Die Auslandstätigkeit muss im Zusammenhang stehen mit einer Montagetätigkeit im weitesten Sinne (Planung, Errichtung, Einrichtung, Inbetriebnahme, Erweiterung, Modernisierung usw. von Fabriken, Bauwerken, ortsgebundenen großen Maschinen oder ähnlichen Anlagen[341] sowie Einbau, Aufstellung oder Instandsetzung sonstiger Wirtschaftsgüter; außerdem ist das Betreiben der Anlagen bis zur Übergabe an den Auftraggeber begünstigt), dem Aufsuchen oder der Gewinnung von Bodenschätzen, mit

---

338 BMF v. 31. 10. 1983, BStBl 1983 I 470.
339 H 38.3 LStH „inländischer Arbeitgeber"; zu beachten ist das Urteil des EuGH v. 28. 2. 2013 C-544/11 Petersen, BStBl 2013 II 847, wonach die Beschränkung auf inländische Arbeitgeber unionsrechtswidrig ist.
340 Vgl. Rdn. 1565.
341 BFH v. 12. 2. 1999 I B 96/98, BFH/NV 1999, 1218, zur Wartung von Schiffen als ortsgebundene Anlagen.

der Beratung (Consulting) ausländischer Auftraggeber oder mit der deutschen öffentlichen Entwicklungshilfe; zu den begünstigten Tätigkeiten gehören auch Hilfs- und Unterstützungstätigkeiten.

Die Auslandstätigkeit muss **mindestens 3 Monate** ununterbrochen im Ausland ausgeübt werden. Eine vorübergehende Rückkehr ins Inland oder ein kurzer Aufenthalt in einem Staat, mit dem ein DBA besteht, gelten bis zu einer Gesamtaufenthaltsdauer von zehn vollen Kalendertagen innerhalb der Mindestfrist nicht als Unterbrechung der Auslandstätigkeit, wenn sie zur weiteren Durchführung oder Vorbereitung eines begünstigten Vorhabens notwendig sind. **Urlaub und Krankheit** sind unschädliche Unterbrechungen, die bei der Mindestfrist aber nicht mitrechnen. Die Mindestfrist beginnt mit dem ersten Reisetag, unabhängig davon, ob der Arbeitnehmer an diesem Tag schon im Tätigkeitsstaat ist oder nicht, und endet entsprechend mit dem letzten Reisetag; 336

> **BEISPIEL:** ▶ X wird von seinem Arbeitgeber zur Montage einer Entsalzungsanlage nach Dschidda/Saudi Arabien entsandt und fliegt am 15.10.2012 von Frankfurt/Main nach Dschidda. Vom 16.12.2012 bis zum 27.1.2013 muss X seinen tariflichen Jahresurlaub nehmen; vom 28.1.2013 bis zum 26.3.2013 setzt er die Montage in Dschidda fort: Der Urlaub ist unschädlich, rechnet aber nicht zur Mindestaufenthaltsfrist; die Gesamtdauer des ununterbrochenen Aufenthalts in Dschidda übersteigt 3 Monate, sodass der ATE zur Anwendung kommen kann.

Mit dem ausländischen Tätigkeitsstaat darf kein DBA bestehen, in das die Einkünfte aus nichtselbständiger Tätigkeit einbezogen sind. 337

Zum begünstigten Arbeitslohn gehören u. a. neben dem Regelgehalt folgende steuerpflichtigen Einnahmen, soweit sie für eine begünstigte Auslandstätigkeit gezahlt werden: 338

- ▶ Zulagen, Prämien oder Zuschüsse des Arbeitgebers für Aufwendungen des Arbeitnehmers, die durch eine begünstigte Auslandstätigkeit veranlasst sind, oder die entsprechende unentgeltliche Ausstattung oder Bereitstellung durch den Arbeitgeber,
- ▶ Weihnachtszuwendungen, Erfolgsprämien oder Tantiemen,
- ▶ Arbeitslohn, der auf den Urlaub – einschließlich eines angemessenen Sonderurlaubs aufgrund einer begünstigten Tätigkeit – entfällt, Urlaubsgeld oder Urlaubsabgeltung,
- ▶ Lohnfortzahlung aufgrund einer Erkrankung während einer begünstigten Auslandstätigkeit bis zur Wiederaufnahme dieser oder einer anderen begünstigten Tätigkeit oder bis zur endgültigen Rückkehr ins Inland.

Werden solche Zuwendungen nicht gesondert für die begünstigte Tätigkeit geleistet, so sind sie aufzuteilen (Bsp.: Weihnachtsgeld oder Urlaubsgeld). Einzelheiten sind in einem BMF-Schreiben geregelt.[342] 339

Sind die Voraussetzungen erfüllt, kann beim Lohnsteuer-Betriebsstättenfinanzamt (§ 41 Abs. 2 EStG) die Freistellung des Arbeitslohns beantragt werden. Der Arbeitgeber muss sich verpflichten, bei der Führung der Lohnkonten gewisse Formvorschriften zu beachten. Ein Nachweis, dass vom Arbeitslohn im Ausland eine der deutschen Lohnsteuer entsprechende Steuer erhoben wird, ist nicht erforderlich. Die freigestellten Ein- 340

---

342 BMF v. 14.3.2017, BStBl 2017 I 473.

künfte sind bei der Ermittlung des für die Besteuerung maßgebenden Steuersatzes zu berücksichtigen (Progressionsvorbehalt).

341 Soweit nicht bereits vom Steuerabzug abgesehen worden ist, kann der Arbeitnehmer den Verzicht auf die Besteuerung im Rahmen der Veranlagung bei seinem Wohnsitzfinanzamt beantragen.

342 Da es sich um i. S. des § 3c Abs. 1 EStG steuerfreie Einnahmen handelt, können Ausgaben, soweit sie mit diesen Einnahmen in unmittelbarem wirtschaftlichen Zusammenhang stehen, nicht als Werbungskosten abgezogen werden; Gleiches gilt für Sonderausgaben nach § 10 Abs. 1 Nr. 2 und 3 EStG (vgl. § 10 Abs. 2 Nr. 1 EStG).

2.2.8 Ausländische Einkünfte aus Kapitalvermögen (§ 32d Abs. 5 EStG)

343 Durch die Einführung der Abgeltungssteuer und damit dem grundsätzlichen Ausschluss der konkreten Einzelbesteuerung war es erforderlich, für ausländische Einkünfte aus Kapitalvermögen, die nicht unter § 20 Abs. 8 EStG fallen, eine Regelung zur Vermeidung oder Milderung der Doppelbesteuerung zu treffen. Diese findet sich in § 32d Abs. 1 Satz 2 und Abs. 5 EStG; hinsichtlich der sog. Günstigerprüfung vgl. § 32d Abs. 6 Satz 2 i.V. mit § 32d Abs. 5 EStG.

344 Da die ausländischen Kapitalerträge grundsätzlich nicht der Kapitalertragsteuer unterlegen haben,[343] hat der Steuerpflichtige sie in seiner Einkommensteuererklärung anzugeben (§ 32d Abs. 3 EStG). Ist der Steuerpflichtige mit seinen ausländischen Kapitalerträgen in dem Staat, aus dem die Kapitalerträge stammen, zu einer der deutschen Einkommensteuer entsprechenden Steuer herangezogen worden, ist die auf ausländische Kapitalerträge festgesetzte und gezahlte und um einen entstandenen Ermäßigungsanspruch gekürzte ausländische Steuer, jedoch höchstens 25 % der ausländischen Steuer auf den einzelnen Kapitalertrag, auf die deutsche Steuer anzurechnen, die auf den bezogenen Kapitalertrag entfällt (§ 32d Abs. 5 EStG). Zu beachten ist, dass § 32d Abs. 5 EStG eine sog. isolierte Betrachtungsweise jedes einzelnen ausländischen Kapitalertrags vorschreibt, sodass etwaige Verluste den Anrechnungshöchstbetrag nicht beeinflussen können.

345 Werden die Kapitaleinkünfte aus einem DBA-Staat bezogen und sieht das DBA die Anrechnung der ausländischen Steuer vor (Regelfall bei der Besteuerung natürlicher Personen), gilt die Anrechnung entsprechend (§ 32d Abs. 5 Satz 2 EStG), allerdings wird die Anrechnung auf 25 % begrenzt. Auch die Anrechnung fiktiver Quellensteuer ist in diesem Rahmen möglich (§ 32d Abs. 5 Satz 2 EStG). Nach Auffassung der Verwaltung ist die Wahlmöglichkeit des Abzugs entsprechend § 34c Abs. 2 EStG nicht zulässig.

BEISPIEL: (1) X erzielt ausländische Kapitalerträge aus dem Nicht-DBA-Staat Y i. H. von 10 000 € und muss eine ausländische Quellensteuer i. H. von 1 500 € (= 15 %) entrichten. Diese ausländische Steuer kann nach § 32d Abs. 5 EStG angerechnet werden und vermindert die Ein-

---

343 Sofern sie nicht bei einem inländischen Kreditinstitut oder Investmentgesellschaft verwaltet und verwahrt werden.

kommensteuer nach § 32d Abs. 1 EStG; die Steuer beträgt demnach: 2 500 € − 1 500 € = 1 000 €.

(2) A erzielt Kapitalerträge aus einer Beteiligung an einer ausländischen Kapitalgesellschaft, für die im Ausland eine Quellensteuer i. H. von 25 % entrichtet werden muss. In diesem Fall beträgt die deutsche Steuer 0 €.

(3) Wie (2), aber die Quellensteuer beträgt 30 %: keine Erstattung, keine Verrechnung des Anrechnungsüberhangs.

2.2.9 Verfahrensrechtliche Bestimmungen

2.2.9.1 Nachweise über die Höhe der ausländischen Einkünfte und Steuern, Übersetzungen ausländischer Urkunden (§ 68b EStDV)

Nach § 34c Abs. 7 Nr. 2 EStG können durch Rechtsverordnung u. a. Vorschriften über den Nachweis über die Höhe der festgesetzten und gezahlten ausländischen Steuern erlassen werden. Dies ist durch die EStDV geschehen: Gemäß § 68b Satz 1 EStDV hat der Steuerpflichtige durch geeignete Unterlagen (Bsp.: Steuerbescheid, Zahlungsquittung) die Höhe der ausländischen Einkünfte sowie die Festsetzung und Zahlung der ausländischen Steuer nachzuweisen. Hierbei handelt es sich um eine Konkretisierung der erhöhten Mitwirkungspflicht nach § 90 Abs. 2 AO. Sofern eine Steuerfestsetzung nicht durchzuführen war, hat der Steuerpflichtige auf geeignete Weise darzulegen, in welcher Weise die ausländische Steuer erhoben wurde.[344] Sind die Urkunden in einer fremden Sprache abgefasst, kann das Finanzamt vom Steuerpflichtigen auf dessen Kosten (§ 107 Satz 2 AO) eine beglaubigte Übersetzung verlangen (§ 68b Satz 2 EStDV, § 87 Abs. 2 AO; zu einer Buchführung in fremder Sprache vgl. § 146 Abs. 3 Satz 2 AO).

346

2.2.9.2 Änderungsvorschriften, Berichtigung von Erklärungen (§ 153 AO)

Wird nach Bekanntgabe des Einkommensteuerbescheides die ausländische Steuer erstmals festgesetzt, nachträglich erhöht oder ganz oder teilweise erstattet, so ist der Einkommensteuerbescheid, in dem die ausländische Steuer angerechnet oder bei der Ermittlung der Einkünfte abgezogen wurde, nach den Bestimmungen der AO (§§ 175, 173) zu berichtigen. Die Änderung des Steuerbescheides ist nur bis zum Ablauf der Festsetzungsfrist möglich, da die Anrechnung nach § 34c Abs. 1 EStG Bestandteil der Steuerfestsetzung ist.[345] Bei Rechtsbehelfen gegen derartige Änderungsbescheide ist § 351 Abs. 1 AO zu beachten.

347

Wird die ausländische Steuer nach Abgabe der Steuererklärung, aber vor Ablauf der Festsetzungsfrist ganz oder teilweise erstattet, so hat dies der Steuerpflichtige unverzüglich dem Finanzamt anzuzeigen (**Nacherklärungspflicht** – § 153 AO).

348

---

344 BFH v. 19. 3. 1996 VIII R 15/94, BFH/NV 1996, 672; v. 26. 8. 1993 I B 87/93, BFH/NV 1994, 175.
345 BFH v. 2. 3. 2010 I R 75/08, BFH/NV 2010, 1820; v. 19. 3. 1996 VIII R 15/94, BStBl 1996 II 312, m. w. N. der Rechtsprechung.

2.2.10 Progressionsvorbehalt (§ 32b EStG)

2.2.10.1 Überblick, Grundsätze

349 Ein unbeschränkt Steuerpflichtiger hat grundsätzlich sein Welteinkommen zu versteuern. Bezieht er – z. B. nach einem DBA – steuerbefreite ausländische Einkünfte (Bsp.: Einkünfte aus im Ausland belegenem Grundbesitz, im Ausland ausgeübte unselbständige Tätigkeit usw.), so scheiden derartige Einkünfte i. d. R. aus dem im Inland zu versteuernden (Welt-)Einkommen aus. Auf das nach § 32a Abs. 1 EStG zu versteuernde Einkommen ist aber ein besonderer Steuersatz anzuwenden. Dies ist der Steuersatz, der sich ergibt, wenn bei der Ermittlung des Steuersatzes das zu versteuernde Einkommen um die steuerfreien Einkünfte vermehrt oder vermindert wird – sog. Hinzurechnungsmethode nach § 32b Abs. 2 Nr. 2 ESG (Progressionsvorbehalt – § 32b Abs. 1 Satz 1 Nr. 2 bis 5 EStG).

350 Aufgabe des Progressionsvorbehalts ist die Sicherstellung der Besteuerung nach Maßgabe der Leistungsfähigkeit: Trotz der Aufteilung des Steuergutes auf mehrere Staaten soll der Steuerpflichtige nicht besser – oder schlechter – gestellt werden als derjenige Steuerpflichtige, der gleich hohe Einkünfte nur in ein und demselben Staat zu versteuern hat. Demnach sind die im Inland steuerpflichtigen Einkünfte mit dem Steuersatz zu besteuern, der für das Welteinkommen anzuwenden wäre.[346]

351 Diese Grundsätze gelten nach dem Gesetzeswortlaut in § 32c Abs. 1 Satz 1 erster Halbsatz EStG auch für einen beschränkt Steuerpflichtigen, auf den § 50 Abs. 2 Satz 2 Nr. 4 Anwendung findet (Einkünfte aus nichtselbständiger Tätigkeit, wenn ein Freibetrag als Lohnsteuerabzugsmerkmal gebildet wurde oder wenn die Veranlagung zur Einkommensteuer nach § 46 Abs. 2 Nr. 8 EStG beantragt wurde).

2.2.10.2 Progressionsvorbehalt bei zeitweiser unbeschränkter Steuerpflicht sowie bei Doppelwohnsitz (§ 32b Abs. 1 Satz 1 Nr. 2 EStG)

352 § 32b Abs. 1 Satz 1 Nr. 2 EStG regelt den Progressionsvorbehalt für ausländische Einkünfte bei zeitweiser unbeschränkter Steuerpflicht. Er erstreckt sich lediglich auf die ausländischen Einkünfte i. S. des § 34d EStG, die nicht der deutschen Besteuerung unterlegen haben. Die Wirkung dieser Regelung lässt sich am besten an zwei Beispielen aus der Rechtsprechung verdeutlichen:[347]

> **BEISPIEL:** (1) X ist niederländischer Staatsangehöriger. Er wohnte bis zum 15. 3. 2004 im Inland und erzielte bis zu diesem Zeitpunkt Einkünfte aus nichtselbständiger Arbeit i. H. von 70 000 €. Vom 16. 3. 2004 an wohnte er in den Niederlanden, wo er ebenfalls nichtselbständig tätig war und Einkünfte i. H. von 295 000 € erzielt hatte. Im Einkommensteuerbescheid 2004 bezieht das

---

346 Statt vieler vgl. BFH v. 12. 1. 2011 I R 35/10, BStBl II 2011, 494 mit Darstellung der Entwicklung der Vorschrift.
347 Weitere Entscheidungen: BFH v. 19. 7. 2010 I B 10/10, BFH/NV 2011, 17; v. 14. 10. 2003 VIII R 111/01, BFH/NV 2004, 331; v. 19. 12. 2001 I R 63/00, BStBl 2003 II 302.

deutsche Finanzamt die von X in den Niederlanden bezogenen Einkünfte durch Anwendung des Progressionsvorbehalts nach § 32b Abs. 1 Nr. 2 EStG in die Besteuerung mit ein.[348]

(2) A wohnte in 2004 vom 1.1. bis zum 31.10. ausschließlich in Ungarn und hatte in dieser Zeit in Deutschland keine Einkünfte. Am 1.11. verzog er nach Deutschland. In Ungarn erzielte er in dem Zeitraum vom 1.1. bis zum 31.10. Einkünfte i. H. von 24 000 €. Im Zeitraum 1.11. bis 31.12. erzielte er inländische Einkünfte aus nichtselbständiger Arbeit i. H. von 50 000 €. A wurde zur Einkommensteuer veranlagt. Dabei bezog das Finanzamt die ausländischen Einkünfte i. H. von 24 000 € nach § 32b Abs. 1 Satz 1 Nr. 2 EStG zur Bestimmung des Steuersatzes ein und setzte die Einkommensteuer entsprechend fest.[349]

Aus der Begründung der vorgenannten Urteile zu § 32b EStG ergibt sich weiter, dass der Progressionsvorbehalt unabhängig von der Frage anzuwenden ist, ob Deutschland Ansässigkeitsstaat ist oder nicht, z. B. auch bei einer Doppelansässigkeit (unbeschränkte Steuerpflicht sowohl im Inland als auch im Ausland). 353

BEISPIEL: Der in München ansässige Deutsche Z arbeitet bei der X-GmbH in Salzburg und bezieht Einkünfte aus nichtselbständiger Arbeit. Während der Woche übernachtet Z in einer angemieteten Wohnung in Salzburg, an den Wochenenden wohnt er bei seiner Familie in München.

Z hat in beiden Staaten einen Wohnsitz und ist deshalb in beiden Staaten unbeschränkt steuerpflichtig. Aber nach Art. 4 Abs. 2 Buchst. a DBA-A gilt Z für Zwecke des Abkommens als in Deutschland ansässig (Mittelpunkt des Lebensinteresses). Die Einkünfte aus der nichtselbständigen Tätigkeit sind nach Art. 15 Abs. 1 DBA-A in Österreich zu versteuern und in Deutschland nach Art. 23 Abs. 1 Buchst. a DBA-A in den Progressionsvorbehalt mit einzubeziehen.

Allerdings sieht § 32b Abs. 1 Nr. 2 EStG eine Einschränkung vor: Ausgenommen aus den ausländischen Einkünften sind diejenigen Einkünfte, die nach einem sonstigen zwischenstaatlichen Übereinkommen i. S. des § 32b Abs. 1 Nr. 4 EStG steuerfrei sind (Bsp.: Wiener Übereinkommen über diplomatischen Beziehungen – § 3 Nr. 29 EStG)[350] und die nach diesem Übereinkommen nicht unter dem Vorbehalt der Einbeziehung bei der Berechnung der Einkommensteuer stehen. 354

2.2.10.3 Progressionsvorbehalt für steuerfreie DBA-Einkünfte (§ 32b Abs. 1 Satz 1 Nr. 3 EStG)

Grundfall ist der Bezug von nach einem DBA in Deutschland steuerfreien ausländischen Einkünften (§ 32b Abs. 1 Satz 1 Nr. 3 EStG). 355

Nach BFH entscheidet sich allein nach innerstaatlichem Steuerrecht, ob ein Progressionsvorbehalt anzuwenden ist oder nicht.[351] Die Anwendung von § 32b Abs. 1 EStG setzt abkommensrechtlich lediglich voraus, dass das einschlägige DBA die Berücksichtigung eines Progressionsvorbehalts nicht verbietet.[352] Der Progressionsvorbehalt gilt – soweit das einschlägige DBA die Berücksichtigung eines Progressionsvorbehalts nicht verbietet – auch für diejenigen Einkünfte, die nach einem DBA nur im anderen Vertragsstaat be- 356

---

348 Sachverhalt nach BFH v. 15. 5. 2002 I R 40/01, BStBl 2002 II 660.
349 Sachverhalt nach BFH v. 19. 11. 2003 I R 19/03, BStBl 2004 II 549.
350 Vgl. H 3.29 EStH „Wiener Übereinkommen".
351 BFH v. 10. 12. 2008 I B 60/08, BFH/NV 2009, 769.
352 BFH v. 14. 7. 2010 X R 37/08, BStBl 2011 II 628; v. 25. 4. 2006 I B 146/05, BFH/NV 2006, 2045.

steuert werden dürfen und damit bereits durch die sog. Zuteilungsnorm im Wohnsitzstaat freigestellt sind. Der Progressionsvorbehalt gemäß § 32b EStG führt nicht zu einer Besteuerung der an sich steuerfreien oder nicht steuerbaren Einkünfte. Vielmehr werden ausschließlich die steuerpflichtigen Einkünfte auf der Grundlage eines besonderen Steuersatzes besteuert.[353]

357 Zur Ermittlung des besonderen Steuersatzes sind nach § 32b Abs. 2 Nr. 2 EStG die nach Abs. 1 Nr. 3 steuerfreien ausländischen Einkünfte[354] dem zu versteuernden Einkommen hinzuzurechnen bzw. bei Verlusten abzuziehen,[355] wobei die ausländischen außerordentlichen Einkünfte i. S. des § 34 Abs. 2 EStG mit einem Fünftel zu berücksichtigen sind[356]. Auch hier gilt der Grundsatz, dass die ausländischen Einkünfte nach deutschem Steuerrecht zu ermitteln sind.[357]

358 Bei der Ermittlung des für den Progressionsvorbehalt zu berechnenden besonderen Einkommensteuersatzes nach § 32b Abs. 2 Nr. 2 EStG sind alle nach einem DBA in Deutschland von der Besteuerung freigestellten ausländischen Einkünfte, um die das nach § 32a Abs. 1 EStG zu versteuernde Einkommen zu vermehren ist, um die tatsächlich angefallenen Werbungskosten, die mit den steuerfreien ausländischen Einkünften wirtschaftlich zusammenhängen, zu kürzen. Der Arbeitnehmerpauschbetrag nach § 9a Satz 1 Nr. 1 Buchstabe a) EStG ist abzuziehen, soweit er nicht bei der Ermittlung der Einkünfte aus nichtselbständiger Arbeit abziehbar ist. Werbungskosten bei den ausländischen Einkünften aus nichtselbständiger Arbeit sind nur insoweit abzuziehen, als sie zusammen mit den bei der Ermittlung der Einkünfte nach § 19 EStG abziehbaren Werbungskosten den Arbeitnehmerpauschbetrag übersteigen.

> **BEISPIEL:** Der inländische Arbeitslohn beträgt 30 000 €, die Werbungskosten betragen 550 €; der nach DBA unter Progressionsvorbehalt steuerfreie Arbeitslohn beträgt 10 000 €; im Zusammenhang mit dem steuerfreien Arbeitslohn sind Werbungskosten i. H. von 600 € angefallen.
>
> | | |
> |---|---:|
> | Inländischer Arbeitslohn | 30 000 € |
> | abzüglich Arbeitnehmerpauschbetrag | 1 000 € |
> | steuerpflichtige Einkünfte gemäß § 19 EStG | 29 000 € |
> | ausländische Progressionseinnahmen | 10 000 € |
> | tatsächliche inländische und ausländische Werbungskosten: 1 150 € abzüglich Arbeitnehmerpauschbetrag i. H. von 1 000 € | 150 € |
> | maßgebende Progressionseinkünfte | 9 850 € |

359 (Vorab entstandene) Werbungskosten und Betriebsausgaben, die durch eine im Ausland ausgeübte Tätigkeit veranlasst sind, die nach dem DBA mit dem ausländischen

---

353 BFH v. 13. 12. 1995 I B 83/95, BFH/NV 1996, 548; v. 26. 8. 1994 I B 35/94, BFH/NV 1995, 381.
354 Der Begriff Einkünfte entspricht dem in § 2 EStG - BFH v. 15. 5. 2002 I B 73/01, BFH/NV 2002, 1295.
355 Vgl. H 32b EStH „Allgemeines".
356 BFH v. 11. 12. 2012 IX R 23/11, BStBl II 2013, 370; v. 1. 2. 2012 I R 34/11, BStBl II 2012, 405; v. 22. 9. 2009 IX R 93/97, BStBl 2010 II 1032.
357 H 32b EStH „Ausländische Einkünfte".

Staat steuerfrei sind, mindern bei einem Progressionsvorbehalt auch dann den Steuersatz, wenn künftig die inländische Steuerpflicht entfällt.[358]

> **BEISPIEL:** (1) X bewirbt sich um eine Chefarztstelle an einem Krankenhaus in Südafrika. Die Einkünfte aus seiner künftigen Tätigkeit sind in Deutschland steuerfrei; die Kosten für die Bewerbung können lediglich im Rahmen des Progressionsvorbehalts berücksichtigt werden.
>
> (2) Der Steuerpflichtige U ist Inhaber einer Druckerei in Karlsruhe. In Nancy/Frankreich unterhält er eine Betriebsstätte. Gemäß Art. 4 DBA-Frankreich steht Frankreich das Besteuerungsrecht für den Betriebsstättengewinn zu, d. h. er ist im Inland steuerbefreit; das zu versteuernde Einkommen beträgt 185 000 €, die Einkünfte aus der Betriebsstätte 45 000 €.
>
> | | |
> |---|---:|
> | Zu versteuerndes Einkommen | 185 000 € |
> | steuerfreie ausländische Einkünfte | 45 000 € |
> | für die Berechnung des Steuersatzes maßgebliches zu versteuerndes Einkommen | 230 000 € |
> | Steuer lt. Grundtarif | 88 404 € |
> | durchschnittlicher Steuersatz | 38,4365 % |
> | angewandt auf zu versteuerndes Einkommen | 71 107 € |
> | Zum Vergleich: | |
> | 185 000 € lt. Grundtarif | 69 504 € |

Im Rahmen des Progressionsvorbehalts ist auch die Berücksichtigung ausländischer Verluste möglich, die nach dem DBA nicht der inländischen Besteuerung unterliegen (**negativer Progressionsvorbehalt**[359] – Symmetriethese[360]). Allerdings sind nur solche negativen Einkünfte im Rahmen des negativen Progressionsvorbehalts zu berücksichtigen, die in Deutschland grundsätzlich steuerpflichtig sind; handelt es sich um Verluste i. S. des § 2a EStG, so sind diese nicht zu berücksichtigen.[361]

360

> **BEISPIEL:** Wie oben, aber die Betriebsstätte hat einen Verlust von 45 000 €
>
> | | |
> |---|---:|
> | Zu versteuerndes Einkommen | 185 000 € |
> | steuerfreie ausländische Einkünfte | ./. 45 000 € |
> | für die Berechnung des Steuersatzes maßgebliches zu versteuerndes Einkommen | 140 000 € |
> | Steuer lt. Grundtarif | 50 604 € |
> | durchschnittlicher Steuersatz | 36,1457 % |
> | angewandt auf das zu versteuernde Einkommen | 66 869 € |
> | Zum Vergleich: | |
> | 185 000 € lt. Grundtarif | 69 504 € |

Die Berücksichtigung ausländischer Verluste gemäß § 32b Abs. 2 Satz 2 EStG kann u.U. sogar dazu führen, dass sich ein Steuersatz von 0 % ergibt.[362] Umgekehrt kann sich auch der Fall ergeben, dass wegen der in § 32a Abs. 1 Satz 2 EStG angeordneten vorran-

361

---

358 BFH v. 11.2.2009 I R 25/08, BFH/NV 2009, 1318; v. 20.9.2006 I R 59/05, BStBl 2007 II 756.
359 BFH v. 25.10.1970 I R 109/68, BStBl 1970 II 660.
360 Erfasst werden bei der Steuerfreistellung mit Progressionsvorbehalt lt. DBA sowohl positive als auch negative Einkünfte – BFH v. 11.7.2018 I R 52/16, BStBl 2019 II 105.
361 BFH v. 12.11.2011 I R 35/10, BStBl 2011 II 494.
362 BFH v. 25.7.1970 I R 146/68, BStBl 1970 II 660; zur Berechnung – Einbeziehung in die sog. Fünftel-Methode – vgl. BFH v. 1.2.2012 I R 34/11, BStBl 2012 II 405.

gigen Anwendung des Progressionsvorbehalts des § 32b EStG auch ein zu versteuerndes Einkommen unterhalb des Grundfreibetrags zu einer festzusetzenden Einkommensteuer führt.[363]

> **BEISPIEL:** (1) A hat inländische Einkünfte i. H. von 60 000 € und einen nach einem DBA steuerfreien ausländischen Verlust i. H. von 55 500 €. Bei einem zu versteuernden Einkommen von 4 500 € ergibt sich eine Einkommensteuer i. H. von 0 € und somit ein besonderer Steuersatz nach § 32b EStG i. H. von 0 %.
>
> (2) A hat inländische Einkünfte i. H. von 6 000 € und nach einem DBA steuerfreie Einkünfte i. H. von 100 000 €. Bei einem zu versteuernden Einkommen von 106 000 € betragen die Einkommensteuer 36 324 € und der besondere Steuersatz demnach 34,26 % und die Einkommensteuer somit 2 056 €.

362 Im Falle der Zusammenveranlagung ist der Progressionsvorbehalt auch dann auf das gemeinsam zu versteuernde Einkommen der Ehegatten anzuwenden, wenn nur einer der beiden steuerfreie ausländische Einkünfte bezogen hat.[364] Im Rahmen einer Antragsveranlagung nach § 46 Abs. 1 Nr. 8 EStG ist auch ein negativer Progressionsvorbehalt zu berücksichtigen.[365]

2.2.10.4 Anpassung an EU-Recht (§ 32b Abs. 1 Satz 2 EStG)

363 Aufgrund verschiedener EuGH-Urteile war der deutsche Gesetzgeber gezwungen, § 32b Abs. 1 Nr. 3 EStG an die Vorgaben des EU-Rechts anzupassen. Diese Änderung erfolgte zusammen mit einer Änderung des § 2a EStG durch das JStG 2009.[366] Die Neuregelung ist erstmals für den VZ 2008 anzuwenden. Nach § 32b Abs. 1 Satz 2 EStG findet § 32b Abs. 1 Satz 1 Nr. 3 EStG – Progressionsvorbehalt bei steuerfreien DBA-Einkünften – keine Anwendung auf bestimmte, im Gesetz enumerativ aufgeführten Einkünften aus EU- oder EWR-Mitgliedstaaten. D. h. im EU- bzw. EWR-Ausland erzielte Gewinne bzw. Verluste werden bei der Ermittlung des Steuersatzes nicht berücksichtigt, sofern sie nach dem DBA mit dem betreffenden EU- bzw. EWR-Mitgliedstaat in Deutschland steuerfrei sind. Hintergrund ist die Überlegung, dass in Staaten der Gemeinschaft bzw. des EWR-Raums erlittene Verluste im Inland nicht berücksichtigt werden müssen, wenn umgekehrt auch in diesen Staaten erzielte Gewinne im Inland nicht berücksichtigt werden. Im Einzelnen handelt es sich um folgende im EU- bzw. EWR-Ausland erzielten Einkünfte:

▶ Einkünfte aus einer land- und forstwirtschaftlichen Betriebsstätte (§ 32b Abs. 1 Satz 2 Nr. 1 EStG);

▶ Einkünfte aus einer gewerblichen Betriebsstätte, die nicht die Aktivitätsklausel des § 2a Abs. 2 Satz 1 EStG erfüllt (§ 32b Abs. 1 Satz 2 Nr. 2 EStG – sog. passiv tätige Betriebsstätte);[367]

---

363 BFH v. 9. 8. 2001 III R 50/00, BStBl 2001 II 778.
364 BFH v. 27. 9. 1990 I R 181/87, BStBl 1991 II 84.
365 R 46.2 Abs. 3 EStR.
366 Vgl. Rdn. 258.
367 BFH v. 26. 1. 2017 I R 66/15, BFH/NV 2017, 726.

- Einkünfte aus Vermietung oder Verpachtung von unbeweglichem Vermögen oder Sachinbegriffen (§ 32b Abs. 1 Satz 2 Nr. 3 EStG);
- Einkünfte aus der entgeltlichen Überlassung von Schiffen unter bestimmten, im Gesetz näher dargelegten Voraussetzungen (§ 32b Abs. 1 Satz 2 Nr. 4 EStG);
- Einkünfte aus dem Ansatz des niedrigeren Teilwertes oder der Übertragung eines zu einem Betriebsvermögen gehörenden Wirtschaftsgutes i. S. der Nr. 3 und 4 (§ 32b Abs. 1 Satz 2 Nr. 5 EStG).

BEISPIEL: Verluste aus einer Ferienwohnung am Wörthersee/Österreich bleiben nach § 32b Abs. 1 Satz 2 Nr. 3 i.V. mit Art. 6 Abs. 1, Art. 23 Abs. 1 Buchst. a DBA-Österreich bei einer Veranlagung in Deutschland außer Ansatz.

2.2.10.5 Sonstige zwischenstaatliche Abkommen (§ 32b Abs. 1 Satz 1 Nr. 4 EStG)

Der Progressionsvorbehalt ist ferner anzuwenden, wenn die Einkünfte nach einem zwischenstaatlichen Übereinkommen unter dem Vorbehalt der Einbeziehung bei der Berechnung der Einkommensteuer steuerfrei sind, z. B. bei Bediensteten internationaler Organisationen (Rdn. 376 ff.). 364

2.2.10.6 Progressionsvorbehalt bei unbeschränkter Steuerpflicht auf Antrag (§ 32b Abs. 1 Satz 1 Nr. 5 EStG)

Zur Ergänzung der Vorschriften des § 1 Abs. 3, § 1a EStG und des § 50 Abs. 2 Satz 2 Nr. 4 EStG sind die nicht der deutschen Einkommensteuer unterliegenden Einkünfte oder die Einkünfte, die nicht einem Steuerabzug unterliegen, in den Progressionsvorbehalt einzubeziehen (§ 32b Abs. 1 Satz 1 Nr. 5 zweiter Halbsatz EStG). Auch Verluste können berücksichtigt werden. Von dieser Regelung sind die sog. Grenzpendler (§ 1 Abs. 3 EStG) sowie sonstige Arbeitnehmer aus EU- und EWR-Staaten (§ 1a EStG) mit ihren nicht der deutschen Einkommensteuer unterliegenden Einkünften ausgenommen. 365

Zu den einzubeziehenden Einkünften zählen z. B. diejenigen Einkünfte, die nach einem DBA ausschließlich der Besteuerung im ausländischen Wohnsitzstaat unterliegen oder die in § 1 Abs. 3 Satz 3 EStG genannten Einkünfte. 366

BEISPIEL: A, ausländischer Staatsangehöriger mit Wohnsitz in Z/Deutschland, ist Geschäftsführer einer GmbH in Köln; aus seiner nichtselbständigen Tätigkeit erzielt er Einkünfte i. H. von 180 000 €; daneben hat er Einkünfte i. H. von 5 000 € aus der Vermietung einer Wohnung im ausländischen B-Burg. Diese Einkünfte unterliegen nicht der deutschen Besteuerung[368] und sind somit nach § 32b Abs. 1 Satz 1 Nr. 5, Abs. 2 Nr. 2 EStG für die Ermittlung des besonderen Steuersatzes mit einzubeziehen.

Allerdings sieht § 32b Abs. 1 Satz 1 Nr. 5 EStG eine Einschränkung vor: Ausgenommen sind diejenigen Einkünfte, die nach einem sonstigen zwischenstaatlichen Übereinkommen i. S. des § 32b Abs. 1 Satz 1 Nr. 4 EStG steuerfrei sind, und die nach diesem Überein- 367

---

368 Vgl. z. B. § 1 Abs. 3 Satz 3 EStG i.V. mit Art. 6, 23 Abs. 2 DBA-Belgien.

kommen nicht unter dem Vorbehalt der Einbeziehung bei der Berechnung der Einkommensteuer stehen.

2.2.10.7 Organschaft und Progressionsvorbehalt (§ 32b Abs. 1a EStG)

368 Die Vorschrift des § 32b Abs. 1a EStG dient dazu, folgende Gestaltungsmöglichkeit auszuschließen: Eine inländische gewerblich tätige Personengesellschaft ist alleiniger Gesellschafter einer inländischen Kapitalgesellschaft, die ihrerseits steuerbefreite ausländische Einkünfte erzielt (Bsp.: gewerbliche Einkünfte einer Betriebsstätte, die im Betriebsstättenstaat zu besteuern sind). Zwischen der Personengesellschaft und der Kapitalgesellschaft wird Organschaft nach §§ 14 ff. KStG vereinbart. Folge war, dass dem Organträger (= Personengesellschaft) der nach dem DBA steuerfreie Gewinn steuerfrei zugerechnet wurde; da nicht der Gesellschafter bzw. der Organträger die steuerfreien Einkünfte bezogen hatte, konnte mit dieser Konstruktion die Anwendung des Progressionsvorbehalts nach § 32b Abs. 1 Nr. 3 EStG beim Gesellschafter der Personengesellschaft umgangen werden. Ab VZ 1999 ist nunmehr beim Gesellschafter der Progressionsvorbehalt zu berücksichtigen, da das Gesetz das auf den unbeschränkt Steuerpflichtigen entfallende Einkommen der Organgesellschaft als unmittelbar vom Steuerpflichtigen selbst bezogene Einkünfte fingiert.

2.2.11 Begünstigung der nicht entnommenen Gewinne (§ 34a EStG)

369 § 34a EStG sieht eine Tarifbegünstigung für nicht entnommene Gewinne aus Land- und Forstwirtschaft, Gewerbebetrieb oder aus selbständiger Arbeit vor; der ermäßigte Einkommensteuersatz beträgt 28,25 %. Auf die Einzelheiten dieser Regelung soll an dieser Stelle nur eingegangen werden, soweit Fragen des internationalen Steuerrechts tangiert sind.

370 Sind in dem begünstigten Gewinn ausländische Einkünfte enthalten, für die im Ausland eine Ertragsteuer entrichtet wurde, die nach § 34c Abs. 1 EStG anzurechnen ist, ergeben sich gegenüber der oben zu § 34c EStG dargestellten Berechnung keine grundsätzlichen Veränderungen.

> **BEISPIEL:** Der Gewinn aus Gewerbebetrieb beträgt 110 000 €; in ihm sind ausländische Einkünfte i. H. von 10 000 € enthalten, für die im Ausland eine dem Grundsatz nach anrechenbare ausländische Steuer i. H. von 25 % (= 2 500 €) entrichtet worden ist. Das zu versteuernde Einkommen beträgt 100 000 €. Für den gesamten Gewinn wird die Tarifbegünstigung beantragt.
>
> $$\frac{10\,000\,\text{€}}{100\,000\,\text{€}} \times 28\,250\,\text{€} = 2\,825\,\text{€}$$
>
> Da im Ausland nur eine Steuer i. H. von 2 500 € gezahlt wurde, ist die ausländische Steuer auf die nach § 34a Abs. 1 Satz 1 EStG (auf die ausländischen Gewinne) entstandene Steuer in voller Höhe anrechenbar

Werden später die nicht entnommenen ausländischen Gewinnanteile entnommen, so ist für diese die Nachversteuerung nach § 34a EStG durchzuführen. Nicht geklärt ist, ob dann ggf. ein ursprünglicher Anrechnungsüberhang noch zu berücksichtigen ist.

371

Bezieht der Steuerpflichtige ausländische Einkünfte, die nach einem DBA von der Besteuerung in Deutschland unter Beachtung des Progressionsvorbehalts freigestellt sind, so gilt Folgendes:

372

Da sich die Begünstigung lt. Gesetzestext nur auf die im zu versteuernden Einkommen enthaltenen nicht entnommenen Gewinne erstreckt und die freigestellten ausländischen Einkünfte hierin nicht enthalten sind, kann sich der Progressionsvorbehalt, der unter Einbeziehung der begünstigten Gewinne ermittelt wird, nur auf sonstige Einkünfte neben den in § 34a Abs. 1 Satz 1 EStG genannten Gewinnen erstrecken.[369]

373

Das Anwendungsschreiben zur Begünstigung der nicht entnommenen Gewinne befasst sich in den Tz. 34 bis 40 mit grenzüberschreitenden Überführungen und Übertragungen von Wirtschaftsgütern und dem Entnahmetatbestand nach § 4 Abs. 1 Satz 3 EStG.

374

> **BEISPIEL:** Die X KG unterhält in einem Nicht-DBA-Staat eine Betriebsstätte. Vom Stammhaus wird eine Maschine in die Betriebsstätte überführt; somit ist grundsätzlich der Entnahmetatbestand nach § 4 Abs. 1 Satz 3 EStG erfüllt, der eine Besteuerung der stillen Reserven auslöst. Allerdings vertritt die Finanzverwaltung die Auffassung, dass dies keine Entnahme darstelle.[370]

Da § 34a EStG grundsätzlich neutral ausgestaltet ist, kann auch ein beschränkt Steuerpflichtiger die Tarifermäßigung in Anspruch nehmen. Bei beschränkt Steuerpflichtigen erstreckt sich die Anwendung des § 34a EStG auf die Gewinneinkünfte nach § 49 EStG (ggf. eingeschränkt durch ein DBA). Entnahmen und Einlagen, die nicht diesen Einkünften zugeordnet werden können, bleiben außer Ansatz. Zu grenzüberschreitenden Überführungen und Übertragungen vgl. Tz. 34 ff. des Anwendungsschreibens vom 11.8.2008.

375

2.2.12 Besteuerung von Diplomaten, Konsuln, NATO-Truppenangehörigen und Angehörigen internationaler Organisationen

Die Einkünfte der Diplomaten und Konsuln sowie des sonstigen Dienstpersonals einschließlich der Hausangestellten sind in Deutschland nach § 3 Nr. 29 EStG steuerfrei,[371] sofern sie nicht die deutsche Staatsangehörigkeit besitzen,[372] da fingiert wird, dass dieser Personenkreis in Deutschland weder über einen Wohnsitz noch über einen ständigen Aufenthalt verfügt.[373] Die Steuerfreiheit gilt aber lediglich für die Einkünfte aus dieser Tätigkeit. D. h. sonstige Einkünfte, z. B. aus Vermietung und Verpachtung oder selb-

376

---

369 BMF v. 11.8.2008, BStBl 2008 I 838, Tz. 18 Satz 3.
370 BMF v. 11.8.2008, BStBl 2008 I 838, Tz. 35.
371 Vgl. H 3.29 EStH „Wiener Übereinkommen".
372 BFH v. 13.11.1996 I R 119/95, BFH/NV 1997, 664.
373 Vgl. Art. 23, 34 des Wiener Übereinkommens über diplomatische Beziehungen.

ständiger Tätigkeit (Bsp.: Tätigkeit als Fremdsprachenlehrer an einer Volkshochschule), werden nach §§ 49 ff. EStG besteuert.[374] Ein DBA mit dem Entsendestaat ist im Rahmen der Veranlagung zu berücksichtigen.

377 Zur steuerlichen Behandlung von Diplomaten und Konsuln im Rahmen eines DBA (Art. 28 OECD-MA) vgl. Rdn. 1044.

378 Die Angehörigen der Land-, See- und Luftstreitkräfte von NATO-Staaten (sog. Mitglied der Truppe) sowie des zivilen Gefolges haben nach Art. X Abs. 1 NATO-Truppenstatut[375] keinen Wohnsitz oder ständigen Aufenthalt in Deutschland, solange sie sich lediglich in dieser Eigenschaft[376] in Deutschland aufhalten.[377] Bezüglich der Einkünfte aus dieser Tätigkeit sind sie von jeder Steuer befreit (Art. X Abs. 1 NATO-Truppenstatut). Entsprechendes gilt gemäß Art. 68 Abs. 4 des Zusatzabkommens zum NATO-Truppenstatut für deren nichtdeutsche Ehegatten und technische Fachkräfte,[378] wenn ihre Anwesenheit in Deutschland allein auf dem Umstand beruht, dass einer der Ehegatten bei den Streitkräften beschäftigt ist. Erzielen die vorgenannten Personen daneben andere Einkünfte, z. B. aus Vermietung und Verpachtung oder Kapitalvermögen, erfolgt die Besteuerung nach §§ 49 ff. EStG (Art. X Abs. 2 NATO-Truppenstatut). Diese Vorrechte galten auch für die Streitkräfte der GUS und ihre Angehörigen in den neuen Bundesländern.[379]

379 Ist ein unbeschränkt Steuerpflichtiger mit einem Mitglied der Truppe verheiratet, so kann grundsätzlich keine Zusammenveranlagung erfolgen, sondern es wird eine Einzelveranlagung durchgeführt. Nach der Rechtsprechung hat das FA zu prüfen, aus welchen Gründen sich das Mitglied der Truppe in Deutschland aufhält. Eheschließung mit einem in Deutschland beschäftigten Inländer, gemeinsame Kinder, inländischer Grundbesitz, längerfristige Beibehaltung des inländischen Wohnsitzes etc. können Indizien[380] dafür sein, dass sich das Mitglied der Truppe oder des zivilen Gefolges nicht mehr ausschließlich wegen seiner Tätigkeit in Deutschland aufhält. In diesem Fall kann eine Zusammenveranlagung durchgeführt werden. Hierbei sind ggf. die Bestimmungen des DBA des Entsendestaats zu beachten.

> **BEISPIEL:** Der Deutsche D ist seit 1969 mit der Französin F verheiratet, die Mitglied der Truppe und bei den französischen Streitkräften in der Bundesrepublik Deutschland beschäftigt ist. Für das Jahr 1978 führt das Finanzamt eine Zusammenveranlagung durch. Die Einkünfte der Ehe-

---

374 BFH v. 13. 11. 1996 I R 119/95, BFH/NV 1997, 664.
375 BGBl 1961 II 1190; AEAO vor §§ 8, 9 AO.
376 BFH v. 28. 2. 2008 VIII B 129/07, BFH/NV 2008, 973: Wenn erkennbar ist, dass die betreffende Person fest entschlossen ist, nach Beendigung des Dienstes in ihren Heimatstaat zurückzukehren.
377 Statt vieler BFH v. 26. 5. 2010 VIII B 272/09, BFH/NV 2010, 1819 – hierzu BVerfG v. 13. 4. 2012 2 BvR 1717/10, StE 2012, 290; BFH v. 27. 11. 2013 X B 192/12, BFH/NV 2014, 337, zu NATO-Pensionen.
378 BFH v. 21. 9. 2015 I R 72/14, juris.
379 FinMin Sachsen-Anhalt v. 28. 6. 1991, StEd 1991, 248.
380 BFH v. 9. 11. 2005 I R 47/04 BStBl 2006 II 374.

frau sind nach dem DBA-Frankreich steuerfrei, werden aber beim Progressionsvorbehalt berücksichtigt.[381]

Die Angehörigen internationaler Organisationen wie z. B. der EU und ihrer Unterorganisationen, sind mit ihren Einkünften aus der Tätigkeit für die betreffende internationale Organisation grundsätzlich aufgrund zwischenstaatlicher Übereinkommen[382] in Deutschland von der Einkommensteuer befreit.[383] Diese steuerbefreiten Einkünfte sind aber grundsätzlich im Rahmen der Ermittlung des Steuersatzes auf sonstige Einkünfte (Progressionsvorbehalt) zu berücksichtigen.[384]

380

2.3 Körperschaftsteuerrecht

2.3.1 Grundlagen, Steuerpflicht, ausländische Einkünfte, Einkunftsermittlung

Wie das Einkommensteuerrecht unterscheidet auch das Körperschaftsteuerrecht zwischen unbeschränkter und beschränkter Steuerpflicht. Unbeschränkt steuerpflichtig sind die in § 1 Abs. 1 Satz 1 Nr. 1 bis 6 KStG aufgeführten Körperschaften, Personenvereinigungen und Vermögensmassen, die ihre Geschäftsleitung (§ 10 AO) oder ihren Sitz (§ 11 AO) im Inland haben.[385] Aufgrund der Tatsache, dass alternativ an Geschäftsleitung oder Sitz angeknüpft wird, kann sich die Situation ergeben, dass eine ausländische Körperschaft (mit statuarischem Sitz im Ausland) trotzdem unbeschränkt steuerpflichtig ist, weil sich die Geschäftsleitung in Deutschland befindet.[386] Umgekehrt kann eine Gesellschaft, die zwar ihre Geschäftsleitung ins Ausland verlegt, aber ihren statuarischen Sitz in Deutschland belässt, unbeschränkt steuerpflichtig sein.[387] Dies kann dann weiter dazu führen, dass eine Gesellschaft in zwei Staaten unbeschränkt steuerpflichtig ist. Wenn zwischen diesen beiden Staaten ein DBA geschlossen ist, wird die Gesellschaft i. d. R. in dem Staat im Sinne des Abkommens ansässig sein, in dem sich der Ort der tatsächlichen Geschäftsleitung befindet (vgl. Art. 4 Abs. 3 OECD-MA 2014).[388]

381

Hinsichtlich der beschränkten Körperschaftsteuerpflicht vgl. Rdn. 1869.

382

---

381 Sachverhalt nach BFH v. 24. 2. 1988 I R 121/84, BStBl 1989 II 290.
382 BMF v. 18. 3. 2013 BStBl 2013 I 404: Steuerliche Vorrechte und Befreiungen aufgrund zwischenstaatlicher Vereinbarungen; BMF v. 1. 6. 2015, Einkommensteuerrechtliche Behandlung von Vorsorgeaufwendungen, BStBl 2015 I 475.
383 BFH v. 23. 9. 1969 I R 141/67, BStBl 1969 II 729 (Eurocontrol); v. 27. 9. 1990 I R 181/87, BStBl 1991 II 84 (Europäisches Patentamt); v. 6. 8. 1998 IV 75/97, BStBl 1998 II 732 (Europarat); v. 15. 12. 1999 I R 80/98, BFH/NV 2000, 832 (Europaschulen); v. 15. 3. 2000 I R 28/99, BFH/NV 2000, 1016 (Europäische Gemeinschaften); v. 26. 2. 2008 VIII B 194/06, BFH/NV 2008, 952 (Dolmetschertätigkeit beim Europarat); v. 15. 4. 2015 I R 73/13, BFH/NV 2015, 1674 (OSZE).
384 BFH v. 15. 12. 1999 I R 80/98, BFH/NV 2000, 832, zur Problematik, dass in dem jeweiligen Vertrag der Progressionsvorbehalt vereinbart sein muss.
385 Zum Inlandsbegriff vgl. Rdn. 99.
386 BFH v. 8. 9. 2010 I R 6/09, BFH/NV 2011, 154; EuGH v. 5. 11. 2002 C-208/00 Überseering, IStR 2002, 809.
387 BFH v. 10. 6. 2010 I B 186/09, BFH/NV 2010, 1864.
388 Vgl. Rdn. 651.

383 Nach § 1 Abs. 2 KStG erstreckt sich die unbeschränkte Körperschaftsteuerpflicht auf sämtliche Einkünfte, sofern sie nach den Bestimmungen des KStG und des EStG (vgl. § 8 Abs. 1 KStG) steuerpflichtig sind (**Prinzip des Welteinkommens**). Nicht geregelt ist im KStG, was als ausländische Einkünfte anzusehen ist. Aber über § 8 Abs. 1 Satz 1 KStG gelten die Regelungen des § 34d EStG auch im KStG.[389]

384 Die Ermittlung der ausländischen Einkünfte erfolgt im Körperschaftsteuerrecht nach den oben zur Ermittlung der Einkünfte im Einkommensteuergesetz aufgezeigten Regelungen (vgl. § 8 Abs. 1 Satz 1 KStG), sofern sich nicht aus dem KStG Besonderheiten ergeben. D. h., dass die ausländischen Einkünfte nach deutschem Steuerrecht ermitteln werden.

2.3.2 Besteuerung ausländischer Einkünfte – Überblick

385 Eine unbeschränkt steuerpflichtige Körperschaft kann bei ausländischen Einkünften aus einem Nicht-DBA-Staat zum einen die speziellen körperschaftsteuerlichen Bestimmungen – die Besteuerung ausländischer Beteiligungserträge nach § 8b KStG – und zum anderen über die Verweisungsnorm des § 26 KStG die vom EStG her bekannten Möglichkeiten der Anrechnung sowie des Abzugs der ausländischen Steuer bei der Ermittlung der Einkünfte, der Pauschalierung und ggf. der Tonnagebesteuerung in Anspruch nehmen.[390] Besteht mit dem ausländischen Staat, in dem die Einkünfte erzielt wurden, ein DBA, gelten die Regeln des Abkommens sowie grundsätzlich die Vorschriften über die Anrechnung ausländischer Steuern entsprechend.

2.3.3 Steuerfreie ausländische Einkünfte

386 Im Inland steuerfreie – positive oder negative – ausländische Einkünfte wirken sich nicht auf das zu versteuernde Einkommen aus. Eine etwa im Ausland erhobene Steuer kann mangels inländischer Körperschaftsteuer nicht angerechnet werden und wird zur Definitivbelastung. Erfolgt die Freistellung nach einem DBA unter Progressionsvorbehalt, so kann sich der Progressionsvorbehalt nicht auswirken, da der Körperschaftsteuersatz ein linearer Steuersatz/proportionaler Steuersatz ist.

2.3.4 Steuerermäßigung bei ausländischen Einkünften (§ 26 KStG)

387 Die Vorschrift des § 26 KStG ist durch das Kroatienanpassungsgesetz[391] umfassend geändert worden.[392] Diese Änderungen sind weiter durch das Gesetz zur Anpassung der Abgabenordnung an den Zollkodex der Union und zur Änderung weiterer steuerlicher

---

389 R 8.1 KStR.
390 R 8.1 KStR 2015.
391 BGBl 2014 I 1266.
392 BT-Drs. 18/1529, S. 68.

Vorschriften vervollständigt worden.[393] Abweichend von der bisherigen Regelung ist nunmehr in § 26 Abs. 1 Satz 1 KStG klar geregelt, dass die Norm für unbeschränkt und beschränkt Steuerpflichtige gilt.

Ist eine steuerpflichtige Körperschaft, die mit ausländischen Einkünften in dem Staat, aus dem die Einkünfte stammen (mit dem kein DBA abgeschlossen sein darf – vgl. § 26 Abs. 1 Satz 1 Nr. 1 KStG i.V. mit § 34c Abs. 6 Satz 1 EStG –), zu einer der deutschen Körperschaftsteuer entsprechenden Steuer herangezogen worden, ist die festgesetzte und gezahlte und um einen entstandenen Ermäßigungsanspruch gekürzte ausländische Steuer auf die deutsche Körperschaftsteuer **anzurechnen,** die auf die Einkünfte aus diesem Staat entfällt. Aufgrund der Verweisung sind die für die Einkommensteuer geltenden Vorschriften (§ 34c Abs. 1 bis 3 und Abs. 5 bis 7 EStG) entsprechend anzuwenden; auf die obigen Ausführungen zu diesen Normen wird verwiesen. Ist in einem DBA die Anrechnung vereinbart, gelten die Vorschriften des § 34c Abs. 6 EStG entsprechend.

388

Bei der Ermittlung der auf die ausländischen Einkünfte entfallenden inländischen Körperschaftsteuer koppelt der Gesetzgeber die Berechnung vom EStG ab und belässt es bei der bisherigen Rechtslage – § 26 Abs. 2 Satz 1 KStG.[394] Entscheidend ist das Verhältnis ausländischer Einkünfte zur Summe der Einkünfte, multipliziert mit der deutschen Körperschaftsteuer; hierbei sind Körperschaftsteuerminderung oder -erhöhung nach §§ 37, 38 KStG außer Acht zu lassen.

389

Die Anrechnung kann entweder zur völligen Beseitigung – ggf. mit Anrechnungsüberhang – oder zu einer nur teilweisen Beseitigung der inländischen Steuerbelastung führen.

390

BEISPIEL: (1) Auf die ausländischen Einkünfte von 100 000 € entfällt deutsche Körperschaftsteuer von 15 000 €; wird hierauf eine ausländische Steuer i.H. von 25 000 € angerechnet, so ergibt sich eine inländische Steuerschuld i.H. von 0 €; i.H. von 10 000 € kommt es zu einem Anrechnungsüberhang und damit zu einer Definitivbelastung.

(2) Auf die ausländischen Einkünfte von 100 000 € entfällt deutsche Körperschaftsteuer i.H. von 15 000 €; wird hierauf eine ausländische Steuer von 12 500 € angerechnet, so verbleibt eine inländische Steuerschuld nach Anrechnung von 2 500 €.

§ 26 Abs. 1 Satz 1 Nr. 1 KStG übernimmt die Regelung in § 50d Abs. 10 EStG[395] für Körperschaften entsprechend.

391

2.3.5 Abzug bei der Ermittlung der Summe der Einkünfte

Statt der Anrechnung kann auch der Abzug der ausländischen Steuer bei der Ermittlung der Summe der Einkünfte nach § 26 Abs. 1 Satz 1 Nr. 1 KStG i.V. mit § 34c Abs. 2 EStG gewählt werden; dabei kann nur die ausländische Steuer abgezogen werden, soweit sie auf ausländische Einkünfte entfällt, die bei der Ermittlung der Einkünfte nicht außer Ansatz bleiben – § 26 Abs. 2 Satz 2 KStG. Der Abzug der ausländischen Steuer

392

---

393 BGBl 2014 I 2417.
394 BT-Drs. 18/3017, S. 52.
395 Vgl. Rdn. 1842 ff.

kommt ggf. auch kraft Gesetzes zur Anwendung – § 26 Abs. 1 Satz 1 Nr. 1 i.V. mit § 34c Abs. 3 EStG.

> **BEISPIEL:** Ausländische Einkünfte 100 000 €, abzüglich nicht anrechenbarer ausländischer Steuer i. H. von 22 000 € nach § 26 Abs. 1 Satz 1 KStG i.V. mit § 34c Abs. 3 EStG, ergibt ein zu versteuerndes Einkommen von 78 000 €, hierauf inländische Steuer i. H. von 15 % = 11 700 €. Die Gesamtsteuerbelastung beträgt 33 700 € (= 22 000 € + 11 700 €).

2.3.6 Tonnagebesteuerung

393 Auf Antrag können die Einkünfte aus dem Betrieb von Handelsschiffen im internationalen Verkehr nach den Grundsätzen der Tonnagebesteuerung gemäß § 5a EStG ermäßigt besteuert werden.[396]

2.3.7 Pauschalierung, Erlass

394 Hinsichtlich der Pauschalierung der auf die ausländischen Einkünfte entfallenden Körperschaftsteuer vgl. Rdn. 326

2.3.8 Beteiligung an anderen Körperschaften und Personenvereinigungen (§ 8b KStG)

2.3.8.1 Überblick

395 Zu beachten ist, dass § 8b KStG unabhängig davon gilt,

▶ ob es sich um inländische oder ausländische Kapitalerträge handelt und

▶ wie lange die empfangende Körperschaft an der ausschüttenden Körperschaft beteiligt ist, d. h. es ist keine Mindestbesitzfrist einzuhalten.[397]

Dagegen gilt seit dem 29. 3. 2013,[398] dass die Vergünstigung des § 8b Abs. 1 Satz 1 KStG von einer Mindestbeteiligung abhängig ist – vgl. § 8b Abs. 4 KStG.[399]

396 Da es sich bei § 8b KStG nicht um eine spezielle Vorschrift für Beteiligungen an ausländischen Körperschaften und Personenvereinigungen handelt, sondern Beteiligungen an anderen Körperschaften generell behandelt werden, werden bei der nachfolgenden Darstellung des § 8b KStG lediglich diejenigen Besonderheiten, die sich insbesondere bei ausländischen Einkünften ergeben, dargestellt.

---

396 R 8.1 KStR.
397 Die Regelung des Art. 10 Abs. 2 Buchst. a) OECD-MA in der Fassung des Update 2017 soll außer Betracht bleiben.
398 Gesetz zur Umsetzung des EuGH-Urteils vom 20. 10. 2011 in der Rechtssache C-284/09, BGBl 2013 I 561.
399 Vgl. Rdn. 416.

2.3.8.2 Laufende Erträge (§ 8b Abs. 1 Satz 1 KStG)

Soweit unbeschränkt steuerpflichtige Körperschaften, Personenvereinigungen oder Vermögensmassen ausländische Kapitaleinkünfte i. S. des § 20 Abs. 1 Nr. 1, 2, 9 und 10 Buchst. a EStG beziehen, gilt nach § 8b Abs. 1 Satz 1 KStG, dass derartige Bezüge sowie Bezüge i. S. des Satz 5 bei der Ermittlung des Einkommens der empfangenden Körperschaft außer Ansatz bleiben. Das Gesetz unterscheidet dabei nicht, ob diese Bezüge von inländischen oder ausländischen Körperschaften geleistet werden. Voraussetzung ist lediglich, dass es sich um solche i. S. des § 20 Abs. 1 Nr. 1, 2, 9 und 10 Buchst. a EStG handelt. Damit gilt § 8b Abs. 1 KStG auch für Gewinnausschüttungen ausländischer Gesellschaften an inländische Körperschaften.[400]

397

> **BEISPIEL:** (1) Die inländische C-AG beteiligt sich zu 100 % an der inländischen T-AG; Gewinnanteile, die C von T bezieht, bleiben bei der Ermittlung des Einkommens der C nach § 8b Abs. 1 Satz 1 KStG außer Ansatz.
>
> (2) Die inländische D-AG beteiligt sich zu 100 % an der ausländischen R-SA, die in einem Nicht-DBA-Staat sitzt; Gewinnanteile, die D von R bezieht, bleiben bei der Ermittlung des Einkommens der D nach § 8b Abs. 1 Satz 1 KStG außer Ansatz.
>
> (3) Die inländische E-AG beteiligt sich zu 100 % an der in den USA ansässigen S-Inc.; nach den Bestimmungen des DBA-USA – Art. 23 Abs. 2 Buchst. a Satz 2 DBA-USA – werden Dividenden bei einer Beteiligung von mindestens 10 % von der US-amerikanischen Steuer freigestellt;[401] Gewinnanteile, die E von S bezieht, bleiben demnach sowohl nach DBA als auch nach § 8b Abs. 1 KStG bei der Ermittlung des Einkommens der E außer Ansatz.[402]
>
> (4) Die inländische F-AG ist an der X-SA, Sitz und Geschäftsleitung in einem EU-Staat, zu 100 % beteiligt; Gewinnanteile, die die Tochtergesellschaft ausschüttet, sind im Quellenstaat nach der Mutter-Tochter-Richtlinie von der Quellensteuer befreit; sie bleiben bei der Ermittlung des Einkommens der F-AG nach § 8b Abs. 1 Satz 1 KStG außer Ansatz.
>
> (5) Die inländische F-AG beteiligt sich zu 100 % an der in der Schweiz ansässigen P-AG, die die Aktivitätsklausel des Art. 24 Abs. 1 Nr. 1 Buchst. a DBA-Schweiz nicht erfüllt; Gewinnanteile, die F von P bezieht, sind nach den Bestimmungen des DBA in Deutschland unter Anrechnung der ausländischen Steuer zu versteuern, bleiben hier aber nach § 8b Abs. 1 KStG bei der Ermittlung des Einkommens der F-AG außer Ansatz.

Ist auf die ausländischen Dividenden im Sitzstaat der ausschüttenden Gesellschaft Quellensteuer erhoben worden, so handelt es sich insoweit um eine definitive Steuerbelastung, da diese ausländischen Quellensteuern mangels inländischer Körperschaftsteuer auf den Dividendenbezug nicht angerechnet werden können.

398

> **BEISPIEL:** Die im ausländischen Staat X ansässige T-AG schüttet an die in Deutschland ansässige M-AG den Gewinn nach Steuern i. H. von 100 000 € aus; X erhebt eine Kapitalertragsteuer i. H. von 10 %. Da diese Einkünfte bei der Ermittlung des Einkommens der M-AG nach § 8b Abs. 1 Satz 1 KStG außer Ansatz bleiben, entfällt auf sie auch keine deutsche Körperschaftsteuer und kann demnach die ausländische Kapitalertragsteuer auch nicht angerechnet werden;

---

400 BFH v. 22.9.2016 I R 29/15, BFH/NV 2017, 324.
401 Es wird unterstellt, dass die Voraussetzungen des Art. 10 und 28 DBA-USA erfüllt werden.
402 BFH v. 22.9.2016 I R 29/15, BFH/NV 2017, 324, befasst sich mit der Konkurrenz von Freistellung aufgrund eines DBA-Schachtelprivilegs einerseits und der unilateralen Freistellung des Dividendenbezugs aufgrund des § 8b Abs. 1 Satz 1 KStG andererseits: beide stehen unabhängig nebeneinander und verdrängen sich nicht gegenseitig; Die (Tatbestands-)Konkurrenz beider Regelungen ist regelmäßig zu Lasten des abkommensrechtlichen Schachtelprivilegs aufzulösen.

somit wird die ausländische Kapitalertragsteuer aus der Sicht eines deutschen Investors zum Standortnachteil.

399 Zur Frage der Anrechenbarkeit ausländischer Steuern auf die sog. Schachtelstrafe gemäß § 8b Abs. 3 und Abs. 5 KStG vgl. unten Rdn. 409.

2.3.8.3 Hybride Finanzierung und sonstige Bezüge (§ 8b Abs. 1 Satz 2 bis 4 KStG)

400 Sinn und Zweck der Regelung des § 8b Abs. 1 Satz 2 bis 5 KStG ist es, die Beteiligungsertragsbefreiung nach Abs. 1 Satz 1 nur dann zu gewähren, wenn die Bezüge (insbesondere nach § 20 Abs. 1 Nr. 1 Satz 2 EStG = vGA) auf der Ebene der leistenden Gesellschaft das Einkommen nicht gemindert haben. Dies gilt auch dann, wenn die leistende Gesellschaft eine ausländische Gesellschaft ist. Zahlungen, die nach deutscher Qualifizierung Dividenden darstellen, werden nur dann von der Bemessungsgrundlage freigestellt, wenn sie im Quellenstaat keine Betriebsausgaben darstellen.[403]

401 Zu der Verwendung des Wortes „Bezüge" wird in der amtlichen Begründung ausgeführt:[404] „Bei einer sog. hybriden Finanzierung handelt es sich um die Hingabe von Kapital, das wegen der Konditionen der Kapitalhingabe in einem Staat als Fremdkapital, im anderen Staat als Eigenkapital qualifiziert wird. Die unterschiedliche Einordnung führt dazu, dass die Vergütungen für die Kapitalüberlassung im Quellenstaat als Betriebsausgaben (Fremdkapitalzinsen) abgezogen und im Empfängerstaat als Dividenden ermäßigt oder gar nicht besteuert werden." Qualifikationskonflikte dieser Art werden häufig zur Schaffung weißer Einkünfte genutzt. Diese Finanzierungsinstrumente sind international bekannt und auch Gegenstand von Erörterungen von internationalen Gremien. Zuletzt hat sich die OECD im Rahmen von BEPS Aktion 2 mit dem Problem der grenzüberschreitenden hybriden Finanzierung und der Neutralisierung der Effekte von Hybrid Mismatch Arrangements befasst.[405] Hinsichtlich der hybriden Bezüge wurde durch das ATADUmsG ein neuer Satz 3 eingefügt.

402 Auch bei Bestehen eines DBA werden die Bezüge nur freigestellt, soweit die Bezüge das Einkommen der leistenden Körperschaft nicht gemindert haben – § 8b Abs. 1 Satz 3 KStG; insoweit handelt es sich um einen Fall eines treaty override. Die amtliche Begründung verweist darauf, dass im Falle der vGA mit einer entsprechenden Minderung des Einkommens der leistenden Körperschaft es an einer abkommenswidrigen Doppelbesteuerung fehle.[406] Demnach sei es mit Sinn und Zweck des Abkommens zu vereinbaren, von der Grundregel des § 8b Abs. 1 Satz 1 KStG abzuweichen. Hiervon macht § 8b Abs. 1 Satz 4 KStG eine Rückausnahme für die Fälle, in denen die vGA das Einkommen einer dem Steuerpflichtigen nahestehenden Person (i. S. des § 1 Abs. 2 AStG) erhöht hat und dies auch nicht nach § 32a KStG korrigiert werden kann.

---

[403] Vgl. den instruktiven Fall FG Düsseldorf v. 20.8.2013 6 K 4183/11 K, EFG 2013, 1881; ferner FG Baden-Württemberg v. 22.5.2017 10 K 1859/15, EFG 2017, 1433 – Revision anhängig unter I R 44/17; FG Sachsen-Anhalt v. 22.3.2017 3 K 383/16, juris – Revision anhängig unter I R 61/17.
[404] BR-Drs. 139/13, S. 119, 156.
[405] Vgl. Internetseiten des BMF bzw. der OCED zu BEPS Aktion 2.
[406] BT-Drs. 16/2712, S. 70.

Bei nach § 8b Abs. 1 Satz 2 und 3 KStG hinzuzurechnenden Bezügen sind die ausländischen Steuern entsprechend § 34c Abs. 1 bis 3 und Abs. 6 Satz 6 EStG anzurechnen (§ 26 Abs. 1 Satz 2 KStG).

403

2.3.8.4 Erträge aus Veräußerungen (§ 8b Abs. 2 KStG)

Bei der Besteuerung der Gewinne aus der Veräußerung von Anteilen an einer Körperschaft wird nicht unterschieden zwischen inländischen und ausländischen Körperschaften. Somit sind die Regelungen des § 8b Abs. 2 KStG auch auf Gewinne aus der Veräußerung von Anteilen an ausländischen Körperschaften uneingeschränkt anwendbar.

404

2.3.8.5 Abzug von Betriebsausgaben (§ 8b Abs. 3 und Abs. 5 KStG)

In § 8b Abs. 5 Satz 1 KStG – Betriebsausgaben im Zusammenhang mit Bezügen nach § 8b Abs. 1 KStG – ist bestimmt, dass von den Bezügen i. S. des § 8b Abs. 1 KStG, die bei der Ermittlung des Einkommens außer Ansatz bleiben,[407] 5 % als Ausgaben, die nicht als Betriebsausgaben abgezogen werden dürfen, gelten. Somit gilt de facto die Regelung des § 8b Abs. 1 Satz 1 KStG nur für 95 % der (steuerfreien) Bezüge[408].

405

> **BEISPIEL:** Die inländische A-GmbH ist zu 100 % an der Tochterkapitalgesellschaft Y-Inc. im Nicht-DBA-Staat X beteiligt. Die Tochtergesellschaft schüttet den gesamten Gewinn nach Steuern i. H. von 100 000 € an die inländische Mutter aus. X erhebt keine Kapitalertragsteuer auf die Ausschüttungen;[409] für die Berechnung nach § 8b Abs. 5 Satz 1 KStG maßgebender Bezug: 100 000 €, hiervon 5 % (§ 8b Abs. 5 KStG) = 5 000 €, hierauf Körperschaftsteuer i. H. von 15 % = 750 €.

Die Bestimmung des § 8b Abs. 5 KStG ist mit Wirkung vom 1. 1. 2004[410] an europarechtskonform ausgestaltet, indem die fiktiv nichtabzugsfähigen Betriebsausgaben i. H. von 5 % (sog. Schachtelstrafe) nunmehr beim Bezug von Gewinnanteilen sowohl von in- als auch von ausländischer Tochtergesellschaften zu berücksichtigen sind. Das BVerfG hat entschieden, dass die Pauschalierung des Betriebsausgabenabzugsverbots durch die Hinzurechnung von 5 % des Veräußerungsgewinns sowie der Bezüge aus Unternehmensbeteiligungen zu den Einkünften einer Körperschaft nach § 8b Abs. 3 Satz 1 und Abs. 5 Satz 1 KStG mit Art. 3 Abs. 1 GG vereinbar ist.[411]

406

Ferner ist seit 1. 1. 2004 der fiktive Betriebsausgabenabzug i. H. von 5 % nach § 8b Abs. 3 Satz 1, 2 KStG auf Veräußerungsgewinne i. S. des § 8b Abs. 2 Satz 1, 3 und Satz 6 KStG ausgedehnt.

407

---

407 Warum die Bezüge steuerfrei sind, ist unerheblich – vgl. BFH v. 26. 4. 2017 I R 84/15, BFH/NV 2017, 1555, zu § 3 Nr. 41 EStG.
408 Dies gilt nicht, wenn die veräußernde Kapitalgesellschaft im Inland über keine Betriebsstätte verfügt – BFH v. 31. 5. 2017 I R 37/15, BStBl 2018 II 144.
409 Lösung ohne Gewerbesteuer und Solidaritätszuschlag.
410 Vgl. zur Rechtslage bis 31. 12. 2003: BFH v. 29. 8. 2013 I R 7/12, BStBl 2013 II 89; v. 6. 3. 2013 I R 10/11, BStBl 2013 II 707; v. 26. 11. 2008 I R 7/08, BFH/NV 2009, 849 (hierzu Verfassungsbeschwerde des FA 2 BvR 862/09 – nicht angenommen).
411 BVerfG v. 12. 10. 2010 1 BvL 12/07, BFH/NV 2011, 181.

408 Schließlich ist mit Wirkung ab 1.1.2004 die Abzugsbeschränkung nach § 3c Abs. 1 EStG ausdrücklich aufgehoben worden. D. h., dass die mit steuerfreien Gewinnanteilen zusammenhängenden Betriebsausgaben unbeschränkt abgezogen werden können, und zwar unabhängig davon, ob die Aufwendungen höher oder niedriger als die 5 % sind.[412]

> **BEISPIEL:** Die inländische A-GmbH ist zu 100 % an der Tochterkapitalgesellschaft Y-Inc. im Nicht-DBA-Staat X beteiligt. Die Tochtergesellschaft schüttet den gesamten Gewinn nach Steuern i. H. von 100 000 € an die inländische Mutter aus. X erhebt keine Kapitalertragsteuer;[413] für die Berechnung nach § 8b Abs. 5 KStG maßgebender Bezug: 100 000 €, hiervon 5 % (§ 8b Abs. 5 KStG) = 5 000 €, hierauf Körperschaftsteuer i. H. von 15 % = 750 €; mit den erhaltenen Gewinnanteilen hängen bei der A-GmbH Betriebsausgaben i. H. von 8 000 € zusammen; diese sind wegen § 8b Abs. 5 Satz 2 KStG uneingeschränkt abzugsfähig.

409 Aufgrund der insoweit eindeutigen Gesetzesformulierung in § 8b Abs. 3 und Abs. 5 KStG kann eine etwaige ausländische Körperschaftsteuer (Quellensteuer) auf die auf diesen Teil der Dividenden entfallende deutsche Körperschaftsteuer nicht angerechnet werden, da es sich um Körperschaftsteuer auf fingiert nichtabzugsfähige Betriebsausgaben handelt.

> **BEISPIEL:** Die inländische A-GmbH ist zu 100 % an der Tochterkapitalgesellschaft Y-Inc. im Nicht-DBA-Staat X beteiligt. Die Tochtergesellschaft schüttet den gesamten Gewinn nach Steuern i. H. von 100 000 € an die inländische Mutter aus. X erhebt eine Kapitalertragsteuer i. H. von 10 %; für die Berechnung nach § 8b Abs. 5 KStG maßgebender Bezug: 100 000 €, hiervon 5 % (§ 8b Abs. 5 Satz 1 KStG) = 5 000 €, hierauf Körperschaftsteuer i. H. von 15 % = 750 €. Bei der Ermittlung der Gesamtsteuerbelastung bei der Muttergesellschaft ist zu berücksichtigen, dass die 10 000 € Quellensteuer, die in X einbehalten wurden, nicht anrechnungsfähig sind und somit Definitivbelastung.

410 Die dargestellte Regelung des § 8b Abs. 5 KStG gilt für die fiktiven Betriebsausgaben im Zusammenhang mit Veräußerungsgewinnen nach § 8b Abs. 3 Satz 1, 2 KStG entsprechend.

411 Die sog. Schachtelstrafe nach § 8b Abs. 3 Satz 1 und Abs. 5 Satz 1 KStG gilt auch für die Einkünfte, die nach einem DBA, insbesondere nach einem DBA-Schachtelprivileg[414] – daher auch die Bezeichnung Schachtelstrafe – steuerfrei in Deutschland vereinnahmt werden,[415] ausgenommen es handelt sich um Bezüge nach dem DBA-Frankreich, die nach dem Abkommen steuerfrei sind.[416] Das in § 8b Abs. 5 Satz 1 KStG geregelte pauschale Betriebsausgabenabzugsverbot ist auch auf Gewinnausschüttungen anzuwenden, die nach § 3 Nr. 41 Buchst. a EStG steuerfrei geblieben wären.[417]

412 Um die Regelung des § 8b Abs. 5 Satz 1 KStG – de facto-Besteuerung i. H. von 5 % der steuerfreien Dividenden nach § 8b Abs. 1 Satz 1 KStG – legal zu umgehen, existiert u. a. folgende Möglichkeit:

---

412 BMF v. 30.9.2008, BStBl 2008 I 940.
413 Lösung ohne Gewerbesteuer und Solidaritätszuschlag.
414 Vgl. Rdn. 828.
415 Vgl. FG Köln v. 31.8.2016 10 K 3550/14, EFG 2016, 1997, Revision anhängig unter I R 72/16;.
416 Senatsverwaltung für Finanzen Berlin v. 29.8.2014, Az.: III A-S 1301 Fra-8/2009.
417 BFH v. 26.4.2017 I R 84/15, BFH/NV 2017, 1555; betrifft nur die Rechtslage vor Änderung durch das ATAD-UmsG.

Hintergrund des sog. **Ballooningmodells** ist, mehrere Jahre lang auf Ausschüttungen zu verzichten; d. h. mangels Bezüge i. S. des § 8b Abs. 1 KStG scheidet die Anwendung des § 8b Abs. 5 KStG aus. Erst wenn dann tatsächlich ausgeschüttet wird, kommt die Regelung des § 8b Abs. 5 KStG zur Anwendung. Werden die Ausschüttungen im Rahmen einer Veräußerung realisiert, dann greift § 8b Abs. 3 Satz 1 KStG ein.[418] Diese Möglichkeit ist sowohl bei Beteiligungen an inländischen als auch an ausländischen Tochtergesellschaften möglich. Der Vorteil dieses Modells liegt vor allem in dem Zins- und Steuerstundungseffekt. 413

Das weitere in der Literatur empfohlenen Modell der **Organschaft** scheidet bei Beteiligungen an ausländischen Gesellschaften zumindest z. Zt. noch aus, da die §§ 14 ff. KStG eine Organschaft über die Grenze in der Weise, dass die Organgesellschaft im Ausland Geschäftsleitung und Sitz hat und der Organträger unbeschränkt steuerpflichtig ist, nicht zulassen.[419] 414

Letztlich bleibt zur definitiven Vermeidung der Besteuerung nach § 8b Abs. 3 Satz 1 und Abs. 5 Satz 1 KStG nur die Umwandlung der (empfangenden) Kapitalgesellschaft in eine Personengesellschaft oder die Umwandlung der ausländischen Tochterkapitalgesellschaft in eine Betriebsstätte. Ob allerdings – abgesehen von den Umwandlungskosten – die steuerliche Belastung sinkt, bedarf einer genauen Analyse. 415

2.3.8.6 Ausschüttungen aus Streubesitz (§ 8b Abs. 4 KStG)

Nach der ab 28. 2. 2013 anzuwendenden Neufassung des § 8b Abs. 4 KStG ist die Beteiligungsertragsbefreiung des § 8b Abs. 1 KStG nur noch dann anwendbar, wenn die Beteiligung an der ausschüttenden Gesellschaft zu Beginn des Kalenderjahres mindestens 10 % des Grund- oder Stammkapitals beträgt. Wichtig ist, dass § 8b Abs. 5 auf diejenigen Erträge, die unter § 8b Abs. 4 Satz 1 KStG fallen, nicht anzuwenden ist. Die Konsequenz dieser Regelung ist, dass Beteiligungserträge bei einer Beteiligung bis 10 % in das zu versteuernde Einkommen (mit-)einfließen; eine im Ausland erhobene Steuer ist dann gemäß § 26 Abs. 1 KStG anzurechnen. Soweit es sich um Einkünfte aus einem DBA-Staat handelt, ist davon auszugehen, dass diese Einkünfte nach den Bestimmungen des DBA i. d. R. nicht steuerbefreit sind.[420] 416

2.3.9 Organschaft (§§ 14 ff. KStG)

Seit der Neufassung des § 14 KStG[421] gibt es bescheidene Ansätze für eine grenzüberschreitende Organschaft. Im Gegensatz zur früheren Fassung[422] reicht es nunmehr aus, 417

---

418 Vgl. BT-Drs. 15/1518, S. 15.
419 Vgl. Rdn. 417.
420 Vgl. Rdn. 816.
421 Gesetz zur Änderung und Vereinfachung der Unternehmensbesteuerung und des steuerlichen Reisekostenrechts vom 20. 2. 2013, BGBl 2013 I 285; zur Vorgeschichte und zur mangelnden Vereinbarkeit mit EU-Recht der vorhergehenden Fassung ausführlich BT-Drs. 17/10774, S. 18.
422 Vgl. BFH v. 9. 2. 2011 I R 54, 55/10, BStBl 2012 II 106 – hierzu Nichtanwendungserlass vom 27. 12. 2011, BStBl 2012 I 119.

dass die Organgesellschaft lediglich die Geschäftsleitung im Inland hat, während der Sitz sich im EU- oder EWR-Ausland befinden kann (§ 14 Abs. 1 Satz 1 KStG). Das Abstellen auf die inländische Geschäftsleitung hat folgenden Grund: Doppelansässigen Gesellschaften sind abkommensrechtlich grundsätzlich in dem DBA-Vertragsstaat ansässig, in dem sich die Geschäftsleitung befindet – Art. 4 Abs. 3 OECD-MA.[423]

418   Organträger muss eine natürliche Person oder eine nicht von der Körperschaftsteuer befreite Körperschaft, Personenvereinigung oder Vermögensmasse sein, die Wohnsitz bzw. Sitz und oder Geschäftsleitung (auch) im Ausland haben kann.

419   Weiter stellt das Gesetz für alle an der steuerlichen Organschaft als Organträger beteiligten Personen unterschiedslos darauf ab, dass für die Anerkennung der Organschaft die Beteiligung des Organträgers an der Organgesellschaft während der gesamten Dauer der Organschaft ununterbrochen einer inländischen Betriebsstätte i.S. des § 12 AO des Organträgers zuzurechnen ist (§ 14 Abs. 1 Nr. 2 Satz 4 KStG). D.h. die Norm setzt eine funktionale Zuordnung der Organbeteiligung voraus, somit muss die Beteiligung in einem funktionalen Zusammenhang mit der Tätigkeit der inländischen Betriebsstätte bestehen; dabei sind nach Verwaltungsauffassung die Maßstäbe des nationalen Rechts, nicht etwa DBA-Grundsätze maßgebend. Da weder auf den Sitz noch auf den Ort der Geschäftsleitung des Organträgers abgestellt wird, wird nicht mehr nach den für die Anwendung des abkommensrechtlichen Gesellschafterdiskriminierungsverbots maßgebenden ansässigkeitsbegründenden Merkmalen des Art. 4 des OECD-MA unterschieden.[424]

420   Um eine Sicherstellung des deutschen Steuersubstrats zu garantieren, ist weiter bestimmt, dass die der inländischen Betriebsstätte des Organträgers zuzurechnenden Einkünfte – vgl. § 14 Abs. 1 Nr. 2 Satz 6 KStG – sowohl nach innerstaatlichem Steuerrecht als auch nach einem anzuwendenden DBA der inländischen Besteuerung unterliegen müssen (§ 14 Abs. 1 Nr. 2 Satz 7 KStG). Damit werden Qualifikationsprobleme hinsichtlich der Definition oder Auslegung des Betriebsstättenbegriffs umgangen.

421   Die Einschränkung gemäß § 14 Abs. 1 Satz 1 Nr. 5 KStG soll sicherstellen, dass Verluste des Organträgers und/oder der Organgesellschaft nicht mehrfach in verschiedenen Staaten berücksichtigt werden. Hierunter fällt z.B. auch, dass negative Einkünfte einer doppelt ansässigen Gesellschaft im Rahmen der Besteuerung im Ausland mit positiven Einkünften eines Organmitgliedes ausgeglichen werden könnten.[425] Nach Verwaltungsauffassung ist die Norm auch dann erfüllt, wenn im Ausland ein negativer Progressionsvorbehalt gewährt wird.

---

423 Vgl. Rdn. 651; diese Überlegung beim Erlass des Änderungsgesetzes gilt aber nicht mehr seit dem Update 2017 des OECD-MA (vgl. Rdn. 555, 651).
424 BT-Drs. 17/10774, S. 18.
425 BT-Drs. 17/10774, S. 20.

2.3.9.1 Zinsschranke, Gesellschafterfremdfinanzierung (§ 8a KStG)

Die durch das UntStRefG im Einkommensteuerrecht eingeführte Zinsschranke des § 4h EStG wird für das Körperschaftsteuerrecht durch § 8a KStG übernommen. Die Bestimmung des § 8a KStG kann für internationale Konzerne zu Schwierigkeiten führen, weil auf die Finanzierung des gesamten Konzerns abgestellt wird. Unter Umständen ist also die Anwendung des § 8a KStG davon abhängig, ob irgendeine andere ausländische Konzerngesellschaft, die mit der inländischen Konzerngesellschaft keine Beziehungen hat, i. S. des § 8a KStG schädlich finanziert ist[426]; denn die Escape-Klausel kann nur dann in Anspruch genommen werden, wenn der Nachweis für sämtliche zum Konzern gehörende Rechtsträger – inländische oder ausländische Konzerngesellschaft – gelingt.[427]

422

2.3.10 Entstrickungs- und Wegzugsbesteuerung (§ 12 KStG)

2.3.10.1 Verlust oder Beschränkung des Besteuerungsrechts (§ 12 Abs. 1 KStG)

Durch das ATADUmsG wurde § 12 KStG in weiten Bereichen neu gefasst. § 12 Abs. 1 KStG enthält einen allgemeinen Entstrickungstatbestand für Körperschaftsteuersubjekte. Als Entstrickung gilt der Ausschluss oder die Beschränkung des deutschen Besteuerungsrechts hinsichtlich der Gewinne aus der Veräußerung oder Nutzung eines Wirtschaftsgutes. Die Entstrickung führt zur Aufdeckung stiller Reserven. Nach Verwaltungsauffassung soll der Tatbestand des Ausschlusses oder der Beschränkung des Besteuerungsrechts Deutschlands i. S. des § 12 Abs. 1 KStG keine Handlung des Steuerpflichtigen voraussetzen. Unabhängig von einer Handlung des Steuerpflichtigen kann Entstrickung durch eine Änderung der rechtlichen Ausgangssituation ausgelöst werden – sogenannte **passive Entstrickung**; zum Beispiel infolge der erstmaligen Anwendbarkeit eines neu abgeschlossenen oder revidierten DBA, welches eine mit Artikel 13 Absatz 4 OECD-MA vergleichbare Regelung enthält.[428]

423

Damit wird die Regelung des § 4 Abs. 1 Satz 3 und Satz 4, des § 4g und des § 15a EStG auch für die Steuerpflichtigen i. S. des KStG angeordnet. Eine steuerauslösende Entstrickung liegt insbesondere vor, wenn ein bisher einer inländischen Betriebsstätte einer in- oder ausländischen Körperschaft, Personenvereinigung oder Vermögensmasse zuzuordnendes Wirtschaftsgut nunmehr einer ausländischen Betriebsstätte dieser Körperschaft, Personenvereinigung oder Vermögensmasse zuzuordnen ist.

Der durch das ATADUmsG neu eingefügt Abs. 1a setzt Art. 5 Abs. 5 der ATAD-RL um, der hinsichtlich des Wertansatzes im Fall der erstmaligen Verstrickung von Wirtschaftsgütern oder dem Wegfall einer Beschränkung des Besteuerungsrechts nicht zwischen

---

426 OFD Karlsruhe v. 10.10.2014 S 274.2 b/1/21-St 221, juris: Einbeziehung von Zinsaufwendungen und Zinserträgen, die sich nicht auf den inländischen steuerpflichtigen Gewinn ausgewirkt haben.
427 BMF v. 4.7.2008, BStBl 2008 I 718, Tz. 80.
428 BMF v. 26.10.2018, BStBl 2018 I 1104.

Wirtschaftsgütern des Betriebsvermögens und Wirtschaftsgütern der außerbetrieblichen Spähre einer Körperschaft differenziert.

2.3.10.2 Umwandlung von Nicht-EU-Gesellschaften (§ 12 Abs. 2 KStG)

424 Unter den Voraussetzungen des § 12 Abs. 2 KStG kann die Verschmelzung zwischen Körperschaften, die nicht dem Anwendungsbereich des UmwStG unterliegen (= sich nicht auf den EU- und / oder EWR-Raum beziehen - § 1 Abs. 2 UmwStG), zu Buchwerten erfolgen, sofern das Recht Deutschlands hinsichtlich der Besteuerung der übertragenen Wirtschaftsgüter bei der übernehmenden Körperschaft nicht beschränkt wird.

2.3.10.3 Sitzverlegung (§ 12 Abs. 3 KStG)

425 § 12 Abs. 3 KStG befasst sich mit der Sitzverlegung. Um diesen Vorgang EU-konform zu gestalten, gilt die Sitzverlegung nur noch dann als Auflösung des Körperschaftsteuersubjekts, wenn es nach der Sitzverlegung in keinem EU- oder EWR-Staat der unbeschränkten Steuerpflicht mehr unterliegt. Das Gleiche gilt, wenn nach der Sitzverlegung aufgrund eines DBA das Steuersubjektals außerhalb des EU- oder EWR-Raums ansässig gilt.

> **BEISPIEL:** (1) Eine Kapitalgesellschaft mit Sitz in Kanada und Geschäftsleitung im Inland verlegt ihre Geschäftsleitung nach Kanada: Auflösung der Gesellschaft.
>
> (2) Eine Kapitalgesellschaft hat ihren Sitz im Staat A (EU-Staat) und verlegt die Geschäftsleitung in den Staat B (Nicht-EU/EWR-Staat) und gilt aufgrund der Regelung in Art. 4 Abs. 3 OECD-MA – vgl. Rdn. 651 – im Staat B als ansässig: Auflösung der Gesellschaft.
>
> (3) Eine SE verlegt Sitz und Geschäftsleitung von Deutschland nach Frankreich: Keine Auflösung der Gesellschaft.

2.4 Gewerbesteuerrecht

2.4.1 Steuersubjekt

426 Die Gewerbesteuer als Objektsteuer beschränkt sich hinsichtlich der Steuerpflicht lediglich auf im Inland erzielte Gewinne (vgl. § 2 Abs. 1 Satz 1 GewStG) und unterscheidet nicht nach beschränkter und unbeschränkter Steuerpflicht. Das GewStG unterscheidet auch nicht nach der Rechtsform (vgl. § 2 Abs. 1 Satz 2 GewStG); aber auch dieses Gesetz muss sich auch mit grenzüberschreitenden Sachverhalten und damit mit Fragen des internationalen Steuerrechts auseinandersetzen.

427 Neben den im Inland[429] ansässigen Einzelunternehmen, Personen- und Kapitalgesellschaften[430] unterliegen der Gewerbesteuer auch ausländische Einzelunternehmen und Personengesellschaften mit Sitz bzw. Wohnsitz und Geschäftsleitung im Ausland, so-

---

429 Zur Definition vgl. § 2 Abs. 7 GewStG und R 2.8 GewStR 2009 sowie Rdn. 99.
430 Hierzu zählen auch doppeltansässige Kapitalgesellschaften, deren Geschäftsleitung sich im Inland befindet – FG Hessen 8 K 1279/16, IStR 2019, 117.

fern sie im Inland eine Betriebsstätte i. S. des § 12 AO[431] unterhalten (§ 2 Abs. 1 Satz 3 GewStG), sowie Kapitalgesellschaften und Genossenschaften mit Sitz und Geschäftsleitung im Ausland, sofern sie im Inland einer steuerpflichtigen Tätigkeit nachgehen (§ 2 Abs. 2 Satz 1 GewStG). Hiervon gibt es dann eine Ausnahme – vgl. § 2 Abs. 6 GewStG –, wenn die inländische Betriebsstätte eines Unternehmens mit Geschäftsleitung in einem Nicht-DBA-Staat steuerfreie Einkünfte im Rahmen der beschränkten Einkommensteuerpflicht erzielt (vgl. § 49 Abs. 4 EStG) und Gegenseitigkeit hinsichtlich der Steuerbefreiung besteht. De facto fallen hierunter nur Einkünfte aus dem Bereich der See- und Luftschifffahrt.

Durch die Neuregelung der Organschaft im KStG[432] kann sich u.U. durch den Bezug des § 2 Abs. 2 Satz 2 GewStG auf § 14 KStG eine internationale gewerbesteuerliche Organschaft ergeben.[433]   428

Bei Schiffen gilt grundsätzlich § 2 Abs. 1 Satz 2 GewStG: Danach wird ein Gewerbebetrieb im Inland betrieben, wenn auf einem Schiff, das in ein inländisches Schiffsregister eingetragen ist, eine Betriebsstätte unterhalten wird. Dies gilt aber dann nicht, wenn das Schiff im sog. regelmäßigen Liniendienst ausschließlich zwischen ausländischen Häfen verkehrt (§ 5 GewStDV). Sofern Binnen- und Küstenschifffahrt betrieben wird, gilt eine Betriebsstätte in dem Ort als vorhanden, der als Heimathafen (Heimatort) im Schiffsregister eingetragen ist (§ 6 GewStDV). Hierbei handelt es sich aber um eine Auffangregelung, die nur dann zum Tragen kommt, wenn sich nicht bereits auf andere Weise eine inländische Betriebsstätte ergibt (Bsp.: Arbeitszimmer in der Wohnung, von der aus die gesamte Korrespondenz sowie Buchhaltung betrieben wird).[434]   429

2.4.2 Gewerbeertrag, Hinzurechnungen, Kürzungen

Bemessungsgrundlage für die Gewerbesteuer ist nach § 7 GewStG der nach den Vorschriften des EStG oder des KStG zu ermittelnde Gewinn aus Gewerbebetrieb, der bei der Ermittlung des Einkommens für den Erhebungszeitraum zu berücksichtigen ist, vermehrt und vermindert um die in den §§ 8 und 9 GewStG bezeichneten Beträge. § 7 Satz 6 GewStG bestimmt, dass § 50d Abs. 10 EStG (in der jeweiligen Fassung)[435] bei der Ermittlung des Gewerbeertrags entsprechend anzuwenden ist. Um das Urteil des BFH vom 11. 3. 2015 I R 10/14, BStBl 2015 II 1049, auszuhebeln, wurden durch das „Gesetz zur Umsetzung der Änderungen der EU-Amtshilferichtlinie und von weiteren Maßnahmen gegen Gewinnkürzungen und -verlagerungen" vom 20. 12. 2016[436] die Sätze 7 bis 9 in § 7 GewStG angefügt. Damit wird nunmehr gesetzlich geregelt, dass Hinzurechnungsbeträge i. S. des § 10 AStG Einkünfte darstellen, die in einer inländischen Betriebsstätte anfallen. Ebenfalls geregelt wurde durch den neuen Satz 8, dass diese Bestim-   430

---

431 Zur Definition vgl. Rdn. 681 ff. sowie R 2.9 GewStR 2009.
432 Vgl. Rdn. 417.
433 Entgegen H 2.3(1) GewStH 2009, der insoweit noch auf eine nicht mehr geltende Rechtslage Bezug nimmt.
434 Vgl. H 2.9 (1) GewStH 2009.
435 Vgl. Rdn. 1842 ff.
436 BGBl 2016 I 3000.

mung auch für Einkünfte i. S. des § 20 AStG gilt (Betriebsstätteneinkünfte). § 7 Satz 9 GewStG enthält eine Ausnahme von der Anwendung des § 7 Satz 8 GewStG. Kann für ausländische passive Einkünfte nach § 8 Abs. 2 AStG eine damit verbundene tatsächliche wirtschaftliche Tätigkeit nachgewiesen werden, kommt es insoweit nicht zur Hinzurechnung nach § 10 AStG und in Folge nicht zur Anwendung des § 7 Satz 7 GewStG (sog. Substanzausnahme). § 7 Satz 9 GewStG ermöglicht, dass entsprechendes in den Fällen des § 7 Satz 8 GewStG gilt.

431   Gemäß § 8 Nr. 1 GewStG wird ein Viertel der Summe aus den in den Buchstaben a) bis f) genannten Kürzungen des Gewinns wieder hinzugerechnet. Diese Hinzurechnungen sind mit dem EU-Recht vereinbar, wenn der Gläubiger seinen Sitz oder Wohnsitz im EU- oder EWR-Ausland hat.[437]

432   Zu § 8 Nr. 5 GewStG hat der BFH entschieden, dass Gewinnanteile aus Anteilen an einer ausländischen Kapitalgesellschaft, die nach § 8b Abs. 1 KStG bei der Ermittlung des Einkommens außer Ansatz bleiben, zugleich aber auch nach Maßgabe eines sog. abkommensrechtlichen Schachtelprivilegs von der Bemessungsgrundlage ausgenommen werden, nicht nach § 8 Nr. 5 GewStG dem Gewinn aus Gewerbebetrieb hinzuzurechnen sind.[438]

433   Weiter werden nach § 8 Nr. 8 GewStG die Anteile am Verlust einer ausländischen gewerblich tätigen Mitunternehmerschaft, sofern der Verlust bei der Ermittlung des Gewinns tatsächlich abgezogen worden ist, hinzugerechnet. Entscheidend ist, ob die ausländische Gesellschaft nach deutschem Verständnis einer deutschen Mitunternehmerschaft i. S. des § 15 Abs. 3 EStG entspricht.[439] Zweck der Vorschrift ist die Vermeidung der doppelten Erfassung von Verlusten.

434   Schließlich werden nach § 8 Nr. 12 GewStG die ausländischen Steuern hinzugerechnet, die nach § 34c Abs. 2 und 3 EStG oder nach einer Bestimmung, die § 34c EStG für entsprechend anwendbar erklärt (Bsp.: § 26 Abs. 1 Satz 1, Abs. 2 Satz 2 KStG), bei der Ermittlung der Einkünfte abgezogen werden, soweit sie auf Gewinne oder Gewinnanteile entfallen, die bei der Ermittlung des Gewerbeertrags außer Ansatz gelassen oder nach § 9 Nr. 7 oder Nr. 8 GewStG gekürzt werden. Sinn der Regelung ist es, eine zweifache Minderung des Gewerbeertrags zu vermeiden.

435   Die Summe des Gewinns und der Hinzurechnungen wird nach § 9 Nr. 2 GewStG gekürzt um die Anteile am Gewinn einer ausländischen gewerblich tätigen Mitunternehmerschaft, wenn die Gewinnanteile bei Ermittlung des Gewinns angesetzt worden sind (Pendant zu § 8 Nr. 8 GewStG). Dies gilt nicht bei Lebens- und Krankenversicherungsunternehmen sowie für Pensionsfonds und für Einkünfte i. S. des § 7 Satz 8 GewStG. Entscheidend ist, ob die ausländische Gesellschaft nach deutschem Verständnis einer deutschen Mitunternehmerschaft i. S. des § 15 Abs. 3 EStG entspricht.

---

437 BFH v. 17.9.2014 I R 30/13, BFH/NV 2015, 270; v. 7.12.2011 I R 30/08, BFH/NV 2012, 656; EuGH v. 21.7.2011 C-397/09 Scheuten Solar Technology, BStBl II 2012, 528.
438 BFH v. 23.6.2010 I R 71/09, BStBl 2011 II 129.
439 BFH v. 15.9.2000 XI B 92/00, juris.

Nach § 9 Nr. 3 Satz 1 GewStG wird der Gewerbeertrag um den Teil des Gewerbeertrags eines inländischen Unternehmens gekürzt, der auf eine nicht im Inland belegene Betriebsstätte entfällt. Nach BFH v. 9.6.2010 I R 107/09 sind die in den Gewinn ausnahmsweise einbezogenen „finalen" Betriebsstättenverluste auch in die Ermittlung des Gewerbeertrages einzubeziehen.[440] Als Folgeänderung zur Änderung des § 7 GewStG durch das Gesetz vom 20.12.2016 gilt Vorstehendes nicht für Einkünfte i.S. des § 7 Satz 7 und 8 GewStG. Für Unternehmen, die eigene oder gecharterte Handelsschiffe im internationalen Verkehr betreiben, gibt es in § 9 Nr. 3 Satz 2 bis 5 GewStG Sonderregelungen, für deren Anwendung § 5a Abs. 2 Satz 2 EStG[441] entsprechend gilt.[442]

436

Zu dem Begriff „Betriebsstätte" in § 9 Nr. 3 GewStG hat der BFH entschieden, dass sich der Begriff nicht nach der Definition des jeweils einschlägigen DBA richtet, sondern nach innerstaatlichem Recht – § 12 AO.[443]

437

In § 9 Nr. 7 GewStG wird das gewerbesteuerrechtliche internationale Schachtelprivileg geregelt. Nach dem Urteil des EuGH vom 26.9.2018 C-685/16, Rs. EV gegen FA Lippstadt, stehen der Regelung des § 9 Nr. 7 GewStG die Normen der Art. 63 bis 65 AEUV entgegen[444] Die Obersten Finanzbehörden der Länder haben in einem das Urteil umsetzenden gleichlautenden Erlass Stellung genommen.[445] Der Gesetzgeber hat dann § 9 Nr. 7 GewStG durch das JStG 2019 europakonform ausgestaltet.

438

Voraussetzung des Schachtelprivilegs ist die Beteiligung an einer ausländischen, aktiv tätigen[446] Tochterkapitalgesellschaft mit einer Mindestbeteiligung von 15 %[447] seit Beginn des Erhebungszeitraums.

Schließlich bestimmt § 9 Nr. 8 GewStG, dass der Gewerbeertrag um die Gewinne aus Anteilen an einer ausländischen Gesellschaft, die nach einem DBA unter der Voraussetzung einer Mindestbeteiligung von der Gewerbesteuer befreit sind, zu kürzen sind, wenn die Beteiligung mindestens 15 % beträgt und die Gewinnanteile bei der Ermittlung des Gewinns angesetzt worden sind; ist in einem DBA eine niedrigere Mindestbeteiligungsgrenze vereinbart, ist diese maßgebend; dies gilt ebenso, wenn in dem DBA die Vergünstigung an weitere sachliche und/oder personelle Voraussetzungen geknüpft ist.[448]

439

---

440 BFH/NV 2010, 1744; ebenso FG Hessen v. 4.9.2018 4 K 385/17, EFG 2018, 1876 – Revision unter I R 32/18 anhängig – und FG Ba-Wü v. 8.5.2018 6 K 1775/16, EFG 2019, 242.
441 Vgl. Rdn. 248.
442 BFH v. 26.9.2013 IV R 45/11, BFH/NV 2014, 271.
443 BFH v. 20.7.2016 I R 50/15, BStBl 2017 II 230.
444 DStR 2018, 2016.
445 IStR 2019, 154.
446 BFH v. 13.2.2008 I R 75/07, BStBl 2010 II 1028.
447 BFH v. 17.5.2000 I R 31/99, BStBl 2001 II 685.
448 R 9.5 Satz 9 GewStR.

2.5 Internationales Umwandlungssteuerrecht

2.5.1 Einführung

440 **Zivilrechtlich,** genauer gesagt gesellschaftsrechtlich, ist das Umwandlungsgesetz (**UmwG**)[449] die zentrale Rechtsgrundlage zur Umstrukturierung von Unternehmen. Es enthält in § 1 Abs. 1 UmwG eine Aufzählung von vier möglichen Umwandlungsarten (Verschmelzung, Spaltung, Vermögensübertragung und Formwechsel) und gestattet, das Vermögen eines Rechtsträgers im Wege der Universalsukzession auf einen anderen Rechtsträger zu übertragen, der insoweit die (Gesamt-)Rechtsnachfolge antritt. Dort nicht geregelte Fälle können nicht im Wege der Analogie geschlossen werden, da § 1 Abs. 2 UmwG andere Fälle der Umwandlung nur zulässt, wenn ein anderes Bundesgesetz oder ein Landesgesetz dies ausdrücklich vorsieht.

441 Die **steuerlichen** Folgen von Umwandlungen sind im Umwandlungssteuergesetz (**UmwStG**) geregelt. Der Aufbau des UmwStG folgt nicht den vier Umwandlungsarten des UmwG, sondern enthält eine eigene Systematik.[450] Obwohl das UmwStG in zehn Teile untergliedert ist, kann man zwei große Regelungsbereiche, den Umwandlungsteil (§§ 3 bis 19 UmwStG) und den Einbringungsteil (§§ 20 bis 25 UmwStG), unterscheiden. Umwandlungen und Einbringungen stellen steuerrechtlich auf der Ebene des übertragenden Rechtsträgers sowie des übernehmenden Rechtsträgers Veräußerungs- und Anschaffungsvorgänge hinsichtlich des übertragenen Vermögens dar.[451] Dies gilt (abweichend von den zivilrechtlichen Wertungen des UmwG) für ertragsteuerliche Zwecke auch für den Formwechsel einer Kapitalgesellschaft in eine Personengesellschaft und umgekehrt (rechtsforminkongruente Formwechsel).[452] Umstrukturierungen können steuerneutral, d. h. ohne die Besteuerung stiller Reserven erfolgen, wenn das UmwStG eine Buchwertfortführung gestattet. Das ist im Umwandlungsteil der Fall, wenn der übertragende Rechtsträger die übergehenden Wirtschaftsgüter in seiner steuerlichen Schlussbilanz zu Buchwerten bewerten und der übernehmende Rechtsträger diese Werte in seiner Steuerbilanz fortführen kann. Im Einbringungsteil wird die Steuerneutralität dadurch erreicht, dass der übernehmende Rechtsträger das übergehende Vermögen mit den bisherigen Buchwerten erfasst und diese Werte für den Einbringenden als Veräußerungspreise gelten.

442 Sowohl das ursprünglich binnenorientierte Umwandlungsgesetz als auch das Umwandlungssteuergesetz wurden aufgrund der unionsrechtlich garantierten **Niederlassungsfreiheit** (Art. 49 AEUV) und hieraus abgeleiteter konkreter Vorgaben durch den EuGH für grenzüberschreitende Umwandlungen geöffnet.[453]

---

449 Umwandlungsgesetz (UmwG) v. 28.10.1994, BGBl 1994 I 3210.
450 Vgl. BMF v. 11.11.2011, BStBl 2011 I 1314 (sog. Umwandlungssteuererlass 2011, nachfolgend: UmwStE), Tz. 01.03. bis 01.48 UmwStE.
451 BFH v. 17.9.2003 I R 97/02, BStBl 2004 II 686, BFH v. 16.5.2002 III R 45/98, BStBl 2003 II 10.
452 BFH v. 25.11.2014 I R 78/12, BFH/NV 2015, 523; v. 19.10.2005 I R 38/04, BStBl 2006 II 568; Tz. 00.02 und 20.01 UmwStE.
453 EuGH v. 25.10.2017 C-106/16 Polbud, DB 2017, 2596; EuGH v. 12.07.2012 C-378/10 Vale, BB 2012, 2069.

Internationales Umwandlungssteuerrecht KAPITEL 2

Im UmwG wurde mit Wirkung vom 25. 4. 2007 in §§ 122a ff. UmwG die Möglichkeit zur **grenzüberschreitenden Verschmelzung** von Kapitalgesellschaften geschaffen, wenn mindestens eine der beteiligten Kapitalgesellschaften[454] dem Recht eines EU-/EWR-Staats unterliegt. Darüber hinaus existiert nach Art. 17 SE-VO[455] bzw. Art. 19 SCE-VO[456] die Möglichkeit der grenzüberschreitenden Verschmelzung zur Gründung einer SE bzw. SCE. Seit 1. 1. 2019[457] enthalten § 122a Abs. 2 Satz 2 UmwG und § 122b Abs. 1 Nr. 2 UmwG zusätzlich explizite Regelungen für grenzüberschreitende Hereinverschmelzungen auf eine inländische OHG oder KG.[458] Übertragender Rechtsträger kann weiterhin nur eine EU/EWR-Kapitalgesellschaft sein (§ 122b Abs. 1 Nr. 1 UmwG). Auch die grenzüberschreitende Hinausverschmelzung einer deutschen Personenhandelsgesellschaft ist nach wie vor gesetzlich nicht geregelt. 443

Das UmwStG wurde durch Art. 6 des **SEStEG**[459] mit Wirkung ab dem 13. 12. 2006 neu gefasst und zumindest „europäisiert", wobei auf eine vollständige Internationalisierung verzichtet worden ist. Gesetzestechnisch erfolgt die Ausdehnung des sachlichen Anwendungsbereichs auf grenzüberschreitende Umwandlungen innerhalb der EU bzw. des EWR dadurch, dass „vergleichbare ausländische Vorgänge" gemäß § 1 Abs. 1 Nr. 1, 2, Abs. 3 Nr. 1 bis 3 UmwStG den vom UmwStG geregelten Umstrukturierungsvorgängen gleichgestellt werden. Neben inländischen Rechtsträgern fallen unter den persönlichen Anwendungsbereich des UmwStG **Gesellschaften,** die nach dem Recht eines EU-/EWR-Mitgliedstaats gegründet worden sind und deren Sitz und Ort der Geschäftsleitung sich innerhalb des Hoheitsgebiets eines dieser Staaten befindet (§ 1 Abs. 2 Satz 1 Nr. 1 UmwStG), sowie **natürliche Personen,** die ihren Wohnsitz oder gewöhnlichen Aufenthalt innerhalb des Hoheitsgebiets der EU/EWR haben und nicht kraft eines DBA als in einem Drittstaat ansässig gelten (§ 1 Abs. 2 Satz 1 Nr. 2 UmwStG). 444

Das UmwStG erfasst **grundsätzlich keine Drittstaatenumwandlungen,** also Umwandlungen, bei denen mindestens ein beteiligter Rechtsträger nicht der EU/dem EWR ange- 445

---

454 Die Beschränkung auf Kapitalgesellschaften ergibt sich (sekundärrechtlich) aus der sog. Verschmelzungsrichtlinie, Richtlinie 2005/56/EG des Europäischen Parlaments und des Rates v. 26. 10. 2005 über die Verschmelzung von Kapitalgesellschaften aus verschiedenen Mitgliedstaaten, ABl 2005 L 310, 1, zuletzt geändert (bzw. aufgehoben durch Art. 166 ÄndRL (EU) 2017/1132 v. 14. 6. 2017, ABl 2017 L 169, 46 (EU-Richtlinie über bestimmte Aspekte des Gesellschaftsrechts). Im Rahmen des sog. Company Law Package erfolgte durch die EU-Mobilitäts- bzw. Umwandlungsrichtlinie (EU) 2019/2121 v. 27. 11. 2019, ABl 2019 L 321, 1) zwar eine grundlegende Erweiterung der GesR-RL (EU) 2017/1132) im Hinblick auf grenzüberschreitende Formwechsel (Art. 86a bis Art. 86s) und grenzüberschreitende Spaltungen (Art. 160a bis Art. 160u), der Anwendungsbereich der Art. 118 bis 133 bleibt aber weiterhin auf die Verschmelzung von Kapitalgesellschaften beschränkt.
455 Verordnung (EG) Nr. 2157/2001 des Rates v. 8. 10. 2001 über das Statut der Europäischen Gesellschaft (SE), ABl 2001 L 294, 1, zuletzt geändert durch Art. 1 Abs. 1 Buchst. c) ÄndVO (EU) 517/2013 v. 13. 5. 2013, ABl 2013 L 158, 1.
456 Verordnung (EG) Nr. 1435/2003 des Rates v. 22. 7. 2003 über das Statut der Europäischen Genossenschaft (SCE), ABl 2003 L 207, 1, ber. ABl 2007 L 49, 35.
457 Die Änderungen des UmwG durch das Vierte Gesetz zur Änderung des Umwandlungsgesetzes (4. UmwG-ÄndG) v. 19. 12. 2018, BGBl 2018 I 2694, treten nach dessen Art. 2 am Tag nach der Verkündung in Kraft, die am 31. 12. 2018 erfolgte.
458 Durch diese Ergänzungen wird für den Fall der grenzüberschreitenden Hereinverschmelzung der Kreis beteiligungsfähiger übernehmender oder neuer Gesellschaften um Personenhandelsgesellschaften nach § 3 Abs. 1 Nr. 1 UmwG, d. h. OHGs und KGs, mit nicht mehr als 500 Arbeitnehmern, erweitert.
459 BGBl 2006 I 2782, berichtigt BGBl 2007 I 68.

hört, oder Umwandlungen, die nach einer Rechtsordnung außerhalb der EU/EWR erfolgen. Nur ausnahmsweise finden sich in §§ 20, 21 und 24 UmwStG sowie in § 12 Abs. 2 KStG[460] partiell Regelungen mit Drittstaatenbezug.

446 Unter dem Begriff Internationales Umwandlungssteuerrecht sind alle Normen des Umwandlungssteuerrechts zusammenzufassen, die auslandsbezogene Sachverhalte regeln. Hierbei können drei Fallgruppen unterschieden werden:

Inländische Umwandlungen mit Auslandsbezug,[461]

ausländische Umwandlungen mit Inlandsbezug[462] und

grenzüberschreitende Umwandlungen.[463]

Der Inlandsbezug (oder der Auslandsbezug) der beiden erstgenannten Fallgruppen ergibt sich hierbei jeweils durch inländische (oder durch ausländische) Gesellschafter und/oder durch inländisches (oder durch ausländisches) Vermögen. In den – der Systematik des UmwStG folgenden – Unterabschnitten wird diese Dreiteilung als Untergliederung beibehalten.

2.5.2 Verschmelzung auf eine Personengesellschaft oder auf eine natürliche Person und Formwechsel einer Kapitalgesellschaft in eine Personengesellschaft (§§ 3 bis 10 UmwStG)

2.5.2.1 Inländische Verschmelzung auf eine Personengesellschaft

447 Nach § 3 Abs. 1 UmwStG muss die übertragende Körperschaft die übergehenden Wirtschaftsgüter in der steuerlichen Schlussbilanz grundsätzlich mit dem gemeinen Wert ansetzen, also ihre stillen Reserven aufdecken und den **Übertragungsgewinn** versteuern.

448 Das Wahlrecht zum Buchwertansatz, das ein Aufschieben der Besteuerung bewirkt, besteht nach § 3 Abs. 2 UmwStG nur, soweit die Wirtschaftsgüter Betriebsvermögen der übernehmenden Personengesellschaft oder natürlichen Person werden und sichergestellt ist, dass sie später der Besteuerung mit Einkommensteuer oder Körperschaftsteuer unterliegen (Nr. 1) und das Recht der Bundesrepublik Deutschland hinsichtlich der Besteuerung des Gewinns aus der Veräußerung der übertragenen Wirtschaftsgüter bei den Gesellschaftern der übernehmenden Personengesellschaft oder bei der natürlichen Person nicht ausgeschlossen oder beschränkt wird (Nr. 2) und eine Gegenleistung nicht gewährt wird oder in Gesellschaftsrechten besteht (Nr. 3). Bei inländischem Betriebsvermögen können diese Voraussetzungen unproblematisch erfüllt werden. Bei

---

460 Vgl. Rdn. 485, 490.
461 Zum Begriff der inländischen Umwandlung vgl. Tz. 01.03 ff. UmwStE.
462 Genauer vergleichbare ausländische Vorgänge vgl. Tz. 01.20 ff. UmwStE.
463 Nach Tz. 01.21 UmwStE zählt die Finanzverwaltung grenzüberschreitende Umwandlungsvorgänge auch zu den ausländischen Vorgängen i. S. des § 1 Abs. 1 UmwStG.

ausländischem Betriebsvermögen muss die **Entstrickungsklausel**[464] gewahrt bleiben, insbesondere darf das deutsche Besteuerungsrecht nicht ausgeschlossen oder beschränkt werden. Dies ist bei unbeschränkt steuerpflichtigen Gesellschaftern und bei beschränkt steuerpflichtigen Gesellschaftern in Abkommensfällen gegeben, in denen die Doppelbesteuerung durch Freistellung vermieden wird. Nur bei beschränkt steuerpflichtigen Gesellschaftern und (unilateraler oder abkommensrechtlicher) Steueranrechnung unterliegen Gewinne aus der Veräußerung von ausländischem Betriebsstättenvermögen nach der Verschmelzung auf eine Personengesellschaft als ausländische Betriebsstättengewinne nicht mehr der beschränkten Steuerpflicht gemäß § 49 Abs. 1 Nr. 2 Buchst. a EStG, so dass sich insoweit das Entstehen eines Übertragungsgewinns nicht vermeiden lässt.

BEISPIEL:[465]

Die deutsche D-GmbH wird in die D-KG formgewechselt (so dass umwandlungssteuerrechtlich gemäß § 9 Satz 1 UmwStG die Verschmelzungsvorschriften der §§ 3 bis 8, 10 UmwStG entsprechend anzuwenden sind). Anteilseigner und Mitunternehmer sind die Steuerausländer A und B zu gleichen Teilen. Die D-GmbH hat eine ausländische Betriebsstätte in einem Nicht-DBA-Staat.

Durch die Verschmelzung der D-GmbH in die D-KG wird das deutsche Besteuerungsrecht hinsichtlich des Gewinns aus der Veräußerung der der ausländischen Betriebsstätte zuzurechnenden Wirtschaftsgüter zum steuerlichen Übertragungsstichtag ausgeschlossen, da die beiden Mitunternehmer mit den ausländischen Betriebsstätteneinkünften nicht der beschränkten Einkommensteuerpflicht i. S. des § 49 EStG unterliegen.

Die übernehmende Personengesellschaft hat nach § 4 Abs. 1 UmwStG die auf sie übergegangenen Wirtschaftsgüter mit dem in der steuerlichen Schlussbilanz der übertragenden Körperschaft enthaltenen Wert zu übernehmen (Grundsatz der Wertverknüpfung). Hierbei entsteht nach § 4 Abs. 4 Satz 1 UmwStG ein **Übernahmegewinn** (oder -verlust) in Höhe des Unterschiedsbetrags zwischen dem Wert, mit dem die übergegangenen Wirtschaftsgüter zu übernehmen sind, und dem Buchwert der Anteile an der übertragenden Körperschaft abzüglich der Kosten des Vermögensübergangs.[466] Soweit an den Wirtschaftsgütern kein deutsches Besteuerungsrecht im Hinblick auf deren Veräußerungsgewinn bestand, ist nach § 4 Abs. 4 Satz 2 UmwStG der gemeine Wert anstelle des Buchwerts anzusetzen (Zuschlag für neutrales Auslandsvermögen). Diese Vorschrift erfasst ausländische Grundstücke und Wirtschaftsgüter, die einer ausländischen Betriebsstätte zuzuordnen sind. 449

Das so ermittelte Übernahmeergebnis wird als Übernahmeergebnis der **ersten Stufe** bezeichnet, da der bis hierhin ermittelte Betrag gemäß § 4 Abs. 5 Satz 2 UmwStG an- 450

---

464 Weitere Entstrickungstatbestände enthalten § 4 Abs. 1 Satz 3 EStG und § 12 Abs. 1 KStG, vgl. Tz. 03.18, 03.20 UmwStE.
465 Vgl. Tz. 03.19 UmwStE.
466 Nach Ansicht der FinVerw sind als Kosten des Vermögensübergangs die nicht objektbezogenen Kosten des übernehmenden und des übertragenden Rechtsträgers anzusehen. Während die nicht objektbezogenen Kosten des übernehmenden Rechtsträgers unabhängig vom Zeitpunkt der Entstehung zu berücksichtigen sein sollen, sollen hinsichtlich der den übertragenden Rechtsträger zuzuordnenden nicht objektbezogenen Kosten nur die nach dem steuerlichen Übertragungsstichtag entstandenen zu berücksichtigen sein, vgl. Tz. 04.34 UmwStE. Zur ertragsteuerlichen Behandlung von durch Anteilsvereinigung ausgelöste Grunderwerbsteuer (§ 1 Abs. 3 GrEStG) s. aber BFH v. 20. 4. 2011 I R 2/10, BStBl 2011 II 761.

schließend noch um die Bezüge, die nach § 7 UmwStG zu den Einkünften aus Kapitalvermögen i. S. des § 20 Abs. 1 Nr. 1 EStG gehören, korrigiert werden muss, um zum Übernahmeergebnis der **zweiten Stufe** zu gelangen. Bei der zweistufigen Ermittlung des Übernahmeergebnisses wird der Übernahmegewinn in einen Veräußerungsteil und einen Dividendenteil aufgeteilt, da nur die Bezüge i. S. des § 7 UmwStG nach § 43 Abs. 1 Satz 1 Nr. 1, 6 EStG dem Kapitalertragsteuerabzug unterliegen. Abkommensrechtlich findet auf Bezüge i. S. des § 7 UmwStG in grenzüberschreitenden Sachverhalten in der Regel eine Art. 10 OECD-MA entsprechende Vorschrift Anwendung.[467]

451 § 4 Abs. 6, 7 UmwStG machen die steuerliche Berücksichtigung eines Übernahmeverlusts bzw. die steuerliche Behandlung eines Übernahmegewinns davon abhängig, inwieweit er auf eine Körperschaft (§ 8b KStG) oder eine natürliche Person (§ 3 Nr. 40, § 3c EStG) als Mitunternehmer entfällt.

452 Sind die Anteilseigner **beschränkt steuerpflichtig**, unterliegt der Veräußerungsteil wegen der Einlagefiktion des § 5 Abs. 2 UmwStG und der Überführungsfiktion des § 5 Abs. 3 UmwStG der beschränkten Steuerpflicht i. S. von § 49 Abs. 1 Nr. 2 Buchst. a EStG. Im Hinblick auf den ebenfalls gemäß § 49 Abs. 1 Nr. 2 Buchst. a EStG beschränkt steuerpflichtigen Dividendenteil des Übertragungsgewinns hat der Steuerabzug gemäß § 50 Abs. 2 Satz 2 Nr. 1 EStG keine abgeltende Wirkung, so dass die Kapitalertragsteuer auf den Dividendenteil nach § 36 Abs. 2 Nr. 2 Buchst. a EStG, § 31 Abs. 1 KStG angerechnet oder mit einem gemäß § 4 Abs. 6 UmwStG abziehbaren Übernahmeverlust verrechnet werden kann.

453 Vom Übernahmegewinn i. S. des § 4 Abs. 4 bis 6 UmwStG zu unterscheiden ist ein durch Vereinigung von Forderung und Verbindlichkeit (Konfusion) entstehender sog. **Übernahmefolgegewinn oder -verlust (§ 6 UmwStG).** Der Übernahmefolgegewinn oder -verlust ist ein laufender Gewinn oder Verlust des übernehmenden Rechtsträgers, der auch bei der Gewerbesteuer zu berücksichtigen ist, § 18 Abs. 1 UmwStG.[468]

454 Die §§ 3 bis 8 und 10 UmwStG sind gemäß § 9 Satz 1 UmwStG auf **Formwechsel** einer Kapitalgesellschaft in eine Personengesellschaft trotz ihres zivilrechtlich identitätswahrenden Charakters (vgl. §§ 190 ff. UmwG) entsprechend anzuwenden. Wie im umgekehrten (von § 25 UmwStG geregelten) Fall werden damit Formwechsel, die zu einem Wechsel des Besteuerungsregimes führen, wie Verschmelzungen behandelt.

455 Zivilrechtlich war die Zulässigkeit eines **grenzüberschreitenden** Formwechsels bis vor kurzem umstritten. Anders als die grenzüberschreitende Verschmelzung gemäß §§ 122a ff. UmwG ist der grenzüberschreitende Formwechsel im Umwandlungsgesetz

---

[467] Tz. 07.02 UmwStE.
[468] Tz. 06.02 UmwStE. Nach BFH v. 9.4.2019 X R 23/16, BStBl 2019 II 483 entsteht kein nach § 6 UmwStG als Übernahmefolgegewinn zu besteuernder Konfusionsgewinn aus der Vereinigung von Gesellschafterforderung mit Darlehensverbindlichkeit bei der Verschmelzung einer GmbH auf ihren Gesellschafter, wenn bei hypothetischem Fortbestand der Kapitalgesellschaft und ihrer nach § 17 EStG zu beurteilenden Anteile der Ausfall des Gesellschafterdarlehens zu nachträglichen Anschaffungskosten im Rahmen des § 17 EStG geführt hätte.

(derzeit)[469] nicht geregelt. Die abschließende Aufzählung[470] der zulässigen Ausgangsrechtsformen (formwechselnde Rechtsträger) in § 191 Abs. 1 UmwG und der zulässigen Zielrechtsformen (Rechtsträger neuer Rechtsform) in § 191 Abs. 2 UmwG spricht gegen die Zulässigkeit eines grenzüberschreitenden Formwechsels. Der EuGH hat aber in seiner Entscheidung in der Rechtssache **Vale** ausdrücklich klargestellt, dass der grenzüberschreitende Formwechsel sowohl aus Sicht des Wegzugsstaates als auch aus Sicht des Zuzugsstaates von der Niederlassungsfreiheit (Art. 49 AEUV) geschützt ist.[471] Daher ist davon auszugehen, dass ein Formwechsel von einer deutschen Gesellschaftsform in eine EU-/EWR-Rechtsform jedenfalls dann zulässig ist, wenn das Recht der EU-/EWR-Zielrechtsform ihn zulässt und zugleich der inländische Verwaltungssitz aufgegeben wird. Gleiches gilt für den identitätswahrenden Formwechsel einer EU-/EWR-Gesellschaft in eine deutsche Rechtsform, wenn die Gesellschaft zugleich ihren Verwaltungssitz nach Deutschland verlegt.[472]

2.5.2.2 Ausländische Verschmelzung auf eine Personengesellschaft

Eine ausländische Verschmelzung unterfällt zivilrechtlich nicht dem UmwG, sondern dem insoweit kollisionsrechtlich maßgebenden ausländischen Recht. Bei der **Verschmelzung** einer Kapitalgesellschaft auf eine Personengesellschaft **innerhalb der EU-/EWR** finden die §§ 3 bis 10 UmwStG Anwendung, wenn es sich um einen vergleichbaren ausländischen (Umwandlungs-)Vorgang i. S. von § 1 Abs. 1 Satz 1 Nr. 1 und 2 UmwStG handelt. Erforderlich ist hierfür neben der zivilrechtlichen Wirksamkeit nach ausländischem Recht[473] auch die Vergleichbarkeit der beteiligten Rechtsformen anhand eines Typenvergleichs.[474] Unter der Voraussetzung, dass das deutsche Besteuerungsrecht durch den Vorgang nicht ausgeschlossen oder beschränkt wird (§ 3 Abs. 2 Satz 1 Nr. 2 UmwStG), ist eine ausländische Verschmelzung in Deutschland somit steuerneutral möglich. 456

Da **Drittstaatenverschmelzungen** nicht vom sachlichen Anwendungsbereich des UmwStG erfasst sind, führen diese zu einer steuerpflichtigen Gewinnrealisierung, wenn die Voraussetzungen des § 12 Abs. 1 KStG erfüllt sind, d. h. der Vorgang den Aus- 457

---

469 Seit der Änderung der GesR-RL (EU 2017/1132) durch die Umwandlungsrichtlinie (EU 2019/2121 v. 27. 11. 2019, ABl 2019 L 321, 1), die am 1. 1. 2020 in Kraft getreten ist, werden nach Art. 86a ff. GesR-RL auch grenzüberschreitende Formwechsel sekundärrechtlich geregelt. Die Mitgliedstaaten müssen die neuen unionsrechtlichen Vorgaben bis zum 31. 1. 2023 umsetzen.
470 Eine (generelle) Verpflichtung zur Liquidation der Gesellschaft im Wegzugsstaat verstößt gegen die in Art. 49 AUV und in Art. 54 AEUV garantierte Niederlassungsfreiheit; vgl. EuGH v. 25. 10. 2017 C-106/16 Polbud, DB 2017, 2596.
471 EuGH v. 12. 7. 2012 C-378/10 Vale, BB 2012, 2069.
472 Der „Hereinformwechsel" und die Eintragung ins Handelsregister wurden bereits zuvor zugelassen in den Entscheidungen des OLG Düsseldorf v. 19. 7. 2017 I-3 Wx 171/16, DStR 2017, 2345; KG Berlin v. 21. 3. 2016 22 W 64/15, DStR 2016, 1427 und OLG Nürnberg v. 19. 6. 2013 12 W 520/13, DStR 2014, 812, der „Hinauswechsel" einer deutschen GmbH in eine italienische S.r.l. wurde zugelassen in der Entscheidung des OLG Frankfurt v. 3. 1. 2017 20 W 88/15, DB 2017, 779.
473 Tz. 01.23 UmwStE.
474 Eine tabellarische Übersicht über die Typisierung ausgewählter ausländischer Rechtsformen findet sich in Tabellen 1 und 2 des BMF-Schreibens v. 24. 12. 1999, BStBl 1999 I 1076 (Betriebsstätten-Verwaltungsgrundsätze); zur Qualifikation der LLC vgl. BMF-Schreiben v. 19. 3. 2004, BStBl 2004 I 411.

schluss oder die Beschränkung des deutschen Besteuerungsrechts zur Folge hat. Auf der Gesellschafterebene erfolgt ein steuerpflichtiger Anteilstausch, wenn die Anteile an der ausländischen Kapitalgesellschaft zu einem Betriebsvermögen gehört haben oder nach § 17, § 20 Abs. 2 EStG steuerverhaftet sind. Beschränkt steuerpflichtige Gesellschafter sind hiervon gemäß § 49 Abs. 1 Nr. 1 Buchst. a EStG nur betroffen, wenn die Anteile zu einer inländischen Betriebsstätte gehören.

2.5.2.3 Grenzüberschreitende Verschmelzung auf eine Personengesellschaft

458 Seit 1.1.2019 besteht in Deutschland die gesetzliche Möglichkeit für eine grenzüberschreitende Verschmelzung einer ausländischen Kapitalgesellschaft auf eine inländische Personenhandelsgesellschaft mit in der Regel nicht mehr als 500 Arbeitnehmern, gemäß § 122a Abs. 2 Satz 2 und § 122b Abs. 1 Nr. 2 UmwG.[475] Über die dort geregelte Fälle (der Hereinverschmelzung auf eine OHG oder KG) greifen §§ 122a ff. UmwG tatbestandlich nicht ein und das UmwG ist auch nicht analogiefähig (vgl. § 1 Abs. 2 UmwG). Um eine inländische Kapitalgesellschaft aus Deutschland hinaus auf eine ausländische Personengesellschaft zu verschmelzen (**Hinausverschmelzung**) oder eine ausländische Kapitalgesellschaft auf eine inländische Personenhandelsgesellschaft mit in der Regel mehr als 500 Arbeitnehmern oder eine inländische Personengesellschaft (GbR oder PartG) nach Deutschland herein zu verschmelzen (**Hereinverschmelzung**), müssen derzeit[476] weiterhin rechtliche Gestaltungen als Ersatzkonstruktion gewählt werden.

459 Rechtlich gestaltbar wäre beispielsweise eine grenzüberschreitende **Sitzverlegung** einer Kapitalgesellschaft **mit** anschließender **Verschmelzung** der weg- oder zugezogenen Kapitalgesellschaft auf eine Personengesellschaft oder eine grenzüberschreitende **Einbringung** (grenzüberschreitende Sacheinlage i. S. von § 20 Abs. 1 UmwStG oder grenzüberschreitender Anteilstausch i. S. von § 21 Abs. 1 UmwStG) in eine Personengesellschaft mit anschließender **Liquidation** der Kapitalgesellschaft.

460 Im Rahmen von Sitzverlegungen müssen Wegzugsfälle (zur Konstruktion einer Hinausverschmelzung) und Zuzugsfälle (zur Konstruktion einer Hereinverschmelzung) unterschieden werden. Nach mittlerweile gefestigter Rechtsprechung des EuGH garantiert

---

[475] Die Vorschriften wurden eingefügt durch das Vierte Gesetz zur Änderung des Umwandlungsgesetzes (4. UmwG-ÄndG) v. 19.12.2018, BGBl 2018 I 2694.

[476] Am 12.12.2019 wurde die Änderung der GesR-RL (EU 2017/1132) im Hinblick auf grenzüberschreitende Umwandlungen, Verschmelzungen und Spaltungen (sog. EU-Mobilitäts- oder Umwandlungsrichtlinie (EU 2019/2121 v. 27.11.2019, ABl 2019 L 321, 1) im Amtsblatt der EU veröffentlicht. Bis zur Umsetzung (spätestens zum 31.1.2023) existiert in Deutschland keine gesetzliche Grundlage für Herausverschmelzungen. Zudem müsste der deutsche Gesetzgeber die Richtlinie überschießend umsetzen, da der Anwendungsbereich der Art. 118 ff. GesR-RL (EU 2017/1132) weiterhin auf Kapitalgesellschaften beschränkt bleibt.

die Niederlassungsfreiheit (gemäß Art. 49 AEUV) nur den Zuzug ausländischer Gesellschaften nach Deutschland (sog. **Zuzugsfreiheit**).[477] Der Wegzug deutscher Kapitalgesellschaften ins EU-/EWR-Ausland hingegen wird europarechtlich nicht garantiert (insoweit existiert **keine** spiegelbildliche sog. **Wegzugsfreiheit**).[478] Zwar hat der Gesetzgeber durch die Neufassung von § 4a GmbHG und § 5 AktG durch das MoMiG[479] auf das Erfordernis eines inländischen Verwaltungssitzes verzichtet, gleichzeitig aber den Anspruch auf einen inländischen Satzungssitz aufrechterhalten, so dass ein vollständiger Wegzug aus Deutschland gemäß Art. 8 Abs. 1 SE-VO der SE und gemäß Art. 7 Abs. 1 SCE-VO der SCE vorbehalten bleibt. Bewirkt der Wegzug den Verlust oder die Beschränkung des deutschen Besteuerungsrechts, fingiert § 12 Abs. 1 Satz 1 KStG die Veräußerung oder Überlassung des Wirtschaftsguts zum gemeinen Wert. Hierzu kommt es nach § 12 Abs. 1 Satz 2 KStG insbesondere, wenn ein (vor dem Wegzug) einer inländischen Betriebsstätte zuzuordnendes Wirtschaftsgut (nach dem Wegzug) einer ausländischen Betriebsstätte zuzuordnen ist. Ein weiterer Umzug in einen Drittstaat führt gemäß § 12 Abs. 3 Satz 1 KStG zur fiktiven Liquidation und Liquidationsbesteuerung gemäß § 11 KStG, der in diesem Fall entsprechend anzuwenden ist.[480]

Erfolgt nach einem grenzüberschreitenden Zuzug einer ausländischen Kapitalgesellschaft eine inländische Verschmelzung auf eine Personengesellschaft, treten die oben unter 2.5.2.1 beschriebenen Rechtsfolgen ein. Erfolgt nach einem grenzüberschreitenden Wegzug einer inländischen SE/SCE ein – der Verschmelzung einer Kapital- auf eine Personengesellschaft – vergleichbarer ausländischer Umwandlungsvorgang, dann treten die oben unter 2.5.2.2 beschriebenen Rechtsfolgen ein. 461

Soll die grenzüberschreitende Verschmelzung einer Kapitalgesellschaft auf eine Personengesellschaft durch grenzüberschreitende (Betriebs- oder Anteils-) Einbringung in eine Personengesellschaft und anschließende Liquidation der Kapitalgesellschaft erfolgen, findet § 24 UmwStG Anwendung. Die Einzelheiten hierzu werden unter 2.5.7 dargestellt. 462

---

477 Vgl. EuGH v. 30.9.2003 C-167/01 Inspire Art, NJW 2003, 3331; v. 5.11.2002 C-208/00 Überseering, NJW 2002, 3614; v. 9.3.1999 C-212–97 Centros, NJW 1999, 2027; damit gilt für EU-/EWR-Zuzugsfälle in Deutschland die sog. Gründungstheorie, vgl. BGH v. 21.7.2011 IX ZR 185/10, NZG 2011, 1195; v. 27.10.2008 II ZR 158/06, NJW 2009, 289; v. 14.3.2005 II ZR 5/03, NJW 2005, 1648; v. 13.3.2003 VII ZR 370/98, NJW 2003, 1461; gegen eine Verlegung des Satzungs- und Verwaltungssitzes einer ausländischen Kapitalgesellschaft nach Deutschland unter identitätswahrendem Formwechsel in eine Kapitalgesellschaft deutschen Rechts, OLG Nürnberg v. 13.2.2012 12 W 2361/11, DStR 2012, 571.
478 Vgl. EuGH v. 16.12.2008 C-210/06 Cartesio, DStR 2009, 121.
479 Gesetz zur Modernisierung des GmbH-Rechts und zur Bekämpfung von Missbräuchen (MoMiG) v. 23.10.2008, BGBl 2008 I 2026.
480 Alleine der Austritt des Vereinigten Königreichs aus der EU (Brexit) führt nach § 12 Abs. 3 Satz 4 KStG nicht zur Liquidationsbesteuerung.

2.5.3 Verschmelzung oder Vermögensübertragung (Vollübertragung) auf eine andere Körperschaft (§§ 11 bis 13 UmwStG)

2.5.3.1 Inländische Verschmelzung mit Auslandsbezug

463 Die §§ 11 bis 13 UmwStG sind sowohl auf Auf-, Ab- als auch Seitwärtsverschmelzungen (Up-, Down- oder Side-Stream-Merger) von Körperschaften auf andere Körperschaften anzuwenden.[481] Nach § 11 Abs. 1 Satz 1 UmwStG sind die übergehenden Wirtschaftsgüter in der steuerlichen Schlussbilanz der übertragenden Körperschaft mit dem gemeinen Wert anzusetzen. Das Entstehen eines Übertragungsgewinns (oder -verlusts) kann vermieden werden, wenn § 11 Abs. 2 UmwStG den Ansatz des Buchwerts auf Antrag gestattet.[482] Die Voraussetzungen dieser Entstrickungsklausel entsprechen denjenigen von § 3 Abs. 2 UmwStG. Bei einer Inlandsverschmelzung kann ein **Übertragungsgewinn** grundsätzlich durch Buchwertfortführung vermieden werden, soweit die Verschmelzung nicht dazu führt, dass Wirtschaftsgüter, die bisher einer inländischen Betriebsstätte zuzuordnen waren, anschließend einer ausländischen Betriebsstätte zuzuordnen sind (vgl. § 4 Abs. 1 Satz 4 EStG). Handelt es sich um eine Betriebsstätte in einem anderen Mitgliedstaat der Europäischen Union, kann nach § 4g EStG i.V. mit § 12 Abs. 1 Satz 1 KStG ein Ausgleichsposten gebildet und die Besteuerung des Übertragungsgewinns auf fünf Jahre verteilt werden (§ 4g Abs. 2 Satz 1 EStG).[483]

464 Nach der Wertverknüpfung des § 12 Abs. 1 Satz 1 UmwStG hat die übernehmende Körperschaft das auf sie übergegangene Vermögen mit dem in der steuerlichen Schlussbilanz der übertragenden Körperschaft enthaltenen Wert zu übernehmen. Nach § 12 Abs. 2 Satz 1 UmwStG bleibt ein **Übernahmegewinn** oder -verlust (in Höhe des Unterschieds zwischen dem Buchwert der Anteile an der übertragenden Körperschaft und dem Wert, mit dem die übergegangenen Wirtschaftsgüter zu übernehmen sind, abzüglich der Kosten für den Vermögensübergang) außer Ansatz, so dass dieser Betrag außerbilanziell zu korrigieren ist. Ein Übernahmeergebnis i.S. des § 12 Abs. 2 Satz 1 UmwStG ist auch in Fällen der Ab- und Seitwärtsverschmelzung zu ermitteln.[484] Gemäß § 12 Abs. 2 Satz 2 UmwStG ist bei einer Aufwärtsverschmelzung auf den Übernahmegewinn, soweit die übernehmende Muttergesellschaft unmittelbar an der übertragenden Tochtergesellschaft beteiligt ist, § 8b KStG anzuwenden.[485]

---

481 Vgl. Tz. 11.01 UmwStE.
482 Bei einer grenzüberschreitenden Abwärtsverschmelzung einer deutschen Muttergesellschaft auf ihre ausländischen Tochtergesellschaften ist ein Buch- oder Zwischenwertansatz der Anteile an der übernehmenden Körperschaft nur möglich, wenn in Bezug auf diese Anteile das deutsche Besteuerungsrecht gemäß § 11 Abs. 2 Satz 1 Nr. 2 UmwStG erhalten bleibt. Das ist bei ausländischen Anteilseignern der deutschen Muttergesellschaft nicht der Fall. Zu den Einzelheiten s. BFH v. 30. 5. 2018 I R 31/16, BStBl 2019 II 136 sowie I R 35/16, BFH/NV 2019, 46; Tz. 11.19 UmwStE.
483 Diese „Zahlungsstreckung" über einen Fünfjahreszeitraum entspricht der früheren Regelung in § 20 Abs. 6 i.V. mit § 21 Abs. 3 bis 6 UmwStG 1995 und ist somit als europarechtskonform anzusehen, vgl. das hierzu ergangene Urteil des EuGH v. 23. 1. 2014 C-164/12 DMC Beteiligungsgesellschaft mbH, IStR 2014, 106.
484 BFH v. 26. 9. 2018 I R 16/16, BFH/NV 2019, 495 Rdn. 22; v. 9. 1. 2013 I R 24/12, BFH/NV 2013, 881.
485 BFH v. 30. 7. 2014 I R 58/12, BStBl 2015 II 199. In Organschaftsfällen lehnt der BFH (v. 26. 9. 2018 I R 16/16, BFH/NV 2019, 495 Rdn. 24 ff.) die von der FinVw in Tz. 12.07 UmwStE vertretene sog. Bruttomethode und die Anwendung des pauschalen Betriebsausgaben-Abzugsverbots nach § 8b Abs. 3 Satz 1 KStG ab.

> **BEISPIEL:**[486]
>
> Die übernehmende M-AG ist an der übertragenden T-GmbH zu 50 % beteiligt. Der Buchwert der Anteile beträgt 100 000 € und der Buchwert des übertragenen Vermögens beträgt 1 150 000 €. Die Kosten des Vermögensübergangs betragen 50 000 €.
>
> Der Übernahmegewinn i. S. des § 12 Abs. 2 Satz 1 UmwStG der M-GmbH beträgt 1 000 000 € (= 1 150 000 € ./. 100 000 € ./. 50 000 €). Der Gewinn i. S. des § 12 Abs. 2 Satz 2 UmwStG beträgt 500 000 € (= 50 % von 1 000 000 €). Wendet man auf diesen Betrag § 8b KStG an, so sind 500 000 € nach § 8b Abs. 2 Satz 1 KStG steuerfrei, wobei 25 000 € (= 5 % von 500 000 €) nach § 8b Abs. 3 Satz 1 KStG als nicht abziehbare Betriebsausgaben gelten.

Die **Besteuerung der Anteilseigner** der übertragenden Körperschaft richtet sich nach § 13 UmwStG, der die Veräußerung der Anteile an der übertragenden Körperschaft zum gemeinen Wert und die Anschaffung der Anteile an der übernehmenden Körperschaft mit diesem Wert (also einen Anteilstausch zum gemeinen Wert) fingiert, wenn Anteile im Betriebsvermögen gehalten werden, Anteile i. S. von § 17 EStG oder sog. alteinbringungsgeborene Anteile (i. S. von § 21 Abs. 1 UmwStG 1995) vorliegen. In allen anderen Fällen greift die Sonderregelung in § 20 Abs. 4a Satz 1, 2 EStG.[487] Das Entstehen eines (gemäß § 4 Abs. 1 i.V. mit § 5, § 17, § 20 Abs. 2, § 23 Nr. 3 EStG oder § 21 UmwStG 1995 steuerpflichtigen) Veräußerungsgewinns oder -verlusts kann durch Buchwertfortführung gemäß § 13 Abs. 2 Satz 1 UmwStG vermieden werden, wenn das deutsche Besteuerungsrecht hinsichtlich des Gewinns aus der Veräußerung der Anteile an der übernehmenden Körperschaft nicht ausgeschlossen oder beschränkt wird (Nr. 1) oder Deutschland als EU-Mitgliedstaat bei der Verschmelzung Art. 8 der Fusionsrichtlinie[488] anzuwenden hat (Nr. 2). Wenn der Buchwertansatz gemäß § 13 Abs. 2 Satz 1 Nr. 2 UmwStG trotz Beschränkung oder Ausschluss des deutschen Besteuerungsrechts erfolgt, dann ist nach § 13 Abs. 2 Satz 1 Nr. 1 UmwStG der Gewinn aus einer späteren Veräußerung der erworbenen Anteile ungeachtet eines DBA zu besteuern und § 15 Abs. 1a Satz 2 EStG entsprechend anzuwenden. Da bei inländischen Verschmelzungen das deutsche Besteuerungsrecht in der Regel nicht ausgeschlossen oder beschränkt wird, ist der Anteilstausch auch für beschränkt steuerpflichtige Anteilseigner gemäß § 13 Abs. 2 Satz 1 Nr. 1 UmwStG steuerneutral möglich.

2.5.3.2 Ausländische Verschmelzung mit Inlandsbezug

Im Rahmen ausländischer Verschmelzungen von Körperschaften auf Körperschaften muss zwischen Verschmelzungen inner- und außerhalb der EU/EWR unterschieden werden.

Auf Verschmelzungen **innerhalb** der **EU** bzw. des **EWR** finden die **§§ 11 bis 13 UmwStG** Anwendung, so dass ein Übertragungsgewinn gemäß § 11 Abs. 2 UmwStG vermieden werden kann und ein Übernahmegewinn im Hinblick auf inländisches Betriebsstättenvermögen nach § 12 Abs. 2 Satz 1 UmwStG außer Ansatz bleibt.

---

486 In Anlehnung an Tz. 12.06 UmwStE.
487 Vgl. Tz. 13.01 UmwStE.
488 Richtlinie des Rates v. 19. 10. 2009, 2009/133/EG, ABl 2009 L 310, 34 (zuvor Richtlinie des Rates v. 23. 6. 1990, 90/434/EWG, ABl 1990 L 225, 1).

468 Auf Verschmelzungen **in Drittsaaten** sind die §§ 11 bis 13 UmwStG nicht anwendbar. Die Besteuerung der stillen Reserven, die in einem inländischen Betriebsvermögen ruhen, kann in diesen Fällen nur durch die Anwendung der (gemäß § 12 Abs. 2 Nr. 4 KStG subsidiären) Regelung des **§ 12 Abs. 2 KStG** vermieden werden. Wichtigste Anwendungsvoraussetzung von § 12 Abs. 2 KStG ist, dass sich Geschäftsleitung und Sitz der übertragenden und der übernehmenden Körperschaft in demselben ausländischen (Dritt-)Staat befinden, so dass grenzüberschreitende (Drittstaaten-)Verschmelzungen nicht erfasst werden. Bei Vorliegen der übrigen Voraussetzungen (Vergleichbarkeit des ausländischen Vorgangs mit einer inländischen Verschmelzung, Sicherstellung der späteren Besteuerung, kein Ausschluss oder Beschränkung des deutschen Besteuerungsrechts und keine Gegenleistung außer Gesellschaftsrechten) ermöglicht § 12 Abs. 2 Satz 1 KStG ebenfalls den Buchwertansatz und verhindert so das Entstehen eines Übertragungsgewinns. Für einen ggf. entstehenden Übernahmegewinn existiert keine Sonderregelung. Für die Besteuerung der Anteilseigner der übertragenden Körperschaft gilt § 13 UmwStG entsprechend (§ 12 Abs. 2 Satz 2 KStG), wenn das Vermögen „durch einen Vorgang i. S. des Satzes 1" übertragen wird. § 12 Abs. 2 Satz 2 KStG verweist aber nicht vollumfänglich auf § 12 Abs. 2 Satz 1 KStG (partielle Rechtsgrundverweisung). Nach Auffassung der Finanzverwaltung setzt die Berechtigung des Anteilseigners zur Buchwertfortführung nicht voraus, dass der übertragende Rechtsträger beschränkt steuerpflichtig ist.[489] Unklar ist, ob die Finanzverwaltung im Rahmen von § 12 Abs. 2 Satz 2 KStG auch auf das Erfordernis der Staatenidentität verzichtet.

2.5.3.3 Grenzüberschreitende Verschmelzung

469 Durch das SEStEG ist der Anwendungsbereich der §§ 11 bis 13 UmwStG auf Verschmelzungen **innerhalb** der **EU/EWR**[490] ausgedehnt worden (Rdn. 444 f.). Auch zivilrechtlich besteht nach §§ 122a ff. UmwG die Möglichkeit zur grenzüberschreitenden Verschmelzung von Kapitalgesellschaften,[491] die nach dem Recht eines EU-/EWR-Mitgliedstaats gegründet worden sind und ihren satzungsmäßigen Sitz, ihre Hauptverwaltung oder ihre Hauptniederlassung in einem EU- bzw. EWR-Mitgliedstaat haben (vgl. § 122b Abs. 1 UmwG). Zu einer grenzüberschreitenden Verschmelzung kommt es auch bei der Gründung einer SE gemäß Art. 17 SE-VO oder bei der Gründung einer SCE gemäß Art. 19 SCE-VO. Aus deutscher Sicht müssen die Fälle der Hinaus- und Hereinverschmelzung unterschieden werden.

---

489 Tz. 13.04 UmwStRE wurde durch BMF v. 10.11.2016, BStBl 2016 I 1252, dahingehend geändert, dass der übertragende Rechtsträger (im Anwendungsbereich des § 12 Abs. 2 Satz 2 KStG – im Unterschied zu § 12 Abs. 2 Satz 1 KStG) nicht beschränkt steuerpflichtig sein muss, sondern lediglich nicht unbeschränkt steuerpflichtig sein darf.

490 Grenzüberschreitende Verschmelzungen in (oder aus) Drittstaaten sind zivilrechtlich nicht möglich. Gestaltungen, die einer Verschmelzung wirtschaftlich möglichst nahekommen, unterfallen steuerlich nicht dem Umwandlungs- sondern dem Einbringungsteil und werden daher nicht hier, sondern unter Kapitel 2.5.7 dargestellt.

491 Im Sinne des Art. 2 Nr. 1 der Richtlinie 2005/56/EG des Europäischen Parlaments und des Rates v. 26.10.2005 über die Verschmelzung von Kapitalgesellschaften aus verschiedenen Mitgliedstaaten (IntV-RL), ABl 2005 L 310, 1.

Die grenzüberschreitende Verschmelzung an sich ändert (abkommensrechtlich) nichts an der Zuordnung von Wirtschaftsgütern zu einer inländischen oder einer ausländischen Betriebsstätte (vgl. auch die Entstrickungsregelungen in § 4 Abs. 1 Satz 4 EStG, § 12 Abs. 1 Satz 2 KStG),[492] so dass die Finanzverwaltung die funktionale Zuordnung weiterhin anhand der Betriebsstätten-Verwaltungsgrundsätze vornimmt.[493]

470

Im Rahmen einer **Hinausverschmelzung** kann ein Übertragungsgewinn durch Antrag gemäß § 11 Abs. 2 UmwStG (anteilig) nur dann vermieden werden, wenn inländisches Betriebsstättenvermögen auch nach der Verschmelzung funktional noch der inländischen Betriebsstätte zuzuordnen und die Besteuerung der stillen Reserven im Rahmen der beschränkten Steuerpflicht (§ 8 Abs. 1 KStG i.V. mit § 49 Abs. 1 Nr. 2 Buchst. a EStG) sichergestellt ist oder wenn ausländisches Betriebsstättenvermögen (schon) vor der Verschmelzung nicht der deutschen Besteuerung unterlag, weil es durch ein DBA freigestellt war. Nur in diesen Fällen führt die Hinausverschmelzung nicht zum Ausschluss oder einer Beschränkung des deutschen Besteuerungsrechts. In allen übrigen Fällen entsteht ein **Übertragungsgewinn** nach Maßgabe von § 11 Abs. 1 UmwStG. Gemäß § 11 Abs. 3 i.V. mit § 3 Abs. 3 UmwStG ist auf die insoweit erhobene inländische Steuer eine fiktive ausländische Steuer anzurechnen. Die Anrechnung dieser fiktiven ausländischen Steuer erfolgt nach § 26 KStG mit dem Betrag, der nach den Rechtsvorschriften des anderen Mitgliedstaats erhoben worden wäre, wenn das übergehende Vermögen zum Zeitpunkt der Übertragung zum gemeinen Wert veräußert worden wäre. Zur Ermittlung dieses Betrags ist regelmäßig ein Auskunftsersuchen nach § 117 AO an den ausländischen Staat erforderlich.[494] Ein durch die Wertverknüpfung des § 12 Abs. 1 Satz 1 UmwStG bei der übernehmenden ausländischen Kapitalgesellschaft entstehender **Übernahmegewinn** betrifft aus deutscher Sicht nur die einer inländischen Betriebsstätte zuzuordnenden Wirtschaftsgüter.

471

Das Bewertungswahlrecht des § 13 Abs. 2 UmwStG auf **Ebene der Anteilseigner** kann unabhängig vom Wertansatz gemäß § 11 UmwStG auf Ebene der Kapitalgesellschaft ausgeübt werden. Ein Buchwertansatz ist möglich, wenn das deutsche Besteuerungsrecht nicht ausgeschlossen oder beschränkt wird. Das ist bei Hinausverschmelzungen regelmäßig der Fall, wenn die Anteile vor und nach Verschmelzung einer inländischen oder ausländischen Betriebsstätte zuzuordnen sind. Werden die Anteile im Privatvermögen gehalten, ist ein Buchwertansatz nur möglich, wenn eine Beteiligung i. S. von § 17 EStG oder sog. alteinbringungsgeborene Anteile i. S. von § 21 UmwStG 1995 vorliegen.[495]

472

Auf **Hereinverschmelzungen** von EU-/EWR-Kapitalgesellschaften auf deutsche Kapitalgesellschaften gemäß §§ 122a ff. UmwG finden gemäß § 1 Abs. 2 Satz 1 Nr. 1 UmwStG unmittelbar die §§ 11 bis 13 UmwStG Anwendung.[496]

473

---

492 So und wie folgt Tz. 03.20 UmwStE.
493 BMF v. 24. 12. 1999, BStBl 1999 I 1076.
494 Vgl. Tz. 03.32 UmwStE.
495 Vgl. Tz. 13.01 UmwStE.
496 Nach Tz. 01.21 UmwStE ist eine grenzüberschreitende Verschmelzung i. S. d. § 122a UmwG grundsätzlich ein mit einer Verschmelzung i. S. d. § 2 UmwG vergleichbarer ausländischer Vorgang.

474 Geht bei der Verschmelzung inländisches Betriebsvermögen von der ausländischen auf die inländische Kapitalgesellschaft über, wird das deutsche Besteuerungsrecht hierdurch regelmäßig weder ausgeschlossen noch beschränkt, so dass ein **Übertragungsgewinn** durch Buchwertfortführung gemäß § 11 Abs. 2 UmwStG vermieden werden kann. Der Übergang von ausländischem Betriebsvermögen führt allerdings regelmäßig zur Begründung des deutschen Besteuerungsrechts (Steuerverstrickung), so dass diesbezüglich der gemeine Wert angesetzt werden muss, § 4 Abs. 1 Satz 8 zweiter Halbsatz i. V. mit § 6 Abs. 1 Nr. 5 EStG.

475 Der **Übernahmegewinn** der übernehmenden inländischen Kapitalgesellschaft bleibt gemäß § 12 Abs. 2 Satz 1 UmwStG in Höhe des Unterschieds zwischen dem Buchwert der Anteile an der übertragenden Körperschaft und dem Wert, mit dem die übergegangenen Wirtschaftsgüter zu übernehmen sind, abzüglich der Kosten für den Vermögensübergang außer Ansatz. Soweit der Übernahmegewinn dem Anteil der übernehmenden Körperschaft an der übertragenden Körperschaft entspricht, ist er gemäß § 12 Abs. 2 Satz 2 UmwStG i. V. mit § 8b Abs. 2 und 3 KStG zu 95 % steuerfrei.

476 Die Hereinverschmelzung führt regelmäßig nicht dazu, dass das deutsche Besteuerungsrecht im Hinblick auf den Veräußerungsgewinn der Anteile an der übernehmenden Körperschaft ausgeschlossen oder beschränkt wird, so dass gemäß § 13 Abs. 2 UmwStG eine **Besteuerung der Anteilseigner** vermieden werden kann.

2.5.4 Aufspaltung, Abspaltung und Vermögensübertragung (§§ 15 f. UmwStG)

477 § 15 Abs. 1 UmwStG erklärt bei Auf- und Abspaltung (§ 123 Abs. 1 und 2 UmwG) und Teilübertragung (§ 174 Abs. 2 Nr. 1 und 2 UmwG) **von Körperschaften auf Körperschaften** die §§ 11 bis 13 UmwStG für entsprechend anwendbar, so dass diese Umwandlungsformen steuerlich wie Verschmelzungen behandelt werden. Die dritte zivilrechtliche Spaltungsart der Ausgliederung (§ 123 Abs. 3 UmwG) ist vom Umwandlungsteil nicht erfasst (§ 1 Abs. 1 Satz 2 UmwStG) und wird steuerlich als Einbringung i. S. von §§ 20, 21, 24 UmwStG behandelt.[497]

478 Der Verweis des § 15 UmwStG auf die Verschmelzungsvorschriften der §§ 11 bis 13 UmwStG greift nicht nur bei inländischen Aufspaltungen, Abspaltungen und Vermögensübertragungen, sondern nach § 1 Abs. 1 Satz 1 Nr. 1 UmwStG auch bei vergleichbaren ausländischen Vorgängen und bei Umwandlungen nach der SE-VO und der SCE-VO.[498] Ausländische oder grenzüberschreitende Auf- oder Abspaltungen sind aber gemäß § 1 Abs. 2 UmwStG nur bei EU-/EWR-Körperschaften und nicht bei Drittstaaten-Körperschaften vom UmwStG erfasst. Die Regelung des § 12 Abs. 2 KStG greift bei der Spaltung von Drittstaaten-Körperschaften ebenfalls nicht ein. Im Gegensatz zur grenzüberschreitenden Verschmelzung gemäß §§ 122a ff. UmwG sieht das UmwG zivilrecht-

---

[497] Vgl. Tz. 20.03 UmwStE.
[498] Hierbei ist zu beachten, dass die Gründung einer SE oder SCE durch eine Auf- oder Abspaltung nicht möglich ist, vgl. Art. 17 SE-VO und Art. 19 SCE-VO.

lich (derzeit)[499] keine Möglichkeit einer (EU-/EWR-) grenzüberschreitenden Spaltung vor. Unmittelbar von § 15 i.V. mit § 1 Abs. 1 Satz 1 Nr. 1 und Abs. 2 UmwStG erfasst sind aber ausländische Spaltungen von EU-/EWR-Körperschaften, die inländisches Vermögen oder inländische Anteilseigner haben, so dass in diesen Fällen bei Vorliegen der Voraussetzungen von §§ 11 bis 13 UmwStG (hierzu s. o. Rdn. 463 ff.) dieser der Spaltung vergleichbare ausländische Vorgang nach nationalem Recht steuerneutral erfolgen kann.

§ 16 Satz 1 UmwStG verweist bei Auf- und Abspaltungen (§ 123 Abs. 1 und 2 UmwG) **von Körperschaften auf Personengesellschaften** auf die §§ 3 bis 8, 10 und 15 UmwStG. Zivilrechtlich besteht keine Möglichkeit zur Teilübertragung von einer Körperschaft auf eine Personengesellschaft (vgl. § 175 UmwG), so dass die Teilübertragung auch steuerrechtlich nicht von der Vorschrift des § 16 UmwStG (im Gegensatz zur Regelung des § 15 UmwStG) erfasst ist. Obwohl für die Auf- und Abspaltung von Körperschaften auf Personengesellschaften auch § 15 UmwStG entsprechend gilt, sind die §§ 11 bis 13 UmwStG in diesen Fällen grundsätzlich nicht anzuwenden, weil § 16 Satz 1 UmwStG vorrangig auf die §§ 3 bis 8 und 10 UmwStG verweist.[500]

479

2.5.5 Gewerbesteuer (§§ 18 f. UmwStG)

Nach § 18 Abs. 1 Satz 1 UmwStG gelten **bei Vermögensübergang auf eine Personengesellschaft** oder auf eine natürliche Person sowie bei Formwechsel in eine Personengesellschaft die §§ 3 bis 9 und 16 UmwStG auch für die Ermittlung des Gewerbeertrags nach § 2 Abs. 5 GewStG i.V. mit § 7 GewStG. In systematischer Hinsicht ergänzt § 18 UmwStG damit die §§ 3 bis 9 und 16 UmwStG für die Ermittlung der Gewerbesteuer der übertragenden Körperschaft und der übernehmenden Personengesellschaft bzw. natürlichen Person. § 19 UmwStG regelt den **Vermögensübergang** von der übertragenden Körperschaft **auf eine andere Körperschaft** und gehört damit zum Regelungsbereich der §§ 11 bis 13, 15 UmwStG. Da der Gewerbesteuer nur inländische stehende Gewerbebetriebe (vgl. § 2 Abs. 1 Satz 1 GewStG) und im Inland betriebene Reisegewerbe (vgl. § 35a Abs. 1 GewStG) unterliegen, kommen die Vorschriften der §§ 18, 19 UmwStG bei internationalen Umwandlungen regelmäßig nur im Hinblick auf inländisches Betriebsstättenvermögen zum Tragen. § 18 Abs. 3 UmwStG enthält allerdings einen speziellen (und damit vorrangig anzuwendenden)[501] gewerbesteuerlichen Missbrauchstatbestand, nach dem ein Gewinn aus der Auflösung oder Veräußerung des Be-

480

---

499 Seit der Änderung der GesR-RL (EU 2017/1132) durch die EU-Mobilitäts- oder Umwandlungsrichtlinie (EU 2019/2121 v. 27. 11. 2019, ABl 2019 L 321, 1) mit Wirkung zum 1. 1. 2020 werden nach Art. 160a ff. GesR-RL auch grenzüberschreitende Spaltungen von Kapitalgesellschaften sekundärrechtlich geregelt. Mit dem Inkrafttreten läuft eine dreijährige Umsetzungsfrist für die Mitgliedstaaten, die am 31. 1. 2023 endet.
500 Vgl. Tz. 16.01 UmwStE.
501 Tz. 18.09 UmwStE.

triebs der Personengesellschaft der Gewerbesteuer unterliegt, wenn innerhalb von fünf Jahren nach der Umwandlung eine Betriebsaufgabe oder Veräußerung erfolgt.[502] Verstöße gegen die fünfjährige Sperrfrist können damit für Inbound-Investments zur Gewerbesteuerfalle werden. Der nach Umwandlung einer Kapital- in eine Personengesellschaft gemäß § 18 Abs. 3 Satz 2 UmwStG i.V. mit § 7 Satz 1 GewStG in den Gewerbeertrag einzubeziehende Gewinn aus der Veräußerung eines Anteils an der Personengesellschaft ist auch dann nicht um den Freibetrag nach § 16 Abs. 4 Satz 1 EStG zu kürzen, wenn in der Person des veräußernden Mitunternehmers die persönlichen Voraussetzungen des § 16 Abs. 4 EStG vorliegen.[503]

2.5.6 Einbringung von Unternehmensteilen in eine Kapitalgesellschaft oder Genossenschaft und Anteilstausch (§§ 20 bis 23 UmwStG)

481 §§ 20 ff. UmwStG regeln die Einbringung von Betrieben, Teilbetrieben und Mitunternehmeranteilen (**Sacheinlage** gemäß § 20 Abs. 1 UmwStG), sowie die Einbringung von Anteilen an Kapitalgesellschaften und Genossenschaften (**Anteilstausch** gemäß § 21 Abs. 1 UmwStG) in eine Kapitalgesellschaft gegen Gewährung neuer Anteile. Nach § 20 Abs. 2 Satz 1 UmwStG (bzw. § 21 Abs. 1 Satz 1 UmwStG) sind die eingebrachten Wirtschaftsgüter (bzw. die übertragenen Anteile) von der übernehmenden Kapitalgesellschaft grundsätzlich mit dem gemeinen Wert anzusetzen. Der steuerneutrale Buchwertansatz ist möglich, wenn die Voraussetzungen des § 20 Abs. 2 Satz 2 UmwStG erfüllt sind (insbesondere das deutsche Besteuerungsrecht bezogen auf den Veräußerungsgewinn der eingebrachten Wirtschaftsgüter nicht ausgeschlossen oder beschränkt wird), bzw. wenn der übernehmende Rechtsträger nach der Einbringung unmittelbar die Mehrheit der Stimmrechte an der erworbenen Gesellschaft hat (sog. qualifizierter Anteilstausch, § 21 Abs. 1 Satz 2 UmwStG). Bei Einbringungen, die nach dem 31.12.2014 erfolgen,[504] dürfen sonstige Gegenleistungen, die neben den neuen Gesellschaftsanteilen gewährt werden, nicht mehr als 25 % des Buchwerts des eingebrachten Betriebsvermögens bzw. der eingebrachten Anteile (§ 20 Abs. 2 Satz 2 Nr 4 Buchst. a UmwStG bzw. § 21 Abs. 1 Satz 2 Nr. 2 Buchst. a UmwStG) oder nicht mehr als 500 000 €, höchstens jedoch den Buchwert des eingebrachten Betriebsvermögens bzw. der eingebrachten Anteile betragen (§ 20 Abs. 2 Satz 2 Nr. 4 Buchst. b UmwStG bzw. § 21 Abs. 1 Satz 2 Nr. 2 Buchst. b UmwStG). Erhält der Einbringende neben den neuen Gesellschaftsanteilen auch sonstige Gegenleistungen, muss das eingebrachte Betriebsvermögen (bzw. müssen die eingebrachten Anteile) mindestens mit dem gemeinen Wert der sonstigen Gegenleistungen angesetzt werden, wenn dieser den gewählten

---

502 Nach der Entscheidung des BFH v. 24.9.2015 IV R 30/13, DStR 2015, 2660 sind Gewinne aus Geschäftsvorfällen, die auf der im Wesentlichen unveränderten Fortführung der bisherigen unternehmerischen Tätigkeit der Personengesellschaft beruhen, keine Aufgabe- oder Veräußerungsgewinne i. S. des Missbrauchstatbestands, selbst wenn sie im zeitlichen Zusammenhang mit der Aufgabe oder Veräußerung des Betriebs entstehen.
503 BFH v. 26.3.2015 IV R 3/12, BFH/NV 2015, 1193.
504 Vgl. § 27 Abs. 14 UmwStG.

Buch- oder Zwischenwertansatz übersteigt, § 20 Abs. 2 Satz 4 UmwStG (bzw. § 21 Abs. 1 Satz 4 UmwStG).

Der Wertansatz bei der übernehmenden Kapitalgesellschaft ist grundsätzlich maßgebend für die Besteuerung des Einbringenden, § 20 Abs. 3 Satz 1 bzw. § 21 Abs. 2 Satz 1 UmwStG. Dies gilt nach § 21 Abs. 2 Satz 3 UmwStG nicht bei einem grenzüberschreitenden Anteilstausch, wenn das deutsche Besteuerungsrecht hinsichtlich der Besteuerung des Gewinns aus der Veräußerung der erhaltenen Anteile nicht ausgeschlossen oder beschränkt ist (Nr. 1) oder der Anteilstausch aufgrund Art. 8 der Fusionsrichtlinie[505] nicht besteuert werden darf (Nr. 2); in diesen Fällen ist eine grenzüberschreitende Buchwertverknüpfung keine Voraussetzung für die Steuerneutralität.

482

Die **Besteuerung der Anteilseigner** ist für die Fälle der Sacheinlage in § 22 Abs. 1 UmwStG und für die Fälle des Anteilstauschs in § 22 Abs. 2 UmwStG geregelt. Werden die (als Gegenleistung für die Einbringung gewährten) Anteile innerhalb einer siebenjährigen Sperrfrist veräußert, so sind gemäß § 22 Abs. 1 Satz 1 UmwStG die stillen Reserven zum Einbringungszeitpunkt nachträglich zu ermitteln und als sog. Einbringungsgewinn I im Einbringungszeitpunkt rückwirkend (§ 175 Abs. 1 Nr. 2 AO) zu versteuern.[506] **Einbringungsgewinn I** ist gemäß § 22 Abs. 1 Satz 3 UmwStG der Betrag, um den der gemeine Wert des eingebrachten Betriebsvermögens im Einbringungszeitpunkt nach Abzug der Kosten für den Vermögensübergang den Wert, mit dem die übernehmende Gesellschaft dieses eingebrachte Betriebsvermögen angesetzt hat, übersteigt, vermindert um jeweils ein Siebtel für jedes seit dem Einbringungszeitpunkt abgelaufene Zeitjahr. Der Einbringungsgewinn I gilt als nachträgliche Anschaffungskosten der erhaltenen Anteile, § 22 Abs. 1 Satz 4 UmwStG. Bei Vorliegen der Voraussetzungen des § 23 Abs. 2 UmwStG kann der übernehmende Rechtsträger den versteuerten Einbringungsgewinn I im Wirtschaftsjahr der Veräußerung der Anteile als Erhöhungsbetrag (gewinnmindernd) ansetzen.

483

Nach einem qualifizierten Anteilstausch i. S. von § 21 Abs. 1 Satz 2 UmwStG kommt es zu einer rückwirkenden (§ 175 Abs. 1 Satz 1 Nr. 2 AO) Besteuerung eines sog. Einbringungsgewinns II, soweit unter dem gemeinen Wert eingebrachte Anteile innerhalb der siebenjährigen Sperrfrist durch die übernehmende Kapitalgesellschaft veräußert werden und der einbringende Rechtsträger keine nach § 8b Abs. 2 KStG begünstigte Person ist. **Einbringungsgewinn II** ist gemäß § 22 Abs. 2 Satz 3 UmwStG der Betrag, um den der gemeine Wert der eingebrachten Anteile im Einbringungszeitpunkt nach Abzug der Kosten für den Vermögensübergang den Wert, mit dem der Einbringende die erhaltenen Anteile angesetzt hat, übersteigt, vermindert um jeweils ein Siebtel für jedes seit

484

---

505 Richtlinie des Rates v. 19.10.2009, 2009/133/EG, ABl 2009 L 310, 34 (zuvor Richtlinie des Rates v. 23.6.1990, 90/434/EWG, ABl 1990 L 225/1).
506 Der Einbringungsgewinn I unterliegt nicht der Gewerbesteuer bei Einbringung durch eine natürliche Person, vgl. BFH v. 11.7.2019 I R 26/18, DStR 2020, 441; dieselben Grundsätze gelten für den Einbringungsgewinn II, vgl. BFH v. 11.7.2019 I R 13/18, DStR 2020, 444.

dem Einbringungszeitpunkt abgelaufene Zeitjahr.[507] Der Einbringungsgewinn II gilt als nachträgliche Anschaffungskosten der erhaltenen Anteile, § 22 Abs. 2 Satz 4 UmwStG.

485 Der Anwendungsbereich der Einbringungsvorschriften wurde durch das SEStEG erweitert, so dass auch grenzüberschreitende Einbringungen unter Beteiligung von (in der **EU/EWR** ansässigen) Gesellschaften oder natürlichen Personen möglich sind.[508] Sogar die Einbringung durch einen einbringenden Rechtsträger **aus einem Drittstaat** kann unter der zusätzlichen Voraussetzung, dass das deutsche Besteuerungsrecht im Hinblick auf den Veräußerungsgewinn der als Gegenleistung für die Einbringung erhaltenen Anteile weder ausgeschlossen noch beschränkt ist, steuerneutral erfolgen (§ 1 Abs. 4 Nr. 2 Buchst. b UmwStG). Übernehmende Rechtsträger können in einem EU-/EWR-Staat ansässige Kapitalgesellschaften sein. Eine steuerneutrale Einbringung **in Drittstaaten**-Kapitalgesellschaften ist (weiterhin) nicht möglich, § 1 Abs. 4 Nr. 1 i.V. mit § 1 Abs. 2 Nr. 1 UmwStG.

2.5.6.1 Einbringung in eine inländische Kapitalgesellschaft mit Auslandsbezug

486 Ist ein ausländischer Einbringender nur beschränkt steuerpflichtig, sind die Gewinne aus der Veräußerung der im Zuge der Einbringung erhaltenen Anteile als inländische Einkünfte gemäß § 49 Abs. 1 Nr. 2 Buchst. e EStG beschränkt steuerpflichtig. Wenn **kein DBA** eingreift, wird dieses deutsche Besteuerungsrecht auch nicht ausgeschlossen oder beschränkt, so dass eine steuerneutrale Einbringung nach § 20 Abs. 2 Satz 2 Nr. 3 UmwStG für inländisches Betriebsstättenvermögen möglich ist. Wird allerdings ausländisches Betriebsstättenvermögen eingebracht, so findet eine Steuerverstrickung statt, die nach § 4 Abs. 1 Satz 7 i.V. mit § 6 Abs. 1 Nr. 5 EStG zum gemeinen Wert erfolgen muss.

487 Wenn ein **DBA** eingreift, wird das deutsche Besteuerungsrecht hinsichtlich des Veräußerungsgewinns der im Zuge der Einbringung erhaltenen Anteile regelmäßig ausgeschlossen sein (vgl. Art. 13 Abs. 5 OECD-MA),[509] so dass eine steuerneutrale Einbringung nach § 20 Abs. 2 Satz 2 Nr. 3 UmwStG nicht möglich ist, es sei denn, die im Zuge der Einbringung erhaltenen Anteile gehören funktional zu einer inländischen Betriebsstätte. In diesem Fall ist eine steuerneutrale Einbringung gemäß § 20 Abs. 2 Satz 2 Nr. 3 UmwStG möglich, weil das deutsche Besteuerungsrecht nicht ausgeschlossen wird. Allerdings ist der Anwendungsbereich auf Einbringungsgegenstände aus einer inländischen Betriebsstätte beschränkt, da die Einbringung von Wirtschaftsgütern aus einer ausländischen Betriebsstätte deren Steuerverstrickung (mit dem gemeinen Wert nach § 4 Abs. 1 Satz 8 i.V. mit § 6 Abs. 1 Nr. 5 EStG) zur Folge hätte.

---

507 Aus Sicht einer Muttergesellschaft ist auch die Aufwärtsverschmelzung einer Tochtergesellschaft auf ihre Muttergesellschaft als Veräußerung der Anteile an der Tochtergesellschaft i. S. des § 22 Abs. 2 Satz 1 UmwStG anzusehen, vgl. BFH v. 24. 1. 2018 I R 48/15, BStBl 2019 II 45, Rdn. 20 ff.
508 Ausführlich zum persönlichen Anwendungsbereich: Tz. 01.53 UmwStE.
509 Rdn. 866.

2.5.6.2 Einbringung in eine ausländische Kapitalgesellschaft mit Inlandsbezug

Ausländische Einbringungen sind vom Anwendungsbereich der §§ 20 ff. UmwStG nur erfasst, wenn die **übernehmende** Gesellschaft eine **EU-/EWR-Kapitalgesellschaft** ist (§ 1 Abs. 4 Satz 1 Nr. 1 UmwStG) und der einbringende Rechtsträger auch in der EU bzw. im EWR ansässig oder das deutsche Besteuerungsrecht hinsichtlich des Veräußerungsgewinns der im Zuge der Einbringung erhaltenen Anteile nicht ausgeschlossen oder beschränkt ist (§ 1 Abs. 4 Satz 1 Nr. 2 UmwStG). Ist die übernehmende Gesellschaft in einem Drittstaat ansässig, kann (in Ermangelung einer entsprechenden gesetzlichen Ausnahme) die Einbringung nicht steuerneutral erfolgen, da die Einbringung gegen Gewährung von Gesellschaftsrechten einen tauschähnlichen und damit entgeltlichen Vorgang darstellt[510].

488

2.5.6.3 Grenzüberschreitende Einbringung in eine Kapitalgesellschaft

Wie bei grenzüberschreitenden Verschmelzungen aus deutscher Sicht systematisch zwischen Herein- und Hinausverschmelzungen (s. o. Rdn. 469 ff.) unterschieden wird, können auch im Rahmen von grenzüberschreitenden Einbringungen die Fälle der grenzüberschreitenden Einbringungen in deutsche Kapitalgesellschaften (nach Deutschland **herein**) und die Fälle der grenzüberschreitenden Einbringungen in EU-/EWR-Kapitalgesellschaften (aus Deutschland **hinaus**) unterschieden werden.

489

Die grenzüberschreitende Einbringung **in eine deutsche Kapitalgesellschaft** ist nach § 20 Abs. 2 Satz 2 UmwStG steuerneutral auch durch einen in der EU/EWR ansässigen Rechtsträger i. S. von § 1 Abs. 4 Satz 1 Nr. 2 Buchst. a UmwStG möglich, wenn das deutsche Besteuerungsrecht in Bezug auf den Veräußerungsgewinn des eingebrachten Betriebsvermögens bei der übernehmenden inländischen Kapitalgesellschaft nicht ausgeschlossen oder beschränkt wird. Diese Voraussetzung ist bei inländischem Betriebsstättenvermögen regelmäßig erfüllt. Ist der einbringende Rechtsträger hingegen in einem Drittstaat ansässig, so erfordert die Steuerneutralität nach § 1 Abs. 4 Satz 1 Nr. 2 Buchst. b UmwStG zusätzlich, dass das deutsche Besteuerungsrecht auch in Bezug auf den Veräußerungsgewinn der erhaltenen Anteile nicht ausgeschlossen oder beschränkt ist. Hierfür müssen die erhaltenen Anteile an der inländischen Kapitalgesellschaft einer inländischen Betriebsstätte des einbringenden Rechtsträgers zuzuordnen sein. Bei einem Anteilstausch (i. S. von § 21 Abs. 1 UmwStG) spielt es hingegen keine Rolle, ob der einbringende Rechtsträger in der EU oder in einem Drittland ansässig ist, da die Beschränkung in § 1 Abs. 4 Satz 1 Nr. 2 UmwStG für den Anteilstausch nicht anwendbar ist[511].

490

Nach § 1 Abs. 4 Satz 1 UmwStG kann eine Einbringung **in eine EU-/EWR-Kapitalgesellschaft** ebenfalls steuerneutral erfolgen, wenn entweder der einbringende Rechtsträger ebenfalls in der EU/EWR ansässig ist oder das deutsche Besteuerungsrecht im Hinblick

491

---

510 Vgl. BFH v. 24. 1. 2018 I R 48/15, BStBl 2019 II 45, Rdn. 21; v. 17. 9. 2003 I R 97/02, BStBl 2004 II 686; v. 15. 10. 1997 I R 22/96, BStBl 1998 II 168.
511 Umkehrschluss aus § 1 Abs. 4 Satz 1 Nr. 2 UmwStG, vgl. Tz. 21.03 UmwStE.

auf den Veräußerungsgewinn der erhaltenen Anteile an der EU-/EWR-Kapitalgesellschaft nicht ausgeschlossen oder beschränkt ist. Zusätzlich darf gemäß § 20 Abs. 2 Satz 2 UmwStG das deutsche Besteuerungsrecht hinsichtlich des Veräußerungsgewinns des eingebrachten Betriebsvermögens bei der übernehmenden Gesellschaft nicht ausgeschlossen oder beschränkt werden. Letzteres ist bei der Einbringung inländischen Betriebsstättenvermögens in eine EU-/EWR-Kapitalgesellschaft regelmäßig der Fall, so dass nur Vermögen, das funktional einer ausländischen Betriebsstätte zuzuordnen ist, steuerneutral in eine EU-/EWR-Kapitalgesellschaft eingebracht werden kann.

492 Beim qualifizierten Anteilstausch (i. S. von § 21 Abs. 1 Satz 2 UmwStG) ist eine steuerneutrale Buchwertfortführung auf Antrag[512] auch dann möglich, wenn das Besteuerungsrecht der Bundesrepublik Deutschland hinsichtlich des Gewinns aus der Veräußerung der **eingebrachten Anteile** ausgeschlossen oder beschränkt ist, solange das Besteuerungsrecht der Bundesrepublik Deutschland hinsichtlich des Gewinns aus der Veräußerung der **erhaltenen Anteile** nicht ausgeschlossen oder beschränkt ist, § 21 Abs. 2 Satz 3 Nr. 1 UmwStG.

> **BEISPIEL:**[513]
>
> ▶ Die in Deutschland ansässige natürliche Person D ist alleiniger Gesellschafter der inländischen D-GmbH. Er bringt seine Anteile an der D-GmbH in die in Frankreich ansässige F-SARL (Société à responsabilité limitée, die aus deutscher Sicht einer GmbH entspricht)[514] ausschließlich gegen Gewährung neuer Gesellschaftsrechte ein.
>
> ▶ Die Einbringung fällt nach § 1 Abs. 4 Nr. 1 UmwStG in den Anwendungsbereich des UmwStG, weil die aufnehmende F-SARL eine Gesellschaft i. S. von § 1 Abs. 2 UmwStG ist. Auf die Ansässigkeit des Einbringenden und die Ansässigkeit der Gesellschaft, deren Anteile eingebracht werden, kommt es nicht an.
>
> ▶ Nach § 21 Abs. 1 Satz 1 UmwStG sind die im Rahmen eines Anteilstauschs eingebrachten Anteile bei der übernehmenden Gesellschaft grundsätzlich mit dem gemeinen Wert anzusetzen. Dies gilt nach § 21 Abs. 1 Satz 2 UmwStG allerdings dann nicht, wenn eine mehrheitsvermittelnde Beteiligung eingebracht wird (qualifizierter Anteilstausch). In diesem Fall können die eingebrachten Anteile auch mit dem Buch- oder Zwischenwert angesetzt werden. Nach § 21 Abs. 2 Satz 1 UmwStG gilt grundsätzlich der Wert, mit dem die aufnehmende Gesellschaft die eingebrachten Anteile ansetzt, beim Einbringenden als Veräußerungspreis und als Anschaffungskosten der neuen Anteile.
>
> ▶ In Abweichung hiervon sieht § 21 Abs. 2 Satz 2 erster Halbsatz UmwStG zwingend den Ansatz der eingebrachten Anteile mit dem gemeinen Wert vor, wenn das deutsche Besteuerungsrecht hinsichtlich des Gewinns aus der Veräußerung der eingebrachten Anteile nach der Einbringung ausgeschlossen oder beschränkt ist. In Rückausnahme zu § 21 Abs. 2 Satz 2 UmwStG können allerdings nach § 21 Abs. 2 Satz 3 Nr. 1 UmwStG auf Antrag des Einbringenden die erhaltenen Anteile mit dem Buch- oder Zwischenwert bewertet werden, wenn das Recht Deutschlands hinsichtlich des Gewinns aus der Veräußerung der erhaltenen Anteile nicht ausgeschlossen oder beschränkt ist.
>
> ▶ Nach dem DBA Frankreich steht Deutschland das alleinige Besteuerungsrecht für Gewinne aus der Veräußerung der erhaltenen (neuen) Anteile an der französischen F-SARL, welche auch eine EU-Kapitalgesellschaft ist, zu. Überdies hält die F-SARL nach der Einbringung alle

---

512 Gemäß § 21 Abs. 2 Satz 4 UmwStG ist der Antrag spätestens bis zur erstmaligen Abgabe der Steuererklärung bei dem für die Besteuerung des Einbringenden zuständigen Finanzamt zu stellen.
513 Vgl. Tz. 21.15 UmwStE.
514 Vgl. Tabelle 1 des BMF v. 24. 12. 1999, BStBl 1999 I 1076.

Anteile an der inländischen D-GmbH und hat hierfür als Gegenleistung dem D nur neue Anteile gewährt. Der Einbringende D kann somit nach § 21 Abs. 2 Satz 3 Nr. 1 UmwStG die Buchwertfortführung oder den Zwischenwertansatz auch dann wählen, wenn bei der aufnehmenden F-SARL nicht der Buch- oder Zwischenwert angesetzt wird. Der Buch- oder Zwischenwert gilt dann als Anschaffungskosten der neuen Anteile.

Wenn zu dem **grenzüberschreitend eingebrachten** Betriebsvermögen eine in einem anderen Mitgliedstaat gelegene **Betriebsstätte** gehört und das deutsche Besteuerungsrecht durch den Einbringungsvorgang beschränkt wird, ordnet § 20 Abs. 7 UmwStG durch seinen Verweis auf § 3 Abs. 3 UmwStG an, dass die im anderen EU-Mitgliedstaat (tatsächlich oder fiktiv) erhobene Steuer nach § 26 KStG bzw. § 34c EStG anzurechnen ist.[515] Der Anrechnungsbetrag ist hierbei durch ein Auskunftsersuchen (§ 117 AO) an den ausländischen Betriebsstättenstaat zu ermitteln.[516] 493

> **BEISPIEL:**[517]
>
> Eine in Deutschland ansässige GmbH mit portugiesischer Betriebsstätte (ohne aktive Einkünfte) bringt die portugiesische Betriebsstätte in eine spanische SA (Sociedad Anonima, die aus deutscher Sicht einer AG entspricht)[518] gegen Gewährung von Anteilen ein.
>
> Im Hinblick auf die portugiesische Betriebsstätte steht Deutschland nach dem DBA-Portugal ein Besteuerungsrecht mit Anrechnungsverpflichtung (Aktivitätsklausel) zu. Durch die Einbringung der Betriebsstätte in die spanische SA wird das deutsche Besteuerungsrecht an der Betriebsstätte in Portugal ausgeschlossen. Der deutschen GmbH sind nunmehr stattdessen anteilig die im Rahmen der Einbringung gewährten Anteile an der spanischen SA zuzurechnen. Da das deutsche Besteuerungsrecht an der Betriebsstätte durch die Einbringung ausgeschlossen wird, kommt es insoweit zu einer Besteuerung des Einbringungsgewinns (§ 20 Abs. 2 Satz 2 Nr. 3 UmwStG). Dies ist nach Art. 10 Abs. 2 der Fusionsrichtlinie[519] auch zulässig, da Deutschland ein System der Welteinkommensbesteuerung hat. Allerdings ist die fiktive Steuer, die im Fall der Veräußerung der Wirtschaftsgüter der Betriebsstätte in Portugal anfallen würde, auf die deutsche Steuer anzurechnen (§ 20 Abs. 7 i.V. mit § 3 Abs. 3 UmwStG).

§ 20 Abs. 8 UmwStG enthält eine entsprechende Anrechnungsvorschrift für den Fall der grenzüberschreitenden Einbringung einer Betriebsstätte durch eine gebietsfremde (**hybride**) **Kapitalgesellschaft,** die im Inland als steuerlich transparent angesehen wird. 494

> **BEISPIEL:**[520]
>
> Eine in Deutschland ansässige natürliche Person ist an einer in Frankreich ansässigen SC (Société Civile, die aus deutscher Sicht einer GbR entspricht)[521] als Mitunternehmer beteiligt. Die SC hat eine portugiesische Betriebsstätte, für deren passive Einkünfte nach dem DBA die Anrechnungsmethode angewendet wird. Die französische SC wird auf eine spanische SA (Sociedad Anonima, die aus deutscher Sicht einer AG entspricht) verschmolzen.
>
> Die französische SC ist nach der Anlage zur Fusionsrichtlinie eine von der Fusionsrichtlinie geschützte Gesellschaft, die in Frankreich als Kapitalgesellschaft behandelt wird. Da sie gleichzeitig nach deutschem Recht als transparent anzusehen ist, handelt es sich um eine sog. hybride Gesellschaft. Vor der Verschmelzung unterlag der deutsche Mitunternehmer mit seinen portu-

---

515 Zu den Einzelheiten s. Tz. 20.36 UmwStE.
516 Tz. 03.32 UmwStE.
517 Vgl. Tz. 20.36 UmwStE.
518 Vgl. Tabelle 1 des BMF v. 24. 12. 1999, BStBl 1999 I 1076.
519 Richtlinie des Rates v. 19. 10. 2009, 2009/133/EG, ABl 2009 L 310, 34 (zuvor Richtlinie des Rates v. 23. 6. 1990, 90/434/EWG, ABl 1990 L 225, 1).
520 Vgl. Tz. 20.37 UmwStE.
521 Vgl. Tabelle 1 des BMF v. 24. 12. 1999, BStBl 1999 I 1076.

giesischen Betriebsstätteneinkünften der unbeschränkten deutschen Einkommensteuerpflicht unter Anrechnung der portugiesischen Steuer. Durch die Verschmelzung der SC auf die spanische SA endet die Mitunternehmerstellung im Hinblick auf die Betriebsstätte in Portugal. Dem deutschen Gesellschafter sind stattdessen anteilig die im Rahmen der Einbringung gewährten Anteile an der spanischen SA zuzurechnen. Da das deutsche Besteuerungsrecht an der Betriebsstätte in Portugal durch die Einbringung ausgeschlossen wird, kommt es insoweit zu einer Besteuerung des Einbringungsgewinns gemäß § 20 Abs. 2 Satz 2 Nr. 3 UmwStG. Hierbei ist gemäß § 20 Abs. 8 UmwStG die fiktive Steuer, die im Fall der Veräußerung der Wirtschaftsgüter der portugiesischen Betriebsstätte anfallen würde, auf die deutsche Steuer anzurechnen.

2.5.7 Einbringung eines Betriebs, Teilbetriebs oder Mitunternehmeranteils in eine Personengesellschaft (§ 24 UmwStG)

495 Wird ein Betrieb, Teilbetrieb oder Mitunternehmeranteil gegen Gewährung von Gesellschaftsrechten in eine Personengesellschaft eingebracht, so liegt aus der Sicht des Einbringenden ein tauschähnlicher Veräußerungsvorgang und aus der Sicht des übernehmenden Rechtsträgers ein Anschaffungsgeschäft vor.[522] Dementsprechend hat die Personengesellschaft gemäß § 24 Abs. 2 Satz 1 erster Halbsatz UmwStG das eingebrachte Betriebsvermögen in ihrer Bilanz einschließlich der Ergänzungsbilanzen für ihre Gesellschafter mit dem gemeinen Wert anzusetzen. Der steuerneutrale Buchwertansatz ist nur möglich, soweit der Einbringende als Gegenleistung für die Einbringung Gesellschaftsrechte erwirbt, d. h. soweit er durch die Einbringung die Rechtsstellung eines Mitunternehmers erlangt oder seine bisherige Mitunternehmerstellung erweitert,[523] und soweit nach der Entstrickungsklausel des § 24 Abs. 2 Satz 2 Nr. 1 UmwStG zusätzlich das Recht der Bundesrepublik Deutschland hinsichtlich der Besteuerung des eingebrachten Betriebsvermögens nicht ausgeschlossen oder beschränkt wird. Bei Einbringungen, die nach dem 31. 12. 2014 erfolgen,[524] dürfen sonstige Gegenleistungen, die neben den neuen Gesellschaftsanteilen gewährt werden, nicht mehr als 25 % des Buchwerts des eingebrachten Betriebsvermögens (§ 24 Abs. 2 Satz 2 Nr. 2 Buchst. a UmwStG) oder nicht mehr als 500 000 €, höchstens jedoch den Buchwert des eingebrachten Betriebsvermögens betragen (§ 24 Abs. 2 Satz 2 Nr. 2 Buchst. b UmwStG). Erhält der Einbringende neben den neuen Gesellschaftsanteilen auch sonstige Gegenleistungen, muss das eingebrachte Betriebsvermögen mindestens mit dem gemeinen Wert der sonstigen Gegenleistungen angesetzt werden, wenn dieser den gewählten Buch- oder Zwischenwertansatz übersteigt, § 24 Abs. 2 Satz 4 UmwStG.

---

522 BFH v. 20. 9. 2007 IV R 70/05, BStBl 2008 II 265; v. 7. 11. 2006 VIII R 13/04, BStBl 2008 II 545; v. 26. 1. 1994 III R 39/91, BStBl 1994 II 458; Tz. 01.47 UmwStE.
523 BFH v. 25. 4. 2006 VIII R 52/04, BStBl 2006 II 847; v. 16. 12. 2004 III R 38/00, BStBl 2005 II 554; Tz. 24.07 UmwStE.
524 Vgl. § 27 Abs. 14 UmwStG.

2.5.7.1 Einbringung in eine inländische Personengesellschaft

Die Aufrechterhaltung des deutschen Besteuerungsrechts ist bei inländischen Einbringungen regelmäßig erfüllt. Wird inländisches Betriebsstättenvermögen in eine inländische Personengesellschaft eingebracht, bleibt das deutsche Besteuerungsrecht hinsichtlich des eingebrachten Vermögens uneingeschränkt erhalten, da das Betriebsstättenprinzip (Art. 7 Abs. 1 OECD-MA) gleichermaßen für unbeschränkt wie auch beschränkt Steuerpflichtige gilt. Auch bei der Einbringung ausländischen Betriebsstättenvermögens wird das deutsche Besteuerungsrecht regelmäßig weder ausgeschlossen noch beschränkt. Bei beschränkt steuerpflichtigen Mitunternehmern ist der Gewinnanteil, der von dem Gewinn einer inländischen Personengesellschaft auf eine ausländische Betriebsstätte entfällt, in Deutschland ohnehin nicht steuerbar, weil die Voraussetzungen von § 49 Abs. 1 Nr. 2 Buchst. a EStG nicht erfüllt sind.[525]

496

2.5.7.2 Einbringung in eine ausländische Personengesellschaft

§ 24 UmwStG findet auch auf Einbringungen in ausländische Personengesellschaften Anwendung, wenn die ausländische Gesellschaft nach einem **Rechtstypenvergleich** einer deutschen Personengesellschaft bzw. einer Mitunternehmerschaft i. S. von § 15 Abs. 1 Satz Nr. 2 Satz 1 EStG entspricht.[526] Die Ansässigkeit der ausländischen Personengesellschaft in einem EU-/EWR-Staat ist nach § 1 Abs. 4 Satz 2 UmwStG nicht erforderlich. Die Einbringung von ausländischem Betriebsstättenvermögen in eine ausländische Personengesellschaft wird in der Regel nicht zu einer Beschränkung des deutschen Besteuerungsrechts führen. Gleiches gilt für die Einbringung von inländischem Betriebsstättenvermögen in die inländische Betriebsstätte einer ausländischen Personengesellschaft.

497

2.5.7.3 Grenzüberschreitende Einbringung in eine Personengesellschaft

§ 24 Abs. 2 Satz 2 UmwStG knüpft nicht an die Ansässigkeit der Personengesellschaft oder ihrer Gesellschafter an, sondern macht die mangelnde Entstrickung zur Bedingung der Steuerneutralität. Aus diesem Grund kann in Fällen der grenzüberschreitenden Einbringung in eine Personengesellschaft auf die Unterscheidung zwischen Einbringungen in eine deutsche Personengesellschaft (herein) und Einbringungen in eine ausländische Personengesellschaft (hinaus) verzichtet werden.

498

---

525 BFH v. 24. 2. 1988 I R 95/84, BStBl 1988 II 663.
526 Tz. 01.27 UmwStE unter Verweis auf den Rechtstypenvergleich ausgewählter ausländischer Rechtsformen in Tabellen 1 und 2 des BMF-Schreibens v. 24. 12. 1999, BStBl 1999 I 1076.

2.5.8 Formwechsel einer Personengesellschaft in eine Kapitalgesellschaft oder Genossenschaft (§ 25 UmwStG)

499 In Fällen des Formwechsels einer Personengesellschaft in eine Kapitalgesellschaft oder Genossenschaft gemäß § 190 UmwStG (oder aufgrund vergleichbarer ausländischer Vorgänge)[527] sind nach § 25 Satz 1 UmwStG die §§ 20 bis 23 UmwStG entsprechend anzuwenden. Umwandlungssteuerlich wird der (aus steuerlicher Sicht heterogene) Formwechsel einer Personengesellschaft in eine Kapitalgesellschaft damit (entgegen dem zivilrechtlich identitätswahrenden Charakter) wie eine **übertragende Umwandlung** behandelt.[528] Da handelsrechtlich keine Rückbeziehung des Formwechsels normiert ist, enthält § 25 Satz 2 UmwStG über seine Verweisung auf § 9 Satz 2 und 3 UmwStG und damit auf § 2 Abs. 3 und 4 UmwStG eine eigenständige steuerliche Rückbeziehungsvorschrift.[529]

2.6 Vermögensteuergesetz

500 Durch das JStG 1997 wurde die Vermögensbesteuerung für VZ ab 1.1.1997 aufgehoben. Für VZ davor kann eine im Ausland erhobene Vermögensteuer nach § 11 VStG auf die inländische Vermögensteuer angerechnet werden; für dieses Anrechnungsverfahren gelten die oben zu § 34c Abs. 1 EStG dargestellten Grundsätze entsprechend.

501 Ferner sieht § 12 VStG die Ermäßigung (= halber Steuersatz) der inländischen Vermögensteuer bei bestimmtem ausländischen Betriebsvermögen (§ 12 Abs. 1 VStG) bzw. Handelsschiffen im internationalen Verkehr (§ 12 Abs. 2 VStG) vor.

502 Schließlich ist in § 12 Abs. 3 VStG die Pauschalierung der Vermögensteuer entsprechend den Grundsätzen des § 34c Abs. 5 EStG geregelt.

2.7 Erbschaftsteuer- und Schenkungsteuergesetz

2.7.1 Überblick

503 Im internationalen Erbschaftsteuerrecht können sich folgende grenzüberschreitende Konstellationen ergeben:

▶ Der Erbe hat seinen Wohnsitz im Inland, der Erblasser hatte seinen Wohnsitz im Inland und der Erwerb (oder Teile davon) befinden sich im Ausland;

---

[527] Ein (EU/EWR-) ausländischer Umwandlungsvorgang ist einem Formwechsel i. S. von § 190 UmwG vergleichbar, wenn der Vorgang zu einem Wechsel des Rechtsträgers ohne Vermögensübergang führt, vgl. § 202 Abs. 1 Nr. 1 UmwG.
[528] Tz. 25.01 UmwStE; da handelsrechtlich kein Vermögensübergang stattfindet, ist bei einem Formwechsel auch keine Handelsbilanz aufzustellen, vgl. BFH v. 19.10.2005 I R 38/04, BStBl 2006, II 568.
[529] Zum rückwirkenden Formwechsel vgl. auch BFH v. 17.9.2003 I R 55/02, BStBl 2004 II 534. Die Frage, ob die Umwandlung einer OHG in eine GmbH mit steuerrechtlicher Rückwirkung ausgeschlossen ist, wenn die OHG im Zeitpunkt des Umwandlungsbeschlusses bereits keiner Tätigkeit mehr nachgeht, ist derzeit beim BFH unter I R 13/19 anhängig.

- der Erbe hat seinen Wohnsitz im Inland, der Erblasser hatte seinen Wohnsitz im Ausland und der Erwerb (oder Teile davon) befinden sich im Inland;
- der Erbe hat seinen Wohnsitz im Inland, der Erblasser hatte seinen Wohnsitz im Ausland und der Erwerb (oder Teile davon) befinden sich im Ausland;
- der Erbe hat seinen Wohnsitz im Ausland, der Erblasser hatte seinen Wohnsitz im Inland und der Erwerb (oder Teile davon) befinden sich im Inland;
- der Erbe hat seinen Wohnsitz im Ausland, der Erblasser hatte seinen Wohnsitz im Inland und der Erwerb (oder Teile davon) befinden sich im Ausland;
- der Erbe hat seinen Wohnsitz im Ausland, der Erblasser hatte seinen Wohnsitz im Ausland und der Erwerb besteht u. a. aus Vermögen, das sich im Inland befindet.

Das ErbStG sieht folgende zwei Möglichkeiten zur Milderung oder Vermeidung einer Doppelbesteuerung vor: 504

- Anrechnung der ausländischen Erbschaftsteuer nach § 21 ErbStG;
- Anwendung des Progressionsvorbehalts nach § 19 Abs. 2 ErbStG.

Die Ausführungen betreffend die steuerliche Behandlung eines internationalen Erbschaftsteuerfalls gelten grundsätzlich auch für die Behandlung eines **internationalen Schenkungsteuerfalls,** soweit nicht nachfolgend auf Besonderheiten ausdrücklich hingewiesen wird. 505

2.7.2 Unbeschränkte und beschränkte Steuerpflicht (§ 2 ErbStG)

Die **unbeschränkte Erbschaftsteuerpflicht** erstreckt sich auf das sog. Welterbe (gesamter Vermögensanfall). Sie knüpft an die sog. Inländereigenschaft (§ 2 Abs. 1 Nr. 1 Satz 1 ErbStG) alternativ 506

- des Erblassers oder
- des Schenkers oder
- des Erwerbers

an. Hierzu regelt § 2 Abs. 1 Nr. 1 Satz 2 ErbStG Folgendes:

Inländer ist der Erblasser, wenn er zur Zeit seines Todes, der Schenker, wenn er zur Zeit der Ausführung der Schenkung oder der Erwerber, wenn er zur Zeit der Entstehung der Steuer (§ 9 ErbStG) im Inland (= Territorium der Bundesrepublik Deutschland – § 2 Abs. 2 ErbStG) seinen Wohnsitz (§ 8 AO) oder seinen gewöhnlichen Aufenthalt (§ 9 AO) hat (§ 2 Abs. 1 Nr. 1 Satz 2 Buchst. a ErbStG). Unerheblich ist es, welche Staatsangehörigkeit der Inländer i. S. der ErbStG besitzt. 507

Ferner gelten als Inländer für Schenkungen diejenigen Körperschaften, Personenvereinigungen und Vermögensmassen, die ihre Geschäftsleitung (§ 10 AO) oder ihren Sitz (11 AO) im Inland haben (§ 2 Abs. 1 Nr. 1 Satz 2 Buchst. d ErbStG). 508

> **BEISPIEL:** (1) Der Erblasser und der Erbe haben ihren Wohnsitz im Inland: Beide sind Inländer i. S. des ErbStG = unbeschränkte Steuerpflicht, die den gesamten Erwerb weltweit umfasst.
>
> (2) Der Erbe hat seinen Wohnsitz im Inland, der Erblasser hatte seinen Wohnsitz im Ausland: Der Erbe ist Inländer i. S. des ErbStG = unbeschränkte Steuerpflicht, die den gesamten Erwerb weltweit umfasst.
>
> (3) Der Erbe hat seinen Wohnsitz im Ausland, der Erblasser hatte seinen Wohnsitz im Inland: Der Erblasser ist Inländer i. S. des ErbStG = unbeschränkte Steuerpflicht, die den gesamten Erwerb weltweit umfasst.
>
> (4) Der Erblasser hatte seinen Wohnsitz im Ausland, der Erbe hat seinen Wohnsitz im Ausland = beschränkte Steuerpflicht, bezogen auf die in Inland befindlichen Vermögensteile.

509 Eine sog. **überdachende Erbschaftsbesteuerung** ist in § 2 Abs. 1 Nr. 1 Satz 2 Buchst. b ErbStG geregelt: Deutsche Staatsangehörige,[530] die sich zu dem in § 2 Abs. 1 Nr. 1 Satz 1 ErbStG genannten Zeitpunkt nicht länger als fünf Jahre dauernd im Ausland aufgehalten haben, ohne im Inland einen Wohnsitz i. S. des § 8 AO zu haben, sind unbeschränkt steuerpflichtig; wird die deutsche Staatsangehörigkeit aufgegeben, bevor die Fünfjahresfrist beendet ist, so endet die überdachende Besteuerung im Zeitpunkt der Aufgabe der deutschen Staatsangehörigkeit. Die Fünfjahresfrist nach § 2 Abs. 1 Nr. 1 Satz 2 Buchst. b ErbStG berechnet sich taggenau ab dem Zeitpunkt der Aufgabe des Wohnsitzes.

510 Ist der Wohnsitz in ein Niedrigsteuerland verlegt worden, kommt ggf. die erweitert beschränkte Erbschaftsteuerpflicht nach § 4 AStG[531] ab dem Zeitpunkt der Beendigung der Fünf-Jahres-Frist nach § 2 Abs. 1 Nr. 1 Satz 2 Buchst. b ErbStG zum Tragen.

511 Bei einem Wegzug in die Schweiz ist die überdachende Besteuerung nach Art. 4 Abs. 4 DBA-Schweiz/ErbSt zu beachten.[532]

> **BEISPIEL:** Der Unternehmer X, deutscher Staatsangehöriger, verlegt seinen Wohnsitz nach Küssnacht im Kanton Schwyz/Schweiz wegen der seiner Meinung nach zu hohen Erbschaftsteuer; der Kanton Schwyz erhebt keine Erbschaftsteuer. Dann unterliegt X mit seinem gesamten Vermögen noch fünf Jahre nach seinem Wegzug der unbeschränkten Erbschaftsteuerpflicht nach § 2 Abs. 1 Nr. 1 Satz 2 Buchst. b ErbStG sowie nach Art. 4 Abs. 4 DBA-Schweiz/ErbSt (Lösung ohne § 4 AStG).

512 Schließlich zählen zu den Inländern i. S. des ErbStG auch noch – in Anlehnung an § 1 Abs. 3 EStG – die deutschen Auslandsbeamten und ihre Angehörigen, sofern sie die deutsche Staatsangehörigkeit besitzen (§ 2 Abs. 1 Nr. 1 Satz 2 Buchst. c ErbStG).

513 Die **beschränkte Steuerpflicht** wird in § 2 Abs. 1 Nr. 3 ErbStG in der Weise geregelt, dass in allen Fällen, die nicht unter die Nr. 1 oder die Nr. 2 subsumiert werden können, eine Steuerpflicht hinsichtlich des Inlandsvermögens i. S. des § 121 BewG besteht.

---

530 Vgl. Art. 116 GG.
531 Vgl. Rdn. 1227.
532 Vgl. zur überdachenden Einkommensbesteuerung nach dem DBA-CH EuGH v. 19. 11. 2015 C-241/14 Bukovansky, IStR 2016, 115.

2.7.3 Erwerb von Todes wegen, Bemessungsgrundlage, Steuerbefreiungen, Freibeträge

Ob ein steuerlich relevanter Erbfall vorliegt, ist in § 3 ErbStG abschließend aufgezählt; nicht im Katalog des § 3 ErbStG genannte Erwerbsgründe unterliegen nicht der Erbschaftsteuer. Allerdings kann auch ein nach ausländischem Recht erfolgter Erwerb von Todes wegen der Erbschaftsteuer nach dem ErbStG unterliegen. Bei Vorliegen der allgemeinen Voraussetzungen für die Steuerbarkeit im Inland löst dies dann eine deutsche Erbschaftsteuer aus, wenn sowohl die Rechtsfolgen als auch das wirtschaftliche Ergebnis einem der in § 3 ErbStG ausdrücklich genannten inländischen Tatbestände entsprechen, d. h. wenn nach dem maßgebenden ausländischen Recht der Tod einer Person unmittelbar kraft Gesetzes zu einer Gesamtrechtsnachfolge in ihr Vermögen führt. Nicht erforderlich ist, dass sich die Gesamtrechtsnachfolge auf das gesamte Vermögen des Erblassers erstreckt. Im Zweifel ist zu prüfen, ob der Vermögensanfall in seiner wirtschaftlichen Bedeutung einem durch das ErbStG erfassten Erwerb gleichkommt.[533]

514

Soweit Vermögensgegenstände nicht dem ErbStG unterliegen, was sich u. a. bei der beschränkten Erbschaftsteuerpflicht ergeben kann, sind damit zusammenhängende Schulden und Lasten nicht abzugsfähig (§ 10 Abs. 6 Satz 1 ErbStG).

515

Eine ausländische Erbschaftsteuer, die nicht nach § 21 ErbStG angerechnet werden kann,[534] kann nach ständiger Rechtsprechung auch nicht als Nachlassverbindlichkeit abgezogen werden. Gemäß § 10 Abs. 8 ErbStG ist die von dem Erwerber zu entrichtende eigene Erbschaftsteuer nicht abzugsfähig. Dies gilt nicht nur für die Erbschaftsteuer nach dem ErbStG, sondern gleichermaßen auch für ausländische Steuern, die der deutschen Erbschaftsteuer entsprechen.[535]

516

Bei der **Steuerbefreiung** werden in § 13 Abs. 1 Nr. 4a, 4b, 4c sowie Nr. 16 Buchst. a bis c ErbStG Zuwendungen bzw. Erwerbe im EU- bzw. EWR-Ausland den Zuwendungen bzw. Erwerben im Inland gleichgestellt. Zuwendungen in Drittstaaten sind hingegen nicht begünstigt. Die Steuerbefreiung für zu Wohnzwecken vermietete Grundstücke nach § 13d ErbStG gilt auch für Grundstücke, die im EU- bzw. EWR-Ausland belegen sind (§ 13d Abs. 3 Nr. 2 ErbStG).

517

Aufgrund der Kritik der Rechtsprechung an den Freibeträgen, insbesondere durch den EuGH,[536] wurden durch das StUmgBG der § 16 ErbStG geändert. Bei beschränkter Steuerpflicht besteht nunmehr grundsätzlich ein Anspruch auf die für unbeschränkt Steuerpflichtige geltenden Freibeträge nach § 16 Abs. 1 ErbStG.[537] Der Freibetrag nach § 16 Abs. 1 Nr. 1 ErbStG wird allerdings nach § 16 Abs. 2 ErbStG anteilig gekürzt, wenn nicht der gesamte Vermögensanfall, sondern nur das darin enthaltene Inlandsvermögen i. S.

518

---

533 BFH v. 4.7.2012 II R 38/10, BStBl 2012 II 782.
534 Zur Anrechnung vgl. Rdn. 515.
535 BFH v. 19.6.2013 II R 10/12, BStBl 2013 II 746; die dagegen erhobene Verfassungsbeschwerde wurde nicht angenommen – BVerfG v. 22.9.2015 1 BvR 2488/13, juris.
536 BFH v. 10.5.2017 II R 53/14, BStBl 2017 II 1200; EuGH v. 8.6.2016 C-479/16, Rs. Hünnebeck, DStR 2016, 1360 – vgl. BR-Drs. 816/16.
537 BFH v. 10.5.2017 II R 53/14, BStBl 2017 II 1200.

des § 121 BewG besteuert werden kann. Um aber sicherzustellen, dass die Besteuerung nicht durch Aufspaltung in mehrere zeitlich getrennte Zuwendungen umgangen werden kann, sind frühere, innerhalb von zehn Jahren von derselben Person angefallene Erwerbe, in die Berechnung des anteiligen Freibetrags einzubeziehen.

2.7.4 Anrechnung, Auslandsvermögen (§ 21 ErbStG)

519 Bei einem Inländer gemäß § 2 Abs. 1 Nr. 1 ErbStG, der in einem ausländischen Staat mit dem dort belegenen Vermögen (Auslandsvermögen) zu einer der deutschen Erbschaftsteuer entsprechenden Steuer herangezogen wird, kann auf Antrag die festgesetzte und gezahlte, keinem Ermäßigungsanspruch mehr unterliegende ausländische Erbschaftsteuer nach § 21 Abs. 1 ErbStG auf die deutsche Erbschaftsteuer angerechnet werden, die auf das Auslandsvermögen entfällt. Voraussetzung ist, dass mit dem ausländischen Staat kein DBA auf dem Gebiet der Erbschaftsteuer besteht (§ 21 Abs. 1 Satz 1 ErbStG).

520 Im Gegensatz zu § 34c EStG oder § 26 KStG erfolgt eine Anrechnung nach § 21 ErbStG **nur auf Antrag.** Zur Bearbeitung dieses Antrages muss der Erwerber durch Vorlage entsprechender Urkunden den Nachweis über die Höhe des ausländischen Vermögens sowie über die Festsetzung und Zahlung der ausländischen Steuer führen (§ 21 Abs. 3 Satz 1 ErbStG – erhöhte Mitwirkungspflicht gemäß § 90 Abs. 2 AO). Sind diese Urkunden in einer fremden Sprache abgefasst, kann das Finanzamt eine beglaubigte Übersetzung vom Antragsteller verlangen (§ 21 Abs. 3 Satz 2 ErbStG, § 87 Abs. 2 AO).

521 Das Auslandsvermögen wird in § 21 Abs. 2 ErbStG definiert. Danach unterscheidet das Gesetz zwei Fälle:

- ▶ Der Erblasser war zur Zeit seines Todes Inländer: Alle Vermögenswerte der in § 121 BewG genannten Art, die auf einen ausländischen Staat entfallen, sowie die Nutzungsrechte an diesen Vermögensgegenständen;

- ▶ der Erblasser war zum Zeitpunkt seines Todes kein Inländer: Alle Vermögensgegenstände sowie Nutzungsrechte an ihnen mit Ausnahme des Inlandsvermögens i. S. des § 121 BewG.

522 Ermittelt und bewertet wird das Auslandsvermögen nach den Vorschriften des ErbStG und §§ 1 bis 16 BewG (§ 12 Abs. 1 ErbStG); ausländische Bemessungsgrundlagen bleiben außer Betracht. Ausländischer Grundbesitz und ausländisches Betriebsvermögen werden nach §§ 31, 9 BewG mit dem gemeinen Wert bewertet (§ 12 Abs. 7 ErbStG).

523 Unterliegen der ausländischen Besteuerung Vermögensgegenstände, die nicht zum steuerpflichtigen Auslandsvermögen i. S. des § 21 Abs. 2 ErbStG gehören, so ist zuerst das steuerpflichtige Auslandsvermögen und sodann im Wege der Verhältnisrechnung die darauf entfallende ausländische Erbschaftsteuer zu ermitteln. Es kann somit aufgrund unterschiedlicher Vermögensbegriffe im In- und Ausland zu **Anrechnungslücken** kommen, z. B. auch dann, wenn das ausländische Vermögen aus der Sicht des ErbStG

kein ausländisches Vermögen i. S. des § 21 Abs. 2 ErbStG darstellt (Beispiel: Bankguthaben im Ausland fallen nicht unter § 121 BewG).[538] Soweit in einer derartigen Situation im Ausland Erbschaftsteuer entrichtet wird, die im Inland nicht anrechenbar ist, weil keine Erbschaftsteuer entstanden ist, ist eine solche ausländische Steuer nach Auffassung des BFH weder auf die deutsche Erbschaftsteuer anzurechnen noch als Nachlassverbindlichkeit zu berücksichtigen.[539]

Anrechenbar ist die ausländische Erbschaftsteuer nur dann, wenn sie entweder eine Erbanfallsteuer – es wird das jeweils anfallende Erbe (des einzelnen Erben) versteuert – (wie in Deutschland und den meisten westlichen Staaten) oder eine sog. Nachlasssteuer (Großbritannien, USA: federal estate tax) darstellt, die den Nachlass als Ganzes besteuert, ohne Rücksicht darauf, auf wen der Nachlass übergeht.[540] Entscheidend für die Vergleichbarkeit der ausländischen Steuer mit der deutschen Erbschaftsteuer ist, dass die ausländische Nachlasssteuer für den Erwerb des Nachlassvermögens gezahlt wird und – unabhängig von der Person des Steuerschuldners – den Nachlass belastet.[541] Eine Wertzuwachssteuer, wie sie z. B. in Spanien erhoben wird,[542] entspricht nicht der deutschen Erbschaftsteuer, auch wenn sie im Zusammenhang mit einem Erbfall erhoben wird. Unbeachtlich ist für das Anrechnungsverfahren, ob es sich um eine Bundes- oder Gliedstaatsteuer handelt. Ferner ist bei der Festsetzung der inländischen Schenkungsteuer für einen Erwerb, der auch im Ausland der Schenkungsteuer unterliegt, zu beachten, dass die Berücksichtigung von ebenfalls im Ausland besteuerten Vorerwerben nach § 14 ErbStG nicht zu einer Anrechnung der für die gesamten Vorerwerbe gezahlten ausländischen Steuer führt. Die im Ausland gezahlte Schenkungsteuer ist nur insoweit nach § 21 ErbStG anzurechnen, als sie auf die besteuerte Zuwendung (Letzterwerb) entfällt.[543]

524

Es kann nur die ausländische Steuer angerechnet werden, die festgesetzt und gezahlt wurde sowie keinem Ermäßigungsanspruch mehr unterliegt. Dabei ist nur der auf den Erwerber entfallende Anteil an der ausländischen Steuer anrechenbar, der seinem Anteil am Nachlass (Erbteil) entspricht.[544]

525

> **BEISPIEL:** A und B sind zu gleichen Teilen Erben des Inländers C, der mehrere im Staat X belegene Grundstücke hinterlassen hat. Die ausländische Erbschaftsteuer von 100 wird allein von A bezahlt. Anrechenbar ist bei A aber nur 50, da dies der auf ihn entfallende Anteil ist. In Höhe von weiteren 50 erwirbt er mit der Zahlung einen zivilrechtlichen Ausgleichsanspruch gegen B.

Anrechenbar ist die ausländische Steuer nach § 21 Abs. 1 Satz 4 ErbStG aber nur dann, wenn die deutsche Erbschaftsteuer innerhalb von fünf Jahren seit dem Zeitpunkt der

526

---

538 Vgl. den Sachverhalt im Verfahren BFH v. 16. 1. 2008 II R 45/06, BStBl 2008 II 623.
539 BFH v. 19. 6. 2013 II R 10/12, BStBl 2013 II 746.
540 BFH v. v. 26. 4. 1995 II R 13/92, BStBl 1995 II 540; 6. 3. 1990 II R 32/86, BStBl 1990 II 786.
541 BFH v. 15. 6. 2016 II R 51/14, BFH/NV 2016, 1837.
542 Impuesto sobre el incremento del valor de terrenos urbanos.
543 BFH v. 7. 9. 2011 II R 58/09, BStBl 2012 II 40.
544 BFH v. 6. 3. 1990 II R 32/86, BStBl 1990 II 786.

Entstehung der ausländischen Erbschaftsteuer entstanden ist; die ausländische Steuer kann auch angerechnet werden, wenn sie zeitlich nach der deutschen Steuer entstanden ist, d. h., wenn erst die deutsche und dann die ausländische Steuer entsteht.[545] Ein Auseinanderfallen der Entstehungszeitpunkte der inländischen und der ausländischen Erbschaftsteuer kann z. B. bei besonderer Fallgestaltung in Großbritannien und den USA auftreten.[546]

527 Besteht der Erwerb nur aus Auslandsvermögen, so ist die ausländische Steuer auf die deutsche Erbschaftsteuer in vollem Umfang anrechenbar.

BEISPIEL: Der Inländer A ist Alleinerbe seines Bruders B, der seinen Wohnsitz in Luxemburg hatte. Der gesamte Nachlass - Wert: 400 000 € - befindet sich in Luxemburg. Festgesetzte und gezahlte, keinem Ermäßigungsanspruch mehr unterliegende luxemburgische Nachlasssteuer (droit de mutation par décès): 36 000 €

Anrechnung

Erwerb	400 000 €
abzgl. Erbfallkostenpauschale	10 300 €
abzgl. persönlicher Freibetrag Steuerklasse II	20 000 €
	369 700 €
Erbschaftsteuer (25 %)	92 425 €

Auf die deutsche Steuer kann die ausländische Steuer voll angerechnet werden.

528 Ist die im Ausland erhobene Steuer höher als die inländische Erbschaftsteuer, kommt es zu einem Anrechnungsüberhang. Zu beachten ist, dass auch hier, wie bei § 34c EStG, die Anrechnung der ausländischen Steuer nicht zu einer Erstattung im Inland führt und dass die Anrechnungsmethode nicht immer zu einer völligen Beseitigung der Doppelbesteuerung führen muss.

529 Besteht der Erwerb nicht nur aus Auslandsvermögen, wird nur die ausländische Steuer angerechnet, die betragsmäßig der deutschen Erbschaftsteuer entspricht, die auf den ausländischen Erwerb entfällt (**anteilige Anrechnung**; § 21 Abs. 1 Satz 2 ErbStG). Zur Berechnung benötigt man folgende Rechengrößen:

▶ Steuerpflichtiges Gesamtvermögen,

▶ steuerpflichtiges Auslandsvermögen,

▶ deutsche Erbschaftsteuer auf gesamten steuerpflichtigen Erwerb unter Berücksichtigung der Freibeträge.

530 Die Ermittlung der anteiligen anrechenbaren ausländischen Steuer geschieht wie folgt:

---

545 FG Köln v. 29. 6. 2011 9 K 2690/09, EFG 2012.
546 BFH v. 8. 6. 1988 II R 243/82, BStBl 1988 II 808, zur Zwischenschaltung eines executors nach US-amerikanischem Recht; v. 7. 5. 1986 II R 137/79, BStBl 1986 II 615, zur Zwischenschaltung eines amerikanischen Trusts; v. 21. 4. 1982 II R 148/79, BStBl 1982 II 597; v. 28. 2. 1979 II R 165/74, BStBl 1979 II 438; v. 12. 5. 1970 II R 52/64, BStBl 1972 II 462.

$$\frac{\text{stpfl. Auslandsvermögen}}{\text{stpfl. Gesamtvermögen}} \times \text{deutsche ErbSt} = \text{anteiliger Teilbetrag}$$

Bis zur Höhe des anteiligen Teilbetrags kann die ausländische Steuer angerechnet werden.

BEISPIEL: E (Inländer) hinterlässt seiner Schwester S (Inländer) bei seinem Tod neben einem inländischen Vermögen i. H. von 1 000 000 € ein Ferienhaus in Spanien im Wert von 150 000 €; hierfür ist eine spanische Erbschaftsteuer i. H. von 27 000 € zu entrichten.

Inländisches Vermögen	1 000 000 €
Ferienhaus in Spanien	150 000 €
Gesamterwerb	1 150 000 €
abzgl. Erbfallkostenpauschale	10 300 €
abzgl. persönlicher Freibetrag Steuerklasse II	20 000 €
Steuerpflichtiger Gesamterwerb	1 119 700 €
Erbschaftsteuer (25 %)	279 925 €

Ermittlung der anrechenbaren spanischen Erbschaftsteuer:

$$\frac{150\,000\,€}{1\,150\,000\,€} \times 279\,925\,€ = 36\,512\,€$$

Die in Spanien erhobene Erbschaftsteuer kann in vollem Umfange auf die deutsche Erbschaftsteuer angerechnet werden.

Die anzurechnende ausländische Steuer ist nach dem amtlichen, im Bundesanzeiger veröffentlichten Briefkurs für den Tag in Euro umzurechnen, an dem die deutsche Erbschaftsteuer für den Erwerb entstanden ist.[547]

Befindet sich das Auslandsvermögen in mehreren ausländischen Staaten, ist, wie bei § 34c Abs. 1 EStG, das Anrechnungsverfahren für jeden einzelnen ausländischen Staat gesondert durchzuführen (§ 21 Abs. 1 Satz 3 ErbStG). Auch hier gilt, wie bei § 34c Abs. 1 EStG, die per-country-limitation,[548] d. h., die nicht ausgenützten Höchstbeträge können nicht übertragen werden.

2.7.5 Anrechnungsverfahren bei Doppelbesteuerungsabkommen (§ 21 Abs. 4 ErbStG)

Nach § 21 Abs. 4 ErbStG gelten die Vorschriften über die Anrechnung nach § 21 Abs. 1 bis 3 ErbStG entsprechend, wenn ein Abkommen zur Vermeidung der Doppelbesteuerung auf dem Gebiet der Erbschaftsteuer das Anrechnungsverfahren vorschreibt. Von den am 1. 1. 2020 geltenden Abkommen (Dänemark, Frankreich, Griechenland, Schweden, Schweiz, USA) sehen das DBA-Dänemark,[549] das DBA-Frankreich /ErbSt,[550] das DBA-

---

547 BFH v. 19. 3. 1991 II R 134/88, BStBl 1991 II 521.
548 Vgl. Rdn. 298.
549 Art. 26 DBA-Dänemark 1995.
550 Art. 11 Abs. 2 DBA-Frankreich/ErbSt.

Schweden,[551] das DBA-Schweiz/ErbSt in bestimmten Fällen[552] und das DBA-USA/ErbSt[553] die Anrechnung vor.

534 Die Abkommen mit Dänemark, Frankreich, Schweden und den USA erstrecken sich, im Gegensatz zu den anderen DBA,[554] auch auf Schenkungen. D. h. § 21 Abs. 1 bis 3 ErbStG finden Anwendung, soweit es sich um die Besteuerung einer Schenkung handelt und im anderen Staat eine Schenkungsteuer anfällt.

2.7.6 Progressionsvorbehalt (§ 19 Abs. 2 ErbStG)

535 Soweit nach einem DBA das Auslandsvermögen in Deutschland steuerbefreit ist, ist nach § 19 Abs. 2 ErbStG die Steuer nach dem Steuersatz zu berechnen, der für den gesamten Erwerb gelten würde (Progressionsvorbehalt), so z. B. in Art. 11 Abs. 2 Buchst. a DBA-Frankreich /ErbSt oder Art. 10 Abs. 1 Buchst. a DBA-Schweiz/ErbSt.

> **BEISPIEL:** Der Bruder beerbt seine Schwester; beide sind Inländer i. S. des ErbStG. Der bundesdeutschen Besteuerung unterliegt nur das inländische Vermögen (Grundstück im Wert von 500 000 €), der Wert des ansonsten sich in der Schweiz befindlichen Nachlasses beträgt 3 000 000 €.
>
> | | |
> |---|---|
> | Steuerpflichtiger Erwerb | 500 000 € |
> | abzgl. Erbfallkostenpauschale | 10 300 € |
> | abzgl. Freibetrag | 20 000 € |
> | Steuerpflichtiger Erwerb | 469 700 € |
> | Steuersatz, aber aus einem Erwerb von | 3 469 700 € |
> | Steuersatz (lt. § 19 Abs. 1 ErbStG; Steuerklasse II für Erwerbe bis einschließlich 6 000 000 €) i. H. von | 30 % |
> | deutsche Erbschaftsteuer: | |
> | 30 % von 469 700 € | 140 910 € |
>
> Ein steuerpflichtiger Erwerb von 469 700 € für sich alleine betrachtet löst lediglich eine Steuer i. H. von 25 % = 117 425 € aus.

2.7.7 Korrekturvorschriften

536 Der deutsche Erbschaftsteuerbescheid ist nach den allgemeinen Vorschriften der AO (§§ 164, 172 ff. AO) zu ändern, wenn nach seiner Bekanntgabe eine ausländische Erbschaftsteuer erstmalig festgesetzt, nachträglich erhöht oder ganz oder teilweise erstattet wird. So stellt die nach Eintritt der Bestandskraft des deutschen Steuerbescheids erfolgte Zahlung einer nach § 21 Abs. 1 ErbStG anrechenbaren ausländischen Steuer ein rückwirkendes Ereignis i. S. des § 175 Abs. 1 Satz 1 Nr. 2 AO dar.[555]

---

551 Art. 26 DBA-Schweden.
552 Art. 10 Abs. 1 Buchst. b DBA-Schweiz/ErbSt.
553 Art. 11 DBA-USA/ErbSt.
554 DBA-Schweiz ist auf Schenkungen von Geschäftsbetrieben entsprechend anzuwenden.
555 BFH v. 22. 9. 2010 II R 54/09, BStBl 2011 II 247.

Bei einer Änderung des Erbschaftsteuerbescheides ist die Festsetzungsfrist für die deutsche Erbschaftsteuer zu beachten. 537

2.7.8 Anzeigepflicht (§ 33 ErbStG)

Die Anzeigepflicht der Banken nach § 33 Abs. 1 ErbStG erfasst auch Vermögensgegenstände, die sich in ausländischen, rechtlich unselbständigen Zweigniederlassungen inländischer Kreditinstitute befinden.[556] Diesbezüglich hat der EuGH[557] auf Vorlage des BFH[558] entschieden, dass die Anzeigepflicht mit dem Unionsrecht vereinbar ist. 538

2.7.9 ErbStG und Europarecht

Der EuGH hat sich in der Vergangenheit verschiedentlich mit Problem des jeweiligen nationalen Erbschaftsteuerrechts in Bezug auf das Unionsrecht befassen müssen. Dazu muss vorab geklärt werden, ob der Erwerb von Todes wegen als solcher überhaupt unter die Bestimmungen des Unionsrechts fällt. In Ermangelung einer Definition des Begriffs „Kapitalverkehr" im EU-Vertrag hat der EuGH der Nomenklatur in Anhang I der Richtlinie 88/361/EWG des Rates vom 24. 6. 1988 zur Durchführung von Art. 67 des Vertrags[559] Hinweischarakter zuerkannt, wobei die in diesem Anhang enthaltene Liste laut der Einleitung nicht erschöpfend ist.[560] 539

Sodann hat der EuGH in ständiger Rechtsprechung entschieden, dass es sich bei Erbschaften, mit denen das Vermögen eines Erblassers auf eine oder mehrere Personen übergeht und die unter die Rubrik XI („Kapitalverkehr mit persönlichem Charakter") des Anhangs I der Richtlinie 88/361/EWG fallen, mit Ausnahme der Fälle, die mit keinem ihrer wesentlichen Elemente über die Grenzen eines Mitgliedstaats hinausweisen, um Kapitalverkehr i. S. von Art. 63 AEUV handelt.[561] 540

Aus der Judikatur des EuGH sind insbesondere folgende Entscheidungen hervorzuheben: 541

Im Fall van Hilten-van der Heijden wurde entschieden, dass eine sog. überdachende Erbschaftsteuerpflicht (vgl. § 2 Abs. 1 Nr. 1 Buchst. b ErbStG) mit dem Unionsrecht vereinbar ist.[562]

---

556 BFH v. 31. 5. 2006 II R 66/04, BStBl 2007 II 49.
557 EuGH v. 14. 4. 2016 C-522/14 Sparkasse Allgäu, DStR 2016, 911.
558 BFH v. 1. 10. 2014 II R 29/13, BStBl 2015 II 232; Schlussentscheidung BFH v. 16. 11. 2016 II R 29/13, BStBl 2017 II 413.
559 ABl 1988 L 178, 5.
560 Statt vieler EuGH v. 23. 2. 2006 C-513/03 van Hilten-van der Heijden, IStR 2006, 309, Rdnr. 38 ff..
561 Statt vieler EuGH v. 17. 10. 2013 C-181/12 Welte, DStR 2013, 2269; v. 19. 7. 2012 C-31/11 Scheunemann, IStR 2012, 723; v. 23. 2. 2006 C-513/03 van Hilten-van der Heijden, IStR 2006, 309.
562 EuGH v. 23. 2. 2006 C-513/03 van Hilten-van der Heijden, IStR 2006, 309.

Im Fall Theodor Jäger wurde vom Gericht die unterschiedliche Bewertung land- und forstwirtschaftlicher Grundstücke für Zwecke der Erbschaftsteuer – je nachdem, ob im Inland oder im Ausland belegen – als nicht unionskonform verworfen.[563]

Im Fall Margarete Block wurde eine Doppelbesteuerung aufgrund unterschiedlicher Definitionen des Begriffs „Vermögen" im in- und im ausländischen Erbschaftsteuerrecht als unionskonform qualifiziert.[564]

Im Fall Mattner wurde der zu niedrige Freibetrag nach § 16 Abs. 2 ErbStG im Verhältnis zu § 16 Abs. 1 Nr. 2 ErbStG als nicht unionskonform qualifiziert; das Problem wurde im Wesentlichen durch § 2 Abs. 3 ErbStG – unbeschränkte Steuerpflicht auf Antrag – für die Zeit vom 14.12.2011 bis 24.6.2017 beseitigt.[565] Danach wurde mit Inkrafttreten des StUmgBG die weiterhin bestehende Ungleichheit zwischen unbeschränkter und beschränkter Steuerpflicht hinsichtlich der Freibeträge und des besonderen Versorgungsfreibetrages beseitigt und die Regelung des § 2 Abs. 3 ErbStG aufgehoben.

Im Fall Scheunemann wurde die Vergünstigung des § 13a ErbStG als Fall der Niederlassungsfreiheit und nicht der Kapitalverkehrsfreiheit eingeordnet, so dass der Klägerin, welche Kapitalanlagen in Kanada geerbt hatte, dieser Freibetrag nicht gewährt wurde.[566]

Im Fall Welte wurde die Nichtgewährung des Ehegattenfreibetrags nach § 16 Abs. 1 Nr. 1 ErbStG an einen Schweizer Erben, der mit einer Schweizer Erblasserin verheiratet war – beide ansässig in der Schweiz – als Verstoß gegen den EU-Vertrag angesehen.[567]

Im Fall Hünnebeck hat der EuGH entschieden, dass es in Bezug auf die Schenkungsteuer, die auf die Schenkung einer in Deutschland belegenen Immobilie erhoben wird, keinen objektiven Unterschied gibt, der es rechtfertigen würde, die Situation, in der keiner der Beteiligten der Schenkung in diesem Mitgliedstaat wohnt, und die Situation, in der zumindest einer der Beteiligten dort wohnt, ungleich zu behandeln. Aufgrund dieses Urteils erfolgten dann die Änderungen des ErbStG durch das StUmgBG.[568]

Im Fall Feilen hat der EuGH die Vereinbarkeit des § 27 ErbStG mit dem EU-Recht bestätigt.[569]

Die EU-Kommission hatte Ende 2015 Deutschland aufgefordert, sein ErbStG dem Unionsrecht anzupassen; konkret wurde der Bundesrepublik vorgeworfen, dass der besondere Versorgungsfreibetrag nach § 17 ErbStG in seiner damaligen Form eine ungerechtfertigte Einschränkung des freien Kapitalverkehrs gemäß Art. 63 Abs. 1 AEUV darstelle. Durch das StUmgBG wurde § 17 ErbStG umfassend geändert; der besondere Versor-

---

[563] EuGH v. 17.1.2008 C-256/06 Theodor Jäger, IStR 2008, 144; §§ 9, 31 BewG sind de facto für Immobilien im EU- und EWR-Ausland mittels Verwaltungserlass aufgehoben (Bsp.: ErbSt-Kartei BY § 12 ErbStG Karte 6 v. 28.4.2016).
[564] EuGH v. 12.2.2009 C-67/08 Block, IStR 2009, 175.
[565] EuGH v. 22.4.2010 C-510/08 Mattner, BFH/NV 2010, 1212.
[566] EuGH v. 19.7.2012 C-31/11 Scheunemann, IStR 2012, 723.
[567] EuGH v. 17.10.2013 C-181/12 Welte, DStR 2013, 2269; Folgeentscheidung: FG Düsseldorf v. 27.11.2013 4 K 689/12 Erb, BB 2014, 21.
[568] EuGH v. 8.6.2016 C-479/14 Hünnebeck, DStR 2016, 1360.
[569] EuGH v. 30.6.2016 C-123/15 Feilen, BStBl 2017 II 424.

gungsfreibetrag steht nunmehr auch beschränkt Steuerpflichtigen zu; formale Voraussetzung ist die Leistung von Amtshilfe (§ 17 Abs. 3 ErbStG).

Vorläufig nicht besetzt 542–549

# KAPITEL 3: DAS RECHT DER DOPPELBESTEUERUNGSABKOMMEN

			Rdn.	Seite
3.1	Einführung		550	146
3.2	Geschichte der Doppelbesteuerungsabkommen		553	147
3.3	Völkerrechtliche und staatsrechtliche Grundlagen		562	148
	3.3.1	Völkervertragsrecht	562	148
	3.3.2	Der völkerrechtliche Vertrag im Recht der Bundesrepublik Deutschland	565	149
	3.3.3	Auslegung eines Doppelbesteuerungsabkommens (Art. 3 Abs. 2 OECD-MA)	568	150
3.4	Aufbau eines Doppelbesteuerungsabkommens		573	152
3.5	Wirkungsweise eines Doppelbesteuerungsabkommens		582	153
	3.5.1	Allgemeines	582	153
	3.5.2	Befreiungsmethode (Art. 23 A OECD-MA)	585	154
	3.5.3	Anrechnungsmethode	589	155
		3.5.3.1 Direkte Steueranrechnung (Art. 23 B OECD-MA)	589	155
		3.5.3.2 Fiktive Steueranrechnung	590	155
	3.5.4	Verbot der virtuellen Doppelbesteuerung	594	156
	3.5.5	Rückfallklausel (Subject-to-tax-Klausel) und Remittance-base-Klausel	596	157
	3.5.6	Switch-over-Klausel (Umschaltklausel)	607	160
	3.5.7	Treaty Override	608	160
3.6	Geltungsbereich eines Doppelbesteuerungsabkommens		609	161
	3.6.1	Persönlicher Geltungsbereich	609	161
		3.6.1.1 Person (Art. 1, 3 OECD-MA)	609	161
		3.6.1.2 Die Personengesellschaft im Abkommensrecht	617	162
		3.6.1.3 Die Kapitalgesellschaft im Abkommensrecht	630	166
		3.6.1.4 Staatsangehörigkeit (Art. 3 Abs. 1 OECD-MA)	641	169
		3.6.1.5 Ansässigkeit (Art. 4 OECD-MA)	644	169

			Rdn.	Seite
3.6.2	Sachlicher Geltungsbereich		652	171
3.6.2.1	Räumlicher Geltungsbereich		652	171
3.6.2.2	Steuerlicher Geltungsbereich (Art. 2 OECD-MA)		659	173
3.6.2.3	Zeitlicher Geltungsbereich (Art. 31, 32 OECD-MA)		663	173

3.7	Zuordnungsprinzipien			665	174
3.7.1	Einkünfte aus unbeweglichem Vermögen (Art. 6 OECD-MA)			665	174
3.7.2	Einkünfte aus unternehmerischer Betätigung (Art. 7 bis 9 OECD-MA)			676	176
	3.7.2.1	Überblick		676	176
	3.7.2.2	Betriebsstätte (Art. 5 OECD-MA, § 12 AO)		681	176
		3.7.2.2.1	Generalklausel (Art. 5 Abs. 1 OECD-MA, § 12 Satz 1 AO)	682	177
		3.7.2.2.2	Regelbeispiele (Art. 5 Abs. 2 OECD-MA / § 12 Satz 2 AO)	696	181
		3.7.2.2.3	Bauausführung und Montage (Art. 5 Abs. 3 OECD-MA / § 12 Satz 2 Nr. 8 AO)	703	183
		3.7.2.2.4	Betriebsstättenausnahmen (Art. 5 Abs. 4 OECD-MA)	721	186
		3.7.2.2.5	Der abhängige Vertreter (Art. 5 Abs. 5 OECD-MA 2014)	725	187
		3.7.2.2.6	Der abhängige Vertreter (Art. 5 Abs. 5 OECD-MA 2017)	735	190
		3.7.2.2.7	Der unabhängige Vertreter (Art. 5 Abs. 6 OECD-MA)	736	190
		3.7.2.2.8	Der ständige Vertreter (§ 13 AO)	741	191
		3.7.2.2.9	Anti-Organ-Klausel (Art. 5 Abs. 7 OECD-MA)	742	192
	3.7.2.3	Unternehmensgewinne (Art. 7 OECD-MA)		743	192
		3.7.2.3.1	Überblick (Art. 7 Abs. 1 OECD-MA)	743	192
		3.7.2.3.2	Neufassung des Art. 7 OECD-MA 2010	749	194
		3.7.2.3.3	Grundsätze der Ermittlung des Betriebsstättengewinns nach Art. 7 OECD-MA 2008	753	195
		3.7.2.3.4	Grundsätze der Ermittlung des Betriebsstättengewinns nach Art. 7 OECD-MA 2010	768	199

				Rdn.	Seite
		3.7.2.3.5	Grundsätze der Ermittlung des Betriebsstättengewinns nach § 1 Abs. 5 AStG	770	199
		3.7.2.3.6	Verluste ausländischer Betriebsstätten und Tochterkapitalgesellschaften in der EU	790	203
		3.7.2.3.7	Gründungsaufwendungen für eine Betriebsstätte, nachträgliche Betriebsstätteneinkünfte	798	206
	3.7.2.4	Internationale Seeschifffahrt, Binnenschifffahrt und Luftfahrt (Art. 8 OECD-MA)		799	206
	3.7.2.5	Verbundene Unternehmen (Art. 9 OECD-MA)		802	207
3.7.3	Dividenden (Art. 10 OECD-MA)			814	210
	3.7.3.1	Die Besteuerung der Dividenden – Überblick		814	210
	3.7.3.2	Besondere Probleme im Rahmen der Dividendenbesteuerung		824	212
	3.7.3.3	Schachteldividenden		828	213
	3.7.3.4	Ermäßigung der Quellensteuer		837	215
	3.7.3.5	Besteuerung der Dividenden in Deutschland		838	215
		3.7.3.5.1	Besteuerung von Schachteldividenden	838	215
		3.7.3.5.2	Besteuerung von Dividenden in sonstigen Fällen	840	216
	3.7.3.6	Finanzierung einer Tochtergesellschaft		843	216
3.7.4	Zinsen (Art. 11 OECD-MA)			844	217
3.7.5	Lizenzgebühren (Art. 12 OECD-MA)			857	219
3.7.6	Einkünfte aus der Veräußerung von Vermögen (Art. 13 OECD-MA)			862	220
3.7.7	Selbständige Arbeit (Art. 14 OECD-MA a. F.)			869	222
3.7.8	Einkünfte aus unselbständiger Arbeit (Art. 15 OECD-MA)			885	224
	3.7.8.1	Grundsätze		885	224
	3.7.8.2	183-Tage-Regelung (Art. 15 Abs. 2 OECD-MA)		899	228
	3.7.8.3	Arbeitnehmerverleih		912	231
	3.7.8.4	Arbeitnehmerentsendung		920	232
	3.7.8.5	Grenzgänger		923	233
	3.7.8.6	Arbeitnehmer im internationalen See- und Luftverkehr (Art. 15 Abs. 3 OECD-MA)		932	235
3.7.9	Einkünfte aus Arbeit in sonstigen Fällen			939	237
	3.7.9.1	Aufsichtsrats- und Verwaltungsratsvergütungen (Art. 16 OECD-MA)		939	237
	3.7.9.2	Künstler und Sportler (Art. 17 OECD-MA)		957	240

			Rdn.	Seite
	3.7.9.3	Ruhegehälter, Renten und ähnliche Zahlungen (Art. 18 OECD-MA)	967	242
	3.7.9.4	Öffentlicher Dienst (Art. 19 OECD-MA)	971	243
	3.7.9.5	Studenten (Art. 20 OECD-MA)	979	245
	3.7.9.6	Gastlehrer, Gastdozenten (Art. 19 Abs. 1 VG-DBA)	981	245
3.7.10		Andere Einkünfte (Art. 21 OECD-MA)	985	246
3.7.11		Besteuerung des Vermögens (Art. 22 OECD-MA)	987	247

3.8	Rechtsbehelfe und Verständigungsverfahren (Art. 25 OECD-MA)		992	247
	3.8.1	Innerstaatliche Rechtsbehelfe	992	247
	3.8.2	Verständigungsverfahren (Art. 25 Abs. 1 und 2 OECD-MA)	993	248
	3.8.3	Konsultationsverfahren und Abkommensanwendung (Art. 25 Abs. 3 OECD-MA)	1000	249
	3.8.4	Schiedsverfahren, Schiedsklausel (Art. 25 Abs. 5 OECD-MA)	1001	250
	3.8.5	Schiedsverfahren, Schiedsklausel (Art. 24 Abs. 5 VG-DBA)	1005	251

3.9	Internationale Amts- und Rechtshilfe sowie Informationsverkehr		1006	251
	3.9.1	Überblick	1006	251
	3.9.2	Informationsaustausch und Auskunftserteilung (Art. 26 OECD-MA, § 117 AO)	1008	252
	3.9.3	OECD-Mustervereinbarung über den Austausch von Informationen in Steuersachen	1025	256
	3.9.4	Übereinkommen über die gegenseitige Amtshilfe in Steuersachen	1027	256
	3.9.5	Gesonderte Amts- und Rechtshilfeverträge	1028	257
	3.9.6	FATCA-Abkommen (§ 117c AO)	1029	257
	3.9.7	Finanzkonten-Informationsaustausch	1030	258
	3.9.8	Austausch von Country-by-Country-Reports	1031	258
	3.9.9	Vollstreckungs- und Beitreibungshilfe (Art. 27 OECD-MA)	1032	258

3.10	Abkommensmissbrauch – Abkommensvergünstigung			1034	259
	3.10.1	Treaty Shopping		1034	259
	3.10.2	Vermeidung von Abkommensmissbrauch		1038	260
		3.10.2.1	Vereinbarungen in bestehenden DBA	1038	260
		3.10.2.2	Art. 28 VG-DBA	1039	260
		3.10.2.3	Art. 29 OECD-MA 2017	1040	260

			Rdn.	Seite
3.11	Mitglieder diplomatischer Missionen und konsularischer Vertretungen (Art. 28 OECD-MA)		1044	261
3.12	Gleichbehandlungsgebot, Diskriminierungsverbot (Art. 24 OECD-MA)		1045	261
3.13	Das Multilaterale Instrument – MLI		1056	264
3.14	Besondere Regelungen in der VG-DBA		1058	265
	3.14.1	Verfahrensregeln für Quellenbesteuerung; Investmentvermögen (Art. 27 VG-DBA)	1058	265
	3.14.2	Protokoll (Art. 30 VG-DBA)	1059	265

Kapitel 3: Das Recht der Doppelbesteuerungsabkommen

3.1 Einführung

550 Wirksamer als einseitige nationale Maßnahmen zur Vermeidung der Doppelbesteuerung sind bilaterale Maßnahmen, d. h. völkerrechtliche Abkommen zur Vermeidung der Doppelbesteuerung (Doppelbesteuerungsabkommen – DBA) zwischen zwei Staaten. Mit derartigen Verträgen wird grundsätzlich bereits die Entstehung der Doppelbesteuerung verhindert, während einseitige Maßnahmen i. d. R. nur eine bereits eingetretene effektive Doppelbesteuerung beseitigen. DBA stellen von der Wirkung her im Grundsatz eine Einschränkung des eigenen Besteuerungsrechts zugunsten des Besteuerungsrechts des anderen Vertragsstaates dar und umgekehrt. Die Abkommen versuchen, das Besteuerungsrecht an internationalen Steuerfällen den beteiligten Staaten nach objektiven Gesichtspunkten zuzuweisen, um eine gerechte und gleichmäßige Besteuerung zu erreichen. DBA begründen, soweit sie nicht ausdrücklich gegenteilige Regelungen enthalten, kein nach inländischem Recht nicht bestehendes Besteuerungsrecht. Sie führen nicht zur Erfassung von Einkünften, die nach inländischem Steuerrecht beim Steuerpflichtigen nicht zu erfassen sind.[570]

551 Deutschland hat zurzeit mit rund 100 Staaten allgemeine DBA abgeschlossen.[571] Damit bestehen zwar nur mit ca. 60 % aller Staaten Abkommen, aber unter den Abkommensländern befinden sich alle wichtigen Industrienationen und viele Entwicklungsländer. Mit fast allen Staaten Europas sind DBA abgeschlossen; keine Abkommen zur Vermeidung der Doppelbesteuerung bestehen u. a. mit Steueroasenländern wie z. B. Andorra und Monaco; mit diesen Staaten bestehen, wenn überhaupt, lediglich Abkommen über den Informationsaustausch in Steuersachen.

552 Weiter findet man den Begriff „allgemeines Doppelbesteuerungsabkommen". Hierunter sind die DBA auf dem Gebiet der Steuern vom Einkommen und Vermögen zu verstehen. Sie sind abzugrenzen von den sonstigen Abkommen:

▶ **DBA auf dem Gebiet der Erbschaftsteuer;**

▶ **Abkommen auf dem Gebiet der Einkünfte aus See- und Luftfahrt** (Bsp.: Abkommen mit Venezuela vom 23. 11. 1987,[572] Abkommen mit Bangladesch vom April 1996);[573]

▶ **Abkommen über den Luftverkehr** (Bsp.: Art. 5, 6 des Abkommens mit Korea vom 7. 3. 1995);[574]

▶ **Abkommen über die Förderung und den gegenseitigen Schutz von Kapitalanlagen** (Bsp.: Abkommen mit Kuwait vom 30. 3. 1994);[575]

---

570 BFH v. 28. 11. 2007 I R 25/07, BFH/NV 2008, 1097, Abs. 9.
571 BMF v. 15. 1. 2020, Internet.
572 BStBl 1989 I 161.
573 BStBl 1996 I 643.
574 BGBl 1997 II 902.
575 BGBl 1997 II 167.

▶ **Abkommen betreffend die Kraftfahrzeugsteuer** (Bsp.: Abkommen mit Lettland über die gegenseitige Steuerbefreiung von Straßenfahrzeugen im internationalen Verkehr vom 21. 2. 1997).[576]

3.2 Geschichte der Doppelbesteuerungsabkommen

Abkommen zur Vermeidung der Doppelbesteuerung im modernen Sinne existieren in Europa etwa seit Ende des 19. Jahrhunderts. In der Zeit zwischen den beiden Weltkriegen wurde eine Reihe von Abkommen zwischen den Staaten Westeuropas geschlossen. Von den Abkommen, die Deutschland vor dem 2. Weltkrieg geschlossen hatte, besitzt nur noch das Abkommen auf dem Gebiet der Erbschaftsteuer mit Griechenland von 1910 Gültigkeit.   553

Eine Unterkommission des Völkerbundes arbeitete ein bilaterales Musterabkommen aus (Mustervertrag von 1928, Mustervertrag von Mexiko 1942, Mustervertrag von London 1946). Aber durch den 2. Weltkrieg und die nachfolgende Auflösung des Völkerbundes im Jahre 1946 haben diese Musterabkommen keine praktische Bedeutung mehr erlangt.   554

Nach dem 2. Weltkrieg wurde der Plan wieder aufgenommen, ein bilaterales Musterabkommen zu entwickeln. Der Organization for Economic Cooperation and Development (OECD) gelang es dann 1963, ein solches Musterabkommen zur Vermeidung der Doppelbesteuerung bei den Steuern vom Einkommen und vom Vermögen vorzustellen: Das **OECD-Musterdoppelbesteuerungsabkommen 1963**, kurz **OECD-MA 1963**. Eine neue, überarbeitete Fassung wurde 1977 von der OECD verabschiedet, das **OECD-MA 1977**. Dieses OECD-MA hat für die internationale Abkommenspraxis Leitfunktion. Man kann deshalb davon ausgehen, dass alle neueren DBA Deutschlands (und der übrigen OECD-Mitgliedstaaten) dem OECD-MA 1977 entsprechen. Soweit dies nicht der Fall ist, wird versucht, durch sog. Revisionsvereinbarungen die alten DBA dem Standard des OECD-MA anzugleichen. Verschiedene Teilrevisionen des OECD-MA sind seit 1992 verabschiedet worden. Die aktuelle Fassung des OECD-MA (**Update November 2017**) kann auf den Internetseiten der OECD abgerufen werden. Soweit nachfolgend die Änderungen aufgrund des Update 2017 (auch) dargestellt werden, ist immer zu bedenken, dass diese erst in der Zukunft bei einem Neuabschluss eines DBA Wirksamkeit entfalten werden.   555

Zusätzlich zum Abkommen ist auch ein sog. **Musterkommentar** zum OECD-MA (OECD-MK) verabschiedet worden, der die einzelnen Bestimmungen umfassend (aus der Sicht der Finanzverwaltungen) erläutert und es den einzelnen Mitgliedern der OECD ermöglicht, Vorbehalte oder Interpretationen zu Protokoll zu geben. Der OECD-MK stellt nach Auffassung der Rechtsprechung lediglich eine Hilfe zur Abkommensauslegung dar;[577] allerdings versucht Deutschland in neueren Abkommen, dem OECD-MK den Rang eines   556

---

576 BStBl 1998 I 624.
577 Ausführlich BFH v. 11. 7. 2018 I R 44/16, IStR 2019, 273, Abs. 4.

Abkommenstextes dadurch zuzuweisen, dass z. B. in den Protokollen zu dem jeweiligen Abkommen auf die Auslegung des OECD-MK Bezug genommen wird.[578]

557 Die von Deutschland mit den ehemaligen Staatshandelsländern des Ostblocks (Bsp.: Ungarn, Tschechien) – soweit sie vor der Änderung des politischen Systems geschlossen wurden und weiterhin Gültigkeit besitzen – sowie mit der Volksrepublik China vereinbarten Abkommen entsprechen ebenfalls dem OECD-MA, obwohl die Wirtschaftssysteme und damit auch die Steuersysteme grundlegend verschieden sind bzw. waren.

558 Zur **Vermeidung der Doppelbesteuerung der Nachlässe und Erbschaften** existiert ein **OECD-Musterabkommen von 1966** (OECD Draft Convention on Estates and Inheritanes) mit einer Neufassung aus 1982 (OECD Model Convention on Estate, Inheritance and Gifts).[579]

559 Das erste **multilaterale DBA** wurde 1983 in Helsinki zwischen Dänemark, Finnland, Island, Norwegen und Schweden unterzeichnet.[580]

560 Zu erwähnen ist ferner das **Vertragsmodell der Vereinten Nationen für DBA zwischen Industrie- und Entwicklungsländern** (United Nations Model Double Taxation Convention between Developed and Developing Countries)[581] sowie ein **US-DBA-Modell** (United States Model Income Tax Convention).[582]

561 Mitte April 2013 hat das BMF auf seinen Internetseiten erstmals die deutsche „**Verhandlungsgrundlage für Doppelbesteuerungsabkommen im Bereich der Steuern vom Einkommen und Vermögen**" – nachfolgend VG-DBA – veröffentlicht. Am 22. 8. 2013 wurde dann eine aktualisierte Fassung ins Internet gestellt. Künftig ist in unregelmäßigen Abständen mit weiteren Aktualisierungen zu rechnen. Diese VG-DBA lehnen sich zwar grundsätzlich an das OECD-MA an, weisen aber im Einzelnen nicht unerhebliche Abweichungen auf, auf die nachfolgend im Zusammenhang mit den einzelnen Artikeln des OECD-MA jeweils eingegangen wird. Zu berücksichtigen ist, dass die VG-DBA lediglich die Wunschliste der deutschen Finanzverwaltung beinhaltet; ob diese Vorstellungen auch in einem konkreten DBA umgesetzt werden können, hängt vom Einzelfall und den Verhandlungspositionen der beiden beteiligten Vertragsparteien ab.

3.3 Völkerrechtliche und staatsrechtliche Grundlagen

3.3.1 Völkervertragsrecht

562 Das DBA ist ein völkerrechtlicher Vertrag zwischen zwei Staaten. Mit diesem Vertrag werden Rechte im weitesten Sinne begründet, verändert oder beseitigt. Zwar sind völkerrechtliche Verträge auch ohne Form gültig. Heute aber werden derartige Vereinbarungen auf zwischenstaatlicher Ebene grundsätzlich schriftlich geschlossen (förmli-

---

578 Vgl. Nr. 3 des Protokolls zum DBA-Ungarn 2011 v. 28. 2. 2011, BGBl 2011 II 919.
579 Vgl. Internetseiten der OECD.
580 Text auf den Internetseiten des Nordischen Ministerrats (Nordic Council): www.norden.org.
581 Text auf den Internetseiten von United Nations Public Administration Network (UNPAN): http://www.unpan.org.
582 Text auf den Internetseiten des IRS www.irs.gov.

cher Vertrag). Für diese Verträge ist das Wiener Übereinkommen über das Recht der Verträge (WÜRV) vom 23.5.1969 maßgebend, das u. a. Regeln über Abschluss, Anwendung und Einhaltung sowie für die Auslegung eines völkerrechtlichen Vertrags enthält.[583]

Das Zustandekommen eines DBA vollzieht sich in mehreren Stufen: Das Ende der **Verhandlungen** ist gekennzeichnet durch die Paraphierung des Abkommensentwurfs durch die Unterhändler (Art. 10 WÜRV). Damit ist der Vertragstext vorläufig festgelegt. Dann folgt die Unterzeichnung des Vertragsentwurfs durch Beauftragte beider Staaten (Art. 11, 12 WÜRV). Nun sind keine Abänderungen mehr zulässig, es sei denn, es werden neue Verhandlungen unter Zustimmung beider Parteien aufgenommen. Die nächste Stufe ist die **Zustimmung** der Parlamente der Vertragsparteien. Art und Weise richten sich ausschließlich nach nationalem Recht. Daran schließt sich die Ratifikation (Art. 14 WÜRV) an. Sie stellt eine Bindungserklärung des nach der Verfassung zuständigen Organs dar. Durch sie wird zum Ausdruck gebracht, dass der jeweilige Staat sich jetzt an den Vertrag gebunden fühlt. Durch den Notenaustausch (Austausch der Ratifikationsurkunden; Art. 16 WÜRV) wird die völkerrechtliche Bindungswirkung hergestellt. Da der Vertrag in der Regel später ratifiziert als unterzeichnet wird, gilt das Inkrafttreten erst ab der Ratifikation, die, wenn nichts anderes vereinbart wurde, keine rückwirkende Kraft hat (Art. 24 Abs. 2 WÜRV). 563

BEISPIEL: Das DBA-Finnland wurde am 19.2.2016 unterzeichnet, trat am 16.11.2017 in Kraft und war nach Art. 28 Abs. 2 ab 1.1.2018 anzuwenden.

Anlagen und Briefwechsel, die nach den Unterschriften folgen, sind oftmals vollwertige Bestandteile des Vertrages und nehmen bezüglich der Geltung denselben Rang ein. 564

BEISPIEL: Protokoll zum DBA-USA 2006 / 2007, das offizieller Bestandteil des Abkommens ist.

3.3.2 Der völkerrechtliche Vertrag im Recht der Bundesrepublik Deutschland

Art. 59 GG kommt, in Verbindung mit Art. 32 GG, eine Schlüsselfunktion für den Abschluss völkerrechtlicher Verträge zu. Grundsätzlich „schließt" zwar der Bundespräsident diese Verträge. Damit ist aber nur der förmliche Abschlussakt gemeint. Sämtliche Funktionen bis auf die Ratifizierung im engeren Sinne sind auf die Bundesregierung delegiert. Diese ernennt Bevollmächtigte, die Deutschland bei den Verhandlungen, der Paraphierung und der Unterzeichnung des Vertrages vertreten. 565

Nach Art. 59 Abs. 2 GG unterliegen der Zustimmung oder Mitwirkung der gesetzgebenden Körperschaften (Bundestag, Bundesrat) u. a. diejenigen völkerrechtlichen Verträge, die sich auf Gegenstände der Bundesgesetzgebung beziehen. Hierzu zählen auch die Verträge, die, wären sie eine innerstaatliche Regelung, in Gesetzesform ergehen müssten. Die DBA betreffend die Steuern vom Einkommen und Vermögen unterliegen dem Zustimmungserfordernis des Bundesrates (Art. 105 Abs. 3 i.V. mit Art. 106 Abs. 2 Nr. 1, 566

---

583 BGBl 1985 II 927.

Abs. 3 GG). Abkommen zur Vermeidung der Doppelbesteuerung auf dem Gebiet der Kraftfahrzeugsteuer werden als Rechtsverordnungen gemäß § 15 Abs. 1 Nr. 7 KraftStG mit Zustimmung des Bundesrates in innerstaatliches Recht umgesetzt (Art. 80 Abs. 2 i.V. mit Art. 105 Abs. 3, Art. 106 Abs. 2 Nr. 3 GG).

567 Die Zustimmung von Bundestag und Bundesrat zu einem allgemeinen DBA erfolgt in Form eines Gesetzes (Ratifizierungsgesetz, Zustimmungsgesetz). Mit diesem Gesetz wird das DBA innerstaatliches Recht. Im Rang steht es gleichberechtigt neben den sonstigen Bundesgesetzen und damit auch neben den innerstaatlichen Steuergesetzen.[584] Der Vorrang der Normen des DBA wird grundsätzlich durch § 2 AO sichergestellt (zum Problem des treaty override vgl. Rdn. 608). Das Ratifizierungsgesetz schafft in der Regel keine neuen steuerlichen Normen (Gegenbeispiel: Zustimmungsgesetz zum Revisionsabkommen zum DBA-Frankreich,[585] Art. 3 des Zustimmungsgesetzes zum Protokoll vom 21. 12. 1992 zum DBA-Schweiz).[586]

3.3.3 Auslegung eines Doppelbesteuerungsabkommens (Art. 3 Abs. 2 OECD-MA)

568 Bevor ein Vertragstext ausgelegt wird, ist zu prüfen, ob der Text überhaupt der Auslegung bedarf, ob er nicht vielmehr eindeutig ist; denn die Auslegung stellt immer die ultima ratio dar. Genauso ist vor einer Auslegung immer zu prüfen, ob das Abkommen selbst eine Auslegung bereithält.

569 Ein DBA als völkerrechtlicher Vertrag ist zuerst entsprechend den Bestimmungen der WÜRV auszulegen (Art. 31 ff. WÜRV):[587] Bei der Auslegung eines Abkommens sind dessen Ziel und Zweck – einschließlich des Wortlautes –, der systematische Zusammenhang sowie die Modalitäten des Abschlusses und der späteren Durchführung zu berücksichtigen. Grundsätzlich gelten die allgemeinen drei Auslegungsmethoden: Grammatikalische, systematische und teleologische Auslegung; der tatsächliche Wille der Vertragsparteien ist zu erforschen. Im Rahmen der Auslegung ist auch die ausländische Fassung des DBA mit heranzuziehen. Bei mehreren Auslegungsergebnissen ist dasjenige zu wählen, das den Vertragszweck am ehesten zum Tragen bringt. Die Abkommenspraxis der Vertragsstaaten, wie sie z. B. in einer Verständigungsvereinbarung zum Ausdruck kommt, kann bei der Abkommensauslegung mit zu berücksichtigen sein; es gilt der Grundsatz der **Entscheidungsharmonie**,[588] d. h., es ist eine Auslegung zu vermeiden, die zu einer gegenläufigen Praxis in beiden Vertragsstaaten führt, oder anders: Es ist eine Auslegung anzustreben, die am ehesten Aussicht bietet, in beiden Staaten akzeptiert zu werden. Dieser Grundsatz schließt aber keineswegs aus, dass die Vertragsauslegung der Vertragsstaaten zu Qualifikationskonflikten führt und diese gegebenenfalls

---

584 BFH v. 13. 7. 1994 I R 120/93, BStBl 1995 II 129.
585 BStBl 1970 I 900.
586 BStBl 1993 I 927.
587 BFH v. 11. 7. 2018 I R 44/16, IStR 2019, 272; v. 21. 8. 2015 I R 63/13, BFH/NV 2016, 36; BFH v. 10. 6. 2015 I R 79/13, BStBl 2016 II 326.
588 BFH v. 11. 12. 2013 I R 4/13, BStBl 2014 II 791; v. 25. 11. 2015 I R 50/14, BStBl 2017 II 247.

im Wege eines Verständigungsverfahrens ausgeräumt oder gemildert werden. Dem BFH ist es im Hinblick auf Art. 20 Abs. 3 GG verwehrt, entgegen Wortlaut, Vorschriftenzusammenhang und Zweck eines DBA mittels Auslegung aus tatsächlichen Erwägungen heraus Abhilfe bei einer nicht anders zu beseitigenden Doppelbesteuerung zu schaffen.[589]

In Art. 3 Abs. 1 OECD-MA sind einige der wichtigsten im Abkommen verwendeten Ausdrücke definiert. Dies stellt aber nur einen kleinen Teil der im jeweiligen Abkommen vorkommenden Begriffe dar. Demgemäß war es notwendig, weil man nicht alle Ausdrücke definieren wollte, eine allgemeine Auslegungsklausel in das Musterabkommen (und im Regelfall in den abgeschlossenen Abkommen) einzufügen. Dies ist durch Art. 3 Abs. 2 OECD-MA geschehen. Diese Norm besagt, dass bei der Anwendung des Abkommens durch den einzelnen Vertragsstaat jeder im Abkommen nicht definierte Ausdruck die Bedeutung hat, die ihm im konkreten Anwendungszeitraum nach dem Recht des betreffenden Vertragsstaates über die Steuern zukommt. Die Bedeutung nach dem Steuerrecht hat Vorrang vor einer Bedeutung, die nach anderen Rechtsgebieten dem betreffenden Begriff zukommt. Hiervon kann im Einvernehmen der beiden Vertragsstaaten durch ein Verständigungsverfahren nach Art. 25 OECD-MA abgewichen werden. 570

BEISPIEL: Da der Begriff der unselbständigen Arbeit im DBA-Schweiz nicht definiert ist, ist gemäß Art. 3 Abs. 2 DBA-Schweiz auf das nationale Recht abzustellen Denn nach dieser Bestimmung hat bei Anwendung des Abkommens durch einen Vertragsstaat, wenn der Zusammenhang nichts anderes erfordert, jeder nicht anders definierte Ausdruck die Bedeutung, die ihm nach dem Recht dieses Staates über die Steuern zukommt, welche Gegenstand des Abkommens sind.[590] Dabei ist allerdings eine **abkommensautonome Auslegung** ggf. anzustreben.[591]

Für die Auslegung der im DBA verwandten Ausdrücke gilt grundsätzlich folgende Reihenfolge:[592] 571

- spezielle Begriffsbestimmungen des Abkommens;
- allgemeine Definitionen des Abkommens;
- Auslegung nach dem Sinnzusammenhang des Abkommens;
- Auslegung nach dem Gedanken der Entscheidungsharmonie;
- Erläuterung nach dem innerstaatlichen Recht des Anwenderstaates (sog. **Lex-fori-Prinzip**), wobei eine Auslegung nach dem Steuerrecht des betreffenden Vertragsstaats Vorrang vor einer Auslegung nach den Bestimmungen sonstigen Rechts besitzt.

Ferner enthält der OECD-MK nicht verbindliche Interpretationen (im Range von Gesetzesmaterialien)[593] hinsichtlich der Auslegung der einzelnen Bestimmungen des OECD- 572

---

589 BFH v. 18. 5. 2010 I B 204/09, BFH/NV 2010, 1636.
590 BFH v. 24. 9. 2013 VI R 6/11, BStBl 2016 II 650.
591 BFH v. 8. 12. 2010 I R 92/09, BStBl 2011 II 488.
592 BFH v. 28. 8. 2010 I R 53/09, BFH/NV 2011, 135.
593 BFH v. 11. 7. 2018 I R 44/16, IStR 2019, 272.

MA. In diesem Zusammenhang ist das Problem der sog. **dynamischen Auslegung / dynamischen Interpretation** zu erwähnen. Hierunter wird seitens der Finanzverwaltung verstanden, dass die neueren Interpretationen und insbesondere die Neufassungen des OECD-MK auch für „alte" DBA gelten sollen, die im Zeitpunkt der Änderung des OECD-MK bereits bestanden haben. In der Literatur und Rechtsprechung wird diese Auslegungsart abgelehnt. Der BFH hat sich wiederholt für eine **statische Auslegung** ausgesprochen.[594]

3.4 Aufbau eines Doppelbesteuerungsabkommens

573 Das OECD-MA – und die neueren DBA Deutschlands – weisen grundsätzlich folgende Gliederung auf, wobei allerdings anzumerken ist, dass die jüngeren DBA nicht immer über die Gliederungsüberschriften verfügen:

I. Geltungsbereich des Abkommens

II. Begriffsbestimmungen

III. Besteuerung des Einkommens

IV. Besteuerung des Vermögens

V. Methoden zur Vermeidung der Doppelbesteuerung

VI. Besondere Bestimmungen

VII. Schlussbestimmungen

574 Der Abschnitt I – Geltungsbereich des Abkommens – untergliedert sich in den persönlichen Geltungsbereich (Art. 1 – für wen gilt das Abkommen?) und den sachlichen Geltungsbereich (Art. 2 – für welche Steuern gilt das Abkommen?).

575 Im Abschnitt II – Begriffsbestimmungen – wird eine Reihe der im Abkommen verwendeten Ausdrücke definiert. So werden in Art. 3 Abs. 1 OECD-MA u. a. die Begriffe „Person", „Gesellschaft", „Unternehmen", „zuständige Behörde", „Staatsangehörigkeit" erläutert. Art. 4 OECD-MA befasst sich mit der „Ansässigkeit" von natürlichen und juristischen Personen, und in Art 5 OECD-MA ist die „Betriebsstätte" definiert.

576 Abschnitt III – Besteuerung des Einkommens – regelt in Art. 6 bis 21 OECD-MA die Besteuerung der einzelnen Einkunftsarten und Einkunftsquellen. Das Besteuerungsrecht wird den beteiligten Vertragsstaaten grundsätzlich in einem festgelegten Umfange zugewiesen; eine Beseitigung oder Vermeidung der Doppelbesteuerung erfolgt noch nicht an dieser Stelle des Abkommens.

577 In Abschnitt IV – Besteuerung des Vermögens – wird durch Art. 22 OECD-MA die Vermögensbesteuerung geregelt.

578 Mit dem Art. 23 im Abschnitt V – Methoden zur Vermeidung der Doppelbesteuerung – wird festgelegt, auf welche Weise eine Doppelbesteuerung vermieden wird; deswegen

---

[594] BFH v. 11. 7. 2018 I R 44/16, IStR 2019, 272; v. 25. 11. 2015 I R 50/14, BStBl 2017 II 247; v. 21. 8. 2015 I R 63/13, BFH/NV 2016, 36.

wird Art. 23 auch der Methodenartikel genannt. Vorgesehen sind die Befreiungsmethode (Art. 23 A OECD-MA) und die Anrechnungsmethode (Art. 23 B OECD-MA).

Verschiedene Regelungen, die für die Durchführung des Abkommens bedeutsam sind, finden sich im Abschnitt VI - Besondere Bestimmungen: Art. 24 OECD-MA befasst sich mit dem Diskriminierungsverbot und dem Gebot der Gleichbehandlung aller Steuerpflichtigen. Das Verständigungsverfahren ist in Art. 25 OECD-MA geregelt. Der Förderung des Informationsaustausches dient Art. 26 OECD-MA. Mit der Amtshilfe bei der Erhebung von Steuern (Beitreibungshilfe) befasst sich Art. 27 OECD-MA. Nach Art. 28 OECD-MA werden die zwischen allen Staaten vereinbarten steuerlichen Vorrechte der Diplomaten und Konsuln durch das Abkommen nicht berührt. Neu eingefügt wurde durch das Update 2017 der Art. 29, der sich mit dem Anspruch auf Abkommensvergünstigungen[595] befasst. Der Art. 30 OECD-MA – ab hier neue Zählung aufgrund des Updates 2017 – betrifft die räumliche Ausdehnung des Geltungsbereichs des Abkommens.

579

Der Abschnitt VII – Schlussbestimmungen – regelt das Inkrafttreten (Art. 31 OECD-MA) und die Kündigung des Abkommens (Art. 32 OECD-MA).

580

Die VG-DBA beinhaltet darüber hinaus eine Reihe von zusätzlichen Regelungen (Bsp.: Art. 27 VG-DBA: Verfahrensregeln für Quellenbesteuerung, Investmentvermögen; Art. 28 VG-DBA: Abkommensmissbrauch; Art. 30 VG-DBA: Protokoll sowie Protokollentwurf im Anhang zu den VG-DBA), auf die an gegebener Stelle eingegangen werden wird.

581

3.5 Wirkungsweise eines Doppelbesteuerungsabkommens

3.5.1 Allgemeines

Das OECD-MA kennt, wie bereits erwähnt, in Art. 23 OECD-MA zwei Möglichkeiten, mit denen eine Doppelbesteuerung verhindert oder gemildert werden kann:
- ▶ Freistellung (mit Progressionsvorbehalt) und
- ▶ Anrechnung der ausländischen Steuer.

582

Art. 22 VG-DBA orientiert sich grundsätzlich inhaltlich an Art. 23 OECD-MA, wenn auch mit einer Reihe von Abweichungen zugunsten des deutschen Fiskus.

In den deutschen DBA findet man beide Methoden. Wird die ausländische Steuer angerechnet, richtet sich die Steuerbelastung der ausländischen Einkunftsteile auf jeden Fall nach der Steuerbelastung im Wohnsitzstaat. Sie kann sogar über dem inländischen Steuersatz liegen, wenn die ausländische Steuer nicht in vollem Umfange angerechnet werden kann.

583

BEISPIEL: ▶ Der Steuerpflichtige hat im Ausland steuerpflichtige Einkünfte i. H. von 100 Einheiten, die einer Ertragsteuerbelastung von 30 % unterliegen; bei der Veranlagung im Inland ergibt sich dagegen nur eine Ertragsteuerbelastung von 25 %. Da die auf die ausländischen Ein-

---

595 Entitlement to Benefits.

künfte entfallende ausländische Steuer nur bis zur Höhe der deutschen Einkommensteuer angerechnet werden kann, liegt die Gesamtsteuerbelastung über der inländischen Steuerbelastung.

584 Ist dagegen das Prinzip der Freistellung (ggf. mit Progressionsvorbehalt) vereinbart, richtet sich die Steuerbelastung in Bezug auf die ausländischen Einkünfte nach derjenigen im Quellenstaat; lediglich die inländischen Einkünfte werden, ausgehend vom Besteuerungsprinzip der Leistungsfähigkeit, höher besteuert, d. h., der Steuersatz wird unter Berücksichtigung der ausländischen Einkünfte ermittelt. Welche Methode nach dem Abkommen in Betracht kommt, hängt demnach von der Entscheidung ab, nach welcher Steuerbelastung sich die Besteuerung ausländischer Einkünfte richten soll. Diese Entscheidung wiederum wird durch die größere Nähe der Einkunftsquelle zum Quellenstaat (Bsp.: Gewerbliche Einkünfte einer Betriebsstätte, Schachteldividenden) oder zum Wohnsitzstaat (Bsp.: Zinseinkünfte, bestimmte Dividendeneinkünfte, Einkünfte als Sportler oder Künstler) bestimmt.

3.5.2 Befreiungsmethode (Art. 23 A OECD-MA)

585 Das Prinzip der Freistellung mit Progressionsvorbehalt (Art. 23 A Abs. 1, 3 OECD-MA[596] – grundsätzlich gleich: Art. 22 Abs. 1 Nr. 1 und 2 VG-DBA) ist oben zu § 32b EStG dargestellt worden.[597] Die Freistellung von der inländischen Besteuerung bedeutet, dass Deutschland dem ausländischen Staat ein gleichsam vorrangiges Besteuerungsrecht zuerkennt. Dieses vorrangige Besteuerungsrecht soll in den Fällen zum Tragen kommen, in denen die ausländischen Einkünfte in einem besonders starken Maße mit dem ausländischen Quellenstaat verbunden sind. In der Regel wird diese besondere Verbindung der Einkünfte u. a. in folgenden Fällen anerkannt:

► Einkünfte aus im Ausland belegenem unbeweglichen Vermögen (Art. 6 OECD-MA);
► Unternehmensgewinne aus im Ausland ausgeübter gewerblicher Tätigkeit (Art. 7 OECD-MA);
► Schachteldividenden;
► Einkünfte aus im Ausland ausgeübter selbständiger Arbeit;
► Einkünfte aus im Ausland ausgeübter unselbständiger Arbeit (Art. 15 OECD-MA), wobei Sonderregelungen für kurzfristigen Auslandsaufenthalt (183-Tage-Regelung – Art. 15 Abs. 2 OECD-MA), für Grenzgänger und für Künstler und Sportler (Art. 17 OECD-MA) zu beachten sind.

586 In einzelnen DBA können von diesen Grundsätzen abweichende Regelungen getroffen sein (Bsp.: Art. 24 DBA Schweiz: Anrechnungsverfahren für Einkünfte aus Grundvermögen).

587 Teils durch Freistellung, teils aber auch durch Anrechnung (je nach Abkommen) wird eine Doppelbesteuerung in folgenden Fällen vermieden:

► Einkünfte als Künstler und Sportler (Art. 17 OECD-MA);

---

596 Ergänzt durch das Update 2017.
597 Rdn. 355.

▶ Einkünfte aus der Tätigkeit als Aufsichtsrats- oder Verwaltungsratsvorsitzender (Art. 16 OECD-MA).

Nach Art. 23 A Abs. 4 OECD-MA findet die Freistellung nach Abs. 1 dann keine Anwendung, wenn der Quellenstaat die Abkommensvorschriften so anwendet, dass die im Quellenstaat zu besteuernden Einkünfte von der Besteuerung ausgenommen werden. Dies kann darauf zurückzuführen sein, dass entweder Abkommensvorschriften unterschiedlich ausgelegt werden oder ein unterschiedlicher Sachverhalt – u.U. aufgrund vorsätzlich unterschiedlicher Darstellung durch den Steuerpflichtigen – angenommen wird (Bsp.: Der Wohnsitzstaat geht von einer Betriebsstätte im Quellenstaat aus, während der Quellenstaat das Vorliegen einer Betriebsstätte verneint). In Art. 22 Abs. 1 Nr. 5 VG-DBA sind die Ausnahmen von der Freistellung aufgeführt, die sich teilweise nicht mit dem OECD-MA decken. 588

3.5.3 Anrechnungsmethode
3.5.3.1 Direkte Steueranrechnung (Art. 23 B OECD-MA)

Das Prinzip der direkten Steueranrechnung (Art. 23 B OECD-MA – grundsätzlich vergleichbar: Art. 22 Abs. 1 Nr. 3 VG-DBA) ist oben zu § 34c Abs. 1 EStG dargestellt.[598] Wie bei § 34c EStG ist auch in Art. 23 B Abs. 1 OECD-MA geregelt, dass die Anrechnung der ausländischen Steuer nur insoweit erfolgt, als die Steuer des Wohnsitzstaates auf die ausländischen Einkünfte entfällt. In der Regel wird die Anrechnungsmethode bei folgenden Einkünften angewandt, bei denen von einem vorrangigen Besteuerungsrecht des Wohnsitzstaates ausgegangen wird: 589

▶ Dividendeneinkünfte (Art. 10 OECD-MA), ausgenommen Schachteldividenden;
▶ Zinseinkünfte von ausländischen Schuldnern (Art. 11 OECD-MA);
▶ Lizenzeinkünfte von ausländischen Lizenznehmern (Art. 12 OECD-MA);
▶ Einkünfte von Sportlern und Künstlern (Art. 17 OECD-MA);
▶ Einkünfte von Aufsichtsratsmitgliedern (Art. 16 OECD-MA).

3.5.3.2 Fiktive Steueranrechnung

Bei der fiktiven Steueranrechnung wird im Gegensatz zur direkten Anrechnung der tatsächlich gezahlten Steuer eine nicht gezahlte Steuer angerechnet.[599] Hintergrund dieser Anrechnungsmethode ist folgender: Stellt der ausländische Staat die auf seinem Territorium erzielten Einkünfte von der Besteuerung ganz oder teilweise frei, so wird aufgrund der Systematik der Steueranrechnung der im Ausland steuerfreie Einkommensteil ungemildert der deutschen Einkommensteuer unterworfen, da es an anrechenbarer ausländischer Steuer fehlt. Der vom ausländischen Staat gewährte Steueranreiz geht also verloren. Um dieses Ergebnis zu vermeiden, ist in einer Reihe von DBA vor allem 590

---

598 Vgl. Rdn. 269 ff.
599 Vgl. BFH v. 20. 6. 2011 I R 103/10, BFH/NV 2011, 1785.

mit Entwicklungsstaaten – insbesondere für Dividenden-, Zins- und Lizenzeinkünfte – die fiktive Steueranrechnung vereinbart, um den Kapitaltransfer zu erleichtern.[600]

591 Art und Weise der fiktiven Steueranrechnung differieren von Abkommen zu Abkommen. Eine Methode ist, dass im Inland diejenige Steuer angerechnet wird, die sich ergäbe, wenn der ausländische Staat keinen Steuererlass auf die ausländischen Einkünfte oder Einkunftsteile gewährt hätte.[601] Eine andere Methode ist, im Wohnsitzstaat des Gläubigers eine bestimmte Steuer anzurechnen, unabhängig davon, ob, und wenn ja, in welcher Höhe, im Quellenstaat eine Steuer erhoben wird.[602]

> **BEISPIEL:** ▶ Nach Art. 24 Abs. 1 Buchst. f DBA-Singapur wird eine Steueranrechnung i. H. von 8 % des Bruttobetrags der Zinsen gewährt, auch wenn die in Singapur erhobene Steuer weniger als 8 % beträgt. Der Steuerpflichtige braucht demnach keinen Nachweis über die Steuerzahlung zu erbringen, da das Abkommen selbst die Anrechnung abschließend regelt.

592 Problematisch ist die fiktive Steueranrechnung lediglich dann, wenn die auf die ausländischen Einkünfte entfallende deutsche Einkommensteuer niedriger als die fiktive Steuer ist. Denn dann führt i. d. R. die Steueranrechnung entsprechend § 34c EStG zur völligen Beseitigung der Steuerbelastung; der nicht ausgenutzte Restbetrag führt weder zu einer Erstattung noch kann er auf andere Weise verrechnet werden.

593 Eine fiktive Anrechnung scheidet allerdings dann aus, wenn die ausländischen Einkünfte nach ausländischem Steuerrecht generell steuerbefreit sind (Bsp.: Spekulationsgewinne außerhalb der schädlichen Spekulationsfrist)[603]

3.5.4 Verbot der virtuellen Doppelbesteuerung

594 Primäres Ziel eines jeden DBA ist die Beseitigung der effektiven Doppelbesteuerung. Das heißt, mit dem Abkommen soll verhindert werden, dass die aus einer Quelle stammenden Einkünfte zweimal der Besteuerung unterworfen werden. Daneben verbietet aber ein DBA im Regelfall auch die virtuelle Doppelbesteuerung, d. h. eine auch nur theoretisch mögliche Doppelbesteuerung soll verhindert werden. Damit soll zum Ausdruck gebracht werden, dass die Steuerbefreiung in einem Vertragsstaat unabhängig davon gelten soll, ob in dem anderen Vertragsstaat eine Besteuerung der Einkünfte rechtlich möglich ist und tatsächlich durchgeführt wird.[604] Demnach ist es für die Anwendung der Schutzbestimmungen eines DBA grundsätzlich nicht Voraussetzung, dass in einem der beiden Staaten tatsächlich eine Besteuerung erfolgt; die Freistellung im Ansässigkeitsstaat ist von einer konkreten steuerlichen Inanspruchnahme im Quellenstaat nach Maßgabe des dortigen Steuerrechts unabhängig.[605]

---

600 Wegen weiterer Einzelheiten BMF v. 3.8.2017, BStBl 2017 I 1225.
601 Bsp.: Art. 23 Abs. 1 Buchst. c DBA-Kenia.
602 Bsp.: Art. 23 Abs. 1 Buchst. c DBA-Indonesien.
603 Vgl. BMF v. 18.11.1991, BStBl 1991 I 975, zur Ablehnung der weiteren fiktiven Quellensteueranrechnung bei spanischen Staatsanleihen, nachdem diese in Spanien generell von der Quellensteuer befreit wurden.
604 BFH v. 10.1.2012 I R 66/09, BFH/NV 2012, 1056; v. 24.8.2011 I R 46/10, BFH/NV 2011, 2165.
605 Vgl. den Sachverhalt in BFH v. 24.8.2011 I R 46/10, BFH/NV 2011, 2165.

Heute geht die Abkommenspraxis grundsätzlich in die Richtung, nur noch effektiv eingetretene Doppelbesteuerung zu vermeiden oder zu mildern, also das Prinzip der Vermeidung der virtuellen Doppelbesteuerung zurückzudrängen (vgl. Art. 22 Abs. 1 Nr. 5 Buchst. a und b VG-DBA; § 50d Abs. 9 EStG).

3.5.5 Rückfallklausel (Subject-to-tax-Klausel) und Remittance-base-Klausel

Bei einer virtuellen Steuerbefreiung darf im Wohnsitzstaat nicht geprüft werden, ob im Quellenstaat tatsächlich eine Besteuerung stattfindet bzw. stattgefunden hat. Demnach kann es zu sog. weißen Einkünften kommen. Um dies zu vermeiden, ist in einzelnen Abkommen geregelt, dass die Freistellung – zum Teil nur für bestimmte Einkünfte – im Inland nur dann erfolgt, wenn die Einkünfte im Ausland tatsächlich besteuert worden sind (Rückfallklausel oder Subject-to-tax-Klausel).[606]

> **BEISPIEL:** Abschnitt 16 Buchst. d des Protokolls vom 18.10.1989 zu Art. 24 Abs. 3 Buchst. a DBA-Italien 1989 lautet: „Für die Zwecke des Artikels 24 Absatz 3 Buchstabe a gelten die Einkünfte einer in einem Vertragsstaat ansässigen Person als aus dem anderen Vertragsstaat stammend, wenn sie im anderen Vertragsstaat in Übereinstimmung mit dem Abkommen effektiv besteuert worden sind."

Der BMF hat sich in einem Schreiben vom 20.6.2013 mit den Subject-to-tax-Klauseln in den verschiedenen Ausgestaltungsformen (allgemeine Rückfallklausel, einkunftsbezogene Rückfallklausel, Einkünfte-Herkunftsbestimmungen im Methodenartikel) und in den verschiedenen DBA näher befasst.[607] Entscheidend für die Anwendung der Rückfallklausel ist, ob aus der Sicht der Finanzverwaltung die Einkünfte im Ausland einer Besteuerung unterworfen worden sind. Eine Besteuerung in dem Vertragsstaat, dem das Besteuerungsrecht nach dem DBA zugewiesen ist, liegt vor, soweit die Einkünfte in die steuerliche Bemessungsgrundlage einbezogen werden (so auch Nr. 4 des Protokolls zum VG-DBA). Davon ist auch dann auszugehen, wenn eine Besteuerung aufgrund

- von Freibeträgen,
- eines Verlustausgleichs oder -abzugs wegen anderer negativer Einkünfte,
- des Abzugs bzw. der Anrechnung von im Ausland gezahlter Steuern,
- der Anwendung von DBA-Schachteldividenden-Regelungen,
- der Anwendung einer EG-Richtlinie (z. B. sog. Mutter-Tochter-Richtlinie) oder
- ausländischer Vorschriften zur Einkünfteermittlung temporäre (z. B. das Recht des anderen Vertragsstaats ermöglicht höhere Rückstellungen oder lässt höhere Abschreibungen zu) oder permanente Differenzen im Vergleich zu der nach deutschem Steuerrecht ermittelten Bemessungsgrundlage (z. B. das Recht des anderen Vertragsstaats ermöglicht den Abzug von Aufwendungen, die nach inländischem Steuerrecht dem Betriebsausgabenabzugsverbot des § 4 Abs. 5 EStG unterliegen) auftre-

---

606 Vgl. Art. 21 Abs. 1 Buchst. a DBA-Finnland 2016: „tatsächlich in Finnland besteuert…".
607 BMF v. 20.6.2013, BStBl 2013 I 980.

ten, auch wenn dies – bezogen auf den nach deutschem Steuerrecht maßgeblichen Veranlagungszeitraum – wie eine zumindest partielle Nichtbesteuerung wirkt, unterbleibt.

598 Eine Nichtbesteuerung liegt hingegen nach Auffassung des BMF vor, soweit der Staat, dem das Besteuerungsrecht nach dem DBA zugewiesen ist,

▶ nach nationalem Recht Einkünfte nicht besteuern kann, insbesondere weil diese nicht steuerbar bzw. sachlich steuerbefreit sind oder der Steuerpflichtige persönlich steuerbefreit ist, oder

▶ aus anderen Gründen eine tatsächliche Besteuerung unterbleibt, z. B. aufgrund Verzichts durch Erlass der Steuer oder durch Unkenntnis der durch den Steuerpflichtigen erzielten Einkünfte, oder wenn es sich, wie z. B. in den USA, um Einkünfte eines Ausländers handelt, die nicht mit einer US-Geschäftstätigkeit im Zusammenhang stehen (sog. „not effectively connected income") und deshalb dort nicht besteuert werden.

599 Der Steuerpflichtige ist verpflichtet, gemäß § 90 Abs. 2 AO nachzuweisen, dass im Ausland eine Besteuerung erfolgte, und zwar durch Vorlage des Steuerbescheids und eines Zahlungsnachweises.[608]

600 Zu beachten ist, dass die Finanzverwaltung bei der Anwendung der Rückfallklausel von der sog. **Atomisierung der Einkünfte** ausgeht. D. h. Einkunftsteile, die nicht im anderen Vertragsstaat besteuert werden, werden von der Rückfallklausel erfasst. Diese Auffassung wird in der Literatur und der Rechtsprechung abgelehnt.[609]

601 Der BFH ist mit seinen letzten Urteilen wieder auf seine alte Linie zurückgekehrt.[610] Das Gericht begründet das Zuweisungsrecht an Deutschland damit, dass nicht der Wortlaut maßgebend ist, sondern Sinn und Zweck der Regelung. Danach besteht eine Freistellung der Einkünfte im Ansässigkeitsstaat nur, wenn die Einkünfte im Quellenstaat tatsächlich besteuert werden.

602 Ist die Rückfallklausel anzuwenden, vertritt die Finanzverwaltung folgende Auffassung: Die nichtbesteuerten Einkünfte werden nach den deutschen Steuervorschriften in die Bemessungsgrundlage einbezogen. Für das Anrechnungsverfahren nach § 34c EStG handelt es sich nicht um ausländische, sondern um inländische Einkünfte, da aufgrund der Rückfallklausel, auf die § 34c Abs. 6 Satz 2, 3 EStG Bezug nimmt, es sich nicht um Einkünfte aus Quellen innerhalb des anderen Vertragsstaats handelt, weil sie im anderen Vertragsstaat nicht besteuert wurden. Da diese Einkünfte im Ausland nicht besteuert wurden, kommt es auch nicht zu einer Doppelbelastung. Negative ausländische Einkünfte sind nur dann zu berücksichtigen, wenn der Steuerpflichtige nachweist, dass deren Berücksichtigung im anderen Vertragsstaat endgültig und vollständig ausgeschlossen ist.

---

[608] Einzeleinheiten vgl. BMF v. 20. 6. 2013, BStBl 2013 I 980, Tz. 2.4; vgl. FG Köln v. 16. 6. 2016 13 K 3649/13, EFG 2016, 1711 zu den Minimalvoraussetzungen des Nachweises.
[609] BFH v. 20. 5. 2015 I R 69/14, BFH/NV 2015, 1395; v. 27. 8. 1997 I R 127/95, BStBl 1998 II 58.
[610] BFH v. 17. 10. 2007 I R 96/06, BFH/NV 2008, 677, zum DBA-Italien; v. 10. 5. 2017 I R 82/15, BFH/NV 2018, 33, zum DBA-Südafrika.

Als Reaktion auf die Rechtsprechung des BFH hat der Gesetzgeber in § 50d Abs. 8 EStG[611] für unbeschränkt steuerpflichtige Personen eine Rückfallklausel für Einkünfte aus nichtselbständiger Arbeit i. S. des § 19 EStG eingeführt: Sind Einkünfte eines unbeschränkt Steuerpflichtigen aus nichtselbständiger Arbeit nach einem DBA von der Bemessungsgrundlage der deutschen Steuer auszunehmen,[612] wird die Freistellung bei der Veranlagung ungeachtet des Abkommens nur gewährt, soweit der Steuerpflichtige nachweist, dass der Staat, dem nach dem Abkommen das Besteuerungsrecht zusteht, auf dieses Besteuerungsrecht verzichtet hat[613] oder dass die in diesem Staat auf die Einkünfte festgesetzten Steuern entrichtet wurden. Sofern der unbeschränkt Steuerpflichtige nicht den geforderten Nachweis erbringt, sind die betreffenden ausländischen Einkünfte aus nichtselbständiger Arbeit der deutschen Besteuerung zu unterwerfen.[614] Jedoch ist nach § 50d Abs. 8 Satz 2 EStG der Einkommensteuerbescheid zu ändern, sobald der unbeschränkt Steuerpflichtige den Nachweis nach Bekanntgabe des Steuerbescheides erbringt.

603

Eine weitere nationale Rückfallklausel wurde mit der Norm des § 50d Abs. 9 EStG eingeführt.[615]

604

Einen Sonderfall stellt in diesem Zusammenhang das sog. **Remittance-Base-Prinzip** oder die sog. Überweisungsklausel dar:[616] Danach dürfen ausländische Einkünfte im Inland (nur) dann besteuert werden, wenn sie in den Wohnsitzstaat überwiesen werden. Der BFH hat dies wie folgt erläutert: Stammen Einkünfte aus dem an sich nicht steuerberechtigten Vertragsstaat, sieht aber das nationale Steuerrecht des steuerberechtigten Vertragsstaates nur eine Besteuerung der dorthin überwiesenen oder dort bezogenen Einkünfte vor, so können die hiernach in jenem Staat nicht zu besteuernden Einkünfte in dem anderen Staat (Quellenstaat) besteuert werden.[617] Ziel der Rechtsprechung ist es, eine **doppelte Nichtbesteuerung** zu vermeiden.

605

> **BEISPIEL:** X war in Deutschland ansässig und bei einem hiesigen Unternehmen beschäftigt. Von Juni 1989 bis Juli 1991 wurde er zu einer Tochtergesellschaft in Zypern versetzt. Für diese Zeit zog er mit seiner Familie nach Zypern. Seine inländische Wohnung behielt er bei; nach dem Abschluss der Tätigkeit in Zypern kehrte die Familie in diese Wohnung zurück. Die Bezüge für diese Zeit wurden auf ein deutsches Bankkonto überwiesen; Lohnabzüge hat der Arbeitgeber nicht vorgenommen. Das zypriotische Einkommensteuerrecht besteuert aber nur dann ausländische Einkünfte, wenn sie nach Zypern überwiesen werden. Demnach läuft das Besteuerungsrecht Zyperns aus Art. 15 Abs. 1 DBA-Zypern ins Leere. Nach BFH sind die Einkünfte in Deutschland der Besteuerung zu unterwerfen; Einkünfte stammen danach aus Deutschland

---

611 Die Norm ist verfassungsgemäß – BVerfG v. 15. 12. 2015 2 BvL 1/12, IStR 2016, 191.
612 Diejenigen ausländischen Einkünfte fallen nicht unter diese Vorschrift, die aus einem Nicht-DBA-Staat stammen und nach dem Auslandstätigkeitserlass steuerfrei sind; BMF v. 21. 7. 2005, BStBl 2005 I 821.
613 BFH v. 5. 3. 2008 I R 54, 55/07, BFH/NV 2008, 1487 zu § 50d Abs. 9 EStG; ferner v. 11. 1. 2012 I R 27/11, BFH/NV 2012, 862, zum Verhältnis § 50d Abs. 8 EStG zu § 50d Abs. 9 EStG.
614 BFH v. 16. 8. 2010 I B 119/09, BFH/NV 2010, 2055.
615 Vgl. Rdn. 1851 ff.
616 BMF v. 20. 6. 2013, BStBl 2013 I 980, Tz. 3.
617 BFH v. 29. 11. 2000 I R 102/99, BStBl 2001 II 195, zum DBA-Zypern; v. 22. 2. 2006 I R 14/05, BStBl 2006 II 743, zum DBA-Singapur.

als maßgeblichem Vertragsstaat, wenn sie in Deutschland von einem hier ansässigen Arbeitgeber gezahlt werden.[618]

606 Dieses Besteuerungsprinzip der Überweisungsklausel stammt ursprünglich aus Großbritannien und ist heute noch in einigen wenigen DBA mit Ländern des Commonwealth zu finden (Bsp.: Art. 3 Abs. 3 DBA-Jamaika).

3.5.6 Switch-over-Klausel (Umschaltklausel)

607 In den neueren DBA hat sich Deutschland teilweise das Recht vorbehalten, durch einseitige Erklärung von der Freistellungs- auf die Anrechnungsmethode überzugehen (Switch-over-Klausel).[619] Voraussetzung hierfür ist, dass die Anwendung der Freistellungsmethode zu ungerechtfertigten Steuerbefreiungen führt. Diese können sich z. B. aufgrund eines nicht durch eine Verständigungsvereinbarung zu lösenden Qualifikationskonflikts, wenn die Vertragsstaaten die Einkünfte unterschiedlichen Abkommensbestimmungen zuweisen, oder Zurechnungskonflikts, wenn die Vertragsstaaten die Einkünfte unterschiedlichen Personen zuweisen, ergeben. Damit soll eine Einmalbesteuerung sichergestellt werden.

3.5.7 Treaty Override

608 Aus dem amerikanischen Steuerrecht stammt der Begriff Treaty override oder Treaty overriding. Er besagt, dass die Bestimmungen eines bestehenden DBA durch späteres nationales Recht überlagert werden (können). Im EStG findet man eine solche Vorschrift z. B. in § 50d Abs. 1 Satz 1 EStG. Der BFH hatte bisher in ständiger Rechtsprechung entschieden, dass das Treaty overriding zwar aus rechtspolitischer Sicht unerfreulich, dass darin aber kein verfassungsrelevanter Vorgang zu sehen sei.[620] Hiervon war er zwischenzeitlich abgerückt und hat die Frage, ob ein Treaty override grundsätzlich verfassungsgemäß ist (zu § 50d Abs. 8 EStG), dem BVerfG zur Prüfung vorgelegt.[621] Das BVerfG hat in seiner Entscheidung die Bedenken des BFH nicht geteilt und ein treaty override für verfassungsrechtlich zulässig erachtet.[622] Dieser Auffassung hat sich zwischenzeitlich auch der BFH angeschlossen.[623]

---

618 BFH v. 29. 11. 2000 I R 102/99, BStBl II 2001, 195.
619 BMF v. 20. 6. 2013, BStBl 2013 I 980, Tz. 4; Bsp.: Art. 45 Abs. 1 DBA-Dänemark, Nr. 18 Schlussprotokoll DBA-Italien, Nr. 12 Schlussprotokoll DBA-Mexiko, Nr. 21 Protokoll zum DBA-USA 1989.
620 BFH v. 17. 5. 1995 I B 183/94, BStBl 1995 II 781; v. 13. 7. 1994 I R 120/93, BStBl 1995 II 129.
621 BFH v. 10. 1. 2012 I R 66/09, BFH/NV 2012, 1056.
622 BVerfG v. 15. 12. 2015 2 BvL 1/12, DStR 2016, 359.
623 BFH v. 29. 6. 2016 I R 66/09, BFH/NV 2016, 1688.

3.6 Geltungsbereich eines Doppelbesteuerungsabkommens

3.6.1 Persönlicher Geltungsbereich

3.6.1.1 Person (Art. 1, 3 OECD-MA)

Lapidar regelt Art. 1 OECD-MA (nunmehr Art. 1 Abs. 1 OECD-MA 2017) – wie auch fast alle deutschen DBA –, dass das Abkommen für Personen gilt, die in einem oder beiden Vertragsstaaten ansässig sind; Art. 1 VG-DBA ist wortgleich. Grundsätzlich ohne Bedeutung ist die Staatsangehörigkeit; allein entscheidend ist die Ansässigkeit i. S. des Art. 4 OECD-MA (= Art. 4 VG-DBA).

609

Durch das Update 2017 wurden in Art. 1 OECD-MA zwei Absätze hinzugefügt, die sich zum einen mit der Zurechnung von Einkünften (Art. 1 Abs. 2) befassen, ausgehend von den Erkenntnissen des sog. Partnership-Reports aus dem Jahre 1999 (Problem der Transparenz) und zum anderen eine Art. Saving clause, dass ein DBA grundsätzlich nicht eine Besteuerung der eigenen gebietsansässigen Personen verbietet, es sei denn, dass es sich um vertragliche Vergünstigungen handelt, die ausdrücklich in Abs. 3 aufgeführt sind.

610

In einem zweiten Schritt erfolgt dann in Art. 3 Abs. 1 Buchst. a OECD-MA (= Art. 3 Abs. 1 Nr. 2 VG-DBA) die **Definition des Ausdrucks Person**: Hierunter sind

611

▶ natürliche Personen,

▶ Gesellschaften[624] und

▶ alle anderen Personenvereinigungen

zu verstehen.

Keine Person i. S. des Abkommens ist die Betriebsstätte; sie kann somit auch nicht selbst abkommensberechtigt sein. Allerdings bestehen zurzeit starke Bestrebungen in der Literatur, dies zu ändern und insbesondere in den Fällen, in denen ein Verständigungsverfahren über Verrechnungspreise durchgeführt wird, die Betriebsstätte als Person i. S. eines Abkommens zu betrachten.

612

Unter den Ausdruck **Gesellschaft** fallen nach Art. 3 Abs. 1 Buchst. b OECD-MA (= Art. 3 Abs. 1 Nr. 3 VG-DBA), wobei darauf hinzuweisen ist, dass dieser Begriff nicht im Musterabkommen definiert wird, sodass nach Art. 3 Abs. 2 OECD-MA auf das nationale Recht zurückgegriffen werden kann:

613

▶ juristische Personen (Bsp.: SE, AG, KGaA,[625] GmbH, Genossenschaften, rechtsfähige Vereine, rechtsfähige Stiftung – vgl. § 1 Abs. 1 Nr. 1 bis 4 KStG) oder

---

[624] Nach BFH v. 26. 6. 2013 I R 48/12, BFH/NV 2013, 2002, ist für die Entscheidung der Frage, ob eine „Gesellschaft" i. S. des Art. 3 Abs. 1 Buchst. b OECD-MA vorliegt, die Rechtsordnung des Quellenstaates maßgebend; vgl. ferner BMF v. 26. 9. 2014, BStBl 2014 I 1258, Tz. 1.2, 4.1.4.

[625] BFH v. 17. 10. 1990 I R 16/89, BStBl 1991 II 211: Eine nach deutschem Recht gebildete KGaA ist, soweit es das Verhältnis des persönlich Haftenden zu der KGaA betrifft, für die Anwendung des DBA-Schweiz in Deutschland eine Personengesellschaft – andererseits: BFH v. 19. 5. 2010 I R 62/09, BFH/NV 2010, 1919: Für die Anwendung des Schachtelprivilegs ist die KGaA eine Kapitalgesellschaft.

▶ Rechtsträger, die für die Besteuerung wie juristische Personen behandelt werden (vgl. § 1 Abs. 1 Nr. 5 und 6 KStG – Bsp.: nichtrechtsfähige Stiftung, Betrieb gewerblicher Art).

614 Da der Begriff **Personenvereinigung** nicht im OECD-MA erläutert ist, ist gemäß Art. 3 Abs. 2 OECD-MA auf das nationale Recht zurückzugreifen; er umfasst grundsätzlich alle Personengesellschaften (Bsp.: GbR, OHG, KG, Partnerschaft, EWIV) sowie alle nichtrechtsfähigen Personenvereinigungen (Bsp.: nichtrechtsfähiger Verein). Ausdrücklich anzumerken ist, dass nicht in allen DBA die Personenvereinigungen als Person i. S. des Abkommens genannt und somit anerkannt werden. Häufig fehlt in den älteren DBA, die mit Staaten des Commonwealth abgeschlossen wurden, die Einbeziehung der Personenvereinigungen.[626] Andererseits kann es aber auch zu ergänzenden Regelungen und Erweiterungen kommen.[627]

615 Probleme können sich in der Praxis dann ergeben, wenn eine in einem Vertragsstaat ansässige juristische Person im Sitzstaat als steuerlich transparent behandelt wird. Dieser Fall kommt zwar selten vor, aber in der Abkommenspraxis sind zumindest zwei Fälle bekannt: Die griechische GmbH (bis einschließlich 1993)[628] und die argentinische GmbH (bis einschließlich 1995).[629] In beiden Fällen entsprach die ausländische Gesellschaftsform der deutschen GmbH, und die Gesellschaft stellte somit nach Handels- und Zivilrecht eine juristische Person und (Kapital-) Gesellschaft dar. Steuerlich wurden die Gesellschaften aber transparent behandelt, d. h., ihr Gewinn wurde auf der Ebene der Gesellschaft ermittelt und dann auf der Ebene der Gesellschafter versteuert, unabhängig davon, ob die Gesellschaft Gewinnausschüttungen vornimmt oder nicht (Transparenzbesteuerung).

616 Nicht im OECD-MA definiert wird der Ausdruck **Kapitalgesellschaft**, obwohl er an verschiedenen Stellen vorkommt.[630] Demnach ist auch dieser Begriff grundsätzlich nach Art. 3 Abs. 2 OECD-MA nach nationalem Recht zu interpretieren (AktG, GmbHG).[631]

3.6.1.2 Die Personengesellschaft im Abkommensrecht[632]

617 Ob eine ausländische Gesellschaft als Personengesellschaft oder als Kapitalgesellschaft zu behandeln ist, bestimmt sich ausschließlich nach den Bestimmungen des deutschen Steuerrechts; maßgebend für die Einordnung ist der sog. Typenvergleich:

618 Wenn eine Personengesellschaft in beiden Vertragsstaaten als Person im Sinne des Abkommens angesehen und ferner in beiden Vertragsstaaten als eigenständiges Steuer-

---

626 Bsp.: Art. 3 Abs. 1 Buchst. c DBA-Sri Lanka.
627 Bsp.: Art. 3 Abs. 1 Nr. 4 DBA-Belgien: Partenreederei als Gesellschaft im Sinne des Abkommens.
628 BFH v. 31. 7. 1991 I R 60/90, BFHE 165, 507; BMF v. 16. 12. 1993, BStBl 1994 I 3;.
629 FinMin Nds v. 29. 12. 1997, Niedersächsisches Finanzministerium, 29.12.1997, S 1301-125-33, DB 1998, 235.
630 Bsp.: Art. 15 Abs. 4 DBA-Schweiz.
631 BFH v. 12. 10. 2011 I R 93/10, BFH/NV 2012, 275, zur Interpretation des Begriffs Kapitalgesellschaft im DBA-Schweiz.
632 Umfassend BMF v. 26. 9. 2014, BStBl 2014 I 1258: Anwendung der Doppelbesteuerungsabkommen (DBA) auf Personengesellschaften.

subjekt qualifiziert wird, sie also intransparent ist,[633] ist sie eine ansässige Person i. S. von Art. 1, Art. 4 Abs. 1 Satz 1 OECD-MA; die Personengesellschaft ist somit selbst abkommensberechtigt. Dies gilt aber nicht für deutsche Personengesellschaften, die weder einkommen- noch körperschaftsteuerpflichtig sind; ihre Gewerbesteuerpflicht reicht nach h. M. für eine Ansässigkeit i. S. des DBA nicht aus.

Wird die Personengesellschaft nach den Bestimmungen des Abkommens in beiden Vertragsstaaten nicht als Person im Sinne des DBA angesehen oder ist sie zwar Person im Sinne des Abkommens, aber steuerlich transparent, d. h., ist sie nicht selbst Steuersubjekt, gilt sie als nicht ansässig i. S. des Art. 4 Abs. 1 OECD-MA,[634] weil sie nicht selbst steuerpflichtig ist. Dann ist sie selbst auch nicht abkommensberechtigt. Dies ist der Regelfall für deutsche Personengesellschaften. 619

Um in der letztgenannten Fallvariante den in der Personengesellschaft zusammengefassten Gesellschaftern den Abkommensschutz nicht zu verweigern, stellen Rechtsprechung, Verwaltung und Literatur auf den einzelnen Gesellschafter ab: Die Beteiligung an einer im Ausland ansässigen und originär gewerblich tätigen Personengesellschaft ausländischen Rechts führt bei den inländischen Gesellschaftern zur Annahme von gewerblichen Einkünften gemäß § 15 Abs. 1 Satz 1 Nr. 2 EStG, wenn die Gesellschaft nach ihrer wirtschaftlichen und rechtlichen Struktur einer deutschen Personengesellschaft entspricht (sogenannter Typenvergleich).[635] D. h., die Beteiligung an einer ausländischen Personengesellschaft wird wie eine im Ausland belegene gewerbliche Betriebsstätte des jeweiligen Mitunternehmers behandelt;[636] jeder einzelne Gesellschafter wird so behandelt, als betreibe er mit seinem Gesellschaftsanteil ein eigenes, von den Mitgesellschaftern unabhängiges Unternehmen, für das er eine (seinem Gesellschaftsanteil entsprechende) Betriebsstätte am Ort der Geschäftseinrichtung der ausländischen Personengesellschaft unterhält. Gleiches gilt, wenn eine inländische Personengesellschaft eine ausländische Betriebsstätte in einem DBA-Staat unterhält. Für die Abkommensberechtigung und den Abkommensschutz wird demnach auf den einzelnen Gesellschafter abgestellt. Entsprechendes gilt umgekehrt, wenn ein beschränkt Steuerpflichtiger Gesellschafter einer inländischen Personengesellschaft ist.[637] 620

---

633 Bsp.: Art. 3 Abs. 1 Nr. 4, Art. 4 Abs. 1 DBA-Belgien; vgl. BFH v. 13. 11. 2013 I R 67/12, BStBl 2014 II 172.
634 BFH v. 26. 2. 2014 I R 56/12, BStBl 2014 II 703, Abs. 13; v. 13. 11. 2013 I R 67/12, BStBl 2014 II 172, Abs. 14 bis 17; v. 10. 8. 2006 II R 59/05, BStBl 2009 II 758, Abs. 63.
635 BFH v. 20. 1. 2015 II R 42/12, BFH/NV 2015, 1079, Abs. 12; v. 26. 6. 2013 I R 48/12, BStBl 2014 II 367; v. 20. 8. 2008 I R 34/08, BStBl 2009 II 263; hierzu auch BMF v. 24. 12. 1999, BStBl 1999 I 1076, unter Ziffer 1.1.5; zu dem Problem, ob eine US-amerikanische LLC eine Personen- oder eine Kapitalgesellschaft darstellt BMF v. 19. 3. 2004, BStBl 2004 I 411; zur amerikanischen S-Corporation und ihrer Wahlmöglichkeit BFH v. 26. 6. 2013 I R 48/12, BStBl 2014 II 367.
636 BFH v. 22. 2. 2017 I R 2/15, BStBl 2017 II 709; v. 18. 12. 2002 I R 92/01, BFH/NV 2003, 964, Abs. 19; v. 16. 10. 2002 I R 17/01, BFH/NV 2003, 366, Abs. 31;; umgekehrt zu einer inländischen Personengesellschaft, die den ausländischen Gesellschaftern Betriebsstätten im Inland vermittelt: BFH v. 11. 12. 2013 I R 4/13, BStBl 2014 II 791, Abs. 18; v. 13. 2. 2008 I R 63/06, BStBl 2009 II 414.
637 Vgl. BMF v. 26. 9. 2014, BStBl 2014 I 1258, Tz. 3.

621 Unterhält die ausländische Personengesellschaft im Inland weder eine Betriebsstätte noch hat sie einen ständigen Vertreter bestellt, so ist der Gewinn der ausländischen Personengesellschaft nach § 4 Abs. 1 EStG zu ermitteln.[638] Die nach § 4 Abs. 1 EStG aufzustellende Bilanz kann entweder in deutscher oder in ausländischer Währung aufgestellt werden. Wird die Bilanz in ausländischer Währung aufgestellt, so ist das Ergebnis in EUR umzurechnen.

622 Grundsätzlich wird man davon ausgehen können, dass Gewinnanteile an der ausländischen originär gewerblichen Personengesellschaft im Inland aufgrund einer dem Art. 7 Abs. 1 Satz 2, Art. 23 A Abs. 1 OECD-MA (= Art. 7 Abs. 1 und Abs. 2, Art. 22 Abs. 1 Nr. 1 und Nr. 2 VG-DBA) entsprechenden Regelung im jeweiligen DBA (ggf. unter Beachtung des Progressionsvorbehalts nach § 32b Abs. 1 Satz 1 Nr. 3 EStG) von der Besteuerung freigestellt sind.

623 Wird eine nach deutschem Steuerrecht als Personengesellschaft einzuordnende Gesellschaft im anderen Vertragsstaat / Sitzstaat als Körperschaft / juristische Person behandelt, folgt das deutsche Steuerrecht nicht dieser Einordnung; es gibt keine sog. **Qualifikationsverkettung**[639] (Bsp.: Personengesellschaften in Spanien, OHG und KG in Tschechien, OHG und KG in Rumänien, Société en commandite simple und Société en nom collectif in Tunesien). Der Sitzstaat erhebt Körperschaftsteuer und im Fall der Ausschüttung des Gewinns ggf. eine Quellensteuer. Bei dieser Konstellation (ausländische Gesellschaft ist nach Typenvergleich als Mitunternehmerschaft zu qualifizieren) werden von den inländischen Gesellschaftern (ausländische) Einkünfte i. S. des § 15 Abs. 1 Satz 1 Nr. 2 EStG erzielt.[640] Dies bedeutet, dass der jeweilige Gewinnanteil den Gesellschaftern unabhängig von einem Ausschüttungsbeschluss oder einer tatsächlich erfolgten Ausschüttung in dem Veranlagungszeitraum zuzurechnen ist, in dem der Gewinn entstanden ist.[641]

624 Der Zurechnung der Einkünfte auf die inländischen Gesellschafter steht im vorgenannten Falle nicht entgegen, dass die ausländische Gesellschaft als solche im ausländischen Sitzstaat Steuersubjekt ist.[642] Dies gilt auch dann, wenn unter der Geltung eines DBA aus der ausländischen Qualifizierung als juristische Person und Steuersubjekt für die Anwendung des DBA von einer im anderen Vertragsstaat ansässigen Person ausgegangen werden kann. Denn die Frage, welcher Person bestimmte Einkünfte nach steuerlichen Gesichtspunkten zuzurechnen sind, ist nicht Gegenstand der abkommensrechtlichen Zuordnung des Besteuerungssubstrats. Es handelt sich hierbei vielmehr um

---

[638] BFH v. 13. 9. 1989 I R 117/87, BStBl 1990 II 57, bestätigt durch BFH v. 25. 6. 2014 I R 24/13, BStBl 2015 II 141, welches ausdrücklich ein Wahlrecht des inländischen Gesellschafters hinsichtlich der Gewinnermittlungsart ausschließt.
[639] BFH v. 11. 7. 2018 I R 44/16, BFH/NV 2019, 149; v. 15. 4. 2015 I R 73/13, BFH/NV 2015, 1674; v. 25. 5. 2011 I R 95/10, BStBl 2014 II 760.
[640] BFH v. 25. 5. 2011 I R 95/10, BStBl 2014 II 760; v. 4. 4. 2007 I R 110/05, BStBl 2007 II 521.
[641] BFH v. 4. 4. 2007 I R 110/05, BStBl 2007 II 521.
[642] BFH v. 4. 4. 2007 I R 110/05, BStBl 2007 II 521.

eine unilateral eigenständig zu beantwortende Rechtsfrage, die Art. 3 Abs. 2 OECD-MA dem jeweiligen Anwenderstaat überantwortet.[643]

An der vorstehend dargestellten Rechtsfolge – Zurechnung im Inland als (ggf. steuerfreie) Einkünfte nach § 15 Abs. 1 EStG – ändert sich auch nichts dadurch, dass eine Ausschüttung seitens der im Ausland als juristische Person behandelten Gesellschaft im Sitzstaat grundsätzlich als Dividendenzahlung angesehen wird und abkommensrechtlich Art. 10 OECD-MA mit der Folge einer (die Steuerpflicht im Ausland abgeltenden) Quellenbesteuerung unterfällt. Denn „Ausschüttungen" wären bei dem inländischen Gesellschafter einer Mitunternehmerschaft (aus inländischer Sicht) als in Deutschland nicht steuerbare Privatentnahmen anzusehen. Hierdurch wird zugleich ausgeschlossen, dass es hinsichtlich der ausgeschütteten Erträge zu einer doppelten steuerlichen Erfassung im Inland kommt.[644]

625

Es kann auch der Fall eintreten, dass eine nach deutschem Steuerrecht als Kapitalgesellschaft zu qualifizierende ausländische Gesellschaft im Sitzstaat als transparente Gesellschaft, d. h. wie eine Personengesellschaft behandelt wird. Nach deutschem Steuerrecht werden die im Inland steuerpflichtigen Gesellschafter nur besteuert, soweit sie Gewinnanteile i. S. des § 20 EStG erzielen; es handelt sich dabei um Einkünfte i. S. des Art. 21 Abs. 1 OECD-MA (= Art. 20 Abs. 1 VG-DBA).

626

Zu

627

▶ gewerblich geprägten Personengesellschaften,

▶ gewerblich infizierten Personengesellschaften,

▶ freiberuflichen Personengesellschaften und

▶ Personengesellschaften mit Einkünften aus Vermögensverwaltung

hat sich die Finanzverwaltung der Rechtsprechung angeschlossen:[645] Der BFH vertritt in ständiger Rechtsprechung die Auffassung,[646] dass die internrechtliche-fiktive Umqualifikation auf die abkommensrechtliche Einkunftsqualifikation nicht durchschlägt – Irrelevanz der Fiktion des § 15 Abs. 3 Nr. 2 EStG bei der abkommensrechtlichen Qualifizierung von Einkünften. Abkommensrechtlich ausschlaggebend ist allein die tatsächlich verwirklichte Einkunftsart. Bei Besitzpersonengesellschaften im Rahmen einer Betriebsaufspaltung kommen regelmäßig die Grundsätze für vermögensverwaltende Personengesellschaften zur Anwendung.

Hauptproblembereiche sind in Zusammenhang mit Personengesellschaften die Behandlung von Sondervergütungen und die Bestimmungen der § 50d Abs. 9, Abs. 10 sowie § 50i EStG.[647]

628

---

643 BFH v. 25. 2. 2011 I R 95/10, BStBl 2014 II 760, der ausdrücklich eine andere, sog. abkommensorientierte Auffassung und damit eine Bindung an die Rechtsauffassung des Sitzstaates der Gesellschaft (Quellenstaat) ablehnt.
644 BFH v. 4. 4. 2007 I R 110/05, BStBl 2007 II 521, Abs. 14.
645 BMF v. 26. 9. 2014 BStBl 2014 I 1258, Tz. 2.2.
646 BFH v. 11. 12. 2013 I R 4/13, BStBl 2014 II 791; v. 24. 8. 2011 I R 46/10, BFH/NV 2011, 2165; v. 25. 5. 2011 I R 95/10, BStBl 2014 II 760; v. 9. 12. 2010 I R 49/09, BStBl II 2011, 482; v. 28. 4. 2010 I R 81/09, BFH/NV 2010, 1550.
647 BMF v. 5. 1. 2017, BStBl 2017 I 32, zur Neufassung des § 50i EStG.

629 Die OECD hatte eine Arbeitsgruppe eingesetzt, die 1999 ihren Bericht, den sog. Partnership Report[648] vorgelegt hat. Als Konsequenz aus dem Bericht sind im Rahmen des Update 2000 in Art. 23 A OECD-MA der Abs. 4 eingefügt sowie die Kommentierung insbesondere zu Art. 23 A OECD-MA ergänzt worden.

3.6.1.3 Die Kapitalgesellschaft im Abkommensrecht

630 Der Ausdruck „Kapitalgesellschaft" ist über Art. 3 Abs. 2 OECD-MA grundsätzlich unter Bezug auf die Regelung in § 1 Abs. 1 Nr. 1 KStG auszulegen, der die Legaldefinition des Ausdrucks „Kapitalgesellschaft" für Zwecke des KStG und weiter für das gesamte deutsche Steuerrecht enthält, soweit nicht, was die Ausnahme ist, das Abkommen selbst den Begriff erläutert.[649] Demnach muss es sich bei der Kapitalgesellschaft um eine SE, eine AG, eine KGaA, eine GmbH oder eine der genannten Gesellschaften entsprechende ausländische Rechtsform handeln.

631 Soweit die ausländische Gesellschaft dem Gesellschaftstypus einer inländischen Kapitalgesellschaft (AG, GmbH usw.) zweifelsfrei entspricht,[650] entstehen keine Probleme. Bestehen Zweifel, ob die ausländische Gesellschaft einer deutschen Kapitalgesellschaft vergleichbar ist, muss die ausländische Gesellschaft an den Kriterien gemessen werden, die für die der deutschen Körperschaft unterliegenden Rechtsgebilde maßgebend sind.

632 Ein wesentliches Merkmal der in § 1 Abs. 1 Nr. 1 KStG aufgeführten Körperschaften ist die Rechtsfähigkeit im zivilrechtlichen und damit auch im steuerlichen Sinne:[651] Nach der bis Ende der neunziger Jahre des 20. Jahrhunderts herrschenden Auffassung im deutschen Zivilrecht richtete sich die Rechtsfähigkeit einer juristischen Person nach dem sog. Personalstatus (= Rechtsordnung, die für die Rechtsverhältnisse der juristischen Person maßgebend ist) aus, der an den Sitz der juristischen Person anknüpft – sog. **Sitztheorie**.[652] Befindet sich demnach der effektive Verwaltungssitz (= Schwerpunkt des körperschaftlichen Lebens, wo die grundlegenden Entscheidungen der Unternehmensleitung in laufende Geschäftsführungsakte umgesetzt werden – entspricht der Geschäftsleitung i. S. des § 10 AO) einer im Ausland gegründeten Gesellschaft im Inland, entscheidet sich die Frage der Rechtsfähigkeit der Vereinigung nach deutschem Recht. Dies hat die Verneinung der Rechtsfähigkeit dann zur Folge, wenn die im Ausland inkorporierte, tatsächlich aber vom Inland aus geführte Kapitalgesellschaft sich

---

648 OECD, The Application of the OECD Model Tax Convention to Partnerships, Issue in International Taxation No. 6 – hierzu BFH v. 25. 5. 2011 I R 95/10, BStBl 2014 II 760; v. 11. 12. 2013 I R 4/13, BStBl 2014 II 791; v. 8. 9. 2016 III ZR 7/15, DB 2016, 2536.

649 BFH v. 19. 7. 2017 I R 87/15, BFH/NV 2018, 298 zu der Frage, ob eine amerikanische Inc. mit Sitz in den USA und Geschäftsleitung in Deutschland als Kapitalgesellschaft ausländischen Rechts unmittelbar von den Oberbegriffen der „Körperschaften, Personenvereinigungen und Vermögensmassen" des § 1 Abs. 1 KStG oder von dem durch den Klammerzusatz ergänzten Begriff der Kapitalgesellschaften des § 1 Abs. 1 Nr. 1 KStG erfasst wird.

650 BMF v. 24. 12. 1999, BStBl 1999 I 1076, Anlage Tabelle 1 und 2.

651 Statt vieler vgl. BFH v. 23. 6. 1992 IX R 182/87, BStBl 1992 II 972.

652 Statt vieler BGH v. 21. 3. 1986 V ZR 10/85, BGHZE 97, 269; v. 17. 11. 1994 III ZR 70/93, BGHZE 128, 41, 43, unter ausdrücklicher Bestätigung seiner bisherigen Rechtsprechung zur Sitztheorie; v. 27. 10. 2008 II ZR 158/06, NJW 2009, 289 – sog. Trabrennbahn-Urteil; vgl. ferner BGH v. 12. 7. 2011 II ZR 28/10, BB 2011, 2828 mit weiteren Rechtsprechungsnachweisen.

nicht entsprechend den Vorschriften des AktG oder des GmbHG ins Handelsregister eintragen lässt.

Den Gegensatz zur Sitztheorie bildet die sog. **Gründungstheorie**:[653] Entscheidend ist ausschließlich die Rechtsordnung, nach der die Gesellschaft gegründet wurde.[654]

633

Für den Bereich der EU hat sich die Gründungstheorie durchgesetzt. Ausgangspunkt der Entwicklung war der sog. Centros-Fall:[655] Der EuGH kam in seiner Entscheidung zu dem Ergebnis, dass die Ablehnung der Eintragung einer Zweigniederlassung einer in einem anderen EU-Mitgliedstaat gegründeten Gesellschaft gegen die Niederlassungsfreiheit – Art. 49 ff. AEUV – verstößt.

634

Der EuGH hat seine Rechtsprechung zu dem hier relevanten Problembereich im Wesentlichen durch das sog. Überseering-Urteil abgeschlossen:[656] Das Gericht hat in diesem Urteil entschieden, dass es gegen die Niederlassungsfreiheit verstößt, wenn einer Gesellschaft, die nach dem Recht des Mitgliedstaats, in dessen Hoheitsgebiet sie ihren satzungsmäßigen Sitz hat, gegründet worden ist, und von der nach dem Recht eines anderen Mitgliedstaats angenommen wird, dass sie ihren tatsächlichen Verwaltungssitz dorthin verlegt hat, in diesem Mitgliedstaat die Rechtsfähigkeit und damit die Parteifähigkeit vor seinen nationalen Gerichten für das Geltendmachen von Ansprüchen aus einem Vertrag mit einer in diesem Mitgliedstaat ansässigen Gesellschaft abgesprochen wird. Daraus folgt weiter, dass in dem Fall, dass eine Gesellschaft, die nach dem Recht des Mitgliedstaats gegründet worden ist, in dessen Hoheitsgebiet sie ihren satzungsmäßigen Sitz hat, in einem anderen Mitgliedstaat von ihrer Niederlassungsfreiheit Gebrauch macht, dieser andere Mitgliedstaat nach den Bestimmungen der EU-Verträge verpflichtet ist, die Rechtsfähigkeit und damit die Parteifähigkeit zu achten, die diese Gesellschaft nach dem Recht ihres Gründungsstaats besitzt. Bei grenzüberschreitenden Umwandlungen ist das EuGH-Urteil in der Rechtssache Vale zu beachten.[657]

635

Nach dieser Entscheidung korrigierte der BGH seine Rechtsprechung in Stufen: In einem Zwischenstadium wurde die im Ausland gegründete und dort rechtsfähige Kapitalgesellschaft bei einer Sitzverlegung ins Inland als rechts- und parteifähige Personengesellschaft betrachtet[658]. Heute vertritt der BGH für den Rechtsraum der Europäischen Union und des EWR[659] die Auffassung, dass das Personalstatut von Gesellschaften sich nach der sogenannten Gründungstheorie richtet, wenn die Auslandsgesellschaft in einem Mitgliedstaat der EU, des EWR oder in einem mit diesen aufgrund eines Staatsvertrags in Bezug auf die Niederlassungsfreiheit gleichgestellten Staat gegründet worden ist.[660] Nur für Gesellschaften, die in einem Drittstaat gegründet worden sind, hält die Rechtsprechung an der sogenannten Sitztheorie fest, nach der für das Personalstatut das Recht des Sitzstaats maßgeblich ist. Unentschieden ist bisher die Rechtsfrage, ob

636

---

653 BGH v. 12. 7. 2011 II ZR 28/10, NJW 2011, 3372.
654 BFH v. 1. 7. 1992 I R 6/92, BStBl 1993 II 222.
655 EuGH v. 9. 3. 1999 C-212/97 Centros, IStR 1999, 253.
656 EuGH v. 5. 11. 2002 C-208/00 Überseering, IStR 2002, 809.
657 EuGH v. 12. 7. 2012 C-378/10 Vale, DB 2012, 1614.
658 BGH v. 1. 7. 2002 II ZR 380/00, BGHZE 151, 204.
659 BGH v. 19. 9. 2005 II ZR 372/03, NJW 2005, 1648; v. 12. 7. 2011 II ZR 28/10, BB 2011, 2828.
660 BGH v. 8. 9. 2016 III ZR 7/15, BB 2016, 2569.

etwas anderes gilt, wenn es sich um eine nur zur Umgehung der Vorschriften des deutschen Rechts gegründete Briefkastenfirma handelt, die über keinerlei tatsächliche, effektive Beziehung (sog. **genuine link**)[661] zum Gründungsstaat verfügt und alle Aktivitäten in Deutschland entfaltet.

637 Zusammenfassend kann man daher feststellen, dass eine im EU- oder EWR-Ausland nach dem dortigen Recht als Kapitalgesellschaft gegründete Gesellschaft auch in Deutschland als Kapitalgesellschaft anzusehen ist.

638 Wesentlich vereinfacht wird das Problem, wenn die gegenseitige Anerkennung von Kapitalgesellschaften in zwei- oder mehrseitigen Verträgen geregelt ist, so z. B. im Übereinkommen über die gegenseitige Anerkennung von Gesellschaften und juristischen Personen vom 29. 2. 1968.[662] Dabei folgt man dem völkerrechtlichen Prinzip der Staatengleichheit und dem anerkannten Recht jedes Völkerrechtssubjekts, seine inneren Angelegenheiten autonom regeln zu können. Hieraus sowie aus den Grundsätzen des Internationalen Privatrechts folgt weiter, dass andere Staaten die von einem Völkerrechtssubjekt verliehene Rechtsfähigkeit (als Ausdruck der Souveränität) grundsätzlich zu respektieren haben,[663] solange effektiver Verwaltungssitz, Geschäftsleitung und Gründungsstatut übereinstimmen.[664]

639 Der BFH hatte sich bis einschließlich 2001 der Sitztheorie angeschlossen.[665] In seinem Urteil zur Frage der Organschaft einer US-amerikanischen Gesellschaft mit Verwaltungssitz in Deutschland hat das Gericht aber ausdrücklich ausgeführt, dass sich in Anbetracht der Rechtsprechung des EuGH die bisherige Rechtsprechung zur Sitztheorie nicht aufrechterhalten lässt.[666] Maßgebend ist das Recht des Quellenstaates.[667]

640 Allerdings ist die Feststellung der Rechtsfähigkeit einer ausländischen Gesellschaft allein nicht ausreichend, um sie als Kapitalgesellschaft i. S. des deutschen Steuerrechts zu qualifizieren. Zur Rechtsfähigkeit muss hinzukommen, dass die ausländische Gesellschaft kapitalistisch organisiert ist, wobei man die kapitalistische Grundstruktur von einer mitunternehmerschaftlichen Struktur i. S. des § 15 EStG abzugrenzen hat. Es muss somit geprüft werden, ob die ausländische Gesellschaft nach Struktur und Organisation (= **Typenvergleich**)[668] sowie den leitenden Gedanken des deutschen Einkommen- und Körperschaftsteuerrechts einer Kapitalgesellschaft oder eher einer Personengesellschaft entspricht. Agiert die ausländische Gesellschaft demnach wie eine vergleichbare inländische Kapitalgesellschaft, ist sie als Kapitalgesellschaft i. S. des internationalen Steuerrechts anzusehen. Sind dagegen die Gesellschafter der ausländischen Gesellschaft eher Mitunternehmern i. S. des § 15 EStG vergleichbar, so ist die ausländische Gesellschaft trotz eigener Rechtsfähigkeit als ein Gebilde zu behandeln, das

---

661 BGH v. 13. 10. 2004 I ZR 245/01, GmbHR 2005, 51.
662 BGBl 1972 II 369.
663 Vgl. Art. 6 des Übereinkommens vom 29. 2. 1968.
664 Vgl. Art. 4 des Übereinkommens vom 29. 2. 1968.
665 Vgl. u. a. BFH v. 26. 4. 2001 V R 50/99, BFH/NV 2001, 1206; v. 19. 3. 1996 VIII R 15/94, BStBl 1996 II 312; v. 20. 6. 1995 II B 83/95, BFH/NV 1995, 1089; v. 23. 6. 1992 IX R 182/87, BStBl 1992 II 972.
666 BFH v. 29. 1. 2003 I R 6/99, BStBl 2004 II 1043.
667 BFH v. 8. 1. 2019 II B 62/18, BFH/NV 2019, 293.
668 BFH v. 11. 10. 2017 I R 42/15, BFH/NV 2018, 594; v. 20. 1. 2015 II R 42/12, BFH/NV 2015, 1079.

nicht der Körperschaftsteuer unterliegt und damit nicht Kapitalgesellschaft ist. Eine Körperschaft unterscheidet sich von einer Personengesellschaft insbesondere dadurch, dass sie gegenüber ihren Gesellschaftern verselbständigt ist und demnach in Existenz vom jeweiligen Mitgliederbestand/Gesellschafterbestand unabhängig ist und ihr Vermögen grundsätzlich von dem ihrer Gesellschafter getrennt ist. Dieser Prüfungsmaßstab gilt im deutschen Steuerrecht seit dem sog. „Venezuela-Fall" des RFH.[669]

3.6.1.4 Staatsangehörigkeit (Art. 3 Abs. 1 OECD-MA)

In Art. 3 Abs. 1 Buchst. g OECD-MA (Art. 3 Abs. 1 Nr. 9 VG-DBA) wird der Ausdruck Staatsangehöriger definiert. Danach bedeutet der Begriff entweder   641

▶ eine natürliche Person, die die Staatsangehörigkeit oder die Staatsbürgerschaft eines der Vertragsstaaten besitzt, oder

▶ eine juristische Person, Personengesellschaft oder Personenvereinigung, die nach dem in einem der Vertragsstaaten geltenden Recht dort errichtet worden ist (sog. Gründungstheorie) bzw. ihren Rechtsstatus aus dem in Deutschland geltendem Recht ableitet (Art. 3 Abs. 1 Nr. 9 Buchst. a VG-DBA).

Sieht man von der Auslegungsregel des Art. 4 Abs. 2 Buchst. c OECD-MA einmal ab, so spielt die Staatsangehörigkeit für die Anwendung eines DBA nur noch eine Rolle bei der Besteuerung von Bezügen aus öffentlichen Kassen (Art. 19 Abs. 1 Buchst. b OECD-MA), bei der Anwendung des Diskriminierungsverbots (Art. 24 OECD-MA) und beim Verständigungsverfahren (Art. 25 OECD-MA).   642

Anknüpfungspunkt für die Steuerpflicht nach den nationalen Steuergesetzen der Vertragsparteien ist in der Regel nicht die Staatsangehörigkeit, sondern die Ansässigkeit (Gegenbeispiel: USA knüpften bezüglich der unbeschränkten Einkommensteuerpflicht u. a. an die US-Staatsbürgerschaft an).   643

3.6.1.5 Ansässigkeit (Art. 4 OECD-MA)

Art. 4 OECD-MA (= Art. 4 VG-DBA regelungsidentisch) erläutert den Begriff ansässige Person: Nach dem Grundsatz des Art. 4 Abs. 1 OECD-MA ist eine Person i. S. des Abkommens – nicht i. S. der nationalen Steuergesetze – dort ansässig, wo sie nach den innerstaatlichen Bestimmungen des Vertragsstaates aufgrund des Wohnsitzes, ständigen Aufenthaltes, Ortes der Geschäftsleitung oder eines anderen ähnlichen Merkmals (unbeschränkt) steuerpflichtig ist. Der Staat und seine Gebietskörperschaften gelten selbst als in dem betreffenden Vertragsstaat ansässig. Ergänzt wurde Art. 4 Abs. 1 OECD-MA durch das Update 2017 um die anerkannte Pensionskasse. Steuerpflicht allein aufgrund Einkünften aus Quellen in dem betreffenden Vertragsstaat (= beschränkte Steuerpflicht) begründet keine Ansässigkeit i. S. des OECD-MA (Art. 4 Abs. 1 Satz 2 OECD-MA).   644

Ist eine natürliche Person nach den Kriterien des Art. 4 Abs. 1 OECD-MA in beiden Vertragsstaaten ansässig (= **Mehrfachansässigkeit / Doppelansässigkeit**), so stellt Art. 4   645

---

669 RFH v. 12. 3. 1930 VIa 899/27, RStBl 1930, 444.

Abs. 2 OECD-MA eine Rangfolge auf, um die Person für Zwecke der Besteuerung dem einen oder anderen Staat zuordnen zu können (Kollisionsnorm – sog. tie-breaker-rules):

646 Die Person gilt nach Art. 4 Abs. 2 Buchst. a OECD-MA als in dem Staat ansässig, in dem sie über eine ständige Wohnstätte verfügt. Hierunter ist eine Wohnung zu verstehen, die dem Steuerpflichtigen nach Größe und Ausstattung ein seinen Lebensverhältnissen entsprechendes Heim bietet und die er nicht nur gelegentlich verwendet.[670] Somit sind insbesondere Ferienwohnungen für die Besteuerung nicht maßgebend. „Wohnstätte" i. S. der DBA und „Wohnsitz" nach § 8 AO unterscheiden sich:[671] Eine Wohnstätte ist eine „ständige", wenn sie aufgrund einer langfristigen Rechtsposition ständig genutzt werden kann und tatsächlich regelmäßig genutzt wird. Dabei ist einerseits weder ein ständiges Bewohnen noch ein Mindestmaß an Nutzung Voraussetzung für das Vorliegen einer ständigen Wohnstätte; ebenso muss sich dort nicht der Mittelpunkt der Lebensinteressen des betreffenden Steuerpflichtigen befinden. Andererseits reicht eine nur gelegentliche Nutzung nicht aus. Erforderlich ist vielmehr eine Art und Intensität der Nutzung, welche die Wohnung als eine nicht nur hin und wieder aufgesuchte, sondern in den allgemeinen Lebensrhythmus einbezogene Anlaufstelle des Steuerpflichtigen erscheinen lässt.

647 Hat die Person in beiden Staaten ständige Wohnstätten, so gilt sie als in dem Staat ansässig, zu dem sie die engeren persönlichen und wirtschaftlichen Beziehungen hat – Art. 4 Abs. 2 Buchst. a 2. Alternative OECD-MA (Mittelpunkt des Lebensinteresses, Mittelpunkt der persönlichen und geschäftlichen Interessen).[672] Die persönlichen Beziehungen, die den Mittelpunkt der Lebensinteressen prägen, umfassen die gesamte private und wirtschaftliche Lebensführung. Dazu gehören u. a. familiäre, gesellschaftliche, politische und kulturelle Beziehungen; wirtschaftliche Beziehungen bestehen vor allem zu örtlich gebundenen Tätigkeiten, Einnahmequellen und Vermögensgegenständen (Bsp.: Wohnsitz der Familie[673] und Erwerb eines Wohnhauses in Großbritannien, Anmietung eines Hotelzimmers während des Aufenthalts in Deutschland).[674] Der Mittelpunkt der Lebensinteressen im abkommensrechtlichen Sinne liegt jedenfalls dann in einem bestimmten Staat, wenn zu diesem Staat erstens die deutlich engeren persönlichen Beziehungen und darüber hinaus gewichtige wirtschaftliche Beziehungen bestehen und die vorhandenen wirtschaftlichen Beziehungen zu einem anderen Staat nur gegenwartsbezogen sind und sich voraussichtlich abbauen werden. Verfügt der Steuerpflichtige trotz des unstreitigen Mittelpunkts des Lebensinteresses in einem anderen Staat in Deutschland über einen Wohnsitz, so ist er in Deutschland unbeschränkt steuerpflichtig;[675] ob dies auch abkommensrechtlich gilt, ist an Hand des betreffenden Abkommens zu prüfen.

---

670 BFH v. 23.10.1985 I R 274/82, BStBl 1986 II 133; ausführlich BFH v. 16.12.1998 I R 40/97, BStBl 1999 II 207; v. 5.6.2007 I R 22/06, BStBl 2007 II 812; v. 9.10.2014 I R 34/13, BFH/NV 2015, 167.
671 BFH v. 5.6.2007 I R 22/06, BStBl 2007 II 812.
672 BFH v. 31.10.1990 I R 24/89, BStBl 1991 II 562; v. 17.7.2002 I B 119/01, BFH/NV 2002, 1600; v. 27.3.2007 I B 63/06, BFH/NV 2007, 1656; v. 28.11.2007 I B 79/07, juris; v. 22.10.2015 I B 94/14, BFH/NV 2016, 748.
673 BFH v. 19.11.2003 I R 3/02, BStBl 2004 II 932.
674 BFH v. 31.10.1990 I R 24/89, BStBl 1991 II 562.
675 BFH v. 23.10.2018 I R 74/16, IStR 2019, 318.

Gelingt es nicht, den Mittelpunkt des Lebensinteresses festzustellen, so ist nach Art. 4 Abs. 2 Buchst. b OECD-MA der gewöhnliche Aufenthalt maßgebend. Der Begriff gewöhnlicher Aufenthalt ist nicht i. S. des § 9 AO, sondern in Abgrenzung zu den anderen Kollisionsmerkmalen des Art. 4 Abs. 2 OECD-MA, d. h. abkommensautonom auszulegen. Die Auslegung des Begriffs ergibt sich aus seiner Funktion, den – anders nicht zu bestimmenden – Mittelpunkt der Lebensinteressen zu konkretisieren. Der Aufenthalt ist danach in dem Maße „gewöhnlich", in dem er der Verwirklichung der persönlichen und wirtschaftlichen Beziehungen dient. Der gewöhnliche Aufenthalt liegt hierbei in dem Vertragsstaat, in dem der Steuerpflichtige überwiegend lebt. 648

Sodann ist die Staatsangehörigkeit (Art. 4 Abs. 2 Buchst. c OECD-MA) entscheidend. 649

Bei doppelter Staatsangehörigkeit schließlich wird die Zuordnung im gegenseitigen Einvernehmen der Vertragsparteien geregelt (**Art. 4 Abs. 2 Buchst. d, Art. 25 OECD-MA**). 650

Für andere als natürliche Personen (= Gesellschaften und alle anderen Personenvereinigungen) gilt bei Doppel- oder Mehrfachansässigkeit i. S. des Art. 4 Abs. 1 OECD-MA[676], dass sie im Zweifel dort ansässig sind, wo sich der Ort der tatsächlichen Geschäftsleitung befindet (Art. 4 Abs. 3 OECD-MA 2014). Allerdings wird von dieser Regel in einigen Abkommen abgewichen; besonders nachteilig für den Steuerpflichtigen ist z. B. die Bestimmung des Art. 4 Abs. 3 DBA-USA: Danach gilt die Gesellschaft solange als in keinem der beiden Vertragsstaaten ansässig, bis die zuständigen Behörden der beiden Vertragsstaaten durch Konsultationen bestimmt haben, in welchem Vertragsstaat die Gesellschaft ansässig ist. Damit wird der Gesellschaft solange auch der Abkommensschutz versagt. Gelingt eine Vereinbarung nicht, so gilt die Person für Zwecke der Inanspruchnahme der Vergünstigungen nach dem betreffenden DBA als in keinem der beiden Vertragsstaaten ansässig.[677] 651

In der Fassung des Update 2017 ist diese Bestimmung erheblich verändert worden: Nunmehr wird von Verhandlungen der Vertragsstaaten mit dem Ziel ausgegangen, einvernehmlich den Staat zu bestimmen, der als Ansässigkeitsstaat i. S. des Abkommens behandelt wird. Dabei sind zu berücksichtigen der Ortes der tatsächlichen Geschäftsleitung, der Ort, an dem das Unternehmen/die Gesellschaft gegründet oder anderweitig konstituiert wurde und andere relevante Faktoren. In Ermangelung einer solchen Vereinbarung hat diese Person grundsätzlich keinen Anspruch auf eine Entlastung oder Steuerbefreiung nach diesem Übereinkommen.

3.6.2 Sachlicher Geltungsbereich

3.6.2.1 Räumlicher Geltungsbereich

Hinsichtlich des räumlichen Geltungsbereichs eines DBA ist im OECD-MA keine ausdrückliche Regelungen getroffen; in einer Reihe von Abkommen findet man in Art. 3 – 652

---

[676] Bsp.: Kapitalgesellschaft mit statuarischem Sitz in den USA und tatsächlicher Geschäftsleitung in Deutschland; BFH v. 29. 1. 2003 I R 6/99, BStBl 2004 II 1043; ferner BFH v. 8. 9. 2010 I R 6/09, BStBl 2013 II 186 zu einer schweizerischen Gesellschaft mit Geschäftsleitung in Deutschland.

[677] So auch z. B. Art. 4 Abs. 3 DBA-Türkei 2011.

Allgemeine Begriffsbestimmungen – Erläuterungen zum Begriff „Vertragsstaat" und in diesem Zusammenhang eine geografische Umschreibung des Staatsgebiets der Vertragsstaaten und ggf. eine räumliche Begrenzung.

> **BEISPIEL:** Nach Art. 2 Abs. 1 Nr. 1 DBA-Frankreich gilt das Abkommen nur in einem Teil der überseeischen Provinzen Frankreichs; nach Art. 3 Abs. 1 Buchst. c DBA-Dänemark gilt das Abkommen nicht für die Faröer und Grönland; nach Art. 3 Abs. 1 Buchst. a DBA-USA gilt das Abkommen nicht für Puerto Rico, die Jungferninseln, Guam und die anderen Besitzungen und Territorien der USA.

653 Ferner befasst sich Art. 30 OECD-MA mit der Ausdehnung des geografischen Anwendungsbereichs eines Abkommens (fehlt im VG-DBA). Diese Klausel findet sich nur selten in den deutschen DBA (Bsp.: Art. 27 DBA-Frankreich).

654 Deutschland wird in älteren DBA als der Geltungsbereich des Grundgesetzes definiert.[678] Weiter findet sich in den vor der Wiedervereinigung abgeschlossenen DBA unter den Schlussbestimmungen die sog. Berlin-Klausel, die vor der Wiedervereinigung Deutschlands für eine Erstreckung des Abkommens auf Berlin (West) völkerrechtlich erforderlich war.

655 In Abkommen, die nach der Wiedervereinigung abgeschlossen wurden, ist unter dem Ausdruck „Bundesrepublik Deutschland", geografisch verwendet, das Gebiet zu verstehen, in dem das Steuerrecht Deutschlands gilt.[679]

656 In den neueren DBA Deutschlands ist bestimmt, dass das Abkommen auch insoweit auf den Festlandsockel angewendet wird, soweit der jeweilige Vertragsstaat in Übereinstimmung mit dem Völkerrecht seine Rechte hinsichtlich des Meeresgrundes, des Meeresuntergrundes und der dort befindlichen Naturschätze ausüben darf (vgl. Art. 3 Abs. 1 Nr. 1 VG-DBA).[680] Fehlt eine entsprechende Bestimmung im DBA, so gilt nach herrschender Auffassung das Abkommen dennoch für diesen Bereich, da der Festlandsockel allgemein als steuerrechtliches Inland angesehen wird.

657 Die von der ehemaligen DDR abgeschlossenen DBA werden nur bis einschließlich 31. 12. 1990 angewendet. Die Bundesregierung hat nach der Herstellung der Einheit Deutschlands allen betroffenen Staaten die deutsche Auffassung mit dem Ziel mitgeteilt, beiderseitiges Einvernehmen über diese Frage herbeizuführen, was auch mit einem Großteil der betroffenen Staaten erzielt wurde.

658 Da in der jüngeren Vergangenheit auch Staaten, mit denen ein Abkommen bestanden hat, zerfallen sind (Bsp.: Jugoslawien, Tschechoslowakei, UdSSR), muss die räumliche Erstreckung des DBA in derartigen Fällen mit dem Nachfolgestaat geregelt werden.[681]

---

[678] Bsp.: Art. 2 Abs. 1 Nr. 2 DBA-Frankreich; Art. 3 Abs. 1 Buchst. a DBA-Schweiz.
[679] Bsp.: Art. 3 Abs. 1 Buchst. c DBA-USA.
[680] Bsp.: Art. 3 Abs. 1 Buchst. a DBA-Island; Art. 3 Abs. 1 Buchst. a DBA-Malta; ausführlich Art. 20 DBA-Norwegen; vgl. Rdn. 94.
[681] BMF v. 17. 1. 2018, BStBl 2018 I 239.

3.6.2.2 Steuerlicher Geltungsbereich (Art. 2 OECD-MA)

Nach Art. 2 OECD-MA (=Art. 2 VG-DBA) sind die vom Abkommen betroffenen Steuern einzeln aufzuführen. Es ist davon auszugehen, dass das jeweilige DBA eine abschließende Aufzählung der unter das Abkommen fallenden Steuern enthält. Im Regelfall zählen hierzu auf deutscher Seite Einkommensteuer, Körperschaftsteuer, Vermögensteuer, Gewerbesteuer und Grundsteuer. Da zu den Steuern vom Einkommen und Vermögen auch Landes-, Provinz- und Kommunalsteuern gehören (Bsp.: Grundsteuer), muss deren Einbeziehung in das Abkommen ebenfalls geregelt sein.[682]

659

Fehlt in dem ausländischen Staat eine vergleichbare Steuer (häufig bei der Gewerbe- und Vermögensteuer),[683] so wird dennoch diese Steuer in das Abkommen mit einbezogen.

660

Auch Zusatzabgaben zu den Steuern vom Einkommen und Vermögen müssen ausdrücklich im Abkommen aufgeführt werden.[684]

661

Da bei Abschluss eines DBA nur die zurzeit bestehenden Steuern in das Abkommen einbezogen werden können, kann bei einer späteren Änderung der innerstaatlichen Einzelsteuergesetze die Frage auftauchen, ob das Abkommen sich auch hierauf erstreckt. Deshalb sieht Art. 2 Abs. 4 OECD-MA / Art. 2 Abs. 4 VG-DBA vor, dass das Abkommen auch für Steuern gleicher oder im Wesentlichen ähnlicher Art gilt, die nach Unterzeichnung des Abkommens neben den bestehenden Steuern oder an deren Stelle erhoben werden.[685] Die Vertragsparteien verpflichten sich weiter, die in ihren Steuergesetzen eingetretenen bedeutsamen Änderungen mitzuteilen.

662

3.6.2.3 Zeitlicher Geltungsbereich (Art. 31, 32 OECD-MA)

In Art. 31 OECD-MA / Art. 31 VG-DBA ist das Inkrafttreten des Abkommens geregelt. Ein Abkommen tritt erst nach der Ratifikation durch beide Vertragsstaaten in Kraft; grundsätzlich ist keine Rückwirkung des Abkommens vorgesehen, es sei denn, es wird gesondert vereinbart.

663

Nach Art. 32 OECD-MA / Art. 32 VG-DBA bleibt das Abkommen solange in Kraft, solange es nicht von einer Vertragspartei gekündigt wird; Art. 32 Abs. 2 VG-DBA sieht eine Mindestlaufzeit von fünf Jahren vor. In jüngster Zeit hat die Bundesregierung von die-

664

---

682 Bsp.: Kantonale Staatssteuer gemäß Art. 2 Abs. 3 Nr. 2 DBA-Schweiz.
683 BFH v. 7.11.1990 II R 17/86, BStBl 1991 II 163, betreffend die Aufnahme von Vermögensteuer in das DBA-Australien, auch wenn in Australien keine Vermögensteuer erhoben wird.
684 Bsp.: Ergänzungsabgabe zur Einkommensteuer: Art. 2 Abs. 1 DBA-Australien; Notopfer Berlin: Art. 1 Abs. 2 DBA-Frankreich; Ergänzungssteuer: Art. 2 Abs. 1 Buchst. a Nr. 6 DBA-Portugal; Art. 2 Abs. 3 Buchst. b DBA-Russland betreffend den Solidaritätszuschlag.
685 BMF v. 2.11.2007, BStBl 2007 I 821, betreffend neue mexikanische Steuer; v. 16.11.2009, BStBl 2009 I 1321, zur irischen „Income Levy".

sem Kündigungsrecht wiederholt Gebrauch gemacht, so z. B. beim DBA-Österreich/Erbst,[686] beim DBA-Brasilien[687] und beim DBA-Türkei[688].

3.7 Zuordnungsprinzipien

3.7.1 Einkünfte aus unbeweglichem Vermögen (Art. 6 OECD-MA)

665 Bei Einkünften aus unbeweglichem Vermögen geht Art. 6 Abs. 1 OECD-MA (= Art. 6 Abs. 1 VG-DBA) von dem Grundsatz der Belegenheit aus. D. h. dem Staat, in dem sich das unbewegliche Vermögen befindet, wird das vorrangige Besteuerungsrecht für die Einkünfte aus dem unbeweglichen Vermögen eingeräumt, das er aber nicht ausüben muss (vgl. den Text in Art. 6 Abs. 1 OECD-MA: „können"). Die im Ausland erzielten Einkünfte aus unbeweglichem Vermögen sind in Deutschland i. d. R. – ggf. unter Beachtung des Progressionsvorbehalts – von der Einkommensteuer befreit (§ 32b Abs. 1 Satz 1 Nr. 3, Satz 2 Nr. 3 EStG). Dieses Prinzip wird u. a. bei dem DBA-Schweiz[689] (Art. 24 Abs. 1 Nr. 2) durchbrochen; in diesem Abkommen ist die Anrechnungsmethode (= Besteuerung in Deutschland unter Anrechnung der Quellensteuer) vereinbart.

666 Weder das OECD-MA noch die DBA Deutschlands noch die VG-DBA erläutern den Ausdruck unbewegliches Vermögen. Vielmehr wird nach Art. 6 Abs. 2 Satz 1 OECD-MA / Art. 6 Abs. 2 VG-DBA auf das Recht des Belegenheitsstaates abgestellt, unabhängig davon, wie das Vermögen im Wohnsitzstaat zu qualifizieren ist. Gemäß Art. 6 Abs. 2 Satz 2 OECD-MA / Art. 6 Abs. 2 Satz 2 VG-DBA zählen auf jeden Fall Zubehör (§ 97 BGB), Inventar (§ 98 BGB), Nutzungs- und Ausbeutungsrechte (Bsp.: Erbbaurecht,[690] Nießbrauch, Mineralgewinnungsrechte) zum unbeweglichen Vermögen; auch Entgelte für Ausbeutungsrechte fallen unter Art. 6 OECD-MA und nicht unter Art. 12 OECD-MA bzw. die entsprechenden Vorschriften des VG-DBA. Grundsätzlich gelten, unabhängig vom nationalen Recht, Schiffe und Luftfahrzeuge nicht als unbewegliches Vermögen. Der Text des Abs. 2 ist durch das Update 2017 neu gefasst worden ohne dass dadurch eine sachliche Änderung eingetreten ist.

667 Schließlich bestimmt Art. 6 Abs. 3 OECD-MA / Art. 6 Abs. 3 VG-DBA, dass der Belegenheitsgrundsatz für jede Art der Nutzung des unbeweglichen Vermögens gilt, z. B. auch für Abfindungen[691] oder Kaufoptionsrechte[692]. Nicht hierzu zählen Zinsen aus grundpfandrechtlich gesicherten Forderungen sowie Zinsen eines der Immobilienverwaltung

---

686 Gekündigt zum 31.12.2007.
687 Kündigung am 7.5.2005 zum 31.12.2005.
688 Kündigung des DBA-Türkei 1986 am 21.7.2009 zum 31.12.2010; nahtlose Fortsetzung durch das DBA-Türkei 2011.
689 BFH v. 5.6.2002 I R 86/01, BStBl 2002 II 683, es sei denn, das Grundstück dient einer in der Schweiz gelegenen Betriebsstätte (Art. 24 Abs. 1 Buchst. a DBA-Schweiz – hierzu BFH v. 14.7.1993 I R 71/92, BStBl 1994 II 91).
690 BFH v. 15.12.1993 II R 66/89, BStBl 1994 II 220, zur Besteuerung des Erbbauzinses.
691 BFH v. 28.4.1982 I R 151/78, BStBl 1982 II 566.
692 BFH v. 19.5.1982 I R 257/78, BStBl 1982 II 768.

dienenden Bankkontos[693] oder Zinsen für ein grundbuchrechtlich abgesichertes Darlehen; diese werden nach Art. 11 Abs. 3 OECD-MA besteuert (vgl. auch § 34d Nr. 6 EStG). Allerdings ist in diesem Zusammenhang zu beachten, dass einzelne Abkommen Sonderregelungen treffen (Bsp.: Art. 6 Abs. 2 DBA-Ägypten).

Nicht zu den Einkünften i. S. des Art. 6 OECD-MA / Art. 6 VG-DBA zählen die Veräußerungsgewinne; deren Besteuerung regelt Art. 13 Abs. 1 OECD-MA / Art. 13 Abs. 1 VG-DBA. 668

Grundsätzlich gehören zu den Einkünften aus unbeweglichem Vermögen auch Einkünfte aus Land- und Forstwirtschaft.[694] So kann z. B. auch die Ausbildung von Pferden zu Renn- und Turnierpferden unter bestimmten Voraussetzungen dem Bereich der Land- und Forstwirtschaft zuzurechnen sein.[695] Bewirtschaftete Grundstücksflächen, die zu einem inländischen landwirtschaftlichen Betrieb gehören und im grenznahen Ausland belegen sind, können als Betriebsstätte i. S. von § 12 AO zu qualifizieren sein.[696] 669

Zu dem Begriff „einschließlich Einkünfte aus land- und forstwirtschaftlichen Betrieben" existiert eine Erläuterung in Nr. 2.1 OECD-MK zu Art 6 OECD-MA. 670

Das in Abs. 1 niedergelegte Belegenheitsprinzip gilt nach Art. 6 Abs. 4 OECD-MA auch für die Einkünfte aus unbeweglichem Vermögen eines Unternehmens. Das Betriebsstättenprinzip weicht insoweit dem Belegenheitsprinzip.[697] 671

Die Mehrzahl der von Deutschland abgeschlossenen DBA entspricht dem OECD-MA. 672

Zur Ermittlung der Einkünfte aus unbeweglichem Vermögen vgl. Rdn. 187, 255. 673

Bei Vermietung von unbeweglichem Vermögen über eine im Belegenheitsstaat ansässige Personengesellschaft kann sich das Problem ergeben, dass die Betätigung der Personengesellschaft eine Betriebsstätte begründet, z. B. wenn die Personengesellschaft an häufig wechselnde Mieter vermietet oder Zusatzleistungen zur Vermietung erbringt. Ist dies der Fall, erfolgt die Besteuerung nach Art. 7 OECD-MA als gewerbliche Einkünfte. 674

Eine Gestaltungsmöglichkeit ist es, eine Immobilie über eine Kapitalgesellschaft zu halten, zu vermieten und auch zu veräußern (sog. Objektgesellschaft). Für die laufenden Einkünfte ergeben sich i. d. R. keine Abweichungen gegenüber den oben dargestellten Grundsätzen, d. h., die Einkünfte der Kapitalgesellschaft aus der Vermietungstätigkeit sind i. d. R. im Belegenheitsstaat zu besteuern, im Sitzstaat erfolgt Freistellung und ausgeschüttete Gewinne sind beim Anteilseigner als Dividenden zu versteuern. Gewählt wird diese Variante vor allem im Hinblick auf die Veräußerung der Immobilie; denn dann wird nicht die Immobilie veräußert, sondern die Anteile an der Kapitalgesellschaft werden übertragen. Die steuerlichen Folgen, auch soweit es sich um sog. REIT-Gesellschaften handelt, sind unten zu Art. 13 OECD-MA dargestellt. 675

---

693 BFH v. 28. 4. 2010 I R81/09, BFH/NV 2010, 1550.
694 Vgl. BFH v. 27. 10. 2011 I R 26/11, BStBl 2012 II 457 zum DBA-Spanien 1966; v. 2. 4. 2014 I R 68/12, BStBl 2014 II 875.
695 BFH v. 31. 3. 2004 I R 71/03, BStBl 2014 II 742.
696 BFH v. 2. 4. 2014 I R 68/12, BStBl 2014 II 875.
697 BFH v. 14. 7. 1993 I R 71/92, BStBl 1994 II 91.

3.7.2 Einkünfte aus unternehmerischer Betätigung (Art. 7 bis 9 OECD-MA)

3.7.2.1 Überblick

676 Das OECD-MA regelt in Art. 7 OECD-MA die Besteuerung der Unternehmensgewinne in der Weise, dass das Besteuerungsrecht dem Sitzstaat des Unternehmens zugewiesen wird, sofern nicht das Unternehmen seine Geschäftstätigkeit im anderen Vertragsstaat durch eine dort gelegene Betriebsstätte ausübt. Ist dies der Fall, so darf der Betriebsstättenstaat den Betriebsstättengewinn (= die der Betriebsstätte zuzurechnenden Gewinne) besteuern (Art. 7 Abs. 1 OECD-MA / Art. 7 Abs. 1 VG-DBA).

677 Zentraler Anknüpfungspunkt des Art. 7 Abs. 1 OECD-MA / Art. 7 Abs. 1 VG-DBA ist die Betriebsstätte; hierbei handelt es sich nicht nur um die gewerbliche Betriebsstätte, sondern auch um die „Betriebsstätte" eines Freiberuflers, die in einer Reihe von Deutschland abgeschlossenen Abkommen entweder als „feste Einrichtung" oder als „ständige Einrichtung" bezeichnet wird. Weiter fällt unter diese Regelung auch die land- und forstwirtschaftliche Betriebsstätte.[698]

678 Handelt es sich um Einkünfte aus Seeschifffahrt, Binnenschifffahrt[699] oder Luftfahrt, können derartige Einkünfte gemäß Art. 8 OECD-MA nur im Staat der tatsächlichen Geschäftsleitung des Unternehmens besteuert werden; so auch Art. 8 VG-DBA.

679 Art. 9 OECD-MA / Art. 9 VG-DBA befasst sich mit dem Problem verbundener Unternehmen (Konzerne) und einer etwaigen Gewinnkorrektur.

680 Seit dem Update 2000 sind im OECD-MA die gewerbliche Betätigung und die freiberufliche bzw. sonstige selbständige Tätigkeit gleichgestellt, und ist Art. 14 OECD-MA, der bis dahin die Besteuerung der selbständigen Arbeit regelte, aufgehoben. Dafür wurde Art. 3 Abs. 1 Buchst. h OECD-MA in das OECD-MA eingefügt. Dieser erläutert den Ausdruck „Geschäftstätigkeit" und ergänzt Art. 3 Abs. 1 Buchst. c OECD-MA, welcher den Ausdruck „Unternehmen" definiert: „Unternehmen" bedeutet Ausübung einer Geschäftstätigkeit; hierzu zählt (auch) die Ausübung einer freiberuflichen oder sonstigen selbständigen Tätigkeit – vgl. auch Art. 3 Abs. 1 Nr. 5 VG-DBA.

3.7.2.2 Betriebsstätte (Art. 5 OECD-MA, § 12 AO)[700]

681 Die Definitionen der Betriebsstätte sowohl im OECD-MA als auch in der AO sind seit den siebziger Jahren des 20. Jahrhunderts nicht verändert worden und haben demnach mit der aktuellen Entwicklung sowie der Digitalisierung des Wirtschaftslebens nicht mitgehalten. Entwicklungen fanden, wenn überhaupt, nur im OECD-Musterkommentar statt. Mit dem **OECD-MA Update 2017** wurde nun der Art. 5 OECD-MA den veränderten

---

698 BFH v. 2. 4. 2014 I R 68/12, BStBl 2014 II 875; ausführlich zum Begriff Betriebsstätte im Bereich der Land- und Forstwirtschaft Abs. 12 bis 17.
699 Gelöscht durch das Update 2017.
700 Zur Schreibweise: Lt. Duden ist das Wort mit zwei s zu schreiben – „Betriebsstätte" –, mit dem Zusatz, dass im amtlichen Sprachgebrauch das Wort nur mit einem s – „Betriebstätte" – geschrieben wird; in der Rechtsprechung des BFH findet man – auch in der Rechtsprechung ein und desselben Senats – beide Schreibweisen; im vorliegenden Lehrbuch wird durchgängig die Schreibweise mit zwei s verwendet.

Anforderungen – insbesondere aufgrund BEPS – teilweise angepasst und neu gefasst. Bis allerdings diese Neufassung in den künftigen Abkommen greifen werden, wird es noch eine Weile dauern, wenn man einmal von der Umsetzung durch das sog. Multilaterale Instrument MLI[701] absieht. Vorrangig sind deshalb die Regeln des OECD-MA 2014.

3.7.2.2.1 Generalklausel (Art. 5 Abs. 1 OECD-MA, § 12 Satz 1 AO)

Art. 5 OECD-MA / Art. 5 VG-DBA / § 12 AO definieren den Begriff „Betriebsstätte" durch eine Generalklausel (Abs. 1; § 12 Satz 1 AO) und eine beispielhafte Aufzählung dessen, was als Betriebsstätte gilt (Abs. 2, 3; § 12 Satz 2 AO) bzw. was nicht als Betriebsstätte gilt (Abs. 4). Weiter befassen sie sich mit dem Vertreter (Abs. 5, 6) und der Tochtergesellschaft (Abs. 7).[702] 682

Nach der Generalklausel des Art. 5 Abs. 1 OECD-MA / Art. 5 Abs. 1 VG-DBA bedeutet Betriebsstätte eine Geschäftseinrichtung mit fester Beziehung zur Erdoberfläche, die von einer gewissen Dauer ist und durch die die Tätigkeit eines Unternehmens ganz oder teilweise ausgeübt wird.[703] Unter Geschäftseinrichtung wird jeder körperliche Gegenstand und jede Zusammenfassung von körperlichen Gegenständen verstanden, die geeignet sind, Grundlage einer Unternehmenstätigkeit zu sein.[704] Besondere bauliche Vorrichtungen sind grundsätzlich nicht erforderlich, d. h., es muss sich nicht unbedingt um einen umschlossenen, für den Aufenthalt von Personen geeigneten Raum handeln. Daher kann ggf. auch ein Lagerplatz,[705] eine Abstellkammer für Arbeitsmittel, ein Liegeplatz einer Hochseejacht oder ein inländisches Rohrleitungsnetz[706] eine Betriebsstätte i. S. des DBA darstellen. Selbst die (Privat-) Wohnung kann Betriebsstätte sein,[707] wenn der Gewerbetreibende über keine eigenen Geschäftsräume verfügt, diese auch nicht benötigt und im Wesentlichen über seine Wohnung postalisch, telefonisch und elektronisch erreichbar ist; u. U. kann sogar ein möbliertes Zimmer,[708] ein Büro des Auftraggebers[709] oder ein Schließfach für die Aufbewahrung von Werkzeugen[710] ausreichen. Notwendig ist lediglich, dass von der festen örtlichen Einrichtung aus regelmäßig Betriebshandlungen vorgenommen werden. 683

Der wesentliche Unterschied zwischen Art. 5 Abs. 1 OECD-MA / Art. 5 Abs. 1 VG-DBA einerseits und § 12 AO andererseits besteht darin, dass nach der AO eine Betriebsstätte 684

---

701 Vgl. Rdn. 1056.
702 Vgl. auch R 2.9 GewStR 2009, AEAO zu § 12 sowie BS-VwG Tz. 1.
703 Vgl. ausführlich BS-VwG Tz. 1.1.1; grundlegende Entscheidungen zur Betriebsstätte: BFH v. 13. 6. 2006 I R 84/05, BStBl 2007 II 94; v. 30. 6. 2005 III R 47/03, BStBl 2006 II 78; v. 30. 6. 2005 III R 76/03, BStBl 2006 II 84; vgl. zur Abgrenzung eines häuslichen Arbeitszimmers von einer Betriebsstätte BFH v. 9. 5. 2017 X B 23/17, BFH/NV 2017, 1170.
704 BFH v. 3. 2. 1993 I R 80-81/91, BStBl 1993 II 462.
705 BFH v. 17. 3. 1982 I R 189/79, BStBl 1982 II 624.
706 BFH v. 30. 10. 1996 II R 12/92, BStBl 1997 II 12.
707 BFH v. 18. 12. 1986 I R 130/83, BFH/NV 1988, 119; v. 29. 8. 1996 I B 12-13/96, BFH/NV 1997, 96; v. 7. 6. 2000 III R 9/96, BStBl 2000 II 592.
708 BFH v. 1. 3. 2004 X B 151/02, BFH/NV 2004, 951.
709 BFH v. 14. 7. 2004 I R 106/03, BFH/NV 2005, 154; v. 3. 2. 1993 I R 80-81/91, BStBl 1993 II 462.
710 BFH v. 9. 1. 2019 I B 138/17, BFH/NV 2019, 681.

bereits schon dann vorliegt, wenn die Einrichtung der Tätigkeit eines Unternehmens (lediglich) **dient**. Dagegen ist nach dem OECD-MA eine Betriebsstätte erst dann anzunehmen, wenn durch die Geschäftseinrichtung die Geschäftstätigkeit ganz oder teilweise **ausgeübt** wird.

685 Die Geschäftseinrichtung muss eine gewisse feste Beziehung zur Erdoberfläche besitzen. Dies bedeutet aber nicht, dass die Geschäftseinrichtung festgemauert, festgeschraubt oder einbetoniert sein muss.[711] Erforderlich sind nur die räumliche Begrenzung und die örtliche Fixierung,[712] so dass auch sog. fliegende Bauten (transportabler Zeitungskiosk, Arbeitswagen, Container, Zelt, Marktstand usw.),[713] eine unterirdische Rohrleitung[714] oder ein Arbeitstisch in einem Schlachthof[715] eine Betriebsstätte darstellen können. Dagegen erfüllt z. B. der Kehrbezirk eines Bezirksschornsteinfegers nicht den Betriebsstättenbegriff i. S. des § 12 AO bzw. Art. 5 OECD-MA.[716]

686 Die Einrichtung oder Anlage muss unmittelbar den Unternehmenszweck fördern, wobei es ausreicht, wenn sie nur einem Teil der unternehmerischen Tätigkeit des Steuerpflichtigen dient.[717] Auf welche Weise dies geschieht, ist unerheblich, so dass auch Hilfs- und Nebentätigkeiten für die Annahme einer Betriebsstätte ausreichen, wie z. B. Klärteiche oder Schutthalden. Nur sozialen Zwecken dienende Einrichtungen (Bsp.: Wohn- und Umkleidebaracken, betriebliches Ferienheim) scheiden dagegen als Betriebsstätte aus,[718] selbst wenn sie geeignet sind, mittelbar den Unternehmenszweck zu fördern.

687 Im Allgemeinen ist die vorgenannte Voraussetzung des unmittelbaren Dienens nur erfüllt, wenn der Unternehmer selbst, seine Arbeitnehmer, fremdes weisungsabhängiges Personal oder Subunternehmer in oder an der Geschäftseinrichtung tätig werden. Bei vollautomatisch arbeitenden Einrichtungen (Bsp.: Pipeline) kann allerdings das Tätigwerden des Unternehmens mit der Geschäftseinrichtung ausnahmsweise ausreichen.[719] Befinden sich die vollautomatisch arbeitenden Anlagen in fremden Gebäuden, kann eine Betriebsstätte anzunehmen sein, wenn dem Unternehmer vertraglich das Recht eingeräumt worden ist, das Gebäude zu den üblichen Geschäfts- und Arbeitszeiten zu betreten und die anfallenden Wartungsarbeiten an seinen Anlagen vorzunehmen.[720]

---

711 BFH v. 9. 10. 1974 I R 128/73, BStBl 1975 II 203.
712 BFH v. 19. 9. 1990 X R 44/89, BStBl 1991 II 97, und X R 110/88, BStBl 1991 II 208.
713 Ausführlich zum Marktstand als Betriebsstätte BFH v. 17. 9. 2003 I 12/02, BStBl 2004 II 396: notwendig ist eine gewisse zeitliche Wiederholungskomponente.
714 BFH v. 30. 10. 1996 II R 12/92, BStBl 1997 II 12.
715 FG Münster v. 6. 11. 2000 9 K 6931/98 K, EFG 2001, 234.
716 Zum abweichenden einkommensteuerlichen Begriff der Betriebsstätte in § 4 Abs. 5 Nr. 6 EStG vgl. BFH v. 19. 9. 1990 X R 44/89, BStBl 1991 II 97; v. 1. 3. 2004 X B 151/02, BFH/NV 2004, 951 (Schornsteinfeger); ebenso v. 13. 7. 1989 IV R 55/88, BStBl 1990 II 23 (Fußballtrainer), und v. 18. 9. 1991 XI R 34/90, BStBl 1992 II 90 (Markthändler); v. 29. 4. 2014 VIII R 33/10, BStBl 2014 II 777 (Lotsenrevier).
717 BFH v. 3. 2. 1993 I R 80-81/91, BStBl 1993 II 462.
718 R 2.9 (3) GewStR 2009.
719 BFH v. 30. 10. 1996 II R 12/92, BStBl 1997 II 12: Rohrleitung zum Transport von Rohöl als Betriebsstätte.
720 BFH v. 24. 6. 2008 I R 30/07, BStBl 2008 II 922 betreffend Arbeiten auf einem NATO-Flughafen; v. 25. 5. 2000 III R 20/97, BStBl 2001 II 365: Betrieb und Unterhaltung von Satellitenempfangsanlagen.

Eine Geschäftseinrichtung oder Anlage ist grundsätzlich nur dann als Betriebsstätte des Unternehmers zu beurteilen, wenn er über die Betriebsstätte eine gewisse, nicht nur vorübergehende Verfügungsmacht besitzt.[721] Dafür ist grundsätzlich erforderlich, dass er eine Rechtsposition innehat, die ihm nicht ohne weiteres entzogen werden kann.[722]

688

Dies bedeutet beispielsweise, dass der Unternehmer die Betriebsräume angemietet hat,[723] oder die Betriebsräume ihm für die Dauer eines Projekts uneingeschränkt – z. B. durch Schlüsselübergabe – (auch unentgeltlich) überlassen werden, ggf. auch innerhalb eines abgeschlossenen Werks- oder Kasernengeländes.[724] Eine Gestattung durch Verwaltungsakt kommt ebenfalls in Betracht (Bsp.: Wochenmarktstand). Nicht erforderlich ist zivilrechtliches Eigentum an den Räumen. Die bloße Berechtigung zur Nutzung eines Raumes im Interesse eines anderen sowie die bloße tatsächliche Mitbenutzung eines Raumes begründen für sich genommen noch keine Betriebsstätte:[725] Ein Unternehmer hat – unabhängig von dem genauen Inhalt und der rechtlichen Bedeutung des Begriffs „Verfügungsmacht" – im Betrieb seines Vertragspartners jedenfalls nicht allein deshalb eine Betriebsstätte, weil er tatsächlich dort tätig wird.[726] Nach ständiger Rechtsprechung des BFH kann eine Betriebsstätte auch durch die Beauftragung einer Managementgesellschaft ohne Verfügungsrecht über deren Räumlichkeiten begründet werden; Letzteres gilt insbesondere dann, wenn die in Frage stehenden Gesellschaften von den nämlichen Personen geführt werden (Identität der Leitungsorgane).[727]

689

Sind Mitarbeiter des Unternehmers für dessen Unternehmen in einem fremden Betrieb tätig und werden ihnen dort für ihre Tätigkeit Räume überlassen, reicht allerdings eine „allgemeine rechtliche Absicherung" aus, wenn aus tatsächlichen Gründen anzunehmen ist, dass dem Unternehmer irgendein für seine Tätigkeit geeigneter Raum zur ständigen Nutzung zur Verfügung gestellt wird.[728]

690

BEISPIEL: ▶ Beratung durch einen Arbeitnehmer des inländischen Beratungsunternehmens in den Räumen des ausländischen, zu beratenden Unternehmens. Die aus Anlass der Besprechungen genutzten Räume werden von dem zu beratenden Unternehmen ausgesucht und zur Ver-

---

721 BS-VwG unter Tz. 1.1.1.1.
722 BFH v. 3. 2. 1993 I R 80-81/91, BStBl 1993 II 462; v. 14. 7. 2004 I R 106/03, BFH/NV 2005, 154.
723 BFH v. 18. 3. 2009 III R 2/06, BFH/NV 2009, 1457: Wird ein LKW auf dem Parkplatz einer GmbH stationiert, die diesen für zahlreiche an ihr beteiligte Fuhrunternehmer angemietet hat und die Kosten auf die Nutzer umlegt, so besteht dort eine Betriebsstätte. Der Zuweisung einer bestimmten Teilfläche auf dem Platz bedarf es dazu nicht.
724 BFH v. 14. 7. 2004 I R 106/03, BFH/NV 2005, 154, einerseits und v. 4. 6. 2008 I R 30/07, BStBl II 2008, 922, andererseits.
725 BFH v. 22. 4. 2009 I B 196/08, BFH/NV 2009, 1588.
726 BFH v. 4. 6. 2008 I R 30/07, BStBl II 2008, 922; v. 22. 4. 2009 I B 196/08, BFH/NV 2009, 1588; v. 24. 8. 2011 I R 46/10, BFH/NV 2011, 2165: Räumlichkeiten können auch dann eigene Betriebsstätten sein, wenn es sich hierbei um solche einer eingeschalteten Managementgesellschaft handelt und hierüber kein vertraglich eingeräumtes eigenes Nutzungsrecht besteht.
727 BFH v. 8. 6. 2015 I B 3/14, BFH/NV 2015, 1553.
728 BFH v. 3. 2. 1993 I R 80-81/91, BStBl 1993 II 462: Hotelleitung durch Mitarbeiter einer ausländischen Managementgesellschaft in einem ihm überlassenem Arbeitszimmer; v. 14. 7. 2004 I R 106/03, BFH/NV 2005, 154: Arbeitsräume in einer Kaserne, die nur nach Personenkontrolle betreten werden können; anders aber BFH v. 4. 6. 2008 I R 30/07, BStBl II 2008, 922.

fügung gestellt. Das inländische Beratungsunternehmen hat über die Besprechungsräume keine Verfügungsmacht und kann sie auch für sonstige Zwecke nicht nutzen.

691 Der BFH hat vorstehende Grundsätze dahin weiter entwickelt, dass sich in der örtlichen Bindung eine gewisse „Verwurzelung" des Steuerpflichtigen mit dem Ort der Ausübung der unternehmerischen Tätigkeit ausdrücken müsse, um nicht Tätigkeiten von sehr kurzer Dauer auch dem Recht der Betriebsstätte unterwerfen zu müssen. Eine entsprechende Verwurzelung kann in der Regel nur angenommen werden, wenn der Bezug der Tätigkeit zum Ort ihrer Ausübung von einer gewissen Dauer ist. Nach der Rechtsprechung des BFH zur festen Einrichtung eines Selbständigen ist hierfür grundsätzlich eine Zeitspanne von sechs Monaten anzusetzen.[729] In der Literatur sowie der Rechtsprechung anderer Staaten, insbesondere von Entwicklungsstaaten wird die zeitliche Schwelle deutlich niedriger angesetzt. Auch die OECD folgt nicht unbedingt der strengen deutschen Auffassung.[730]

692 Bei Betrieben auf Handelsschiffen (Restaurationsbetrieb, Andenkenladen usw.) gilt Folgendes: Durch ein Schiff, das bestimmungsgemäß Waren oder Personen befördert, wird eine dauernde feste Verbindung i. S. der obigen Definition grundsätzlich nicht hergestellt.[731] Einkünfte aus Gewerbebetrieb liegen dann vor, wenn sie aus der Unterhaltung einer Betriebsstätte (begründet durch Bestellung eines ständigen Vertreters im Inland) auf einem in einem inländischen Schiffsregister eingetragenen, unter deutscher Flagge fahrenden See-(Kauffahrtei-)Schiff auf hoher See erzielt werden.[732] Für Zwecke der Gewerbesteuer gilt: Ein Gewerbebetrieb wird auch dann im Inland betrieben, wenn für ihn eine Betriebsstätte auf einem unter deutscher Flagge fahrenden See-(Kauffahrtei-)Schiff unterhalten wird, das in einem inländischen Schiffsregister eingetragen ist – § 2 Abs. 1 Satz 3 GewStG.[733]

693 Mit dem elektronischen Geschäftsverkehr hat sich die OECD im Rahmen des Update 2002 befasst.[734] Danach kann ein Internet-Server, sofern sich seine Funktion in einer Computer-Hardware verfestigt, u.U. eine Betriebsstätte begründen; allerdings sind noch viele in diesem Zusammenhang bestehende Fragen offen, z. B. die Frage nach der Zeitdauer oder der Anwendung der Regeln des Art. 5 Abs. 4 OECD-MA. Zwar ist das Thema der steuerlichen Behandlung von Serverbetriebsstätten im Rahmen von BEPS Aktion Nr. 1 behandelt worden, umgesetzt wurde hierzu aber noch nichts. Für 2020 hat die OECD einen Abschlussbericht angekündigt. Auch die EU hat Vorschläge für eine digitale Betriebsstätte sowie die Besteuerung hierzu vorgelegt,[735] die aber ebenfalls noch nicht verabschiedet sind und diskutiert werden müssen.

---

729 BFH v. 28. 6. 2006 I R 92/05, BStBl 2007 II 100 m. w. N.; z. B. abgelehnt für einen Verkaufsstand, den ein Unternehmen einmal im Jahr vier Wochen lang auf einem Weihnachtsmarkt unterhält – BFH v. 17. 9. 2003 I R 12/02, BStBl 2004 II 396.
730 OECD-MK 2017 zu Art. 5 Nr. 29 f.
731 BFH v. 26. 6. 1996 XI R 18/94, BStBl 1998 II 278; v. 13. 2. 1974 I R 218/71, BFHE 111, 416; Nr. 5.5 OECD-MK zu Art. 5 OECD-MA.
732 BFH v. 13. 2. 1974 I R 218/71, BFHE 111, 416.
733 BFH v. 13. 2. 1974 I R 219/71, BStBl 1974 II 361.
734 Nr. 122 ff. OECD-MK 2017 zu Art. 5 OECD-MA.
735 EU Presse IP 18/2041.

In seinem sog. Satelliten- oder Transponderurteil hat sich der BFH ausführlich mit der Besteuerung komplexer technischer Leistungen befasst und derartige Leistungen als Einkünfte aus Gewerbebetrieb behandelt, für deren Besteuerung im Inland eine Betriebsstätte erforderlich sein muss.[736] 694

Unverändert hochaktuell ist das Thema Dienstleistungsbetriebsstätte[737]. Eine Arbeitsgruppe der OECD hat hierzu im Dezember 2006 einen Vorschlag unterbreitet,[738] der in die Neufassung des OECD-MK in der Fassung des Update 2008 Eingang gefunden hat.[739] Damit soll dem Begehren einer Reihe von Staaten Rechnung getragen werden, die angesichts der zunehmenden Zahl grenzüberschreitender Dienstleistungen die Zuteilung eines Besteuerungssubstrats auch dann wünschen, wenn keine feste Einrichtung i. S. des Art. 5 Abs. 1 OECD-MA vorhanden ist. Nach dem Alternativvorschlag, der auf Wunsch der Vertragsparteien in ein DBA einfließen kann, soll Anknüpfungspunkt die physische Präsenz einer natürlichen Person über einen Zeitraum von mehr als 183 Tagen während eines Zeitraums von zwölf Monaten sein. Weitere Voraussetzung ist, dass mehr als 50 % der von dem Unternehmen in diesem Zeitraum aus aktiver Geschäftstätigkeit erwirtschafteten Umsätze aus Dienstleistungen stammen, die die natürliche Person in dem anderen Staat erbracht hat.[740] Alternativbezug wäre die Durchführung eines oder mehrerer miteinander verbundener Projekte innerhalb eines Zwölfmonatszeitraums. Die Steuer des Betriebsstättenstaates soll auf den Gewinn („profits derived from the services") erhoben werden.[741] Regelungen für sog. Dienstleistungsbetriebsstätten befinden sich u. a. im DBA-China 2014[742] und im DBA-Türkei 2011.[743] Die VG-DBA hat keine Regelung zur Dienstleistungsbetriebsstätte aufgenommen. 695

3.7.2.2.2 Regelbeispiele
(Art. 5 Abs. 2 OECD-MA / § 12 Satz 2 AO)

In Art. 5 Abs. 2 OECD-MA / Art. 5 Abs. 2 VG-DBA findet sich eine **beispielhafte Aufzählung** dessen, was grundsätzlich als Betriebsstätte anzusehen ist: 696

- Ort der Leitung (Art. 5 Abs. 2 Buchst. a OECD-MA / Art. 5 Abs. 2 Nr. 1 VG-DBA = § 12 Nr. 1 AO),
- Zweigniederlassung (Art. 5 Abs. 2 Buchst. b OECD-MA / Art. 5 Abs. 2 Nr. 2 VG-DBA = § 12 Nr. 2 AO),
- Geschäftsstelle (Art. 5 Abs. 2 Buchst. c OECD-MA / Art. 5 Abs. 2 Nr. 3 VG-DBA = § 12 Nr. 3 AO),
- Fabrikationsstätte (Art. 5 Abs. 2 Buchst. d OECD-MA / Art. 5 Abs. 2 Nr. 4 VG-DBA = § 12 Nr. 4 AO),

---

736 BFH v. 17. 2. 2000 I R 130/97, BFH/NV 2000, 1182.
737 OFD Karlsruhe v. 16. 9. 2014, IStR 2015, 887: Keine Anerkennung einer Dienstleistungsbetriebsstätte.
738 The Tax Treaty Treatment of Services: Proposed Commentary Changes - Public discussion draft v. 8. 12. 2006.
739 Nr. 132 ff. OECD-MK 2017 zu Art. 5 OECD-MA.
740 Nr. 144 OECD-MK 2017 zu Art. 5 OECD-MA.
741 Nr. 140 OECD-MK 2017 zu Art. 5 OECD-MA.
742 Art. 5 Abs. 3 Buchst. b DBA-China 2014.
743 Art. 5 Abs. 3 Buchst. b DBA-Türkei 2011.

- Werkstätte (Art 5 Abs. 2 Buchst. e OECD-MA / Art. 5 Abs. 2 Nr. 5 VG-DBA = § 12 Nr. 4 AO),
- Einrichtungen zur Ausbeutung von Bodenschätzen (Art. 5 Abs. 2 Buchst. f OECD-MA / Art. 5 Abs. 2 Nr. 6 VG-DBA = § 12 Nr. 7 AO).

697 Der Begriff **Ort der Leitung** ist nicht völlig identisch mit dem Begriff Geschäftsleitung in § 10 AO. Daher können im Gegensatz zu § 10 AO auch mehrere Orte der Leitung vorhanden sein (Bsp.: Ort der Leitung betreffend Produktion und Ort der Leitung betreffend Vertrieb);[744] grundsätzlich aber gelten die obigen Ausführungen zu § 10 AO.[745] Nach der Rechtsprechung des BFH ist dies der Ort, an dem der für die Geschäftsleitung maßgebliche Wille gebildet und die für die Geschäftsleitung notwendigen Maßnahmen von einiger Wichtigkeit angeordnet werden.[746] Eine sog. Geschäftsleitungsbetriebsstätte setzt keine feste Geschäftseinrichtung oder Anlage voraus.[747]

698 **Zweigniederlassungen** können als verkleinerte Abbildungen des Unternehmens bezeichnet werden; rechtliche Selbständigkeit brauchen sie nicht zu besitzen. Sie müssen sachlich die gleichen, nicht notwendigerweise alle gleichartigen Geschäfte wie die Hauptniederlassung tätigen. Kriterien sind u. a. eigener Leiter mit der Befugnis zum selbständigen Handeln in nicht ganz unwesentlichen Angelegenheiten, eigene Buchführung, eigene Organisation, räumliche Selbständigkeit, äußere Einrichtung ähnlich einer Hauptniederlassung (eigenes Geschäftslokal); Indiz kann die Eintragung ins Handelsregister sein (vgl. § 13 HGB).[748]

699 **Geschäftsstellen** unterscheiden sich von Zweigniederlassungen dadurch, dass nur einzelne Teilbereiche der Unternehmenstätigkeit ausgeübt werden, z. B. Kundendienstbüro, Verkaufsstelle, Kontroll- und Koordinierungsstelle; ausreichend ist, dass eine unternehmensbezogene Tätigkeit ausgeübt wird (regional headquarters).[749]

700 Auch bei **Fabrikationsstätten** muss die Dauerhaftigkeit der Betriebsstätte gegeben sein; die Abgrenzung zu einer **Werkstätte** gemäß Art. 5 Abs. 2 Buchst. e OECD-MA ist nach der Literatur nur ein gradueller (industrielle Herstellung — handwerkliche Herstellung) – vgl. auch § 12 Satz 2 Nr. 4 AO.

701 **Stätten der Ausbeutung von Bodenschätzen**: Der Begriff soll nach dem OECD-MK möglichst weit ausgelegt werden; so werden hierunter auch Solar- und Windkraftanlagen auf Land gefasst.[750]

702 In einigen DBA ist zusätzlich als Regelfall aufgeführt, dass auch ein **land- und forstwirtschaftlicher Betrieb** (Farm, Plantage, land- oder forstwirtschaftlich genutzte Flächen) eine Betriebsstätte i. S. des Abkommens begründet.[751]

---

744 BFH v. 5. 11. 2014 IV R 30/11, BStBl 2015 II 601.
745 Rdn. 37 ff.
746 BFH v. 19. 11. 2003 I R 3/02, BStBl 2004 II 559.
747 BFH v. 24. 8. 2011 I R 46/10, BStBl 2014 II 764.
748 BFH v. 9. 11. 1999 II R 107/97, BFH/NV 2000, 688; v. 8. 6. 2015 I B 3/14, BFH/NV 2015, 1553.
749 BFH v. 17. 12. 1998 I B 101/98, BFH/NV 1999, 753.
750 Nr. 47 f. OECD-MK 2017 zu Art. 5 OECD-MA.
751 Bsp.: Art. 5 Abs. 2 Buchst. g DBA-Australien.

3.7.2.2.3 Bauausführung und Montage (Art. 5 Abs. 3 OECD-MA / § 12 Satz 2 Nr. 8 AO)

Nach Art. 5 Abs. 3 OECD-MA / Art. 5 Abs. 3 VG-DBA ist eine Bauausführung oder Montage nur dann als Betriebsstätte i.S. des Abkommens anzusehen, wenn ihre Dauer 12 Monate überschreitet.[752] In den von Deutschland abgeschlossenen DBA schwankt die erforderliche Mindestdauer je nach Abkommen zwischen 6 und 12 Monaten;[753] weniger als 6 Monate ist lediglich im DBA mit Thailand vereinbart (bereits ab 3 Monaten in bestimmten Fällen); in den DBA mit Bangladesh und Sri Lanka findet man statt 6 Monate eine Dauer von 183 Tagen vereinbart. 703

Wesentliche Probleme im Zusammenhang mit Art. 5 Abs. 3 OECD-MA, insbesondere die Frage der künstlichen Aufteilung von Verträgen zwecks Vermeidung einer Betriebsstätte, die im Rahmen von BEPS Aktion 7 erörtert wurden, sind nicht durch eine Änderung des OECD-MA behoben worden, sondern wurden in den Musterkommentar in der Fassung des Update 2017 verschoben.[754] 704

Im Gegensatz zum OECD-MA sind nach § 12 Satz 2 Nr. 8 AO Bauausführungen oder Montagen bereits dann als Betriebsstätte anzusehen, wenn die Bauausführung oder Montage länger als 6 Monate dauert.[755] 705

Die Bauausführung oder Montage stellt bei Überschreiten der 12-Monatsfrist bzw. der 6-Monatsfrist stets eine Betriebsstätte dar, auch wenn die allgemeine Begriffsdefinition i.S. des Abs. 1 und 2 nicht erfüllt ist. D.h. Art. 5 Abs. 3 OECD-MA / Art. 5 Abs. 3 VG-DBA bzw. § 12 Satz 2 Nr. 8 AO enthalten eine eigenständige Betriebsstättenfiktion. Umgekehrt führen Bauausführung oder Montage für sich alleine nicht zu einer Betriebsstätte, sofern die Bauausführung oder Montage innerhalb von 12 Monaten / 6 Monaten bzw. der Dauer nach dem jeweiligen DBA beendet wird. 706

Unter **Bauausführung** ist die Erstellung von Bauwerken jeglicher Art (Hoch- und Tiefbau), Bau von Bahn- und Brückenanlagen, Straßen, Kanälen, Kanalisation, das Legen von Rohrleitungen – einschließlich der damit in Zusammenhang stehenden Erd- und Baggerarbeiten – sowie sonstige Arbeiten wie z.B. Einsetzen von Fenstern, Montage von Heizungs-, elektrischen und sanitären Anlagen oder Gerüstarbeiten sowie die Planung und Überwachung der Erstellung eines Bauwerks – sofern sie von dem bauausführenden Unternehmen durchgeführt werden – zu verstehen. Auch Abbrucharbeiten gehören zu den Bauausführungen. 707

Die **Montage** ist ein eigenständiger Tatbestand neben der Bauausführung. Unter den Begriff Montage fallen das Zusammenfügen oder der Umbau von vorgefertigten Einzelteilen zu einer Sache, nicht dagegen bloße Reparatur- und Instandsetzungsarbeiten. Die Tätigkeit muss zumindest die wesentlichen Arbeiten des Zusammenfügens von Einzelteilen zu einer Sache umfassen.[756] 708

---

752 BS-Vwg Tz. 1.2.1.2.
753 BS-VwG Anlage II.
754 Nr. 49 bis 57 OECD-MK 2017 zu Art. 5 OECD-MA.
755 BS-VwG Tz. 1.1.1.2.
756 BFH v. 21.4.1999 I R 99/97, BStBl 1999 II 694; v. 19.11.2003 I R 3/02, BStBl 2004 II 932.

709 Liegen lediglich **Reparaturen** vor, so wird durch derartige Arbeiten keine Betriebsstätte begründet, selbst wenn die Arbeiten länger als 12 Monate dauern, aber keine eigene feste Geschäftseinrichtung i. S. des Art. 5 Abs. 1, 2 OECD-MA unterhalten wird.[757] Nicht unter den Ausdruck Montage fällt auch die Implementierung von Software (Problem der Dienstleistungsbetriebsstätte).

710 Zur Bauausführung oder Montage gehört grundsätzlich auch die im Zusammenhang mit der Haupttätigkeit **erbrachte Planungs- und Überwachungstätigkeit.** Dies gilt auch für die Überwachung der Bauausführung oder Montage durch Subunternehmer mit eigenem Personal des Generalunternehmers.[758] In die Ermittlung der Frist ist daher für den überwachenden Bauunternehmer die Tätigkeitsdauer aller von ihm beauftragten Subunternehmer einzubeziehen.[759] Daneben unterhält auch der Subunternehmer eine eigene Betriebsstätte, sofern er mit seiner Tätigkeit die entsprechende Frist nach DBA überschreitet.

711 Ist dagegen die Bauausführung vollständig auf den Subunternehmer übertragen, begründet die reine Koordinierungs- und Überwachungstätigkeit des Generalunternehmers keine Betriebsstätte i. S. des Art. 5 Abs. 3 OECD-MA bzw. § 12 Satz 2 Nr. 8 AO.[760] D. h. die Frist ist grundsätzlich für Generalunternehmer und Subunternehmer getrennt zu berechnen.

712 Eine Bauausführung beginnt mit dem Zeitpunkt, an dem das beauftragte Unternehmen mit den Arbeiten – einschließlich aller vorbereitenden Arbeiten (Bsp.: Bauplanungsbüro, Baustelleneinrichtung, Montage von Baugeräten) – beginnt.[761]

713 Eine Montage beginnt nicht schon mit der Anlieferung der zu montierenden Gegenstände am vorgesehenen Montageort, sondern erst mit dem Eintreffen der ersten Person, die vom Montageunternehmen mit den vorzunehmenden Montagearbeiten betraut worden ist.[762] Als Montagearbeiten sind auch solche Arbeiten anzusehen, die der unmittelbaren Vorbereitung der eigentlichen Montage dienen. Ist eine Montage Bestandteil eines Werklieferungsvertrags und ist in diesem Vertrag eine Abnahme des fertigen Werks unter Mitwirkung des Montageunternehmens vorgesehen, so endet die Montage frühestens mit der Abnahme.

714 Die Bauausführung oder Montage ist so lange nicht beendet, solange noch Arbeitnehmer des Unternehmens an der Bau- oder Montagestelle tätig und die Arbeiten nicht abgeschlossen sind; hierzu zählt auch noch eine angemessene Frist unmittelbar nach Abschluss der Arbeiten zur Beseitigung der Bau- oder Montagestelle. Tätigkeiten im Zusammenhang mit der Abnahme des Gegenstandes durch den Auftraggeber (Bsp.: Beseitigung von bei der Abnahme festgestellten Mängeln) gehören ebenfalls noch zur Bauausführung oder Montage. Dies gilt auch für den Testlauf einer montierten Maschi-

---

757 BFH v. 20. 1. 1993 I B 106/92, BFH/NV 1993, 404.
758 BFH v. 13. 11. 1962 I B 224/61 U, BStBl 1963 III 71.
759 Nr. 54 OECD-MK 2017 zu Art. 5 OECD-MA; BS-VwG Tz. 4.3.3.
760 Nr. 172 OECD-MK 2017 zu Art. 5 OECD-MA; BS-VwG Tz. 4.3.2.
761 BFH v. 26. 4. 2005 I B 157/04, BFH/NV 2005, 1763.
762 BFH v. 21. 4. 1999 I R 99/97, BStBl 1999 II 694.

ne oder die Inbetriebsetzung und den Probebetrieb einer errichteten Industrieanlage. Entscheidend ist der jeweilige Vertragsinhalt.

Kurzfristige betriebstechnische Unterbrechungen, z. B. wegen Materialmangels, ungünstiger Witterungsverhältnisse, Zahlungsengpässen des Auftraggebers, Störungen des Arbeitsfriedens oder aus bautechnischen Gründen (Bsp.: Trocknungsfristen), hemmen die Frist nach DBA bzw. AO nicht.[763] 715

Von den genannten betriebstechnischen Arbeitsunterbrechungen sind diejenigen zu unterscheiden, die nicht im Arbeitsablauf, sondern in anderen Umständen begründet sind. Dazu kann namentlich der Fall gehören, dass der Besteller eine erforderliche Mitwirkung an der Abnahme des fertig gestellten Werkes verweigert. In einer solchen Konstellation wird die für die Entstehung einer Betriebsstätte maßgebliche Frist jedenfalls dann gehemmt, wenn die Unterbrechung der Arbeiten nicht nur ganz kurzfristig ausfällt und die mit den Arbeiten betrauten Personen abgezogen werden. In dieser Situation besteht mithin zwar die Bau- bzw. Montagestelle als solche fort, solange nicht die Arbeiten endgültig eingestellt werden. Die Unterbrechungszeit ist hier jedoch nicht in die Fristberechnung einzubeziehen; vielmehr läuft erst bei einer Wiederaufnahme der Arbeiten die ursprüngliche Frist weiter. 716

Die jeweils zu beachtende Frist nach DBA ist für jede einzelne, als Einheit anzusehende Bauausführung oder Montage anzuwenden; d. h., grundsätzlich findet nach dem OECD-MA / VG-DBA kein Zusammenrechnen verschiedener Bauausführungen/Montagen statt.[764] Eine Ausnahme besteht allerdings dann, wenn die Bauausführungen zwar auf verschiedenen Verträgen beruhen, aber wirtschaftlich und geografisch ein zusammenhängendes Ganzes bilden, d. h., zwischen ihnen besteht ein technischer und organisatorischer Zusammenhang (Bsp.: Erstellung von Reihenhäusern für verschiedene Auftraggeber).[765] Bei sog. fortschreitenden Bauausführungen (Bsp.: Autobahnbau, Ausbaggern von Wasserstraßen, Verlegen von Rohrleitungen) geht man i. d. R. von einer einheitlichen Bauausführung aus. 717

Eine rechtsmissbräuchliche Aufteilung einer einheitlichen Bauausführung – zwecks Vermeidung der Begründung einer Betriebsstätte – liegt dann vor, wenn ein Vertragswerk für denselben Auftraggeber in mehrere Einzelverträge mit jeweils kürzerer Laufzeit aufgeteilt wird, sofern die verschiedenen Aufträge durch denselben Auftragnehmer unmittelbar hintereinander ausgeführt werden. Dies gilt auch dann, wenn die Bauausführungen von verschiedenen Unternehmen eines und desselben Konzerns ausgeführt werden. Dagegen führt eine Aufteilung einer Bauausführung in Teilabschnitte und die Vergabe an verschiedene rechtlich selbständige Unternehmen (Bsp.: einzelne Baulose einer Neubaubahnstrecke) grundsätzlich nicht zu einer Zusammenrechnung. Nach BFH kann eine einheitliche Bauausführung zwischen mehreren äußerlich getrennten Baumaßnahmen dann vorliegen, wenn für die Baumaßnahmen mehrere getrennte Aufträge vergeben worden sind und eine solche Vorgehensweise fremdüblich ist. Entscheidend ist, ob es sich aus der Sicht des Auftragnehmers bei wertender Betrachtung um 718

---

763 BFH v. 21. 4. 1999 I R 99/97, BStBl 1999 II 694; BS-VwG Tz. 4.3.1.
764 BFH v. 19. 11. 2003 I R 3/02, BStBl 2004 II 932.
765 BFH v. 16. 5. 2001 I R 47/00, BStBl 2002 II 846; hierzu BMF v. 18. 12. 2002, BStBl 2002 I 1385.

einen einzigen (ggf. fortschreitenden) Einsatz oder um eine Mehrzahl einzelner Einsätze handelt.[766]

719 Um missbräuchliche Aufspaltung von Bau- und Montageverträgen und damit die Verneinung einer Betriebsstättenbegründung zu vermeiden, ist der OECD-MK neu gefasst worden.[767] Es geht im Wesentlichen darum, dass die neu in das Musterabkommen in Art. 29 OECD-MA 2017 aufgenommene allgemeine Anti-Missbrauchsklausel „Principal Purposes Test" (PPT) für diesen Bereich übernommen wird.

720 Die Regelung in § 12 Satz 2 Nr. 8 Buchst. b und c AO weicht in einem Punkt ganz wesentlich von der des Art. 5 Abs. 3 OECD-MA/Art. 5 VG-DBA ab: Hier erfolgt nämlich grundsätzlich eine Zusammenrechnung der Dauer der einzelnen Bauausführungen oder Montagen,[768] und zwar auch dann, wenn sie technisch und wirtschaftlich voneinander unabhängig sind, sofern ein enger zeitlicher Zusammenhang besteht, wenn – z. B. aufgrund eines einheitlichen Auftrags – bereits im Zeitpunkt der Beendigung der ersten Montage absehbar ist, dass sich alsbald eine weitere Montage auf demselben Territorium anschließen wird; in einer solchen Situation ist nämlich die Präsenz des Unternehmens in dem betreffenden Territorium nicht so nachhaltig unterbrochen, dass hierdurch die durch die erste Bau- oder Montagemaßnahme eingetretene „Verwurzelung" des Unternehmens in dem betreffenden Territorium beseitigt worden wäre.

3.7.2.2.4 Betriebsstättenausnahmen (Art. 5 Abs. 4 OECD-MA)

721 Art. 5 Abs. 4 OECD-MA enthält den Katalog der Betriebsstättenausnahmen (inhaltsgleich Art. 5 Abs. 4 VG-DBA). Diese Bestimmung geht den Abs. 1 bis 3 vor, d. h., auch in den Fällen, in denen alle Voraussetzungen des Art. 5 Abs. 1 bis 3 OECD-MA erfüllt sind, ist für die Anwendung des Abkommens von dem Nichtvorliegen einer Betriebsstätte auszugehen (Fiktion). Hierzu zählen:

- ▶ Einrichtungen zur Lagerung, Ausstellung und Auslieferung von Gütern und Waren, die dem Unternehmen gehören, d. h. die Lagerung von Gütern und Waren im Fremdeigentum fällt nicht unter diese Bestimmung – Art. 5 Abs. 4 Buchst. a OECD-MA;[769]

- ▶ Bestände an Gütern und Waren, die nur zur Lagerung, Ausstellung und Auslieferung bereitgehalten werden – Art. 5 Abs. 4 Buchst. b OECD-MA;

- ▶ Bestände an Halbfabrikaten, die ausschließlich durch andere Unternehmen bearbeitet und dann wieder ins Ursprungsland verbracht werden sollen – Art. 5 Abs. 4 Buchst. c OECD-MA;

- ▶ feste Geschäftseinrichtungen für den Einkauf von Gütern und Waren oder für die Informationsbeschaffung – Art. 5 Abs. 4 Buchst. d OECD-MA;

---

766 BFH v. 16. 5. 2001 I R 47/00, BStBl 2002 II 846.
767 Nr. 52 ff. OECD-MK 2017 zu OECD-MA Art. 5.
768 BFH v. 21. 4. 1999 I R 99/97, BStBl 1999 II 694.
769 BFH v. 23. 7. 2003 I R 62/02, BFH/NV 2004, 317.

▶ feste Geschäftseinrichtung für vorbereitende Tätigkeiten oder Hilfstätigkeiten – Art. 5 Abs. 4 Buchst. e und f OECD-MA.[770]

Den in Abs. 4 genannten Tätigkeiten ist gemeinsam, dass es sich um eine Hilfs- oder Nebentätigkeit vorbereitender oder unterstützender Art zur eigentlichen gewerblichen Betätigung handelt. Der jeweilige Betriebsstättenausnahmetatbestand ist nur dann erfüllt, wenn die Hilfstätigkeit ausschließlich ausgeführt wird. Dies bedeutet andererseits, dass eine Betriebsstätte im Sinne des Abkommens dann vorliegt, wenn die Hilfstätigkeit nach Abs. 4 neben einer Tätigkeit nach Abs. 1 bis 3 ausgeführt wird.

722

Im Gegensatz zum OECD-MA / VG-DBA stellen nach § 12 Satz 2 Nr. 5 und 6 AO Warenlager sowie Ein- oder Verkaufsstellen Betriebsstätten dar; die AO kennt keine Betriebsstättenausnahmen.

723

BEISPIEL: Die inländische X-AG unterhält sowohl in Spanien als auch in Andorra Einkaufsbüros. Das Einkaufsbüro in Spanien stellt nach Art. 5 Abs. 3 Buchst. d DBA-Spanien keine Betriebsstätte dar, während das Einkaufsbüro in Andorra – kein DBA-Staat – nach § 12 Satz 2 Nr. 6 AO eine Betriebsstätte darstellt.

BEPS Aktion 7 hatte zum Thema die missbräuchlichen Strategien zur Vermeidung einer Betriebsstätte. Ein Punkt der Untersuchung befasste sich auch mit den Betriebsstättenausnahmen. Ausgangspunkt war die Tatsache, dass es Tätigkeiten gab, die unter den Ausnahmekatalog des Art. 5 Abs. 4 OECD-MA zu fassen waren, zugleich aber einen nicht unwesentlichen Teil der Wertschöpfungskette darstellten. Daher wurde durch das Update 2017 Art. 5 Abs. 4 OECD-MA überarbeitet und ein neuer Abs. 4.1 hinzugefügt, in dem erstmals der Begriff des nahestehenden Unternehmens (vgl. Art. 5 Abs. 8 OECD-MA 2017) verwandt wird, um einer künstlichen Aufsplittung entgegen zu wirken. Klargestellt wurde, dass die Betriebsausnahmen nur dann anzuwenden sind, wenn es sich insgesamt um Hilfs- oder Vorbereitungstätigkeiten im Hinblick auf die Geschäftstätigkeit des Unternehmens als Ganzes handelt. Ferner wurde in Abs. 4.1 einen Gegenausnahme zu Abs. 4 eingefügt. Hiermit soll die künstliche Aufspaltung in aktive Betriebsstätten und in mit Betriebsstättenausnahmen zusammenhängender Geschäftstätigkeiten von Unternehmen und nahestehenden Unternehmen vermieden werden. So soll etwa die Lagerung und Auslieferung von Waren und Gütern dann nicht als Ausnahmeregelung angesehen werden, wenn diese Tätigkeiten einen wesentlichen Teil der Verkaufs- oder Vertriebstätigkeit des Unternehmens ausmachen. Gleichzeitig wurde der OECD-MK überarbeitet und erheblich erweitert.[771]

724

3.7.2.2.5 Der abhängige Vertreter (Art. 5 Abs. 5 OECD-MA 2014)

Nach Art. 5 Abs. 5 OECD-MA 2014 begründet die Tätigkeit eines vom Unternehmen abhängigen Vertreters – im Gegensatz zu einem unabhängigen Vertreter i. S. des Art. 5 Abs. 6 OECD-MA 2014[772] – eine Betriebsstätte: Hierbei handelt es sich um eine Person,

725

---

770 BFH v. 22. 6. 1995 III R 6/90, BStBl 1995 II 843: Forschungsanlage im Ausland ist keine Betriebsstätte i. S. des OECD-MA.
771 Nr. 58 ff. OECD-MK 2017 zu Art. 5 OECD-MA, sowie zu Abs. 4.1 Nr. 79 ff. OECD-MK 2017 zu Art. 5 OECD-MA.
772 Vgl. Rdn. 735.

die nachhaltig die Geschäfte eines anderen Unternehmers besorgt und dabei dessen Sachweisungen unterliegt.[773] Zusätzlich muss der abhängige Vertreter mit einer gewissen Beständigkeit im anderen Vertragsstaat für das Unternehmen tätig werden, dort gewöhnlich eine bestehende Vollmacht (sog. Abschlussvollmacht) ausüben und im Namen des Unternehmens Verträge abschließen. Der Vertreter muss nicht in dem Staat, in dem er tätig ist / wird, wohnen.

> **BEISPIEL:** Die natürliche Person P wohnt in Freiburg/Breisgau und ist angestellter Vertreter für das deutsche Chemieunternehmen ProChem / Frankfurt, in der Schweiz. Er fährt jeweils am Montag von Freiburg los in die Schweiz und kehrt am Donnerstagabend zurück. In der Schweiz besucht er die Kunden des Unternehmens und holt neue Aufträge herein, die er verbindlich für das Unternehmen zeichnet. Er verfügt über keine feste Betriebsstätte i. S. von Art. 5 Abs. 1 OECD-MA 2014 und übernachtet unterwegs in verschiedenen Hotels. Er begründet mit seiner Tätigkeit eine Vertreterbetriebsstätte der ProChem in der Schweiz.

Eine Ausnahme von den vorgenannten Grundsätzen gilt nur dann, wenn sich die Tätigkeit des Vertreters ausschließlich auf Tätigkeiten beschränkt, die nach Abs. 4 keine Betriebsstätte begründen (Hilfs- und Nebentätigkeiten); in diesem Fall wird auch keine Vertreterbetriebsstätte begründet.

726 Die bloße Tätigkeit eines solchen Vertreters führt zur Annahme einer fiktiven Betriebsstätte, bei der ein räumlicher Bezugspunkt i. S. einer festen Geschäftseinrichtung – wie er bei einer „normalen" Betriebsstätte i. S. des Art. 5 Abs. 1, 2 OECD-MA / Art. 5 Abs. 1 und 2 VG-DBA vorhanden sein muss – nicht mehr vorgesehen oder erforderlich ist.[774] Es handelt sich demnach bei Abs. 5 um einen **Ersatztatbestand** für eine feste Geschäftseinrichtung, was u. U. erhebliche Auswirkungen in den verschiedenen DBA haben kann (vgl. Art. 10 Abs. 4, Art. 11 Abs. 4 und Art. 12 Abs. 3 OECD-MA – sog. Betriebsstättenvorbehalt –, der nur bei denjenigen Betriebsstätten zum Tragen kommt, die tatsächlich im Ausland belegen sind).

727 Da die Vertreterbetriebsstätte i. S. des Abs. 5 nur einen Ersatztatbestand darstellt (fingierte Betriebsstätte), geht das allgemeine Merkmal der festen Geschäftseinrichtung i. S. der Abs. 1 und 2 vor. D. h. ist eine feste Geschäftseinrichtung vorhanden, so ist eine in dieser Geschäftseinrichtung ausgeübte Tätigkeit eines abhängigen Vertreters in jedem Fall als eine Tätigkeit anzusehen, die zur Annahme einer Betriebsstätte i. S. der Art. 5 Abs. 1 und 2 OECD-MA 2014 führt, d. h. keine fingierte Betriebsstätte. Es kommt dann auf die Abhängigkeit des Vertreters oder auf das Vorhandensein einer Abschlussvollmacht in der Person des Vertreters nicht mehr an.

728 Vertreter muss eine „**Person**" sein; der Begriff wird in Art. 3 Abs. 1 Buchst. a OECD-MA definiert; demnach kann neben einer natürlichen Person auch eine Gesellschaft oder eine Personenvereinigung als Vertreter auftreten. Zu der in der Rechtsprechung längere Zeit umstrittenen Frage, ob ein Organ einer Kapitalgesellschaft gleichzeitig deren stän-

---

773 BFH v. 28. 6. 1972 I R 35/70, BStBl 1972 II 785; v. 23. 9. 1983 III R 76/81, BStBl 1984 II 94; v. 18. 12. 90 X R 82/89, BStBl 1991 II 395; BS-VwG Tz. 1.2.2.
774 BFH v. 30. 4. 1975 I R 152/97, BStBl 1975 II 626; v. 9. 11. 1999 II R 107/97, BFH/NV 2000, 688.

diger Vertreter sein kann, hat der BFH entschieden, dass Organe von Kapitalgesellschaften ständige Vertreter i. S. des § 13 AO sein können.[775]

Der Vertreter bedarf einer **Vollmacht**. Da dieser Begriff im DBA nicht erläutert ist, muss gemäß Art. 3 Abs. 2 OECD-MA auf das nationale Recht zurückgegriffen werden. Die Vollmacht wird grundsätzlich in § 164 BGB definiert. Hierunter sind zu verstehen Innenvollmacht, Außenvollmacht, ausdrückliche Vollmacht, konkludente Vollmacht, Duldungs- und Anscheinsvollmacht.

729

Die Vertretertätigkeit führt nur dann zur Annahme einer (fiktiven) Betriebsstätte, wenn sie nachhaltig ausgeübt wird und somit eine gewisse Stetigkeit aufweist. Dies wird durch das Erfordernis der **gewöhnlichen Ausübung** („habitually exercices") der Vollmacht deutlich. Nur wenn der Vertreter die ihm erteilte Abschlussvollmacht im anderen Staat wiederholt und nicht nur gelegentlich, d. h. ständig über einen längeren Zeitraum ausübt, begründet er dort eine Betriebsstätte für das Unternehmen. Dabei hängen Häufigkeit und Intensität von der erteilten Vollmacht und dem konkreten Aufgabenbereich ab. Zum Problem des Attraktionsprinzip vgl. Rdn. 746.

730

Die Vollmacht muss darauf gerichtet sein, **das Unternehmen zu binden** und daher Verträge über Tätigkeiten betreffen, die die eigentliche Unternehmenstätigkeit darstellen (Bsp.: Verkauf von Gütern und Waren oder Dienstleistungen); der Abschluss z. B. von Arbeitsverträgen und anderen, lediglich den internen Geschäftsbetrieb betreffenden Verträgen (Bsp.: Mietvertrag), reicht nicht zur Annahme einer Abschlussvollmacht i. S. des OECD-MA aus.

731

Die Vollmacht muss im Namen des Unternehmens ausgeübt werden, um als Abschlussvollmacht i. S. der Vorschrift qualifiziert werden zu können. Durch die Ausübung der Vollmacht im Namen des Unternehmens muss dieses direkt gegenüber dem Vertragspartner gebunden werden. Da z. B. auch durch eine Anscheinsvollmacht das Unternehmen gebunden werden kann obwohl es keine Kenntnis von der Vertretungshandlung besitzt, ist vor allem bei der Entsendung von Arbeitnehmern darauf zu achten, dass diese nicht gegen den Willen des Unternehmens durch ihr Auftreten eine Betriebsstätte im Ausland begründen.

732

Ist der Vertreter bevollmächtigt, alle Einzelheiten des Vertrags auszuhandeln, hat sich aber das Unternehmen die Annahme des jeweiligen Vertragsabschlusses ausdrücklich vorbehalten, sind die Voraussetzungen des Art. 5 Abs. 5 OECD-MA 2014 nicht erfüllt; es kommt nicht zu einer Vertreterbetriebsstätte (strittig in der Literatur).

733

> **BEISPIEL:** ▶ A ist Angestellter des Chemie-Unternehmens Chemotrans AG (AG) mit Sitz in Frankfurt und wohnt mit seiner Frau und den Kindern in Freiburg im Breisgau. Jeden Montagmorgen fährt er von Freiburg aus in die Schweiz und besucht die Schweizer Kunden der AG, berät sie und holt Aufträge herein, die aber noch der Unterschrift sowie der Genehmigung der Vertriebsabteilung der AG bedürfen; solange sind die Verträge für die AG nicht bindend. Er übernachtete jeweils in unterschiedlichen Hotels in der Schweiz und kehrt am Donnerstagabend

---

775 BFH v. 23. 10. 2018 I R 54/16, BStBl 2019 II 365.

wieder nach Freiburg zurück, um am Freitag im Homeoffice die vergangene Woche aufzuarbeiten.

Nach h. M. in der Literatur wird keine Vertreter-Betriebsstätte in dem Beispiel begründet; in der Praxis von der Finanzverwaltung in der Regel hingenommen und nicht als Vertreter-Betriebsstätte qualifiziert.

734 Für die Vertreterbetriebsstätte ist eine zeitliche Komponente erforderlich. Nach BFH hat ein ausländisches Unternehmen nur dann in Deutschland einen ständigen Vertreter i. S. des Art. 5 Abs. 5 OECD-MA, wenn sich eine für das Unternehmen tätige Person **mehr als nur vorübergehend** in Deutschland aufhält.[776] Das ist nicht der Fall, wenn eine solche Person jeweils für zwei bis fünf Tage nach Deutschland einreist und sich hier bis zu insgesamt nur 60 Tagen im Kalenderjahr aufhält; offen ist, ab welcher Aufenthaltsdauer der BFH in diesen Fällen zu einer Betriebsstätte gelangt.

3.7.2.2.6 Der abhängige Vertreter (Art. 5 Abs. 5 OECD-MA 2017)

735 Wie oben ausgeführt, konnte die Begründung einer Vertreterbetriebsstätte dadurch verhindert werden, dass der Vertreter keine Abschlussvollmacht besaß, aber alle erforderlichen Einzelheiten ausgehandelt hat. Diese Art der Vermeidung einer Betriebsstätte war Gegenstand der Untersuchung BEPS Aktion 7. Im Update 2017 des OECD-MA wurde daher Abs. 5 geändert. Zum einen wurde die Abschlussvollmacht gestrichen; es heißt nunmehr nur noch, dass die Person Verträge schließt. Um der geschilderte Art der Vermeidung einer Vertreterbetriebsstätte (Unterzeichnung dem Unternehmen vorbehalten) entgegen zu wirken wurde in Abs. 5 diejenige Person neu aufgenommen, die gewöhnlich die Hauptrolle spielt, die zum Abschluss von Verträgen führt, die routinemäßig ohne wesentliche Änderungen durch das Unternehmen abgeschlossen werden. Diese Verträge müssen das Unternehmen hinsichtlich des Unternehmenszweck (Bsp.: Erbringung von Dienstleistungen) binden. Liegen diese Voraussetzungen vor, so handelt es sich auch ohne Abschlussvollmacht um eine Vertreterbetriebsstätte.[777]

> **BEISPIEL:** Wie oben; nach neuer Lesart würde jetzt nach Art. 5 Abs. 5 OECD-MA 2017 eine Vertreter-Betriebsstätte begründet werden; ob Deutschland in den künftigen Abkommensverhandlungen auf diesen Punkt dringen wird, ist offen; aufgenommen wurde er bereits im DBA-Australien (Art. 5 Abs. 8).

3.7.2.2.7 Der unabhängige Vertreter (Art. 5 Abs. 6 OECD-MA)

736 Keine fingierte Betriebsstätte für das vertretene Unternehmen i. S. des Art. 5 Abs. 5 OECD-MA wird gemäß Art. 5 Abs. 6 2014 OECD-MA / Art. 5 Abs. 6 VG-DBA dann begründet, wenn es sich um einen **unabhängigen Vertreter** handelt (Bsp.: Makler, Kommissionär, Handelsvertreter).[778] Das Merkmal der Unabhängigkeit ist im rechtlichen und wirtschaftlichen Sinne zu verstehen, was der BFH als „persönliche Freiheit" bezeichnet.[779] Eine sachliche Weisungsgebundenheit im Rahmen einer Geschäftsbeziehung führt für

---

776 BFH v. 2. 8. 2005 I R 87/04 BStBl 2006 II 220.
777 Vgl. Nr. 82 bis 102 OECD-MK 2017 zu Art. 5 OECD-MA.
778 Vgl. ausführlich Nr. 102 bis 114 OECD-MK 2017 zu Art. 5 OECD-MA.
779 BFH v. 23. 9. 1983 III R 76/81, BStBl 1984 II 94; v. 14. 9. 1994 I R 116/93, BStBl 1995 II 238.

sich allein nicht zur Abhängigkeit des Vertreters. Dies bedeutet, dass keine Abhängigkeit i. S. der Musterabkommen gegeben ist, wenn der Unternehmer dem Vertreter Vorgaben hinsichtlich Preise, Skonti, Lieferbedingungen, Gewährleistung usw. macht.

Ob ein Vertreter abhängig oder unabhängig ist, kann nach der sachlichen oder nach der persönlichen Unabhängigkeit oder nach beidem bestimmt werden. Unter persönlicher Unabhängigkeit ist die persönliche Freiheit i. S. einer Selbständigkeit zu verstehen. Prüfkriterium ist die Frage, ob der Vertreter ein eigenes unternehmerisches Risiko trägt. Um eine rechtliche Abhängigkeit des Vertreters anzunehmen, muss grundsätzlich eine umfassende Weisungsgebundenheit bestehen, d. h. Eingliederung in das Unternehmen des Geschäftsherrn nach den Kriterien des Arbeitsrechts. 737

Weiter ist für die Anwendung des Art. 5 Abs. 6 OECD-MA 2014 ein Handeln im Rahmen der ordentlichen Geschäftätigkeit erforderlich. "Ordentliche" Tätigkeit in diesem Sinne ist als gewöhnliche, übliche Tätigkeit aufzufassen. Dabei kommt es auf die verkehrsübliche Tätigkeit an. Nach Auffassung des BFH ist auf den branchenüblichen Geschäftsbereich der Berufsgruppe der Kommissionäre, Makler oder anderer unabhängiger Vertreter (Bsp.: Unternehmensberater) abzustellen. Die Bezugnahme auf die ordentliche Geschäftstätigkeit dieser Berufsgruppe legt die Annahme nahe, dass die Auftragstätigkeit für den ausländischen Geschäftsherrn nicht mit dem individuellen Geschäftsbereich des einzelnen Vertreters, sondern abstrakt mit der ordentlichen (üblichen) Geschäftstätigkeit dieser Berufsgruppe zu vergleichen ist.[780] 738

Auch wenn der Vertreter nicht im rechtlichen Sinne abhängig ist, kann sich sein Verhältnis zum Geschäftsherrn u.U. als wirtschaftliche Abhängigkeit darstellen, die ebenfalls zur Verneinung der Unabhängigkeit i. S. des Art. 5 Abs. 6 OECD-MA 2014 im Einzelfall führen kann.[781] 739

Durch das **Update 2017** des OECD-MA wurde die Regelung über den unabhängigen Vertreter („independent agent") in Art. 5 Abs. 6 OECD-MA 2017 neu geregelt. Die Tätigkeiten als Kommissionär, Makler und sonstiger unabhängiger Vertreter (Bsp.: Handelsvertreter, Unternehmensberater) wurden ersatzlos gestrichen, d. h. diese Tätigkeiten führen nicht mehr, wie bisher, automatisch zu einem unabhängigen Vertreter. Der Begriff des unabhängigen Bevollmächtigten ist dann nicht mehr erfüllt, wenn die betreffende Person ausschließlich oder fast ausschließlich (zumindestens 90 %) im Namen eines (oder mehrerer) Unternehmen tätig wird und außerdem eine nahestehende Person („closely related") zu dem Unternehmens ist (Beteiligung mehr als 50 % – vgl. Art. 5 Abs. 8 OECD-MA 2017). 740

3.7.2.2.8 Der ständige Vertreter (§ 13 AO)

Im innerstaatlichen Recht begründet ein ständiger Vertreter i. S. des § 13 AO keine (inländische) Betriebsstätte.[782] Der Begriff des ständigen Vertreters ist nur von Bedeutung für inländische Einkünfte im Sinne der beschränkten Steuerpflicht (§ 49 Abs. 1 Nr. 2 741

---

780 BFH v. 14. 9. 1994 I R 116/93, BStBl 1995 II 238.
781 Nr. 109 OECD-MK 2017 zu Art. 5 OECD-MA.
782 BFH v. 30. 6. 2005 III R 47/03, BStBl 2006 II 78; v. 30. 6. 2005 III R 76/03, BStBl 2006 II 84.

Buchst. a EStG) und für ausländische Einkünfte (§ 34d Nr. 2 Buchst. a EStG). Insoweit kommt dem ständigen Vertreter eine vergleichbare Wirkung wie einer Betriebsstätte zu.[783] Er wird unabhängig von § 12 AO definiert.[784]

3.7.2.2.9 Anti-Organ-Klausel (Art. 5 Abs. 7 OECD-MA)

742 Abs. 7 beider Musterabkommen enthält die sog. Anti-Organ-Klausel. Diese bedeutet, dass eine Tochtergesellschaft nicht allein aufgrund der Tatsache, dass sie von einem ausländischen Unternehmen beherrscht wird, zur Betriebsstätte des herrschenden Unternehmens wird.[785] Wird die Tochtergesellschaft aber als abhängiger Vertreter i. S. des Art. 5 Abs. 5 OECD-MA tätig, gilt sie als Betriebsstätte der Muttergesellschaft. Auch in diesem Fall ist die Betriebsstättenausnahmeregelung des Art. 5 Abs. 4 OECD-MA zu berücksichtigen.

3.7.2.3 Unternehmensgewinne (Art. 7 OECD-MA)

3.7.2.3.1 Überblick (Art. 7 Abs. 1 OECD-MA)

743 Nach dem Grundsatz des Art. 7 Abs. 1 OECD-MA / Art. 7 Abs. 1 VG-DBA werden Gewinne eines Unternehmens nur im Ansässigkeitsstaat besteuert. Übt das Unternehmen seine Tätigkeit im anderen Vertragsstaat durch eine dort belegene Betriebsstätte aus, so kann der Betriebsstättenstaat den Gewinn des Unternehmens besteuern, soweit der Gewinn der Betriebsstätte zuzurechnen ist. Was unter „Unternehmensgewinn" („profits of an enterprise", „business profits") in diesem Zusammenhang zu verstehen ist, wird im OECD-MA nicht definiert. Auch die von Deutschland abgeschlossenen DBA erläutern diesen oder einen sachlich gleichen Begriff (Bsp.: Art. 7 Abs. 1 DBA-USA: gewerbliche Gewinne) nicht. Demgemäß kann über Art. 3 Abs. 2 OECD-MA auf das nationale Recht zurückgegriffen werden.

744 Erzielt das Unternehmen im anderen Staat Gewinne, ohne dort über eine eigene Betriebsstätte zu verfügen, so steht dem anderen Staat ein Besteuerungsrecht nach Art. 7 OECD-MA nicht zu. Dennoch kann sich aus anderen Bestimmungen des DBA ein Besteuerungsrecht ergeben, etwa für Einkünfte aus unbeweglichem Vermögen oder für Dividenden-, Zins- und Lizenzeinkünfte.

> **BEISPIEL:** Die Pneu AG, Sitz Karlsruhe, exportiert Reifen nach Frankreich, unterhält dort aber keine Betriebsstätte. Sie ist an der Tyreless AG in Ägypten zu 20 % beteiligt, hat einem iranischen Reifenhersteller ein Darlehen gewährt und einer dänischen Reifenfabrik eine Lizenz für Gürtelreifen überlassen.
>
> Den Exportgewinn darf allein Deutschland versteuern; die Dividenden der ägyptischen Firma unterliegen nach Art. 10 Abs. 2 DBA-Ägypten dort einer Quellenbesteuerung und sind in Deutschland nach Art. 24 Abs. 1 Buchst. a DBA-Ägypten steuerbefreit;[786] dies gilt auch für die Zinsen nach Art. 11 Abs. 2 DBA-Iran: In Deutschland erfolgt nach Art. 24 Abs. 1 Buchst. b DBA-

---

783 BFH v. 30. 6. 2005 III R 47/03, BStBl 2006 II 78; v. 30. 6. 2005 III R 76/03, BStBl 2006 II 84.
784 Vgl. ausführlich BFH v. 23. 10. 2018, BStBl 2019 II 365.
785 BFH v. 9. 3. 1983 I R 202/79, BStBl 1983 II 433; v. 14. 9. 1994 I R 116/93, BStBl 1995 II 238.
786 Unabhängig davon sind die Dividenden nach § 8b Abs. 1 KStG bei der Ermittlung des Einkommens außer Betracht zu lassen.

Iran eine Anrechnung der iranischen Steuer; bezüglich der Lizenzzahlungen verbleibt es nach Art. 12 Abs. 1 DBA-Dänemark beim alleinigen Besteuerungsrecht Deutschlands.

Das Beispiel macht deutlich, dass bei Nichtvorliegen einer Betriebsstätte die sonstigen Bestimmungen des OECD-MA eingreifen (Art. 7 Abs. 4 OECD-MA / Art. 7 Abs. 4 VG-DBA). Andererseits kennt das OECD-MA (inhaltsgleich die VG-DBA) – ebenso wie fast alle DBA Deutschlands – den sog. Betriebsstättenvorbehalt: Nach diesem Vorbehalt sind Einkünfte, die nicht typischerweise Einkünfte aus einer unternehmerischen Tätigkeit sind, dann der Betriebsstätte zuzurechnen und unterliegen somit der Unternehmensbesteuerung gemäß Art. 7 OECD-MA, wenn diese Einkünfte auf Wirtschaftsgütern beruhen, die tatsächlich zu der Betriebsstätte gehören.[787] Nach der Änderung des OECD-MA durch das Update 2010 und die Einführung des AOA[788] wird nunmehr darauf abgestellt, wer wirtschaftlicher Eigentümer ist und wer die damit verbundenen Chancen und Risiken trägt; hierbei sind die Grundsätze aus dem OECD-Bericht von 2010 zu berücksichtigen.[789] Dieser Betriebsstättenvorbehalt findet sich bei der Besteuerung von Dividenden (Art. 10 Abs. 4 OECD-MA / Art. 10 Abs. 4 VG-DBA), Zinsen (Art. 11 Abs. 4 OECD-MA / Art. 11 Abs. 3 VG-DBA), Lizenzen (Art. 12 Abs. 3 OECD-MA / Art. 12 Abs. 3 VG-DBA) und Veräußerung von beweglichem Betriebsvermögen (Art. 13 Abs. 2 OECD-MA / Art. 13 Abs. 2 VG-DBA). Ausdrücklich ausgeschlossen ist der Betriebsstättenvorbehalt bei Einkünften aus unbeweglichem Vermögen (Art. 6 Abs. 4 OECD-MA). Die Verweisung in Art. 7 Abs. 4 OECD-MA 2014 auf die sonstigen Bestimmungen des Abkommens führt also in diesen Fällen zu einer Zurückverweisung.

745

In diesem Zusammenhang ist das sog. **Attraktions- oder Attraktivitätsprinzip** zu erwähnen.[790] Es bedeutet, dass bei Vorliegen einer Betriebsstätte in einem Staat von dem Betriebsstättenstaat alle Einkünfte der Besteuerung unterworfen werden dürfen, unabhängig davon, ob sie durch die Betriebsstätte veranlasst sind oder nicht; demgemäß wären auch Einkünfte des Unternehmens aus Direktgeschäften im Betriebsstättenstaat steuerpflichtig. Das OECD-MA hat sich ausdrücklich gegen das Attraktionsprinzip entschieden.[791] Dies gilt aber nicht für eine Vertreterbetriebsstätte i. S. des Art. 5 Abs. 5 OECD-MA; diese unterliegt dem Attraktionsprinzip.

746

Betriebsstätteneinkünfte sind nach den von Deutschland abgeschlossenen DBA i. d. R. unter Beachtung des Progressionsvorbehalts von der Besteuerung freigestellt. Dies folgt aus dem jeweiligen Methodenartikel. Von diesem Grundsatz gibt es aber Ausnahmen: Wird die Steuerfreistellung an eine Aktivitätsklausel gekoppelt, d. h., dass die Steuerfreistellung nur dann gewährt wird, wenn die Betriebsstätte die von Abkommen zu Abkommen im Umfang unterschiedliche Aktivitätsklausel erfüllt,[792] dann werden in

747

---

787 Ausführlich BFH v. 9. 8. 2006 II R 59/05, BFH/NV 2006, 2326; v. 20. 12. 2006 I B 47/05, BStBl 2009 II 766; v. 19. 12. 2007 I R 66/06, BStBl 2008 II 510; v. 8. 9. 2010 I R 74/09, BFH/NV 2011, 138; v. 12. 6. 2013 I R 47/12, BFH/NV 2013, 1999.
788 Rdn. 752.
789 Attribution of Profits to Permanent Establishments, Nr. 72 bis 97.
790 BFH v. 23. 7. 2003 I R 62/02, BFH/NV 2004, 317.
791 Nr. 12 f. OECD-MK zu Art. 7 OECD-MA.
792 Bsp.: Ziffer 5 Schlussprotokoll DBA-Finnland, Art. 24 Abs. 1 Nr. 1 Buchst. a DBA-Schweiz.

den Fällen, in denen die Aktivitätsklausel nicht erfüllt wird, die Betriebsstätteneinkünfte in Deutschland unter Anrechnung der ausländischen Steuer besteuert.

748 Ferner kann es in den Fällen des § 20 Abs. 2 AStG[793] – Betriebsstätte mit passiven und niedrig besteuerten Einkünften – zu einer inländischen Besteuerung unter Anrechnung der ausländischen Steuer kommen.

3.7.2.3.2 Neufassung des Art. 7 OECD-MA 2010

749 Die Gewinnabgrenzung zwischen Stammhaus und Betriebsstätte im internationalen Verkehr war in den letzten Jahren in die Diskussion gekommen, da die unterschiedliche Interpretation des Art. 7 OECD-MA durch die einzelnen OECD-Mitgliedstaaten zu einer nichtdeckungsgleichen Gewinnabgrenzung und damit zu einer Doppelbesteuerung oder aber zu einer Unterbesteuerung bzw. Keinmalbesteuerung geführt hat. Im Dezember 2006 hat die OECD einen dreiteiligen Bericht zur Ermittlung des Betriebsstättengewinns veröffentlicht,[794] dem im August 2007 ein Sonderbericht für international tätige Versicherungen folgte.[795] Diese Berichte sowie die Diskussion der Berichte münden im Entwurf einer neuen Kommentierung des Art. 7 OECD-MA, die im Juni 2008 verabschiedet wurde (Update 2008). Damit wurde der sog. **Authorised OECD Approach (AOA)** zur Leitlinie der Ermittlung des Betriebsstättengewinns – ausführlich Rdn. 768 ff.

750 Die Fassung des Art. 7 OECD-MA 2010 weist gegenüber der Fassung des Art. 7 OECD-MA 2008 folgende Änderungen auf:

- ▶ Absatz 1 wird lediglich in der letzten Satzhälfte neu gefasst („… die Gewinne, die einer Betriebsstätte zugerechnet werden können, können im Einklang mit den Bestimmungen des Absatz 2 im anderen Staat besteuert werden");

- ▶ Absatz 2 wird neu gefasst und das Prinzip des Fremdvergleichspreises festgelegt unter Berücksichtigung von dealings zwischen der Betriebsstätte und anderen Teilen des Unternehmens bzw. dem Stammhaus sowie den von der Betriebsstätte übernommenen Funktionen, Wirtschaftsgütern und Risiken; dabei wird von der uneingeschränkten Selbständigkeitsfiktion der Betriebsstätte ausgegangen; somit sind auch unternehmensinterne Transaktionen für die Ermittlung des Betriebsstättengewinns zu berücksichtigen;

- ▶ die Absätze 3, 4, 5 und 6 werden gestrichen;

- ▶ Absatz 3 neue Fassung befasst sich mit der Anpassung von Gewinnen einer Betriebsstätte durch einen Vertragsstaat und der Verpflichtung, in diesem Fall zwecks Vermeidung der Doppelbesteuerung, eine entsprechende Gegenberichtigung vorzunehmen und ggf. sich mit dem anderen Vertragsstaat zu beraten;

- ▶ Absatz 7 wird (unverändert) Absatz 4.

751 Art. 7 VG-DBA entspricht dem Art. 7 OECD-MA 2010.

---

793 Rdn. 1382 ff.
794 Report oh the Attribution of Profits to Permanent Establishments – Part I (General Considerations), II (Banks) and III (Global Trading).
795 Special Considerations for Applying the Authorised OECD Approach to Permanent Establishments of Insurance Companies.

Das neue Prinzip der Ermittlung des Betriebsstättengewinns – AOA – wurde in das nationale Recht durch § 1 Abs. 4 bis 6 AStG i. d. F. des AmtshilfeRLUmsG mit Wirkung vom 1.1.2013 eingeführt, ergänzt durch die Betriebsstättengewinnaufteilungsverordnung – ausführlich Rdn. 778. 752

3.7.2.3.3 Grundsätze der Ermittlung des Betriebsstättengewinns nach Art. 7 OECD-MA 2008

Ungeachtet der vorstehend dargestellten Änderungen, die in eine Reihe von neuen, aber nicht in alle DBA eingeflossen sind,[796] sind für die Mehrzahl der Abkommen die bisherigen Grundsätze für die Ermittlung des Betriebsstättengewinns anzuwenden.[797] 753

Um den Gewinn der im Ausland belegenen Betriebsstätte aus dem Gesamtgewinn des Unternehmens ausscheiden zu können, ist die Betriebsstätte nach Art. 7 Abs. 2 OECD-MA 2008 als ein eigen- und selbständiges Unternehmen anzusehen, das die gleichen oder ähnliche Funktionen unter gleichen Bedingungen wie die Betriebsstätte ausübt. 754

Der Betriebsstätte sind somit die Gewinne zuzurechnen, die sie hätte erzielen können, wenn sie

▶ eine gleiche oder ähnliche Tätigkeit,

▶ unter gleichen oder ähnlichen Bedingungen,

▶ als selbständiges Unternehmen ausgeübt hätte

▶ und im Verkehr mit dem Unternehmen, dessen Betriebsstätte sie ist, völlig unabhängig gewesen wäre.

Diese Methode zur Abgrenzung des Gewinns wird **dealing-at-arm's-length-Klausel (Fremdvergleichsgrundsatz)** genannt.[798] Vereinfacht ausgedrückt bedeutet sie, dass die Betriebsstätte zur Gewinnabgrenzung zwischen ihr und dem Stammhaus wie ein in jeder Hinsicht selbständiges Unternehmen am gleichen Ort und unter gleichen oder ähnlichen Bedingungen zur Erzielung eines gleichen oder ähnlichen Erfolgs zu behandeln ist (fiktive Selbständigkeit).[799] Die herrschende Rechtsprechung und Verwaltungsmeinung vertreten die Auffassung, dass die Gesamteinkünfte nach Maßgabe des wirtschaftlichen Zusammenhangs einerseits dem Stammhaus, andererseits der Betriebsstätte zuzuordnen sind[800] – eingeschränkte Selbständigkeit.[801] 755

Das Gewinnermittlungsprinzip des Art. 7 Abs. 2 OECD-MA wird als direkte Gewinnermittlungsmethode bezeichnet,[802] der der Vorzug vor der indirekten Methode zu geben ist (Regelmethode). Um die Gewinnzuordnung zu erleichtern, hat die Betriebsstätte 756

---

796 Bsp.: DBA-Liechtenstein v. 17.11.2011, DBA Luxemburg 2012, DBA-Norwegen 2013.
797 BFH v. 17.7.2008 I R 77/06, BStBl 2009 II 464, Abs. 49, in dem das Gericht klarstellt, dass die neuen OECD-Grundsätze nur dann anwendbar sind, wenn sie im konkreten Vertrag vereinbart sind, d. h. de facto nur für Neuverfahren.
798 Vgl. Rdn. 1608.
799 BFH v. 3.11.1998 I B 6/98, BFH/NV 1999, 672.
800 BFH v. 23.7.2003 I R 62/02, BFH/NV 2004, 317; v. 18.12.2002 I R 92/01, BFH/NV 2003, 964; BS-VwG Tz. 2.1, 2.2, 2.3.
801 BFH v. 16.2.1996 I R 43/95, BStBl 1997 II 128.
802 BFH v. 20.3.2002 II R 84/99, BFH/NV 2002, 1077; v. 20.7.1988 I R 49/84, BStBl 1989 II 140; vgl. Rdn. 245.

grundsätzlich ein eigenständiges Rechnungswesen zu führen; so verlangt z. B. Art. 7 Abs. 4 DBA-Belgien für die Ermittlung des Betriebsstättengewinns eine „ordnungsmäßige Buchführung". Anzumerken ist, dass die Rechtsgrundlagen für ein eigenständiges Buchführungswerk der Betriebsstätte unklar sind, da sie ja handelsrechtlich ein Teil des Gesamtunternehmens ist.

757   Unabhängig von den immer wieder auftretenden Schwierigkeiten bei der Anwendung der direkten Gewinnermittlungsmethode ist man sich doch grundsätzlich einig, dass die der Betriebsstätte berechneten Preise dem entsprechen müssen, was auch einem Dritten berechnet wird. Dies gilt auch für die Fälle der besonderen Marktsituation, z. B. wenn ein neues Produkt am Markt eingeführt werden soll,[803] wenn bestehende Marktanteile ausgebaut werden sollen (Kampfpreise), wenn die Ware unter einem bekannten Markenzeichen vertrieben wird usw. Einzelheiten werden im Zusammenhang mit den Verrechnungspreisen besprochen werden.[804]

758   Ein in Literatur und Verwaltung kontrovers diskutiertes Problem ist die sog. Zentralfunktion des Stammhauses.[805] Die Finanzverwaltung ordnet Wirtschaftsgüter entsprechend den von Stammhaus bzw. Betriebsstätte ausgeübten Funktionen zu; eine anteilige Zuordnung kommt nicht in Betracht. Dient ein Wirtschaftsgut mehreren Unternehmensteilen, hängt es entscheidend vom erkennbaren Willen der Geschäftsleitung ab, welchem Betriebsvermögen es zuzuordnen ist. Dem Stammhaus sind deshalb in der Regel zuzurechnen das Halten der dem Gesamtunternehmen dienenden Finanzmittel und Beteiligungen, wenn sie nicht einer in der Betriebsstätte ausgeübten Tätigkeit dienen. Die von einer Betriebsstätte erwirtschafteten Finanzierungsmittel gehören grundsätzlich zu deren Betriebsvermögen soweit sie zur Absicherung der Geschäftstätigkeit der Betriebsstätte erforderlich sind oder bei ihr zur Finanzierung von beschlossenen oder in absehbarer Zeit vorgesehenen Investitionen dienen sollen. Die darüber hinausgehenden, überschüssigen Mittel sind dem Stammhaus zuzurechnen. In der Literatur wird hierzu vertreten, dass spätestens ab dem Zeitpunkt der Neufassung des Art. 7 OECD-MA durch das Update 2010 und der dazu gehörigen Neufassung des OECD-MK diese Auffassung aufgegeben werden muss.

759   Für den Abzug von Aufwendungen bei der Ermittlung des Betriebsstättengewinns ist es nach Art. 7 Abs. 3 OECD-MA 2008 unerheblich, wo diese angefallen sind. Abzugsfähig und abzuziehen sind die Aufwendungen, die der Betriebsstätte zuzurechnen sind (wirtschaftlicher Zusammenhang zwischen Aufwendungen und Betriebsstätte).[806] Damit sollen Gewinnverlagerungen vermieden werden.

> **BEISPIEL:** (1) Um die EDV-Anlage des Stammhauses in Stuttgart auslasten zu können, werden in Stuttgart die Betriebsabrechnungen für die Betriebsstätten in Österreich und Dänemark

---

[803] BFH v. 17. 2. 1993 I R 3/92, BStBl 1993 II 457; v. 17. 10. 2001 I R 103/00, BStBl 2004 II 171.
[804] Vgl. Rdn. 1600 ff.
[805] BS-VwG Tz. 2.4.
[806] BFH v. 18. 12. 2002 I R 92/01, BFH/NV 2003, 964; v. 20. 7. 1988 I R 49/84, BStBl 1989 II 140.

vorgenommen. Die anteiligen Aufwendungen für sachliche und personelle Ausgaben sind vom Gewinn der jeweiligen Betriebsstätte abzuziehen.

(2) Das Kosmetikunternehmen K unterhält Betriebsstätten in Frankreich, der Schweiz und Österreich. Die Werbung wird zentral von Deutschland aus gesteuert. Der anteilige Werbeaufwand ist beim Betriebsstättengewinn zu berücksichtigen. Dies gilt auch dann, wenn das Unternehmen über einen Regionalsender in Deutschland Werbesendungen z. B. in die deutschsprachige Schweiz und das Elsass ausstrahlt und für die von den Betriebsstätten vertriebenen Produkte wirbt.

Bei Leistungsbeziehungen zwischen Stammhaus und Betriebsstätte[807] ist zu beachten, dass das Stammhaus die Betriebsstätte angemessen mit Kapital auszustatten hat (sog. Dotationskapital);[808] der Betriebsstättengewinn kann nicht um Zahlungen an das Stammhaus für dieses Dotationskapital gemindert werden.[809] Auch sind Miet-, Darlehens- und Lizenzverträge zwischen Stammhaus und Betriebsstätte steuerlich grundsätzlich unbeachtlich,[810] da Stammhaus und Betriebsstätte eine rechtliche und tatsächliche Einheit bilden und Gewinne nicht durch sog. Innentransaktionen berührt werden dürfen (Grundsatz der eingeschränkten Selbständigkeit). So werden z. B. Garantieleistungen zwischen verschiedenen Teilen eines einheitlichen Unternehmens nicht anerkannt. Die Überlassung des Konzernnamens wird grundsätzlich als sog. Rückhalt im Konzern gewertet, für den ein Entgelt steuerlich nicht geltend gemacht werden kann.[811] Zinsen, die das Stammhaus für ein aufgenommenes Darlehen entrichtet, können nur insoweit beim Betriebsstättenergebnis berücksichtigt werden, als das aufgenommene Kapital für Zwecke der Betriebsstätte verwandt wird. Ein angemessener Teil der Geschäftsführungs- und allgemeinen Verwaltungskosten des Stammhauses kann bei der Ermittlung des Betriebsstättenergebnisses in Ansatz gebracht werden (Problem der Kostenumlage).[812] Für spezielle Dienstleistungsbetriebsstätten ist nach Auffassung der Finanzverwaltung eine Kostenverrechnung zuzüglich Gewinnaufschlag möglich.[813] 760

Werden von dem inländischen Stammhaus Wirtschaftsgüter des Anlagevermögens in eine ausländische Betriebsstätte überführt, so ist diese Frage durch § 4 Abs. 1 Satz 3 und 4 EStG[814] geregelt. 761

Bei nachträglichen Betriebsstätteneinkünften, d. h. Zufluss zu einem Zeitpunkt, in dem die Betriebsstätte nicht mehr existiert, ist darauf abzustellen, ob die betriebliche Leis- 762

---

807 BS-VwG Tz. 2.6 ff.
808 BFH v. 2.12.2015 I B 169/10, BStBl 2016 II 927; v. 16.10.2002 I R 17/01, BStBl 2003 II 631; v. 20.3.2002 II R 84/99, BFH/NV 2002, 1017; v. 25.6.1986 II R 213/83, BStBl 1986 II 785; nach BFH v. 23.8.2000 I R 98/96, BStBl 2002 II 207, kann der inländischen Betriebsstätte eines ausländischen Unternehmens höchstens derjenige Betrag als „Dotationskapital" zugerechnet werden, der dem Gesamtunternehmen als Eigenkapital zur Verfügung steht; zum Verlust von Dotationskapital einer ausländischen Betriebsstätte vgl. EuGH v. 28.2.2008 C-293/06 Deutsche Shell GmbH, BStBl 2009 II 976; a. A. BFH v. 16.2.1996 I R 43/95, BStBl 1997 II 128, und I R 46/95, BFH/NV 1997, 111; BS-VwG Tz. 2.5.1; vgl. zum Dotationskapital von inländischen Betriebsstätten international tätiger Kreditinstitute BMF v. 29.9.2004, BStBl 2004 I 917.
809 Zum Problem der Einheitsbewertung in diesen Fällen BFH v. 29.7.1992 II R 39/89, BStBl 1993 II 63.
810 BFH v. 20.7.1988 I R 49/84, BStBl 1989 II 140.
811 Ausführlich zu diesem Problem BFH v. 9.8.2000 I R 12/99, BStBl 2001 II 140, unter 2. und 3. der Entscheidungsgründe; v. 21.1.2016 I R 22/14, BStBl 2017 II 336; hierzu BMF v. 7.4.2017 BStBl 2017 I 701.
812 BFH v. 20.7.1988 I R 49/84, BStBl 1989 II 140.
813 BS-VwG Tz. 3.1.
814 Zu den Problemen dieser Norm siehe Rdn. 232 ff.

tung während der Zeit des Bestehens der Betriebsstätte erbracht wurde (Veranlassungszusammenhang).[815]

763 Die Ermittlung des Betriebsstättengewinns hängt von einer Vielzahl von Faktoren ab, u. a. auch von der Art der Tätigkeit der Betriebsstätte sowie ihrer Funktion, ob sie z. B. reine Montagetätigkeit ausübt oder ob sie Halbfabrikate bezieht, diese weiterverarbeitet und dann veräußert, oder ob sie selbst produziert und veräußert, ob sie forscht usw. Einzelheiten hierzu im Kapitel Verrechnungspreise.[816]

> **BEISPIEL:** (1) Führt das inländische Unternehmen Halbfertigprodukte in das Ausland aus, um dann die von der Betriebsstätte veredelten Waren zum Vertrieb wieder zurückzuerhalten, darf die Betriebsstätte nur den Gewinn erzielen, den ein fremder dritter Lohnveredler erzielt hätte.
>
> (2) Beschränkt sich die Tätigkeit der ausländischen Betriebsstätte auf die Montage, so ist der Betriebsstätte aus dem aus dem einzelnen Auftrag erzielten Gesamterlös der Gewinn zuzuweisen, der nach Abzug der Herstellungskosten und einem angemessenen Unternehmerlohn verbleibt; allerdings ist der Betriebsstätte auch dann ein Montagegewinn zuzurechnen, wenn der Gesamtertrag aus dem Auftrag negativ ist.

764 Wegen der Einzelheiten der Ermittlung und auch insbesondere der Aufteilung des Betriebsstättengewinns, ggf. seiner Korrektur, wird auf Tz. 2 ff. BS-VwG verwiesen.

765 Zu berücksichtigen ist im Rahmen der Ermittlung des Betriebsstättengewinns, dass aufgrund des bloßen Einkaufs von Gütern oder Waren der Betriebsstätte kein Gewinn zuzurechnen ist (Art. 7 Abs. 5 OECD-MA 2008).

766 Wenn es in einem Vertragsstaat üblich ist, den Betriebsstättengewinn durch Aufteilung des Gesamtgewinns des Unternehmens zu ermitteln oder wenn es aus tatsächlichen Gründen nicht möglich ist, eine Gewinnermittlung nach Art. 7 Abs. 2 und 3 OECD-MA 2008 nach der direkten Methode vorzunehmen, sieht Art. 7 Abs. 4 OECD-MA 2008 als subsidiäre Methode die indirekte Gewinnermittlungsmethode vor.[817] Diese kommt u. a. immer dann zur Anwendung, wenn die Verzahnung zwischen Stammhaus und Betriebsstätte so eng ist, dass eine Anwendung der direkten Methode versagt oder zu Verzerrungen führt, z. B. bei integrierten oder prozessorientierten Organisationsstrukturen. Bei der indirekten Gewinnermittlungsmethode, die u. a. bei internationalen Banken und Versicherungsunternehmen oder auch Bau- und Montagebetriebsstätten angewandt wird, wird der Gesamtgewinn des Unternehmens aufgeteilt. Aufteilungsmaßstab können sein Umsatz, Materialeinsatz, Provisionen, Löhne, Verhältnis der Prämien, Verhältnis des Betriebsvermögens usw.[818] Sie hat den Vorteil, dass eine gesonderte Betriebsstättenbilanz entbehrlich ist. Der indirekt ermittelte Gewinn muss aber so sein, dass das Ergebnis mit den Grundsätzen der direkten Methode übereinstimmt und nicht zu Steuerverlagerungen führt (Art. 7 Abs. 4 letzter Halbsatz OECD-MA 2008).

767 Art. 7 Abs. 6 OECD-MA 2008 bestimmt ausdrücklich, dass die Gewinnermittlung jedes Jahr auf dieselbe Art und Weise (direkte oder indirekte Methode) zu erfolgen hat. Ein

---

815 BFH v. 20. 5. 2015 I R 75/14, BFH/NV 2015, 1687; vgl. Rdn. 196.
816 Vgl. Rdn. 1600 ff.
817 Vgl. Rdn. 245.
818 BS-VwG Tz. 2.3.2.

Wechsel der Gewinnermittlungsmethode steht nicht im Belieben des Steuerpflichtigen. Möchte er von der direkten zur indirekten Methode übergehen, so müssen hierfür gewichtige Gründe angeführt werden, die nicht einen Steuerspareffekt bezwecken.

3.7.2.3.4 Grundsätze der Ermittlung des Betriebsstättengewinns nach Art. 7 OECD-MA 2010

Die Grundsätze des AOA sind in das OECD-MA eingeflossen: Das Update 2010 des OECD-MA hatte zum einen die Neufassung des Art. 7 OECD-MA und zum anderen eine Änderung und Ergänzung des OECD-MK (einschließlich der Erläuterungen zu Art. 7 OECD-MK) zum Inhalt. Die Betriebsstätte wird nunmehr gemäß Art. 7 Abs. 2 OECD-MA (= Art. 7 Abs. 2 VG-DBA) als eigenständiges und selbständiges Unternehmen fingiert (Functionally-Separate-Entity-Approach). Dies bedeutet, dass die Gewinnabgrenzung grundsätzlich nach Verrechnungspreisgrundsätzen[819] abläuft. Aufgrund einer Funktionsanalyse soll die Zuordnung von Wirtschaftsgütern, Risiken und Eigenkapital / Dotationskapital auf der Basis der sog. signifikanten Personalfunktion erfolgen. Leistungsbeziehungen zwischen Stammhaus und Betriebsstätte (sog. dealings) sollen anerkannt werden, soweit ihnen ein echtes und identifizierbares Ereignis zugrunde liegt, das ausreichend und detailliert dokumentiert ist. Sodann sind alle Geschäftsvorfälle zwischen Stammhaus und Betriebsstätte unter Anwendung der OECD Transfer Pricing Guidelines[820] zu vergüten. Die Wirtschaftsgüterzuordnung erfolgt nach der „Key Entrepreneurial Risk-Taking Function" (KERT Function), die Bestimmung des Dotationskapitals nach Funktion und Wirtschaftsgutzuordnung. Dies bedeutet aber nicht, dass die oben zu Art. 7 OECD-MA 2008 dargestellten Grundsätze zur Ermittlung des Betriebsstättenergebnisses nunmehr obsolet sind; diese gelten grundsätzlich weiter, werden durch AOA aber modifiziert.

768

Die Gegenberichtigung zur Beseitigung einer drohenden Doppelbesteuerung (korrespondierende Änderung bei einer Gewinnberichtigung) wird in Art. 7 Abs. 4 OECD-MA (= Art. 7 Abs. 4 VG-DBA) behandelt. Allerdings befinden sich zwischen beiden Vorschlägen einige Unterschiede nicht nur gradueller Art.

769

3.7.2.3.5 Grundsätze der Ermittlung des Betriebsstättengewinns nach § 1 Abs. 5 AStG

Durch das AmtshilfeRLUmsG wurde das Betriebsstättengewinnermittlungsprinzip des AOA in § 1 AStG ins nationale Steuerrecht mit Wirkung vom 1.1.2013 übernommen. Damit wird zugleich die uneingeschränkte Selbständigkeitsfiktion der Betriebsstätte eingeführt, und die Betriebsstätte weitgehend einer Tochterkapitalgesellschaft gleichgestellt.

770

In § 1 Abs. 4 AStG wird der Begriff der Geschäftsbeziehungen definiert[821], um damit auch die rein tatsächlichen Beziehungen zwischen Stammhaus und Betriebsstätte erfassen zu können, die nach zivilrechtlicher Betrachtungsweise keine schuldrechtlichen Verträge miteinander schließen können.

771

---

819 Vgl. Rdn. 1600 ff.
820 Vgl. Rdn. 1603 ff.
821 Neufassung und Klarstellung durch das Zollkodexanpassungsgesetz – vgl. BT-Drs. 18/3017, S. 53.

772 § 1 Abs. 5 AStG regelt in Übereinstimmung mit dem AOA diejenigen Grundsätze,[822] nach denen der international anerkannte Fremdvergleichsgrundsatz sowohl auf die Aufteilung der Gewinne zwischen einem inländischen Unternehmen und seiner ausländischen Betriebsstätte als auch auf die Ermittlung der Einkünfte einer inländischen Betriebsstätte eines ausländischen Unternehmens anzuwenden ist. Die Behandlung einer rechtlich unselbständigen Betriebsstätte als fiktiv eigenständiges und unabhängiges Unternehmen (§ 1 Abs. 5 Satz 2 AStG) kann dazu führen, dass eine Betriebsstätte Gewinne erzielt, obwohl das Unternehmen insgesamt Verluste hinnehmen muss, oder Verluste hinnehmen muss, auch wenn das Unternehmen insgesamt Gewinne erzielt. Der Ansatz von Fremdvergleichspreisen aufgrund von dealings zwischen dem Unternehmen und seiner fiktiv rechtlich selbständigen Betriebsstätte kann auch dazu führen, dass es zu Abweichungen der Summe der Einzelergebnisse verschiedener Betriebsstätten vom Gesamtergebnis des Unternehmens kommt.

773 § 1 Abs. 5 Satz 3 AStG bestimmt, dass zur Aufteilung bzw. zur Ermittlung der Einkünfte in einem ersten Schritt festzustellen ist, welche Funktionen die Betriebsstätte (functional and factual analysis) im Verhältnis zum restlichen Unternehmen durch ihr Personal (people functions) tatsächlich ausübt (maßgebliche oder prägende Funktion). Davon ausgehend wird bestimmt, welche Vermögenswerte und welche Chancen und Risiken der Betriebsstätte zuzuordnen sind. Daraus resultiert u. a. auch, welches Eigenkapital (Dotationskapital) und welches Fremdkapital mit welchem Zinsaufwand der Betriebsstätte zuzuordnen sind.

774 Auf der Grundlage der Zuordnung nach Satz 3 können in einem zweiten Schritt für Geschäftsvorfälle (dealings) zwischen einem Unternehmen und seiner rechtlich unselbständigen Betriebsstätte bzw. zwischen zwei rechtlich unselbständigen Betriebsstätten eines Unternehmens grundsätzlich (fiktive) schuldrechtliche Beziehungen jeder Art unterstellt werden. Auf diese dealings sind die Grundsätze der OECD-Verrechnungspreisleitlinien[823] anzuwenden.

775 Satz 5 schließt ausdrücklich den ständigen Vertreter (§ 13 AO, Art. 5 Abs. 5 OECD-MA, Art. 5 Abs. 5 VG-DBA) in den Anwendungsbereich der Norm ein.[824]

776 Auf Geschäftsbeziehungen zwischen einem Gesellschafter und seiner Personengesellschaft oder zwischen einem Mitunternehmer und seiner Mitunternehmerschaft ist § 1 Abs. 1 AStG anzuwenden. Satz 7 schließt die Anwendung des § 1 Abs. 5 AStG auf diese Fälle aus.

777 § 1 Abs. 5 Satz 8 AStG versucht Besteuerungskonflikte bei Bestehen eines DBA zu lösen. Ungelöst sind aber in diesem Zusammenhang eine Reihe von Fragen; so z. B. inwieweit die Regelung des § 1 Abs. 5 AStG anwendbar ist, wenn das betreffende DBA aber noch von dem alten Prinzip der Betriebsstättengewinnermittlung ausgeht.

778 In § 1 Abs. 6 AStG ist die Ermächtigungsgrundlage für den Erlass einer Verordnung zu § 1 Abs. 5 AStG vorgesehen. Diese ist durch die **Verordnung zur Anwendung des Fremd-**

---

822 Vgl. BR-Drs. 139/13, S. 163 ff.
823 Vgl. Rdn. 1603 ff.
824 Vgl. BR-Drs. 139/13, S. 168.

vergleichsgrundsatzes auf Betriebsstätten nach §1 Abs. 5 AStG (Betriebsstättengewinnaufteilungsverordnung – BsGaV) ausgefüllt worden.[825] Sie soll – so die amtliche Begründung – noch konkreter als durch das Gesetz möglich sicherstellen, dass von Steuerpflichtigen und Finanzverwaltung wettbewerbsneutrale und im internationalen Kontext akzeptable Lösungen gefunden werden, die auf den international anerkannten Grundsätzen für die Einkünfteaufteilung von Betriebsstätten basieren. Nach § 40 BsGaV gilt die Verordnung für Wirtschaftsjahre, die nach dem 31.12.2014 beginnen. Zur Anwendung des Fremdvergleichsgrundsatzes regelt die Rechtsverordnung für inländische Unternehmen mit einer in einem anderen Staat gelegenen Betriebsstätte sowie für ausländische Unternehmen mit einer inländischen Betriebsstätte u. a. Folgendes:

§ 3 BsGaV sieht als Grundlage für die Ermittlung des Betriebsstättenergebnisses eine sog. Hilfs- und Nebenrechnung vor. Die Hilfs- und Nebenrechnung beinhaltet alle Bestandteile, die der Betriebsstätte aufgrund ihrer Personalfunktionen (§ 4 BsGaV) zuzuordnen sind. Dazu gehören die Vermögenswerte (§§ 5 bis 8 BsGaV), wenn sie von einem selbständigen Unternehmen in der steuerlichen Gewinnermittlung erfasst werden müssten, das Dotationskapital (§ 12 und § 13 BsGaV), die übrigen Passivposten (§ 14 BsGaV) sowie die mit den Bestandteilen zusammenhängenden Betriebseinnahmen und Betriebsausgaben. Die Hilfs- und Nebenrechnung beinhaltet auch fiktive Betriebseinnahmen und fiktive Betriebsausgaben, die aufgrund anzunehmender schuldrechtlicher Beziehungen entstehen (§ 6 und § 17 BsGaV). 779

Im ersten Schritt sind die im Sachverhalt vorhandenen Personalfunktionen zu ermitteln. Hierzu findet sich in § 4 BsGaV eine Richtschnur: Nach § 4 Abs. 1 Satz 1 BsGaV ist eine Personalfunktion der Betriebsstätte zuzuordnen, in der die Personalfunktion ausgeübt wird (Bsp.: Leiter der Betriebsstätte, Lagerarbeiter, Sekretärin). Problematischer ist die Funktion eines lediglich zeitlich beschränkt vom Stammhaus entsandten Mitarbeiters: Nach § 4 Abs. 1 Satz 2 Nr. 2 BsGaV ist eine Personalfunktion einer Betriebsstätte nicht zuzuordnen, wenn sie an weniger als 30 Tagen im Wirtschaftsjahr ausgeübt wird. 780

BEISPIEL: Ein Meister wird für drei Monate an eine ausländische Betriebsstätte abgeordnet, um dort neue Mitarbeiter einzulernen.

Der betreffende Arbeitnehmer ist unstreitig mehr als 30 Tage im Wirtschaftsjahr in der Betriebsstätte tätig, andererseits aber die überwiegende Zeit des Wirtschaftsjahres (9 Monate) im Stammhaus tätig. Eine ausschließliche Zuordnung zur Betriebsstätte würde den tatsächlichen Gegebenheiten nicht gerecht werden. Für diese Fälle bietet § 4 Abs. 3 BsGaV eine Hilfe: Kann eine Personalfunktion nicht eindeutig zugeordnet werden, so ist eine Zuordnung vorzunehmen, die den Absätzen 1 und 2 nicht wider- 781

---

825 BsGaV vom 13.10.2014, BGBl 2014 I 1603; hierzu auch die umfangreichen Erläuterungen der BsGAV durch BMF v. 22.12.2016, Grundsätze für die Anwendung des Fremdvergleichsgrundsatzes auf die Aufteilung der Einkünfte zwischen einem inländischen Unternehmen und seiner ausländischen Betriebsstätte und auf die Ermittlung der Einkünfte der inländischen Betriebsstätte eines ausländischen Unternehmens nach § 1 Absatz 5 des Außensteuergesetzes und der Betriebsstättengewinnaufteilungsverordnung (Verwaltungsgrundsätze Betriebsstättengewinnaufteilung – VWG BsGa), BStBl 2017 I 182.

spricht. Im Beispiel wird man wohl eine stärkere Einbindung in das Stammhaus bejahen können.

782 Sodann ist die Zuordnung der Wirtschaftsgüter vorzunehmen. Grundsätzlich ist nach § 5 Abs. 1 Satz 1 BsGaV für die Zuordnung eines materiellen Wirtschaftsguts zu einer Betriebsstätte dessen Nutzung und die maßgebliche Personalfunktion maßgebend.

783 Die sächliche Geschäfts- und Betriebsausstattung einer Niederlassung ist der Betriebsstätte zuzuordnen. Der Betriebsstätte sind aufgrund der ausgeübten Funktionen ferner zuzurechnen etwa die zur Vorführzwecken überlassenen Modelle (sachlicher Zusammenhang mit dem Vertrieb), Ersatzteile und spezielle Werkzeuge (Bsp.: sachlicher Zusammenhang mit den von der Betriebsstätte auszuführenden Reparaturen und Garantieleistungen).

784 Die Zuordnung eines vom Stammhaus geschaffenen Kundenstamms zu der Betriebsstätte (immaterielles Wirtschaftsgut – § 6 BsGaV) erfolgt gemäß BsGaV wie folgt: Die maßgebliche Personalfunktion ist die Schaffung oder der Erwerb des immateriellen Wirtschaftsgutes.

785 Forderungen aus Lieferungen und Leistungen sind nach § 8 Abs. 1 BsGaV grundsätzlich dem Unternehmensteil zuzuordnen, der für die Schaffung oder den Erwerb des entsprechenden Anspruchs verantwortlich ist.

786 Der Betriebsstätte sind gemäß § 10 BsGaV die Chancen und Risiken zuzuordnen, die sich aus der Tätigkeit der dort tätigen Personen ergibt. Dies sind z. B. bei einer Vertriebsbetriebsstätte vor allem der Erfolg (und Misserfolg) des Vertriebs.

787 Die Anmietung des Geschäftslokals beurteilt sich nach § 9 BsGaV – Zuordnung von Geschäftsvorfällen des Unternehmens: Für die Zuordnung eines Geschäftsvorfalls, den das Unternehmen mit einem unabhängigen Dritten abgeschlossen hat, zu einer Betriebsstätte ist die Personalfunktion, auf der das Zustandekommen des Geschäftsvorfalls beruht, die maßgebliche Personalfunktion. Nimmt man diesen Grundsatz und stellt fest, dass die Geschäftsräume vom Stammhaus ausdrücklich angemietet worden waren und die Betriebsstätte gleichsam Untermieter ist, sind die Geschäftsräume dem Stammhaus zuzuordnen. Dass hier dann eine Weiterberechnung der Miete erfolgen muss, ist letztlich nicht entscheidend. Anders wäre es nur, wenn der Niederlassungsleiter vom Stammhaus entsandt wurde mit der Aufgabe, für seine Niederlassung geeignete Räume zu finden.

788 Letzter Schritt ist dann die Beurteilung der zwischen dem Stammhaus und der Betriebsstätte erfolgten Transaktionen / Dealings (§ 16 BsGaV). Hierzu zählen alle Lieferungen und Leistungen zwischen Stammhaus und Betriebsstätte. Diese müssen alle in fremdüblicher Weise als fiktive Lieferungen abgerechnet werden, da dem Verhältnis Stammhaus / Betriebsstätte eine anzunehmende schuldrechtliche Beziehung i. S. des § 1 Abs. 4 AStG zugrunde liegt, weil wirtschaftliche Vorgänge festgestellt werden können. Die Berechnung des Dealings führt zu fiktiven Betriebseinnahmen des Stammhauses und zu fiktiven Betriebsausgaben / Anschaffungskosten der ausländischen Betriebsstätte. Im Gegenzug würden z. B. Garantieleistungen, die die Betriebsstätte erbringt, fremdpreisüblich an das Stammhaus abzurechnen sein.

Weiter finden sich in der BsGaV

▶ Besonderheiten für Bankbetriebsstätten (§ 18 bis § 22 BsGaV),

▶ Besonderheiten für Versicherungsbetriebsstätten (§ 23 bis § 29 BsGaV),

▶ Besonderheiten für Bau- und Montagebetriebsstätten (§ 30 bis § 34 BsGaV),

▶ Besonderheiten für Förderbetriebsstätten (§ 35 bis § 38 BsGaV),

▶ Sonderregelungen für Ständige Vertreter (§ 39 BsGaV).

3.7.2.3.6 Verluste ausländischer Betriebsstätten und Tochterkapitalgesellschaften in der EU

Negative Einkünfte aus einer ausländischen aktiv tätigen Betriebsstätte, die in einem Nicht-DBA-Staat belegen ist, können grundsätzlich nach § 2 Abs. 1 EStG mit inländischen Gewinnen im Rahmen des Welteinkommens verrechnet werden. Besteht dagegen mit dem ausländischen Staat ein DBA, so steht das Besteuerungsrecht hinsichtlich der positiven und negativen Einkünfte aus dieser Betriebsstätte im Regelfall dem Betriebsstättenstaat zu (Art. 7 Abs. 1 OECD-MA). Das heißt, diese Einkünfte sind, gleich ob positiv oder negativ, im Inland von der Besteuerung freigestellt (**Symmetriethese**).[826] Daraus folgt, dass ein Verlust aus der ausländischen Betriebsstätte bei der Ermittlung des Gesamtbetrags der Einkünfte des Stammhauses nicht berücksichtigt werden kann, denn damit würden die Regeln des DBA außer Kraft gesetzt. Lediglich der negative Progressionsvorbehalt führt zu einer gewissen steuerlichen Entlastung.

Bis einschließlich VZ 1998 räumte § 2a Abs. 3, 4 EStG (seit VZ 1990; bis einschließlich VZ 1989: § 2 AIG) dem Steuerpflichtigen bei aktiv tätigen Betriebsstätten im Ausland (nicht nur EU oder EWR!) die Möglichkeit ein, auf Antrag so behandelt zu werden, als bestünde kein DBA. Es wurde demnach ein Verlustabzug zugelassen, der in späteren Jahren durch eine **Hinzurechnung** wieder rückgängig gemacht wurde, wenn der Betriebsstättengewinn der ausländischen Betriebsstätte positiv war (sog. Nachversteuerung).[827] Hierbei handelte es sich um eine systemwidrige Begünstigung. Diese Vergünstigung ist ab 1. 1. 1999 ersatzlos gestrichen worden.

Damit auch nach Außerkrafttreten der Vergünstigung des § 2a Abs. 3 und 4 EStG eine Nachversteuerung (Hinzurechnung) durchgeführt werden kann, findet sich in § 52 Abs. 2 Satz 3 ff. EStG hierzu eine umfassende Regelung. Der EuGH hat in den Verfahren Krankenheim Ruhesitz am Wannsee-Seniorenheimstatt GmbH[828] und Timac Agro GmbH[829] die Vereinbarkeit der Nachversteuerung nach § 2a Abs. 3, 4 EStG mit EU-Recht bestätigt.

---

826 BFH v. 5. 2. 2014 I R 48/11, BFH/NV 2014, 963.
827 BFH v. 22. 2. 2017 I R 2/15, BStBl 2017 II 709; v. 16. 12. 2008 I R 96/05, BFH/NV 2009, 744.
828 EuGH v. 23. 10. 2008 C-157/07 Krankenheim Ruhesitz am Wannsee-Seniorenheimstatt GmbH, BStBl 2009 II 566.
829 EuGH v. 17. 12. 2015 C-388/14 Timac Agro Deutschland, BStBl 2016 II 362; BFH v. 22. 2. 2017 I R 2/15, BStBl 2017 II 709.

793 Handelt es sich um Verluste einer **Betriebsstätte, die in einem EU- oder EWR-Staat belegen ist**, mit denen Deutschland alle ein DBA abgeschlossen hat, vertritt der EuGH die These, dass die Nichtberücksichtigung des **finalen Verlustes der Betriebsstätte** bei der Gewinnermittlung des Stammhauses einen Verstoß gegen die Niederlassungsfreiheit gemäß Art. 49 AEUV darstellt. Die steuerliche Situation einer Gesellschaft, die ihren satzungsmäßigen Sitz in Deutschland hat und eine Betriebsstätte im EU- / EWR-Ausland besitzt, ist weniger günstig als die, in der sie sich befände, wenn die Betriebsstätte in Deutschland belegen wäre. Aufgrund dieses Unterschieds in der steuerlichen Behandlung könnte eine deutsche Gesellschaft davon abgehalten werden, ihre Tätigkeiten weiterhin über eine im EU- / EWR-Ausland belegene Betriebsstätte auszuüben.[830] Schlusspunkt der Entwicklung in der Rechtsprechung des EuGH zum Thema „finaler Verlust" ist zur Zeit die Entscheidung in der Rechtssache A/S Bevola[831] sowie die Verfahren Memira Holding AB[832] und Holmen AB,[833] in denen es u. a. um die Definition des finalen Verlustes geht. Weiter wird klargestellt, unter welchen Voraussetzungen die Verluste einer Enkelkapitalgesellschaft im Sitzstaat der Muttergesellschaft geltend gemacht werden können.

794 Soweit es sich um Verluste aus Betriebsstätten in EU- / EWR-Staaten handelt, vertritt der BFH folgende These: Grundsätzlich ist davon auszugehen, dass Deutschland für Verluste, die ein in Deutschland ansässiges Unternehmen in seiner im DBA-Ausland belegenen Betriebsstätte erwirtschaftet, kein Besteuerungsrecht hat. Ein Verlustabzug kommt abweichend davon aus Gründen des Gemeinschaftsrechts nur ausnahmsweise in Betracht, sofern und soweit der Steuerpflichtige nachweist, dass die Verluste im Quellenstaat steuerlich unter keinen denkbaren Umständen anderweitig verwertbar sind (sog. **finale Verluste**).[834] An einer derartigen „Finalität" fehlt es, wenn der Betriebsstättenstaat nur einen zeitlich begrenzten Vortrag von Verlusten zulässt[835] oder die Verrechenbarkeit auf bestimmte Einkunftsarten beschränkt.[836] Daran fehlt es jedoch nicht, wenn der Betriebsstättenverlust aus tatsächlichen Gründen nicht mehr berücksichtigt werden kann (z. B. bei Umwandlung der Auslandsbetriebsstätte in eine Kapitalgesellschaft, ihrer entgeltlichen oder unentgeltlichen Übertragung oder ihrer „endgültigen" Aufgabe).[837] Für den Verlustabzug im Ansässigkeitsstaat des Stammhauses kann es nur auf jenen Veranlagungszeitraum ankommen, in welchem die Verluste tatsächlich „final" geworden sind,[838] also kein sog. phasengleicher Verlustabzug (Verlustabzug im Inland in dem Veranlagungszeitraum, in dem der Verlust entstanden ist). Eine Nach-

---

830 EuGH v. 23.10.2008 C-157/07, BStBl 2009 II 566.
831 EuGH v. 12.6.2018 C-650/12, IStR 2018, 502.
832 EuGH v. 19.6.2019 C-607/17, IStR 2019, 598.
833 EuGH v. 19.6.2019 C-608/17, IStR 2019, 604.
834 BFH v. 5.2.2014 I R 48/11, BFH/NV 2014, 963; anhängige Revision zu dem Thema „finale Verluste" unter I R 16/17, I R 48/17, I R 49/17 und I R 32/18.
835 BFH v. 5.2.2014 I R 48/11, BFH/NV 2014, 963; v. 9.6.2010 I R 100/09, BStBl 2010 II 1065.
836 BFH v. 22.9.2015 I B 83/14, BFH/NV 2016, 375.
837 BFH v. 9.6.2010 I R 107/09, BFH/NV 2010, 1744.
838 BFH v. 9.6.2010 I R 107/09, BFH/NV 2010, 1744, Abs. 21.

folgeentscheidung des BFH zu der Problematik des finalen Verlustes nach der Entscheidung des EuGH in der Rs. Bevola steht noch aus.[839]

In der Rechtssache **Marks & Spencer** wurde vom EuGH entschieden, dass ein **Verlust** einer in einem EU-Mitgliedstaat ansässigen **Tochterkapitalgesellschaft**, der im Sitzstaat dieser Tochtergesellschaft nach dem Recht dieses Staates unter keinen denkbaren Umständen mehr, auch nach Ausschöpfung aller rechtlichen Möglichkeiten, steuerlich geltend gemacht werden kann (**endgültiger Verlust, finaler Verlust**),[840] auf die in einem anderen Mitgliedstaat ansässige Muttergesellschaft übertragen werden kann.[841] Das Gericht hat ausgeführt, dass es, sofern die gebietsansässige Muttergesellschaft gegenüber den Steuerbehörden nachweist, dass diese Voraussetzungen erfüllt sind, gegen Art. 49, 54 AEUV verstößt, wenn es ihr verwehrt wird, von ihrem steuerpflichtigen Gewinn die Verluste ihrer gebietsfremden Tochtergesellschaft abzuziehen. 795

Hintergrund dieses Rechtsstreits war und ist die von der Finanzverwaltung vertretene Rechtsauffassung, dass nach dem im Völkerrecht wie im Gemeinschaftsrecht geltenden Territorialitätsprinzip dem Mitgliedstaat des Sitzes der Muttergesellschaft die Steuerhoheit gegenüber gebietsfremden Tochterkapitalgesellschaften fehle. Diese stehe nach der auf diesem Gebiet üblichen Aufteilung grundsätzlich den Staaten zu, in deren Gebiet die Tochtergesellschaften ansässig und wirtschaftlich tätig seien. Es stehe somit mit dem Territorialitätsprinzip im Einklang, wenn der Mitgliedstaat des Sitzes der Muttergesellschaft die gebietsansässigen Gesellschaften für ihren weltweit erwirtschafteten Gewinn und die gebietsfremden (Tochter-)Gesellschaften lediglich für den Gewinn aus ihrer inländischen Tätigkeit besteuert. Dessen ungeachtet hat der EuGH eine Übertragung des endgültigen Verlustes einer Tochtergesellschaft auf die Muttergesellschaft aufgrund der Prinzipien des EGV / AEUV unter den oben genannten Voraussetzungen gemeinschaftsrechtlich für geboten gehalten. Die Bundesregierung hat es bisher abgelehnt, die Problematik des finalen Verlustes gesetzlich zu regeln; demgegenüber haben andere EU-Staaten, z. B. Großbritannien, im Anschluss an die Entscheidung im Falle Marks & Spencer gesetzliche Regelungen erlassen.[842] 796

Unterstellt, ein Abzug von Verlusten einer in einem anderen EU-Mitgliedstaat ansässigen Tochterkapitalgesellschaft bei ihrer inländischen Mutterkapitalgesellschaft wäre aus unionsrechtlichen Gründen geboten, käme ein solcher Verlustabzug nicht im Veranlagungszeitraum des Entstehens des Verlustes, sondern nur in jenem Veranlagungszeitraum in Betracht, in welchem er tatsächlich „final" geworden ist.[843] 797

---

839 Die Entscheidung des BFH in der Folgesache Timac Agro v. 22. 2. 2017 I R 2/15, BStBl 2017 II 709, dürfte nach der EuGH-Enbtscheidung in Rs. Bevola C-650/16 wohl überholt sein.
840 Zu den Voraussetzungen der Finalität vgl. EuGH v. 7. 11. 2013 C-322/11 Fall K, IStR 2013, 913.
841 EuGH v. 13. 12. 2005 C-446/03 Marks & Spencer, IStR 2006, 19.
842 Vgl. EuGH v. 3. 2. 2015 C-172/13 Kommission vs. Großbritannien, IStR 2015, 137.
843 BFH v. v. 5. 2. 2014 I R 48/11, BFH/NV 2014, 963; v. 9. 11. 2010 I R 16/10, BFH/NV 2011, 524.

3.7.2.3.7 Gründungsaufwendungen für eine Betriebsstätte, nachträgliche Betriebsstätteneinkünfte

798 Der Betriebsstättengewinn ist nach der Grundregel des Art. 7 OECD-MA / Art. 7 VG-DBA im Betriebsstättenstaat zu versteuern. Wie verhält es sich aber mit den Aufwendungen, die im Zusammenhang mit der Errichtung der Betriebsstätte stehen, also mit vorbereitenden Aufwendungen und Gründungskosten (sog. Vorlaufkosten)?[844] Ab wann sind die Aufwendungen dem Betriebsstättenstaat, bis wann dem Stammhaus zuzurechnen? Und was ist mit den Einkünften, die wirtschaftlich zweifelsfrei einer Betriebsstätte zuzuordnen sind, die aber im Zeitpunkt des Zuflusses nicht mehr existiert?

BEISPIEL:

(1) Die X-AG entsendet ihren Mitarbeiter M im Januar und Februar 2012 in den DBA-Staat Y mit dem Ziel zu prüfen, ob sich die Gründung einer Betriebsstätte vor Ort wirtschaftlich lohnt. Aufgrund der Erkenntnisse ihres Mitarbeiters wird in der zweiten Jahreshälfte 2013 mit dem Aufbau einer Betriebsstätte begonnen, die dann im Januar 2014 ihren Betrieb aufnimmt.

(2) Wie (1), aber die Ergebnisse der Erkundung durch M führen dazu, dass man von der Errichtung einer Betriebsstätte absieht.

In den vorstehenden Beispielen ist die Frage zu klären, wie die Kosten des Mitarbeiters in 2012 sowie die weiteren Kosten in 2013 steuerlich zu behandeln sind. Nach der Rechtsprechung des BFH[845] sowie ständiger Praxis der Finanzverwaltung wird auf das **Prinzip des Veranlassungszusammenhangs** verwiesen[846] und damit eine steuerliche Berücksichtigung der Aufwendungen – abgesehen von einem negativen Progressionsvorbehalt – im Inland grundsätzlich abgelehnt; die Aufwendungen seien im Betriebsstättenstaat geltend zu machen. Ob dies im Einklang steht mit dem AEUV ist bisher nicht entschieden. Diese Rechtsprechung zum Gründungsaufwand entspricht der Rechtsprechung des BFH zu den nachträglichen Betriebsstätteneinkünften.[847]

3.7.2.4 Internationale Seeschifffahrt, Binnenschifffahrt und Luftfahrt (Art. 8 OECD-MA)

799 Art. 8 OECD-MA 2014 regelt die Besteuerung der Gewinne aus dem Betrieb der Seeschiff- und Luftfahrt im internationalen Verkehr (Abs. 1)[848] und aus dem Betrieb von Binnenschiffen (Abs. 2):[849] Danach steht das ausschließliche Besteuerungsrecht dem Staat zu, in dem sich der Ort der tatsächlichen Geschäftsleitung befindet, bzw. dem

---

844 Vgl. Tz. 64 bis 69 VWG BsGa.
845 BFH v. 26.2.2014 I R 56/12, BStBl 2014 II 703: Gründungsaufwand für die im Ausland belegene feste Einrichtung eines Freiberuflers ist durch die in Aussicht genommene Tätigkeit im Ausland veranlasst. Unterfällt jene Tätigkeit der abkommensrechtlichen Freistellung, betrifft dies den Gründungsaufwand (negative Einkünfte) auch dann, wenn die Errichtung der festen Einrichtung später scheitert (vergebliche vorweggenommene Aufwendungen).
846 BMF v. 24.12.1999, BStBl 1999 I 1076, Tz. 2.9.
847 BFH v. 20.5.2015 I R 75/14, BFH/NV 2015, 1687.
848 Zu den Tatbestandsvoraussetzungen vgl. BFH v. 1.4.2003 I R 31/02, BStBl 2003 II 875; zum DBA-Zypern zuletzt BFH v. 21.8.2015 I R 63/13, BFH/NV 2016, 36 mit umfangreichen Nachweisen der Rechtsprechung.
849 Fehlt in der Mehrzahl der deutschen DBA.

Staat, in dem das Schiff registriert (Heimathafen) oder in dem die das Schiff betreibende Person ansässig ist (Abs. 3 / Abs. 4 VG-DBA). Die Regelung des Abs. 1 gilt auch für Gewinne aus der Beteiligung an einem Pool,[850] einer Betriebsgemeinschaft oder einer internationalen Betriebsstätte (Abs. 4 / Abs. 5 VG-DBA). In Deutschland erfolgt grundsätzlich Freistellung der Einkünfte, ggf. unter Beachtung des Progressionsvorbehalts. Durch das **Update 2017** wurde die Vorschrift gestrafft: Gewinne eines Unternehmens eines Vertragsstaats aus dem Betrieb von Schiffen oder Luftfahrzeugen im internationalen Verkehr dürfen nur in dem Staat besteuert werden, in dem das Unternehmen ansässig ist. Die Absätze 2 und 3 wurden aufgehoben und Absatz 4 wurde zu Abs. 2. Der Betrieb von Binnenschiffen wurde im Abkommenstext gestrichen.[851]

In einer Reihe von Abkommen ist bereits die (neue) Regelung zu finden; insoweit vollzieht das OECD-MA 2017 lediglich nach, was teilweise schon Standard ist. 800

Art. 8 OECD-MA ist Lex specialis zu Art. 7 OECD-MA und geht der Regelung über die Besteuerung gewerblicher Gewinne vor.[852] Dies gilt auch für die VG-DBA. 801

3.7.2.5 Verbundene Unternehmen (Art. 9 OECD-MA)

Bei Art. 9 OECD-MA – Art. 9 VG-DBA ist wortgleich – handelt es sich – im Gegensatz zu den Art. 6 bis 8 und Art. 10 bis 22 OECD-MA – nicht um eine Verteilungsnorm (welcher Vertragsstaat darf welche Einkünfte besteuern?), sondern die Bestimmung dient dem Grundsatz der Berichtigung von Gewinnverlagerungen aufgrund unangemessener Verrechnungspreise.[853] Allgemein wird daher diese Norm in der Literatur als **Norm zur Vermeidung der wirtschaftlichen Doppelbesteuerung** qualifiziert. Die nationale Besteuerung der beiden Vertragsstaaten bleibt grundsätzlich unberührt (vgl. Art. 9 Abs. 1 OECD-MA). 802

Art. 9 OECD-MA trifft für international verbundene Unternehmen Regelungen, die die rudimentären Grundlagen für die Anwendung von Verrechnungspreisgrundsätzen sind: Nach Art. 9 Abs. 1 OECD-MA ist ein Gewinn dann zu korrigieren, wenn ein Unternehmen aufgrund der Verflechtung Bedingungen akzeptiert, die ein fremdes, unabhängiges Unternehmen nicht angenommen hätte. Infolge dieser Bedingungen muss eine Gewinnverschiebung eingetreten sein. 803

> **BEISPIEL:** Die inländische Textil GmbH ist zu 100 % am Nennkapital der schwedischen Intex AS beteiligt. Sie verkauft an ihre Tochtergesellschaft Tischwäsche zu einem Preis von 80 pro Einheit. Ein fremdes Unternehmen hätte aufgrund der allgemeinen Marktbedingungen nur einen Preis von 70 pro Einheit akzeptiert. Der Gewinn der deutschen Gesellschaft ist zu hoch, der der schwedischen Gesellschaft zu niedrig.

Der Begriff „Unternehmen" wird in Art. 3 Abs. 1 Buchst. c OECD-MA definiert und bedeutet „Ausübung einer Geschäftstätigkeit". Hierunter ist seit dem Update 2000 nicht 804

---

850 Zusammenschluss von nicht miteinander gesellschaftsrechtlich verbundenen Firmen zum Zwecke der Verteilung der Erträge aus gemeinschaftlicher Tätigkeit, z. B. bei Frachten oder beim gemeinsamen Bedienen bestimmter Flugstrecken bzw. Kombination eigener mit fremden Strecken.
851 Vgl. Nr. 15 bis 17 OECD-MK 2017 zu Art. 8 OECD-MA.
852 BFH v. 1. 4. 2003 I R 31/02, BStBl 2003 II 875; v. 23. 10. 1996 I R 10/96, BStBl 1997 II 313.
853 Zu dem Thema Verrechnungspreise vgl. Rdn. 1600 ff.

nur eine gewerbliche Betätigung zu verstehen, die zu Unternehmensgewinnen i. S. des Art. 7 OECD-MA führt, sondern auch die Ausübung einer freiberuflichen oder sonstigen selbständigen Tätigkeit. Dies bedeutet z. B., dass auch dann, wenn etwa ein freiberufliches Architekturbüro in der Form des Einzelunternehmens Leistungen gegenüber einer Niederlassung in einem anderen Vertragsstaat erbringt, dieser Leistungsverkehr auf der Basis des Art. 9 OECD-MA geprüft und ggf. berichtigt werden kann.

805 Die Voraussetzungen, die für eine Korrektur der nationalen Besteuerung nach Art. 9 Abs. 1 OECD-MA kumulativ vorhanden sein müssen, sind:

- ▶ Es muss sich um zwei Unternehmen in unterschiedlichen Vertragsstaaten handeln;
- ▶ diese Unternehmen müssen verbunden sein;
- ▶ zwischen den verbundenen Unternehmen müssen kaufmännische oder finanzielle Beziehungen bestehen. Damit sind Beziehungen gemeint, die nicht gesellschaftsrechtlicher Art sind;
- ▶ die Bedingungen, unter denen diese Beziehungen abgewickelt werden, müssen von denen abweichen, die unabhängige Unternehmen miteinander vereinbaren würden;
- ▶ aufgrund dieser abweichenden Bedingungen sind Gewinne, die sonst erzielbar gewesen wären, nicht entstanden bzw. bestehende Gewinne gemindert worden.

806 Verbundene Unternehmen liegen nach Art. 9 Abs. 1 OECD-MA unter folgenden Voraussetzungen vor:

- ▶ Ein Unternehmen ist unmittelbar oder mittelbar an der Geschäftsleitung, der Kontrolle oder dem Kapital des ausländischen Unternehmens beteiligt (Bsp.: inländische Muttergesellschaft – ausländische Tochtergesellschaft);
- ▶ eine Person ist unmittelbar oder mittelbar an der Geschäftsleitung, der Kontrolle oder dem Kapital sowohl des ausländischen Unternehmens wie auch des inländischen Unternehmens beteiligt (Bsp.: Schwesterfirmen).

807 Fehlt eine der vorgenannten Voraussetzungen, so würde eine Korrektur der nationalen Besteuerung grundsätzlich gegen das Abkommen verstoßen. Andererseits ist Art. 9 OECD-MA für sich allein betrachtet keine Grundlage zur Berichtigung. Das heißt, Art. 9 Abs. 1 OECD-MA stellt lediglich eine Erlaubnisklausel dar, die dann im konkreten Einzelfall mit innerstaatlichem Recht ausgefüllt werden muss.

808 In welchem Umfang der Gewinn berichtigt werden darf, wenn die Voraussetzungen des Art. 9 Abs. 1 OECD-MA vorliegen, richtet sich zum einen nach den Verteilungsnormen des betreffenden DBA und zum anderen nach dem nationalen Steuerrecht des berichtigenden Staates.

809 In Art. 9 Abs. 2 OECD-MA findet sich die Verpflichtung, dass Änderungen durch die Finanzbehörden des einen Vertragsstaates durch Änderungen, die die Finanzbehörden des anderen Vertragsstaates durchzuführen haben, zu ergänzen sind, um eine wirtschaftliche Doppelbesteuerung zu vermeiden (Gegenberichtigung).

BEISPIEL: ▶ Wie oben; wenn die schwedischen Finanzbehörden einen angemessenen Einkaufspreis von 70 pro Einheit ansetzen, erhöht sich der Gewinn der schwedischen Gesellschaft; im gleichen Maße ist der Gewinn der deutschen Gesellschaft grundsätzlich herabzusetzen (Bsp.: Art. 9 Abs. 1, Art. 40 Abs. 3 Buchst. b DBA-Schweden).

Die von Deutschland abgeschlossenen DBA enthalten grundsätzlich eine Klausel, die dem Art. 9 Abs. 1 OECD-MA entspricht, in der Regel sogar wortgleich ist. Dagegen ist eine Übernahme der Regelung des Art. 9 Abs. 2 OECD-MA die Ausnahme, und nur in wenigen Abkommen ist eine entsprechende Bestimmung zu finden. Dies ist darauf zurückzuführen, dass zumindest bis in die jüngere Vergangenheit Vorbehalte gegen die Regelung des § 9 Abs. 2 OECD-MA bestanden hat. Art. 9 Abs. 2 VG-DBA hat den gleichen Inhalt wie das OECD-MA. 810

Umstritten ist das Verhältnis von Art. 9 Abs. 1 OECD-MA bzw. den entsprechenden Bestimmungen in den einzelnen DBA zum nationalen Recht, z. B. zu den Bestimmungen über eine vGA. Ausgangspunkt der Debatte ist § 2 AO, der besagt, dass ein DBA, soweit es unmittelbar anwendbares innerstaatliches Recht geworden ist (= ratifiziert und damit in innerstaatliches Recht transformiert), den Steuergesetzen vorgeht. Wenn somit in Art. 9 eines Abkommens andere Voraussetzungen für eine Korrektur normiert werden als z. B. für eine vGA, stellt sich die Frage nach dem Verhältnis der beiden Vorschriften zueinander. 811

Der BFH hatte seit dem Jahre 2012 in ständiger Rechtsprechung zu dem Verhältnis DBA – nationales Recht (Bsp.: vGA, Korrektur nach § 1 AStG) die Auffassung vertreten,[854] dass der abkommensrechtliche Grundsatz des „dealing at arm's length" gemäß Art. 9 Abs. 1 OECD-MA bei verbundenen Unternehmen eine Sperrwirkung gegenüber den sog. nationalen Sonderbedingungen entfaltet. Art. 9 Abs. 1 OECD-MA ermögliche eine Einkünftekorrektur nach nationalen Vorschriften der Vertragsstaaten nur dann, wenn der zwischen den verbundenen Unternehmen vereinbarte Preis (Bsp.: der Darlehenszins) seiner Höhe, also seiner Angemessenheit nach dem Fremdvergleichsmaßstab nicht standhält. Mit den drei Urteilen vom Februar 2019 hat der BFH seine bisherige Rechtsprechung aufgegeben[855] und ausgeführt, dass Art. 9 Abs. 1 OECD-MA nicht nur auf eine Preisberichtigung anwendbar ist, sondern auch die Neutralisierung der gewinnmindernden Ausbuchung einer Darlehnsforderung oder einer Teilwertabschreibung hierauf ermöglicht. Die fehlende Besicherung einer Forderung gehört nach Ansicht des BFH grundsätzlich zu den nicht fremdüblichen Bedingungen i. S. des § 1 Abs. 1 AStG. Dies bedeutet eine Verschärfung bei der Konzernfinanzierung; die Einkünfteminderung i. S. von § 1 AStG ist durch den Sicherungsverzicht veranlasst, wobei aber immer eine Gesamtabwägung vorzunehmen ist. Seit dem Veranlagungszeitraum 2008 gelten vorrangig für die Frage der Teilwertabschreibung die Bestimmungen der § 8b Abs. 3 Satz 4 bis 7 KStG. 812

---

854 BFH v. 24.6.2015 I R 29/14, BFH/NV 2015, 1506; v. 17.12.2014 I R 23/13, BFH/NV 2015, 626; v. 11.10.2012 I R 75/11, BStBl II 2013, 1046; zu den beiden erstgenannten Urteilen Nichtanwendungserlass BMF v. 30.3.2016, BStBl 2016 I 455.

855 BFH v. 19.6.2019 I R 5/17, n.v.; v. 19.6 2019 I R 32/17, DB 2020, 28; v. 19.6.2019 I R 54/17, n.v.; v. 27.2.2019 I R 73/16, BStBl 2019 II 394; v. 27.2.2019 I R 51/17, BFH/NV 2019, 1265; v. 27.2.2019 I R 81/17, BFH/NV 2019, 1267.

813 Lösung einer Doppelbesteuerung könnte in den Fällen einer fehlenden Gegenberichtigung ein Verständigungsverfahren nach Art. 25 OECD-MA bringen.[856] Zum Problem der Verrechnungspreise zwischen international verbundenen Unternehmen und ggf. deren Korrektur ausführlich Rdn. 1600 ff. Im Rahmen der EU ist das Übereinkommen über die Beseitigung der Doppelbesteuerung im Falle von Gewinnberichtigungen zwischen verbundenen Unternehmen zu beachten (Rdn. 1502 ff., 1739 ff.).

3.7.3 Dividenden (Art. 10 OECD-MA)

3.7.3.1 Die Besteuerung der Dividenden – Überblick

814 Das OECD-MA unterscheidet bei den Kapitaleinkünften zwischen Einkünften aus Dividenden (Art. 10 OECD-MA) – im Wesentlichen inhaltsgleich Art. 10 VG-DBA – und Einkünften aus Zinsen (Art. 11 OECD-MA).

815 Nach Art. 10 Abs. 1 OECD-MA können Dividenden grundsätzlich im Wohnsitzstaat des Dividendengläubigers besteuert werden.

816 Daneben besteht nach Art. 10 Abs. 2 OECD-MA ein Recht zur Quellenbesteuerung des Ansässigkeitsstaates der ausschüttenden Gesellschaft, das zwei verschiedene Fälle erfasst:

- Die Quellensteuer darf 5 % des Bruttobetrages der Dividenden nicht übersteigen, wenn der Nutzungsberechtigte[857] eine Kapitalgesellschaft[858] ist, die unmittelbar über mindestens 25 % des Kapitals der ausschüttenden Gesellschaft verfügt (sog Schachteldividenden[859] – Art. 10 Abs. 2 Buchst. a OECD-MA); Abweichung in Art. 10 Abs. 2 VG-DBA: Die Gesellschaft muss unmittelbar über mindestens 10 % des Kapitals der die Dividenden zahlenden Gesellschaft verfügen; das OECD Update 2017 hat eine Mindesthaltefrist von 365 Tagen eingeführt einschließlich des Tages, an dem die Dividenden gezahlt werden;

- in den übrigen Fällen (sog. Streubesitz – Art. 10 Abs. 2 Buchst. b OECD-MA) darf die Quellensteuer 15 % des Bruttobetrages nicht übersteigen.

817 Durch die Verwendung des Wortes „Nutzungsberechtigter" soll erreicht werden, dass nur derjenige in den Genuss der Schutzvorschriften des Abkommens gelangt, dem das Kapital auch wirtschaftlich zuzurechnen ist, d. h. demjenigen, der die rechtliche und tatsächliche Macht hat, das Kapitalvermögen entgeltlich auf Zeit zur Nutzung zu über-

---

[856] Vgl. Rdn. 992 ff.
[857] Der Begriff des „Nutzungsberechtigten" (beneficial owner) hat zu einer Vielzahl von Interpretationen durch die beteiligten Finanzverwaltungen und Finanzgerichte im In- und Ausland geführt; daher hat die OECD im April 2011 ein Paper zur Klärung dieses Begriffs veröffentlicht, das in die Kommentierung der Art. 10, 11 und 12 OECD-MK eingeflossen sind; für den Bereich EU / EWR hat das Urteil des EuGH v. 26. 2. 2019 C-115/16, C-118/16, C-119/16, C-299/16 N Luxembourg 1 u. a., IStR 2019, 308, Klarheit gebracht.
[858] Zum Begriff vgl. Rdn. 616.
[859] Zum Begriff vgl. Rdn. 828.

lassen.⁸⁶⁰ Wer Nutzungsberechtigte ist, bestimmt sich nach dem nationalen Steuerrecht des Ansässigkeitsstaates der ausschüttenden Kapitalgesellschaft.⁸⁶¹

Lediglich klarstellende Bedeutung hat Art. 10 Abs. 2 Satz 3 OECD-MA, wonach die Quellenbesteuerung der ausgeschütteten Dividenden die direkte Gewinnbesteuerung der Gesellschaft unberührt lässt.   818

In Art. 10 Abs. 3 OECD-MA wird der Begriff der Dividenden definiert:⁸⁶² Einkünfte aus Aktien, Genussrechten, Kuxen, Gründeranteilen, anderen Rechten mit Gewinnbeteiligung, sofern es sich nicht um Forderungen handelt – diese fallen u. U. unter Art. 11 OECD-MA –, sowie sonstige aus Gesellschaftsanteilen stammende Einkünfte,⁸⁶³ z. B. vGA. Entscheidend ist letztlich, ob die Einkünfte nach dem Recht des Staates, in dem die ausschüttende Gesellschaft ihren Sitz hat, den Einkünften aus Aktien steuerlich gleichgestellt sind oder nicht. Eine teilweise abweichende sprachliche Fassung weist Art. 10 Abs. 3 VG-DBA auf, aber ohne einen sachlichen Unterschied.   819

Da sich der Begriff der Dividende nach dem Recht des Quellenstaates richtet, können hierunter auch Gewinnausschüttungen ausländischer Gesellschaftsformen fallen, die nach deutschem Recht als Personengesellschaften zu qualifizieren sind: So stehen i. d. R. die Einnahmen aus der Beteiligung an einem Handelsgewerbe als stiller Gesellschafter den Dividenden gleich (Bsp.: Art. 10 Abs. 4 DBA-Schweiz);⁸⁶⁴ in Art. 9 Abs. 7 DBA-Frankreich ist bestimmt, dass Einkünfte aus einer mitunternehmerschaftlich organisierten Gesellschaft in Frankreich (Art. 4 Abs. 3 DBA-Frankreich), die nach französischem Recht als Dividenden angesehen werden, nach dem Abkommen als Dividenden zu besteuern sind. Es kommt auch der umgekehrte Fall vor: So hat Deutschland z. B. in Art. 10 Abs. 5 DBA-USA vereinbart, dass der Ausdruck Dividenden in Deutschland auch Einkünfte aus partiarischen Darlehen und Gewinnobligationen umfasst.   820

In Art. 10 Abs. 4 OECD-MA findet sich der sog. Betriebsstättenvorbehalt: Die Regelungen des Art. 10 Abs. 1 und 2 OECD-MA gelten dann nicht, wenn die Beteiligung, für die die Dividenden gezahlt werden, tatsächlich zum Betriebsvermögen einer Betriebsstätte gehört, d. h., wenn sie in einem funktionalen Zusammenhang zu einer in der Betriebsstätte ausgeübten Tätigkeit steht und sich deshalb die Beteiligungserträge bei funktionaler Betrachtungsweise als Nebenerträge der aktiven Betriebsstättentätigkeit darstellen,⁸⁶⁵ und die Betriebsstätte in dem Staat gelegen ist, in dem die Dividenden zahlende Gesellschaft ansässig ist.   821

---

860 BFH v. 29. 11. 1982 GrS 1/81, BStBl 1982 II 272; zum Begriff i. S. des DBA-USA ausführlich BFH v. 26. 6. 2013 I R 48/12, BStBl 2014 II 367.
861 BFH v. 26. 6. 2013 I R 48/12, BFH/NV 2013, 2002.
862 BFH v. 26. 8. 2010 I R 53/09, BFH/NV 2011, 135.
863 BFH v. 24. 3. 1992 VIII R 51/89, BStBl 1992 II 941, betreffend Zufluss der Schweizer Verrechnungssteuer als Einkünfte; v. 14. 10. 1992 I R 1/91, BStBl 1993 II 189: Kapitalrückzahlungen aufgrund einer handelsrechtlich wirksamen Kapitalherabsetzung sind i. d. R. keine Dividenden i. S. des OECD-MA; BFH v. 25. 2. 2004 I R 4/03, BStBl 2004 II 740: Eine Vergütung von Körperschaftsteuer gehört zu den Dividenden i. S. des DBA-Schweiz.
864 Die herrschende Meinung in der Literatur ordnet den Gewinnanteil eines atypisch stillen Gesellschafters den Unternehmensgewinnen nach Art. 7 OECD-MA zu; ebenso BFH v. 21. 7. 1999 I R 110/98, BStBl 1999 II 812; BMF v. 28. 12. 1999, BStBl 1999 I 1121.
865 BFH v. 10. 8. 2006 II R 59/05, BStBl 2009, 758; v. 19. 12. 2007 I R 66/06, BFH/NV 2008, 895.

BEISPIEL: Die in London ansässige A-Limited Partnership (= KG), an der ausschließlich in Deutschland ansässige Personen beteiligt sind, ist ihrerseits Alleingesellschafter einer weiteren Gesellschaft mit Sitz in London. Steht die Beteiligung in einem funktionalen Zusammenhang mit der Tätigkeit der A-Ltd., so gehört die Beteiligung zum Betriebsvermögen, und stellen die Dividenden Unternehmensgewinne i. S. des Art. 7 OECD-MA und nicht unter Art. 10 OECD-MA fallende Dividenden dar.[866]

822 Sind die Voraussetzungen des Art. 10 Abs. 4 OECD-MA erfüllt, unterliegen die Dividendeneinkünfte der Besteuerung der Unternehmensgewinne gemäß Art. 7 OECD-MA. Durch den Betriebsstättenvorbehalt sollen Erträge aus Wirtschaftsgütern, die von der Betriebsstätte genutzt werden und ihr tatsächlich zuzurechnen sind und zu deren Betriebsergebnis beitragen, dem Betriebsstättenstaat zur Besteuerung zugewiesen werden.

823 Nach Art. 10 Abs. 5 OECD-MA darf der Staat, aus dem die Einkünfte der ausschüttenden Gesellschaft stammen, in dem sie aber nicht ansässig ist, die von der Gesellschaft gezahlten Dividenden nicht besteuern (= Verbot der extra-territorialen Besteuerung), es sei denn, dass der Empfänger der Dividenden in diesem Staat seinen Wohnsitz hat. Andererseits wird durch Art. 10 Abs. 5 OECD-MA eine sog. Durchgriffsbesteuerung,[867] wie sie z. B. das AStG vorsieht, nicht ausgeschlossen.

3.7.3.2 Besondere Probleme im Rahmen der Dividendenbesteuerung

824 Abkommensrechtlich nicht geklärt ist die Besteuerung der sog. **mezzaninen Finanzierung**. Hierunter versteht man in der betriebswirtschaftlichen Literatur Finanzierungsinstrumente, die die typischen Charakteristika von Eigen- und Fremdkapital miteinander kombinieren und somit wirtschaftlich zwischen Eigen- und Fremdkapital stehen, d. h. Kapitalüberlassungen, bei denen die Zuordnung zum bilanziellen Eigenkapital oder zu den Schulden von der konkreten vertraglichen Ausgestaltung abhängt (Bsp.: gewinnabhängige Darlehen, Wandelanleihen, Wandeldarlehen, Genussrechte / Genussscheine, stille Beteiligungen,[868] Futureoptionen, Anleihen mit Optionselementen, Nachrangdarlehen). Grundsätzlich müssen keine Sicherheiten hinterlegt werden, und im Falle der Insolvenz des Kapitalnehmers haftet das Kapital nachrangig. Den Vorteilen der Finanzierungsform stehen – im Gegensatz zum klassischen Kredit – höhere Kreditkosten gegenüber, die sich nach dem Rating des Unternehmens richten. Die steuerliche Behandlung des Aufwands hängt von der konkreten Ausgestaltung ab, dürfte aber im Regelfall als Zinszahlungen für ein gewährtes Darlehen zu qualifizieren sein.[869]

825 Der Ausdruck „**Venture Capital**" sagt über die steuerliche Behandlung nichts aus. Je nach der Konstruktion findet man unter diesem Stichwort z. B. gesammeltes Kapital einer Mehrzahl von privaten oder institutionellen Investoren oder Anlegern, welches

---

866 BFH v. 24. 8. 2011 I R 46/10, BFH/NV 2011, 2165.
867 Zurechnung der Gewinne einer Gesellschaft, unabhängig von einer Ausschüttung, den (beherrschenden) Gesellschaftern.
868 Die stille Gesellschaft wird in der deutschen Abkommenspraxis unterschiedlich gehandhabt: Von DBA, die keine Regelung enthalten (Bsp.: DBA-Iran) bis zur expliziten Regelung (Bsp.: Nr. 3 des Protokolls zum DBA-Österreich 2000).
869 Vgl. ausführlich BFH v. 14. 11. 2012 I R 19/12, BFH/NV 2013, 1389, Abs. 26.

über einen Fonds an Firmengründer (Start-up in der Rechtsform der Kapitalgesellschaft) in der Form der Gesellschaftsbeteiligung fließt (= Kapitaleinlage); der Rückfluss soll grundsätzlich aus der Platzierung des Unternehmens an der Börse finanziert werden. Es kann sich um private Vermögensverwaltung oder um Einkünfte aus Gewerbebetrieb handeln.[870] Haben sich die Investoren an einem ausländischen Venture Capital beteiligt, werden wohl i. d. R. Einkünfte aus Kapitalvermögen i. S. des Art. 10 OECD-MA aus den Ausschüttungen des Fonds erzielt werden. Der Fonds selbst erzielt zum einen Einkünfte aus seiner Beteiligung an den Start-up (= Dividendeneinkünfte) und zum anderen Einkünfte aus der Veräußerung der Beteiligung an dem Start-up (Veräußerungsgewinne i. S. des Art. 13 OECD-MA). Möglich ist die Erscheinungsform des Venture Capital auch in der Form der direkten Beteiligung an dem Start-up.

Schließlich findet sich noch der Begriff „**Private Equity**". Hierunter ist die Beteiligung eines privaten Investors an einem nichtbörsennotierten Unternehmen zu verstehen, wobei auch eine Gesellschaft, die das Kapital sammelt, zwischengeschaltet sein kann. Auch hier soll eine risikogerechte Rendite durch Veräußerung, Börsenplatzierung, Management Buy Out oder Laverage Buy Out erzielt werden. Welche steuerlichen Konsequenzen zu ziehen sind, hängt wiederum von der konkreten Ausgestaltung der Rechtsbeziehungen zwischen Kapitalgeber und Kapitalnehmer ab und davon, ob es sich um Vermögensverwaltung (**Carried Interest** – § 18 Abs. 1 Nr. 4 i.V. mit § 3 Nr. 40a EStG) oder gewerbliche Einkünfte handelt. 826

Die Zahlungen auf ein **partiarisches Darlehen** fallen in einigen DBA ausdrücklich unter den Dividendenartikel.[871] In anderen DBA findet man Regelungen, dass in derartigen Fällen das uneingeschränkte Besteuerungsrecht im Quellenstaat aufrecht erhalten bleibt.[872] Das Protokoll zum VG-DBA erweitert in Nr. 1 zu den Art. 10 und 11 den Anwendungsbereich der Dividendenregelung auf Rechte oder Forderungen mit Gewinnbeteiligung einschließlich der Einkünfte aus einer stillen Beteiligung, aus einem partiarischem Darlehen oder aus Gewinnobligationen. 827

3.7.3.3 Schachteldividenden

Ist eine juristische Person des Privatrechts an einer Kapitalgesellschaft mit i. d. R. 25 % beteiligt, so bezeichnet man die Beteiligung grundsätzlich als Schachtelbeteiligung.[873] Gewinnanteile, die auf diese Beteiligung gezahlt werden, werden Schachteldividenden genannt, die steuerliche Begünstigung der Schachteldividenden wird als Schachtelprivileg oder Schachtelvergünstigung bezeichnet. Üblicherweise nennt man die die Anteile haltende Gesellschaft Muttergesellschaft und die Gesellschaft, deren Anteile gehalten werden, Tochtergesellschaft. Hat die Muttergesellschaft ihren Sitz im Inland und die die Gewinnanteile ausschüttende Gesellschaft ihren im Ausland (oder umgekehrt), so spricht man von einer internationalen Schachtelbeteiligung. 828

---

870 BMF v. 16. 12. 2003, BStBl 2004 I 40, betreffend Venture Capital und Private Equity Fonds.
871 Bsp.: Art. 10 Abs. 4 DBA-Schweden, Art. 10 Abs. 5 Satz 2 DBA-USA; BFH v. 19. 5. 2010 I R 75/09, BStBl 2011 II 208 – hierzu BMF v. 28. 2. 2011, BStBl 2011 I 182.
872 Bsp.: Art. 10 Abs. 6 DBA-USA.
873 Der Begriff leitet sich von „verschachtelte Gesellschaft" ab.

829 Das Schachtelprivileg beinhaltet, vereinfacht ausgedrückt, die Nicht- oder nur teilweise Berücksichtigung der empfangenen Schachteldividenden bei der Einkommensermittlung der empfangenden Gesellschaft. Damit soll die Mehrfachbesteuerung von Gewinnanteilen, die eine – ausländische – Tochtergesellschaft an ihre – inländische – Muttergesellschaft ausschüttet, vermieden werden.[874]

830 Das abkommensrechtliche Schachtelprivileg findet sich zum einen in Art. 10 Abs. 2 Buchst. a OECD-MA und zum anderen im Methodenartikel;[875] vergleichbare Regelungen finden sich in Art. 10 Abs. 2 und Art. 22 Abs. 1 VG-DBA.

831 Für die Anwendung des Schachtelprivilegs ist es erforderlich, dass es sich bei der ausschüttenden ausländischen Gesellschaft um eine (Kapital-)Gesellschaft[876] handelt. Zum Ausdruck „Kapitalgesellschaft" vgl. Rdn. 616.

832 Die Mindestschachtelbeteiligung beträgt in den älteren DBA i. d. R. 25 % am Kapital der ausländischen Gesellschaft,[877] in den DBA ab ca. Ende der achtziger Jahre des zwanzigsten Jahrhunderts üblicherweise nur noch 10 % (so auch Art. 10 Abs. 2 VG-DBA).

833 In den von Deutschland abgeschlossenen DBA schwankt der ausländische Kapitalertragsteuersatz für Schachteldividenden zwischen 0 % und 25 %, in der überwiegenden Zahl der Fälle beträgt er 15 %.

834 Durch das StÄndG 1992 vom 25. 2. 1992[878] wurde die sog. Mutter-Tochter-Richtlinie[879] in innerstaatliches Recht umgesetzt. Diese Richtlinie bestimmt, dass Gewinnausschüttungen von Tochtergesellschaften mit Sitz in einem EU-Mitgliedstaat an eine Muttergesellschaft[880] mit Sitz in einem anderen EU-Mitgliedstaat im Staat der Muttergesellschaft entweder von der Körperschaftsteuer freizustellen oder durch die Anrechnung der ausländischen Steuer zu begünstigen sind. Jeglicher Steuerabzug an der Quelle unterbleibt (Art. 5 der Mutter-Tochter-Richtlinie). Wichtig ist, dass die Mutter-Tochter-Richtlinie für die Gewährung des Schachtelprivilegs darauf verzichtet, dass die Tochtergesellschaft eine Aktivitätsklausel erfüllt.

835 Aufgrund der Mutter-Tochter-Richtlinie wird auf Antrag eine Kapitalertragsteuer nicht erhoben (§ 43b EStG). Umgekehrt erheben die EU-Staaten ihrerseits ebenfalls keine Quellensteuer.

---

874 BVerfG v. 18. 6. 1975 1 BvR 528/72, BVerfGE 40, 109.
875 Bsp.: Art. 24 Abs. 1 Buchst. a DBA-Dänemark; Art. 10 Abs. 1 Buchst. b DBA-Frankreich; Art. XVIII Abs. 2 Buchst. a DBA-Großbritannien; Art. 23 Abs. 2 Buchst. a DBA-Kanada; Art. 23 Abs. 1 Buchst. a DBA-Österreich 2000; Art. 24 Abs. 1 Buchst. b DBA-Schweiz; Art 23 Abs. 2 Buchst. a DBA-USA.
876 Sofern im Abkommen nicht ausdrücklich die Kapitalgesellschaft erwähnt ist (Bsp.: Art. 23 Abs. 2 Buchst. a) DBA-USA), folgt dies aus der Verwendung des Ausdrucks „Gesellschaft", der seinerseits auf die Begriffsbestimmung in Art. 3 Abs. 1 Buchst. b) OECD-MA Bezug nimmt; vgl. BFH v. 21. 8. 2007 I R 17/07, BFH/NV 2008, 530: Ein rechtsfähiger Verein ist keine Kapitalgesellschaft; v. 12. 10. 2011 I R 93/10, BFH/NV 2012, 275: Eine Genossenschaft ist keine Kapitalgesellschaft.
877 Einige DBA stellen hiervon abweichend auf Gesellschafter-Stimmrechte ab.
878 BStBl 1992 I 146.
879 Vgl. Rdn. 1498.
880 Definition in Art. 3 Abs. 1 der Richtlinie: Mindestbeteiligung 20 %, ab 1. 1. 2007 15 % und ab 1. 1. 2009 10 %; begünstigt ist auch die Ausschüttung über mehrere Tochtergesellschaften (Kettenausschüttung).

Wenn das DBA für Streubesitz einen niedrigeren Kapitalertragsteuersatz als für Schachteldividenden vorsieht (Bsp.: Art. VI Abs. 1, 2 DBA-Großbritannien 1964), kann es zur sog. **Quintettsituation** kommen: Eine 100 %-Beteiligung an einer deutschen Tochtergesellschaft wird nicht direkt, sondern über fünf Gesellschaften mit je 20 % gehalten. Nach heute herrschender Auffassung handelt es sich um einen Missbrauch i. S. des § 42 AO.[881]

836

3.7.3.4 Ermäßigung der Quellensteuer

Häufig liegt der innerstaatliche Quellensteuersatz über dem nach dem jeweiligen Abkommen zulässigen Höchstsatz, weil ein DBA grundsätzlich nicht das Recht der Vertragsstaaten berührt, Steuern nach nationalem Recht an der Quelle zu erheben; eine Ermäßigung auf den nach dem Abkommen zulässigen Höchstsatz erfolgt durch Antrag an die Finanzverwaltung des Staates, in dem die ausschüttende Gesellschaft ihren Sitz hat. Für die Erstattung der von deutschen Finanzbehörden einbehaltenen Quellensteuer ist nach § 5 Abs. 1 Nr. 2 FVG das BZSt zuständig.

837

3.7.3.5 Besteuerung der Dividenden in Deutschland

3.7.3.5.1 Besteuerung von Schachteldividenden

Schachteldividenden sind i. d. R. bereits aufgrund des DBA bei der empfangenden Kapitalgesellschaft von der Besteuerung in Deutschland freigestellt.[882] Wird die im Abkommen vereinbarte Mindestbeteiligung nicht erreicht, so erfolgt eine innerstaatliche Steuerfreistellung nach § 8b Abs. 1 KStG, sofern eine Mindestbeteiligung von 10 % erreicht wird.[883] Beide Freistellungen – jene nach § 8b Abs. 1 KStG und jene nach den DBA – stehen grundsätzlich unabhängig nebeneinander und schließen sich wechselseitig nicht aus.[884]

838

Sofern das Abkommen die Gewährung des Schachtelprivilegs (für die inländische Steuerbefreiung) an die Erfüllung einer Aktivitätsklausel koppelt, ist dies im Hinblick auf die Regelung des § 8b Abs. 1 KStG[885] ohne Bedeutung. Handelt es sich bei der ausschüttenden Gesellschaft um eine Kapitalgesellschaft mit Sitz in einem EU-Staat, so ist aufgrund der sog. Mutter-Tochter-Richtlinie davon auszugehen, dass im ausschüttenden Staat keine Quellensteuer erhoben wird. Im Übrigen verbleibt eine im Ausland erhobene Quellensteuer als definitive Belastung, da in Deutschland keine Körperschaftsteuer entsteht, auf die die ausländische Steuer angerechnet werden könnte.

839

---

881 FG Köln v. 13. 10. 1995 6 K 1459/89, EFG 1996, 324, mit Nachweisen der bisherigen BFH-Rechtsprechung; in der EU aufgrund der Mutter-Tochter-Richtlinie i. d. R. gegenstandslos geworden.
882 BFH v. 14. 1. 2009 I R 47/08, BStBl 2011 II 131; v. 22. 2. 2006 I R 30/05, BFH/NV 2006, 1659.
883 Vgl. Rdn. 416.
884 BFH v. 22. 9. 2016 I R 29/15, BFH/NV 2017, 324.
885 Unter Berücksichtigung der Neuregelung des § 8b Abs. 4 KStG.

3.7.3.5.2 Besteuerung von Dividenden in sonstigen Fällen

840 Bereits oben wurden die Folgen der Einführung der Abgeltungssteuer auch für ausländische Kapitalerträge natürlicher Personen auch unter Berücksichtigung eines DBA dargelegt.[886] Im Regelfall erfolgt eine Besteuerung im Inland unter Anrechnung der ausländischen Steuer.

841 Besonderheiten können sich dann ergeben, wenn die Beteiligung zum Betriebsvermögen eines inländischen Betriebes i. S. des § 20 Abs. 8 EStG gehört, weil dann nach § 32d Abs. 1 Satz 1 EStG nicht die Abgeltungssteuer zum Tragen kommt, sondern die ausländischen Kapitaleinkünfte der „normalen" Besteuerung in der Weise unterliegen, dass 40 % der Bezüge nach § 3 Nr. 40 EStG (Teileinkünfteverfahren) steuerfrei bleiben bei Beachtung des § 3c Abs. 2 EStG und Anrechnung der ausländischen Steuer auf die deutsche Einkommensteuer, die auf den steuerpflichtigen Teil der Kapitaleinkünfte entfällt.

842 Neben der Anrechnung tatsächlich gezahlter Quellensteuer ist nach verschiedenen DBA, insbesondere mit Entwicklungsländern, auch die Anrechnung einer **fiktiven Quellensteuer** möglich. In diesen Fällen kann wegen § 34c Abs. 6 Satz 2 zweiter Halbsatz EStG nur die tatsächlich gezahlte Steuer abgezogen werden, sofern nicht ausdrücklich Einzelfallregelungen eingreifen.

3.7.3.6 Finanzierung einer Tochtergesellschaft

843 Der Steuerpflichtige hat grundsätzlich die freie Wahl, ob er seine Tochtergesellschaft durch Eigenkapital oder durch Hingabe von Darlehen finanziert, sieht man einmal von einer gewissen Grundausstattung mit Kapital (z. B. gesetzliches Mindestkapital) sowie der Sonderregelungen des § 8a KStG / § 4h EStG (Zinsschranke) und des § 1 AStG ab. Demzufolge bedarf es einer Modellberechnung, um die Frage zu entscheiden. Dabei spielen die Körperschaftsteuersätze in Deutschland und im ausländischen Zielstaat eine wesentliche Rolle.

> **BEISPIEL:** Die inländische Mutterkapitalgesellschaft M-AG steht vor der Frage, ob sie die in X (EU-DBA-Staat) zu gründende Tochterkapitalgesellschaft T-Inc. (aktiv tätig i. S. des AStG) mit Eigenkapital oder mit Darlehen ausstatten soll. Es werden folgende Prämissen angenommen: Darlehen i. H. von 1 000 000 €, angemessener Zinssatz 6 %; Gewinn der T-Inc. vor Zinsen und Steuern 100 000 €, Ertragsteuersatz in X 12,5 %, Deutschland 15,825 % (KSt zuzüglich Solidaritätszuschlag), 14 % GewSt; der Gewinn nach Steuern wird von T-Inc. ausgeschüttet, keine Quellensteuer auf Zinsen oder Dividenden in X.

T-Inc.	Darlehen	Eigenkapital
Gewinn	100 000	100 000
Zinsen	./. 60 000	0
Gewinn	40 000	100 000
Ertragsteuer X	./. 5 000	./. 12 500
Gewinn nach Steuern	35 000	87 500

---

[886] Rdn. 343 ff.

M-AG

Steuerpflichtige Zinseinnahme	60 000	0
hierauf KSt (15,825 %)	9 495	0
Hierauf GewSt	8 400	0
nach DBA / § 8b Abs. 1 KStG steuerfreier Dividendenbezug		87 500
§ 8b Abs. 5 KStG = 5 %		4 375
hierauf KSt (15,825 %)		692
Hierauf GewSt		612
Gesamtsteuerbelastung	22 895	13 804

Aus der vorstehenden Modellrechnung ergibt sich ein deutlicher Vorsprung für die Eigenkapitalfinanzierung; allerdings bedürfte die endgültige Entscheidung noch einer exakten Verifizierung anhand der in beiden Staaten geltenden steuerlichen und außersteuerlichen Bestimmungen und des DBA.

3.7.4 Zinsen (Art. 11 OECD-MA)

Der Aufbau des Art. 11 OECD-MA ähnelt dem des Art. 10 OECD-MA: Nach Art. 11 Abs. 1 OECD-MA können Zinseinkünfte im Wohnsitzstaat des Empfängers besteuert werden. Daneben besteht nach Art. 11 Abs. 2 OECD-MA ein Recht zur Quellenbesteuerung, das aber 10 % des Bruttobetrages der Zinsen nicht übersteigen darf,[887] sofern der Empfänger der Nutzungsberechtigte ist.[888] Hiervon abweichend sieht Art. 11 Abs. 1 VG-DBA eine ausschließliche Besteuerung im Ansässigkeitsstaat des Empfängers der Zinsen vor; deswegen entfällt eine dem Art. 11 Abs. 2 OECD-MA entsprechende Regelung. Aber durch Nr. 1 des der VG-DBA angefügten Protokolls wird unter gewissen Umständen auch dem Quellenstaat ein Besteuerungsrecht eingeräumt.

844

Der Begriff der Zinsen[889] wird in Art. 11 Abs. 3 OECD-MA (= Art. 11 Abs. 2 VG-DBA) definiert: Einkünfte aus Forderungen jeder Art, auch soweit sie dinglich gesichert sind, und insbesondere Einkünfte aus öffentlichen ausländischen Anleihen und Obligationen. Nicht zu den Zinsen gehören sog. Stückzinsen; soweit sie vereinnahmt werden, gehören sie zu den Veräußerungsgewinnen i. S. des Art. 13 OECD-MA.[890]

845

Art. 11 Abs. 4 OECD-MA (= Art. 11 Abs. 3 VG-DBA) regelt den Betriebsstättenvorbehalt: Die Regelung des Abs. 1 gilt dann nicht, wenn die Forderung, für die die Zinsen gezahlt werden, zum Betriebsvermögen einer Betriebsstätte oder festen Einrichtung gehört,

846

---

887 Die Höhe der Quellensteuer schwankt von DBA zu DBA; in einigen DBA ist auch eine vollkommene Freistellung der Zinsen von der Quellenbesteuerung vereinbart, in anderen DBA ist die Quellensteuer begrenzt auf 10 bis 15 %; in Liberia beträgt der Quellensteuersatz 20 % und im DBA-Mauritius ist er der Höhe nach unbeschränkt.
888 Zum Begriff des „Nutzungsberechtigten" vgl. Rdn. 817.
889 Vgl. BFH v. 22. 6. 2011 I R 103/10, BFH/NV 2011, 1785.
890 BFH v. 9. 6. 2010 I R 94/09, BStBl 2010 II 860; BMF v. 6. 12. 2011, BStBl 2011 I 1222; für VZ ab 2009 gilt § 32d Abs. 5 EStG.

die in dem Staat gelegen ist, in dem der Schuldner ansässig ist. Es kommt auf die tatsächliche Zugehörigkeit der Forderung zum Vermögen der Betriebsstätte an; die rechtliche Zugehörigkeit nach den Grundsätzen des nationalen Steuerrechts eines der Vertragsstaaten ist hingegen nicht maßgebend.[891]

847 Bei Kreditgewährung ist nicht entscheidend, ob das darlehensweise überlassene Kapital in der Betriebsstätte genutzt wird. Das Stammrecht, für das die Zinsen gezahlt werden, muss zum Vermögen der Betriebsstätte gehören.[892]

848 Zinsen sind aus abkommensrechtlicher Sicht nicht einer Betriebsstätte zuzurechnen, wenn die verzinste Forderung für die Betriebsstätte Fremdkapital darstellt.

849 Als aus dem Ausland stammend sind nach Art. 11 Abs. 5 Satz 1 OECD-MA die Zinsen dann anzusehen, wenn Schuldner der Forderung der ausländische Staat selbst, eine seiner Gebietskörperschaften (Bsp.: Bundesstaat, Gemeinde) oder eine im ausländischen Staat ansässige natürliche oder juristische Person ist.[893]

850 Werden die Zinsen von einer Betriebsstätte getragen (= ist sie wirtschaftlich mit den Zinsen belastet), so gelten sie nach Art. 11 Abs. 5 Satz 2 OECD-MA als aus dem Land bezogen, in dem die Betriebsstätte oder feste Einrichtung gelegen ist. Hierzu unterscheidet man drei Fälle:

- ▶ Das Darlehen ist von der Geschäftsleitung der Betriebsstätte aufgenommen worden und ist in der Buchführung der Betriebsstätte ausgewiesen;
- ▶ das Stammhaus hat das Darlehen für die Betriebsstätte aufgenommen und zahlt auch die Zinsen, belastete aber die Zinsen – mit einem entsprechenden angemessenen Aufschlag – an die Betriebsstätte weiter;
- ▶ das Stammhaus nimmt ein Darlehen auf, das zugunsten mehrerer Betriebsstätten verwandt wird: In diesem Fall sind die Voraussetzungen für die Anwendung des Art. 11 Abs. 5 OECD-MA nicht erfüllt.

851 Art. 11 VG-DBA hat keine Art. 11 Abs. 5 OECD-MA entsprechende Regelung.

852 Probleme ergeben sich in der Praxis bei sog. Dreiecksverhältnissen: Die Betriebsstätte bezieht Zinsen aus einem Drittstaat. Da die Betriebsstätte nicht Person i. S. des Abkommens ist, sondern das Stammhaus (im anderen Vertragsstaat), kann die Betriebsstätte weder im Drittstaat noch im Betriebsstättenstaat die Rechte aus dem Abkommen geltend machen. Abschließende Lösungen sind zurzeit nicht vorhanden. In der Literatur werden verschiedene Lösungsansätze diskutiert, so z. B. eine partielle Abkommensberechtigung der Betriebsstätte für Quellensteuern auf Dividenden, Zinsen und Lizenzen.[894] Für den Fall der abkommensrechtlichen Zuordnung notwendigen Sonderbetriebsvermögens im sog. Dreieckssachverhalt hat der BFH eine Entscheidung gefällt, wobei aber die Besonderheiten des Falls und der einschlägigen DBA berücksichtigt werden müssen, so dass dieses Urteil nur bedingt verallgemeinerungsfähig ist.[895]

---

891 BFH v. 9.8.2006 II R 59/05, BFH/NV 2006, 2326; v. 17.10.2007 I R 5/06, BStBl 2009 II 356.
892 BFH v. 31.5.1995 I R 74/93, BStBl 1995 II 683.
893 BFH v. 18.12.1986 I R 52/83, BStBl 1988 II 521; v. 8.7.1998 I R 112/97, BStBl 1999 II 123.
894 Nr. 51 ff. OECD-MK zu Art. 24 OECD-MA.
895 BFH v. 12.6.2013 I R 47/12, BFH/NV 2013, 199.

Sind die Zinszahlungen aufgrund besonderer Beziehungen zwischen Schuldner und Nutzungsberechtigtem (Bsp.: verbundene Unternehmen) unangemessen hoch, so findet für die Anwendung der Abkommensbestimmung nach Art. 11 Abs. 6 OECD-MA / Art. 11 Abs. 4 VG-DBA eine Korrektur nach dem Fremdvergleichsgrundsatz statt: Art. 11 OECD-MA wird nur auf die üblicherweise zwischen fremden Dritten vereinbarten Zinsen angewandt (nach Auffassung der Finanzverwaltung ist von den Zinsen auszugehen, zu denen Banken üblicherweise Kredite gewähren);[896] bezüglich des übersteigenden Betrages sind beide Vertragsstaaten in der Besteuerung durch das Abkommen nicht beschränkt. Hauptstreitpunkt ist z. Zt. die Bedeutung des Rückhalts im Konzern für die Höhe der Zinsen sowie die sonstigen Darlehensbedingungen.[897]

853

Übersteigt die im Ausland erhobene Quellensteuer die laut Abkommen höchst zulässige Quellensteuer, so hat der Empfänger der Zinsen einen Ermäßigungsantrag bei der zuständigen ausländischen Finanzbehörde zu stellen.

854

Werden Zinsen an eine staatliche Notenbank gezahlt, können diese in den meisten Fällen nur im Ansässigkeitsstaat der Notenbank besteuert werden.

855

Ein besonderes Problem im Abkommensrecht stellt die deutsche Transparenzbesteuerung der Personengesellschaften und die damit zusammenhängende Besteuerung von Sondervergütungen – hier: Besteuerung von Darlehenszinsen – an Gesellschafter dar (§ 15 Abs. 1 Nr. 2 Satz 1 zweiter Halbsatz EStG). Durch die Rechtsprechung ist geklärt, dass – vorbehaltlich einer abweichenden Regelung in dem maßgeblichen DBA[898] – an den Gesellschafter gezahlte Darlehenszinsen auch dann „Zinsen" im abkommensrechtlichen Sinne sind, wenn sie nach deutschem Recht als Sondervergütungen den Einkünften aus Gewerbebetrieb zuzuordnen sind.[899] Diese Rechtsauffassung wurde und wird von der Finanzverwaltung nicht geteilt.[900] Als Reaktion auf die Rechtsprechung wurde die Regelung des § 50d Abs. 10 EStG in das Gesetz eingefügt.[901]

856

3.7.5 Lizenzgebühren (Art. 12 OECD-MA)

Lizenzgebühren sind nach Art. 12 Abs. 1 OECD-MA / Art. 12 VG-DBA ausschließlich im Wohnsitzstaat des Lizenzgebers zu besteuern. Die von Deutschland abgeschlossenen DBA sehen aber in der Mehrzahl daneben ein Besteuerungsrecht des Quellenstaates vor. Die Quellensteuer schwankt je nach Abkommen zwischen 0 %[902] und 25 %.[903] Wird

857

---

896 BMF v. 23. 2. 1983, BStBl 1983 I 218, Tz. 4.2.
897 Zum sog. Konzernrückhalt sowie der Frage der Besicherung von Darlehen zwischen verbundenen Unternehmen unter Aufgabe der bisherigen Rechtsprechung BFH v. 27. 2. 2019 I R 73/16, BFH/NV 2019, 731.
898 Bsp.: Art. 7 Abs. 7 Satz 2 DBA-Österreich, Art. 7 Abs. 7 Satz 2 DBA-Schweiz.
899 BFH v. 10. 8. 2006 II R 59/05, BStBl 2009 II 758; v. 20. 12. 2006 I B 47/05, BStBl 2009 II 766; v. 17. 10. 2007 I R 5/06, BStBl 2009 II 356; v. 19. 12. 2007 I R 66/06, BStBl 2008 II 510; v. 20. 8. 2008 I R 34/08, BStBl 2009 II 263; v. 7. 12. 2011 I R 5/11, BFH/NV 2012, 556; v. 11. 12. 2013 I R 4/13, BStBl 2014 II 791.
900 BMF v. 24. 12. 1999, BStBl 1999 I 1076, Tz. 1.2.3.
901 Vgl. Rdn. 1855.
902 Bsp.: Art. 12 Abs. 2 DBA-Dänemark.
903 Bsp.: Art. 12 Abs. 2 Buchst. a DBA-Ägypten für die Benutzung oder das Recht auf Benutzung von Warenzeichen.

im ausländischen Staat eine Quellensteuer erhoben, so ist diese grundsätzlich bei der Besteuerung im Inland anrechenbar. Wie bei der Zinsbesteuerung besteht auch bei der Lizenzbesteuerung ein Dissens zwischen der Finanzverwaltung und der Rechtsprechung, sofern die Lizenzzahlungen im Rahmen einer Personengesellschaft erfolgten.[904]

858 Probleme wirft die Definition des Begriffs „Lizenz" auf: Zwar findet sich in Art. 12 Abs. 2 OECD-MA / Art. 12 Abs. 2 VG-DBA eine sehr weit gefasste Erläuterung.[905] Aber die von Deutschland abgeschlossenen DBA weisen teilweise erhebliche Erweiterungen oder Einschränkungen gegenüber dem OECD-MA auf, die zudem noch eine unterschiedliche Quellensteuer auslösen können (Bsp.: Art. 12 Abs. 2 DBA-Ägypten).

859 Entsprechend Art. 10 Abs. 4, Art. 11 Abs. 4 OECD-MA ist in Art. 12 Abs. 3 OECD-MA / Art. 12 Abs. 3 VG-DBA der Betriebsstättenvorbehalt geregelt.[906]

860 Nach Art. 12 Abs. 4 OECD-MA / Art. 12 Abs. 3 VG-DBA unterliegen den Abkommensbestimmungen nur die angemessenen (= fremdüblichen) Lizenzzahlungen.

861 Ein aktuelles Thema im Zusammenhang mit Lizenzen ist das Entgelt für die Überlassung des Markenzeichens und / oder des Logos. Zwar existieren hierzu Urteile des BFH,[907] aber das Problem ist die Frage der angemessenen Höhe und deren Ermittlung, die in der Literatur kontrovers diskutiert wird; die Finanzverwaltung hat hierzu auch noch keine verbindliche Stellungnahme abgegeben.

3.7.6 Einkünfte aus der Veräußerung von Vermögen (Art. 13 OECD-MA)

862 Gewinne aus der Veräußerung von unbeweglichem Vermögen können nach Art. 13 Abs. 1 OECD-MA (= Art. 13 Abs. 1 VG-DBA) grundsätzlich im Belegenheitsstaat besteuert werden. Soweit bei Einkünften aus unbeweglichem Vermögen gemäß Art. 6 OECD-MA das Anrechnungsverfahren vereinbart ist (Bsp.: DBA-Schweiz), sind Gewinne aus der Veräußerung von unbeweglichem Vermögen im Wohnsitzstaat zu besteuern, und ist die ausländische Steuer anzurechnen. Diese Regel gilt auch für die Gewinne aus der Veräußerung von unbeweglichem Betriebsvermögen.[908]

863 Gewinne aus der Veräußerung von beweglichem Vermögen, das zu einer Betriebsstätte gehört[909] – einschließlich Forderungen und Rechten aller Art, immateriellen Ver-

---

904 Vgl. Rdn. 856; BFH v. 8. 9. 2010 I R 74/09, BFH/NV 2011, 138: Es sind die Abkommensregelungen anzuwenden und nicht die Grundsätze für Sondervergütungen; zum Problembereich Lizenzzahlungen, Betriebsausgaben, Werbungskostenabzug und § 50a EStG vgl. BMF v. 17. 6. 2014, BStBl 2014 I 887.
905 BMF v. 5. 12. 2002, BStBl 2002 I 1384, zum DBA-Kanada.
906 Vgl. Rdn. 745.
907 BFH v. 21. 1. 2016 I R 22/14, BStBl II 2017, 336; v. 9. 8 2000 I R 12/99, BStBl 2001 II 140; hierzu BMF v. 7. 4. 2017, BStBl 2017 I 701.
908 Nr. 22 OECD-MK zu Art. 13 OECD-MA.
909 Zur Zuordnung BFH v. 12. 6. 2013 I R 47/BFH/NV 2013, 1999; v. 13. 2. 2008 I R 63/06, BStBl 2009 II 414.

mögenswerten, Anteilen an Kapital- und Personengesellschaften[910] usw. – sowie der Betriebsstätte als solches werden nach Art. 13 Abs. 2 OECD-MA (= Art. 13 Abs. 2 VG-DBA) im Betriebsstättenstaat besteuert. Dies gilt auch für den Gewinn aus der Veräußerung von beweglichem Vermögen, das einer selbständigen Tätigkeit dient.

Abs. 3 ist durch das Update 2017 geändert worden; die Regelung bezüglich Binnenschiffe ist gestrichen worden. In der bisherigen Fassung war geregelt, dass Gewinne aus der Veräußerung von Seeschiffen, Binnenschiffen und Luftfahrzeugen sowie von beweglichem Vermögen, das dem Betrieb dieser Fahrzeuge dient, nach Art. 13 Abs. 3 OECD-MA 2014 (= Art. 13 Abs. 3 VG-DBA) allein in dem Staat besteuert, in dem sich der Ort der tatsächlichen Geschäftsleitung befindet; nach dem Update 2017 wird der Gewinn im Sitzstaat des jeweiligen Unternehmens besteuert. 864

Neu aufgenommen wurde durch das Update 2002 die Regelung des Art. 13 Abs. 4 OECD-MA, der eine spezielle Bestimmung für Immobiliengesellschaften (= sog. Real Estate Investment Trust – REIT) enthält, deren Wert zu mehr als 50 % unmittelbar oder mittelbar auf unbeweglichem Vermögen beruht. Gewinne aus der Veräußerung von Anteilen derartiger Unternehmen können in dem Staat besteuert werden, in dem sich das unbewegliche Vermögen befindet. Hintergrund dieser Bestimmung ist die Tatsache, dass das OECD-MA – wie auch viele DBA Deutschlands – keine gesonderte Bestimmung über die Besteuerung der Gewinne aus der Veräußerung von Anteilen an Kapitalgesellschaften enthält und derartige Gewinne demnach grundsätzlich der Auffangklausel des Art. 13 Abs. 5 OECD-MA unterliegen: Ausschließliche Besteuerung im Wohnsitzstaat des Anteilseigners. Ohne die Regelung des Art. 13 Abs. 4 OECD-MA wird bei der Besteuerung von Gewinnen aus der Veräußerung von Anteilen an Immobilienkapitalgesellschaften das Besteuerungsprinzip des Art. 13 Abs. 1 OECD-MA ausgehebelt und die Besteuerung in den Wohnsitzstaat des Anteilseigners verschoben. De facto wird das Grundstück, das den einzigen Wert der Objektgesellschaft darstellt, übertragen, de jure aber (nur) die Anteile an der Objektgesellschaft selbst. Art. 13 Abs. 4 VG-DBA entspricht der aktuellen Fassung des OECD-MA. Das Update 2017 hat auch diese Vorschrift modifiziert: Zum einen wurde der Begriff der Beteiligung erweitert und zum anderen wurde eine Haltfrist von 365 Tagen eingeführt (wenn zu irgendeinem Zeitpunkt in den 365 Tagen vor der Veräußerung der Wert dieser Anteile oder vergleichbaren Rechten zu mehr als 50 % unmittelbar oder mittelbar auf unbeweglichem Vermögen gemäß der Definition in Art. 6 beruht, das im anderen Vertragsstaat gelegen ist). Damit soll verhindert werden, dass es kurz vor der Veräußerung der Anteile an der Gesellschaft zu einer Änderung bei dem Umfang der Beteiligung kommt, um damit die kritische Grenze von 50 % unterschritten wird. 865

Gewinne aus der Veräußerung von sonstigem Vermögen einschließlich der Besteuerung der Gewinne aus der Veräußerung von Anteilen an Kapitalgesellschaften werden nach Art. 13 Abs. 5 OECD-MA (= Art. 13 Abs. 5 VG-DBA) ausschließlich im Wohnsitzstaat besteuert (Auffangklausel). 866

---

910 Auch solche Wirtschaftsgüter, die zum Sonderbetriebsvermögen eines Gesellschafters einer Personengesellschaft gehören – BFH v. 13. 2. 2008 I R 63/06, BStBl 2009 II 414.

867 In einigen DBA finden sich Abweichungen von dem Grundsatz des Art. 13 Abs. 5 OECD-MA hinsichtlich der Veräußerung von Beteiligungen an Kapitalgesellschaften;[911] dann wird auch dem Sitzstaat der Gesellschaft ein Besteuerungsrecht unter den jeweiligen Bedingungen eingeräumt.

868 Art. 13 Abs. 6 VG-DBA enthält eine gegenüber dem OECD-MA eigenständige Regelung, die sich mit dem in Deutschland besonders brisanten Problem der Wegzugsbesteuerung (vgl. § 6 AStG)[912] befasst. Vorbild für die Regelung ist Art. 13 Abs. 5 DBA-Schweiz: Um sicherzustellen, dass der Wegzugsstaat (unter der Voraussetzung einer zeitlich bestimmten Ansässigkeit des Veräußerers) die stillen, aber beim Wegzug nicht aufgedeckten Reserven (Wertzuwachs) besteuern darf, wird dieses nationale Besteuerungsrecht im Abkommen vereinbart; gleichzeitig wird, um bei einer tatsächlichen Veräußerung eine Doppelbesteuerung zu vermeiden, vereinbart, dass der Zuzugsstaat als fiktive Anschaffungskosten den vom Wegzugsstaat angesetzten fiktiven Veräußerungspreis ansetzt.[913]

3.7.7 Selbständige Arbeit (Art. 14 OECD-MA a. F.)

869 Bis zum Update 2000 des OECD-MA war die Besteuerung der Einkünfte aus selbständiger Arbeit gesondert in Art. 14 OECD-MA geregelt. Nachdem nunmehr nach Art. 3 Abs. 1 Buchst. h OECD-MA zur Geschäftstätigkeit auch die freiberufliche und sonstige selbständige Tätigkeit zählen, werden derartige Einkünfte nach den Grundsätzen des Art. 7 OECD-MA besteuert; dafür wurde Art. 14 OECD-MA aufgehoben. Die von Deutschland abgeschlossenen DBA enthalten aber in der Mehrzahl noch eine dem aufgehobenen Art. 14 OECD-MA entsprechende Klausel, so dass nachfolgend die alte und für die abgeschlossenen Abkommen auch weiterhin gültige Rechtslage dargestellt ist.

870 Die VG-DBA enthalten – entsprechend der aktuellen Fassung des OECD-MA – keine eigenständige Regelung zur selbständigen Arbeit.

871 Nach Art. 14 Abs. 1 OECD-MA werden die Einkünfte aus einem freien Beruf oder einer sonstigen selbständigen Tätigkeit grundsätzlich im Wohnsitzstaat besteuert.[914] Steht aber der Person für die Ausübung der Tätigkeit im Ausland eine dort befindliche feste Einrichtung zur Verfügung, wird dem Tätigkeitsstaat als Quellenstaat das Besteuerungsrecht zugewiesen. Dies gilt allerdings nur für diejenigen Einkünfte, die dieser festen Einrichtung zugerechnet werden können (Ursprungsprinzip).[915]

872 Unter die Schutzvorschrift des Art. 14 OECD-MA fällt aus deutscher Sicht nur die Tätigkeit von natürlichen Personen, da nur diese eine selbständige Tätigkeit persönlich ausüben können; eine Reihe von Abkommen legen dies auch ausdrücklich fest. Andererseits ist in den Abkommen, die in Art 14 des jeweiligen DBA nur von „Person" sprechen,

---

911 Bsp.: Art. 13 Abs. 3 DBA-Argentinien; Art. 13 Abs. 4 DBA-Mexiko; Art. 13. Abs. 4 DBA-Norwegen; Art. 13 Abs. 5 DBA-Schweiz.
912 Ausführlich Rdn. 1230 ff.
913 Vgl. BMF v. 14. 5. 2005, BStBl I, Sonderheft I/2004, Tz. 6.15.
914 BFH v. 29. 11. 2006 I R 51/05, BFH/NV 2007, 1095.
915 BFH v. 25. 11. 2015 I R 50/14, BFH/NV 2016, 977; v. 11. 4. 1990 I R 82/86, BFH/NV 1991, 143.

dies vorrangig nach dem Abkommen selbst auszulegen. Da i. d. R. unter „Person" nach Art. 3 Abs. 1 Buchst. a OECD-MA auch Gesellschaften fallen, können demnach grundsätzlich auch Gesellschaften einer Tätigkeit i. S. des Art. 14 OECD-MA nachgehen.

Abzugrenzen ist Art. 14 OECD-MA von anderen einschlägigen Bestimmungen des OECD-MA: Die Tätigkeit i. S. des Art. 14 OECD-MA muss selbständig ausgeübt werden; wird ein freier Beruf in einem Arbeitsverhältnis ausgeübt (Bsp.: angestellter Rechtsanwalt oder Arzt), bestimmt sich die Besteuerung nach Art. 15 OECD-MA. Übt ein Freiberufler eine gewerbliche Tätigkeit aus (Bsp.: Architekt als Handelsvertreter),[916] ist insoweit Art. 7 OECD-MA anzuwenden. 873

Bei Künstlern und Sportlern geht die Sonderregelung des Art. 17 OECD-MA dem Art. 14 OECD-MA vor.[917] Werkschaffende Künstler (Bsp.: Komponisten, Maler, Bildhauer, Bühnenbildner) fallen grundsätzlich nicht unter Art. 17 OECD-MA, so dass sich die Besteuerung nach Art. 14 OECD-MA richtet. 874

Die Besteuerung von Aufsichtsrats- und Verwaltungsratstätigkeit erfolgt nach Art. 16 OECD-MA. 875

Der Begriff „freier Beruf" umfasst u. a. (beispielhafte Aufzählung in Art. 14 Abs. 2 OECD-MA) die selbständig ausgeübte wissenschaftliche, literarische, künstlerische, erzieherische oder unterrichtende Tätigkeit sowie die selbständige Tätigkeit der Ärzte, Rechtsanwälte, Ingenieure, Architekten, Zahnärzte und Buchsachverständigen. Zur Qualifizierung der Tätigkeit ist auf das Recht des Wohnsitzstaates abzustellen. 876

Der Ausdruck „sonstige selbständige Tätigkeit" wird im OECD-MA nicht erläutert, so dass gemäß Art. 3 Abs. 2 OECD-MA auf das nationale Recht zurückzugreifen ist[918]. Kennzeichen sind u. a. neben der Selbständigkeit des Handelns[919] die persönliche qualifizierte Leistung des Tätigen, keine gewerbliche (einschließlich handwerklicher und kaufmännischer) Tätigkeit oder land- und forstwirtschaftliche Tätigkeit, untergeordnete Bedeutung des eingesetzten Kapitals, Ähnlichkeit der ausgeübten Tätigkeit mit den Katalogberufen in Art. 14 Abs. 2 OECD-MA.[920] 877

Da Kennzeichen der freiberuflichen und sonstigen selbständigen Tätigkeit die persönliche Leistungserbringung ist, wird die Tätigkeit grundsätzlich dort ausgeübt, wo sich die Person bei ihrer Tätigkeit physisch aufhält und die Berufstätigkeit persönlich entfaltet,[921] z. B. wo der Autor seine Texte verfasst.[922] Die Verwertung ist in diesem Zusammenhang nachrangig. 878

---

916 BFH v. 28. 6. 2001 IV B 20/01, BFH/NV 2001, 1400; v. 14. 6. 1984 I R 204/81, BStBl 1985 II 15.
917 Nach BFH v. 11. 10. 2000 I R 44-51/99, BFH/NV 2001, 512, gilt dies aber nur, soweit der Sportler nicht gewerblich tätig wird; wird er gewerblich tätig, z. B. als Berufssportler, ist grundsätzlich Art. 7 OECD-MA zu prüfen.
918 BFH v. 11. 10. 2000 I R 44-51/99, BStBl 2002 II 271.
919 Vgl. hierzu BFH v. 5. 4. 2004 XI R 9/03, BStBl 2004 II 989; v. 12. 10. 1988 X R 18/87, BFH/NV 1989, 366; v. 14. 6. 1985 VI R 150-152/82, BStBl 1985 II 661.
920 Zu den Rundfunk- und Fernsehkorrespondenten BFH v. 31. 5. 2000 IV B 133/99, BFH/NV 2000, 1460.
921 BFH v. 5. 11. 1992 I R 42/99, BStBl 1993 II 407; v. 11. 4. 1990 I R 82/86, BFH/NV 1991, 143.
922 BFH v. 15. 2. 1990 IV R 13/89, BStBl 1990 II 621.

879 Nicht definiert ist der Begriff der festen Einrichtung. Vereinfacht kann man die feste Einrichtung als „Betriebsstätte" des Selbständigen bezeichnen,[923] so dass auf die obigen Ausführungen zur Betriebsstätte verwiesen werden kann.

> **BEISPIEL:** Der in Deutschland ansässige Autor von Kriminalromanen A schreibt während seines sechswöchigen Urlaubsaufenthalts auf Sardinien in einem Hotel zwei kurze Novellen, die er an eine italienische Zeitung verkauft. Da er in Italien keine feste Einrichtung besitzt, sind die Einkünfte in Deutschland steuerpflichtig.

880 Eine Reihe von Abkommen insbesondere mit Entwicklungsländern[924] sehen alternativ als Anknüpfungspunkt für die Besteuerung durch den Tätigkeitsstaat neben der festen Einrichtung die Dauer des Aufenthalts zur Ausübung der selbständigen Tätigkeit vor, u.U. erst ab einer Mindestaufenthaltsdauer.[925]

881 Mit einer Reihe von Staaten hat Deutschland Abkommen geschlossen, die als Anknüpfungspunkt für die Besteuerung lediglich auf die Dauer des Aufenthalts zur Ausübung der selbständigen Tätigkeit abstellen.[926]

882 Schließlich sahen die Abkommen mit Luxemburg von 1958 und den Niederlanden von 1959 ein Besteuerungsrecht des Tätigkeitsstaats auch ohne feste Einrichtung für eine selbständig ausgeübte künstlerische, vortragende, sportliche oder artistische Tätigkeit vor.

> **BEISPIEL:** Rechtsanwalt R aus Frankfurt hält vor Anlegern in Luxemburg einen Vortrag über das deutsche REIT. Das Honorar ist in Luxemburg zu versteuern, in der Bundesrepublik Freistellung mit Progressionsvorbehalt (Art. 20 Abs. 2 Satz 1 DBA-Luxemburg 1958).

883 Soweit die Einkünfte aus der selbständigen Tätigkeit dem Tätigkeitsstaat zugerechnet werden können, sind sie i. d. R. in Deutschland – ggf. unter Beachtung des Progressionsvorbehalts – von der Besteuerung gemäß § 32b EStG freigestellt.

884 Ergänzt wurde Art. 14 OECD-MA durch die insoweit auch aufgehobenen Regelungen der Art. 6 Abs. 4, Art. 10 Abs. 4, Art. 11 Abs. 4, Art. 12 Abs. 3, Art. 13 Abs. 2 und Art. 22 OECD-MA. Hier sind nunmehr die Bestimmungen anzuwenden, die eine (gewerbliche) Betriebsstätte voraussetzen.

3.7.8 Einkünfte aus unselbständiger Arbeit (Art. 15 OECD-MA)

3.7.8.1 Grundsätze

885 Einkünfte aus unselbständiger Arbeit (Gehälter, Löhne, Tantiemen, Gratifikationen, Provisionen und ähnliche Vergütungen, geldwerte Vorteile usw.) können nach Art. 15 Abs. 1 Satz 1 erster Halbsatz OECD-MA grundsätzlich nur im Wohnsitzstaat besteuert werden. Wird die unselbständige Arbeit aber im anderen Vertragsstaat ausgeübt, so

---

923 BFH v. 7.7.1997 I B 26/97, BFH/NV 1998, 19; v. 11.4.1990 I R 82/86, BFH/NV 1991, 143, m.w.N..
924 Bsp.: DBA-Ägypten, DBA-Bangladesch, DBA-China 1975, DBA-Tunesien.
925 Bsp.: Art. 14 Abs. 1 Buchst. b DBA-Ägypten: Aufenthalt insgesamt länger als 90 Tage; Art. 14 Abs. 1 DBA-Indonesien: Aufenthalt länger als 120 Tage während des betreffenden Steuerjahrs.
926 Bsp.: DBA-Ecuador, DBA-Jamaika, DBA-Malaysia.

kann die dafür bezogene Vergütung im Tätigkeitsstaat besteuert werden (**Tätigkeitsprinzip, Arbeitsortsprinzip**), unabhängig davon, wo der Arbeitgeber seinen Sitz hat (Steuerfreistellung).[927] So hat der BFH zum DBA-Frankreich entschieden, dass Tätigkeitsstaat allein der Ort der Arbeitsausübung ist.[928]

Art. 14 VG-DBA regelt die Besteuerung der Einkünfte aus unselbständiger Arbeit entsprechend den Grundsätzen des Art. 15 OECD-MA. 886

Als Lex specialis gehen der Regelung des Art. 15 Abs. 1 OECD-MA (Art. 14 VG-DBA) vor: 887

- Art. 16 OECD-MA (Art. 15 VG-DBA): Aufsichtsrats- und Verwaltungsratsvergütungen;
- Art. 17 OECD-MA (Art. 16 VG-DBA): Angestellte Künstler und Sportler;
- Art. 18 OECD-MA (Art. 17 VG-DBA): Ruhegehälter, Renten und ähnliche Zahlungen;
- Art. 19 OECD-MA (Art. 18 VG-DBA): Einkünfte aus der Tätigkeit im öffentlichen Dienst;
- Art. 20 OECD-MA (Art. 19 VG-DBA): Studenten,
- und ggf. eine Regelung über Gastprofessoren, Hochschullehrer.

In beiden Musterabkommen finden sich keine Definition des Begriffs „unselbständige Arbeit", so dass gemäß Art. 3 Abs. 2 OECD-MA (Art. 3 Abs. 2 VG-DBA) auf das nationale Steuerrecht zurückzugreifen ist.[929] 888

In einzelnen Abkommen oder in einem Ergänzungsprotokoll zu einem Abkommen sind die Begriffe Vergütung, Gehälter oder Einkünfte erläutert.[930] 889

Zum Arbeitslohn können auch Ausgaben gehören, die ein Arbeitgeber leistet, um einen Arbeitnehmer oder diesem nahestehende Personen für den Fall der Krankheit, des Unfalls, der Invalidität, des Alters oder des Todes abzusichern (Zukunftssicherung),[931] somit ggf. auch Beiträge des inländischen Arbeitgebers an einen Pensionsfonds, eine Pensionskasse oder für eine Direktversicherung zum Aufbau einer kapitalgedeckten betrieblichen Altersversorgung,[932] die während einer Auslandtätigkeit gezahlt werden, welche ein Besteuerungsrecht des Tätigkeitsstaats begründen. Die Steuerbefreiung nach § 3 Nr. 62 EStG greift in derartigen Fällen nicht.[933] Stehen die Beiträge in unmittelbarem wirtschaftlichen Zusammenhang mit steuerfreien Einnahmen, scheidet eine Berücksichtigung – auch im Rahmen des Progressionsvorbehalts – aus.[934] Art. 14 Abs. 4 und 5 VG-DBA befassen sich mit dem Bereich der Beiträge zur Alterssicherung in der Ansparphase; diese Regelungen haben kein Vorbild in Art. 15 OECD-MA. 890

Ausgeübt wird die Tätigkeit auf dem Gebiet des Staates, in dem sich der Arbeitnehmer tatsächlich aufhält (physische Anwesenheit) und die vereinbarte Arbeitsleistung er- 891

---

927 Vgl. BMF v. 3. 5. 2018 BStBl 2018 I 643, ergänzt durch BMF v. 14. 3. 2017, BStBl 2017 I 473.
928 BFH v. 16. 1. 2019 I R 66/17, IStR 2019, 750.
929 BFH v. 24. 9. 2013 VI R 6/11, BStBl 2016 II 650; v. 22. 2. 2012 X R 14/10, BStBl 2012 II 511.
930 Art. 13 Abs. 1 Satz 2 DBA-Frankreich.
931 BFH v. 25. 1. 2017 X R 51/14, BFH/NV 2017, 1015.
932 BFH v. 28. 5. 2009 VI R 27/06, BStBl 2009 II 857; v. 18. 12. 2007 VI R 13/05, BFH/NV 2008, 794.
933 Vgl. BFH v. 25. 1. 2017 X R 51/14, BFH/NV 2017, 1015; 12. 1. 2011 I R 49/10, BStBl 2011 II 446.
934 BFH v. 16. 9. 2015 I R 61/13, BFH/NV 2016, 401; v. 18. 4. 2012 X R 62/09, BFH/NV 2012, 1527.

bracht wird.⁹³⁵ Dies kann z. B. bei einem im Inland ansässigen und unbeschränkt steuerpflichtigen **Berufskraftfahrer für Fahrten im internationalen Fernverkehr** dazu führen, dass für die Frage der Besteuerung maßgebend ist, wo der überwiegende oder zumindest ein nicht unerheblicher Teil der Fahrten durchgeführt wurde.⁹³⁶ Entfällt die Tätigkeit weder auf den Wohnsitzstaat noch auf den Staat der regelmäßigen Tätigkeit (Bsp.: Dienstreise in einen Drittstaat), dann obliegt insoweit die Besteuerung dem Wohnsitzstaat nach Art. 21 OECD-MA, da die Grundregel des Art. 15 OECD-MA verlangt, dass die Tätigkeit in einem oder im anderen Vertragsstaat ausgeübt wird.⁹³⁷

892 **Geschäftsführer und leitende Angestellte** von Kapitalgesellschaften üben ihre Tätigkeit nicht am Sitz der Gesellschaft aus,⁹³⁸ sondern es ist auf den Tätigkeitsort abzustellen,⁹³⁹ sofern sich nicht aus dem jeweiligen DBA etwas anderes ergibt.⁹⁴⁰ Eine Kapitalgesellschaft ist nicht Arbeitgeberin ihres von einer Muttergesellschaft entlohnten Geschäftsführers, wenn dieser vorübergehend entsandt ist und nur im Rahmen seines mit der Obergesellschaft abgeschlossenen Anstellungsvertrages tätig wird.⁹⁴¹ Zu beachten ist, dass einige DBA den Geschäftsführer einer Kapitalgesellschaft unabhängig vom Ort der Tätigkeit im Ansässigkeitsstaat der Gesellschaft besteuern bzw. in der dem Art. 16 OECD-MA entsprechenden Regelung eine für Geschäftsführer von Art. 15 OECD-MA abweichende Besteuerung treffen.⁹⁴²

893 Bei der sog. **bezahlten Untätigkeit** sind nach der Rechtsprechung zwei Fallgruppen zu unterscheiden: Besteht die Untätigkeit in einem Sichzurverfügunghalten auf Abruf (Bsp.: Filmschauspieler), so wird die Tätigkeit dort ausgeübt, wo der Betreffende sich aufhält;⁹⁴³ dem Aufenthaltsstaat steht das Besteuerungsrecht zu.

894 Besteht dagegen die Untätigkeit in der Einhaltung eines **Konkurrenz- oder Wettbewerbsverbots** (Bsp.: Ein leitender Angestellter verpflichtet sich gegen entsprechende Zahlung, eine bestimmte Zeit nach seinem Ausscheiden aus dem Unternehmen keine vergleichbare Tätigkeit aufzunehmen), so sind derartige Zahlungen in dem Staat zu besteuern, in dem sich der Arbeitnehmer während des betreffenden Zeitraums aufhält.⁹⁴⁴

---

935 BFH v. 8. 12. 2010 I B 94/10, BFH/NV 2011, 802.
936 BFH v. 31. 3. 2004 I R 88/03, BStBl 2004 II 936, m. w. N.; BMF v. 19. 9. 2011, BStBl 2011 I 849, betreffend Verständigungsvereinbarung mit Luxemburg v. 7. 9. 2011 über die steuerliche Behandlung von Berufskraftfahrern – hierzu FG Düsseldorf v. 13. 11. 2018 10 K 2203/16 E, EFG 2019, 52; Erweiterung der Vereinbarung auf Lokomotivführer und Begleitpersonal; vgl. ferner Art. 14 Abs. 3 DBA-Spanien zu Fahrzeugen im internationalen Verkehr.
937 BFH v. 16. 1. 2019 I R 66/17, BFH/NV 2019, 1067.
938 BFH v. 15. 11. 1971 GrS 1/71, BStBl 1972 II 68, zum DBA-Schweiz 1931 /1959; die Entscheidung ist auf andere DBA nicht übertragbar.
939 BFH v. 29. 4. 2009 I B 156/08, juris; BMF v. 3. 5. 2018, BStBl 2018 I, 643, Tz. 147 ff.
940 Nach Art. 15 Abs. 4 DBA-Schweiz werden leitende Angestellte grundsätzlich im Sitzstaat der Gesellschaft besteuert; hierzu BFH v. 20. 5. 2010 I B 146/08, BFH/NV 2010, 1790; v. 11. 11. 2009 I R 83/08, BStBl 2010 II 781; v. 11. 11. 2009 I R 2009 110/08, BFH/NV 2010, 885; v. 25. 10. 2006 I R 81/04, BFH/NV 2007, 593; Die Tätigkeit eines in Deutschland ansässigen leitenden Angestellten für eine schweizerische Kapitalgesellschaft, die unter Art. 15 Abs. 4 DBA-Schweiz fällt, wird auch dann i. S. des DBA-Schweiz „in der Schweiz ausgeübt", wenn sie tatsächlich überwiegend außerhalb der Schweiz verrichtet wird.
941 BFH v. 19. 2. 2004 VI R 122/00, BStBl 2004 II 620.
942 Vgl. Rdn. 941.
943 BFH v. 9. 9. 1970 I R 19/69, BStBl 1970 II 867; BMF v. 3. 5. 2018, BStBl 2018 I 643, Tz. 315.
944 BMF v. 3. 5. 2018, BStBl I 2018, 643, Tz. 322 f.

Nachzahlungen von Arbeitslohn für frühere Arbeitsverhältnisse sind im Tätigkeitsstaat 895
zu besteuern, unabhängig davon, wo sich der Arbeitnehmer im Zeitpunkt des Erhalts
der Nachzahlung aufhält.[945] Bezüge, welche ein im Ausland ansässiger Arbeitnehmer
von seinem Arbeitgeber für eine in Deutschland ausgeübte nichtselbständige Arbeit
während der Freistellungsphase nach dem sog. Blockmodell im Rahmen der Altersteilzeit erhält, sind keine Ruhegehälter, sondern nachträglicher Arbeitslohn, der als solcher
in Deutschland zu versteuern ist.[946]

Abfindungen,[947] die keinem bestimmten Tätigkeitsstaat zugeordnet werden können, 896
weil sie kein Entgelt für die frühere Tätigkeit darstellen, sind im Ansässigkeitsstaat zu
besteuern, sofern nicht im Einzelfall eine andere Vorschrift, z. B. Art. 19 OECD-MA (Versorgungsbezüge), eingreift.[948] Mit einer Reihe von Staaten – z. B. Belgien, Österreich,
Schweiz – hat Deutschland Verständigungsvereinbarungen für die Besteuerung von
Abfindungszahlungen getroffen, die von der allgemeinen Regel abweichen. Nach den
vorgenannten Vereinbarungen hängt die Besteuerung davon ab, ob es sich um eine
Zahlung mit Versorgungscharakter handelt (= Besteuerung im Wohnsitzstaat) oder
nicht (= Besteuerung im Tätigkeitsstaat). Die von der Rechtsprechung gegen diese Verständigungsvereinbarungen erhobenen verfassungsrechtlichen Bedenken[949] sind aus
der Sicht der Finanzverwaltung durch § 2 Abs. 2 AO und die dazu ergangenen Verordnungen zur Umsetzung von Konsultationsvereinbarungen[950] beseitigt worden.[951] Allerdings hat der BFH gegen § 2 Abs. 2 AO weitere verfassungsrechtliche Bedenken erhoben,[952] denen de facto die Verwaltung teilweise Rechnung getragen hat. Nicht unter
die Regelung hinsichtlich der Abfindungen fallen Zahlungen, die eine im Ausland ansässige Person von einem deutschen Unternehmen als Gegenleistung für den Verzicht
auf den Abschluss eines zugesagten Arbeitsvertrags erhält.[953] Eine **vorab gewährte Vergütung** kann nicht anders behandelt werden als nachträglich ausgezahlter Arbeitslohn,
der dem Besteuerungsrecht des (früheren) Tätigkeitsstaats unterliegt.[954]. Die Verteilung
der Besteuerungsrechte ist demnach unabhängig vom Zeitpunkt der Zahlung der Vergütung vorzunehmen.

Sind nach Art. 15 OECD-MA die Einkünfte teilweise von der inländischen Besteuerung 897
freizustellen, so erfolgt die Aufteilung zwischen steuerfreien und steuerpflichtigen Einkünften nach dem Verhältnis der tatsächlichen ausländischen Arbeitstage zu den sons-

---

945 BFH v. 19.12.2001 I 63/00, BStBl 2003 II 302; v. 5.2.1992 I R 158/90, BStBl 1992 II 660.
946 BFH v. 12.1.2011 I R 49/10, BStBl 2011 II 446; BMF v. 3.5.2018, BStBl 2018 I 643, Tz. 324 ff.
947 BMF v. 1.11.2013, BStBl 2013 I 1326 betreffend Entlassungsentschädigungen.
948 BFH v. 2.9.2009 I R 90/08, BStBl 2010 II 394, und I R 111/08, BFH/NV 2009, 2044, jeweils m.w.N.
949 Vgl. ausführlich BFH v. 2.9.2009 I R 90/08, BStBl 2010 II 394.
950 Vgl. die kritischen Ausführungen in BFH v. 12.10.2011 I R 15/11, BStBl 2012 II 548, und v. 13.6.2012 I R 41/11, BStBl 2012 II 880.
951 Zum Beispiel Verordnung zur Umsetzung von Konsultationsvereinbarungen zwischen der Bundesrepublik Deutschland und der Französischen Republik v. 23.12.2010, BGBl 2010 I 2138.
952 BFH v. 30.5.2018 I R 62/16, BFH/NV 2019, 62, und v. 10.6.2015 I R 79/13, BStBl 2016 II, 326 – das BMF hat mit Schreiben v. 31.3.2016, BStBl 2016 I, 474, entschieden, dass die Grundsätze des Urteils auch auf die anderen Konsultationsvereinbarungen mit Belgien, Großbritannien, Luxemburg, den Niederlanden und Österreich anzuwenden sind.
953 BFH v. 12.9.2006 I B 27/06, BFH/NV 2007, 13.
954 BFH v. 11.4.2018 I R 5/16, BStBl 2018 II 761; v. 12.1.2011 I R 49/10, BStBl 2011 II 446.

tigen Arbeitstagen – Urlaubstage und arbeitsfreie Tage (arbeitsfreie Samstage, Sonn- und gesetzliche Feiertage) sind ebenfalls anteilig freizustellen;[955] dies gilt auch für Werbungskosten.

898 Soweit die im Tätigkeitsstaat erzielten Einkünfte nach dem DBA im Inland von der Besteuerung freigestellt sind, kommt bei einem unbeschränkt steuerpflichtigen Arbeitnehmer der Progressionsvorbehalt nach § 32b Abs. 1 Satz 1 Nr. 3, Abs. 2 Nr. 2 EStG zur Anwendung,[956] vorbehaltlich der Regelung in § 50d Abs. 8 EStG.

3.7.8.2 183-Tage-Regelung (Art. 15 Abs. 2 OECD-MA)

899 Eine Durchbrechung des Tätigkeitsprinzips zugunsten der Wohnsitzbesteuerung beinhaltet die sog. 183-Tage-Klausel in Art. 15 Abs. 2 OECD-MA (Art. 14 Abs. 2 VG-DBA). Danach verbleibt es beim ausschließlichen Besteuerungsrecht des Wohnsitzstaates für Vergütungen aus unselbständiger Arbeit, wenn folgende drei Voraussetzungen **kumulativ** erfüllt sind:

▶ Der Arbeitnehmer darf sich im Tätigkeitsstaat nicht mehr als insgesamt 183 Tage aufgehalten haben (Art. 15 Abs. 2 Buchst. a OECD-MA / Art. 14 Abs. 2 Nr. 1 VG-DBA), und

▶ die Vergütung für die unselbständige Arbeit muss von einem oder für einen Arbeitgeber gezahlt worden sein, der nicht im Tätigkeitsstaat ansässig ist (Art. 15 Abs. 2 Buchst. b OECD-MA / Art. 14 As. 2 Nr. 2 VG-DBA),[957] und

▶ die Vergütung darf nicht von einer Betriebsstätte oder festen Einrichtung getragen werden, die der Arbeitgeber im Tätigkeitsstaat unterhält (Art. 15 Abs. 2 Buchst. c OECD-MA / Art. 14 Abs. 2 Nr. 3 VG-DBA).

900 Hinsichtlich des 183-Tage-Zeitraums stellen die älteren Abkommen auf das Steuerjahr oder das Kalenderjahr ab. Weicht das Steuerjahr im Ansässigkeitsstaat von dem im Tätigkeitsstaat ab (Bsp.: Neuseeland: 1. 4. Bis 31. 3.; Indien: 1. 4. bis 31. 3.; Iran: 21. 3. bis 20. 3.),[958] so ist das Steuerjahr des Tätigkeitsstaates maßgebend. Der Zeitraum von 183 Tagen braucht weder zeitlich noch sachlich zusammenhängen; er ist für jedes Kalenderjahr/Steuerjahr gesondert zu prüfen.

901 Das OECD-MA bestimmt seit dem Update 1992, dass die 183 Tage innerhalb eines zusammenhängenden Zeitraums von 12 Monaten,[959] der während des betreffenden Steuerjahrs beginnt oder endet, erfüllt sein muss. In den neueren DBA ist diese Regelung vereinbart.

BEISPIEL: ▶ (1) A hält sich zur Montage in Lyon vom 1. 9. 2011 bis 31. 3. 2012 und in Paris vom 1. 6. 2012 bis 31. 10. 2012 auf. Für das Steuerjahr 2011 steht Deutschland das Besteuerungsrecht nach Art. 13 Abs. 4 DBA-Frankreich zu, da A sich nur 122 Tage in Frankreich aufgehalten

---

955 BMF v. 14. 3. 2017, BStBl 2017 I 473.
956 BMF v. 3. 5. 2018, BStBl 2018 I 643, Tz. 36 ff.
957 Nach einigen DBA, z. B. DBA-Indien, DBA-Norwegen, Art. 9 DBA-Österreich 1954, ist Voraussetzung, dass der Arbeitgeber im Ansässigkeitsstaat des Arbeitnehmers ansässig ist.
958 BMF v. 3. 5. 2018, BStBl 2018 I 643, Tz. 109.
959 BMF v. 3. 5. 2018, BStBl 2018 I 643, Tz. 104 ff.

hat. Dagegen kann Frankreich die Besteuerung der Vergütungen für das Jahr 2012 vornehmen, da A sich insgesamt mehr als 183 Tage in Frankreich aufgehalten hat.

(2) B hält sich zur Montage in Warschau vom 1.9.2011 bis 31.3.2012 und in Krakau vom 1.6.2012 bis 31.10.2012 auf. Art. 15 Abs. 2 DBA-Polen 2005 stellt auf den Zwölfmonatszeitraum ab, der in dem betreffenden Steuerjahr beginnt oder endet. B hält sich zwischen dem 1.9.2011 und dem 31.8.2012 insgesamt mehr als 183 Tage in Polen auf. Bezieht man sich auf den in 2012 endenden Zwölfmonatszeitraum (1.11.2011 bis 31.10.2012), so überschneiden sich zwar die beiden Zeiträume, aber auch in dem zweiten Zeitraum hält sich B mehr als 183 Tage in Polen auf. Somit besitzt Polen das Besteuerungsrecht für alle während der Zeit vom 1.9.2011 bis 31.10.2012 in Polen erzielten Einkünfte.

Nach dem OECD-MK soll der 12-Monate-Zeitraum nur auf solche Zeiträume bezogen werden, in denen der Tätigkeitsstaat nicht zugleich der Ansässigkeitsstaat ist.[960] Dem hat sich die deutsche Finanzverwaltung angeschlossen.[961]   902

Der OECD-MK hat sich mit der Frage beschäftigt, welche Tage zu den 183 Tagen zählen.[962] Danach werden folgende Tage mitgezählt,[963] sofern es sich nicht um eine endgültige Beendigung der Tätigkeit im Ausland handelt, da es auf den Aufenthalt i. S. einer objektiven physischen Anwesenheit der Person im Tätigkeitsstaat ankommt: 903

▶ Ankunfts- und Abreisetag,

▶ alle Anwesenheitstage unmittelbar vor, während und nach der Tätigkeit, somit Samstage, Sonn- und Feiertage,

▶ Urlaubstage unmittelbar vor, während und nach der Auslandstätigkeit,

▶ kurzfristige Arbeitsunterbrechungen wie Streik, Aussperrungen, Krankheit.

Nicht erforderlich ist eine Mindestanwesenheitsdauer im Tätigkeitsstaat, so dass auch ein kurzfristiger Aufenthalt genügt. Daraus folgt, dass die arbeitstägliche Rückkehr in den Ansässigkeitsstaat für die 183-Tage-Regelung ohne Bedeutung ist,[964] d. h. auch diese Tage zählen mit.   904

Stellt das Abkommen auf die Ausübung der Tätigkeit ab,[965] dann ist auf die tatsächliche Dauer (= Tage) der ausgeübten Tätigkeit abzustellen, unabhängig von der Aufenthaltsdauer; arbeitsfreie Tage (Samstage, Sonn- und Feiertage, Urlaubstage) sind nicht zu berücksichtigen.[966]   905

Eine weitere Variante in den Abkommen ist, dass auf die physische Anwesenheit (tatsächlicher Aufenthalt) abgestellt wird.[967] Ist dies der Fall, ist hierbei nicht die Dauer der beruflichen Tätigkeit maßgebend, sondern allein die körperliche Anwesenheit im Tätigkeitsstaat. Es kommt darauf an, ob der Arbeitnehmer an mehr als 183 Tagen im Tätigkeitsstaat anwesend war. Dabei ist auch eine nur kurzfristige Anwesenheit an einem   906

---

960 Nr. 5.1 OECD-MK zu Art. 15 OECD-MA.
961 BMF v. 3.5.2018, BStBl 2018 I 643, Tz. 114 f.
962 Nr. 5 OECD-MK zu Art. 15 OECD-MA.
963 Vgl. auch BMF v. 3.5.2018, BStBl 2018 I 643, Tz. 88 f.
964 BFH v. 10.7.1996 I R 4/96, BStBl 1997 II 15; BMF v.3.5.2018, BStBl 2018 I 643. Tz. 90.
965 Bsp.: Art. 15 Abs. 2 Buchst. a DBA-Dänemark: „die unselbständige Arbeit ... ausgeübt wird"; Art. 15 Abs. 2 Ziff. 1 DBA-Belgien: „die ... nicht länger als 183 Tage – übliche Arbeitsunterbrechungen eingeschlossen – während des Kalenderjahres ausgeübt wird".
966 BMF v.3. 5.2018, BStBl 2018 I 643, Tz. 97 f.
967 BFH v. 12.10.2011 I R 15/11, BFH/NV 2012, 640; BMF v. 3.5.2018 BStBl 2018 I 643, Tz. 87 ff.

Tag als voller Aufenthaltstag im Tätigkeitsstaat zu berücksichtigen. Es muss sich nicht um einen zusammenhängenden Aufenthalt im Tätigkeitsstaat handeln; mehrere Aufenthalte im selben Tätigkeitsstaat sind zusammenzurechnen.

907 Weitere Voraussetzung für die Anwendung der 183-Tage-Regelung ist, dass der Arbeitgeber nicht im Tätigkeitsstaat ansässig ist bzw. die Vergütung nicht zulasten einer im Tätigkeitsstaat befindlichen Betriebsstätte oder festen Einrichtung geht – Art. 15 Abs. 2 Buchst. b OECD-MA (Art. 14 Abs. 2 Nr. 2 VG-DBA).[968]

908 Sofern der Arbeitgeberbegriff im Abkommen nicht definiert ist (Regelfall), ist vor Anwendung des innerstaatlichen Rechts zu prüfen, ob sich aus dem Sinnzusammenhang des DBA eine eigene Begriffsbestimmung ableiten lässt. Allgemein wird heute auf einen „wirtschaftlichen Arbeitgeberbegriff" abgestellt:[969] Arbeitgeber ist derjenige Unternehmer, der die Vergütung wirtschaftlich trägt, dem der Arbeitnehmer die Arbeitsleistung schuldet, unter dessen Leitung er tätig wird und dessen Weisungen er unterworfen ist. Damit ist nicht notwendigerweise der Arbeitgeber im Abkommensrecht auch der Arbeitgeber im Lohnsteuerrecht. Allein aufgrund der Tatsache, dass eine inländische Tochtergesellschaft der Muttergesellschaft die Kosten für einen ihr überlassenen Arbeitnehmer übernimmt, wird die Tochtergesellschaft nicht zum Arbeitgeber.[970]

909 Ist der Arbeitgeber in beiden Vertragsstaaten ansässig (Bsp.: satzungsmäßiger Sitz im Vertragsstaat A, Geschäftsleitung im Vertragsstaat B), und ist der Arbeitnehmer nicht im Wohnsitzstaat tätig und im Tätigkeitsstaat weniger als 183 Tage, so muss nach Art. 4 Abs. 3 OECD-MA entschieden werden, in welchem Vertragsstaat der Arbeitgeber ansässig ist. Ist er nach Art. 4 Abs. 3 OECD-MA als im Staat der tatsächlichen Geschäftsleitung, der nicht zugleich Tätigkeitsstaat ist, ansässig zu qualifizieren, so wird die 183-Tage-Klausel greifen können. Gilt dagegen der Arbeitgeber als im Tätigkeitsstaat ansässig, kann die 183-Tage-Klausel nicht angewandt werden. Dies gilt auch dann, wenn der Arbeitgeber für Zwecke des Abkommens als in keinem der beiden (Bsp.: Art. 4 Abs. 3 DBA-USA)[971] oder in beiden Vertragsstaaten als ansässig anzusehen ist (Bsp.: Art. 4 Abs. 2 DBA-Japan 1967).

910 Zu beachten ist, dass eine Betriebsstätte eines Unternehmens grundsätzlich nicht als Arbeitgeber i. S. der 183-Tage-Regelung und des DBA anzusehen ist.[972]

911 Zur Entscheidung der Frage, ob die Betriebsstätte die Vergütung wirtschaftlich getragen hat (Art. 15 Abs. 2 Buchst. c OECD-MA / Art. 14 Abs. 2 Nr. 3 VG-DBA), ist darauf abzustellen, ob zwischen der Tätigkeit der Betriebsstätte und der Vergütung ein wirt-

---

968 BMF v. 3. 5. 2018, BStBl 2018 I 643, Tz. 120 ff.
969 Ausführlich BFH v. 23. 2. 2005 I R 46/03, BStBl 2005 II 547; BMF v. 3. 5. 2018, BStBl 2018 I 643, Tz. 128 ff.
970 BFH v. 24. 3. 1999 I R 64/98, BStBl 2000 II 41.
971 BFH v. 5. 6. 2007 I R 1/06, BStBl 2007 II 810.
972 BFH v. 29. 1. 1986 I R 109/85, BStBl 1986 II 442, und I R 296/82, BStBl 1986 II 513; BMF v. 3. 5. 2018, BStBl 2018 I 643, Tz. 82.

schaftlicher Zusammenhang besteht;[973] somit ist es nicht entscheidend, dass die Betriebsstätte die Vergütung auszahlt oder dass der Aufwand der Betriebsstätte korrekt belastet wird. Dabei sind auch die neuen Abgrenzungsregeln des AOA zu berücksichtigen.[974]

3.7.8.3 Arbeitnehmerverleih

Beim gewerblichen Arbeitnehmerverleih ist nach Auffassung der Finanzverwaltung der Entleiher i.d.R. als Arbeitgeber anzusehen,[975] da der Entleiher grundsätzlich die wesentlichen Arbeitgeberfunktionen wahrnimmt. Die entliehenen Arbeitnehmer sind regelmäßig in den Betrieb des Entleihers eingebunden. Dementsprechend ist mit Aufnahme der Tätigkeit des Leiharbeitnehmers beim Entleiher dieser als Arbeitgeber i.S. des DBA anzusehen. 912

Der Arbeitnehmerverleiher und nicht der Entleiher ist aus abkommensrechtlicher Sicht jedenfalls dann regelmäßig Arbeitgeber des beschäftigten Leiharbeitnehmers, wenn dieser lediglich kurzfristig für den Entleiher tätig ist, sich seine Vergütung im Grundsatz unabhängig von der tatsächlich erbrachten Arbeitszeit beim Entleiher berechnet und kein Anhaltspunkt für eine missbräuchliche Einschaltung des Arbeitnehmerverleihers besteht.[976] 913

Nach Auffassung des BFH ist wirtschaftlicher Arbeitgeber i.S. des Abkommensrechts bei Einschaltung eines ausländischen Arbeitnehmerverleihers grundsätzlich der Verleiher des ausländischen Arbeitnehmers und nicht der inländische Entleiher; aber es bedarf einer Einzelfallprüfung, ob unter Berücksichtigung des jeweiligen DBA ein anderes Ergebnis gerechtfertigt ist.[977] 914

Der OECD-MK[978] führt eine Reihe von Kriterien an, mit denen die Frage der Arbeitgebereigenschaft geklärt werden soll, um missbräuchliche Gestaltungen zu vermeiden: 915

- ▶ Der Verleiher trägt keine Verantwortung oder kein Risiko für die durch die Tätigkeit des Arbeitnehmers erzielten Ergebnisse;
- ▶ der Entleiher hat das Recht, dem Arbeitnehmer Weisungen zu erteilen;
- ▶ die Arbeit vollzieht sich in einer Einrichtung, die unter der Kontrolle und Verantwortung des Entleihers steht;
- ▶ die Vergütung für den Verleiher wird auf der Grundlage der genutzten Zeit berechnet, oder eine Verbindung anderer Art zwischen dieser Vergütung und den vom Arbeitnehmer bezogenen Löhnen und Gehältern besteht;
- ▶ die Werkzeuge und das Material werden dem Arbeitnehmer im Wesentlichen vom Entleiher zur Verfügung gestellt;

---

973 BFH v. 28.1.2004 I R 48/03, BFH/NV 2004, 1075, m.w.N.; BMF v.3.5.2018, BStBl 2018 I 643, Tz. 183 ff.
974 Nr. 8 OECD-MK zu Art. 15 OECD-MA.
975 BMF v. 3.5.2018, BStBl 2018 I 643, Tz. 159 ff.
976 BFH v. 4.9.2002 I R 21/01, BStBl 2003 II 264; BMF v. 3.5.2018, BStBl 2018 I 643, Tz. 159 ff..
977 BFH v, 18.12.2002 I R 96/01, BFH/NV 2003, 1152.
978 Nr. 8.14 OECD-MK zu Art. 15 OECD-MA.

▶ die Zahl und die Qualifikation der Arbeitnehmer werden nicht ausschließlich durch den Verleiher bestimmt.

916 Sofern gelegentlich ein Arbeitnehmer bei einem fremden Dritten eingesetzt wird, kann entweder eine Arbeitnehmerüberlassung oder eine Tätigkeit zur Erfüllung einer Lieferungs- oder Werkleistungsverpflichtung vorliegen.[979]

917 Eine gelegentliche Arbeitnehmerüberlassung liegt grundsätzlich dann vor, wenn der zivilrechtliche Arbeitgeber, dessen Unternehmenszweck nicht die Arbeitnehmerüberlassung ist, mit einem nicht verbundenen Unternehmen vereinbart, den Arbeitnehmer für eine befristete Zeit bei letztgenanntem Unternehmen tätig werden zu lassen, und das aufnehmende Unternehmen entweder eine arbeitsrechtliche Vereinbarung (Arbeitsverhältnis) mit dem Arbeitnehmer schließt oder als wirtschaftlicher Arbeitgeber anzusehen ist. Bezogen auf die vom Entleiher gezahlten Vergütungen ist in diesen Fällen regelmäßig der Entleiher als Arbeitgeber i. S. des DBA anzusehen.

918 Nach einigen DBA ist die 183-Tage-Klausel auf Leiharbeitnehmer nicht anwendbar.[980] In diesen Fällen haben beide Vertragsstaaten das Besteuerungsrecht. Die Doppelbesteuerung wird durch Steueranrechnung vermieden.

919 Nach dem DBA-Österreich 2000 steht im Rahmen der Arbeitnehmerüberlassung das Besteuerungsrecht für den Arbeitslohn des überlassenen Arbeitnehmers nur dem Wohnsitzstaat des Arbeitnehmers zu, sofern er sich nicht länger als 183 Tage während des betreffenden Kalenderjahrs im jeweils anderen Staat aufhält und die übrigen Voraussetzungen des Art. 15 Abs. 2 DBA-Österreich erfüllt sind. Hält sich der Arbeitnehmer länger als 183 Tage im Tätigkeitsstaat auf, steht diesem das Besteuerungsrecht zu.

3.7.8.4 Arbeitnehmerentsendung

920 Unter dem Gesichtspunkt der Besteuerung der Einkünfte aus unselbständiger Arbeit gilt Folgendes:[981] Falls der Fremdvergleich ergibt, dass der Aufwand für den entsandten Arbeitnehmer zwischen dem entsendenden und dem aufnehmenden Unternehmen aufzuteilen ist, hat nach Art. 15 OECD-MA i. d. R. der Staat, in dem sich der Arbeitnehmer zur Ausführung seiner Tätigkeit persönlich aufhält, das Besteuerungsrecht für den auf diese Zeit entfallenden vollen Arbeitslohn, und zwar unabhängig davon, wie der Aufwand zwischen dem entsendenden und dem aufnehmenden Unternehmen aufzuteilen ist. Hier gelten dann auch wieder das Prinzip der 183-Tage-Regelung[982] und ggf. das Prinzip der Grenzgängerbesteuerung.

921 Eine Variante im Rahmen der Arbeitnehmerentsendung stellt das sog. Payroll Split-Modell dar: Aufteilung des Gesamtgehaltes eines Arbeitnehmers auf mehrere in- und aus-

---

979 BMF v. 3. 5. 2018, BStBl 2018 I 643, Tz. 179 ff.
980 Bsp.: Art. 13 Abs. 6 DBA-Frankreich – BFH v. 11. 1. 2011 I B 119/10, BFH/NV 2011, 970; Protokoll Ziffer 13 zum DBA-Italien; Art. 15 Abs. 4 DBA-Schweden.
981 BMF v. 9. 11. 2001, BStBl 2001 I 796, Tz. 4.4.
982 BFH v. 23. 2. 2005 I R 46/03, BFH/NV 2005, 1191; Probleme kann es bei Ausgleichszahlungen im Hinblick auf Art. 15 Abs. 2 Buchst. b OECD-MA geben.

ländische zivilrechtlich ordnungsgemäße Arbeitsverhältnisse, um u. a. Progressionsvorteile zu erzielen.

Unbedingt notwendig für eine steuerliche Anerkennung dieses Modells ist, neben der tatsächlichen Durchführung des ausländischen Arbeitsvertrages, einen (zweiten) schriftlichen Arbeitsvertrag abzuschließen und eine angemessene Entlohnung, die für die ausländische Tätigkeit sich am ausländischen Lohnniveau vor Ort zu orientieren hat, zu vereinbaren. Zu Beweiszwecken empfiehlt sich eine ausreichende Dokumentation hinsichtlich der ausländischen Tätigkeit. Ferner darf die ausländische Gesellschaft nicht ihrerseits den Konzern mit den Kosten rückbelasten. 922

BEISPIEL: (1) A, unbeschränkt steuerpflichtig, ist leitender Angestellter des Z-Konzerns, Köln. Zu seinem Aufgabenbereich gehört es auch, zweimal in der Woche bei der belgischen Tochtergesellschaft Belga SA Funktionen im Interesse dieser Gesellschaft wahrzunehmen. Während bisher dieser Teil der Tätigkeit vom Z-Konzern bezahlt wurde, wird nunmehr ein zusätzlicher Arbeitsvertrag mit der Belga SA geschlossen und gleichzeitig die Vergütung aus dem Arbeitsvertrag mit Z entsprechend herabgesetzt. Damit ist nicht mehr streitig, welcher Teil des Einkommens nach den Bestimmungen des DBA-Belgien in Deutschland unter Beachtung des Progressionsvorbehalts steuerfrei ist.

(2) B, bisher bei der X-GmbH in Frankfurt zu einem Jahresgehalt von 150 000 € beschäftigt, wird auf die Dauer vom 1.1.2016 bis 31.12.2016 zu der in Slowenien ansässigen Tochtergesellschaft T zum Zwecke des Aufbaus des Vertriebs und Controllings entsandt. B schließt mit T einen eigenständigen Arbeitsvertrag und erhält ein ortsübliches Gehalt von jährlich 50 000 €. Mit der X-GmbH wird zum einen das Ruhen des Arbeitsvertrages und zum anderen eine Ausgleichszahlung i. H. von 100 000 € vereinbart. Für die Zeit seiner Entsendung mietet sich B eine Wohnung in Slowenien; seine Ehefrau und die gemeinsamen Kinder verbleiben im ehelichen, den Ehegatten gehörenden Einfamilienhaus in Frankfurt.

Die Zahlungen der T sind unstreitig in Slowenien zu versteuern (Art. 15 Abs. 1 DBA-Slowenien). Da B in beiden Staaten nach den jeweiligen nationalen Steuergesetzen unbeschränkt steuerpflichtig ist, ist für die Besteuerung der von der X-GmbH gezahlten Ausgleichszahlung, die Einkünfte aus unselbständiger Arbeit darstellen, entscheidend, wo B nach der Tie-Breaker-Rule des Art. 4 Abs. 2 Buchst. a DBA-Slowenien den Mittelpunkt seiner Lebensinteressen hat. Diesen wird man in Deutschland annehmen können, da hier Frau und Kinder wohnen.[983] Somit ist die Ausgleichszahlung uneingeschränkt im Inland zu versteuern, und der in Slowenien gezahlt Lohn ist im Wege des Progressionsvorbehalts zu berücksichtigen (Art. 23 Abs. 1 Buchst. a und d DBA-Slowenien, § 32b Abs. 1 Satz 1 Nr. 3 EStG). Slowenien seinerseits darf, sofern im nationalen Steuerrecht vorgesehen, die Ausgleichszahlung im Rahmen des Progressionsvorbehalts berücksichtigen (Art. 23 Abs. 2 Buchst. b DBA-Slowenien).

3.7.8.5 Grenzgänger

Weder vom OECD-MA noch vom VG-DBA wird die Besteuerung der Grenzgänger geregelt. Unter Grenzgänger sind grundsätzlich Arbeitnehmer zu verstehen, die in der Nähe der Grenze in Deutschland ansässig sind[984] (die Grenzzone entfällt im Verhältnis zur Schweiz seit 1994) und im benachbarten Ausland ihrer unselbständigen Arbeit inner- 923

---

983 BFH v. 31.10.1990 I R 24/89, BStBl 1991 II 562.
984 Bsp.: 30-Kilometer-Zone für Grenzgänger zwischen Frankreich und Deutschland bzw. umgekehrt.

halb der Grenzzone nachgehen[985] und umgekehrt. Voraussetzung für die Anerkennung als Grenzgänger ist, dass der Arbeitnehmer regelmäßig arbeitstäglich wieder über die Grenze zurück an seinen Wohnort kehrt.[986] Grenzgänger sind demnach Personen, die zwar mit ihrer Tätigkeit in die Arbeitswelt des Tätigkeitsstaates integriert sind, aber in den Lebenskreis des Wohnsitzstaates wie dort tätige Arbeitnehmer eingegliedert bleiben. Die Tätigkeit eines Grenzgängers begründet für sich alleine noch keinen gewöhnlichen Aufenthalt i. S. des § 9 AO im Tätigkeitsstaat.[987]

924　In folgenden DBA finden sich Grenzgängerregelungen:
- ▶ Art. 13 Abs. 5 DBA-Frankreich,[988]
- ▶ Art. 15 Abs. 6 DBA-Österreich 2000 und
- ▶ Art. 15a DBA-Schweiz.[989]

925　Soweit im jeweiligen DBA zum Nachbarland Deutschlands keine Bestimmungen über Grenzgänger getroffen sind, verbleibt es bei den allgemeinen Bestimmungen, d. h., das Besteuerungsrecht steht unter Beachtung der 183-Tage-Regelung dem Wohnsitzstaat, ansonsten dem Tätigkeitsstaat zu.

926　Die Grenzgängereigenschaft geht nicht verloren, wenn der Arbeitnehmer im Kalenderjahr an nicht mehr als 45 Arbeitstagen[990] (ohne Urlaubs- und Krankheitstage, Samstage, Sonn- und Feiertage;[991] 60 Tage gemäß Art. 15a Abs. 2 Satz 2 DBA-Schweiz)[992] nicht zum Wohnsitz zurückkehrt (sog. Nichtrückkehrtage) oder außerhalb der Grenzzone von seinem ständigen Arbeitgeber beschäftigt wird.[993] Zu den schädlichen Tagen zählen nur ganze Arbeitstage.[994]

927　Greift die Grenzgängerregelung ein, so können die Arbeitnehmer mit ihren Einkünften aus unselbständiger Arbeit grundsätzlich nur im Wohnsitzstaat besteuert werden.[995]

985　Vgl. BMF-Schreiben v. 18. 4. 2019 betreffend Zweifelsfragen hinsichtlich der Auslegung der Grenzgängerregelung nach Artikel 15 Absatz 6 DBA-Österreich, juris.
986　BFH v. 21. 8. 1996 I R 80/95, BStBl 1997 II 134 zum DBA-Schweiz; v. 9. 10. 2014 I R 34/13, BFH/NV 2015, 167 zum DBA-Frankreich.
987　BFH v. 4. 7. 2012 II R 38/10, BStBl 2012 II 782.
988　Lt. EuGH v. 12. 5. 1998 C-336/96 Gilly, IStR 1998, 336, verstößt die Grenzgängerregelung im DBA-Frankreich nicht gegen EG-Recht; zur Grenzgängerbesteuerung ferner EuGH v. 2. 3. 2017 C-496/15 Eschenbrenner, RIW 2017, 392; v. 21. 9. 2016 C-478/15 Radgen DStR 2016, 2331; v. 19. 11. 2015 C-241/14 Bukovansky, BB 2015, 2978; v. 18. 6. 2015 C-9/14 Kieback, IStR 2015, 554; v. 28. 3. 2013 C-425/11 Ettwein, BStBl 2013 II 896; vgl. ferner Verständigungsvereinbarung zur 183-Tage-Regelung und zur Anwendung der Grenzgängerregelung mit dem französischen Wirtschafts- und Finanzministerium BMF v. 3. 4. 2006, BStBl 2006 I 304.
989　BMF v. 19. 9. 1994, BStBl 1994 I 683 mit nachfolgenden Änderungen und Ergänzungen.
990　BMF v. 3. 4. 2006, BStBl 2006 I 304 zum DBA-Frankreich; v. 18. 4. 2019 zum DBA-Österreich, juris; v. 7. 7. 1997, BStBl 1997 I 723 mit nachfolgender Änderung zum DBA-Schweiz; zum Problem der arbeitsbedingten mehrtägigen Tätigkeit vgl. auch zum DBA-Schweiz BMF v. 19. 9. 1994, BStBl 1994 I 683, Tz. 11 bis 13 mit nachfolgenden Änderungen, BStBl 1997 I 723.
991　BFH v. 26. 7. 1995 I R 80/94, BFH/NV 1996, 200.
992　Zum Problem der Berechnung der Nichtrückkehrtage u. a. BFH v. 13. 11. 2013 I R 23/12, BStBl 2014 II 508 zum DBA-Schweiz; v. 9. 10. 2014 I R 34/13, BFH/NV 2015, 167 zum DBA-Frankreich; BMF v. 18. 12. 2014, BStBl 2015 I 22, sowie v. 25. 10. 2018, IStR 2019, 80, zum DBA-Schweiz; anhängige Revision I R 37/17.
993　Zum DBA-Frankreich BFH v. 24. 11. 2009 I R 84/08, BFH/NV 2010, 527.
994　Zum DBA-Frankreich BFH v. 25. 11. 2002 I B 136/02, BStBl 2005 I 375.
995　Zur analogen Anwendung des erweiterten Härteausgleich nach § 46 Abs. 3 und Abs. 5 EStG BFH v. 27. 11. 2014 I R 69/13, BStBl 2015 II 793.

Auf Antrag erfolgt eine Freistellung von der Lohnsteuer des Tätigkeitsstaates (§ 39b Abs. 6 EStG; R 39b.10 LStR 2017).

In Deutschland ansässige Grenzgänger haben Einkommensteuer-Vorauszahlungen zu leisten (§ 37 Abs. 1 i.V. mit § 38 Abs. 1 EStG), da ein Lohnsteuerabzug mangels inländischem Arbeitgeber unterbleibt; die Einkommensteuer ist durch Veranlagung gemäß § 25 EStG zu erheben. 928

Die Grenzgängerregelung gilt auch für Lohnersatzleistungen (Bsp.: Konkursausfall-, Winter- und Schlechtwettergeld), nicht aber für Versicherungsleistungen[996] oder Rentenleistungen aufgrund der Tätigkeit.[997] 929

Die Regelung des Art. 19 OECD-MA für Einkünfte aus öffentlichen Kassen geht nach Auffassung des BFH den Grenzgängerregelungen in den einzelnen DBA vor.[998] Die Differenzierung zum einen nach der Staatsangehörigkeit und zum anderen nach dem Arbeitgeber verstößt nach Auffassung des EuGH nicht gegen das Diskriminierungsverbot des AEUV.[999] 930

Nach Art. 15a Abs. 1 DBA-Schweiz ist der Tätigkeitsstaat seit 1994 berechtigt, eine Einkommensteuer i. H. von 4,5 % des Bruttolohns im Abzugswege zu erheben. Die in der Schweiz erhobene Steuer wird in Deutschland gemäß § 36 EStG unter Ausschluss von § 34c EStG angerechnet (Art. 15a Abs. 3 DBA-Schweiz).[1000] 931

3.7.8.6 Arbeitnehmer im internationalen See- und Luftverkehr (Art. 15 Abs. 3 OECD-MA)[1001]

Art. 15 Abs. 3 OECD-MA (= Art. 14 Abs. 3 VG-DBA) bestimmt, dass abweichend von den Regelungen in Abs. 1 und 2 die Vergütung für Arbeitnehmer an Bord von Seeschiffen und Luftfahrzeugen im internationalen Verkehr sowie an Bord von Binnenschiffen in dem Staat besteuert werden können, in dem sich der Ort der tatsächlichen Geschäftsleitung des Unternehmens befindet.[1002] „Unternehmen" i. S. der Vorschrift ist das die 932

---

996 Dies gilt nur dann, wenn es sich nicht um Leistungen aufgrund eigener Beiträge handelt, die der Arbeitnehmer selbst beanspruchen kann; BFH v. 26.5.1998 VI R 9/96, BStBl 1998 II 581; v. 25.1.2000 VI B 108/98, BFH/NV 2000, 836; zu Krankenkassenbeiträgen vgl. BFH v. 18.12.2007 VI R 13/05, BFH/NV 2008, 794: nicht zur Hälfte einkommensteuerfrei; ob dies aber noch nach dem Urteil des EuGH v. 6.12.2018 C-480/17 Montag, IStR 2019, 27, noch uneingeschränkt gilt, darf bezweifelt werden.
997 Hier kann es zu der Problematik kommen, dass zwar die Einkünfte aus der nichtselbständigen Tätigkeit in einem Staat, die danach sich anschließenden Alterseinkünfte aber im anderen Staat versteuert werden müssen; vgl. hierzu BFH v. 14.7.2010 X R 37/08, BStBl 2011 II 628; EuGH v. 6.12.2018 C-480/17 Montag, IStR 2019, 27; v. 22.6.2017. C-20/16 Bechtel BStBl 2017 II 1271.
998 BFH v. 11.7.2012 I R 76/11, BFH/NV 2012, 1966; v. 5.9.2001 I R 88/00, BFH/NV 2002, 623.
999 EuGH v. 12.5.1998 C-336/96 Gilly, IStR 1998, 336.
1000 BMF v. 9.2.2018 BStBl 2018 I 1122.
1001 BMF v. 3.5.2018, BStBl 2018 I 643, Tz. 345 ff.
1002 BFH zum Umfang der Regelung vgl. BFH v. 20.5.2015 I R 47/14, BStBl 2015 II 808; v. 20.5.2015 I R 68/14, BFH/NV 2015, 1502; v. 10.1.2012 I R 36/11, BFH/NV 2012, 1138; v. 22.10.2003 I R 53/02, BStBl 2004 II 704; v. 5.9.2001 I R 55/00, BFH/NV 2002, 478; v. 19.3.1997 I R 37/96, BFH/NV 1997, 666; v. 11.2.1997 I R 36/96, BStBl 1997 II 432; v. 8.2.1995 I R 42/94, BStBl 1995 II 402; v. 10.11.1993 I R 53/91, BStBl 1994 II 218; .

Schifffahrt betreibende Unternehmen,[1003] nicht notwendigerweise der Arbeitgeber, wenn beide auseinanderfallen.

933 Der Absatz 3 ist durch das Update 2017 neu gefasst worden. Danach soll die Vergütung jetzt im Wohnsitzstaat des Arbeitnehmers versteuert werden. Mit dieser Änderung soll eine klarere und verwaltungsmäßig einfachere Regelung geschaffen werden für die Besteuerung der Vergütung dieser Besatzungen.[1004] Außerdem wurde die Binnenschifffahrt gestrichen.

934 Für die Anwendung des Art. 15 Abs. 3 OECD-MA 2014 muss nach ständiger Rechtsprechung des BFH das die Schifffahrt betreibende Unternehmen zugleich wirtschaftlicher Arbeitgeber sein. Wird ein Seeschiff verchartert, so können sowohl der Charterer als auch der Vercharterer Frachtleistungen erbringen. In diesem Fall hat das Besteuerungsrecht für die Heuer der Staat, auf dessen Gebiet sich die tatsächliche Geschäftsleitung des Beförderungsunternehmens befindet, dessen Gewinn durch die Heuer geschmälert wird.[1005]

> **BEISPIEL:** A, verheiratet, wohnhaft in Bremerhaven, ist leitender Ingenieur eines Tankschiffes, das unter zypriotischer Flagge fährt; Eigentümerin des Schiffes ist die inländische B-KG, die das Schiff an die Z-Ltd. in Larnaca/Zypern, bareboat (= ohne Crew) verchartert hat. Die Z-Ltd. hat mit der I-Ltd., Larnaca/Zypern, einen sog. Crewing-Vertrag abgeschlossen, wonach die I-Ltd. als Arbeitnehmerverleiherin die Besatzung stellt. A ist bei der I-Ltd. angestellt und erhält von ihr auch seine Heuer.
>
> Keine Anwendung des Art. 15 Abs. 3 DBA-Zypern 1974, da der Arbeitgeber nicht zugleich das die Schifffahrt betreibende Unternehmen ist. Nach dem DBA-Zypern 2011 – Art. 14 Abs. 4 sowie Nr. 4 des Protokolls[1006] – ist demgegenüber die Regelung anzuwenden.

935 Die Regelung in Art. 15 Abs. 3 OECD-MA 2014 ist eine Sonderregelung zu Art. 15 Abs. 1 und 2 OECD-MA (Lex specialis) und geht diesem vor.[1007] Auch eine subsidiäre Anwendung der Regelung in Art. 15 Abs. 1 Satz 2 OECD-MA (= Ort der Tätigkeit) und des Art. 15 Abs. 2 OECD-MA, wenn die Voraussetzungen des Art. 15 Abs. 3 OECD-MA 2014 nicht vorliegen, scheiden aus, so dass dann die Grundregel des Art. 15 Abs. 1 Satz 1 OECD-MA eingreift.

936 Als eine wichtige Ausnahme von dem Grundsatz des Art. 15 Abs. 3 OECD-MA ist das DBA-Liberia zu nennen,[1008] in dem eine dem Art. 15 Abs. 3 OECD-MA entsprechende Regelung fehlt, so dass hier nun die Grundregel des Art. 15 Abs. 1 DBA-Liberia eingreift: Tätigkeitsstaat ist bei Arbeitsausübung an Bord von Schiffen, die unter liberianischer Flagge fahren, Liberia,[1009] solange sich das Schiff auf hoher See bzw. im Hoheitsgebiet von Liberia befindet.

1003 BFH v. 21.8.2015 I R 63/13, BFH/NV 2016, 36; v. 18.5.2010 I B 204/09, BFH/NV 2010, 1636; v. 10.11.1993 I R 53/91, BStBl 1994 II 218.
1004 Nr. 9 OECD-MK zu Art. 15 OECD-MA 2017.
1005 BFH v. 8.2.1995 I R 42/94, BStBl 1995 II 402; BMF v. 3.5.2018, BStBl 2018 I 643, Tz. 350.
1006 BT-Drs. 17/6259, S. 29; nach BFH v. 21.8.2015 I R 63/13, BFH/NV 2016, 36, erst anwendbar ab dem Veranlagungszeitraum 2012.
1007 BFH v. 5.9.2001 I R 55/00, BFH/NV 2002, 478.
1008 Weitere Ausnahmen vgl. BMF v. 3.5.2018, BStBl 2018 I 643, Tz. 352 ff.
1009 BFH v. 19.3.1997 I R 37/96, BFH/NV 1997, 666; zu Abfindungen für die Tätigkeit auf einem unter liberianischer Flagge fahrenden Schiff BFH v. 10.7.1996 I R 83/95, BStBl 1997 II 341.

Die Regelung des Art. 15 Abs. 3 OECD-MA ist nicht entsprechend anwendbar auf andere Arbeitnehmer, die für ihre Arbeitgeber im internationalen Verkehr eingesetzt werden (Bsp.: Berufskraftfahrer); Ausnahme: Art. 14 Abs. 3 DBA-Spanien.[1010]

937

Einkünfte, die ihrer Tätigkeit nach unter Art. 15 Abs. 3 OECD-MA fallen, werden in Deutschland i. d. R. von der Besteuerung unter Beachtung des Progressionsvorbehalts freigestellt.[1011] Zu beachten ist in diesem Zusammenhang die Regelung des § 50d Abs. 9 Satz 1 Nr. 2 EStG.

938

3.7.9 Einkünfte aus Arbeit in sonstigen Fällen

3.7.9.1 Aufsichtsrats- und Verwaltungsratsvergütungen (Art. 16 OECD-MA)

Nach Art. 16 OECD-MA (= Art. 15 VG-DBA) können Aufsichtsrats- und Verwaltungsratsvergütungen sowie ähnliche Zahlungen, die eine in einem Vertragsstaat ansässige Gesellschaft an ihre im anderen Vertragsstaat ansässigen Mitglieder des Aufsichts- oder Verwaltungsrats für Überwachungs- und Kontrolltätigkeit tätigt, grundsätzlich im Sitzstaat der Gesellschaft besteuert werden. Art. 16 OECD-MA enthält eine Sonderregelung für diese Einkünfte, um die Besteuerung von Zufälligkeiten unabhängig zu machen und um Qualifikationskonflikte zu vermeiden; sie geht als Lex specialis der Regelung des Art. 14 und ggf. des 15 OECD-MA vor.[1012]

939

Die Tätigkeit als Aufsichts- oder Verwaltungsrat wird im Regelfall eine selbständige Tätigkeit darstellen.[1013] Es kann sich aber im Einzelfall auch um Einkünfte aus unselbständiger Tätigkeit handeln.[1014]

940

Einige DBA beziehen ausdrücklich in die Regelung des Art. 16 OECD-MA die Einkünfte der (angestellten) Geschäftsführer und / oder Vorstandsmitglieder ein.[1015] Dies stellt dann jeweils eine Sonderregelung zu Art. 15 OECD-MA dar.

941

Unter Art. 16 OECD-MA fallen alle Vergütungen, die im Zusammenhang mit der überwachenden Tätigkeit gezahlt werden, und zwar unabhängig davon, in welcher Art und Weise die Bezahlung erfolgt (feste Vergütung, gewinnabhängige Vergütung, Sondervergütung, Aufwandsentschädigung, Spesen, Gewinnbeteiligung, Sitzungsgelder, Abfindungen, Sachleistungen usw.).

942

1010 FG Düsseldorf v. 13.11.2018 10 K 2203/16 E, EFG 2019, 52 (Revision unter I R 45/19); BFH v. 16.5.2002 I B 80/01, BFH/NV 2002, 1423; BMF v. 19.9.2011 Verständigungsvereinbarung über die steuerliche Behandlung von Berufskraftfahrern; Erweiterung der Verständigungsvereinbarung auf Lokomotivführer und Begleitpersonal zum DBA-Luxemburg 1958, BStBl 2011 I 849.
1011 BFH v. 20.5.2015 I R 47/14, BStBl 2015 II 808.
1012 BFH v. 14.3.2011 I R 23/10, BStBl 2013 II 73.
1013 BFH v. 9.4.2013 VIII R 19/11, BStBl 2013 II 689, Abs. 10; v. 28.8.2003 IV R 1/03, BStBl 2004 II 112; v. 25.9.1991 I R 130/90, BStBl 1992 II 172.
1014 Wahrnehmung der Funktion als Aufsichtsrat im Rahmen einer unselbständigen Tätigkeit auf Weisung des Arbeitgebers.
1015 Bsp.: Art. 16 DBA-Mexiko, Art. 16 DBA-Schweden.

943 Zu prüfen ist jeweils, ob die Zahlungen nur für die Überwachungstätigkeit geleistet werden – und nur diese sind begünstigt[1016] –, oder ob die Vergütung daneben andere Komponenten z.B. für die Beteiligung an der Gesellschaft oder für andere Tätigkeiten enthält (als Berater, Angestellter, Vermittler von Geschäften für die Gesellschaft; vgl. § 114 AktG). Derartige Zahlungen fallen nicht unter Art. 16 OECD-MA und sind auszuscheiden. Nach § 113 Abs. 1 Satz 2 AktG ist die Vergütung für den Aufsichtsrat einer deutschen Aktiengesellschaft durch die Satzung oder die Hauptversammlung festzulegen; die die Vergütung begründenden Dokumente (Bsp.: Protokoll der Hauptversammlung) sind zur Auslegung mit heranzuziehen; entsprechend ist bei der Vergütung für die Kontrolltätigkeit einer ausländischen Gesellschaft zu verfahren. Soweit ein unbeschränkt steuerpflichtiges Mitglied sich auf die Abkommensvergünstigung beruft, hat es gemäß § 90 Abs. 2 AO die erforderlichen Unterlagen im Inland vorzulegen.

944 Eine Aufteilung der Vergütung scheidet aus, wenn die Vergütung lt. Vertrag, Satzung oder Beschluss einheitlich für eine Tätigkeit gezahlt wird, die sowohl Überwachungsfunktion als auch sonstige Funktionen erfüllt.[1017] Sieht in derartigen Fällen das Abkommen eine Anwendung des Art. 16 OECD-MA entsprechenden Artikels nur auf Aufsichtsrats- und Verwaltungsratsvergütungen vor, und lässt sich eine zweifelsfreie Aufteilung der Vergütung anhand objektiver Merkmale nicht leicht und einfach durchführen, scheidet eine Anwendung der Abkommensvergünstigung aus,[1018] und die gesamten Vergütungen sind ihrem bestimmenden wirtschaftlichen Gehalt nach entweder als Einkünfte aus unselbständiger Arbeit, aus selbständiger Arbeit oder aus Dividenden zu behandeln. Dem Betroffenen bleibt ggf. die Beantragung der Einleitung eines Verständigungsverfahrens.[1019]

945 Zu der Vergütung i.S. des Art. 16 OECD-MA gehört in den Fällen, in denen die kontrollierte Gesellschaft ihren Sitz in Deutschland hat, und Deutschland das Besteuerungsrecht zusteht, auch die Befreiung von der Umsatzsteuerverbindlichkeit, die das Mitglied des Aufsichtsrats anmelden und abführen müsste.[1020]

946 Der Schuldner der Vergütung muss die im anderen Vertragsstaat ansässige Gesellschaft sein.

947 Art. 16 OECD-MA spricht von „Person", die die Tätigkeit ausübt. Nach deutschem Rechtsverständnis kann nur eine natürliche Person Mitglied des Aufsichtsrats sein.[1021] Nach dem OECD-MA ist es aufgrund der gewählten Formulierung auch möglich, dass eine andere als eine natürliche Person die Tätigkeit i.S. des Art. 16 OECD-MA ausübt, da Person i.S. des OECD-MA gemäß Art. 3 Abs. 1 Buchst. a OECD-MA auch Gesellschaften oder Personenvereinigungen sein können. In einer Reihe von Abkommen wird ausdrücklich klargestellt, dass nur natürliche Personen als Bezieher der Einkünfte i.S. des Art. 16 OECD-MA in Betracht kommen.

1016 BFH v. 14.3.2011 I R 23/10, BFH/NV 2011, 1599; v. 5.10.1994 I R 67/93, BStBl 1995 II 95.
1017 BFH v. 28.2.1961 I 59/60, BB 1961, 560.
1018 BFH v. 15.11.1978 I R 65/76, BStBl 1979 II 193; v. 20.9.1966 I R 265/62, BStBl 1966 III 688.
1019 BFH v. 5.10.1994 I R 67/93, BStBl 1995 II 95.
1020 BFH v. 25.9.1991 I R 130/90, BStBl 1992 II 172.
1021 Vgl. § 100 Abs. 1 Satz 1 AktG.

Die deutsche Fassung des OECD-MA spricht von „Mitglied des Aufsichts- oder Verwaltungsrats". Die Aufgaben des Aufsichtsrats sind in § 111 AktG definiert: Überwachung der Geschäftsführung, d. h. des Vorstands der Aktiengesellschaft.[1022] Der Ausdruck „Verwaltungsrat" ist gesetzlich nicht definiert; vom Sinn der Norm her muss es sich um ein Kontroll- und Überwachungsorgan handeln.

948

In einigen DBA findet sich die Ergänzung „oder als Mitglied ähnlicher Organe".[1023] Entscheidend für die Einbeziehung eines gesellschaftsrechtlichen Organs in den Regelungsbereich des Art. 16 OECD-MA ist, ob das Organ ausschließlich der Kontrolle und Überwachung dient. So kann z. B. der Beirat dann ein solches Organ sein, wenn er nicht Aufgaben der Geschäftsführung übernimmt, sondern nur überwachend tätig ist.[1024] Im Zweifel ist entscheidend, ob, ausgerichtet an dem Leitbild des § 111 AktG, eine Überwachung vorgenommen wird; reine Repräsentationsaufgaben fallen nicht unter die Aufsichtsratstätigkeit.[1025] Der Begriff der Überwachungstätigkeit ist weit auszulegen.[1026]

949

Ein Problem kann sich daraus ergeben, dass im ausländischen Gesellschaftsrecht in einer Person sowohl Überwachungs- als auch Geschäftsleitungsaufgaben zusammengefasst werden können, nach dem Abkommen aber nur die Überwachungs- und Kontrolltätigkeit unter Art. 16 OECD-MA fallen (Bsp.: board of directors im englischen und US-amerikanischen Gesellschaftsrecht umfasst z. T. auch Pflichten eines deutschen Vorstands – sog. monistisches System im Gegensatz zum dualistischen System in Deutschland). Hinzu kommt, dass die deutsche, englische und französische Fassung des Art. 16 OECD-MA nicht deckungsgleich sind. Der BFH hat sich mit dem Problem befasst, dass im anderen Vertragsstaat nach dem dortigen Gesellschaftsrecht ein Aufsichtsrat nicht vorgesehen ist; das Gericht hat im konkreten Fall die Anwendung des Art. 16 DBA-Spanien 1966 (= Art. 16 OECD-MA) abgelehnt und die gezahlte Vergütung als solche i. S. des Art. 15 DBA-Spanien 1966 (= Art. 15 OECD-MA) qualifiziert.[1027] Zum schweizerischen Gesellschaftsrecht hat er entschieden, dass Art. 16 DBA-Schweiz nur dann anwendbar sein kann, wenn die Aufgaben eines Verwaltungsratsmitglieds sich auf die Überwachung der Geschäftsleitung beschränken.[1028]

950

Mit dem Ausdruck „Gesellschaft" wird auf Art. 3 Abs. 1 Buchst. b OECD-MA Bezug genommen, d. h., es muss sich bei der kontrollierten Person entweder um eine juristische Person oder einen Rechtsträger handeln, der für die Besteuerung wie eine juristische Person behandelt wird.

951

1022 Vgl. § 90 AktG: Bericht des Vorstandes an den Aufsichtsrat; BFH v. 28. 8. 2003 IV R 1/03, BStBl 2004 II 112.
1023 Bsp.: Art. 16 DBA-Belgien, Art. 16 DBA-Finnland.
1024 BFH v. 11. 3. 1981 I R 8/77, BStBl 1981 II 623.
1025 BFH v. 31. 1. 1978 VIII R 159/73, BStBl 1978 II 352.
1026 BFH v. 28. 8. 2003 IV R 1/03, BStBl 2004 II 112; v. 16. 12. 1999 I B 117/97, BFH/NV 2000, 895; v. 11. 3. 1981 I R 8/77, BStBl 1981 II 623; v. 31. 1. 1978 VIII R 159/73, BStBl 1978 II 352; v. 20. 9. 1966 I 265/62, BStBl 1966 III 688.
1027 BFH v. 27. 4. 2000 I B 114/99, BFH/NV 2001, 6.
1028 BFH v. 14. 3. 2011 I R 23/10, BStBl 2013 II 73.

952 Aufgrund der Erweiterung in Art. 3 Abs. 1 Buchst. b OECD-MA fallen unter den Begriff der Gesellschaft auch Rechtsträger, wenn sie nach dem nationalen Recht des Sitzstaates steuerrechtlich wie juristische Personen behandelt werden. Verfügt der Rechtsträger unter den genannten Voraussetzungen über ein Kontroll- oder Überwachungsorgan (Bsp.: Beirat einer nichtrechtsfähigen Stiftung), können Zahlungen für die Tätigkeit in derartigen Organen ebenfalls unter Art. 16 OECD-MA fallen.

953 In einigen DBA wird auf Kontrollorgane von „Kapitalgesellschaften" abgestellt. Da dieser Ausdruck üblicherweise nicht im Abkommen erläutert wird, ist entsprechend Art. 3 Abs. 2 OECD-MA auf das nationale Steuerrecht zurückzugreifen und abkommensautonom auszulegen.[1029]

954 Für die Besteuerung ist es ohne Bedeutung, wo sich das Aufsichtsrats- oder Verwaltungsratsmitglied aufhält, wo er ansässig ist und wo die Kontrolltätigkeit ausgeübt wird, so dass nach Art. 16 OECD-MA eine Besteuerung im Sitzstaat der kontrollierten Gesellschaft auch dann stattfindet, wenn die Gesellschaft ihren Sitz im Staat A hat, das Aufsichtsrats- oder Verwaltungsratsmitglied im Staat B ansässig ist und die Kontrolltätigkeit im Staat C ausgeübt wird. D. h., es ist grundsätzlich nicht erforderlich, dass die Überwachungstätigkeit im Sitzstaat der Gesellschaft ausgeübt wird. In einzelnen DBA wird hiervon abweichend ausdrücklich verlangt, dass die Tätigkeit im Sitzstaat der kontrollierten Gesellschaft ausgeübt wird.[1030]

955 Nach Art. 16 OECD-MA wird dem Sitzstaat der kontrollierten Gesellschaft – auch aus verwaltungsökonomischen Gründen – als Quellenstaat das vorrangige Besteuerungsrecht eingeräumt (Quellenbesteuerung). Daneben kann, muss aber nicht, der Wohnsitzstaat des Empfängers der Vergütung die Einkünfte einer Besteuerung unterwerfen.

956 Vergütungen i. S. des Art. 16 OECD-MA werden bei einem unbeschränkt Steuerpflichtigen i. d. R. unter Anrechnung der ausländischen Steuer der Einkommensbesteuerung unterworfen. In einigen wenigen DBA ist abweichend von der Grundregel die Freistellung unter Beachtung des Progressionsvorbehalts vereinbart.

3.7.9.2 Künstler und Sportler (Art. 17 OECD-MA)

957 Art. 17 OECD-MA regelt die Besteuerung sowohl der berufsmäßigen als auch der gelegentlich tätigen Künstler und Sportler. Deren Einkünfte werden grundsätzlich in dem Staat besteuert, in dem die Tätigkeit höchstpersönlich ausgeübt wird.[1031] Nicht zu den Sportlern gehören die Trainer und Schiedsrichter.[1032] Im OECD-MA nicht erläutert werden die Begriffe Sportler und Künstler;[1033] diese sind aber grundsätzlich abkommensspezifisch auszulegen vor einer Anwendung des Art. 3 Abs. 2 OECD-MA.

[1029] Vgl. Rdn. 616.
[1030] Bsp.: Art. 16 DBA-USA.
[1031] Abweichung in einzelnen DBA möglich, so z. B. in Art. 17 Abs. 1 DBA-USA, wonach es bei der Besteuerung im Wohnsitzstaat bleibt, wenn die Einnahmen 20 000 US-Dollar nicht übersteigen; vgl. BFH v. 19. 11. 2003 I R 22/02, BStBl 2004 II 560; zu Fernsehübertragungsrechten BFH v. 13. 6. 2012 I R 41/11, BFH/NV 2012, 1722.
[1032] BFH v. 20. 12. 2017 I R 98/15, IStR 2018, 238.
[1033] Nr. 3, 5 OECD-MK zu Art. 17 OECD-MA.

Zuordnungsprinzipien KAPITEL 3

Die Regelung des Art. 17 OECD-MA geht als Lex specialis grundsätzlich der Regelungen der Art. 7 und Art. 15 OECD-MA vor; zum Verhältnis zu Art. 19 OECD-MA vgl. dort Abs. 3, d. h. dass die Vorschrift sowohl für selbständige als auch für nichtselbständige Sportler und Künstler anzuwenden ist. 958

Art. 16 VG-DBA entspricht nur teilweise dem Art. 17 OECD-MA: Die Absätze 3 und 4 haben keine Entsprechung im OECD-MA; die Regelung des Abs. 4 – offizieller Kulturaustausch – ist in einigen DBA ausdrücklich vereinbart. 959

Fließen nicht dem Künstler oder Sportler die Einkünfte einer in dieser Eigenschaft persönlich ausgeübten Tätigkeit zu, sondern eine anderen natürlichen oder juristischen Person (Bsp.: Künstleragentur, Veranstaltungsgesellschaft mbH usw.), so hat dennoch nach Art. 17 Abs. 2 OECD-MA der Staat, in dem der Künstler oder Sportler seine Tätigkeit ausübt, das Besteuerungsrecht. 960

Zu den Einnahmen aus der Tätigkeit als Künstler / Sportler zählen auch die Einkünfte aus einer Liveübertragung; nach Auffassung der Finanzverwaltung[1034] gilt dieser Grundsatz auch dann, wenn die Veranstaltung aufgezeichnet wurde und zu einem späteren Zeitpunkt ausgestrahlt wird. Ferner können Leistungen im Bereich der Werbung zu den Einkünften i. S. des Art. 17 OECE-MA zählen, wenn sie als eigenschöpferische Leistungen zu werten sind; dagegen handelt es sich bei einer Tätigkeit im Rahmen einer Produktpräsentation um Einkünfte aus Gewerbebetrieb (Bsp.: Mitwirken in Werbefilmen, bei Fotoreklamen, Pressekonferenzen oder Autogrammstunden, Überlassung von Namens- und Bildrechten);[1035] auch eine Teilnahme an einer Talkshow ist i. d. R. keine künstlerische Leistung.[1036] Unter die Regelung des Art. 17 OECD-MA fallen auch Vergütungen für Vorbereitungen / Proben.[1037] Die Vergütung, die eine Produktionsgesellschaft für die Organisation einer künstlerischen Darbietung als Gesamtkunstwerk erhält, ist ggf. aufzuteilen.[1038] Es handelt sich um ausländische Einkünfte, wenn sie durch eine in einem ausländischen Staat belegene Betriebsstätte erzielt werden. Eine solche Betriebsstätte kann der Wohnsitz sein, wenn sich dort der Mittelpunkt der beruflichen Tätigkeit befindet und wenn von diesem aus die geschäftlichen Planungen vorgenommen werden.[1039] 961

Für Art. 17 OECD-MA ist maßgebend , dass es sich um eine persönlich ausgeübte (z. B.) vortragende Tätigkeit handelt, die vornehmlich dem Kunstgenuss oder auch nur der Unterhaltung des Publikums dient.[1040] Eine künstlerische Tätigkeit setzt dabei voraus, dass der Künstler unmittelbar oder über Medien mittelbar in der Öffentlichkeit auftritt; entscheidend ist danach, dass die vergüteten Tätigkeiten in direktem Zusammenhang mit einem Auftritt vor Publikum stehen. Entsprechend werden Vergütungen für Büh- 962

1034 BMF v. 25. 11. 2010, BStBl 2010 I 1350, Tz. 86 ff.; vgl. BFH v. 13. 6. 2012 I R 41/11, BStBl 2012 II 880.
1035 BFH v. 11. 7. 1991 IV R 33/90, BStBl 1992 II 353; zur Werbung durch Sportler BFH v. 19. 11. 1985 VIII R 104/85, BStBl 1986 II 424.
1036 BFH v. 24. 4. 2012 IX R 6/10, BStBl 2012 II 581; v. 28. 1. 2004 I R 73/02, BFH/NV 2004, 869; v. 21. 4. 1999 I B 99/98, BStBl 2000 II 254.
1037 BFH v. 30. 5. 2018 I R 62/16, BFH/NV 2019, 62.
1038 BFH v. 25. 4. 2018 I R 59/15, BStBl 2018 II 624.
1039 BFH v. 19. 12. 2007 I R 19/06, BFH/NV 2008, 672.
1040 BFH v. 11. 7. 2018 I R 44/16, BFH/NV 2019, 149.

nenmaler bzw. Regisseure und Bühnenbildner, die werkschaffend tätig sind, nicht von Art. 17 Abs. 1 OECD-MA erfasst. Die Abgrenzung gegenüber einer künstlerischen Tätigkeit i. S. des Art. 17 Abs. 1 OECD-MA ist danach vorzunehmen, ob der Schwerpunkt der Tätigkeit des Künstlers auf dem Werk selbst oder aber der Entstehung desselben vor dem Publikum liegt (z. B. Performance-Künstler).

963 Art. 17 OECD-MA findet i. d. R. keine Anwendung auf die Darbietungen solcher Künstler und Sportler, deren Tätigkeit im anderen Vertragsstaat im Wesentlichen mittelbar oder unmittelbar aus öffentlichen Kassen des Wohnsitzstaates finanziert wird (offizieller Kulturaustausch).[1041] In diesen Fällen erfolgt i. d. R. eine Freistellung von der inländischen Besteuerung.

964 Steht der Künstler in einem Arbeitsverhältnis zu einem privaten Arbeitgeber, so kann er z. B. nach dem DBA-Schweiz in den Genuss der Grenzgängerregelung des Art. 15a DBA-Schweiz gelangen.

965 Ausländische Einkünfte i. S. des Art. 17 OECD-MA werden bei einem unbeschränkt Steuerpflichtigen i. d. R. unter Anrechnung der ausländischen Steuer besteuert.

966 Das BZSt, welches die Zuständigkeit für das Steuerabzugsverfahren sowie das Veranlagungsverfahren bei beschränkt Steuerpflichtigen für ganz Deutschland innehat, hält für beschränkt steuerpflichtige Künstler und Sportler ein Merkblatt zum Antrag nach § 50a EStG auf seinen Internetseiten bereit.

3.7.9.3 Ruhegehälter, Renten und ähnliche Zahlungen (Art. 18 OECD-MA)

967 **Ruhegehälter** und ähnliche Vergütungen, die für frühere unselbständige Tätigkeit, die einem privaten Arbeitgeber geleistet wurden, gezahlt werden, sind nach Art. 18 OECD-MA ausschließlich im Wohnsitzstaat des Empfängers zu versteuern.[1042] Hierunter sind Bezüge zu verstehen, die nach dem Eintritt in den Ruhestand vom ehemaligen Arbeitgeber (Betriebsrente) oder von einer Pensionskasse oder Unterstützungskasse gezahlt werden und vorrangig der Versorgung des Empfängers dienen.[1043] Abzugrenzen sind die privaten Ruhegehälter von nachträglichen Einkünften aus unselbständiger Arbeit (Nachzahlung) sowie Abfindungen, die unter Art. 15 OECD-MA fallen, und von Renten, die aufgrund einer Versicherung gezahlt werden, die grundsätzlich unter Art. 21 OECD-MA fallen. Zahlungen aus der Sozialversicherung unterliegen der Besteuerung nach Art. 18 OECD-MA, wenn sie mit einer früheren unselbständigen Tätigkeit zusammenhängen.[1044] Nicht erfasst werden von Art. 18 OECD-MA die Arbeitgeber- und Arbeitneh-

---

1041 Bsp.: Art. 17 Abs. 3 DBA-USA, Art. 17 Abs. 3 DBA-Norwegen; Art. 17 Abs. 3 DBA-Österreich.
1042 BFH v. 8.12.2010 I R 92/09, BStBl 2011 II 695; vgl. BMF v. 24.1.2017, BStBl 2017 I 147, zum DBA-Niederlande.
1043 BFH v. 12.10.1978 I R 69/75, BStBl 1979 II 64; v. 5.2.1992 I R 158/90, BStBl 1992 II 660.
1044 Zur deutschen Sozialversicherungsrente BFH v. 20.12.2017 I R 9/16, BFH/NV 2018, 777; v. 20.8.2014 I R 83/11, juris; v. 23.10.2013 X R 33/10, BStBl 2014 II 103; v. 25.7.2011 I B 37/11, BFH/NV 2011, 1879 zur italienischen Sozialversicherungsrente; BMF-Schreiben v. 5.11.2018, IStR 2019, 156, zum DBA-Österreich.

mereinzahlungen in Altersvorsorgepläne sowie die laufenden Einkünfte aus derartigen Plänen.

Art. 18 OECD-MA ist gegenüber Art. 7, 15, 16 und 17 OECD-MA die vorrangige Norm; Art. 19 OECD-MA gilt für Ruhegehälter, die von der öffentlichen Hand gezahlt werden; zu beachten ist aber die Sonderregelung in Art. 19 Abs. 3 OECD-MA.

968

Erstmals durch Art. 18A DBA-USA in der ab 2007 gültigen Fassung wurde die Regelung von Altersvorsorgeplänen vereinbart. Ähnliche Regelungen sind in der Mehrzahl der neueren Abkommen zu finden.

969

Art. 17 VG-DBA entspricht in seinem Abs. 1 dem Art. 18 OECD-MA. Dagegen haben die Abs. 2 bis 6, die sich u. a. mit der Besteuerung von Sozialversicherungsrenten, Unterhaltszahlungen, wiederkehrenden Entschädigungsleistungen, Regelungen zur nachgelagerten Besteuerung von Renten o. ä. in der Leistungsphase befassen, kein Vorbild im OECD-MA. So wird z. B. in Art. 17 Abs. 2 VG-DBA das Förderstaatprinzip dadurch verwirklicht, dass die Renten (auch) in dem Staat besteuert werden können, in dem die zahlende Stelle ansässig ist. In einigen neueren DBA, die etwa seit 2010 abgeschlossen wurden, finden sich insbesondere Regelungen zur Besteuerung von Sozialversicherungsrenten.[1045]

970

3.7.9.4 Öffentlicher Dienst (Art. 19 OECD-MA)

In Art. 19 OECD-MA ist eine gesonderte Regelung für Zahlungen aus öffentlichen Kassen enthalten: Vergütungen (Art. 19 Abs. 1 Buchst. a OECD-MA) und Ruhegehälter (Art. 19 Abs. 2 Buchst. a OECD-MA), die ein Vertragsstaat oder eine seiner Gebietskörperschaften zahlt, werden grundsätzlich nur in dem Staat besteuert, in dem die zahlende Kasse ihren Sitz hat: sog. Kassenstaatsprinzip.[1046] Dieses Prinzip ist Ausdruck einer Sonderregelung für Dienst- und Versorgungsbezüge aus einem öffentlichen Dienstverhältnis des Zahlungsempfängers mit einem Vertragsstaat oder einer seiner Gebietskörperschaften. Die vom Üblichen abweichende Zuteilung des Besteuerungsrechts hat ihren Rechtsgrund in der völkerrechtlichen Courtoisie und gegenseitigen Achtung der souveränen Staaten. Sie trägt dem Umstand Rechnung, dass die Bezüge unmittelbar aus dem Haushalt der zahlenden Gebietskörperschaft und damit aus Steuermitteln des Kassenstaats stammen.[1047] Die Bezüge stammen dann aus öffentlichen Kassen, wenn sie aus Steuermitteln des Staates herrühren, in dem die anweisende Kasse ihren Sitz hat.[1048] Nach Auffassung des BFH ist eine reine Zahlstellenfunktion der öffentlichen Hand nicht ausreichend, sondern der Kassenstaat muss Schuldner sein.[1049]

971

1045 Bsp.: Art. 17 Abs. 2 DBA-Großbritannien 2010, Art. 17 Abs. 2 DBA-Liechtenstein, Art. 17 Abs. 2 DBA-Spanien 2011, Art. 18 Abs. 2 DBA-Türkei 2011, Art. 17 Abs. 2 DBA-Ungarn 2011.
1046 BFH v. 8. 12. 2010 I R 92/09, BStBl 2011 II 695; v. 25. 7. 2011 I B 37/11, BFH/NV 2011, 1879.
1047 BFH v. 31. 7. 1991 I R 47/90, BFHE 165, 392.
1048 BFH v. 10. 8. 1983 I R 241/82, BStBl 1984 II 11.
1049 BFH v. 31. 7. 1991 I R 47/90, BFHE 165, 392.

972 Der § 50d Abs. 7 EStG enthält eine national verbindliche Auslegung des Kassenstaatsprinzips;[1050] es wird der Anwendungsbereich auf diejenigen Organisationen ausgedehnt, die ganz oder wesentlich aus öffentlichen Kassen finanziert werden (Bsp.: Goethe-Institute). Dies ist in die VG-DBA übernommen worden.[1051]

973 Die Regelung des Art. 19 geht nach Auffassung des BFH den Grenzgängerregelungen in den einzelnen DBA vor.[1052] Die Differenzierung zum einen nach der Staatsangehörigkeit und zum anderen nach dem Arbeitgeber verstößt nach Auffassung des EuGH nicht gegen das Diskriminierungsverbot des AEUV.[1053]

974 In einigen Abkommen mit Entwicklungsländern findet sich die sog. Entwicklungshelferklauseln:[1054] In Erweiterung des Kassenstaatsprinzips erfolgt die Besteuerung aus deutschen öffentlichen Mitteln finanzierter Tätigkeiten im Rahmen von Entwicklungshilfeprogrammen in dem Staat, der die Mittel für das Programm bereitstellt.

975 Eine Ausnahme vom Kassenstaatsprinzip sieht das OECD-MA dann vor, wenn der Zahlungsempfänger im anderen Staat tätig, dort ansässig und Staatsangehöriger dieses Staates ist (Art. 19 Abs. 1 Buchst. b, Abs. 2 Buchst. b OECD-MA). Zu diesem Personenkreis zählt das sog. Ortspersonal / Ortskräfte (Fahrer, Hausangestellte, Bürokräfte usw.) bei Botschaften und Konsulaten.[1055] Diese werden i. d. R. ohne Rücksicht auf ihre Staatsangehörigkeit als in Deutschland „ständig ansässig" angesehen, es sei denn, der Leiter der ausländischen Mission legt im Einzelfall dar, dass und aus welchen Gründen die betreffende Ortskraft sich nur vorübergehend in Deutschland aufhält und die Absicht hat, später in den Entsendestaat oder in ein drittes Land auszuwandern.

976 Schließlich kommt das Kassenstaatsprinzip dann nicht zur Anwendung, wenn die Vergütung im Rahmen eines gewerblichen Unternehmens eines Vertragsstaates gezahlt wird (Art. 19 Abs. 3 OECD-MA);[1056] dies gilt auch für die Tätigkeit für einen öffentlich-rechtlichen Rundfunksender.[1057] In diesen Fällen richtet sich die Besteuerung nach den allgemeinen Vorschriften (Art. 15 bis 18 OECD-MA); eine entsprechende Regelung findet sich in Art. 18 Abs. 4 VG-DBA. Die Grundregel des Art. 19 OECD-MA kommt aber dann wieder zur Anwendung, wenn die Tätigkeit für eine bundesunmittelbare Körperschaft erbracht wird.[1058]

977 Anzumerken ist, dass in einzelnen DBA teilweise zusätzliche Voraussetzungen erfüllt sein müssen, damit eine Zahlung unter diesen Artikel fällt.[1059]

[1050] Vgl. FG Berlin v. 2. 2. 2005 6 K 6382/03, EFG 2005, 1946.
[1051] Vgl. Rdn. 978.
[1052] BFH v. 5. 9. 2001 I R 88/00, BFH/NV 2002, 623; v. 23. 9. 2008 I R 57/07, BFH/NV 2009, 390.
[1053] EuGH v. 12. 5. 1998 C-336/96 Gilly, IStR 1998, 336.
[1054] BFH v. 7. 7. 2015 I R 42/13, BStBl 2016 II 14.
[1055] BMF v. 8. 8. 2008, BStBl 2008 I 835; v. 18. 12. 2009, BStBl 2009 I 15; vgl. BFH v. 25. 7. 2007 III R 55/02, BFH/NV 2007, 2404.
[1056] BFH v. 17. 12. 1997 I R 60-61/97, BStBl 1999 II 13 zu einem „ausgeliehenen Beamten"; v. 14. 5. 2007 I R 7/06, BFH/NV 2007, 1832, zu Ruhegehältern, die die privat-rechtlich strukturierte South African Airways zahlt; BMF 4. 1. 2017, BStBl 2017 I 31, zum DBA-Schweiz.
[1057] BFH v. 7. 4. 2004 I B 196/03, BFH/NV 2004, 1377.
[1058] BFH v. 5. 9. 2001 I R 88/00, BFH/NV 2002, 623.
[1059] Bsp.: Art. 14 Abs. 1 DBA-Frankreich: „Für gegenwärtige oder frühere Dienstleistungen in der Verwaltung oder in den Streitkräften"; BFH v. 11. 7. 2012 I R 76/11, BFH/NV 2012, 1966: Angestellte eines konfessionellen Kindergartens – DBA-Frankreich.

Art. 18 Abs. 1 und 2 VG-DBA entsprechen dem OECD-MA. Ohne Vorbild im OECD-MA sind die Regelungen in Abs. 3 (Anwendung auch für Bedienstete der Deutschen Bundesbank und des IHK-Verbandes zur Förderung der Außenwirtschaft durch das AHK-Netz) und in Abs. 5 (Anwendung auch für Bedienstete des Goethe-Instituts, des Deutschen Akademischen Austauschdienstes sowie ähnlicher Einrichtungen). 978

3.7.9.5 Studenten (Art. 20 OECD-MA)

Stipendien, Unterhalts- und Ausbildungsgelder sowie ähnliche Zahlungen an Studenten, Lehrlinge und Praktikanten, die sich zu Ausbildungszwecken im anderen Vertragsstaat aufhalten, werden nach Art. 20 OECD-MA (= Art. 19 Abs. 2 VG-DBA) nicht im Aufenthaltsstaat besteuert (Steuerfreistellung), wenn sie aus Quellen außerhalb dieses Staates stammen.[1060] Die Bestimmung erfasst nur Zahlungen, die der Empfänger für seinen Unterhalt, sein Studium oder seine Ausbildung erhält; leistet der Empfänger dagegen Dienste jeglicher Art und erhält dafür zusätzlich eine Vergütung, dann ist ggf. Art. 7 oder Art. 15 OECD-MA anzuwenden.[1061] 979

Werkstudenten werden mit ihren Einkünften aus in Deutschland ausgeübter unselbständiger Arbeit normal besteuert;[1062] dies gilt auch für sonstige in Deutschland ausgeübte Tätigkeiten (Bsp.: Der englische Student an der Universität Köln arbeite an den Wochenenden als selbständiger Discjockey). Teilweise enthalten die Abkommen Einschränkungen; so sieht z. B. Art. 20 Abs. 4 DBA-USA vor, dass der Betrag jährlich nicht 9 000 US-$ und der Aufenthalt nicht den Zeitraum von vier Jahren übersteigen darf.[1063] 980

3.7.9.6 Gastlehrer, Gastdozenten (Art. 19 Abs. 1 VG-DBA)

Im OECD-MA ist die Besteuerung der Gastlehrertätigkeit nicht geregelt, aber in einer Reihe von DBA Deutschlands finden sich hierzu Bestimmungen:[1064] Grundsätzlich sind die Einkünfte aus der Tätigkeit als Gastprofessoren an einer Hochschule, Schule oder Lehranstalt in Deutschland steuerbefreit, wenn der Aufenthalt zwei Jahre nicht übersteigt.[1065] D. h., das Besteuerungsrecht des Herkunftsstaates bleibt insoweit erhalten. 981

> **BEISPIEL:** Hochschullehrer L geht für 1 1/2 Jahre an die X-Universität in den USA zu einer Gastdozentur; seine Familie bleibt in Deutschland. Dann ist er in den USA von allen dortigen Steuern befreit mit Ausnahme der Steuern auf Einkünfte aus US-Quellen (= nonresident alien). Er gilt im Übrigen als in Deutschland ansässig. Etwas anderes gilt aber dann, wenn er und seine Familie den inländischen Wohnsitz aufgeben und für die Dauer der Gastdozentur in die USA übersiedeln.

1060 Zum Verzicht auf Besteuerung R 22.2 EStR 2016.
1061 Nr. 3 OECD-MK zu Art. 20 OECD-MA; vgl. auch BFH v. 11. 2. 2009 I R 25/08, BFH/NV 2009, 1318.
1062 BFH v. 22. 1. 1992 I R 49/91, BStBl 1992 II 546.
1063 BFH v. 9. 6. 2011 III R 28/09, BFH/NV 2011, 1597; v. 11. 2. 2009 I R 25/08, BStBl 2010 II 536.
1064 Bsp.: Art. 20 DBA-Belgien; Art. 16 DBA-Frankreich; Art. 19 Abs. 1 DBA-Großbritannien; Art. 20 DBA-USA.
1065 BFH v. 22. 7. 1987 I R 224/83, BStBl 1987 II 842; v. 13. 3. 1985 I R86/80, BStBl 1985 II 500; BMF v. 10. 1. 1994, BStBl 1994 I 14.

982 Übersteigt der Auslandsaufenthalt die Zwei-Jahres-Dauer, so gelten grundsätzlich von Anfang an die allgemeinen Bestimmungen des jeweiligen Abkommens, also i. d. R. Art. 15 OECD-MA. Hiervon sind Ausnahmen durch Vereinbarungen der beteiligten Finanzbehörden möglich.

983 Bei der praktischen Anwendung ist zu berücksichtigen, dass die einzelnen Abkommen sich konzeptionell unterscheiden und teilweise zusätzliche Einschränkungen oder Voraussetzungen beinhalten, die berücksichtigt werden müssen (Bsp.: Art. 20 Abs. 1 DBA-USA: der Stpfl. muss „Hochschullehrer" oder „Lehrer" sein; damit fällt eine Universitätsassisstent nicht unter diese Klausel).

984 In Art. 19 Abs. 1 VG-DBA findet sich für Gastprofessoren eine Regelung, die den von Deutschland unter Beachtung der Rechtsprechung abgeschlossenen DBA entspricht.

3.7.10 Andere Einkünfte (Art. 21 OECD-MA)

985 Art. 21 Abs. 1 OECD-MA (= Art. 20 Abs. 1 VG-DBA) enthält eine Auffangklausel für alle sonst nicht im Abkommen ausdrücklich geregelten Einkünfte.

Zu beachten ist allerdings, dass über Art. 21 OECD-MA der sachliche Geltungsbereich des Abkommens nicht erweitert wird. Liegen demnach Einkünfte vor, die unter keine Zuteilungsnorm nach Art. 6 bis 8 und Art. 10 bis 20 OECD-MA erfasst werden können, dann werden diese anderen Einkünfte – unabhängig von ihrer Herkunft –, nur im Wohnsitzstaat besteuert werden (Art. 21 Abs. 1 OECD-MA). Zu beachten ist, dass der Begriff „andere Einkünfte" nicht mit dem Begriff „sonstige Einkünfte" i. S. des § 22 EStG identisch ist. Ist in einem Abkommen die Klausel des Art. 21 OECD-MA nicht enthalten, verbleibt es bei einer nicht beseitigten Doppelbesteuerung hinsichtlich derjenigen Einkünfte, die in den übrigen Artikeln des Abkommens nicht geregelt sind. Unter Art. 21 Abs. 1 OECD-MA fallen z. B. Vermietung beweglicher Gegenstände, Leistungen ausländischer gesetzlicher Rentenversicherung,[1066] Unterhaltszahlungen,[1067] Entschädigungen, Schadensersatzrenten, Lotteriegewinne, Drittstaateinkünfte, Dreieckssachverhalte, Veräußerung wesentlicher Beteiligungen.[1068] Bezieht ein im Inland unbeschränkt Steuerpflichtiger eine Rente aus dem Ausland, so sind die Regeln über die Basisversorgung und die nachgelagerte Besteuerung sowie die diversen Verfügungen der OFDen und Landesfinanzämter zu beachten.

986 Sind die anderen Einkünfte – ausgenommen Einkünfte aus unbeweglichem Vermögen i. S. des Art. 6 Abs. 2 OECD-MA – einer Betriebsstätte oder einer festen Einrichtung zuzurechnen, richtet sich die Besteuerung nach Art. 7 bzw. Art. 14 OECD-MA (Art. 21 Abs. 2 OECD-MA – Betriebsstättenvorbehalt). Art. 20 Abs. 2 VG-DBA entspricht dem OECD-MA.

[1066] BFH v. 20. 8. 2014 I R 83/11, BFH/NV 2015, 20; v. 25. 7. 2011 I B 37/11, BFH/NV 2011, 1879; v. 8. 12. 2010 I R 92/09, BStBl 2011 II 488.
[1067] BMF v. 5. 11. 1998, BStBl 1998 I 1392, betreffend Unterhaltszahlungen nach dem DBA-Schweiz.
[1068] BFH v. 22. 2. 1989 I R 11/85, BStBl 1989 II 795; v. 13. 12. 1989 I R 39/87, BStBl 1990 II 379.

3.7.11 Besteuerung des Vermögens (Art. 22 OECD-MA)

Unbewegliches Vermögen i. S. des Art. 6 OECD-MA kann nach Art. 22 Abs. 1 OECD-MA (= Art. 21 VG-DBA) grundsätzlich im Belegenheitsstaat besteuert werden. Ist für die Einkünfte aus dem unbeweglichen Vermögen das Anrechnungsverfahren vereinbart, könnte das unbewegliche Vermögen grundsätzlich in Deutschland unter Anrechnung der ausländischen Vermögensteuer besteuert werden. 987

Bewegliches Vermögen, das zu einer Betriebsstätte gehört, kann nach Art. 22 Abs. 2 OECD-MA im Betriebsstättenstaat besteuert werden.[1069] 988

Schiffe und Luftfahrzeuge sowie bewegliches Vermögen, das dem Betrieb dieser Fahrzeuge dient, können nach Art. 22 Abs. 3 OECD-MA nur in dem Staat besteuert werden, in dem sich der Ort der tatsächlichen Geschäftsleitung befindet. 989

Sonstiges Vermögen – hierzu würde z. B. auch die Beteiligung an Kapitalgesellschaften[1070] gehören – kann nach Art. 22 Abs. 4 OECD-MA ausschließlich im Wohnsitzstaat besteuert werden. 990

Das Update 2017 des OECD-MA hat den Text in Art. 22 Abs. 3 geändert und den Änderungen in Art. 8, 13 und 15 Abs. 3 OECD-MA 2017 angepasst. 991

3.8 Rechtsbehelfe und Verständigungsverfahren (Art. 25 OECD-MA)

3.8.1 Innerstaatliche Rechtsbehelfe

Durch das nationale Zustimmungsgesetz zum DBA wird das völkerrechtliche Abkommen in innerstaatliches Recht transformiert.[1071] D. h. die Bestimmungen des Abkommens gelten in vollem Umfange als innerstaatliches Recht, auf das sich der Steuerpflichtige unmittelbar berufen kann. Somit kann der Steuerpflichtige, wenn er eine falsche oder fehlende Anwendung von Bestimmungen eines DBA oder eines Zustimmungsgesetzes zu einem DBA bei seiner Veranlagung rügen will, dies mit den nach der AO und der FGO vorgesehenen Rechtsbehelfen unter Beachtung der allgemeinen Verfahrensvorschriften geltend machen.[1072] Mit einem derartigen Rechtsbehelfsverfahren kann aber naturgemäß nicht die fehlerhafte Behandlung der ausländischen Einkünfte durch den ausländischen Staat gerügt werden. 992

1069 BFH v. 29. 10. 1986 II R 226/82, BStBl 1987 II 99; v. 21. 1. 1972 III R 57/71, BStBl 1972 II 374.
1070 Sonderregelung in einer Reihe von DBA dahingehend, dass die Anteile im Sitzstaat der Gesellschaft besteuert werden dürfen.
1071 BFH v. 10. 6. 2015 I R 66/09, BFH/NV 2015, 1250.
1072 BFH v. 13. 11. 2002 I R 74/01, BStBl 2003 II 477.

3.8.2 Verständigungsverfahren (Art. 25 Abs. 1 und 2 OECD-MA)

993 Zusätzlich zu den nationalen Rechtsbehelfen ist es erforderlich gewesen, einen weiteren Rechtsbehelf u.a. für die Fälle zu schaffen, in denen die Finanzbehörden beider Vertragsparteien die Auffassung vertreten, dass sie im Einklang mit dem Abkommen handeln; denn grundsätzlich darf von einem Vertragsstaat nicht geprüft werden, ob der andere Vertragsstaat die Person berechtigterweise zur Besteuerung heranzieht bzw. herangezogen hat (Ausfluss des Souveränitätsgedankens).[1073] Dieser besondere Rechtsbehelf ist das zwischenstaatliche Verständigungsverfahren nach Art. 25 Abs. 1 OECD-MA (= Art. 24 Abs. 1 VG-DBA).[1074] Ziel des Verständigungsverfahrens ist es, durch Absprache zwischen den Finanzbehörden der beteiligten Vertragsstaaten eine abkommensgerechte Besteuerung zu erreichen, d.h. eine Doppelbesteuerung zulasten des Steuerpflichtigen, aber auch eine doppelte Nichtbesteuerung zu vermeiden. Dies kann u.a. in folgenden Fällen erforderlich sein:

- ▶ Der ausländische Staat besteuert Einkünfte, obwohl das Besteuerungsrecht nach dem DBA dem Wohnsitzstaat zugewiesen ist;
- ▶ der Wohnsitzstaat besteuert Einkünfte, obwohl das Besteuerungsrecht nach dem DBA dem ausländischen Staat zugewiesen ist;
- ▶ die Auslegung des Abkommens ist unter den Vertragsparteien umstritten.

994 Der Ablauf eines Verständigungsverfahrens kann dem Merkblatt zum internationalen Verständigungs- und Schiedsverfahren auf dem Gebiet der Steuern vom Einkommen und vom Vermögen[1075] entnommen werden. Das Verständigungsverfahren ist, sofern es vom Steuerpflichtigen betrieben wird, ein Antragsverfahren.[1076] Art. 25 Abs. 1 OECD-MA sieht eine zeitliche Grenze für den Antrag auf Einleitung eines Verständigungsverfahrens vor; diese ist nicht in allen DBA enthalten und – sofern sie vereinbart ist – schwankt hinsichtlich der Dauer.

995 Der Antrag des Steuerpflichtigen, der – um den Antrag wirksam stellen zu können – in einem oder in beiden Vertragsstaaten i.S. des Abkommens ansässig sein muss, ist an die zuständige Behörde des Ansässigkeitsstaates zu richten, d.h. in Deutschland an das für die Besteuerung zuständige Wohnsitzfinanzamt, das die Akten an das BZSt als für das Verständigungsverfahren zuständige Behörde übersendet.

996 Wenn der Antrag der zuständigen Behörde vorliegt, wird zuerst geprüft, ob er begründet ist, und ob dem Begehren nicht bereits durch innerstaatliche Maßnahmen entsprochen werden kann. Einen Rechtsanspruch auf Einleitung des Verständigungsverfahrens besitzt der Steuerpflichtige nicht (Ermessensentscheidung);[1077] gegen die Ablehnung ist der Finanzrechtsweg gegeben.

[1073] Zum Problem der Mehrfachbesteuerung bzw. unzutreffenden Besteuerung durch einen Vertragsstaat vgl. die Ausführungen des BFH v. 31.3.2004 I R 88/03, BFH/NV 2004, 1330, Abs. 12.
[1074] Die OECD veröffentlicht jährlich Statistiken über die Zahl der neuen als auch noch offenen Verfahren – Mutual Agreement Procedure Statistics 2017, www.oecd.org/tax.
[1075] BMF v. 9.10.2018, BStBl 2018 I 1222.
[1076] BMF v. 9.10.2018, BStBl 2018 I 1122, Tz. 2.1.
[1077] Ausführlich FG Hamburg v. 13.7.2000 V 2/97, EFG 2001, 27; FG Köln v. 14.4.2016 2 K 1205/15, EFG 2016, 1151; FG Köln v. 18.1.2017 2 K 930/13, EFG 2017, 719; hierzu Revision unter I R 82/17; vgl. ferner FG Köln v. 4.7.2018 2 K 2679/17, EFG 2018,1745.

Ist Abhilfe durch nationale Maßnahmen nicht möglich, wird versucht, den Fall im Verhandlungswege zwischen beauftragten Kommissionen der Finanzverwaltung beider Vertragsstaaten zu lösen - Art. 25 Abs. 2 OECD-MA (=Art. 24 Abs. 2 VG-DBA); nach den von Deutschland abgeschlossenen DBA besteht kein Zwang zur Einigung; ausreichend ist grundsätzlich das Bemühen um eine Einigung. In dem Verfahren erhält der Steuerpflichtige zwar Gelegenheit zur Stellungnahme, ist aber selbst nicht Beteiligter, d. h. er hat keinen unmittelbaren Einfluss auf Zustandekommen und Ergebnis einer etwaigen Einigung. Klassische Rechtsschutzprinzipien, die vor Gericht die Wahrung der Rechte eines Klägers garantieren, sind nicht vorhanden. Es fehlt auch eine Kontrollinstanz.

997

Der Antrag hemmt, sofern er mit einem Antrag auf Abänderung der Steuerfestsetzung verbunden ist, den Ablauf der Festsetzungsfrist (§ 171 Abs. 3 AO). Im Rahmen einer Verständigung verpflichten sich die beiden Vertragsstaaten, eine Doppelbesteuerung zu beseitigen. Ergibt die Verständigung eine von der bisherigen nationalen Steuerfestsetzung abweichende Festsetzung, so erfolgt eine Änderung, unabhängig von Bestandskraft und Festsetzungsfrist (§ 175a AO).[1078] Die Umsetzung der Verständigungsvereinbarung gemäß § 175a AO erfolgt grundsätzlich nur, wenn der Steuerpflichtige der Einigung zustimmt[1079] und auf Druck der Finanzverwaltung auf Rechtsbehelfe verzichtet oder solche zurücknimmt (vgl. Tz 4.2 des BMF-Schreibens vom 9. 10. 2018), denn die Einigung ist für den betreffenden Antragsteller nicht bindend.

998

Antrag und Einleitung eines Verständigungsverfahrens nach DBA sind in jedem Stadium des nationalen Besteuerungs- und Rechtsbehelfsverfahrens möglich.[1080] Beides ist voneinander unabhängig. Demnach kann ein Verständigungsverfahren keinen Einfluss auf einen vor den Finanzgerichten laufenden Prozess haben.[1081] Andererseits schließt ein Urteil (auch nach Rechtskraft) nicht ein Verständigungsverfahren aus.

999

3.8.3 Konsultationsverfahren und Abkommensanwendung (Art. 25 Abs. 3 OECD-MA)

Neben dem Verständigungsverfahren i. S. des Art. 25 Abs. 1 OECD-MA gibt es noch das Konsultationsverfahren[1082] zur Klärung von Fragen, die die Auslegung und Anwendung des Abkommens betreffen (Art. 25 Abs. 3 Satz 1 OECD-MA = Art. 24 Abs. 3 VG-DBA), sowie das Verständigungsverfahren über vertraglich nicht geregelte Fragen (Art. 25 Abs. 3 Satz 2 OECD-MA). Derartige, für eine Vielzahl von Fällen anwendbare Verständigungsverfahren können zu Vereinbarungen zwischen den Finanzbehörden der beteiligten

1000

1078 FG Köln v. 6. 5. 2015 2 K 3712/10, EFG 2015, 2088.
1079 FG Köln v. 4. 7. 2018 2 K 2679/17, EFG 2018, 1745.
1080 Zu der steuerlichen Behandlung der Kosten eines Verständigungsverfahrens BFH v. 9. 10. 2013 IX R 25/12, BStBl 2014 II 102.
1081 BFH v. 12. 10. 1978 I R 69/75, BStBl 1979 II 64.
1082 Nr. 50 ff. OECD-MK zu Art. 25 OECD-MA.

Staaten führen.[1083] Aus der Sicht der Rechtsprechung sind derartige Verständigungsvereinbarungen, sofern sie nicht auf einer ihrerseits demokratisch legitimierten Rechtsverordnung i. S. von Art. 80 Abs. 1 GG beruhen, lediglich Verwaltungsabkommen und ihrer Rechtsnatur nach Verwaltungsvorschriften, die nicht geeignet sind, die Normen eines DBA abzuändern.[1084] Um dieser Rechtsprechung entgegen zu wirken, hat der Gesetzgeber § 2 AO durch das JStG 2010 mit Wirkung ab 1. 1. 2010 durch einen neuen Abs. 2 ergänzt.[1085] Hiermit wird nach Auffassung der Finanzverwaltung den Forderungen der Rechtsprechung Rechnung getragen. Dieser Auffassung ist der BFH aber entgegengetreten.[1086]

3.8.4 Schiedsverfahren, Schiedsklausel (Art. 25 Abs. 5 OECD-MA)

1001 Das Update 2008 des OECD-MA brachte eine wesentliche Neuerung: In dem neu eingefügten Abs. 5 des Art. 25 OECD-MA wird das verbindliche Schiedsverfahren eingeführt. Das Schiedsverfahren ist keine Alternative zum Verständigungsverfahren, sondern integraler Bestandteil desselben.[1087] Die Modalitäten eines derartigen Schiedsverfahrens sind zwischen den Vertragsstaaten zu vereinbaren.[1088] Es kann immer dann vom Steuerpflichtigen schriftlich beantragt werden, wenn die betroffenen Behörden nicht in der Lage sind, innerhalb von zwei Jahren nachdem ihnen alle relevanten Unterlagen übermittelt worden sind, sich zu einigen. Einschränkend ist zu beachten, dass Streitfragen, zu denen bereits in einem der betreffenden Staaten ein Gerichtsurteil ergangen ist, nicht Gegenstand des Schiedverfahrens sein können. Die von Deutschland abgeschlossenen DBA weisen grundsätzlich keine entsprechende Regelung auf; zurzeit existieren erst wenige DBA mit Schiedsvereinbarungen, so z. B. im DBA mit Frankreich, Kanada, Österreich, Schweden und den USA.

1002 Eine Besonderheit stellt Art. 25 Abs. 3 DBA-Österreich dar: Können die Schwierigkeiten oder Zweifel, die bei der Auslegung oder Anwendung des Abkommens entstanden sind, nicht innerhalb von 3 Jahren ab der Verfahrenseinleitung beseitigt werden, sind die beteiligten Vertragsstaaten auf Antrag der Person, die das Schiedsverfahren begehrt, verpflichtet, den Fall vor dem EuGH anhängig zu machen (Art. 273 AEUV).[1089] Ebenfalls eine Besonderheit stellt das mit der Schweiz vereinbarte Schiedsverfahren dar.[1090]

[1083] Bsp.: BMF v. 25. 3. 2010, BStBl 2010 I 268 betreffend Besteuerungsrecht von Abfindungen an Arbeitnehmer nach Artikel 15 des Abkommens zwischen der Bundesrepublik Deutschland und der Schweizerischen Eidgenossenschaft zur Vermeidung der Doppelbesteuerung auf dem Gebiet der Steuern vom Einkommen und vom Vermögen.
[1084] BFH v. 2. 9. 2009 I R 90/08, BFH/NV 2009, 2041, und I R 111/08, BFH/NV 2009, 2044.
[1085] Vgl. z. B. Verordnung zur Umsetzung von Konsultationsvereinbarungen zwischen der Bundesrepublik Deutschland und der Schweizerischen Eidgenossenschaft v. 20. 12. 2010, BGBl 2010 I 2187.
[1086] BFH v. 10. 6. 2015 I R 79/13, BFH/NV 2015, 1630; BMF v. 31. 3. 2016, BStBl 2016 I 474.
[1087] Nr. 64 OECD-MK zu Art. 25 OECD-MA.
[1088] Vgl. die Mustervereinbarung Anhang zum OECD-MK zu Art. 25 OECD-MA.
[1089] Vgl. EuGH v. 12. 9. 2017 C-648/15 Deutschland/Österreich, IStR 2017, 866.
[1090] BMF v. 3. 3. 2017, BStBl 2017 I 379.

Als ein weiteres Mittel zur Beilegung von Streitigkeiten im Rahmen der Besteuerung zwischen den EU-Staaten sind das **EU-Schiedsübereinkommen**[1091] sowie die **EU-Streitbeilegungsrichtlinie**[1092] (SBRL) zu nennen. Lt. der amtlichen Begründung zum Gesetz zur Umsetzung der Richtlinie (EU) 2017/1852 des Rates vom 10.10.2017 über Verfahren zur Beilegung von Besteuerungsstreitigkeiten in der Europäischen Union[1093] ist das **Rangverhältnis zwischen den einzelnen Verständigungsverfahren** wie folgt: Ein Verfahren nach der SBRL kann als vorrangig zu Verfahren nach DBA oder dem EU-Schiedsübereinkommen bezeichnet werden. Dies bedeutet, sobald der Steuerpflichtige ein Verfahren nach der SBRL initiiert, sind Verfahren nach DBA oder dem EU-SchiedsKonvention zu beenden. Nach Einlegung der Streitbeilegungsbeschwerde ist ein Antrag auf Durchführung eines Verfahrens nach DBA oder dem EU-Schiedsübereinkommen als unzulässig abzulehnen. Dies gilt auch nach Beendigung des Verfahrens nach der SBRL, für den Fall, dass die Fristen nach DBA noch nicht abgelaufen sein sollten.

1003

Eine eher theoretische Möglichkeit ist es, einen Streitfall vor den Internationalen Gerichtshof nach dem Europäischen Übereinkommen zur friedvollen Beilegung von Streitigkeiten vom 29.4.1957 zu bringen.[1094] Andererseits sind die Bestimmungen der Kapitel I, II und IV dieses Abkommens für die Beilegung von Streitigkeiten zwischen Deutschland und Schweden in dem DBA-Schweden vereinbart.[1095]

1004

3.8.5 Schiedsverfahren, Schiedsklausel (Art. 24 Abs. 5 VG-DBA)

In Abweichung vom, OECD-MA wird in Art. 24 Abs. 5 VG-DBA die Durchführung eines Schiedsverfahrens davon abhängig gemacht, dass es sich nicht um einen Einzelfall handelt, der für eine Entscheidung durch ein Schiedsverfahren nicht geeignet ist (Abs. 5 Nr. 3). Ferner hat das EU-Schiedsverfahren Vorrang vor dem Schiedsverfahren nach einem DBA (Abs. 5 Nr. 4). Eine bereits existierende nationale Gerichtsentscheidung in einem der beiden Vertragsstaaten steht der Behandlung von Fragen in einem Schiedsverfahren entgegen.

1005

3.9 Internationale Amts- und Rechtshilfe sowie Informationsverkehr

3.9.1 Überblick

In Zeiten einer zunehmenden Globalisierung, Vernetzung und Mobilität ist ein gegenseitiger Austausch von Informationen in Steuersachen für eine zutreffende, gleichmäßige und rechtsstaatliche Besteuerung unerlässlich. Deswegen hat der grenzüberschreitende Informationsaustausch in den letzten Jahren verstärkt an Bedeutung ge-

1006

1091 Rdn. 1505.
1092 Rdn. 1512 ff.
1093 BR-Drs. 227/19, S. 25; BGBl 2019 I 2103.
1094 BGBl 1961 II 81.
1095 Art. 41 Abs. 5 Satz 1 DBA-Schweden.

wonnen. Folgende Rechtsgrundlagen existieren für diesen Bereich des internationalen Steuerrechts:

- Amts- und Rechtshilfe im Rahmen der EU – vgl. ausführlich Rdn. 1530 ff.;
- Übereinkommen über die gegenseitige Amtshilfe in Steuersachen des Europarates vom 25. 1. 1988 in der Fassung des Protokolls zur Änderung des Übereinkommens über die gegenseitige Amtshilfe in Steuersachen vom 27. 5. 2010;[1096]
- Art. 26 OECD-MA bzw. Art. 25 VG-DBA;
- OECD-Mustervereinbarung über den Austausch von Informationen in Steuersachen von 2002 (Model Agreement on Exchange of Information on Tax Matters - TIEA);
- spezielle bilaterale Amts- und Rechtshilfeabkommen;
- §§ 117 ff. AO.

1007 Rechtsgrundlage für einen zwischenstaatlichen Informationsaustausch können ferner u.U. das „Europäische Übereinkommen über Rechtshilfe in Strafsachen",[1097] das „Gesetz über die internationale Rechtshilfe in Strafsachen"[1098] sowie das „Übereinkommen vom 29. Mai 2000 über die Rechtshilfe in Strafsachen zwischen den Mitgliedstaaten der Europäischen Union"[1099] darstellen.

3.9.2 Informationsaustausch und Auskunftserteilung (Art. 26 OECD-MA, § 117 AO)

1008 Um die Durchführung des Abkommens zu ermöglichen, d. h. eine gleichmäßige und wettbewerbsneutrale Besteuerung sicherzustellen, sieht Art. 26 OECD-MA (= Art. 25 VG-DBA) einen Austausch von Informationen zwischen den zuständigen Behörden der Vertragsstaaten vor. Dieser Informationsaustausch, beruhend auf dem Gedanken der Gegenseitigkeit, soll verhindern, dass es zu einer abkommenswidrigen Besteuerung im Sinne einer doppelten Besteuerung oder einer doppelten Nichtbesteuerung kommt, sei es durch Unwissenheit der jeweiligen Finanzbehörden, sei es aufgrund vorsätzlich falscher Angaben des Steuerpflichtigen. Endziel von OECD, EU und G-20 Staaten ist der vollautomatische Informationsaustausch.[1100]

1009 Eine Informationsweitergabe seitens der deutschen Finanzbehörden verstößt nicht gegen das Steuergeheimnis, da die Offenbarung der Verhältnisse durch § 30 Abs. 4 Nr. 1, 2 AO gedeckt ist.[1101]

1096 BGBl 2015 II 966.
1097 BGBl 1964 II 1369, 1386.
1098 BGBl 1982 I 2071.
1099 BGBl 2005 II 650.
1100 Einzelheiten zum Umfang des Informationsaustausches vgl. BT-Drs. 19/1438.
1101 FG Köln v. 13. 4. 2018 2 V 174/18, EFG 2018, 1164.

Internationale Amts- und Rechtshilfe sowie Informationsverkehr KAPITEL 3

Der Austausch von Informationen kann grundsätzlich zu folgenden Zwecken erfolgen: 1010
- nur zur Durchführung des Abkommens (sog. kleine Auskunftsklausel)[1102] oder
- zusätzlich zur Durchführung des innerstaatlichen Rechts (sog. große Auskunftsklausel).[1103]

Bei der großen Auskunftsklausel können unabhängig von der konkreten Anwendung des Abkommens Informationen ausgetauscht werden, die (auch) für die innerstaatliche Besteuerung (Steuern jeder Art und Bezeichnung, die für Rechnung einer der Vertragsstaaten oder seiner Gliedkörperschaften erhoben werden) von Bedeutung sein können. In der Mehrzahl der von Deutschland abgeschlossenen DBA ist die große Auskunftsklausel zu finden. Art. 26 OECD-MA geht von der großen Auskunftsklausel aus. 1011

Die kleine Auskunftsklausel erlaubt einen Informationsaustausch nur zur konkreten Durchführung des Abkommens, um eine abkommenswidrige Besteuerung zu verhindern. Sie ist i. d. R. vereinbart in den DBA mit Entwicklungsländern und den ehemaligen Staatshandelsländern und entspricht nicht mehr dem heute geltenden Verständnis von einem Auskunftsverkehr.[1104] 1012

Der Unterschied zwischen großem und kleinem Auskunftsverkehr soll an zwei Beispielen verdeutlicht werden: 1013

> **BEISPIEL:** (1) Ein in Deutschland ansässiger schwedischer Staatsangehöriger, der in der Bundesrepublik eine Zahnarztpraxis betreibt, verkauft in Schweden an eine dortige Scheideanstalt Zahngold aus seiner Praxis. Bei diesem Vorgang fällt in Schweden nur Umsatzsteuer an. Weil mit Schweden die große Auskunftsklausel vereinbart ist, übersendet die schwedische Reichsfinanzverwaltung eine Kontrollmitteilung an die deutsche Finanzverwaltung für Zwecke der deutschen Besteuerung.
>
> (2) Kanada ersucht Deutschland um Auskunft, ob der Empfänger der Zahlungen tatsächlich in Deutschland ansässig und Nutzungsberechtigter der Lizenzen ist, um die in Artikel 12 Abs. 3 Buchst. a DBA-Kanada vorgesehene Befreiung gewähren zu können.

Art. 26 Abs. 2 OECD-MA sieht ein internationales Steuergeheimnis vor: Die erlangten Auskünfte sind geheim zu halten und dürfen innerhalb des um Auskunft ersuchenden Staates lediglich für Zwecke der Veranlagung, Erhebung, Vollstreckung, Strafverfolgung sowie der gerichtlichen Klärung von unter das Abkommen fallenden Steuern benutzt werden. In einigen neueren DBA hat Deutschland zusätzlich vereinbart, dass ungeachtet der Regelungen in Art. 26 Abs. 1 und 2 OECD-MA die Informationen für andere Zwecke[1105] verwendet werden können, wenn sie nach dem Recht beider Staaten für diese anderen Zwecke verwendet werden können und die zuständige Behörde des übermittelnden Staates diese Verwendung genehmigt.[1106] 1014

Grenzen für den Auskunftsverkehr zieht Art. 26 Abs. 3 OECD-MA. Danach besteht keine Verpflichtung zur Auskunft, wenn 1015

1102 Zum Inhalt der kleinen Auskunftsklausel vgl. BFH v. 29. 4. 2008 I R 79/07, BFH/NV 2008, 1807; FG Köln v. 7. 9. 2015 2 V 1375/15, IStR 2015, 835.
1103 BFH v. 9. 12. 2009 X R 54/06, BStBl 2010 II 732, Abs. 35; FG Köln v. 7. 9. 2015 2 V 1375/15, IStR 2015, 835.
1104 Übersicht in Anlage 1 zu BMF v. 23. 11. 2015, BStBl 2015 I 928, ergänzt durch BMF v. 9. 1. 2017, BStBl 2017 I 89.
1105 Vgl. Nr. 12.3 OECD-MK zu Art. 26 OECD-MA.
1106 Bsp.: Art. 26 Abs. 2 Satz 3 DBA-Irland 2011.

- Verwaltungsmaßnahmen erforderlich wären, die von den Gesetzen und der Verwaltungspraxis eines der beiden Vertragsstaaten abweichen;
- Informationen gewünscht werden, die im Rahmen der Gesetze oder im üblichen Verwaltungsverfahren eines der beiden Vertragsstaaten nicht beschafft werden können;
- Informationen gewünscht werden, die ein Handels-, Geschäfts-, Gewerbe- oder Betriebsgeheimnis preisgeben würden (Bsp.: Bezugsquellen, Kalkulationen, Kundenlisten usw.);[1107]
- Informationen gewünscht werden, die der öffentlichen Ordnung (sog. ordre public) eines der beiden Vertragsstaaten widersprechen.

1016 Wird der eine Vertragsstaat vom anderen Vertragsstaat um Auskunft ersucht, so kann der ersuchte Staat nach Art. 26 Abs. 4 OECD-MA die Auskunft nicht deswegen verweigern, weil er selbst an der Auskunft kein Interesse hat.

1017 Schließlich beinhaltet Art. 26 Abs. 5 OECD-MA eine Durchbrechung des Bankgeheimnisses; denn der um Auskunft ersuchte Staat kann sich grundsätzlich nicht auf das nationale Bankgeheimnis berufen. Gleiches gilt für Informationen, die sich auf Beteiligungen an einer Person i. S. des Abkommens (Gesellschaft, Personenvereinigung) beziehen.

1018 Nach der Rechtsprechung[1108] können die deutschen Finanzbehörden ihre ihnen nach der AO zustehenden Befugnisse auch im Interesse einer ausländischen Besteuerung nutzen, wenn eine entsprechende völkerrechtliche Verpflichtung, z. B. aufgrund DBA, besteht; hierbei ist aber zu berücksichtigen, dass im Rahmen der EU die Bestimmungen der Verträge als solches schon eine ausreichende Rechtsgrundlage darstellen.[1109]

1019 Dies gilt auch für sog. **Spontanauskünfte**, d. h. ohne Ersuchen der ausländischen Finanzbehörden erteilte Auskunft, deren Rechtsgrundlage nach Auffassung der Rechtsprechung § 117 Abs. 2 AO i.V. mit den einschlägigen Bestimmungen des jeweiligen DBA ist[1110]. Zuständig für den Auskunftsverkehr ist grundsätzlich das BMF, sofern der Auskunftsverkehr nicht ausdrücklich auf das BZSt delegiert worden oder, wie mit Österreich, auf der Ebene der lokalen Behörden unmittelbar vereinbart ist.

1020 Rechtsschutz gegen den Auskunftsverkehr[1111] ist – da der ausgehende Auskunftsverkehr als solcher i.d.R. keinen Verwaltungsakt i. S. des § 118 AO darstellt – lediglich durch Erhebung einer Unterlassungsklage möglich,[1112] die gegen das BMF zu richten ist,[1113] sofern dieses seine Befugnis nicht delegiert hat. Einstweiliger Rechtsschutz kann nur im Wege der einstweiligen Anordnung nach § 114 FGO beantragt werden.[1114] Vor einem Auskunftsersuchen ist dem Steuerpflichtigen grundsätzlich Gelegenheit zum

---

1107 BFH v. 29.10.1986 I B 28/86, BFH/NV 1988, 313.
1108 BFH v. 20.2.1979 VII R 16/78, BStBl 1979 II 268.
1109 EuGH v. 13.4.2000 C-420/98, Fall W.N., IStR 2000, 334, zur Spontanauskunft zwischen den Finanzbehörden der Mitgliedstaaten.
1110 BFH v. 17.9.2007 I B 30/07, BFH/NV 2008, 51; FG Köln v. 14.3.2017 2 K 2733/13, EFG 2017, 1489.
1111 Vgl. FG Köln v. 7.9.2015 2 V 1375/15, EFG 2015, 1769.
1112 BFH v. 4.9.2000 I B 17/00, BStBl 2000 II 648.
1113 BFH v. 23.7.1986 I R 306/82, BStBl 1987 II 92.
1114 FG Köln v. 13.10.2004 2 V 4874/04, EFG 2005, 78.

rechtlichen Gehör zu gewähren (vgl. § 117 Abs. 4 Satz 3 AO), es sei denn, die Umsatzsteuer ist betroffen, es findet ein Informationsaustausch aufgrund des EU-Amtshilfegesetzes statt oder es liegt eine Ausnahme nach § 91 Abs. 2 oder 3 AO vor.

Eine zwischenstaatliche Amts- und Rechtshilfe in Steuersachen ist auch ohne vertragliche Vereinbarung bzw. über eine vertragliche Vereinbarung hinaus möglich, wenn diese sog. **Kulanzauskunft** im Rahmen der Gegenseitigkeit erfolgt (§ 117 Abs. 3 AO). 1021

Einzelheiten des Auskunftsverkehrs sowie des Rechtsschutzes betreffend die von Deutschland abgeschlossenen DBA ergeben sich aus dem „Merkblatt zur zwischenstaatlichen Amtshilfe durch Informationsaustausch in Steuersachen – Stand: 1. 1. 2019";[1115] dieses Merkblatt wird ergänzt durch das Merkblatt über koordinierte steuerliche Außenprüfungen mit Steuerverwaltungen anderer Staaten und Gebiete vom 9. 1. 2017[1116]. Ferner finden sich auf den Internetseiten des BZSt ergänzende Hinweise. 1022

Art. 25 Abs. 1 VG-DBA entspricht dem OECD-MA; dies gilt auch für Art. 25 Abs. 2 Satz 1 bis 3 VG-DBA. Art. 25 Abs. 2 Satz 4 entspricht der neueren Abkommenspraxis Deutschlands. Neu und ohne Vorbild im OECD-MA sind dagegen die Regeln in Art. 25 Abs. 2 Satz 5 bis 7 VG-DBA, die eine Verwendung der erhaltenen Informationen auch ohne Zustimmung des anderen Staates für andere Zwecke erlaubt, sofern sie im Einzelfall zur Abwehr einer dringenden Gefahr für das Leben, die körperliche Unversehrtheit oder die persönliche Freiheit einer Person oder zum Schutz bedeutender Vermögenswerte erforderlich ist und Gefahr im Verzug besteht. In diesem Fall ist die zuständige Behörde des übermittelnden Staates unverzüglich um nachträgliche Genehmigung der Zweckänderung zu ersuchen. Wird die Genehmigung verweigert, ist die weitere Verwendung der Informationen für den anderen Zweck unzulässig; ein durch die zweckändernde Verwendung der Informationen entstandener Schaden ist zu ersetzen. Ergänzt wird Art. 25 VG-DBA durch umfangreiche Datenschutzregelungen in Nr. 6 des Protokolls. 1023

Weder im OECD-MA noch im VG-DBA ist die in der Praxis heftig umstrittene Frage gelöst, wann die erbetenen Informationen lediglich „voraussichtlich erheblich" (vgl. Art. 26 Abs. 1 OECD-MA) sind, wann eine unzulässige sog. fishing expeditions (Beweisausforschung durch anlasslose Ermittlungen) und wann eine zulässige Gruppenanfrage (genaue Darlegung von Verhaltensmustern durch eine Vielzahl von noch nicht identifizierten Personen und Angabe der Informationsinhaber[1117])[1118] vorliegt. In neueren Abkommen findet sich teilweise eine ausdrückliche Regelung diesbezüglich.[1119] Hierzu auch § 93 Abs. 1a AO i. d. F. des StUmgBG. 1024

[1115] BMF v. 29. 5.2019, BStBl 2019 I 480.
[1116] BStBl 2017 I 89.
[1117] BMF v. 4.1.2012, BStBl 2012 I 17: Anforderungen an ein Auskunftsersuchen nach Ziffer 3 Buchst. b des Protokolls zu Art. 27 DBA-Schweiz in der Fassung des Änderungsprotokolls vom 27. 10. 2010.
[1118] Nr. 7 OECD-MK zu Art. 26 OECD-MA.
[1119] Nr. 4 des Protokolls zum DBA-Malta i. d. F. des Änderungsprotokolls v. 17. 10. 2010; Nr. 5 Abs. 2 des Protokolls zum DBA-Luxemburg v. 23. 4. 2012; vgl. auch BT-Drs. 17/12375, S. 27; Nr. 5.1 und 5.2 OECD-MK zu Art. 26 OECD-MA.

3.9.3 OECD-Mustervereinbarung über den Austausch von Informationen in Steuersachen

1025 Die OECD hat 2002 ein Modell für eine Vereinbarung über den Austausch von Informationen in Steuersachen (Tax Information Exchange Agreement – TIEA)[1120] verabschiedet. Das Abkommen entspricht von seinem Regelungsgehalt her dem Art. 26 OECD-MA und ist u. a. für die Fälle gedacht, in denen kein Abkommen auf der Basis des OECD-MA mit dem anderen Staat vereinbart ist. Ferner veröffentlicht die OECD regelmäßig eine Liste derjenigen Staaten, die sich weigern, eine Auskunft auf Verlangen des ersuchenden Staates nach Maßgabe des Art. 26 OECD-MA zu erteilen. Um von dieser Liste gestrichen zu werden, muss der betreffende Staat nachweisen, dass er mit mindestens zwölf anderen Staaten einen Informationsaustausch nach dem OECD-Standard vereinbart hat. So ist z. B. Monaco im September 2009 von der Liste der Steuerparadiese gestrichen worden, nachdem es mit zwölf anderen Staaten, u. a. klassischen Steuerparadiesen wie Andorra, Samoa, Saint Kitts and Nevis, Verträge nach Maßgabe des TIEA abgeschlossen hat.

1026 In den letzten Jahren haben eine Reihe von Staaten, die zum Teil als Steuerparadiese gelten, mit Deutschland einen Informationsaustausch nach OECD-Standard vertraglich vereinbart,[1121] so u. a.: Bermuda, Gibraltar, Guernsey, Isle of Man, Jersey, Liechtenstein.

3.9.4 Übereinkommen über die gegenseitige Amtshilfe in Steuersachen

1027 Das Übereinkommen über die gegenseitige Amtshilfe in Steuersachen,[1122] welches seit der Ratifizierung durch den Deutschen Bundestag auch im Inland gilt,[1123] ist das erste und einzige mehrseitige und weltweite Regelungswerk über die gegenseitige Amtshilfe in Steuersachen; ergänzt wird es durch das Protokoll vom 27. 5. 2010 zur Änderung des Übereinkommens. Die Amtshilfe umfasst u. a. den Informationsaustausch, die Möglichkeit gleichzeitiger Steuerprüfungen und der Teilnahme an Steuerprüfungen im Ausland, die Amtshilfe bei der Beitreibung, einschließlich Sicherungsmaßnahmen, sowie die Zustellung von Schriftstücken. Des Weiteren können zwei oder mehr Vertragsparteien für Fallkategorien und nach Verfahren, die sie einvernehmlich festlegen, bestimmte Informationen automatisch austauschen. Mit diesem Übereinkommen soll zugleich ein angemessener Schutz der Rechte der Steuerpflichtigen bei der Amtshilfe gewährleistet werden. Zur Zeit sind mehr als 120 Jurisdiktionen Teilnehmer des Übereinkommens.

1120 Text auf den Internetseiten der OECD verfügbar; betreffend die Anwendung des TIEA BMF v. 10. 11. 2015, BStBl 2016 I 138.
1121 Vgl. BMF v. 17. 1. 2018, BStBl 2018 I 239, Tz. I.4. bzw. II.4.
1122 Nachfolgend aus der BT-Drs. 18/5173 zur Begründung des Gesetzes und des Abkommens; vgl. auch die Internetseiten der OECD zum Thema „Convention on Mutual Administrative Assistance in Tax Matters."
1123 BGBl 2015 II 966.

3.9.5 Gesonderte Amts- und Rechtshilfeverträge

Gesonderte Amts- und Rechtshilfeverträge in Steuersachen bestehen u. a. mit Dänemark, Finnland, Italien, den Niederlanden, Österreich, Schweden,[1124] die ebenfalls die große Auskunftsklausel enthalten. I. d. R. stammen die Abkommen aus der Zeit vor Inkrafttreten der EU-Amtshilfe-Richtlinie 77/799/EWG. Daneben gibt es eine ganze Reihe von neuen Abkommen mit Staaten, mit denen kein allgemeines DBA abgeschlossen wurde, z. B. mit den Steueroasen in der Karibik.[1125]

1028

3.9.6 FATCA-Abkommen (§ 117c AO)

Durch das „Gesetz zur Anpassung des Investmentsteuergesetzes und anderer Gesetze an das AIFM-Umsetzungsgesetz (AIFM-Steuer-Anpassungsgesetz – AIFM-StAnpG)" wurde § 117c AO in die Abgabenordnung eingefügt. Mit der Änderung der AO in Verbindung mit der Änderung des FVG wurden die gesetzlichen Begleitregelungen geschaffen, die zur Erfüllung der Verpflichtungen aus innerstaatlich anwendbaren völkerrechtlichen Vereinbarungen über einen automatischen Informationsaustausch in Steuersachen nach nationalem Recht erforderlich sind.[1126] § 117c AO wird ergänzt durch den Bußgeldtatbestand in § 379 Abs. 2 Nr. 1b AO. Am 31. 5. 2013 wurde das Abkommen zwischen Deutschland und den Vereinigten Staaten von Amerika zur „Förderung der Steuerehrlichkeit bei internationalen Sachverhalten und hinsichtlich der als Gesetz über die Steuerehrlichkeit bezüglich Auslandskonten bekannten US-amerikanischen Informations- und Meldebestimmungen" sog. FATCA-Abkommen- unterzeichnet.[1127] Es wird ergänzt durch die sog. FATCA-USA-Umsetzungsverordnung,[1128] erlassen aufgrund der Ermächtigung des § 117c AO. Durch das Abkommen verpflichten sich die beiden Vertragsparteien, die vereinbarten Daten von Finanzinstituten zu erheben und regelmäßig automatisch auszutauschen. Die betroffenen deutschen Finanzinstitute sind verpflichtet, sich bei der Bundessteuerbehörde der USA registrieren zu lassen und die zu erhebenden Daten zu US-amerikanischen meldepflichtigen Konten an das BZSt[1129] zu melden, welches dann die Meldungen an den IRS weiterleitet.

1029

1124 BMF v. 17.1.2018, BStBl 2018 I 239, Tz. I.4.
1125 Vgl. Rdn. 1026.
1126 BT-Drs. 18/68 (neu), S. 78.
1127 Foreign Account Tax Compliance Act; vgl. weitere Einzelheiten auf den Internetseiten der US-amerikanischen Steuerbehörde www.irs.gov; Text des Abkommens BGBl 2013 II 1363; Zustimmungsgesetz v. 10. 10. 2013, BGBl 2013 II 1362; das Abkommen ist am 11. 12. 2013 in Kraft getreten (BGBl 2014 II 111).
1128 FATCA-USA-Umsetzungsverordnung v. 23. 7. 2014, BGBl 2014 I 1222; vgl. BMF v. 3. 11. 2015 betreffend automatischer Informationsaustausch mit den USA, BStBl 2015 I 1047; vgl. BMF v. 1. 2. 2017, BStBl 2017 I 305, sowie v. 2. 6. 2017, BStBl 2017 I 877 mit nachfolgenden Änderungen.
1129 Einzelheiten auf den Internetseiten des BZSt.

3.9.7 Finanzkonten-Informationsaustausch

1030 Die OECD hat am 15.7.2014 einen „Standard for Automatic Exchange of Financial Account Information – Common Reporting Standard" (kurz „CRS") verabschiedet.[1130] Diese Norm gilt für einen automatischen, länderübergreifenden Austausch von Informationen zu Finanzkonten. Ziel des CRS ist die Eindämmung von grenzüberschreitender Steuerhinterziehung durch automatische Meldung über Auslandskonten an das Heimatland des Kontoinhabers. Rechtsgrundlage ist das „Gesetz zum automatischen Austausch von Informationen über Finanzkonten in Steuersachen (Finanzkonten-Informationsaustauschgesetz – FKAustG)".[1131] Das Gesetz ist zum 1.1.2016 in Kraft getreten. Seit diesem Zeitpunkt sind Banken, Sparkassen, Versicherungen und sonstige Finanzinstitute im Rahmen des CRS-Neukundenprozesses verpflichtet, bei der Eröffnung von Neukonten bzw. beim Abschluss neuer Verträge Informationen über eine eventuell bestehende Steuerpflicht des Geschäftspartners im Ausland zu erheben und zu dokumentieren. Am 30.9.2017 hat der erste automatische Informationsaustausch über Finanzkonten zwischen Deutschland und 49 Staaten begonnen.[1132] Mit BMF-Schreiben vom 28.1.2020 wurde die finale Staatenaustauschliste bekannt gegeben.[1133]

3.9.8 Austausch von Country-by-Country-Reports

1031 Zum Bereich Informationsaustausch gehört auch der Austausch von Country-by-Country Reporten mit anderen Staaten. Einzelheiten werden im Zusammenhang mit den Verrechnungspreisen und den Dokumentationspflichten dargestellt.[1134]

3.9.9 Vollstreckungs- und Beitreibungshilfe (Art. 27 OECD-MA)

1032 Durch das Update 2002 des OECD-MA wurde die Bestimmung über die zwischenstaatliche Amtshilfe bei der Erhebung von Steuern (Art. 27 OECD-MA = Art. 26 VG-DBA) in das Musterabkommen aufgenommen. Eine entsprechende Bestimmung findet man in neueren DBA Deutschlands. Auch in einigen der oben genannten Amts- und Rechtshilfeverträgen ist eine gegenseitige Einziehungs- und Beitreibungshilfe vereinbart, die nach Auffassung des BVerfG verfassungsrechtlich unbedenklich ist.[1135] Aufgrund derartiger Klauseln verpflichten sich die Vertragsparteien, füreinander Steuern einschließlich etwaiger Nebenleistungen i.S. des § 3 Abs. 4 AO zu vollstrecken und an den anderen Vertragsstaat zu überweisen. Die Vollstreckung kann sich auch auf Grunderwerb- und Kraftfahrzeugsteuer erstrecken. Einzelheiten ergeben sich aus dem Merkblatt zur

---

[1130] Text auf den Internetseiten der OECD, Stichwort „Automatic Exchange Portal"; BMF v. 1.2.2017, BStBl 2017 I 305.
[1131] BGBl 2015 I 2531, geändert durch Gesetz v. 20.12.2016, BGBl 2016 I 3000.
[1132] BMF v. 29.1.2019, BStBl 2019 I 92, Bekanntmachung einer vorläufigen Staatenaustauschliste S. des § 1 Abs. 1 FKAustG für den automatischen Austausch von Informationen über Finanzkonten in Steuersachen zum 30.9.2019.
[1133] IStR 2019, 795.
[1134] Vgl. unten Kapitel 6.
[1135] BVerfG v. 22.3.1983 2 BvR 475/78, BVerfGE 63, 343.

zwischenstaatlichen Amtshilfe bei der Steuererhebung (Beitreibung).[1136] Hinzugekommen sind seit 2015 die Bestimmungen des Übereinkommens über die gegenseitige Amtshilfe in Steuersachen betreffend Amtshilfe bei der Vollstreckung.[1137]

Zur Beitreibung von Abgaben-Forderungen in der EU vgl. Rdn. 1549 ff.   1033

3.10 Abkommensmissbrauch – Abkommensvergünstigung

3.10.1 Treaty Shopping

Aus dem amerikanischen Steuerrecht stammt der Begriff des treaty shopping, der in etwa mit Erschleichen der Abkommensberechtigung durch Zwischenschaltung einer natürlichen oder juristischen Person übersetzt werden kann. Was hierunter zu verstehen ist, lässt sich am sog. Monaco-Fall[1138] aufzeigen: Ein Monegasse hatte sich mit 48 % an einer Schweizer AG beteiligt, deren einziger Zweck darin bestand, Anteile an einer deutschen AG zu halten. Durch die Zwischenschaltung der Schweizer AG gelangte der Monegasse in den Genuss der Ermäßigung der deutschen Quellensteuer aufgrund des DBA-Schweiz; ohne die Zwischenschaltung der Schweizer AG wäre die deutsche Kapitalertragsteuer in voller Höhe zu entrichten gewesen. Die frühere Rechtsprechung zum sog. Monaco-Fall ist inzwischen ausdrücklich aufgegeben worden.[1139]   1034

Ein weiteres Beispiel für treaty shopping ist die sog. Quintett-Beteiligung.[1140]   1035

Die Rechtsprechung wendet § 42 AO auch im Rahmen eines DBA an und erblickt in der Ausnutzung der Abkommensberechtigung durch Zwischenschaltung von natürlichen und juristischen Personen u. U. einen Fall des Missbrauchs von rechtlichen Gestaltungsmöglichkeiten. Allerdings wird § 42 AO durch die spezielle Vorschrift zur Vermeidung von Missbräuchen in § 50d Abs. 1a EStG abschließend verdrängt. Die tatbestandlichen Voraussetzungen dafür, die Erstattung von Kapitalertragsteuer nach § 50d Abs. 1a EStG zu versagen, müssen kumulativ vorliegen.[1141]   1036

Ferner existieren noch die Begriffe **directive shopping** und **rule shopping**. Unter directive shopping versteht man Folgendes: Eine nicht zur Inanspruchnahme von Begünstigungsvorschriften, die auf EU-Richtlinien basieren, berechtigte Person „kauft" sich in eine EU-Richtlinie ein und benutzt diese.[1142] Der Ausdruck rule shopping wird angewendet, wenn der Steuerpflichtige durch eine Sachverhaltsgestaltung die Einkünfte so umqualifiziert, dass sie unter eine von ihm als günstig angesehene Abkommensvorschrift fallen.[1143]   1037

1136 BMF v. 23. 1. 2014, BStBl 2014 I 188.
1137 Rdn. 1027.
1138 BFH v. 29. 10. 1981 I R 89/80, BStBl 1982 II 150.
1139 BFH v. 29. 10. 1997 I R 35/96, BStBl 1998 II 235.
1140 Rdn. 836.
1141 BFH v. 29. 1. 2008 I R 26/06, BStBl 2008 II 978.
1142 Bsp.: FG Köln v. 22. 6. 2001 2 K 5087/95, EFG 2001, 1378: Zwei japanische Gesellschaften haben eine niederländische Kapitalgesellschaft einer deutschen Tochtergesellschaft vorgeschaltet, um in den Genuss der Mutter-Tochter-Richtlinie zu gelangen.
1143 BFH v. 19. 1. 2000 I R 94/97, BStBl 2001 II 222.

3.10.2 Vermeidung von Abkommensmissbrauch

3.10.2.1 Vereinbarungen in bestehenden DBA

1038 Vereinzelt finden sich in den bereits bestehenden Abkommen Regelungen zur Verhinderung des Missbrauchs. So ist z. B. in dem Abkommen mit den USA[1144] eine sog. „Limitation-on-Benefits-Klausel" (**LoB-Klausel**) vereinbart, die die Abkommensberechtigung näher regelt: Danach kommt eine in dem einen Vertragsstaat ansässige Person nur dann in den Genuss der Abkommensvergünstigungen, die das DBA für die Besteuerung im anderen Vertragsstaat vorsieht, wenn die Person die im Abkommen aufgeführten objektiven Voraussetzungen erfüllt. Nur dann ist die Person, welche die relevanten Einkünfte erzielt, eine berechtigte Person („qualified person") im Sinne des Abkommens. Mit diesen Klauseln soll einem Missbrauch entgegengewirkt werden.

3.10.2.2 Art. 28 VG-DBA

1039 Art. 28 VG-DBA befasst sich mit der Vermeidung der missbräuchlichen Ausnutzung des Abkommens; diese Norm hat kein Vorbild im OECD-MA und basiert teilweise auf Regelungen im OECD-MK. In diesen Zusammenhang gehört auch das FATCA-Abkommen. Der Entwurf entspricht einer langjährigen Abkommenspraxis Deutschlands. Ziel ist es, dass das jeweilige Abkommen die Anwendung nationaler Vorschriften gegen Steuerumgehung und Steuerhinterziehung nicht aushebelt. Auch die Einbeziehung der Vorschriften des AStG in ein DBA entspricht langjähriger Abkommenspraxis, wenn auch diesem Begehren der deutschen Finanzverwaltung nicht immer seitens des anderen Vertragspartners nachgegeben wird.

3.10.2.3 Art. 29 OECD-MA 2017

1040 Gegenstand von BEPS Aktion 6 war die Bekämpfung bzw. Vermeidung des Abkommensmissbrauchs. Die Empfehlungen des Schlussberichts vom 5. 10. 2015 sind eingeflossen in eine neue Vorschrift des OECD-MA Update 2017, die sich mit der Frage befasst, welche Personen die Abkommensvergünstigungen in Anspruch nehmen können. Dabei lehnt sich der neue Art. 29 OECD-MA 2017 insbesondere an die LoB-Klauseln der DBA, die von den USA angeschlossen worden sind, an. Wie bei der oben erwähnten LoB-Klausel sind nur bestimmte Personen sog. qualified person: Als „qualifizierte Personen" gelten gemäß Art. 29 Abs. 2 OECD-MA 2017 natürliche Personen, der Vertragsstaat selbst und seine Gebietskörperschaften, börsennotierte Gesellschaften, gewisse „Non-Profit-Organisationen" und Pensionsfonds sowie Unternehmen mit aktiver Geschäftstätigkeit. Den Vertragsstaaten bleibt es aber unbenommen, den Kreis der Abkommensberechtigung auch weiter zu ziehen. Weitere Einzelheiten hierzu sind in Abs. 3 bis 7 geregelt.

1041 Art 29 Abs. 8 OECD-MA 2017 befasst sich mit niedrig besteuerten Betriebsstätten, die in keinem der beiden Vertragsstaaten gelegen sind.

1144 Art. 28 DBA-USA.

Art. 29 Abs. 9 OECD-MA 2017 enthält einen sog. **„Principal-Purpose-Test"** (PPT), d. h. eine Prüfung seitens der Finanzverwaltung, ob eine vom Steuerpflichtigen begehrte Abkommensvergünstigung zu Recht beantragt worden ist oder ob einer der Hauptgründe des Handels des Steuerpflichtigen vorrangig das Ziel ist, in den Genuss der Abkommensvergünstigung zu gelangen. Vergleichbare Vorschriften finden sich in einigen neueren Abkommen;[1145] auch in Art. 7 Abs. 1 MLI ist eine vergleichbare Klausel enthalten. Sind die Voraussetzungen der PPT erfüllt, wird eine Vergünstigung lt. DBA auf bestimmte Einkünfte nicht gewährt, es sei denn, der Steuerpflichtige weist nach, dass die Gewährung der Vergünstigung mit Sinn und Zweck des Abkommens im Einklang stehen. Der PPT richtet sich – anders als z. B. die LoB-Klausel im DBA-USA – sowohl an den Wohnsitzstaat als auch an den Quellenstaat. Viele Fragen sind im Zusammenhang mit dem PPT noch ungeklärt, z. B. auch das Verhältnis zu anderen Anti-Missbrauchsvorschriften im DBA oder zu nationalen Anti-Missbrauchsvorschriften.

1042

In welchem Umfang die Vertragsstaaten diese oder ähnliche Klauseln vereinbaren, ist grundsätzlich den Vertragsparteien überlassen.

1043

3.11 Mitglieder diplomatischer Missionen und konsularischer Vertretungen (Art. 28 OECD-MA)

In Art. 28 OECD-MA (inhaltsgleich Art. 29 VG-DBA) wird auf die steuerlichen Vorrechte hingewiesen, die den Mitgliedern diplomatischer Missionen und konsularischer Vertretungen nach den allgemeinen Regeln des Völkerrechts oder aufgrund besonderer Übereinkünfte zustehen. Hierzu regeln Art. 23, 28, 34 und 36 des Wiener Übereinkommens über diplomatische Beziehungen[1146] sowie Art. 32, Art. 49, 60 und 66 des Wiener Übereinkommens über konsularische Beziehungen[1147] grundsätzlich die Entbindung von allen Steuern im Empfangsstaat.

1044

3.12 Gleichbehandlungsgebot, Diskriminierungsverbot (Art. 24 OECD-MA)

In Art. 24 OECD-MA (= Art. 23 VG-DBA) ist das sog. Diskriminierungsverbot geregelt: Es statuiert das Verbot der steuerlichen Schlechterstellung der Staatsangehörigen des anderen Vertragsstaates gegenüber den eigenen Staatsangehörigen.

1045

Verboten sind nach Art. 24 OECD-MA die steuerliche Diskriminierung

1046

▶ wegen der Staatsangehörigkeit (Art. 24 Abs. 1 OECD-MA);
▶ einer Betriebsstätte, die zu einem Unternehmen im anderen Vertragsstaat gehört (Art. 24 Abs. 3 OECD-MA);

1145 Art. 28 Abs. 1 DBA-China, Art. 26 Abs. 2 DBA-Israel.
1146 BGBl 1964 II 958.
1147 BGBl 1969 II 1587.

- der Zins-, Lizenz- und sonstigen Entgeltszahlungen an im anderen Vertragsstaat ansässige Personen (Art. 24 Abs. 4 OECD-MA);[1148]
- eines Unternehmens, dessen Kapital ganz oder teilweise einer im anderen Vertragsstaat ansässigen Person gehört oder ihrer Kontrolle unterliegt (Art. 24 Abs. 5 OECD-MA).

1047 Wichtig ist, dass sich der Steuerpflichtige nur auf das konkret vereinbarte Diskriminierungsverbot in dem DBA berufen kann, das in seinem Fall der Besteuerung zugrunde gelegt wird. Es ist somit zum Beispiel nicht möglich, dass sich ein US-Amerikaner auf das Diskriminierungsverbot im AEUV beruft.[1149]

1048 Bei dem Diskriminierungsverbot wegen der Staatsangehörigkeit ist zu beachten, dass die Besteuerung in Deutschland nicht an die Staatsangehörigkeit anknüpft, sondern an Wohnsitz bzw. gewöhnlichen Aufenthalt oder Geschäftsleitung bzw. Sitz.[1150] Hiervon ausgehend wird, wie in fast allen Staaten der Welt, eine Unterscheidung hinsichtlich unbeschränkter und beschränkter Steuerpflicht praktiziert, die sich im Regelfall darin ausdrückt, dass der beschränkt Steuerpflichtige eine höhere Steuer zu entrichten hat, weil zum einen nur die inländischen Einkünfte zur Einkommensbesteuerung herangezogen werden, und zum anderen die Berücksichtigung persönlicher Lebensumstände, insbesondere solcher, die die Leistungsfähigkeit beeinträchtigen (Bsp.: finanzielle Lasten im Hinblick auf Altersvorsorge, Ehe, Kinder, Unterhaltsverpflichtungen usw.), in anderer Weise erfolgt als bei einem Steuerinländer. Dies ist darauf zurückzuführen, dass es nach den Grundsätzen des Völkerrechts vorrangig Aufgabe des Wohnsitzstaates als Heimatstaat, nicht des Quellenstaates ist, die persönlichen Verhältnisse des Steuerpflichtigen im Rahmen der Besteuerung zu berücksichtigen. Nur ausnahmsweise dann, wenn sich im Einzelfall mangels ausreichender steuerbarer Einkünfte im Wohnsitzstaat die Leistungsfähigkeit mindernde Umstände dort steuerlich nicht auswirken können, kann sich u. U. ein Anspruch auf Erlass der Übermaßsteuer gegen den Quellenstaat ergeben.

1049 Des Weiteren knüpfen die Ertragsteuern für die Besteuerung grundsätzlich an den betreffenden Besteuerungstatbestand, nicht aber an die Person des Steuerpflichtigen an; erst in einer späteren Stufe, nämlich im Rahmen der Veranlagung, kristallisiert sich ein Unterschied zwischen unbeschränkt und beschränkt Steuerpflichtigem heraus, dies aber ohne Ansehen der Staatsangehörigkeit.[1151]

1050 Der BFH vertritt die Auffassung, dass aus dem Diskriminierungsverbot folge, dass der Staatsangehörige des anderen Vertragsstaates Anspruch auf alle Steuerbefreiungen,

---

1148 Vgl. BFH v. 8. 9. 2010 I R 6/09, BFH/NV 2011, 154 über die Unvereinbarkeit von § 8a Abs. 1 Satz 1 Nr. 2 KStG mit dem Diskriminierungsverbot des Art. 25 DBA-Schweiz; ferner BFH v. 16. 1. 2014 I R 30/12, BFH/NV 2014, 734 sowie FG Düsseldorf v. 21. 5. 2015 8 K 2541/12 G, IStR 2015, 828 zum DBA-USA.
1149 BFH v. 19. 11. 2003 I R 21/02, BFH/NV 2004, 1076, und I R 22/02, BStBl 2004 II 560; vgl. ferner das zum DBA-Russland ergangene Urteil BFH v. 26. 5. 2004 I R 54/03, BStBl 2004 II 767.
1150 BFH v. 19. 11. 2003 I R 22/02, BStBl 2004 II 560.
1151 BFH v. 22. 4. 1998 I R 54/96, BFHE 186, 89.

Steuervergünstigungen und Steuerermäßigungen habe, die einem im Inland ansässigen Steuerpflichtigen deutscher Staatsangehörigkeit zu gewähren sind.[1152]

Eine Betriebsstätte ist hinsichtlich der Besteuerung einem selbständigen Unternehmen mit Sitz im Betriebsstättenstaat, das die gleiche Tätigkeit ausübt, gleichzustellen (Art. 24 Abs. 3 OECD-MA).[1153] Ein Verstoß gegen das Diskriminierungsverbot ergibt sich, wenn die „andere" Besteuerung zu einer höheren Steuerlast führt als für inländische Unternehmen. Dabei ist der Vergleich der Steuerbelastungen auf einer „over-all"-Basis durchzuführen, d. h., die Gesamtsteuerbelastung der Betriebsstätte ist mit einem inländischen Unternehmen gleicher Tätigkeit zu vergleichen. So hat der BFH z. B. die Pauschalbesteuerung von Schifffahrt- und Luftfahrtunternehmen nach § 49 Abs. 3 EStG in Verlustfällen für nicht vereinbar mit dem Diskriminierungsverbot des Art. 24 OECD-MA erklärt.[1154] 1051

Zins-, Lizenz- und sonstige Entgeltszahlungen an im anderen Vertragsstaat ansässige Personen sind in demselben Umfange zum Abzug zuzulassen wie Zahlungen an Personen, die im Staat des Schuldners ansässig sind (Art. 24 Abs. 5 OECD-MA). Ausnahmen können sich aber aus den Bestimmungen über verbundene Unternehmen (Art. 9 Abs. 1 OECD-MA), Zinsen (Art. 11 Abs. 6 OECD-MA) und Lizenzgebühren (Art. 12 Abs. 4 OECD-MA) ergeben (Lex-specialis-Regelung). 1052

Art. 24 Abs. 2 OECD-MA stellt Staatenlose unter einen besonderen Schutz. Sie sollen in keinem Vertragsstaat eine schlechtere steuerliche Behandlung erfahren als die Staatsangehörigen des Staates, in dem sie sich aufhalten. Eine derartige Bestimmung findet sich nur vereinzelt in den deutschen DBA.[1155] 1053

In den DBA mit den Staaten Osteuropas, die vor dem Zusammenbruch des kommunistischen Systems geschlossen wurden und heute noch Gültigkeit besitzen, ist das Diskriminierungsverbot nur in der abgeschwächten Form der Meistbegünstigung (Drittstaatenvergleich)[1156] zu finden.[1157] Da mit diesen Staaten eine Einigung hinsichtlich des Begriffs „Staatsangehörigkeit" aus politischen Gründen nicht möglich war, wurde vereinbart, dass kein Vertragsstaat eine Person, die im anderen Staat ansässig ist, einer höheren Besteuerung unterwirft als eine Person, die in einem Drittstaat ansässig ist, mit dem kein DBA besteht. 1054

1152 BFH v. 14. 3. 1989 I R 20/87, BStBl 1989 II 649; v. 22. 4. 1998 I R 54/96, BFH/NV 1998, 1290; v. 29. 1. 2003 I R 6/99, BStBl 2004 II 1043, zur Frage, ob eine Gesellschaft, die zwar in den USA ihren statuarischen Sitz, in Deutschland aber ihre tatsächliche Geschäftsleitung hat, Organträger einer inländischen Gesellschaft sein kann – hierzu ablehnend BMF v. 8. 12. 2004, BStBl 2004 I 1181; BFH v. 9. 2. 2011 I R 54, 55/10, BFH/NV 2011, 920 zur gewerbesteuerlichen Organschaft – hierzu Nichtanwendungserlass vom 27. 12. 2011, BStBl 2012 I 119; nunmehr BMF v. 28. 3. 2011, BStBl 2011 I 300 zum Vertragsverletzungsverfahren wegen des doppelten Inlandsbezug für Organgesellschaften; BFH v. 16. 1. 2014 I R 30/12, BStBl 2014 II 721.
1153 Vgl. ausführlich – auch zur Berechnung – BFH v. 19. 12. 2012 I R 73/11, BStBl 2013 II 392, insb. Abs. 21 bis 24.
1154 BFH v. 14. 9. 1994 I B 40/94, BFH/NV 1995, 376; v. 22. 4. 1998 I R 54/96, BFHE 186, 89; v. 29. 1. 2003 I R 6/99, BStBl 2004 II 1043.
1155 Bsp.: Art. 24 Abs. 2 DBA-Norwegen.
1156 BFH v. 30. 3. 2011 I R 63/10, BStBl 2011 II 747, Abs. 23 ff. zum Meistbegünstigungsprinzip im deutschamerikanischen Freundschafts-, Handels- und Schifffahrtsvertrags v. 29. 10. 1954.
1157 Bsp.: Art. 24 DBA-Tschechoslowakei.

1055 Zur Behandlung des Problems der Diskriminierung innerhalb des EU vgl. Rdn. 1488, 1516 ff.

3.13 Das Multilaterale Instrument – MLI

1056 Ausgangspunkt der Überlegungen in der OECD war, dass es viel zu kompliziert und viel zu lange dauern würde, wenn man die mehr als 2 000 DBA der Mitgliedstaaten der OECD jeweils einzeln an die diversen, in den Schlussberichten zu BEPS vorgeschlagenen Maßnahmen durch Revisionsabkommen anpassen würde. Es wurde daher durch BEPS Aktion 15 vorgeschlagen, mittels eines mehrseitigen Vertrages alle erforderlichen Anpassungen in den einzelnen DBA vorzunehmen. Hierzu wurde seitens der OECD das sog. Multilaterale Überkommen („Multilateral convention to implement tax treaty related measures to prevent Base Erosion and Profit Shifting"), auch Multilaterales Instrument – MLI – genannt, erarbeitet und im November 2016 veröffentlicht.[1158] Am 7. Juni 2017 haben die ersten 69 Staaten den Vertrag unterzeichnet. Deutschland hat 35 Abkommen von den zurzeit bestehenden mehr als 100 allgemeinen DBA zu dem MLI angemeldet. Der MLI muss in Deutschland das normale Verfahren eines völkerrechtlichen Vertrages durchlaufen und vom Bundestag verabschiedet werden. Dies soll 2020 der Fall sein. Nicht auszuschließen ist, dass das MLI zu einer verfassungsrechtlichen Prüfung dem BVerfG vorgelegt werden wird. Bis Mitte Juli 2019 hatten 89 Staaten des MLI unterzeichnet und 27 Staaten das MLI ratifiziert.

1057 Diejenigen Staaten, die das MLI unterzeichnen und ratifizieren, haben bestimmte Wahlfreiheiten, ob sie die Regelungen des MLI umsetzen wollen oder nicht oder nur teilweise. So hat z. B. Deutschland den Vorbehalt nach Art. 12 Abs. 4 MLI erklärt, dass es die Regelungen hinsichtlich der Vertreterbetriebsstätte in Art. 12 Abs. 1 und 2 MLI nicht für die angemeldeten DBA anwenden möchte. Bei der Bearbeitung grenzüberschreitender Sachverhalte ist künftig ein höherer Aufwand zu betreiben: Wenn festgestellt ist, dass mit dem anderen Staat ein DBA abgeschlossen ist, ist in einem zweiten Schritt zu prüfen, ob neben Deutschland auch der ausländische Staat das MLI ratifiziert und in Kraft gesetzt hat und für welche Zeiträume es anwendbar ist. Dann muss geklärt werden, ob beide Staaten das betreffende DBA zum MLI angemeldet („notifiziert") haben; denn nur wenn beide Vertragsparteien das DBA notifiziert haben, unterliegt es dem MLI. Ist dies der Fall, ist sodann zu prüfen, ob einer der beiden Vertragsstaaten einen Vorbehalt gegen einen bestimmten Artikel des MLI angemeldet hat und ob einer der Vertragsstaaten eine optionale Bestimmung für anwendbar erklärt, sofern der Artikel des MLI eine Option vorsieht.

1158 Deutscher Text: http://www.oecd.org/tax/treaties/beps-multilateral-instrument-text-translation-german.pdf.

3.14 Besondere Regelungen in der VG-DBA

3.14.1 Verfahrensregeln für Quellenbesteuerung; Investmentvermögen (Art. 27 VG-DBA)

Art. 27 VG-DBA ist neu und hat weder eine Entsprechung im OECD-MA noch im OECD-MK. In den Absätzen 1 bis 4 werden Regelungen über den Quellensteuerabzug getroffen sowie den Schutz des Steuerpflichtigen vor einer Doppelbesteuerung (Erstattung, Begrenzung des Quellensteuerabzugs, Nachweis der Ansässigkeit). In Art. 27 Abs. 5 VG-DBA werden Bestimmungen für die grenzüberschreitende Besteuerung von Investmentvermögen getroffen. So geht etwa Art. 27 Abs. 5 Nr. 1 VG-DBA vom Transparenzprinzip aus. Ob sich diese Abkommensbestimmung immer durchsetzen lassen werden und wie sie sich in der Praxis entwickeln, ist nicht absehbar. Vereinzelt hat Deutschland schon derartige Bestimmungen vereinbart.[1159]

1058

3.14.2 Protokoll (Art. 30 VG-DBA)

Ebenfalls ohne Vorbild ist die ausdrückliche Regelung über das dem Abkommen beigegebene Protokoll. Es handelt sich um eine deklaratorische Bestimmung, da bereits nach den Regeln des Völkerrechts das Protokoll Bestandteil des Abkommens ist.

1059

Vorläufig nicht besetzt 1060–1199

[1159] Nr. 1 Buchst. b des Protokolls zum DBA-Irland 2011; Nr. 2 Buchst. a und b des Protokolls zum DBA-Liechtenstein.

KAPITEL 4: BESONDERES AUSSENSTEUERRECHT

			Rdn.	Seite
4.1	Verlagerung von Einkünften in Steueroasenländer – Basisgesellschaften		1200	269
4.2	Außensteuergesetz		1203	270
	4.2.1	Einführung, Zielsetzung des AStG	1203	270
	4.2.2	Berichtigung von Einkünften (§ 1 AStG)	1205	270
	4.2.3	Erweitert beschränkte Steuerpflicht (§§ 2 bis 5 AStG)	1206	271
		4.2.3.1 Überblick	1206	271
		4.2.3.2 Erweitert beschränkte Einkommensteuerpflicht (§ 2 AStG)	1210	271
		4.2.3.3 Erweitert beschränkte Erbschaft- und Schenkungsteuerpflicht (§ 4 AStG)	1227	275
		4.2.3.4 Zwischengeschaltete Gesellschaften (§ 5 AStG)	1229	276
	4.2.4	Vermögenszuwachsbesteuerung – Wegzugsbesteuerung (§ 6 AStG)	1230	276
		4.2.4.1 Überblick	1230	276
		4.2.4.2 Grundtatbestand (§ 6 Abs. 1 AStG)	1234	277
		4.2.4.3 Stundung (§ 6 Abs. 3 AStG)	1245	280
		4.2.4.4 Rahmenbedingungen für Stundung und Widerruf (§ 6 Abs. 4 AStG)	1249	280
		4.2.4.5 Regelungen für EU- und EWR-Bürger (§ 6 Abs. 5 AStG)	1251	281
		4.2.4.6 Wertminderung der Anteile bei Veräußerung durch EU-Bürger (§ 6 Abs. 6 AStG)	1258	283
		4.2.4.7 Besondere Mitwirkungspflichten für EU- oder EWR-Bürger (§ 6 Abs. 7 AStG)	1262	284
		4.2.4.8 Sonderregelung für den Brexit (§ 6 Abs. 8 AStG)	1264	284
		4.2.4.9 Geplante Änderungen der Wegzugsbesteuerung durch das ATADUmsG	1265	285
	4.2.5	Hinzurechnungsbesteuerung (§§ 7 bis 14 AStG)	1271	286
		4.2.5.1 Überblick	1271	286
		4.2.5.2 Ausländische Gesellschaft – Zwischengesellschaft (§ 7 Abs. 1 AStG)	1275	287
		4.2.5.3 Inländische Beherrschung (§ 7 Abs. 2 bis 4 AStG)	1277	288
		4.2.5.4 Zwischengesellschaft für Zwischeneinkünfte mit Kapitalanlagecharakter (§ 7 Abs. 6 und 6a EStG)	1285	289
		4.2.5.5 REIT-Gesellschaft (§ 7 Abs. 8 AStG)	1290	290

				Rdn.	Seite
		4.2.5.6	Aktive Einkünfte (§ 8 Abs. 1 AStG)	1291	290
		4.2.5.7	Nebenerträge	1306	293
		4.2.5.8	EU- und EWR-Gesellschaften (§ 8 Abs. 2 AStG)	1308	293
		4.2.5.9	Niedrige Besteuerung (§ 8 Abs. 3 AStG)	1312	294
		4.2.5.10	Freigrenze bei gemischten Einkünften (§ 9 AStG)	1315	295
		4.2.5.11	Ermittlung des Hinzurechnungsbetrages (§ 10 AStG)	1318	296
		4.2.5.12	Veräußerungsgewinne (§ 11 AStG)	1328	297
		4.2.5.13	Besteuerung des Hinzurechnungsbetrages (§ 10 Abs. 2 AStG)	1329	298
		4.2.5.14	Ausschüttung und Besteuerung (§ 3 Nr. 41 EStG)	1335	300
		4.2.5.15	Steueranrechnung (§ 12 AStG)	1340	301
		4.2.5.16	Nachgeschaltete Zwischengesellschaft (§ 14 AStG)	1347	302
		4.2.5.17	Geplante Änderungen der Hinzurechnungsbesteuerung durch das ATADUmsG	1356	304
	4.2.6	Familienstiftungen (§ 15 AStG)		1372	308
	4.2.7	Aufklärungs- und Mitwirkungspflichten (§§ 16, 17 AStG)		1392	312
		4.2.7.1	Überblick	1392	312
		4.2.7.2	Mitwirkungspflicht (§ 16 AStG)	1393	312
		4.2.7.3	Sachverhaltsaufklärung (§ 17 AStG)	1397	313
	4.2.8	Gesonderte Feststellung von Besteuerungsgrundlagen (§ 18 AStG)		1400	314
	4.2.9	AStG und DBA (§ 20 AStG)		1406	315
4.3	Sonstige Gesetze			1411	316
	4.3.1	Auslandsinvestitionsgesetz		1411	316
	4.3.2	Entwicklungsländer-Steuergesetz		1414	317
	4.3.3	Auslandsinvestmentgesetz und Investmentsteuergesetz		1417	318

Kapitel 4: Besonderes Außensteuerrecht

4.1 Verlagerung von Einkünften in Steueroasenländer – Basisgesellschaften

Die Bundesregierung hat dem Bundestag 1964 einen Bericht über die Wettbewerbsverfälschungen vorgelegt,[1160] die sich daraus ergeben, dass unbeschränkt Steuerpflichtige Einkommen oder Vermögen auf von ihnen beherrschte Kapitalgesellschaften (sog. **Basisgesellschaften** oder **Domizilgesellschaften**[1161] oder **Briefkastengesellschaften**[1162]) mit Sitz in Länder mit niedriger Gewinnbesteuerung (sog. **Oasenländer**) verlagern (sog. **Oasenbericht**). Die Finanzverwaltung vertritt hierzu die Auffassung, dass derartige Einkommensverlagerungen steuerlich nicht anzuerkennen sind (Gestaltungsmissbrauch i. S. des § 42 AO), wenn für die Zwischenschaltung der Gesellschaft wirtschaftliche oder sonstige beachtliche Gründe fehlen und die Basisgesellschaft keine beachtliche eigene, selbständige wirtschaftliche Tätigkeit entfaltet (**Steuerumgehung durch Einschaltung einer ausländischen Basisgesellschaft**), mit der Folge, dass die Einkünfte nicht der Gesellschaft, sondern ihren inländischen Gesellschaftern zugerechnet werden.

1200

Diese Rechtsauffassung der Finanzverwaltung ist vom BFH seit 1975 in ständiger Rechtsprechung bestätigt worden.[1163] Die einzelnen Voraussetzungen hat er wie folgt konkretisiert: Es muss eine gesellschaftsrechtliche Verflechtung zwischen der ausländischen Basisgesellschaft und inländischem Steuerpflichtigen gegeben sein,[1164] um eine Steuerumgehung bejahen zu können. Ob wirtschaftlich oder sonstige beachtliche außersteuerrechtliche Gründe für die Zwischenschaltung der Gesellschaft vorliegen,[1165] richtet sich nicht nach den Absichten und Erklärungen der Gesellschafter oder dem Gesellschaftsvertrag; entscheidend ist die tatsächlich von der Gesellschaft entfaltete wirtschaftliche Betätigung, d. h., die ausländische Gesellschaft darf nicht „eigenwirtschaftlich funktionslos" sein.[1166] „Alibitätigkeiten" bleiben außer Betracht.[1167] Als wirtschaftlicher Grund ist der Erwerb von Beteiligungen im Basisland und/oder in Drittländern von einigem Gewicht und die Wahrnehmung geschäftsleitender Funktionen, verbunden mit der Vorbereitung des Aufbaus eines internationalen Konzerns,[1168] anerkannt wor-

1201

1160 BT-Drs. IV/2411.
1161 Eine sog. Domizilgesellschaft ist nach der Definition des BFH eine Gesellschaft ohne eigenes Personal, ohne eigene Geschäftsräume und ohne eigene Geschäftsausstattung – BFH v. 9. 1. 2007 VIII B 180/05, BFH/NV 2007, 751.
1162 Der BFH unterscheidet zwischen reinen Briefkastengesellschaften, die keine eigenwirtschaftliche Tätigkeit ausüben, und eigenwirtschaftlich tätigen Gesellschaften – BFH v. 14. 3. 2006 I B 198/04, BFH/NV 2006, 2078.
1163 BFH v. 9. 1. 2007 VIII B 180/05, BFH/NV 2007, 751; v. 3. 5. 2006 I R 124/04, BStBl 2011 II 547; v. 25. 4. 2004 I R 42/02, BStBl 2005 II 2005 14; v. 20. 3. 2002 I R 38/00, BStBl 2002 II 819; v. 19. 1. 2000 I R 94/97, BStBl 2001 II 222, und v. 19. 1. 2000 I R 117/97, BFH/NV 2000, 824, mit ausführlichen Rechtsprechungsnachweisen (Urteil zu den sog. IFSC-Gesellschaften in den irischen Dublin Docks).
1164 BFH v. 9. 5. 1979 I R 126/77, BStBl 1979 II 586.
1165 BFH v. 20. 3. 2002 I R 38/00, BStBl 2002 II 819.
1166 BFH v. 23. 10. 2002 I R 39/01, BFH/NV 2003, 289.
1167 BFH v. 23. 10. 1991 I R 52/90, BFH/NV 1992, 271.
1168 BFH v. 2. 6. 1992 VIII R 8/89, BFH/NV 1993, 416; v. 23. 10. 2002 I R 39/01, BFH/NV 2003, 289.

den. Es genügt die Wahrnehmung einzelner Funktionen einer geschäftsleitenden Holding, so vor allem die Finanzierung mehrerer Tochtergesellschaften.

1202 Können vom Steuerpflichtigen plausible Gründe für die Zwischenschaltung einer Basisgesellschaft in der Rechtsform der Kapitalgesellschaft im niedrig besteuernden Ausland nicht angegeben werden, ist der Tatbestand des Rechtsmissbrauchs erfüllt. In einem solchen Fall kommt nach höchstrichterlicher Rechtsprechung eine von den allgemeinen ertragsteuerlichen Grundsätzen abweichende Zurechnung mithilfe des § 42 AO in Betracht.

4.2 Außensteuergesetz

4.2.1 Einführung, Zielsetzung des AStG

1203 Das Gesetz zur Wahrung der steuerlichen Gleichmäßigkeit bei Auslandsbeziehungen und zur Verbesserung der steuerlichen Wettbewerbslage bei Auslandsinvestitionen (Außensteuerreformgesetz – **AStRG**)[1169] vom 8.9.1972 hat mit Art. 1 das **Gesetz über die Besteuerung bei Auslandsbeziehungen (Außensteuergesetz – AStG)** eingeführt. Das AStG wird aus der Sicht der Finanzverwaltung durch die **Grundsätze zur Anwendung des Außensteuergesetzes** (AStG-Grundsätze)[1170] vom 14.5.2004 erläutert.

1204 Gesetzgeberisches Ziel des AStG ist die **Korrektur unberechtigter Einkommens- und Gewinnverlagerungen ins Ausland** und der damit verbundenen Ausnutzung des Steuergefälles.[1171] In der amtlichen Begründung zum AStG heißt es, dass der Forderung nach gleichmäßiger Verteilung der Steuerlast genügt und die wirtschaftliche Chancengleichheit gewahrt werden müsse. Der objektive Tatbestand der Steuerflucht kann als „Entziehung der inländischen Besteuerung" definiert werden. Dies kann aber nur dann vorwerfbar sein, wenn die Ausnutzung des Steuergefälles beherrschendes Motiv ist, wobei nach der Rechtsprechung des EuGH das Ausnutzen der steuerlichen Unterschiede zwischen den einzelnen EU-Mitgliedstaaten als solches noch nicht vorwerfbar ist.[1172] Eine gesetzliche Fixierung subjektiver Motive ist schwierig. Um Manipulationen vorzubeugen, versucht daher das AStG dem Problem dadurch gerecht zu werden, dass es objektive Tatbestände normiert, bei deren Vorliegen von einer steuerlich vorwerfbaren Steuerflucht auszugehen ist.

4.2.2 Berichtigung von Einkünften (§ 1 AStG)

1205 Die gesetzlichen Bestimmungen über die Berichtigung von Einkünften (§ 1 Abs. 1 und Abs. 3 AStG) sowie über die Einführung des AOA in das nationale Steuersystem bei Be-

---

[1169] BStBl 1972 I 450.
[1170] BStBl I Sondernummer 1/2004; nachfolgend AStG-AE.
[1171] BFH v. 3.11.1982 I R 3/79, BStBl 1983 II 259.
[1172] EuGH v. 12.9.2006 C-196/04 Cadbury Schweppes, IStR 2006, 670.

triebsstätte (§ 1 Abs. 5 AStG) werden im Zusammenhang mit dem Thema Verrechnungspreise im Kapitel 6 ausführlich dargestellt.

4.2.3 Erweitert beschränkte Steuerpflicht (§§ 2 bis 5 AStG)

4.2.3.1 Überblick

Verlegt ein Steuerpflichtiger seinen Wohnsitz oder gewöhnlichen Aufenthalt auf Dauer ins Ausland, so ist er nur noch beschränkt steuerpflichtig (§ 1 Abs. 4 EStG). Die beschränkte Steuerpflicht hat einerseits steuerliche Nachteile zur Folge (Bsp.: § 50 Abs. 2 Satz 1 EStG); andererseits unterliegen der beschränkten Steuerpflicht nur bestimmte Einkünfte (vgl. § 49 EStG).

Diese Wertentscheidung des Gesetzes ist bei beschränkt steuerpflichtigen Personen, insbesondere bei ausländischen Staatsangehörigen angemessen. Etwas Anderes muss aber dann gelten, wenn deutsche Staatsangehörige die unbeschränkte Steuerpflicht mit dem alleinigen Ziel aufgeben, Steuern in der Bundesrepublik zu vermeiden.[1173] Eine Berechtigung dieser Steuerflucht (und des damit verbundenen „Steuergewinns") ist vor allem im Hinblick auf die Gleichmäßigkeit der Besteuerung natürlicher Personen deutscher Staatsangehörigkeit zu verneinen. Ein etwaiger durch die Steuerflucht erzielter Steuergewinn soll durch die erweitert beschränkte Einkommensteuerpflicht (§ 2 AStG) und die erweitert beschränkte Erbschaft- und Schenkungsteuerpflicht (§ 4 AStG) korrigiert werden. Die erweitert beschränkte Steuerpflicht steht neben der beschränkten Steuerpflicht, eine Verdrängung findet ausschließlich auf der Rechtsfolgenebene statt.[1174]

Man wird heute davon ausgehen müssen, dass die §§ 2 bis 5 AStG mit dem **EU-Recht** nicht vereinbar sind, da diese Regelungen die Freizügigkeit innerhalb der EU beschränken. Gegenüber Nicht-EU-Staaten und Nicht-EWR-Staaten sind sie aber uneingeschränkt anwendbar.

Zur **Vereinbarkeit mit bestehenden DBA** finden sich allgemeine Ausführungen in Tz. 2.0.2 AStG-AE, die grundsätzlich von einem Vorrang der Abkommensbestimmungen ausgehen, sofern nicht, wie beim DBA-Schweiz und beim DBA-Italien oder bei den Grenzpendlern, Sonderregelungen eingreifen.

4.2.3.2 Erweitert beschränkte Einkommensteuerpflicht (§ 2 AStG)

Der erweitert beschränkten Einkommensteuerpflicht nach § 2 AStG unterliegen diejenigen Personen, die in den letzten 10 Jahren vor Beendigung der unbeschränkten Steuerpflicht **mindestens 5 Jahre lang als Deutscher unbeschränkt steuerpflichtig** gewesen

1206

1207

1208

1209

1210

[1173] BVerfG v. 14. 5. 1986 2 BvL 2/93, BStBl 1986 II 628, sowie Denkschrift der Bundesregierung zum DBA-Schweiz 1971, BT-Drs. VI/3233, S. 15 ff.; die dort angestellten Überlegungen gelten aber nicht, soweit der Wohnsitz in das EU- oder EWR-Ausland verlegt wird, da ansonsten die Grundfreiheiten der Freizügigkeit der EU-Mitgliedsbürger innerhalb der EU tangiert würden.
[1174] BFH v. 30. 8. 1995 I R 10/95, BStBl 1995 II 868.

sind. „Deutscher" i. S. des § 2 AStG ist eine Person, die die deutsche Staatsangehörigkeit i. S. des Art. 116 GG besitzt (**persönliche Voraussetzung**). Unerheblich ist, ob daneben eine andere Staatsangehörigkeit besessen wurde. Ferner ist unbeachtlich, ob die deutsche Staatsangehörigkeit nach dem Wegzug aufgegeben wurde. Die Fristen sind nach § 108 Abs. 1 AO, §§ 187 ff. BGB zu berechnen. Maßgebend ist nur eine unbeschränkte Steuerpflicht nach § 1 Abs. 1 Satz 1 EStG; eine unbeschränkte Steuerpflicht i. S. des § 1 Abs. 2 und Abs. 3 sowie des § 1a Abs. 1 Nr. 2 EStG ist unbeachtlich.

1211   Hat der Steuerpflichtige mehrmals den Wohnsitz vom Inland ins Ausland verlegt, so sind die Zeiträume der unbeschränkten Steuerpflicht zusammenzuzählen. Bei jeder Beendigung der unbeschränkten Steuerpflicht sind die persönlichen Voraussetzungen des § 2 AStG zu prüfen.

> **BEISPIEL:** (1) A wird 1987 als Kind deutscher Eltern in Frankreich geboren und erhält kraft Gesetzes (§ 4 Abs. 1 Satz 1 StAG) die deutsche Staatsangehörigkeit (ius-sanguinis-Prinzip). Er hält sich in der Bundesrepublik zum Studium vom 1. 10. 2008 bis 31. 12. 2011 sowie zur Weiterbildung vom 1. 9. 2015 bis 31. 10. 2017 auf. Am 1. 11. 2017 verlegt er seinen Wohnsitz wieder zurück nach Frankreich. In der Zeit vom 2. 11. 2007 bis 1. 11. 2017 (10-Jahres-Zeitraum) war er mehr als 5 Jahre als Deutscher unbeschränkt steuerpflichtig.
>
> (2) Wie oben; auf den 31. 12. 2011 ist zu prüfen, ob A in der Zeit vom 1. 1. 2002 bis 31. 12. 2011 5 Jahre lang als Deutscher unbeschränkt steuerpflichtig war.

1212   Die erweitert beschränkte Einkommensteuerpflicht bezieht sich bei Ehegatten auf die einzelne Person. Daher muss eine getrennte Prüfung der Voraussetzungen des § 2 AStG und ggf. eine getrennte Veranlagung durchgeführt werden (Tz. 2.1.2 AStG-AE).

1213   Zu den **sachlichen Voraussetzungen** der erweitert beschränkten Einkommensteuerpflicht gehört, dass der Steuerpflichtige

- in einem ausländischen Gebiet ansässig ist, in dem er mit seinen Einkünften nur einer niedrigen Besteuerung unterliegt oder in keinem ausländischen Gebiet ansässig ist (§ 2 Abs. 1 Nr. 1 AStG),
- in der Bundesrepublik über wesentliche wirtschaftliche Interessen verfügt (§ 2 Abs. 1 Nr. 2 AStG).

1214   Liegen die persönlichen und sachlichen Voraussetzungen für die erweitert beschränkte Einkommensteuerpflicht vor, so tritt **für das Jahr der Beendigung der unbeschränkten Steuerpflicht und die folgenden 10 Jahre** über die Besteuerung nach §§ 49 ff. EStG (beschränkte Steuerpflicht) hinaus eine Besteuerung mit all den Einkünften ein, die bei unbeschränkter Steuerpflicht keine ausländischen Einkünfte i. S. des § 34d EStG darstellen. Dies gilt nur für den Veranlagungszeitraum, in denen die hiernach insgesamt erweitert beschränkt steuerpflichtigen Einkünfte mehr als 16 500 € betragen. In Tz. 2.5.0.1, 2.5.0.2 AStG-AE findet sich ein Katalog der erweiterten Inlandseinkünfte i. S. des § 2 AStG aus der Sicht der Finanzverwaltung.

1215   Der BFH hat zu § 2 AStG entschieden, dass die Wohnung (im Ausland) ggf. eine Geschäftsleitungsbetriebsstätte darstellen kann.[1175] Dann fehlt es für eine inländische Anknüpfung an einer Betriebsstätte, der die Einkünfte zugerechnet werden können. Um

---

1175   BFH v. 19. 12. 2007 I R 19/06, BStBl 2010 II 398.

dieses Urteil zu unterlaufen, hat der Gesetzgeber mit Wirkung ab dem Veranlagungszeitraum 2009 durch das JStG 2009 den Satz 2 in § 2 Abs. 1 AStG eingefügt, wonach dann, wenn keine ausländische Betriebsstätte oder kein ausländischer Vertreter gegeben ist, eine inländische Geschäftsleitungsbetriebsstätte fingiert wird.

Die Voraussetzung „niedrige Besteuerung" erläutert § 2 Abs. 2 AStG. Danach sind zwei verschiedene Möglichkeiten zu unterscheiden: Zum einen liegt eine niedrige Besteuerung dann vor, wenn die ausländische Einkommensteuer bei **einem zu versteuernden Einkommen von 77 000 € um mehr als 1/3 niedriger ist als die deutsche Einkommensteuer,** bezogen auf den Grundtarif bei einer nach § 1 Abs. 1 EStG unbeschränkt steuerpflichtigen Person (§ 2 Abs. 2 Nr. 1 AStG; zur Berechnung Tz. 2.2 AStG-AE).[1176]

1216

> **BEISPIEL:** (1) Andorra und Monaco erheben keine Einkommensteuer der natürlichen Personen.
> (2) Die deutsche Einkommensteuer (Grundtarif) beträgt bei einem zu versteuernden Einkommen von 77 000 € für den Veranlagungszeitraum 2019 23 559 €, die schädliche Grenze beträgt demnach 15 706 €.

Zum anderen liegt eine niedrige Besteuerung i. S. des Gesetzes dann vor, wenn dem Steuerpflichtigen **im Ausland eine Vorzugsbesteuerung eingeräumt wird** (§ 2 Abs. 2 Nr. 2 AStG). Diese Vorzugsbehandlung kann z. B. in einer völligen Steuerfreiheit, Steuervergünstigung, Pauschalbesteuerung o. ä. bestehen, wobei es für die Anwendung des § 2 AStG ausreicht, wenn die Vorzugsbesteuerung für wesentliche Teile des Einkommens gewährt wird.

1217

So gibt es in der **Schweiz** eine pauschale **„Besteuerung nach dem Aufwand"** als Vorzugsbesteuerung, die in Art. 14 DBG bzw. Art. 6 StHG geregelt ist.[1177] Voraussetzung ist, dass die natürliche Person erstmals oder nach mindestens zehnjährigem Auslandsaufenthalt den steuerrechtlichen Wohnsitz in der Schweiz nimmt und in der Schweiz keine Erwerbstätigkeit ausübt. Eine Erwerbstätigkeit in der Schweiz liegt vor, wenn eine natürliche Person in der Schweiz haupt- oder nebenberuflich Erwerbseinkünfte erzielt, die der Besteuerung nach dem DBG unterliegen. Die Aufwandsbesteuerung kann für natürliche Personen mit ausländischer Staatsangehörigkeit bei den direkten Schweizer Bundessteuern zeitlich unbegrenzt gewährt werden. Die Besteuerung nach dem Aufwand darf nach den Bestimmungen des DBG und des StHG nicht geringer sein als der Betrag, den die natürliche Person für ihre in der Schweiz gelegenen beweglichen (Bsp.: Aktien, Obligationen, Bankguthaben, hypothekarische Forderungen) und unbeweglichen Vermögenswerte und die daraus fließenden Einkünfte als ordentliche Steuer entrichten müsste. Die Aufwandssteuer wird somit zum einen nach dem Aufwand des Steuerpflichtigen und zum anderen nach bestimmten Einkommens- und Vermögensbestandteilen berechnet, wobei der jeweils höhere Betrag geschuldet wird. Auf die Reaktion der Bundesrepublik und anderer Staaten (z. B. Belgien, Italien, Kanada, Norwegen, Österreich, USA) auf die Schweizer Vorzugsbesteuerung hin (z. B. mit dem Verlust der Vergünstigungen aus dem DBA-Schweiz; vgl. Art. 4 Abs. 6 DBA-Schweiz) hat die Schweiz

1218

1176 BFH v. 26.11.1986 I R 78/81, BStBl 1987 II 563; zum Steuer- und Belastungsvergleich BFH v. 30.11.1988 I R 84/85, BStBl 1989 II 365.
1177 Die Vorzugsbesteuerung wurde in den Kantonen Zürich, Schaffhausen, Appenzell Ausserrhoden, Baselland und Baselstadt abgeschafft. Die Kantone Thurgau, St. Gallen, Luzern und Bern haben sich für die Beibehaltung der Besteuerung nach dem Aufwand entschieden.

die sog. „modifizierte Besteuerung nach dem Aufwand" entwickelt. Danach werden alle aus dem betreffenden Staat stammenden Einkünfte und in der Schweiz steuerbaren Einkünfte in die Bemessungsgrundlage mit eingeschlossen. Bei dieser Art der Besteuerung in der Schweiz ist der konkrete Belastungsvergleich auch durchzuführen.

1219 Ist der Steuerpflichtige in keinem Gebiet ansässig, weil er z. B. ständig seinen Wohnsitz wechselt (sog. Gebietsloser), so gilt er als niedrig besteuert.

1220 Eine Besteuerung nach § 2 AStG scheidet dann aus, wenn der Steuerpflichtige **die gesetzliche Vermutung der niedrigen Besteuerung widerlegt.** Hierzu muss er nachweisen, dass die im Ausland zu entrichtende Steuer mindestens 2/3 der deutschen Einkommensteuer bei unbeschränkter Steuerpflicht beträgt (§ 2 Abs. 2 Nr. 2 AStG, Tz. 2.2.4 AStG-AE).

1221 **Wesentliche wirtschaftliche Interessen** im Inland liegen nach § 2 Abs. 3 AStG in folgenden Fällen vor:
- ▶ Der Steuerpflichtige ist zu Beginn des Veranlagungszeitraums Unternehmer oder Mitunternehmer eines inländischen Gewerbebetriebes;
- ▶ auf den Steuerpflichtigen als Kommanditist einer KG entfallen mehr als 25 % der Einkünfte i. S. des § 15 Abs. 1 Satz 1 Nr. 2 EStG;
- ▶ der Steuerpflichtige ist im Besitz einer Beteiligung i. S. des § 17 Abs. 1 EStG an einer inländischen Kapitalgesellschaft;
- ▶ der Steuerpflichtige erzielt im Veranlagungszeitraum Inlandseinkünfte (= Einkünfte, die bei unbeschränkter Steuerpflicht keine ausländische Einkünfte i. S. des § 34d EStG sind), die entweder mehr als 30 % seiner gesamten Einkünfte betragen oder 62 000 € übersteigen; § 2 AStG stellt nur auf das Überschreiten bestimmter Einkunfts- und Vermögensgrenzen, nicht aber auf die Gründe für das Vorhandensein der Einkünfte oder des Vermögens im Geltungsbereich des AStG ab;[1178]
- ▶ der Steuerpflichtige verfügt zu Beginn des Veranlagungszeitraums über Inlandsvermögen (= Vermögen, dessen Erträge bei unbeschränkter Steuerpflicht keine ausländischen Einkünfte i. S. des § 34d EStG sind), das entweder 30 % seines Gesamtvermögens beträgt oder 154 000 € übersteigt.

1222 In § 2 Abs. 4 AStG ist angeordnet, dass auch sog. mittelbare Inlandsinteressen in die Prüfung, ob wesentliche wirtschaftliche Interessen vorliegen, einzubeziehen sind, d. h. auch Einkünfte und Vermögenswerte einer zwischengeschalteten Gesellschaft i. S. des § 5 AStG sind entsprechend der Beteiligung des Steuerpflichtigen einzubeziehen.

1223 Ob die Voraussetzungen der erweitert beschränkten Einkommensteuerpflicht i. S. des § 2 AStG erfüllt sind, ist für jedes Jahr des 10-Jahres-Zeitraums neu zu prüfen.

1224 Um eine – ggf. getrennte (Tz. 2.5.1.3 AStG-AE) – Veranlagung durchführen zu können, ist das zu versteuernde Einkommen nach den Vorschriften des deutschen Steuerrechts zu ermitteln.[1179] Hinsichtlich des Verhältnisses § 2 AStG zu § 49 EStG hat der BFH entschieden, dass im Rahmen der Veranlagung gemäß § 2 Abs. 5 AStG nur solche Einkünf-

---

1178 BFH v. 8. 7. 1998 I R 112/97, BStBl 1999 II 123; vgl. für die nachfolgenden Ausführungen Tz. 2.5 AStG-AE.
1179 BFH v. 28. 3. 1984 I R 101/80, BStBl 1984 II 652; Tz. 2.5.1 bis 2.5.4 AStG-AE.

te aus beschränkter Steuerpflicht gemäß § 49 EStG einzubeziehen sind, die zu veranlagen sind, nicht jedoch Einkünfte, bei denen die darauf entfallende Einkommensteuer im Wege des Steuerabzugs als abgegolten gilt.[1180] Allerdings wird durch § 2 Abs. 5 Satz 2 AStG die Abgeltungswirkung des § 50 Abs. 2 EStG für Einkünfte, die dem Steuerabzug nach § 50a EStG unterliegen, aufgehoben. Sofern sich bei einer Einkunftsart ein Verlust ergibt, ist grundsätzlich ein Ausgleich von Verlusten bei erweiterten Inlandseinkünften mit positiven Einkünften i. S. des § 49 EStG und umgekehrt möglich (Einzelheiten in Tz. 2.5.1.2 AStG-AE). Die Abgeltungsteuer (§ 43 Abs. 5 EStG) bleibt hiervon unberührt, § 2 Abs. 5 Satz 3 AStG.[1181]

Für die Berechnung des Steuersatzes sieht § 2 Abs. 5 AStG einen **eigenen Progressionsvorbehalt** vor. Danach ist der Steuersatz anzuwenden, der sich bei einer Besteuerung aller Einkünfte einschließlich der ausländischen Einkünfte (Welteinkommen) ergeben würde,[1182] wobei die Einkünfte aus Kapitalvermögen, die dem gesonderten Steuersatz nach § 32d Abs. 1 EStG unterliegen, gemäß § 2 Abs. 5 Satz 1 zweiter Halbsatz AStG außer Betracht bleiben.[1183] Auf die sich ergebende Einkommensteuer sind die Steuerabzugsbeträge anzurechnen.

1225

Da das AStG nur die Steuergewinne aus einer Steuerflucht abschöpfen, nicht aber zu einer darüber hinausgehenden Belastung führen soll, bestimmt § 2 Abs. 6 AStG die Obergrenze der nach § 2 Abs. 1 und 5 AStG zu erhebenden Einkommensteuer: Bei erweitert beschränkter Steuerpflicht ist keine höhere Steuer zu erheben als die Steuer, die sich bei unbeschränkter Steuerpflicht ergeben würde. Untergrenze ist die Steuer, die sich bei beschränkter Steuerpflicht, d. h. ohne Anwendung des § 2 AStG ergeben würde.[1184] Diese Vergleichsrechnung ist immer dann durchzuführen, wenn der Steuerpflichtige nachweist, dass die Obergrenze überschritten ist.

1226

4.2.3.3 Erweitert beschränkte Erbschaft- und Schenkungsteuerpflicht (§ 4 AStG)

Ist auf den Erblasser oder Schenker im Zeitpunkt der Entstehung der Steuerschuld (§ 9 ErbStG) § 2 Abs. 1 Satz 1 AStG anzuwenden, so unterliegt diese Personen der **erweitert beschränkten Erbschaft- und Schenkungsteuerpflicht** nach § 4 Abs. 1 AStG. D. h. nicht nur das Inlandsvermögen ist steuerpflichtig, sondern darüber hinaus tritt Steuerpflicht für all diejenigen Erwerbe ein, deren Erträge bei unbeschränkter Einkommensteuerpflicht nicht ausländische Einkünfte i. S. des § 34d EStG wären. Der Umfang des erweitert beschränkt steuerpflichtigen Erwerbs ist beispielhaft in Tz. 4.1.1 AStG-AE erläutert.

1227

1180 BFH v. 19.12.2007 I R 19/06, BStBl 2010 II 398; Ergänzung durch BFH v. 7.9.2011 I B 157/10, DB 2011, 2695; v. 27.5.2009 I R 86/07, BStBl 2010 II 120; v. 16.12.2008 I R 23/07, n.V.; vgl. BMF v. 7.4.2010, BStBl 2010 I 368.
1181 Seit 1.1.2013 klargestellt durch das AmtshilfeRLUmsG; zur Anwendung s. § 21 Abs. 21 Satz 1 und 2 AStG.
1182 Tz. 2.5.3 AStG-AE.
1183 Seit 1.1.2013 klargestellt durch das AmtshilfeRLUmsG; zur Anwendung s. § 21 Abs. 21 Satz 1 und 2 AStG.
1184 Tz. 2.6.1 AStG-AE.

1228 Keine Anwendung findet § 4 Abs. 1 AStG, wenn der Steuerpflichtige nachweist (§ 4 Abs. 2 AStG), dass für die der erweiterten Steuerpflicht unterliegenden Teile des Erwerbs im Ausland eine der deutschen Erbschaftsteuer entsprechende Steuer zu entrichten ist, und dass die ausländische Steuer mindestens 30 % der deutschen Erbschaftsteuer entspricht.

4.2.3.4 Zwischengeschaltete Gesellschaften (§ 5 AStG)

1229 Um der erweitert beschränkten Einkommen- und Erbschaftsteuerpflicht zu entgehen, könnte ein beschränkt Steuerpflichtiger, der die Voraussetzungen des § 2 Abs. 1 Nr. 1 AStG erfüllt,[1185] die Einkunftsquelle auf eine Kapitalgesellschaft mit Sitz und Geschäftsleitung im Ausland übertragen (Zwischengesellschaft – § 7 Abs. 1 AStG). Zur Verhinderung dieser Steuerumgehung bestimmt § 5 AStG, dass die Einkünfte der Zwischengesellschaft dem Steuerpflichtigen direkt zugerechnet werden. Voraussetzung ist, dass der Steuerpflichtige bei unbeschränkter Steuerpflicht mit den Einkünften der Zwischengesellschaft nach §§ 7, 8 und 14 AStG steuerpflichtig wäre und dass es sich nicht um ausländische Einkünfte i. S. des § 34d EStG handelt. Die von der Gesellschaft erzielten Einkünfte werden der Person i. S. des § 2 AStG als in der letzten logischen Sekunde des Wirtschaftsjahres der Gesellschaft zugeflossen angesehen und zugerechnet. Die Regelung gilt auch für die erweitert beschränkte Erbschaftsteuerpflicht nach § 4 AStG (§ 5 Abs. 1 Satz 2 AStG).

4.2.4 Vermögenszuwachsbesteuerung – Wegzugsbesteuerung (§ 6 AStG)

4.2.4.1 Überblick

1230 Durch § 6 AStG soll in den Fällen der Wohnsitzverlegung ins Ausland bereits im Zeitpunkt der Wohnsitzverlegung (= Aufgabe der unbeschränkten Steuerpflicht) eine Wertsteigerung bei in- und ausländischen Beteiligungen an Kapitalgesellschaften i. S. des § 17 EStG besteuert werden, d. h. ab einer Mindestbeteiligung von 1 %.

1231 Die alte Regelung des § 6 AStG war, wie sich aus dem Urteil des EuGH zu einer vergleichbaren Norm des französischen Steuerrechts ergab,[1186] europarechtswidrig.[1187] Die Europäische Kommission hatte die Bundesrepublik aufgefordert, die Vorschrift des § 6 AStG aufzuheben;[1188] ein Vertragsverletzungsverfahren wurde gegen die Bundesrepublik eingeleitet. Demgemäß sah sich die Bundesrepublik gezwungen, § 6 AStG umfas-

---

[1185] Es ist somit unerheblich, ob diese Personen wesentliche wirtschaftliche Interessen im Inland haben.
[1186] EuGH v. 11. 3. 2004 C-9/02 Hughes de Lasteyrie du Saillant, IStR 2004, 236.
[1187] Weiteres einschlägiges EuGH-Urteil v. 7. 9. 2006 C-470/04 N, IStR 2006, 702.
[1188] Schreiben vom 19. 4. 2004, IP/04/493.

send anzupassen, was durch Art. 7 des SEStEG geschah. Allerdings verstößt auch die Neuregelung gegen das Freizügigkeitsabkommen (FZA) zwischen der EU und der Schweiz.[1189]

Nach § 21 Abs. 13 AStG ist § 6 Abs. 1 AStG i. d. F. des SEStEG erstmals für den Veranlagungszeitraum 2007 anzuwenden.

1232

Der BFH hat in zwei Entscheidungen die Auffassung vertreten, dass § 6 AStG a. F. weder gegen Unionsrecht noch gegen Verfassungsrecht verstößt.[1190] Am 10.12.2019 hat das BMF den Referentenentwurf eines Gesetzes zur Umsetzung der Anti-Steuervermeidungsrichtlinie (ATAD-Umsetzungsgesetz – **ATADUmsG**) veröffentlicht. Der Referentenentwurf sieht eine neue Ausgestaltung der Wegzugsbesteuerung in § 6 AStG vor. Die Neuregelung soll für Wegzugsfälle gelten, die nach dem 1.1.2020 verwirklicht werden. Für bis zum 31.12.2019 verwirklichte Wegzugsfälle soll das alte Recht Anwendung finden. Aus diesem Grund wird nachfolgend zunächst die bisherige gesetzliche Regelung dargestellt und die geplanten Änderungen werden im Anschluss an diese Darstellung unter 4.2.4.9 behandelt.

1233

4.2.4.2 Grundtatbestand (§ 6 Abs. 1 AStG)

In Abs. 1 Satz 1 wird auf die Beendigung der unbeschränkten Steuerpflicht durch **Aufgabe des Wohnsitzes** oder des gewöhnlichen Aufenthalts als Voraussetzung der Wegzugsbesteuerung abgehoben. Die natürliche Person muss **mindestens insgesamt zehn Jahre unbeschränkt steuerpflichtig** gewesen sein; auf den Besitz der deutschen Staatsangehörigkeit kommt es nicht an. Mehrere Zeiträume unbeschränkter Steuerpflicht sind zusammenzurechnen.

1234

Nach § 6 AStG erstreckt sich die Wegzugsbesteuerung nunmehr auch auf Anteile an ausländischen Kapitalgesellschaften i. S. des § 17 EStG (allgemeiner Entstrickungstatbestand).

1235

Der Katalog der sog. **Ersatztatbestände** ist in § 6 Abs. 1 Satz 2 Nr. 1 bis 4 AStG geregelt:

1236

- Die Übertragung der Anteile durch ganz oder teilweise unentgeltliches Rechtsgeschäft unter Lebenden[1191] oder durch Erwerb von Todes wegen auf nicht unbeschränkt steuerpflichtige Personen oder
- die Begründung eines Wohnsitzes oder gewöhnlichen Aufenthalts oder die Erfüllung eines anderen ähnlichen Merkmals in einem ausländischen Staat, wenn der Steuerpflichtige aufgrund dessen nach einem DBA als in diesem Staat ansässig anzusehen ist, oder

---

1189 EuGH v. 26.2.2019 C-581/17 Martin Wächtler, IStR 2019, 260; die Wegzugssteuer ist auch im Verhältnis zur Schweiz in analoger Anwendung von § 6 Abs. 5 AStG zinslos und zeitlich unbegrenzt zu stunden. Allerdings kann Sicherheitsleistung verlangt werden, da das DBA zwischen Deutschland und der Schweiz keine Beitreibungsregelung enthält; BMF v. 13.11.2019, BStBl 2019 I 1212.
1190 BFH v. 25.8.2009 I R 88/07, 89/07, BStBl 2016 II 438; v. 23.9.2008 I B 92/08, BStBl 2008 II 524.
1191 Die Frage, ob die teilentgeltliche Übertragung eines Anteils i. S. von § 17 Abs. 1 EStG auf eine nicht unbeschränkt steuerpflichtige Person auch dann im Umfang des unentgeltlich übertragenen Teils zu einer Besteuerung nach § 6 Abs. 1 Satz 2 Nr. 1 AStG i. V. mit § 17 EStG führt, wenn das deutsche Besteuerungsrecht an den Gewinnen aus der tatsächlichen Veräußerung der Anteile durch die Übertragung weder ausgeschlossen noch beschränkt wird, ist Gegenstand des anhängigen Revisionsverfahrens I R 30/19.

▶ die Einlage der Anteile in einen Betrieb oder eine Betriebsstätte des Steuerpflichtigen in einem ausländischen Staat oder

▶ der Ausschluss oder die Beschränkung des Besteuerungsrechts der Bundesrepublik Deutschland hinsichtlich des Gewinns aus der Veräußerung der Anteile aufgrund anderer als der in Satz 1 oder der in den Nummern 1 bis 3 genannten Ereignisse.[1192]

1237 Wegen der Neuregelung der grenzüberschreitenden Umwandlung durch das UmwStG i. d. F. des SEStEG sowie der Neuregelung des § 17 EStG war es erforderlich, das Verhältnis dieser Vorschriften zu § 6 AStG sowie den Vorrang zu bestimmen: Nach Abs. 1 Satz 3 bleibt die Regelung des § 17 Abs. 5 EStG unberührt, d. h., diese Bestimmung geht der Regelung des § 6 Abs. 1 Satz 2 Nr. 4 AStG vor. Ferner bleiben die Vorschriften des (neuen) UmwStG unberührt.

1238 Der – fiktive – Veräußerungserlös ist wie folgt zu berechnen: Nach § 6 Abs. 1 Satz 4 AStG tritt an die Stelle des Veräußerungspreises (§ 17 EStG) der gemeine Wert (§ 9 BewG) der Anteile im Zeitpunkt der Beendigung der unbeschränkten Steuerpflicht. Hat der Steuerpflichtige die Anteile bereits im Zeitpunkt der Begründung der unbeschränkten Steuerpflicht besessen, so ist statt der Anschaffungskosten der gemeine Wert der Anteile zu diesem Zeitpunkt anzusetzen. Auf den steuerpflichtigen Vermögenszuwachs ist das Teileinkünfteverfahren nach § 3 Nr. 40 Satz 1 Buchst. c i.V. mit § 3c Abs. 2 EStG anzuwenden. Nicht erfasst werden durch § 6 Abs. 1 AStG Veräußerungsverluste.[1193]

1239 § 6 Abs. 1 Satz 5 AStG befasst sich mit dem Verhältnis der Besteuerung einer nach Wegzug tatsächlich erfolgten Veräußerung der Anteile zur Vermögenszuwachsbesteuerung: Der tatsächliche Veräußerungserlös ist um den bereits versteuerten fiktiven Veräußerungserlös zu kürzen. In diesem Zusammenhang kann dann ein DBA mit dem Wohnsitzstaat von Bedeutung sein.

> **BEISPIEL:** ▶ Der Steuerpflichtige A, der seit seiner Geburt in der Bundesrepublik wohnt, erwirbt am 2.1.2008 das gesamte Stammkapital an der inländischen X-GmbH i. H. von 100 000 € zum Nennwert; als er am 2.1.2015 seinen Wohnsitz auf Dauer aus der Bundesrepublik in einen Nicht-DBA-Staat wegverlegt, beträgt der gemeine Wert der Anteile insgesamt 2 Mio. €; die Anteile werden schließlich am 31.12.2019 an die Y-AG, Hamburg, zum Preis von 3,5 Mio. € verkauft.
>
> Auf den Zeitpunkt seines Wegzugs hat A die Differenz i. H. von 1,9 Mio. € zu versteuern. Bei der tatsächlichen Veräußerung ist die bereits erfolgte Besteuerung zu berücksichtigen. Der steuerpflichtige Veräußerungserlös beträgt 3,4 Mio. € abzüglich bereits versteuertem Veräußerungserlös i. H. von 1,9 Mio. € = 1,5 Mio. €.

1240 Bei einer späteren tatsächlichen Veräußerung kann sich auch bei Erzielung eines Gewinns durch die Kürzung um den bereits versteuerten Vermögenszuwachs ein Verlust ergeben.

[1192] Nach BMF v. 26.10.2018, BStBl 2018 I 1104 Tz. 1 kann die erstmaligen Anwendbarkeit eines erstmals abgeschlossenen oder revidierten DBA, welches eine mit Art. 13 Abs. 4 OECD-MA vergleichbare Regelung enthält, ein derartiges Ereignis i. S. von § 6 Abs. 1 Satz 2 Nr. 4 AStG darstellen (sog. passive Entstrickung).
[1193] BFH v. 26.4.2017 I R 27/15, BStBl 2017 II 1194; v. 28.2.1990 I R 43/86, BStBl 1990 II 615; Tz. 6.1.3.3 AStG-AE.

> **BEISPIEL:** Die Anschaffungskosten betrugen 250 000 €, der gemeine Wert im Zeitpunkt der Wohnsitzaufgabe 1 Mio. €, der tatsächliche Veräußerungspreis dann aber nur 925 000 €. Es liegt ein Verlust i. H. von 75 000 € (+ 675 000 € ./. 750 000 €) vor.

War der Vermögenszuwachs bei Wegzug negativ,[1194] hat jedoch die tatsächliche Veräußerung zu einem positiven Ergebnis geführt, so ist bei Berechnung des Veräußerungsgewinns von den ursprünglichen Anschaffungskosten auszugehen. 1241

Der sich ergebende Vermögenszuwachs ist dem Steuerpflichtigen noch in seiner Eigenschaft als unbeschränkt Steuerpflichtiger zuzurechnen; denn § 6 AStG stellt auf den letzten Zeitpunkt vor Beendigung der unbeschränkten Steuerpflicht ab. Daraus folgt, dass die Regelungen eines DBA einer Besteuerung nach § 6 AStG grundsätzlich nicht entgegenstehen.[1195] 1242

Nach Tz. 6.1.5.1 AStG-AE soll die Besteuerung des Vermögenszuwachses nicht dadurch ausgeschlossen sein, dass der Steuerpflichtige in einem Staat steuerlich ansässig wird, mit dem ein DBA besteht, und der Gewinn aus der späteren tatsächlichen Veräußerung des Anteils nach dem Abkommen in der Bundesrepublik Deutschland nicht besteuert werden könnte. 1243

> **BEISPIEL:** Der Steuerpflichtige A, der seit seiner Geburt in der Bundesrepublik wohnt, erwirbt am 2. 1. 2008 das gesamte Stammkapital an der inländischen X-GmbH i. H. von 100 000 € zum Nennwert; als er am 31. 12. 2012 seinen Wohnsitz auf Dauer aus der Bundesrepublik in die Schweiz wegverlegt, beträgt der gemeine Wert der Anteile insgesamt 2 Mio. €; die Anteile werden schließlich am 31. 12. 2019 zum Preis von 3,75 Mio. € verkauft. Auf den Zeitpunkt seines Wegzugs hat A die Differenz i. H. von 1,9 Mio. € zu versteuern. Nach Art. 13 Abs. 3 DBA-Schweiz (der Ausnahmefall des Art. 13 Abs. 4 DBA-Schweiz liegt nicht vor) ist der Veräußerungserlös ausschließlich im Wohnsitzstaat (= Schweiz) zu versteuern.

In dem Beispielsfall droht in Höhe des bereits nach § 6 AStG versteuerten Veräußerungserlös eine Doppelbesteuerung. Hierzu wird in Tz. 6.1.5.2 AStG-AE darauf hingewiesen, dass bei einer Reihe von DBA entweder bei der Ermittlung des Veräußerungsgewinns die Wertverhältnisse zugrunde gelegt werden, die der Besteuerung nach § 6 AStG zugrunde gelegt wurden (vgl. z. B. Art. 13 Abs. 5 DBA-Schweiz), oder die nach § 6 AStG erhobene Steuer wird angerechnet (vgl. z. B. Art. 13 Abs. 5 i. V. mit Art. 23 Abs. 2 Buchst. b DBA-Schweden). Im Übrigen könne – so AStG-AE weiter – ein Verständigungsverfahren mit dem Ziel eingeleitet werden, die von einem DBA nicht beseitigte Doppelbesteuerung zu vermeiden; ob dieses Verständigungsverfahren aber vom anderen Staat aufgenommen werden wird, und ob es tatsächlich zu einer Vermeidung der Doppelbesteuerung führt, ist völlig offen. 1244

1194 BFH v. 28. 2. 1990 I R 43/86, BStBl 1990 II 615; v. 26. 4. 2017 I R 27/15, BStBl 2017 II 1194.
1195 BFH v. 17. 12. 1997 I B 107/98, BStBl 1998 II 558, zum Verhältnis AStG zu den Bestimmungen eines DBA, zum GG und zum Diskriminierungsverbot des EU-Vertrages; angesichts des Urteils des EuGH v. 11. 3. 2004 C-9/02 Hughes de Lasteyrie du Saillant, IStR 2004, 236, ist diese Rechtsauffassung aber als überholt anzusehen.

4.2.4.3 Stundung (§ 6 Abs. 3 AStG)

1245 Wenn die Beendigung der unbeschränkten Steuerpflicht auf einer **vorübergehenden Abwesenheit** beruht, und der Steuerpflichtige innerhalb von fünf Jahren seit Beendigung der unbeschränkten Steuerpflicht wieder unbeschränkt steuerpflichtig wird, entfällt nach § 6 Abs. 3 AStG der Steueranspruch. Voraussetzung für den Entfall des Steueranspruchs ist zusätzlich, dass

- die Anteile zwischenzeitlich nicht veräußert wurden sowie
- die Ersatztatbestände Abs. 1 Satz 2 Nr. 1 und Nr. 3 nicht erfüllt sind, und
- ferner der Steuerpflichtige bei Wiederbegründung der unbeschränkten Steuerpflicht nicht nach einem DBA als in einem ausländischen Staat ansässig gilt.

1246 Die Frist kann um höchstens fünf Jahre verlängert werden, wenn der Steuerpflichtige glaubhaft macht, dass berufliche Gründe für seinen Aufenthalt im Ausland maßgebend sind und weiterhin Rückkehrabsicht besteht (§ 6 Abs. 3 Satz 2 AStG).

1247 Ist der Ersatztatbestand des Erwerbs der Anteile von Todes wegen (Abs. 1 Satz 2 Nr. 1) erfüllt, entfällt der Steueranspruch dann, wenn der Erbe seinerseits innerhalb von fünf Jahren seit dem Erbfall (= Entstehen des Steueranspruchs) unbeschränkt steuerpflichtig wird (Abs. 3 Satz 3).

1248 Um nicht mit dem Prinzip der Freizügigkeit (Art. 21, 45 ff. AEUV) zu kollidieren, war der Gesetzgeber aufgrund der Vorgaben des EuGH gezwungen, die Regelung der Sätze 1 und 2 zu ergänzen: Daher bestimmt Abs. 3 Satz 4, dass im Falle einer Stundung der Steuer nach § 6 Abs. 5 AStG – der Anteilseigner als Unionsbürger verlegt seinen Wohnsitz in einen anderen EU- oder EWR-Staat – der Steueranspruch ohne zeitliche Begrenzung bei einer (Wieder-)Begründung der unbeschränkten Steuerpflicht bzw. bei einer Wiederbegründung des Besteuerungsrechts der Bundesrepublik hinsichtlich des Gewinns aus der Veräußerung der Anteile aufgrund eines anderen Ereignisses entfällt; dies gilt entsprechend, wenn der Rechtsnachfolger bei Erwerb der Anteile von Todes wegen unbeschränkt steuerpflichtig wird.

4.2.4.4 Rahmenbedingungen für Stundung und Widerruf (§ 6 Abs. 4 AStG)

1249 Zwecks Zahlungserleichterung kann die geschuldete Einkommensteuer auf Antrag in regelmäßigen Teilbeträgen für einen Zeitraum von fünf Jahren gegen Sicherheitsleistung gestundet werden.[1196] Diese Regelung findet sich für Steuerpflichtige, die ihren Wohnsitz in einen Nicht-EU- oder Nicht-EWR-Staat verlegen, in § 6 Abs. 4 Satz 1 AStG. Nach Abs. 4 Satz 2 ist die Stundung zu widerrufen, wenn

- die Anteile während des Stundungszeitraums veräußert werden oder
- die Anteile in eine Gesellschaft i. S. des § 17 Abs. 1 Satz 1 EStG (= Kapitalgesellschaft) verdeckt eingelegt werden oder

---

[1196] Wenn der zu stundende Betrag höher ist als 500 000 €, dann muss für die Stundung die vorherige Zustimmung des BMF eingeholt werden, vgl. BMF v. 15. 2. 2017, BStBl 2017 I 283.

▶ einer der Tatbestände des § 17 Abs. 4 Satz 1 EStG verwirklicht wird.

Ist die Beendigung der unbeschränkten Steuerpflicht nur vorübergehend, richtet sich der Stundungszeitraum nach der vom FA gewährten Stundungsdauer; die Erhebung von Teilbeträgen entfällt; von der Sicherheitsleistung kann nur abgesehen werden, wenn der Steueranspruch nicht gefährdet erscheint. 1250

4.2.4.5 Regelungen für EU- und EWR-Bürger (§ 6 Abs. 5 AStG)

Um die Norm unionsrechtskonform zu machen, mussten für den Wegzug des Steuerpflichtigen in einen EU- oder EWR-Staat völlig neue Regelungen geschaffen werden: Bei dem Wegzug eines Steuerpflichtigen, der Staatsangehöriger eines EU- oder EWR-Staates ist, in einen EU- oder EWR -Staat ist die nach Abs. 1 entstandene Steuer 1251

▶ **zeitlich unbeschränkt** sowie

▶ **zinslos** und

▶ **ohne Sicherheit**

zu stunden, sofern der Steuerpflichtige im Zuzugsstaat der unbeschränkten Steuerpflicht unterliegt (Abs. 5 Satz 1 – sog. **EU-Grundtatbestand**).

Zusätzliche Voraussetzung ist, dass zwischen der Bundesrepublik und dem Zuzugsstaat die Amtshilfe und die gegenseitige Unterstützung bei der Beitreibung der geschuldeten Steuer gewährleistet sind (Abs. 5 Satz 2).[1197] 1252

Die vorgenannte Vergünstigung ist auch zu gewähren (**EU-Ersatztatbestände**), wenn 1253

▶ bei einem Erwerb von Todes wegen oder bei Schenkung (Abs. 1 Satz 2 Nr. 1) der Erwerber der unbeschränkten Steuerpflicht in einem EU- oder EWR -Staat unterliegt (Abs. 5 Satz 3 Nr. 1),

▶ im Fall der Begründung des Wohnsitzes in einem anderen EU- oder EWR-Staat (vorrangige Ansässigkeit aufgrund der Regelung in einem DBA – Abs. 1 Satz 2 Nr. 2) der Steuerpflichtige der dortigen unbeschränkten Steuerpflicht unterliegt sowie die Staatsangehörigkeit eines EU- oder EWR-Staates besitzt (Abs. 5 Satz 3 Nr. 2),

▶ die Anteile in eine in einem EU- oder EWR-Staat gelegene ausländische Betriebsstätte oder in einen in einem EU- oder EWR-Staat gelegenen ausländischen Betrieb eingelegt werden (Abs. 5 Satz 3 Nr. 3) oder

▶ im Fall des Ausschlusses oder der Beschränkung des Besteuerungsrechts der Bundesrepublik Deutschland hinsichtlich des Gewinns aus der Veräußerung der Anteile (Abs. 1 Satz 2 Nr. 4) der Steuerpflichtige Anteile an einer in einem Mitgliedstaat der Europäischen Union oder in einem Vertragsstaat des EWR-Abkommens ansässigen Gesellschaft hält (Abs. 5 Satz 3 Nr. 4).

Die gewährte Stundung ist (kein Ermessen, sondern zwingend von Amts wegen) in folgenden Fällen zu widerrufen: 1254

1197 BT-Drs 16/2710, S. 53.

- ▶ bei Veräußerung der Anteile oder verdeckter Einlage der Anteile in eine Gesellschaft i. S. des § 17 Abs. 1 Satz 1 EStG oder wenn einer der Tatbestände des § 17 Abs. 4 EStG vorliegen (Abs. 5 Satz 4 Nr. 1);
- ▶ Übertragung der Anteile auf eine nicht in einem EU- oder EWR-Staat ansässige Person (Abs. 5 Satz 4 Nr. 2);
- ▶ Vorliegen eines Tatbestandes, der in der Bundesrepublik zum steuerlichen Ansatz des Teilwertes oder des gemeinen Wertes führt (Abs. 5 Satz 4 Nr. 3 – Bsp.: Entnahme oder bestimmte Umwandlungsvorgänge nach dem UmwStG);
- ▶ Verlegung des Wohnsitzes (unter Aufgabe der unbeschränkten Steuerpflicht) in einen anderen als einen EU- oder EWR-Staat (Abs. 5 Satz 4 Nr. 4 – Bsp.: Der Steuerpflichtige nimmt zuerst seinen Wohnsitz in Italien und verlegt ihn dann in die Schweiz).[1198]

1255 Abs. 5 Satz 5 regelt die Fälle, in denen aufgrund eines Umwandlungsvorgangs die ursprünglichen Anteile untergehen und neue Anteile erworben werden. Grundsätzlich würde ein Ereignis vorliegen, das einen Widerruf der Stundung rechtfertigen würde. Dieses Ergebnis ist jedoch in den Fällen nicht angebracht, in denen der Anteilseigner nach den Vorschriften des UmwStG einen Antrag auf Ansatz des Buchwerts der Anteile stellen kann. Soweit die Umwandlung demnach erfolgsneutral stattfindet, ist keine Gewinnrealisierung anzunehmen, die den Widerruf der Stundung zur Folge hat. Die durch den Umwandlungsvorgang erworbenen Anteile ersetzen die hingegebenen Anteile, die Stundung nach Abs. 5 Satz 1 bezieht sich nunmehr auf die erworbenen Anteile, und die Voraussetzungen des Widerrufs der Stundung nach Abs. 5 Satz 4 sind hinsichtlich dieser neu erworbenen Anteile zu beurteilen.

1256 § 6 Abs. 5 Satz 6 AStG regelt schließlich den Fall, dass beim Steuerpflichtigen die Ermittlung des Gesamtbetrags der Einkünfte ohne Einbeziehung des Vermögenszuwachs zu einem negativen Betrag führt. In diesem Fall würden durch die Berücksichtigung des Vermögenszuwachses der entstehende Verlustrücktrag und gegebenenfalls ein Verlustvortrag i. S. des § 10d EStG gemindert werden. Der Steuerpflichtige würde – ohne tatsächliche Realisierung eines Veräußerungsgewinns – durch die Kürzung des zu berücksichtigenden Verlusts schlechter gestellt als ein vergleichbarer Steuerpflichtiger im Inlandsfall. Daher sieht das Gesetz vor, dass die Besteuerung des Vermögenszuwachses zwar erfolgt, aber für Zwecke des § 10d EStG nicht zu berücksichtigen ist.

1257 Die verfahrensrechtlichen Folgerungen werden in Satz 7 gezogen: Dieser ermöglicht die Änderung der Bescheide, soweit ein Veräußerungsgewinn realisiert worden ist oder ein vergleichbares Ereignis i. S. des Satzes 4, welches den Widerruf der Stundung zur Folge hätte, eingetreten ist. Der Verlustrücktrag und gegebenenfalls der Verlustvortrag sind unter Berücksichtigung des Vermögenszuwachses neu zu berechnen und neue Bescheide zu erlassen, wobei dann die jeweilige Fassung des § 10d EStG anzuwenden ist. Satz 7 zweiter Halbsatz regelt die insoweit erforderliche Durchbrechung der Bestandskraft

---

[1198] § 6 Abs. 8 Satz 1 AStG regelt, dass der Brexit nicht zum Widerruf der Stundung führt, wenn allein auf Grund dessen die Stundungsvoraussetzungen des § 6 Abs. 5 Satz 1 und 3 AStG (EU-/EWR-Staatsangehörigkeit, Steuerpflicht oder Belegenheitserfordernisse in einem EU-/EWR-Staat) nicht mehr vorliegen. Zu den Einzelheiten der Regelung s. Rdn. 1264.

der Bescheide, indem das Ereignis i. S. des Satzes 4 als Ereignis mit Rückwirkung i. S. des § 175 Abs. 1 Satz 1 Nr. 2 AO qualifiziert wird. Dann beginnt mit Ablauf des Kalenderjahrs, in dem das Ereignis eingetreten ist, die reguläre Festsetzungsfrist von vier Jahren zu laufen (Anlaufhemmung gemäß § 175 Abs. 1 Satz 2 AO).

4.2.4.6 Wertminderung der Anteile bei Veräußerung durch EU-Bürger (§ 6 Abs. 6 AStG)

Wenn ein Ereignis i. S. des Abs. 5 Satz 4 Nr. 1 – der Steuerpflichtige oder sein Rechtsnachfolger veräußern die Anteile – eintritt, ist der Besteuerung der tatsächlich erzielte Veräußerungsgewinn zugrunde zu legen. Nach Abs. 6 Satz 1 erfolgt daher eine Korrektur des angesetzten Vermögenszuwachses, wenn die Anteile gegenüber dem Zeitpunkt i. S. des Abs. 1 Satz 1 – Aufgabe der unbeschränkten Steuerpflicht – eine Wertminderung erfahren haben (tatsächlicher Veräußerungserlös ist niedriger als der nach § 6 AStG angesetzte Veräußerungserlös). Die Wertminderung ist jedoch nur dann bei der Berechnung des Vermögenszuwachses zu berücksichtigen, wenn sie vom Zuzugsstaat bei der Einkommensteuerfestsetzung nicht berücksichtigt wird. Abs. 6 Satz 1 zweiter Halbsatz regelt die insoweit erforderliche Durchbrechung der Bestandskraft des Steuerbescheids; die Festsetzungsverjährung wird in diesem Fall entsprechend § 175 Abs. 1 Satz 2 AO gehemmt. Nach der amtlichen Begründung trägt der Steuerpflichtige die Feststellungslast dafür, dass die Wertminderung durch den Zuzugsstaat nicht berücksichtigt wird, d. h., dass nach den gesetzlichen Vorschriften des Zuzugsstaats der Veräußerungsgewinn nicht besteuert wird oder dass dieser Staat bei der Besteuerung des Veräußerungsgewinns die historischen Anschaffungskosten und nicht den Wertansatz einer evtl. Wegzugsbesteuerung durch den Wegzugsstaat zugrunde gelegt hat.

1258

Die Wertminderung wird nur dann berücksichtigt, wenn der Steuerpflichtige nachweist, dass sie betrieblich veranlasst und nicht durch gesellschaftsrechtliche Maßnahmen verursacht ist. Zu diesen Maßnahmen zählt z. B. die Ausschüttung von Gewinnen (= ausschüttungsbedingte Teilwertabschreibung). Aus der amtlichen Begründung – die aber insofern im Gesetzestext keinen Niederschlag gefunden hat – soll dies nur für diejenigen Gewinnrücklagen gelten, die im Zeitpunkt des Ausschlusses oder der Beschränkung des Besteuerungsrechts der Bundesrepublik bereits vorhanden waren.

1259

Die Minderung darf nicht den Betrag übersteigen, der in Deutschland bei Wegzug als Vermögenszuwachs angesetzt wurde. Dies bedeutet, dass dann die Wegzugsbesteuerung entfällt.

1260

In den Fällen, in denen eine Gewinnausschüttung die Wertminderung verursacht hat und die Wertminderung bei der inländischen Einkommensbesteuerung aufgrund der Regelung in Satz 2 nicht zu berücksichtigen ist, ist die erhobene und keinem Ermäßigungsanspruch mehr unterliegende inländische Kapitalertragsteuer einschließlich des hierauf entfallenden Solidaritätszuschlages auf die Steuer nach Abs. 1 anzurechnen.

1261

4.2.4.7 Besondere Mitwirkungspflichten für EU- oder EWR-Bürger (§ 6 Abs. 7 AStG)

1262 Im Fall der Stundung nach Abs. 5 soll die Erhebung der Steuer durch erhöhte Mitwirkungspflichten des Steuerpflichtigen gesichert werden. Nach Abs. 7 Satz 1 muss der Steuerpflichtige (oder sein Gesamtrechtsnachfolger) dem zuständigen FA die Verwirklichung eines der Tatbestände des Abs. 5 Satz 4 auf amtlich vorgeschriebenem Vordruck mitteilen. Diese Mitteilung ist innerhalb eines Monats nach dem anzeigepflichtigen Ereignis zu erstatten und eigenhändig zu unterschreiben (Abs. 7 Satz 2). Außerdem ist in den Fällen des Abs. 5 Satz 4 Nr. 1 und 2 eine Abschrift des Kaufvertrages, Testaments o. Ä. der Mitteilung beizufügen.

1263 Neu eingeführt wird durch § 6 Abs. 7 Satz 4 AStG die Pflicht zur jährlichen Mitteilung der Anschrift des Anteilseigners und der Höhe der Beteiligung. Diese Mitteilung muss spätestens mit Ablauf des 31. Januar des folgenden Jahres bei dem zuständigen FA eingegangen sein. Dabei muss der Steuerpflichtige weiter bestätigen, dass die Anteile ihm oder – im Falle der unentgeltlichen Rechtsnachfolge unter Lebenden – seinem Rechtsnachfolger weiterhin zuzurechnen sind. Kommt der Steuerpflichtige dieser Mitteilungspflicht nicht nach, kann die Stundung widerrufen werden (Abs. 7 Satz 5).

4.2.4.8 Sonderregelung für den Brexit (§ 6 Abs. 8 AStG)

1264 Der durch das **Brexit-StBG**[1199] angefügte § 6 Abs. 8 Satz 1 AStG regelt, dass der Brexit nicht zum Widerruf der Stundung führt, wenn allein auf Grund dessen die Stundungsvoraussetzungen des § 6 Abs. 5 Satz 1 und 3 AStG (EU-/EWR-Staatsangehörigkeit, Steuerpflicht oder Belegenheitserfordernisse in einem EU-/EWR-Staat) nicht mehr vorliegen. Satz 1 fingiert dabei ausdrücklich nicht das Fortbestehen dieser Voraussetzungen, sondern regelt, dass das Entfallen dieser Voraussetzungen beim Steuerpflichtigen oder seinem Rechtsnachfolger im Sinne des § 6 Abs. 5 Satz 3 Nummer 1 AStG allein auf Grund des Brexits unbeachtlich ist und demzufolge nicht zum Widerruf der Stundung führt. Dementsprechend kann der spätere Übergang der Anteile von einem im Vereinigten Königreich ansässigen Steuerpflichtigen, auf den § 6 Abs. 8 Satz 1 AStG anzuwenden ist, auf eine andere im Vereinigten Königreich ansässige Person zum Widerruf der Stundung nach § 6 Abs. 5 Satz 4 Nummer 2 AStG führen. § 6 Abs. 8 Satz 2 AStG stellt klar, dass § 6 Abs. 5 Satz 4 AStG weiterhin anzuwenden ist und führt in § 6 Abs. 8 Satz 2 Nr. 1, 2 AStG neue Widerrufstatbestände ein, für die die Mitteilungs- und Mitwirkungspflichten des § 6 Abs. 7 AStG entsprechend gelten, § 6 Abs. 8 Satz 3 AStG. Nach § 6 Abs. 8 Satz 2 Nr. 1 AStG ist die Stundung auch bei Entnahmen und anderen Vorgängen zu widerrufen, wenn es zu keiner Aufdeckung stiller Reserven kommt, die Anteile infolgedessen aber auch keiner Betriebsstätte des Steuerpflichtigen im Vereinigten Königreich oder in einem EU-/EWR-Staat mehr zuzuordnen sind (z. B. bei Überführung der Anteile von einer Betriebsstätte im Vereinigten Königreich in einen Drittstaat). Nach

---

[1199] Gesetz über steuerliche und weitere Begleitregelungen zum Austritt des Vereinigten Königreichs Großbritannien und Nordirland aus der Europäischen Union (Brexit-Steuerbegleitgesetz – Brexit-StBG) v. 25. 3. 2019, BGBl 2019 I 357.

§ 6 Abs. 8 Satz 2 Nr. 2 AStG führt auch die Verlegung des Wohnsitzes oder gewöhnlichen Aufenthalts in einen Drittstaat zum Widerruf der Stundung, sofern keine mit der deutschen unbeschränkten Einkommensteuerpflicht vergleichbare Steuerpflicht des Steuerpflichtigen im Vereinigten Königreich oder in einem EU-/EWR-Staat mehr besteht.

4.2.4.9 Geplante Änderungen der Wegzugsbesteuerung durch das ATADUmsG

Der Referentenentwurf eines ATAD-Umsetzungsgesetzes vom 10.12.2019 sieht für Wegzugsfälle, die ab dem 1.1.2020 verwirklicht werden[1200] folgende **wesentlichen Änderungen** der Wegzugsbesteuerung durch eine Neufassung des § 6 AStG vor:

§ 6 **Abs. 1** AStG-E regelt den **sachlichen Anwendungsbereich**. Die Vorschrift enthält drei Veräußerungsfiktionen für im Privatvermögen gehaltene Anteile an Kapitalgesellschaften i. S. von § 17 EStG, nämlich die Beendigung der unbeschränkten Steuerpflicht (Satz 1 Nr. 1), die unentgeltliche Übertragung auf eine nicht unbeschränkt steuerpflichtige Person (Satz 1 Nr. 2) und die Beschränkung des deutschen Besteuerungsrechts (Satz 1 Nr. 3). Teilentgeltliche Übertragungen sollen für Zwecke der Anwendung des § 6 AStG in einen voll entgeltlichen und einen voll unentgeltlichen Anteil aufgeteilt werden. § 6 AStG findet nur auf den voll unentgeltlichen Anteil Anwendung. Die Veräußerungszeitpunkte werden in § 6 Abs. 1 Satz 2 Nr. 1 bis 3 AStG-E gesetzlich präzisiert. § 6 Abs. 1 Satz 3 AStG-E fingiert den Erwerb der Anteile zum gemeinen Wert soweit die Wegzugssteuer entrichtet worden ist.

Der **persönliche Anwendungsbereich** ist in § 6 **Abs. 2** AStG-E geregelt. Die Vorschrift verkürzt die Dauer der unbeschränkten Steuerpflicht natürlicher Personen von zehn Jahren auf sieben Jahre und den Betrachtungszeitraum auf die letzten zwölf Jahre vor dem Eintritt einer Veräußerungsfiktion.

Nach der **Rückkehrregelung** in § 6 **Abs. 3** AStG-E entfällt der entstandene Steueranspruch, soweit das im Wegzugszeitpunkt bestehende Besteuerungsrecht innerhalb von sieben Jahren (statt bisher fünf Jahren) wiedererlangt wird, in Bezug auf die Anteile keine Statusänderungen eingetreten ist (mit Blick auf die Zurechnung zum Steuerpflichtigen und deren Zugehörigkeit zum Privatvermögen) und keine substantiellen Gewinnausschüttungen erfolgt sind. Die Behaltensregelungen werden aber teilweise verschärft: Neu ist die Ausschüttungsbeschränkung in § 6 Abs. 3 Satz 1 Nr. 2 AStG-E, der zufolge der Steueranspruch nur entfällt, soweit keine Gewinnausschüttungen oder keine Einlagenrückgewähr, deren gemeiner Wert insgesamt mehr als 25 % des gemeinen Werts i. S. von § 6 Abs. 1 AStG-E beträgt, erfolgt sind. Die bisherige Verlängerungsoption um weitere fünf Jahre auf insgesamt 12 Jahre bleibt unverändert, allerdings muss die Rückkehrabsicht nicht mehr glaubhaft gemacht werden (§ 6 Abs. 3 Satz 3 AStG-E).

1200 Zur grundsätzlichen zeitlichen Anwendung der Neuregelung vgl. § 21 Abs. 1 AStG-E, zur Übergangsregel für Altfälle vgl. § 21 Abs. 2 AStG-E.

1269 Umfassend soll die **Stundungsregelung** in § 6 **Abs. 4** AStG-E geändert (und zulasten der Wegzügler verschärft) werden. Die bisher in § 6 Abs. 5 AStG geregelte zinslose, unbefristete Stundung ohne Sicherheitsleistung bei Wegzug in EU-/EWR-Staaten fällt künftig weg. Die Neuregelung unterscheidet nicht mehr zwischen Wegzügen in Drittstaaten und Wegzügen in EU-/EWR-Staaten. Auch ist künftig nur noch eine zeitliche Streckung (d. h. ratierliche Zahlung) der Steuer über sieben Jahre möglich. Hierbei ist „in der Regel" eine Sicherheitsleistung erforderlich. Die Jahresraten sollen weder bei der Entrichtung noch bei der Erstattung zu verzinsen sein. Einen Katalog stundungsschädlicher Ereignisse findet sich in § 6 Abs. 4 Satz 5 Nr. 1 bis 5 AStG-E. Die Sätze 7 und 8 enthalten eine Sonderregelung für die Rückkehrfälle: Der Steuerpflichtige kann auf Antrag auf die Entrichtung der Jahresraten verzichten, allerdings greift (zur Verhinderung von ungerechtfertigter Inanspruchnahme der Rückkehroption) eine gesonderte Verzinsung sobald die Steuer nicht mehr entfallen kann.

1270 In Neufällen hat der Steuerpflichtige (oder sein Gesamtrechtsnachfolger) nach § 6 **Abs. 5** AStG-E dem FA jährlich bis zum 31. Juli des Folgejahres schriftlich seine Anschrift mitzuteilen und zu bestätigen, dass ihm (oder seinem Gesamtrechtsnachfolger) die Anteile weiterhin zuzurechnen sind.[1201]

4.2.5 Hinzurechnungsbesteuerung (§§ 7 bis 14 AStG)
4.2.5.1 Überblick

1271 Unbeschränkt Steuerpflichtige können Einkünfte der inländischen Besteuerung dadurch entziehen, dass sie diese Einkünfte auf eine von ihnen beherrschte ausländische Gesellschaft verlagern. Ziel der Hinzurechnungsbesteuerung gemäß §§ 7 bis 14 AStG ist es, diese Verlagerung steuerlich rückgängig zu machen:[1202] **Unbeschränkt Steuerpflichtigen werden die Einkünfte (Zwischeneinkünfte) ausländischer Gesellschaften (Zwischengesellschaft) entsprechend ihrer Beteiligung hinzugerechnet (Hinzurechnungsbetrag)**, wenn

- ▶ sie an einer ausländischen Kapitalgesellschaft beteiligt sind und
- ▶ sie die Gesellschaft beherrschen und
- ▶ die Gesellschaft in sog. Niedrigsteuerländern residiert und
- ▶ die Gewinne nicht aufgrund aktiver Teilnahme am wirtschaftlichen Verkehr erzielt werden.

1272 Die Hinzurechnung erfolgt als Kapitaleinkünfte im Rahmen einer sog. **Ausschüttungsfiktion** (§ 10 Abs. 2 Satz 1 AStG).

1273 Vergleichbare Regelungen haben heute neben den USA und Deutschland weitere Industrienationen, u. a. die EU-Staaten Dänemark, Finnland, Frankreich, Großbritannien, Italien, Polen, Portugal und Schweden. Der Fachausdruck lautet **CFC – controlled foreign companies**. Durch die von der EU verabschiedete **Anti Tax Avoidance Directive –**

1201 Für Altfälle soll es beim 31. Januar des Folgejahres bleiben (§ 21 Abs. 2 AStG-E).
1202 BFH v. 20. 4. 1988 I R 197/84, BStBl 1988 II 983; v. 26. 10. 1983 I R 200/78, BStBl 1984 II 258.

ATAD (I)[1203] werden die nationalen CFC-Regelungen teilweise angeglichen bzw. wird erstmals ein einheitlicher Mindeststandard zur Einführung und Ausgestaltung einer Hinzurechnungsbesteuerung vorgeschrieben. Die ATAD normiert hierbei nur ein Mindestschutzniveau und lässt den Mitgliedstaaten einen erheblichen Umsetzungsspielraum, um Maßnahmen zu ergreifen, die einen besseren Schutz für das inländische Steueraufkommen gewährleisten. Da die deutschen Hinzurechnungsbesteuerungsregeln in den meisten Bereichen bereits schärfer als die Vorgaben der ATAD sind, ist der von der ATAD ausgehende Anpassungsbedarf vergleichsweise gering. Am 10.12.2019 hat das BMF den Referentenentwurf eines Gesetzes zur Umsetzung der Anti-Steuervermeidungsrichtlinie (ATAD-Umsetzungsgesetz – ATADUmsG) veröffentlicht. Da das Gesetzgebungsverfahren im Zeitpunkt der Drucklegung noch nicht abgeschlossen war und die geplante Neuregelung erst ab dem VZ 2020 angewendet werden sollen, werden nachfolgend weiterhin die bestehenden und für den VZ 2019 geltenden gesetzlichen Regelung der Hinzurechnungsbesteuerung dargestellt und die geplanten Änderungen im Anschluss an diese Darstellung unter 4.2.5.17 behandelt.

Materiell-rechtlich ist zu beachten, dass nach der ständigen Rechtsprechung des BFH die **Anwendung der §§ 7 ff. AStG Vorrang vor der Anwendung des § 42 AO hat.**[1204] Weiter verstoßen nach Auffassung des BFH die §§ 7 ff. AStG in der Fassung des Missbrauchsbekämpfungs- und Steuerbereinigungsgesetzes gegen die in Art. 49 AEUV garantierte Niederlassungsfreiheit.[1205]

4.2.5.2 Ausländische Gesellschaft – Zwischengesellschaft (§ 7 Abs. 1 AStG)

Eine ausländische Gesellschaft i. S. der §§ 7 ff. AStG ist eine Körperschaft, Personenvereinigung oder Vermögensmasse i. S. des § 1 Abs. 1 KStG, die weder Geschäftsleitung noch Sitz in der Bundesrepublik hat und die nicht gemäß § 3 Abs. 1 KStG von der Körperschaftsteuerpflicht ausgenommen ist (ausländische Gesellschaft). Sind die Voraussetzungen für eine unbeschränkte Steuerpflicht nach KStG erfüllt (Bsp.: Eine Gesellschaft mit Sitz im Ausland hat die tatsächliche Geschäftsleitung im Inland), geht diese der Hinzurechnungsbesteuerung vor.[1206]

Die beschränkte Steuerpflicht nach § 2 KStG wird durch die Hinzurechnungsbesteuerung nicht berührt.

1203 RL 2016/114/EU v. 19.7.2016, ABl L 193, 9 (mit Umsetzungsfrist bis 31.12.2018). Nachdem die EU-Kommission zwischenzeitlich eine zweiten EU-Richtlinie zur Bekämpfung der Steuervermeidung erarbeitet und verabschiedet hat (Anti Tax Avoidance Directive II – ATAD II, RL 2017/952/EU v. 29.5.2017, ABl L 144, 1), die Steuerumgehung durch hybride Gestaltungen vermeiden soll und von den Mitgliedstatten regelmäßig bis zum 31.12.2019 umzusetzen ist, wird die bereits 2016 verabschiedete Richtlinie auch als ATAD I bezeichnet.
1204 BFH v. 25.4.2004 I R 42/02, BStBl 2005 II 14; v. 20.3.2002 I R 63/99, BStBl 2003 II 50; v. 19.1.2000 I R 94/97, BStBl 2001 II 222 und I R 117/97, BFH/NV 2000, 824; ausführlich Tz. 7.0.2 AStG-AE.
1205 BFH v. 21.10.2009 I R 114/08, BStBl 2010 II 774. Die Hinzurechnungsbesteuerung bei Zwischeneinkünften mit Kapitalanlagecharakter im Drittstaatenfall ist allerdings grundsätzlich unionsrechtskonform, vgl. EuGH v. 26.2.2019 C-135/17 X-GmbH, IStR 2019, 347; BFH v. 22.5.2019 I R 11/19 (I R 80/14), BFH/NV 2019, 1376.
1206 BFH v. 23.6.1992 IX R 182/87, BStBl 1992 II 972.

4.2.5.3 Inländische Beherrschung (§ 7 Abs. 2 bis 4 AStG)

1277 Voraussetzung der Hinzurechnungsbesteuerung ist, dass **unbeschränkt Steuerpflichtige** die ausländische Gesellschaft **beherrschen** (= zu mehr als der Hälfte beteiligt sind).

1278 Eine ausländische Gesellschaft wird dann von unbeschränkt Steuerpflichtigen beherrscht, wenn diese allein oder zusammen mit Personen i. S. des § 2 AStG **zu mehr als der Hälfte an der ausländischen Gesellschaft beteiligt sind** (Mindestbeteiligung).

1279 „Mehr als die Hälfte" bedeutet, dass ihnen am Ende des Wirtschaftsjahrs der Gesellschaft, in dem diese die Einkünfte nach § 7 Abs. 1 AStG bezogen hat (maßgebendes Wirtschaftsjahr), mehr als 50 % der Anteile oder Stimmrechte an der ausländischen Gesellschaft zuzurechnen sind (vgl. Tz. 7.2.1 AStG-AE). Auszugehen ist von den gesamten ausgegebenen Anteilen. Eigene Anteile werden wie nicht ausgegebene Anteile behandelt. Gleiches gilt für Anteile, durch die ausländische Gesellschaften aneinander wechselseitig oder im Ring beteiligt sind.

1280 Ausgangspunkt für die **Berechnung der Beteiligungsquote** sind die Verhältnisse am Ende des Wirtschaftsjahres der ausländischen Gesellschaft (§ 7 Abs. 2 Satz 1 AStG). Die Beteiligungsquote richtet sich entweder nach den Anteilen am Nennkapital oder nach den Stimmrechten.[1207]

1281 Für die **Feststellung der Mindestbeteiligung** sind alle Anteile oder Stimmrechte anzusetzen, die unbeschränkt Steuerpflichtigen unmittelbar oder mittelbar (vermittelt über Personengesellschaften i. S. von § 7 Abs. 3 AStG oder durch eine andere ausländische Gesellschaft nach § 7 Abs. 2 Satz 2 AStG) gehören oder ihnen steuerlich zuzurechnen sind, z. B. aufgrund der §§ 39 bis 42 AO. Ferner sind zuzurechnen die Anteile von Personen i. S. des § 2 Abs. 1 AStG. Es sind die Anteile aller unbeschränkt steuerpflichtigen Gesellschafter zusammenzurechnen, unabhängig davon, ob es sich um nahestehende Personen i. S. des § 1 Abs. 2 AStG handelt oder nicht.

1282 Schließlich sind nach § 7 Abs. 4 AStG für die Ermittlung der Beteiligungsquote **die Anteile weisungsgebundener Personen** dem unbeschränkt steuerpflichtigen Weisungsberechtigten zuzurechnen; die auf diese Anteile entfallenden Einkünfte sind aber nicht hinzuzurechnen.[1208] Weisungsgebunden ist eine Person dann, wenn ihr kein eigener wesentlicher Entscheidungsspielraum bleibt; hierunter fallen z. B. Notare, Rechtsanwälte, Banken, Treuhänder usw. (vgl. Tz. 7.4 AStG-AE).

1283 Ist eine inländische Personengesellschaft an einer ausländischen Gesellschaft beteiligt, so gelten nach § 7 Abs. 3 AStG die Gesellschafter als an der ausländischen Gesellschaft beteiligt.

1284 Die **Beteiligungsquote** gibt Antwort auf die Frage, ob eine inländische Beherrschung der ausländischen Gesellschaft i. S. des § 7 Abs. 1 AStG vorliegt. Dagegen ist aus der **Hinzurechnungsquote** abzuleiten, in welchem Umfange dem unbeschränkt Steuerpflichtigen die Einkünfte zuzurechnen sind.

1207 BFH v. 26.10.1983 I R 200/78, BStBl 1984 II 258.
1208 BFH v. 26.10.1983 I R 200/78, BStBl 1984 II 258.

4.2.5.4 Zwischengesellschaft für Zwischeneinkünfte mit Kapitalanlagecharakter (§ 7 Abs. 6 und 6a EStG)[1209]

Bei Zwischengesellschaften für Zwischeneinkünfte mit Kapitalanlagecharakter i. S. des § 7 Abs. 6a AStG erfolgt eine Hinzurechnung bei einem unbeschränkt Steuerpflichtigen nach § 7 Abs. 6 Satz 1 AStG bereits dann, wenn er an der Gesellschaft mit mindestens 1 % beteiligt ist, selbst wenn die Gesellschaft nicht von Personen i. S. des § 7 Abs. 1 AStG beherrscht wird (**verschärfte bzw. erweiterte Hinzurechnungsbesteuerung**). Dies gilt dann nicht, wenn die Bagatellregelung – die den Zwischeneinkünften mit Kapitalanlagecharakter zugrunde liegenden Bruttoerträge betragen nicht mehr als 10 % und nicht mehr als 80 000 € – für diese Art der Zwischeneinkünfte Anwendung findet.

1285

Dagegen ist § 7 Abs. 6 Satz 1 AStG auch dann anzuwenden, wenn die Beteiligung geringer als 1 % ist, sofern die ausländische Gesellschaft ausschließlich oder fast ausschließlich (mindestens 90 %) Bruttoerträge erzielt, denen Zwischeneinkünfte mit Kapitalanlagecharakter zugrunde liegen (§ 7 Abs. 6 Satz 3 AStG), es sei denn, dass mit der Hauptgattung der Aktien der ausländischen Gesellschaft ein wesentlicher und regelmäßiger Handel an einer anerkannten Börse stattfindet.

1286

Unter **Zwischeneinkünften mit Kapitalanlagecharakter** sind nach § 7 Abs. 6a AStG Einkünfte der ausländischen Zwischengesellschaft aus dem Halten, der Verwaltung, Werterhaltung oder Werterhöhung von Zahlungsmitteln, Forderungen, Wertpapieren, Beteiligungen oder ähnlichen Vermögenswerten – ausgenommen Einkünfte i. S. des § 8 Abs. 1 Nr. 8 und 9 AStG – zu verstehen. Hierzu zählen neben den Einkünften i. S. des § 20 EStG u. a. Einkünfte **aus Finanzierungsleasing, Factoring, Finanzinnovationen, Finanzderivaten und Termingeschäften.**

1287

Kann der Steuerpflichtige nachweisen, dass die Zwischeneinkünfte mit Kapitalanlagecharakter aus einer Tätigkeit stammen, die einer unter § 8 Abs. 1 Nr. 1 bis 6 AStG fallenden eigenen Tätigkeit der ausländischen Zwischengesellschaft dient,[1210] werden die Einkünfte nicht als Zwischeneinkünfte mit Kapitalanlagecharakter qualifiziert.

1288

Nach § 7 Abs. 7 AStG sind § 7 Abs. 1 bis 6a AStG nicht anzuwenden, wenn auf die Einkünfte, für die die Gesellschaft Zwischengesellschaft ist, die steuerrechtlichen Vorschriften des Investmentsteuergesetzes[1211] anzuwenden sind, d. h., das AStG ordnet den Vorrang des InvStG an. Bis zum 31. 12. 2017[1212] entfiel dieser Vorrang, wenn nach einem DBA unter das InvStG fallende Einkünfte im Inland nicht besteuert werden konnten. In der (ab. 1. 1. 2018 anzuwendenden) Neufassung des § 7 Abs. 7 AStG durch das InvStRefG[1213] entfällt diese Ausnahme und es kommt somit zum uneingeschränkten Vorrang des InvStG gegenüber der Hinzurechnungsbesteuerung.

1289

1209 Die Hinzurechnungsbesteuerung bei Zwischeneinkünften mit Kapitalanlagecharakter im Drittstaatenfall ist grundsätzlich unionsrechtskonform, vgl. EuGH v. 26. 2. 2019 C-135/17 X-GmbH, IStR 2019, 347; BFH v. 22. 5. 2019 I R 11/19 (I R 80/14), BFH/NV 2019, 1376.
1210 Ausgenommen Tätigkeiten i. S. des § 1 Abs. 1 Nr. 6 KWG, d. h. des Investmentfonds.
1211 Vgl. Rdn. 1419.
1212 Vgl. § 21 Abs. 24 AStG;
1213 Gesetz zur Reform der Investmentbesteuerung (Investmentsteuerreformgesetz – InvStRefG) v. 19. 7. 2016, BGBl 2016 I 1730.

4.2.5.5 REIT-Gesellschaft (§ 7 Abs. 8 AStG)

1290 Sind unbeschränkt Steuerpflichtige an einer ausländischen Gesellschaft beteiligt und ist diese an einer Gesellschaft i. S. des § 16 REITG[1214] beteiligt, kommt es auf den Umfang der Beteiligung an der ausländischen Gesellschaft nicht an, damit eine Hinzurechnung erfolgen kann. Dies gilt aber dann nicht, wenn mit der Hauptgattung der Aktien der ausländischen Gesellschaft ein wesentlicher und regelmäßiger Handel an einer anerkannten Börse stattfindet. Nur dann, wenn der unbeschränkt Steuerpflichtige i. S. des § 7 Abs. 1 AStG an der ausländischen Gesellschaft beteiligt ist, greift auch im Ausnahmefall die Hinzurechnungsbesteuerung.

4.2.5.6 Aktive Einkünfte (§ 8 Abs. 1 AStG)

1291 Voraussetzung der Hinzurechnungsbesteuerung ist, dass die Einkünfte der Zwischengesellschaft **„passive"** oder **„schlechte"** Einkünfte sind. Die Frage, welche Tätigkeit der Gesellschaft zuzurechnen ist, richtet sich nach den allgemeinen ertragsteuerrechtlichen Grundsätzen.[1215] Nach BFH erzielen Mitunternehmer einer ausländischen Personengesellschaft, bezogen auf ihren Gewinnanteil, die Art von Einkünften, die die Gesellschaft erzielt.[1216]

1292 In **§ 8 Abs. 1 AStG** findet sich eine **abschließende Aufzählung der aktiven Einkünfte,** bei deren Vorliegen eine Hinzurechnung ausscheidet:

1293 **Einkünfte aus Land- und Forstwirtschaft** (§ 8 Abs. 1 Nr. 1 AStG). Diese Einkünfte sind uneingeschränkt begünstigt.

1294 **Einkünfte aus der Herstellung, Bearbeitung, Verarbeitung oder Montage von Sachen, aus der Erzeugung von Energie sowie dem Aufsuchen und der Gewinnung von Bodenschätzen** (§ 8 Abs. 1 Nr. 2 AStG). Für die Be- und Verarbeitung wird gefordert, dass ein anderer Gegenstand entstanden und der Gegenstand nicht nur geringfügig behandelt worden ist. Reines Umpacken, Umfüllen, Sortieren usw. gilt nicht als Bearbeitung.

1295 **Einkünfte aus dem kaufmännisch eingerichteten Betrieb**[1217] **von Kreditinstituten oder Versicherungen** (§ 8 Abs. 1 Nr. 3 AStG). Diese Einkünfte sind grundsätzlich begünstigt, es sei denn, dass die ausländische Gesellschaft überwiegend[1218] Geschäfte mit ihren inländischen Gesellschaftern oder diesen nahestehenden Personen betreibt (konzerninterne Geschäfte). Liegt Letzteres vor, dann sind alle Einkünfte passiver Natur, liegt das „überwiegend" nicht vor, dann sind alle Einkünfte aktiver Natur.

1214 BGBl 2007 I 914.
1215 BFH v. 13.6.2018 I R 94/15, BFH/NV 2018, 1303, Rdn. 13; v. 6.12.1995 I R 40/95, BStBl 1997 II 118; v. 1.7.1992 I R 6/92, BStBl 1993 II 222.
1216 BFH v. 16.5.1990 I R 16/88, BStBl 1990 II 1049.
1217 BFH v. 13.10.2010 I R 61/09, BStBl 2011 II 249: Ein in kaufmännischer Weise eingerichteter Betrieb eines Versicherungsunternehmens im Sinne der Aktivitätsklausel des § 8 Abs. 1 Nr. 3 AStG kann auch gegeben sein, wenn die ausländische Tochtergesellschaft durch einen Betriebsführungsvertrag ein anderes Unternehmen mit der Ausführung des Versicherungsgeschäfts betraut hat.
1218 Erläuterung aus der Sicht der Finanzverwaltung in Tz. 8.1.3.6 AStG-AE.

Einkünfte aus Handel (§ 8 Abs. 1 Nr. 4 AStG). Dem Grundsatz nach sind diese Einkünfte aktive Einkünfte,[1219] es sei denn 1296

- die Verfügungsmacht an der Ware ist von einem inländischen Gesellschafter oder einer ihm nahestehenden Person, die mit ihren Einkünften hieraus im Geltungsbereich des AStG steuerpflichtig ist, der ausländischen Gesellschaft verschafft worden (§ 8 Abs. 1 Nr. 4 Buchst. a AStG);
- die Verfügungsmacht an der Ware ist einem inländischen Gesellschafter oder einer ihm nahestehenden Person von der ausländischen Gesellschaft verschafft worden (§ 8 Abs. 1 Nr. 4 Buchst. b AStG).

Allerdings liegt auch in den Ausnahmefällen ein aktiver Erwerb vor (Gegenausnahme), wenn der Steuerpflichtige nachweist, dass das Geschäft von der ausländischen Gesellschaft im Rahmen eines **„qualifizierten Geschäftsbetriebs"** abgeschlossen wurde, und dass keine schädliche Mitwirkung eines inländischen Gesellschafters oder einer ihm nahestehenden Person gegeben ist. Ein qualifizierter Geschäftsbetrieb liegt dann vor, wenn die Ausstattung sachlich und personell dem eines vergleichbaren Handelsgeschäfts entspricht, so dass eine Teilnahme am allgemeinen wirtschaftlichen Verkehr erfolgen kann.[1220] Die Teilnahme am allgemeinen Wirtschaftsverkehr muss von dem Geschäftsbetrieb der ausländischen Gesellschaft selbst ausgehen. Eine Teilnahme am allgemeinen wirtschaftlichen Verkehr erfolgt dann, wenn sich der Geschäftsbetrieb in nicht nur unerheblichem Umfang an eine unbestimmte Anzahl von Personen als Kunden wendet. Unschädlich ist es, wenn dieser Kundenkreis aufgrund des Handelsgegenstandes eingeschränkt ist. 1297

> **BEISPIEL:** Die inländisch beherrschte Construction SA, Monaco, betreibt Handel mit gebrauchten Baumaschinen, die im Inland aufgekauft und an Abnehmer in Afrika veräußert werden: Teilnahme am allgemeinen wirtschaftlichen Verkehr, obwohl sich der Kundenkreis aufgrund des Handelsgegenstandes auf Bauunternehmer beschränkt. Verkauft die SA an einen ihrer inländischen Gesellschafter, so sind damit aktive Einkünfte grundsätzlich noch nicht ausgeschlossen.

Eine schädliche Mitwirkung eines Gesellschafters wird dann angenommen, wenn auf die Vorbereitung, den Abschluss oder die Ausführung des Geschäftes Einfluss genommen werden kann; ggf. kann hier neben der Hinzurechnungsbesteuerung die Gewinnberichtigung wegen Nichtberücksichtigung des Fremdpreisvergleichspreises nach § 1 AStG eingreifen.[1221] 1298

Einkünfte aus Dienstleistungen (§ 8 Abs. 1 Nr. 5 AStG). Dem Grundsatz nach sind diese Einkünfte aktive Einkünfte,[1222] es sei denn, 1299

- die ausländische Gesellschaft bedient sich zur Ausführung der Dienstleistung eines inländischen Gesellschafters oder einer ihm nahestehenden Person (§ 8 Abs. 1 Nr. 5 Buchst. a AStG);

1219 BFH v. 6. 12. 1995 I R 40/95, BStBl 1997 II 118; v. 1. 7. 1992 I R 6/92, BStBl 1993 II 222.
1220 Einzelheiten aus der Sicht der Finanzverwaltung vgl. Tz. 8.1.4.2 AStG-AE.
1221 Vgl. Tz. 8.1.4.2 AStG-AE.
1222 BFH v. 1. 7. 1992 I R 6/92, BStBl 1993 II 222.

▶ die ausländische Gesellschaft erbringt die Dienstleistung gegenüber einem Gesellschafter oder einer ihm nahestehenden Person (§ 8 Abs. 1 Nr. 5 Buchst. b AStG).[1223]

1300 Auch hier gilt: Aktive Einkünfte liegen – allerdings nur im Fall des § 8 Abs. 1 Nr. 5 Buchst. b AStG – dann vor, wenn der Steuerpflichtige nachweist, dass die Dienstleistung von der ausländischen Gesellschaft im Rahmen eines qualifizierten Geschäftsbetriebes erbracht wurde, und dass keine schädliche Mitwirkung eines inländischen Gesellschafters oder einer ihm nahestehenden Person gegeben ist. Geschäftsführung einer Personengesellschaft gegen Gewinnvorab führt nicht zu Einkünften gemäß § 8 Abs. 1 Nr. 5 AStG.[1224]

1301 **Einkünfte aus Vermietung und Verpachtung** (§ 8 Abs. 1 Nr. 6 AStG). Dem Grundsatz nach sind diese Einkünfte aktive Einkünfte, es sei denn,

▶ es handelt sich um die Überlassung der Nutzung von Rechten, Plänen, Muster, Verfahren, Erfahrungen oder Kenntnissen (§ 8 Abs. 1 Nr. 6 Buchst. a AStG). Allerdings liegen dann aktive Einkünfte vor, wenn die ausländische Gesellschaft eigene Forschungs- und Entwicklungsergebnisse verwertet, die ohne Mitwirkung des inländischen Gesellschafters oder einer ihm nahestehenden Person zustande gekommen sind;

▶ es handelt sich um die Vermietung oder Verpachtung von Grundstücken (§ 8 Abs. 1 Nr. 6 Buchst. b AStG). Ein aktiver Erwerb liegt dann vor, wenn der Steuerpflichtige nachweist, dass die Einkünfte bei unterstelltem Direktbezug nach einem DBA im Inland steuerbefreit wären,[1225]

▶ die Vermietung und Verpachtung von beweglichen Sachen erfolgt im Rahmen eines qualifizierten Geschäftsbetriebs ohne schädliche Mitwirkung eines Steuerpflichtigen i. S. des § 7 AStG (§ 8 Abs. 1 Nr. 6 Buchst. c AStG).

1302 **Einkünfte aus der Aufnahme und Ausleihe von Kapital** (§ 8 Abs. 1 Nr. 7 AStG), das nachweislich auf ausländischen Kapitalmärkten[1226] und nicht bei einer dem Steuerpflichtigen oder der ausländischen Gesellschaft nahestehenden Person aufgenommen wurde, und welches ausländischen Betrieben oder Betriebsstätten, die ihre Bruttoerträge ausschließlich oder fast ausschließlich aus unter § 8 Abs. 1 Nr. 1 bis 6 AStG fallende Tätigkeiten beziehen,[1227] oder inländischen Betrieben und Betriebsstätten zugeführt wurde.

1303 **Gewinnausschüttungen** – einschließlich vGA – von Kapitalgesellschaften (§ 8 Abs. 1 Nr. 8 AStG).

1304 **Erlöse aus der Veräußerung von Anteilen an anderen Gesellschaften** (§ 8 Abs. 1 Nr. 9 AStG), sofern die Gesellschaft, deren Anteile veräußert werden, keine Einkünfte mit Kapitalanlagecharakter erzielt hat bzw. es sich nicht um Gewinne aus der Veräußerung

---

1223 BFH v. 29. 8. 1984 I R 68/81, BStBl 1985 II 120.
1224 BFH v. 16. 5. 1990 I R 16/88, BStBl 1990 II 1049.
1225 BFH v. 21. 1. 1998 I R 3/96, BStBl 1998 II 468, zu Vermietungseinkünften in der Schweiz und v. 15. 3. 1995 I R 14/94, BStBl 1995 II 502.
1226 BFH v. 23. 10. 1991 I R 40/89, BStBl 1992 II 1026; v. 29. 8. 1984 I R 68/81, BStBl 1985 II 120.
1227 BFH v. 20. 4. 1988 I R 41/82, BStBl 1988 II 868.

von Anteilen an einer REIT-Gesellschaft handelt; dies muss der Steuerpflichtige nachweisen.

Einkünfte aus Umwandlungen (§ 8 Abs. 1 Nr. 10 AStG). Voraussetzung ist, dass nach dem UmwStG die Umwandlung zu Buchwerten vollzogen werden kann. Dies gilt aber dann nicht, wenn die Umwandlung den Anteil an einer Kapitalgesellschaft betrifft, ohne dass gleichzeitig die Voraussetzungen des § 8 Abs. 1 Nr. 9 AStG erfüllt sind.

1305

4.2.5.7 Nebenerträge

Trotz aktiver Tätigkeit kann eine ausländische Gesellschaft Einkünfte erzielen, die für sich betrachtet als passive Einkünfte zu qualifizieren sind.

1306

> **BEISPIEL:** Eine Produktionsgesellschaft unterhält ein laufendes Girokonto. Die Zinserträge dieses Kontos sind passive Einkünfte.

Nach Tz. 8.0.2 AStG-AE sind im Rahmen einer aktiven Tätigkeit anfallende betriebliche Nebenerträge, die an sich passive Einkünfte darstellen, der aktiven Tätigkeit unter folgender Voraussetzung zuzuordnen: Die Einkünfte müssen in einem unmittelbaren wirtschaftlichen Zusammenhang mit einer aktiven Tätigkeit stehen (**funktionaler Zusammenhang**),[1228] d. h., die passiven Einkünfte müssen sich dem aktiven Erwerb unterordnen lassen und somit eine Folge der aktiven Tätigkeit darstellen. Beispiele für Nebenerträge sind Zinseinnahmen, Gewinne aus der Veräußerung von Anlagegütern, Vermietung von Werkswohnungen.

1307

4.2.5.8 EU- und EWR-Gesellschaften (§ 8 Abs. 2 AStG)

Die durch das JStG 2008 in § 8 Abs. 2 AStG eingefügte Regelung dient der Umsetzung des EuGH-Urteils in der Rechtssache Cadbury Schweppes.[1229] Sie schließt die Hinzurechnung nach § 8 Abs. 1 AStG für inländisch beherrschte Zwischengesellschaften mit Sitz oder Geschäftsleitung in einem EU- bzw. EWR-Mitgliedstaat aus, sofern der Steuerpflichtige nachweist, dass die Gesellschaft einer **tatsächlichen wirtschaftlichen Tätigkeit** in diesem Staat nachgeht – sog. **Motivtest**.[1230] Was hierunter zu verstehen ist, ist im Gesetz nicht geregelt. Der EuGH hat in dem vorgenannten Urteil beispielhaft Folgendes ausgeführt: Die Gründung einer beherrschten ausländischen Gesellschaft muss mit einer wirtschaftlichen Realität zusammenhängen, deren Zweck darin besteht, wirklichen wirtschaftlichen Tätigkeiten im Aufnahmemitgliedstaat nachzugehen. Diese Feststellung muss auf objektiven, von dritter Seite nachprüfbaren Anhaltspunkten beruhen, die sich u. a. auf das Ausmaß des greifbaren Vorhandenseins der beherrschten ausländischen Gesellschaft in Form von Geschäftsräumen, Personal und Ausrüstungsgegenständen beziehen. Mit dem AmtshilfeRLUmsG wurde § 8 Abs. 2 AStG geän-

1308

1228 BFH v. 30. 8. 1995 I R 112/94, BStBl 1996 II 563, unter 5. der Entscheidungsgründe.
1229 EuGH v. 12. 9. 2006 C-196/04 Cadbury Schweppes, IStR 2006, 670.
1230 BFH v. 14. 11. 2018 I R 47/16, BStBl 2019 II 419, Rdn. 16; v. 13. 6. 2018 I R 94/15, BFH/NV 2018, 1303, Rdn. 26; v. 21. 10. 2009 I R 114/08, BStBl 2010 II 774.

dert.[1231] Für Wirtschaftsjahre, die nach dem 31.12.2012 beginnen,[1232] wird durch den Verweis (auch) auf § 7 Abs. 6 AStG der Motivtest auch für Gesellschaften zugelassen, die Zwischeneinkünfte mit Kapitalanlegecharakter erzielen.

1309 Des Weiteren muss gegenseitige Amtshilfe zwischen den zuständigen Behörden aufgrund der EU-Amtshilferichtlinie[1233] oder einer vergleichbaren zwei- oder mehrseitigen Vereinbarung gewährleistet sein (§ 8 Abs. 2 Satz 2 AStG). Die EWR-Staaten Norwegen, Island und Liechtenstein müssen die EU-Amtshilferichtlinie nicht umzusetzen. Im Verhältnis zu Norwegen und Island ergibt sich jedoch die Möglichkeit zur Amtshilfe aus den DBA (Art. 26 DBA Norwegen und Art. 26 DBA Island, der zumindest eine kleine Auskunftsklausel enthält). Mit Liechtenstein besteht seit 2010 ein Steuerinformationsabkommen (Tax Information Exchange Agreement), so dass auch für Liechtensteinische Gesellschaften ein Motivtest in Betracht kommt.

1310 Der Ausschluss der Hinzurechnung gilt nicht für die der EU-/EWR-Gesellschaft nach § 14 AStG zuzurechnenden Einkünfte einer Untergesellschaft, die weder Sitz noch Geschäftsleitung in einem EU- oder EWR-Mitgliedstaat hat (§ 8 Abs. 2 Satz 3 AStG). Das gilt auch für Zwischeneinkünfte, die einer Betriebsstätte der Gesellschaft außerhalb der EU- oder EWR-Staaten zuzurechnen sind.

1311 Es werden nur diejenigen Einkünfte von der Hinzurechnung freigestellt, die die Gesellschaft durch ihre tatsächliche wirtschaftliche Tätigkeit erzielt und die den Fremdvergleichsgrundsatz nach § 1 AStG beachten (§ 8 Abs. 2 Satz 5 AStG). Einnahmen, die in keinem Zusammenhang mit der tatsächlichen wirtschaftlichen Tätigkeit der Gesellschaft stehen, unterliegen der Hinzurechnung.

> **BEISPIEL:**[1234] ▶ Der inländische A-Konzern betreibt in dem EU-Mitgliedstaat C ein Dienstleistungszentrum für alle Konzerngesellschaft in der Rechtsform der Tochterkapitalgesellschaft, die unstreitig einer tatsächlichen wirtschaftlichen Tätigkeit nachgeht. Darüber hinaus stellt die inländische Muttergesellschaft der Tochtergesellschaft Geldmittel zur Verfügung, die dazu bestimmt sind, nach näherer Weisung der Muttergesellschaft als verzinsliche Darlehen zu angemessenen Konditionen an Konzerngesellschaften weiter vergeben zu werden. Die vereinnahmten Zinsen stehen nach Auffassung des Gesetzgebers in keinem Zusammenhang mit der von der Tochtergesellschaft ausgeübten tatsächlichen wirtschaftlichen Tätigkeit.

4.2.5.9 Niedrige Besteuerung (§ 8 Abs. 3 AStG)

1312 Voraussetzung für die Hinzurechnungsbesteuerung ist, dass die passiven Einkünfte einer **niedrigen Besteuerung** unterliegen. Dies ist nach § 8 Abs. 3 AStG dann der Fall,

---

1231 Die Neuregelungen entsprechen den ursprünglich geplanten Änderungen des schließlich gescheiterten JStG 2013.
1232 Ausführlich zur Anwendung s. § 21 Abs. 21 Satz 3 AStG.
1233 Die aktuelle EU-AmtshilfeRL 2011/16/EU v. 15.2.2011, ABl 2011 L 64, 1 ersetzt die bisherige EG-AmtshilfeRL 77/799/EWG v. 19.12.1977, ABl 1977 L 336, 77 und wird seit 1.1.2013 durch das EUAHiG v. 26.6.2013, BGBl 2013 I 1809 umgesetzt, zuletzt geändert durch Artikel 4 des Gesetzes zur Umsetzung der Änderung der EU-AmtshilfeRL und von weiteren Maßnahmen gegen Gewinnkürzungen und -verlagerungen v. 20.12.2016, BGBl 2016 I 3000.
1234 Nach der amtlichen Begründung zu § 8 Abs. 2 (BT-Drs. 16/6290, 93).

▶ wenn die Einkünfte einer Ertragsteuerbelastung von weniger als 25 % unterliegen, ohne dass dies auf einem Ausgleich mit Einkünften aus anderen Quellen beruht oder

▶ wenn Ertragsteuern von mindestens 25 % zwar rechtlich geschuldet, jedoch **nicht tatsächlich erhoben** werden.[1235]

Grundsätzlich ist davon auszugehen, dass die Ertragsteuerbelastung dem Ertragsteuersatz des ausländischen Staates entspricht. Als Ertragsteuern gelten alle Steuern vom Einkommen oder Gewinn. Dabei ist nicht schematisch auf die gezahlte Steuer abzustellen, sondern etwa gewährte Vergünstigungen – einschließlich der Vergünstigungen, die der Staat oder das Gebiet der ausländischen Gesellschaft im Fall einer Gewinnausschüttung der ausländischen Gesellschaft dem unbeschränkt Steuerpflichtigen oder einer anderen Gesellschaft, an der der Steuerpflichtige direkt oder indirekt beteiligt ist, gewährt (§ 8 Abs. 3 Satz 2 AStG)[1236] –, nicht beantragte Vergünstigungen, Verlustvortrag usw. sind mit zu berücksichtigen.[1237] Deswegen muss ggf. eine **Belastungsberechnung** durchgeführt werden: Ermittlung der Ertragsteuerbelastung durch Gegenüberstellung der nach deutschem Steuerrecht ermittelten Zwischeneinkünfte und der im Sitzstaat zu entrichtenden Steuer.

1313

Ob eine „niedrige Besteuerung" i. S. des § 8 Abs. 3 AStG vorliegt, ist grundsätzlich nach den einschlägigen Rechtsvorschriften des Sitz- bzw. des Geschäftsleitungsstaates zu beurteilen. Eine niedrige Besteuerung ist deshalb regelmäßig nicht gegeben, wenn die Einkünfte der ausländischen Gesellschaft nach dem Recht des Geschäftsleitungsstaates einem Steuersatz von mehr als 30 % (bis einschließlich Veranlagungszeitraum 2000) bzw. 25 % (ab Veranlagungszeitraum 2001) unterliegen, die ausländische Finanzbehörde sie aber tatsächlich niedriger oder gar nicht besteuert hat.[1238]

1314

4.2.5.10 Freigrenze bei gemischten Einkünften (§ 9 AStG)

Bezieht eine ausländische Gesellschaft neben aktiven Einkünften auch Zwischeneinkünfte (sog. gemischte Einkünfte), so können diese unter den Voraussetzungen des § 9 AStG begünstigt sein, d. h. eine Hinzurechnung unterbleibt (sog. **außensteuerrechtliche Bagatellgrenze**),[1239] wenn sich die betreffenden Einkünfte aus passiven Tätigkeiten nach Maßgabe einer funktionalen Betrachtungsweise anderweitigen aktiven Tätigkeiten zuordnen lassen sowie

1315

▶ die passiven Bruttoerträge nicht mehr als 10 % der gesamten Bruttoerträge betragen (gesellschaftsbezogene relative Freigrenze);

▶ die zu begünstigenden Einkünfte 80 000 € nicht übersteigen (gesellschaftsbezogene absolute Freigrenze) und

---

1235 Vgl. hierzu BFH v. 9.7.2003 I R 82/01, BStBl 2004 II 4, sowie v. 3.5.2006 I R 124/04, BStBl 2011 II 547, hinsichtlich der irischen Steuer, die unter Mitwirkung der Steuerpflichtigen auf 30 % angehoben wurde.
1236 Abschaffung des sog. Malta-Modells: Zwar zahlt eine in Malta ansässige Tochtergesellschaft einen Ertragsteuersatz von 35 %; allerdings kann die Holding eine Rückerstattung der von der Tochtergesellschaft gezahlten Steuer beantragen, so dass die effektive Steuerbelastung auf ca. 5 % sinkt.
1237 BFH v. 9.7.2003 I R 82/01, BStBl 2004 II 4.
1238 BFH v. 9.7.2003 I R 82/01, BStBl 2004 II 4.
1239 Vgl. aber BFH v. 15.9.2004 I R 102-104/03, BStBl 2005 II 255.

▶ die außer Ansatz zu lassenden Zwischeneinkünfte außerdem auch bei dem einzelnen unbeschränkt Steuerpflichtigen 80 000 € nicht übersteigen (gesellschafterbezogene absolute Freigrenze).

Die absolute Freigrenze bezieht sich auf den Hinzurechnungsbetrag, der anzusetzen wäre, wenn die Freigrenze nicht bestünde. Dabei sind Zwischeneinkünfte einer nachgeschalteten Zwischengesellschaft, die einer ausländischen Gesellschaft nach § 14 AStG zuzurechnen sind, mit zu berücksichtigen (Tz. 9.0.2 AStG-AE).

1316 Unter Bruttoerträgen sind nach Tz. 9.0.1 AStG-AE die Solleinnahmen ohne durchlaufende Posten und ohne eine evtl. gesondert ausgewiesene Umsatzsteuer zu verstehen. Sie sind aus der Gewinn- und Verlustrechnung der ausländischen Gesellschaft abzuleiten. Ermittelt diese ihren Gewinn nach § 4 Abs. 3 EStG, ist nach Verwaltungsauffassung auf die Ist-Einnahmen abzustellen.

1317 Die Freigrenze wird dann überschritten, wenn der Hinzurechnungsbetrag entweder bei der Gesellschaft (für sämtliche Inlandsbeteiligten) oder bei einem Inlandsbeteiligten den Betrag von 80 000 € übersteigt. Ist der Steuerpflichtige an mehreren ausländischen Gesellschaften beteiligt, darf bei ihm die Gesamtsumme aller Hinzurechnungsbeträge 80 000 € nicht übersteigen. Die Einhaltung der Freigrenze ist für jeden inländischen Gesellschafter gesondert zu prüfen.

4.2.5.11 Ermittlung des Hinzurechnungsbetrages (§ 10 AStG)

1318 Aufgrund der §§ 7 bis 9 AStG wird ermittelt, ob Zwischeneinkünfte vorliegen, die einer Hinzurechnungsbesteuerung zu unterwerfen sind. Ist dies zu bejahen, so wird die Höhe des Hinzurechnungsbetrages nach §§ 10 ff. AStG ermittelt.

1319 Ausgehend von den gesamten passiven Einkünften der Zwischengesellschaft ist eine **Gewinnermittlung für Zwecke der Hinzurechnung** durchzuführen.

1320 Der Hinzurechnungsbetrag wird in **entsprechender Anwendung der Vorschriften des deutschen Steuerrechts** ermittelt (§ 10 Abs. 3 Satz 1 AStG).[1240] Welche Vorschriften hierbei im Einzelnen anzuwenden sind, ist im AStG nicht geregelt. Festgelegt ist durch § 10 Abs. 3 Satz 4 AStG lediglich, dass Steuervergünstigungen unberücksichtigt bleiben, die an die unbeschränkte Steuerpflicht, das Bestehen eines inländischen Betriebes oder einer inländischen Betriebsstätte anknüpfen. Ferner sind die Vorschriften des §§ 4h, 4j (ab VZ 2018)[1241] EStG sowie der § 8a, § 8b Abs. 1 und 2 KStG nicht zu berücksichtigen; das gilt auch für die Vorschriften des UmwStG, soweit Einkünfte aus einer Umwandlung als passive Einkünfte nach § 8 Abs. 1 Nr. 10 AStG hinzuzurechnen sind.

1321 Diese Gewinnermittlung kann durch **Vermögensvergleich** nach § 4 Abs. 1 oder § 5 EStG oder durch **Einnahme-Überschuss-Rechnung** nach § 4 Abs. 3 EStG erfolgen (§ 10 Abs. 3 Satz 2 AStG). Welche Gewinnermittlungsart gewählt wird, steht grundsätzlich im Belie-

---

[1240] BFH v. 13. 6. 2018 I R 94/15, BFH/NV 2018, 1303, Rdn. 13; v. 12. 7. 1989 I R 46/85, BStBl 1990 II 113; v. 28. 9. 1988 I R 91/87, BStBl 1989 II 13; v. 20. 4. 1988 I R 41/82, BStBl 1988 II 868.

[1241] § 4j EStG (sog. Lizenzschranke) wurde mit Wirkung zum VZ 2018 durch G v. 27. 6. 2017, BGBl 2017 I 2074 eingeführt; vgl. § 52 Abs. 8a EStG ausführlich Rdn. 241 ff.

ben des Steuerpflichtigen.¹²⁴² Allerdings kann bei mehreren inländischen Beteiligten dieses Wahlrecht nur einheitlich ausgeübt werden (§ 10 Abs. 3 Satz 3 AStG). Erfolgt die Gewinnermittlung nach § 4 Abs. 1 oder § 5 EStG, so ist eine „**Hinzurechnungsbilanz**" bzw. eine „eröffnende Hinzurechnungsbilanz" zu erstellen. Aus der Tatsache, dass es sich um eine ausländische Kapitalgesellschaft handelt, folgt nicht zwangsläufig, dass sie gewerbliche Einkünfte erzielt.¹²⁴³

Gewinne und Verluste aus verschiedenen Zwischengesellschaften dürfen nicht untereinander ausgeglichen werden (Tz. 10.1.1.3 AStG-AE). 1322

Bei der Ermittlung der Zwischeneinkünfte dürfen nach § 10 Abs. 4 AStG nur diejenigen **Betriebsausgaben** abgezogen werden, die mit den Einkünften in wirtschaftlichem Zusammenhang stehen. 1323

Hat die ausländische Gesellschaft neben passiven Einkünften auch aktive Einkünfte (sog. gemischte Einkünfte), so sind die passiven Einkünfte abzugrenzen. Hierzu sind u. a. folgende Möglichkeiten vorgesehen (Tz. 10.4.1 AStG-AE): Abzug der aktiven Einkünfte vom Gesamtbetrag der Einkünfte, gesonderte Einnahme-Überschuss-Rechnung oder Teilbilanz, Aufteilung nach Umsätzen. 1324

Ergibt die Ermittlung der Zwischeneinkünfte einen **negativen Betrag,** so entfällt eine Hinzurechnung (§ 10 Abs. 1 Satz 5 AStG). Möglich ist entsprechend § 10d EStG ein **Verlustabzug** bei den Zwischeneinkünften früherer Wirtschaftsjahre, soweit sie die nach § 9 AStG außer Ansatz zu lassenden Einkünfte übersteigen. Eine gesonderte Feststellung des Verlustes ist nicht erforderlich.¹²⁴⁴ 1325

Von dem ermittelten Hinzurechnungsbetrag sind die **tatsächlichen von den Einkünften der ausländischen Gesellschaft erhobenen Steuern abzuziehen.** Ergibt sich dabei ein negativer Betrag, so erhöht sich der Verlust i. S. des § 10 Abs. 3 Satz 6 AStG. Ist die Steuer noch nicht entrichtet, so kann sie lediglich in dem Kalenderjahr berücksichtigt werden, in dem sie entrichtet wird (§ 10 Abs. 1 Satz 2 AStG). Wurde bei der Belastungsberechnung nach § 8 Abs. 3 Satz 2 AStG die dem Gesellschafter gewährten (oder noch zu gewährenden) steuerlichen Vergünstigungen berücksichtigt, so sind die abziehbaren Steuern der Zwischengesellschaft um diese Vergünstigungen zu kürzen (§ 10 Abs. 1 Satz 3 AStG). 1326

In der Anlage 3 zu AStG-AE sind verschiedene **Schemata zur Ermittlung der Besteuerungsgrundlagen** für die Anwendung der Hinzurechnungsbesteuerung abgedruckt. 1327

4.2.5.12 Veräußerungsgewinne (§ 11 AStG)

Doppelbelastungen können eintreten, soweit bestimmte Veräußerungsgewinne der Hinzurechnung unterliegen. Das ist u. U. der Fall, wenn in den Einkünften der Zwischengesellschaft Gewinne aus der Veräußerung von Anteilen an anderen ausländischen Ge- 1328

1242 BFH v. 21.1.1998 I R 3/96, BStBl 1998 II 468, zur Frage, welche Einkünfteermittlungsvorschriften anzuwenden sind; das Gericht stellt darauf ab, welchen Sachverhalt die Zwischengesellschaft verwirklicht hat.
1243 BFH v. 13.11.1996 I R 3/96, BFH/NV 1997, 443.
1244 BFH v. 5.11.1992 I R 38/92, BStBl 1993 II 177.

sellschaften (einschließlich REIT-Gesellschaften) enthalten sind, die aber noch nicht ausgeschüttet worden sind. Dann enthält der Veräußerungsgewinn ggf. bereits versteuerte offene Rücklagen der Gesellschaft. Deshalb sind nach § 11 Abs. 1 AStG Veräußerungsgewinne insoweit von der Hinzurechnungsbesteuerung auszunehmen, als die Einkünfte der Gesellschaft, deren Anteile veräußert werden, als Zwischeneinkünfte i. S. des § 7 Abs. 6a AStG der Hinzurechnungsbesteuerung unterlegen haben, und zwar für das gleiche Kalenderjahr/Wirtschaftsjahr oder für die vorangegangenen sieben Kalenderjahre bzw. Wirtschaftsjahre. Weitere Voraussetzung ist, dass die Zwischeneinkünfte, die der Hinzurechnungsbesteuerung unterlegen haben, nicht ausgeschüttet wurden. Vom Steuerpflichtigen wird verlangt, dass er die Hinzurechnungsbesteuerung und die Nichtausschüttung nachweist.

4.2.5.13 Besteuerung des Hinzurechnungsbetrages (§ 10 Abs. 2 AStG)

1329   Die Besteuerung des Hinzurechnungsbetrages regelt § 10 Abs. 2 AStG. Das Gesetz geht von einer **Ausschüttungsfiktion** aus (§ 10 Abs. 2 Satz 1 AStG): Der Hinzurechnungsbetrag zählt zu den Einkünften aus Kapitalvermögen i. S. des § 20 Abs. 1 EStG und gilt **unmittelbar nach Ablauf des maßgeblichen Wirtschaftsjahres der ausländischen Gesellschaft als zugeflossen.** Dies bedeutet, dass der Gesetzgeber für die Besteuerung des Hinzurechnungsbetrages unterstellt, dass die ausländische Zwischengesellschaft keine Ausschüttung an ihren inländischen Gesellschafter vornimmt.

> **BEISPIEL ▸** Der Steuerinländer A ist an der Schweizer Zwischengesellschaft Z-AG beteiligt. Das Wirtschaftsjahr der Z-AG entspricht dem Kalenderjahr. Für 2017 ermittelt die Z-AG einen Gewinn vor Steuern i. H. von 100 000 sfr. Das Gesetz fingiert, dass dieser Betrag zu Beginn des Kalenderjahres 2018 A zugeflossen ist; A hat diesen Zufluss als Kapitaleinkünfte in der Einkommensteuererklärung 2018 zu erklären.

1330   Gehören Anteile an der ausländischen Zwischengesellschaft zum Betriebsvermögen eines inländischen Betriebes, so gehört der Hinzurechnungsbetrag zu den **Einkünften aus Gewerbebetrieb,** aus Land- und Forstwirtschaft oder aus selbständiger Arbeit und erhöht den nach dem Einkommen- oder Körperschaftsteuergesetz ermittelten Gewinn des Betriebs für das Wirtschaftsjahr, das nach dem Ablauf des maßgebenden Wirtschaftsjahres der ausländischen Zwischengesellschaft endet (§ 10 Abs. 2 Satz 2 AStG). Nach Auffassung des BFH[1245] handelt es sich bei dem Hinzurechnungsbetrag nach § 10 Abs. 1 Satz 1 AStG um einen Teil des Gewerbeertrags eines inländischen Unternehmens, der auf eine nicht im Inland belegene Betriebsstätte entfällt, so dass die Kürzungsvorschrift des § 9 Nr. 3 Satz 1 GewStG anzuwenden ist. Damit unterliegt der Hinzurechnungsbetrag nicht der Gewerbesteuer. Die Finanzverwaltung teilt diese Gesetzesauslegung jedoch nicht und wendet die Grundsätze des Urteils daher über den entschiedenen Einzelfall hinaus nicht an.[1246] Ungefähr ein Jahr nach dem Nichtanwendungserlass ordnete der Gesetzgeber die Gewerbesteuerpflicht des Hinzurechnungs-

---

[1245] BFH v. 11. 3. 2015 I R 10/14, BStBl 2015 II 1049.
[1246] Gleichlautender Ländererlass v. 14. 12. 2015, BStBl 2015 I 1090. A. A. FG Köln v. 8. 11. 2018 13 K 552/17, BeckRS 2018, 39115, amtlicher Leitsatz: AStG-Hinzurechnungsbeträge gemäß § 10 AStG unterliegen in Altfällen (hier: bis 31. 12. 2016) der Kürzungsvorschrift nach § 9 Nr. 3 GewStG und sind somit nicht gewerbesteuerpflichtig.

betrags in § 7 Satz 7 bis 9 GewStG i. d. F. durch das BEPS-Umsetzungsgesetz[1247] an (sog. Nichtanwendungsgesetz). § 7 Satz 7 GewStG soll klarstellen, dass Hinzurechnungsbeträge i. S. des § 10 Abs. 1 AStG zu den Einkünften aus einer inländischen Betriebsstätte zählen. § 7 Satz 8 GewStG fingiert dies für Einkünfte i. S. des § 20 Abs. 2 Satz 1 AStG, unabhängig davon, ob mit dem Betriebsstättenstaat ein DBA besteht oder nicht und unabhängig davon, ob das DBA unmittelbar die Anrechnungsmethode statt der Freistellungsmethode anordnet. § 7 Satz 9 GewStG enthält eine Ausnahme von § 7 Satz 8 GewStG, wenn für ausländische passive Einkünfte einer EU-/EWR-Gesellschaft i. S. von § 8 Abs. 2 AStG eine damit verbundene tatsächliche wirtschaftliche Tätigkeit nachgewiesen werden kann. Der zeitliche Anwendungsbereich der Neuregelung ist unklar. § 36 Abs. 2a GewStG regelt nur, dass § 7 Satz 8 GewStG erstmals für den Erhebungszeitraum 2017 anzuwenden ist. Für die übrigen Neuregelungen (§ 7 Sätze 7 und 9, § 9 Nr. 2 Satz 2 und Nr. 3 Satz 1 GewStG) fehlt eine zeitliche Anwendungsregelung. Nach der allgemeinen zeitlichen Anwendungsregel des § 36 Abs. 1 GewStG (Zeitpunkt des Inkrafttretens) ergäbe sich die Erstanwendung im EZ 2016. Aus Sicht der Finanzverwaltung handelt es sich lediglich um eine gesetzliche Klarstellung, so dass sie die Neuregelungen in allen offenen Fällen anwenden will.[1248] Die Finanzgerichte Baden-Württemberg[1249] und Köln[1250] betrachten die Neuregelung als konstitutiv und wenden sie daher nicht rückwirkend an.

Auf den Hinzurechnungsbetrag sind **nicht anzuwenden** (§ 10 Abs. 2 Satz 3 AStG): 1331

§ 3 Nr. 40 Satz 1 Buchst. d EStG,[1251]

§ 32d EStG, sowie

§ 8b Abs. 1 KStG;

§ 3c Abs. 2 EStG gilt entsprechend.

Aufgrund dieser Art der Besteuerung des Hinzurechnungsbetrages ist z. B. eine Verrechnung des Hinzurechnungsbetrages mit inländischen Verlusten und damit ein Ausgleich und ein „Entweichen" der Hinzurechnungsbesteuerung möglich. Bei **natürlichen Personen** wird der Hinzurechnungsbetrag auch nach Inkrafttreten der Abgeltungssteuer dem persönlichen Steuersatz für das gesamte zu versteuernde Einkommen einschließlich Hinzurechnungsbetrag unterworfen. 1332

Körperschaftsteuersubjekte haben den Hinzurechnungsbetrag grundsätzlich mit dem Steuersatz nach § 23 Abs. 1 KStG zu versteuern; auch hier findet ggf. eine Verrechnung 1333

1247 Gesetz zur Umsetzung der Änderungen der EU-Amtshilferichtlinie und von weiteren Maßnahmen gegen Gewinnkürzungen und -verlagerungen v. 20. 12. 2016, BGBl 2016 I 3000.
1248 OFD Nordrhein-Westfalen v. 26. 4. 2017 – Kurzinformation GewSt Nr. 03/2017, DB 2017, 1118. Die Finanzverwaltung gestattet aber zumindest, dass Rechtsbehelfsverfahren nach § 363 Abs. 2 Satz 1 AO im Hinblick auf das beim FG Münster unter 9 K 401/17 G anhängige Musterverfahren ruhen können.
1249 FG Baden-Württemberg v. 8. 5. 2018 6 K 1775/16, EFG 2019, 242, Rdn. 52 (Revision anhängig unter I R 28/18) sowie 6 K 2814/16, EFG 2019, 240, Rdn. 42 (Revision anhängig unter I R 29/18).
1250 FG Köln v. 8. 11. 2018 13 K 552/17, BeckRS 2018, 39115, Rdn. 61 ff. Das FG Köln hat sogar die Zulassung der Revision nach § 115 Abs. 2 Nr. 1 und Nr. 2 FGO verweigert, da die Entscheidung ausgelaufenes Recht betreffe und in völliger Übereinstimmung mit der Grundsatzentscheidung des BFH stehe, vgl. Rdn. 97.
1251 Nach BFH v. 11. 2. 2009 I R 40/08, BStBl 2009 II 594, findet auf den Hinzurechnungsbetrag im Veranlagungszeitraum 2001 das sog. Halbeinkünfteverfahren Anwendung.

mit sonstigen Verlusten statt. Die Hinzurechnungsbesteuerung ist definitiv; sie führt zu einer echten steuerlichen Mehrbelastung, da § 8b Abs. 1 KStG bei der Hinzurechnung nicht angewendet werden darf.

> **BEISPIEL:** ▶ Die inländische Y-AG ist an der in einem Nicht-DBA-Staat ansässigen Zwischengesellschaft Z-AG zu 100 % beteiligt; der in 2018 von der Z-AG erzielte Gewinn i. H. von umgerechnet 120 000 € führt bei der Y-AG in 2019 zu gewerblichen Einkünften in gleicher Höhe.

1334 Wichtig ist, dass (spätere) Ausschüttungen bei der Besteuerung des Hinzurechnungsbetrages nicht zu berücksichtigen sind. Dies gilt auch dann, wenn die Zwischengesellschaft in dem Jahr, in dem der inländische Steuerpflichtige i. S. des § 7 AStG den Hinzurechnungsbetrag nach § 10 Abs. 2 AStG versteuern muss, tatsächlich auch ausgeschüttet hat. D. h., **eine Ausschüttung hindert nicht die Besteuerung des Hinzurechnungsbetrags** nach § 10 Abs. 2 AStG; eine Entlastung wegen der tatsächlichen Ausschüttung regelt § 12 Abs. 3 AStG auf Antrag. Als Reaktion auf das Urteil des EuGH v. 20. 10. 2011[1252] wurde durch das EuGHDivUmsG[1253] die Steuerpflicht von Streubesitzdividenden in § 8b Abs. 4 KStG eingeführt (bzw. die Beteiligungsertragsbefreiung des § 8b Abs. 1 KStG insoweit aufgehoben). § 8b Abs. 4 KStG setzt voraus, dass die Beteiligungshöhe zu Beginn des Kalenderjahres unmittelbar weniger als 10 % betragen hat und die Bezüge i. S. des § 8 b Abs. 1 KStG nach dem 28. 2. 2013 zufließen (§ 34 Abs. 7a Satz 2 KStG). Im Anwendungsbereich dieser Vorschrift droht eine Doppelbesteuerung, wenn der fiktiv ausgeschüttete Hinzurechnungsbetrag anschließend als tatsächliche Gewinnausschüttung noch einmal besteuert wird.

4.2.5.14 Ausschüttung und Besteuerung (§ 3 Nr. 41 EStG)

1335 Da das AStG von der Thesaurierung der von der Zwischengesellschaft erwirtschafteten Einkünfte ausgeht, ist das Problem zu klären, wie die Besteuerung zu erfolgen hat, wenn nach einer erfolgten Hinzurechnungsbesteuerung die Zwischengesellschaft tatsächliche die Einkünfte ausschüttet. Hierbei handelt es sich i. d. R. um Kapitaleinkünfte i. S. des § 20 Abs. 1 Nr. 1 EStG.

1336 Bei **Körperschaftsteuersubjekten** greift ab einer Beteiligungsquote von 10 % § 8b Abs. 1 Satz 1 KStG, d. h. derartige Bezüge bleiben bei der Ermittlung des Einkommens außer Ansatz und es kommt nicht zu einer Doppelbesteuerung. Das in § 8b Abs. 5 Satz 1 KStG geregelte pauschale Betriebsausgabenabzugsverbot ist allerdings immer anzuwenden, und zwar unabhängig davon, ob die Gewinnausschüttungen nach § 8b Abs. 1 Satz 1 KStG oder nach § 3 Nr. 41 Buchst. a EStG steuerfrei sind.[1254]

1337 Bei **natürlichen Personen** gilt Folgendes: Die einer Hinzurechnung nachfolgenden Ausschüttungen sind grundsätzlich **nach § 3 Nr. 41 Buchst. a EStG** steuerfrei.

1338 Zwischen dem Zeitpunkt der Hinzurechnungsbesteuerung und dem Zeitpunkt der Ausschüttungen können mehrere Jahre liegen. Deshalb sind nach § 3 Nr. 41 Buchst. a EStG

1252 EuGH v. 20. 10. 2011 C-284/09, IStR 2011, 840.
1253 BGBl 2013 I 561; vgl. Rdn. 416.
1254 BFH v. 26. 4. 2017 I R 84/15, BStBl 2018 II 492.

Gewinnausschüttungen freizustellen, die in dem überschaubaren **Zeitraum von 7 Jahren nach der Hinzurechnungsbesteuerung** erfolgen; bei den Werbungskosten/Betriebsausgaben ist § 3c Abs. 2 EStG zu beachten.

> **BEISPIEL:** ▶ Der unbeschränkt Steuerpflichtige A ist an der Domizilgesellschaft X-AG mit Sitz in Zug/Schweiz zu 100 % beteiligt. Diese Gesellschaft erzielt in 2016 Einkünfte i. H. von umgerechnet 100 000 €, die aus passiver Tätigkeit stammen. Die Gesellschaft schüttet die Gewinne in 2019 in voller Höhe aus.
>
> Steuerliche Konsequenz im Rahmen der Einkommensteuerveranlagung 2017 des A: Hinzurechnung der Einkünfte nach § 10 Abs. 2 Satz 1 AStG, Versteuerung als Kapitaleinkünfte mit dem persönlichen Steuersatz.
>
> Der tatsächliche Zufluss in 2019 bleibt nach § 3 Nr. 41 Buchst. a EStG steuerfrei.

Diese Steuerbefreiung gilt nach § 3 Nr. 41 Buchst. b EStG entsprechend für **Gewinne aus der Veräußerung** eines Anteils an einer ausländischen Zwischengesellschaft sowie aus deren Auflösung oder Herabsetzung ihres Kapitals. 1339

4.2.5.15 Steueranrechnung (§ 12 AStG)

Nach § 12 Abs. 1 AStG kann der Steuerpflichtige beantragen, dass die nach § 10 Abs. 1 AStG abziehbare Steuer auf seine Einkommen- oder Körperschaftsteuer **angerechnet wird,** die auf den Hinzurechnungsbetrag entfällt. In diesem Fall ist der Hinzurechnungsbetrag um diese Steuer zu erhöhen (= kein Abzug der Steuern nach § 10 Abs. 1 AStG). Die Vorschriften der § 34c Abs. 1 EStG, § 26 Abs. 1 und 6 KStG sind entsprechend anwendbar (§ 12 Abs. 2 AStG).[1255] Man kann davon ausgehen, dass dieses Verfahren der Anrechnung für den Steuerpflichtigen **grundsätzlich zu einer geringeren steuerlichen Belastung führt.** Nach der ab dem Veranlagungszeitraum 2015 geltenden Fassung des § 34c Abs. 1 Satz 2 EStG ist die Berechnung des Anrechnungshöchstbetrags dergestalt geregelt, dass ausländische Steuern höchstens mit der durchschnittlichen tariflichen deutschen Einkommensteuer auf die ausländischen Einkünfte angerechnet werden. Es wird die deutsche Steuer berücksichtigt, die auf die ausländischen Einkünfte entfällt.[1256] 1340

> **BEISPIEL:** ▶ Die inländische A-AG ist zu 100 % an der Zwischengesellschaft X-AG beteiligt; diese muss auf den Gewinn von 100 000 € eine ausländische Ertragsteuer von 5 000 € bezahlen; die X-AG schüttet nicht aus.
>
> **Steuerberechnung nach § 12 Abs. 1 AStG:**
>
> | | |
> |---|---:|
> | Hinzurechnungsbetrag | 95 000 € |
> | Erhöhung des Hinzurechnungsbetrages um die ausländische Ertragsteuer | 5 000 € |
> | Hinzurechnungsbetrag nach § 12 AStG | 100 000 € |
> | Steuer hierauf nach § 10 Abs. 2 AStG, § 23 Abs. 1 KStG i. H. von 15 % | 15 000 € |
> | darauf Anrechnung der ausländischen Steuer | 5 000 € |
> | Steuerschuld | 10 000 € |

1255 BFH v. 9. 11. 1983 I R 120/79, BStBl 1984 II 468; vgl. Rdn. 276.
1256 Zum Systemwechsel und der Übergangsregelung vgl. Rdn. 285.

Gesamtsteuerbelastung:

Ausländische Steuer	5 000 €
Inländische Steuer	10 000 €
Summe	15 000 €

Dagegen müsste ohne Anrechnung eine Körperschaftsteuer i. H. von 15 % auf den Hinzurechnungsbetrag von 95 000 € = 14 250 € gezahlt werden, was unter Berücksichtigung der im Ausland entrichteten Steuer zu einer Gesamtsteuerbelastung von insgesamt 19 250 € führen würde.

1341 Anrechenbar sind auch deutsche Steuern, die die Zwischengesellschaft gezahlt hat (Bsp.: die von Gewinnausschüttungen deutscher Gesellschaften erhobene Kapitalertragsteuer – vgl. Tz. 12.1.2, 12.1.3 AStG-AE).

1342 Hat die Zwischengesellschaft gemischte Einkünfte, so ist der Teil der ausländischen Steuer anrechenbar, der auf die der Hinzurechnungsbesteuerung unterliegenden Einkünfte entfällt.

1343 Die **Pauschalierungsvorschrift des § 34c Abs. 5 EStG** ist auf die der Hinzurechnungsbesteuerung unterliegenden Zwischeneinkünfte nicht anwendbar (Tz. 12.2.2 AStG-AE).

1344 Da die tatsächliche Ausschüttung der ausländischen Zwischengesellschaft nach § 3 Nr. 41 EStG steuerfrei ist, bestimmt § 12 Abs. 3 AStG Folgendes: Die im Ausland auf die Ausschüttung erhobene (Quellen-)Steuer wird auf Antrag auf die Einkommen- oder Körperschaftsteuer des inländischen Anteilseigners in den Veranlagungszeiträumen angerechnet, in denen der Hinzurechnungsbetrag versteuert wurde. Dies gilt auch dann, wenn der Steuerbescheid für diesen Veranlagungszeitraum bereits bestandskräftig ist (Durchbrechung der Bestandskraft, gesonderter Korrekturtatbestand außerhalb der AO). Statt der Anrechnung kann der Steuerpflichtige auch den Abzug nach § 34c Abs. 2 EStG wählen.

1345 Für die zeitliche Zuordnung von Quellensteuern ist davon auszugehen, dass eine Gewinnausschüttung zuerst aus dem Hinzurechnungsbetrag gespeist wird, der dem ältesten Jahr entstammt, danach aus dem Hinzurechnungsbetrag des zweitältesten Jahres usw. (Tz. 12.3.2 AStG-AE). Ein ausführliches Beispiel zu der Verrechnung bei Hinzurechnung in mehreren Jahren findet sich in Tz. 12.3.2 AStG-AE.

1346 Der Antrag nach § 12 Abs. 3 AStG ist im Rahmen der Feststellung nach § 18 AStG zu stellen (Tz. 12.3.1 AStG-AE).

4.2.5.16 Nachgeschaltete Zwischengesellschaft (§ 14 AStG)

1347 Durch § 14 AStG werden die Regelungen der §§ 7 bis 12 AStG auf eine beliebige Zahl von hintereinander geschalteten Zwischengesellschaften ausgedehnt. Damit wird verhindert, dass durch die Zwischenschaltung von weiteren Gesellschaften zwischen dem unbeschränkt Steuerpflichtigen und der Zwischengesellschaft die Anwendung des AStG ausgeschlossen ist.[1257]

[1257] BFH v. 28. 9. 1988 I R 91/87, BStBl 1989 II 13.

Nach § 14 Abs. 1 AStG werden die Zwischeneinkünfte einer – oder auch mehrerer (vgl. § 14 Abs. 3 AStG) – nachgeschalteten ausländischen (Zwischen-)Gesellschaft (**Untergesellschaft**) einer an dieser Gesellschaft beteiligten ausländischen (Zwischen-)Gesellschaft (**Obergesellschaft**) zugerechnet (sog. **übertragende Hinzurechnung**). Maßstab der Zurechnung ist die Beteiligung der Obergesellschaft an der (oder den) Untergesellschaft(en). Notwendige Voraussetzung für die Anwendung des § 14 AStG ist die inländische Beherrschung von Ober- und Untergesellschaft. 1348

> **BEISPIEL:** Die inländische X-AG ist zu 100 % an der Y-Holding-AG in Zug/CH beteiligt, die ihrerseits zu 75 % an der Z-Holding-AG auf den Niederländischen Antillen beteiligt, die u. a. zu 75 % an der Patentverwertungsgesellschaft PV-SA in Monaco, die ihrerseits zu 90 % an der Beteiligungsverwaltungsgesellschaft N-Inc. in Zypern beteiligt ist:
> X ist an Z zu 75 %, an PV zu 56,25 % und an N zu 50,625 % mittelbar beteiligt, d. h. sowohl Z als auch PV als auch N sind inländisch beherrscht. Somit sind der X die Einkünfte aller nachgeschalteten Gesellschaften grundsätzlich nach § 14 Abs. 1 und 3 AStG hinzuzurechnen.

Daraus folgt umgekehrt, dass § 14 AStG nicht anwendbar ist, wenn der unbeschränkt Steuerpflichtige an der Untergesellschaft unmittelbar beteiligt ist. 1349

> **BEISPIEL:** Der unbeschränkt Steuerpflichtige A ist an der Z-SA, Luxemburg, beteiligt, die ihrerseits zu 80 % an der B-AG in Lugano/Schweiz beteiligt ist. Daneben ist A zu 20 % unmittelbar an der B-AG beteiligt: Die Zwischeneinkünfte aufgrund der unmittelbaren Beteiligung werden A unmittelbar über § 7 AStG zugerechnet.

Die inländische Beherrschung von Ober- und Untergesellschaft kann sich auch durch die Mitbeteiligung von anderen unbeschränkt Steuerpflichtigen ergeben. 1350

> **BEISPIEL:** Die Schweizer Domizilgesellschaft X-AG ist inländisch beherrscht; Gesellschafter sind die unbeschränkt Steuerpflichtigen A und B je zu 50 %. Die X-AG ist zu 40 % an der Liechtensteiner Y-AG beteiligt; die restlichen Anteile an der Y-AG halten die unbeschränkt Steuerpflichtigen, A und B nicht nahestehenden C und D. Aufgrund der Regelung in § 14 AStG sind die Zwischeneinkünfte der Y-AG (Untergesellschaft) der X-AG (Obergesellschaft) hinzuzurechnen und damit den unbeschränkt Steuerpflichtigen A und B, da die Y-AG ihrerseits inländisch beherrscht ist.

Des Weiteren sind die sonstigen Voraussetzungen der Hinzurechnungsbesteuerung – passive Einkünfte, niedrigere Besteuerung, Überschreitung der Freigrenze nach § 9 AStG usw. – für jede Untergesellschaft gesondert zu prüfen. 1351

Ist § 14 AStG anwendbar, so sind bei der Obergesellschaft die Einkünfte der Untergesellschaft so anzusetzen, wie sie sich bei Anwendung des § 10 AStG ergeben. Die Zurechnung bei der Obergesellschaft umfasst auch negative Einkünfte der Untergesellschaft.[1258] 1352

Sind einer Obergesellschaft mehrere Zwischengesellschaften nachgeschaltet, so ist für jede Zwischengesellschaft eine eigene Zurechnungsbilanz zu erstellen. Einzelheiten der Ermittlung der Einkünfte aus Zwischengesellschaften sind in Tz. 14.1 AStG-AE geregelt. Ein Feststellungsbescheid nach § 18 AStG ist getrennt für die Untergesellschaft und die Obergesellschaft zu erlassen.[1259] In einem ersten Schritt muss ein **Zurechnungsbescheid** 1353

1258 BFH v. 20. 4. 1988 I R 41/82, BStBl 1988 II 868; v. 28. 9. 1988 I R 91/87, BStBl 1989 II 13.
1259 BFH v. 18. 7. 2001 I R 62/00, BStBl 2002 II 334.

erlassen werden, der die Zurechnung der Einkünfte der nachgeschalteten ausländischen Zwischengesellschaft an die Obergesellschaft feststellt. In einem zweiten Schritt muss ein **Hinzurechnungsbescheid** erlassen werden, der die Hinzurechnung der Einkünfte der Obergesellschaft an den inländischen Anteilseigner feststellt. Der Zurechnungsbescheid ist hierbei Grundlagenbescheid i. S. des § 171 Abs. 10 AO für den Hinzurechnungsbescheid.[1260]

1354 Um die Hinzurechnung der Einkünfte einer nachgeschalteten Untergesellschaft zu vermeiden, muss der Steuerpflichtige nachweisen, dass entweder

- ▶ die Einkünfte der Untergesellschaft aus einer unter § 8 Abs. 1 Nr. 1 bis 7 AStG fallenden Tätigkeit stammen oder
- ▶ es sich um Einkünfte i. S. des § 8 Abs. 1 Nr. 8 und 9 AStG handelt oder
- ▶ dass diese Einkünfte aus Tätigkeiten stammen, die einer unter § 8 Abs. 1 Nr. 1 bis 6 AStG fallenden eigenen Tätigkeit der Obergesellschaft dienen; Tätigkeiten der Untergesellschaft dienen nur dann einer unter § 8 Abs. 1 Nr. 1 bis 6 AStG fallenden eigenen Tätigkeit der Obergesellschaft, wenn sie in unmittelbarem Zusammenhang mit dieser Tätigkeit stehen und es sich bei den Einkünften nicht um Zwischeneinkünfte mit Kapitalanlagecharakter (§ 7 Abs. 6a AStG) handelt.

1355 Ist eine ausländische Gesellschaft gemäß § 7 AStG an einer Gesellschaft i. S. des § 16 REITG (Untergesellschaft) beteiligt, gilt Abs. 1, auch bezogen auf § 8 Abs. 3 AStG, sinngemäß. Dies bedeutet, dass die Einkünfte einer solchen Gesellschaft als passive Einkünfte (§ 8 Abs. 1 Nr. 6 Buchst. a AStG) gelten, die unter den Voraussetzungen des § 8 Abs. 3 AStG der ausländischen Gesellschaft zuzurechnen sind.

4.2.5.17 Geplante Änderungen der Hinzurechnungsbesteuerung durch das ATADUmsG

1356 Der Referentenentwurf eines **ATAD-Umsetzungsgesetzes** vom 10. 12. 2019 sieht eine Reform der Hinzurechnungsbesteuerung durch eine Neufassung der §§ 7 bis 14 AStG vor. Die neuen Vorschriften sollen nach § 21 Abs. 3 AStG-E anwendbar sein für Wirtschaftsjahre von Zwischengesellschaften, die nach dem 31. 12. 2019 beginnen.[1261]

Hervorzuheben sind insbesondere folgende Maßnahmen:[1262]

- ▶ Änderung des Beherrschungskriteriums: Abkehr von der Inländerbeherrschung hin zu einer gesellschafterbezogenen Betrachtungsweise unter Berücksichtigung nahestehender Personen;
- ▶ Einführung eines Kürzungsbetrags bei Gewinnausschüttungen zur Vermeidung von Doppelbelastungen;

1260 BFH v. 13. 6. 2018 I R 94/15, BFH/NV 2018, 1303, Rdn. 37; Tz. 18.1.4.2 AStG-AE.
1261 Zur grundsätzlichen zeitlichen Anwendung der Neuregelung vgl. § 21 Abs. 1 AStG-E, zur Übergangsregel für Altfälle vgl. § 21 Abs. 2 AStG-E.
1262 Vgl. Referentenentwurf eines ATADUmsG v. 10. 12. 2020, S. 78.

- Ausweitung des Motivtests für bestimmte passive Einkünfte auch auf Drittstaaten;
- weitere Anpassungen an die ATAD,[1263] wie die Berücksichtigung von Gewinn- und Liquidationserlösansprüchen als Beherrschungskriterium, Wegfall der übertragenden Hinzurechnungsbesteuerung, Verlegung des Zeitpunkts der Hinzurechnung und Ausschluss eines Verlustrücktrags für negative Einkünfte aus einer Zwischengesellschaft.

Das Beherrschungskriterium in § 7 AStG-E soll künftig gesellschafterbezogen ausgestaltet werden, so dass eine reine Inländerbeherrschung unabhängig von der Anzahl der Gesellschafter dem Beherrschungsmerkmal nicht genügt (Beherrschungskonzept ersetzt das Konzept der Inländerbeherrschung). Damit einhergehend werden nicht nur unmittelbare, sondern auch mittelbare Beteiligungen nahestehender Personen berücksichtigt, so dass das Regime der nachgeschalteten Zwischengesellschaften gem. § 14 AStG entfallen kann. Die mittelbaren Beteiligungen werden hierbei für Zwecke der Beherrschung immer, aber für Zwecke der Gewinnhinzurechnung nur berücksichtigt, soweit auf Ebene einer die Beteiligung vermittelnden Gesellschaft nicht bereits eine Hinzurechnungsbesteuerung nach deutschem oder vergleichbarem ausländischen Recht greift und diese zu einer Hochbesteuerung führt (§ 7 Abs. 1 Satz 2 AStG-E). Personen gelten nach § 7 Abs. 4 AStG-E als dem Steuerpflichtigen nahestehend, wenn sie mit ihm in Bezug auf die Zwischengesellschaft durch „abgestimmtes Verhalten" zusammenwirken. Wertpapierübernahmerechtlich knüpft § 30 Abs. 2 WpÜG bereits seit dem Risikobegrenzungsgesetz aus dem Jahr 2008[1264] tatbestandlich an konzertiertes Verhalten („acting in concert") an. Für die Gesellschafter von Personengesellschaften, die an einer Zwischengesellschaft beteiligt sind, wird ein solches Zusammenwirken auf Grund der gesellschaftsrechtlichen Struktur widerlegbar vermutet, § 7 Abs. 4 Satz 2 AStG-E.

Der Katalog der aktiven Einkünfte in § 8 Abs. 1 AStG wird konzeptionell beibehalten, d. h. es erfolgt keine systematische Umstellung auf einen Passivkatalog wie in Art 7. Abs. 2 Buchst. a) ATAD. Im Einzelnen ergeben sich aus dem Referentenentwurf folgende wesentliche Änderungen im Aktivitätskatalog:

- § 8 Abs. 1 **Nr. 4 und 5** AStG-E: **Handel und Dienstleistungen** sind weiterhin grundsätzlich aktive Tätigkeiten. Dies gilt aber ausnahmsweise nicht, soweit Handel und Dienstleistungen mit dem Steuerpflichtigen oder diesem nahestehenden Personen betrieben werden, die mit ihren Einkünften in der EU oder einem EWR-Staat steuerpflichtig sind. Letzteres gilt nicht (= Rückausnahme), wenn für die Durchführung der Tätigkeit ein in kaufmännischer Weise eingerichteter Geschäftsbetrieb unterhalten wird und die Mitwirkung des Steuerpflichtigen oder einer nahestehenden Person unterbleibt.
- § 8 Abs. 1 **Nr. 6 Buchst. a)** AStG-E: Die Einkünfte aus **Nutzungsüberlassung von immateriellen Wirtschaftsgütern** sind grundsätzlich passiv. Dies gilt nicht, sofern eine

---

1263 Anti Tax Avoidance Directive RL 2016/114/EU v. 19. 7. 2016, ABl L 193, 9. Nachdem die EU-Kommission zwischenzeitlich eine zweite Richtlinie zur Bekämpfung der Steuervermeidung verabschiedet hat (Anti Tax Avoidance Directive II – ATAD II, RL 2017/952/EU v. 29. 5. 2017, ABl L 144, 1), die Steuerumgehung durch hybride Gestaltungen vermeiden soll, wird die bereits 2016 verabschiedete Richtlinie mittlerweile auch als ATAD I bezeichnet.
1264 Gesetz zur Begrenzung der mit Finanzinvestitionen verbundenen Risiken v. 12. 8. 2008, BGBl 2008 I 1666.

Verwertung von Ergebnissen aus eigener Forschungs- und Entwicklungstätigkeit erfolgt, die ohne schädliche Mitwirkung des Steuerpflichtigen oder einer nahestehenden Person entwickelt wurden.

1361 ▶ § 8 Abs. 1 **Nr. 7** AStG-E: **Dividenden** werden weiterhin (bisher § 8 Abs. 1 Nr. 8 AStG) grundsätzlich als aktiv eingeordnet. Dies gilt aber nicht für Dividenden, die gem. § 8b KStG nicht von der Steuer befreit sind. Passiv sind also die Gewinnausschüttungen, die das Einkommen der leistenden Körperschaft gemindert haben, § 8 Abs. 1 Nr. 7 Buchst. a) AStG-E. Hierdurch wird das materielle Korrespondenzprinzip (§ 8b Abs. 1 Satz 2 KStG) ins AStG übertragen. Eine Rückausnahme besteht für die Fälle, in denen die leistende Körperschaft selbst der Hinzurechnungsbesteuerung unterliegt (Doppelbuchst. aa) oder eine vGA bei einer ausländischen Zwischengesellschaft oder einer ihr nahestehender Person hoch besteuert wurde (Doppelbuchst. bb). Durch die Rückausnahmen sollen ungewollte Doppelerfassungen verhindert werden. Streubesitzdividenden, die im Inland nach § 8b Abs. 4 KStG steuerpflichtig wären, sind gemäß § 8 Abs. 1 Nr. 7 Buchst. b) AStG-E passiv. Passiv sind auch Gewinnausschüttungen, die im Inland beim Empfänger nach § 8b Abs. 7 KStG der Besteuerung unterlägen, § 8 Abs. 1 Nr. 7 Buchst. c) AStG-E.

1362 ▶ § 8 Abs. 1 **Nr. 8** AStG-E: **Veräußerungsgewinne** werden (ebenso wie Beteiligungserträge) weiterhin grundsätzliche als aktiv behandelt (bisher § 8 Abs. 1 Nr. 9 AStG). Eine Passivität von Veräußerungsgewinnen wird allerdings angenommen, wenn ein entsprechender Veräußerungsgewinn im Inland gemäß § 3 Nr. 40 Satz 3 EStG oder nach § 8b Abs. 7 KStG steuerpflichtig wäre. Dies gilt nach dem Referentenentwurf ungeachtet der funktionalen Zuordnung dieser Veräußerungsgewinne zu einer aktiven Tätigkeit der ausländischen Zwischengesellschaft.

1363 ▶ § 8 Abs. 1 **Nr. 9** AStG-E: Einkünfte aus **Umwandlungen** sind weithin grundsätzlich als aktiv. Dies gilt nicht, soweit die Einkünfte auf der Übertragung von Wirtschaftsgütern beruhen, die nicht der Erzielung von aktiven Einkünften im Sinne des § 8 Abs. 1 Nr. 1 bis 8 AStG-E dienen. Werden die vorgenannten Wirtschaftsgüter im Rahmen einer Umwandlung oder Einbringung übertragen, sind daraus resultierende Einkünfte dennoch aktiv, wenn der Steuerpflichtige nachweist, dass die Umwandlung im Inland ungeachtet des § 1 Abs. 2 und 4 UmwStG zu Buchwerten hätte erfolgen können und im Ausland tatsächlich zu Buchwerten erfolgt ist.

1364 Der **Motivtest** als Folge des EuGH-Urteils C-196/04 Cadburry-Schweppes[1265] wird künftig in **§ 8 Abs. 2 bis 4 AStG-E** geregelt. Hierbei konkretisiert Abs. 2 die Voraussetzungen, während Abs. 3 den Motivtest im Verhältnis zu Drittstaaten ausschließt. Abs. 4 knüpft an den bisherigen § 8 Abs. 2 Satz 2 AStG an und schreibt vor, dass eine Berufung auf den Motivtest entfällt, wenn der Staat der ausländischen Gesellschaft im konkreten Fall keine Auskünfte erteilt, die Auskunftserteilung aber zur Sachverhaltsaufklärung erforderlich ist und das Auskunftsersuchen im Einklang mit den jeweils geltenden Standards des Informationsaustausches steht.

1365 Die Grenze der niedrigen Besteuerung bleibt bei gemäß **§ 8 Abs. 5 AStG-E** bei Ertragsteuerbelastung von weniger als 25 %.

[1265] EuGH v. 12. 9. 2006 C-196/04 Cadbury Schweppes, IStR 2006, 670.

Der Referentenentwurf sieht vor, dass **§ 9 AStG-E** künftig nur noch eine gesellschafterbezogene absolute Freigrenze i. H. von 80 000 € (neben der gesellschaftsbezogenen relativen Freigrenze i. H. von 10 %) enthält. Die absolute gesellschaftsbezogene Freigrenze i. H. von 80 000 € entfällt.

§ 10 AStG-E bleibt in seiner Grundstruktur unverändert. Er enthält Vorschriften zur Hinzurechnungsbetragsermittlung (Abs. 1 und 6) und -qualifizierung (Abs. 2) sowie zur Ermittlung der Zwischeneinkünfte (Abs. 3 bis 5). Nach Abs. 1 ist ein Abzug der von der Zwischengesellschaft entrichteten Steuern im Rahmen der Hinzurechnungsbetragsermittlung nicht mehr zulässig, sondern die Vermeidung der Doppelbesteuerung erfolgt ausschließlich durch Steueranrechnung. Davon ausgenommen ist der Abzug etwaiger Vermögensteuern, die durch den Ausschluss des § 10 Nr. 2 KStG in § 10 Abs. 3 AStG-E weiterhin abzugsfähig bleiben. Aus § 10 Abs. 1 Satz 2 AStG-E ergibt sich, dass ein negativer Hinzurechnungsbetrag nicht mit positiven Einkünften aus anderen Einkunftsquellen verrechnet werden darf. Ein Verlustausgleich zwischen Ober- und Untergesellschaft ist im Falle nachgeschalteter Zwischengesellschaften mit dem Wegfall des § 14 AStG ebenfalls ausgeschlossen. Die zeitliche Erfassung des Hinzurechnungsbetrags erfolgt nach Abs. 2 mit Ablauf des VZ bzw. Wirtschaftsjahres, in dem das Wirtschaftsjahr der ausländischen Gesellschaft endet. Durch diese Neuregelung kommt es (bei kalendergleichen Wirtschaftsjahren) in 2020 zur gleichzeitigen Erfassung der beiden Hinzurechnungsbeträge für 2019 und für 2020. Nach Abs. 3 sind alle Einkünfte der Zwischengesellschaft als Einkünfte aus Gewerbebetrieb zu behandeln, deren Gewinnermittlung ausschließlich nach § 4 Abs. 1 EStG zu erfolgen hat. Die wahlweise Gewinnermittlung nach § 4 Abs. 3 EStG ist nicht mehr zulässig. Auch sind Verluste künftig nur noch vortragsfähig und der nach bisherigem Recht zulässige Verlustrücktrag wird gesetzlich ausgeschlossen. Zur Vermeidung einer aus der gleichzeitigen Anwendbarkeit von InvStG und AStG resultierenden Doppelbesteuerung sieht Abs. 6 eine Anrechnungsregelung vor.

In **§ 11 AStG-E** wird eine neue Systematik zur Berücksichtigung der Hinzurechnungsbesteuerung im Ausschüttungsfall eingeführt. Bisher blieben nach § 3 Nr. 41 EStG (der aufgehoben werden soll) Gewinnausschüttungen und Veräußerungsgewinne innerhalb eines Siebenjahreszeitraums steuerfrei. Auf Antrag kann im Ausschüttungsfall künftig ein **Kürzungsbetrag** von der Summe der Einkünfte ohne zeitliche Beschränkung abgezogen werden, wenn in den Vorjahren Hinzurechnungsbeträge als sogenanntes Hinzurechnungskorrekturvolumen nach Abs. 3 i.V. mit § 18 AStG gesondert festgestellt wurden.

Entsprechend dem gesetzgeberischem Ziel (unangemessene Steuervorteile auszugleichen, ohne darüber hinausgehende Mehrbelastungen aufzuerlegen) erlaubt **§ 12 AStG-E** sowohl die Anrechnung der von der Zwischengesellschaft entrichteten Steuern als auch die Anrechnung einer vorgeschalteten Hinzurechnungsbesteuerung. Ein Antrag auf **Steueranrechnung** ist auf Grund des Wegfalls der Abzugsmöglichkeit der Steuern gemäß § 10 Abs. 1 AStG des bisherigen Rechts nicht mehr erforderlich. Die Regelung des bisherigen § 10 Abs. 1 Satz 3 AStG wird in § 12 Abs. 1 Satz 2 AStG-E übernommen. Bei mehrstufigen Beteiligungen vermeidet Abs. 2 eine Doppelbesteuerung, die aus einer Hinzurechnungsbesteuerung in mehreren Staaten entstehen kann, durch anteilige Anrechnung der im Ausland auf einen Hinzurechnungsbetrag festgesetzten und tatsächlich erhobenen Steuer.

1370 Der neue § 13 AStG-E enthält Sonderregelungen für Gesellschaften mit **Einkünften mit Kapitalanlagecharakter.** Abs. 1 der Vorschrift entspricht grundsätzlich der bisherigen Regelung in § 7 Abs. 6 AStG. Die Hinzurechnungsbesteuerung greift auch bei einer Beteiligung von weniger als 1 Prozent, wenn die ausländische Gesellschaft ausschließlich oder nahezu ausschließlich Einkünfte mit Kapitalanlagecharakter erzielt, und mit der Hauptgattung der Aktien der ausländischen Gesellschaft kein wesentlicher und regelmäßiger Handel an einer anerkannten Börse stattfindet (Börsenklausel). Die Definition der Kapitalanlageeinkünfte in Abs. 2 ist mit der bisherigen Regelung in § 7 Abs. 6a AStG vergleichbar. Abs. 3 führt die REIT-Regelung des § 7 Abs. 8 AStG fort. Abs. 4 erklärt § 8 Abs. 2 und 5 AStG (Motivtest und Niedrigsteuergrenze) sowie die §§ 10 bis 12 AStG für entsprechend anwendbar.[1266]

1371 **§ 14 AStG** wird **aufgehoben**, da nach dem geänderten Konzept der Beherrschung keine übertragene Hinzurechnungsbesteuerung mehr vorgenommen, sondern der Hinzurechnungsbetrag einer nachgeschalteten Gesellschaft direkt dem inländischen Steuerpflichtigen zugerechnet wird.

4.2.6 Familienstiftungen (§ 15 AStG)

1372 Nach § 15 Abs. 1 AStG in der Fassung des AmtshilfeRLUmsG[1267] werden Vermögen und Einkünfte einer Familienstiftung, die Geschäftsleitung und Sitz außerhalb der Bundesrepublik hat, dem Stifter, wenn er unbeschränkt steuerpflichtig ist, sonst den unbeschränkt steuerpflichtigen Personen, die bezugsberechtigt oder anfallsberechtigt sind, entsprechend ihrem Anteil zugerechnet.[1268] Vergleichbar mit § 10 AStG sind nicht mehr (wie in der vorherigen Fassung der Vorschrift) das Einkommen, sondern die Einkünfte Zurechnungsobjekt.[1269] Dies gilt allerdings nicht für Zwecke der Erbschaftsteuer (§ 15 Abs. 1 Satz 2 AStG).

1373 **Familienstiftungen** sind nach § 15 Abs. 2 AStG Stiftungen,[1270] bei denen der Stifter, seine Angehörigen und deren Abkömmlinge zu mehr als der Hälfte bezugs- oder anfallsberechtigt sind.[1271]

1374 **Stifter** i. S. des § 15 AStG ist, wer die Stiftung errichtet hat, d. h., für dessen Rechnung das Stiftungsgeschäft abgeschlossen worden ist,[1272] oder wer in der Art des Stifters Ver-

---

[1266] Damit wird der Rechtsprechung des EuGH v. 26. 2. 2019 C-135/17 X-GmbH), IStR 2019, 347 Rechnung getragen.
[1267] Für die ESt und KSt erstmals für den Veranlagungszeitraum 2013 anzuwenden, § 21 Abs. 21 Satz 4 AStG.
[1268] Zu § 15 AStG: BFH v. 18. 4. 2018 I R 2/16, BStBl 2018 II 567, Rdn. 13; v. 22. 12. 2010 I R 84/09, BStBl 2014 II 361; v. 25. 4. 2001 II R 14/98, BFH/NV 2001, 1457; v. 2. 2. 1994 I R 66/92, BStBl 1994 II 727; v. 5. 11. 1992 I R 39/92, BStBl 1993 II 388.
[1269] Bei der Ermittlung der Einkünfte gilt § 10 Abs. 3 AStG über den Verweis in § 15 Abs. 7 Satz 2 AStG entsprechend.
[1270] Vgl. zum Begriff der Stiftung vgl. §§ 80 ff. BGB sowie die Stiftungsgesetze der einzelnen Bundesländer.
[1271] BFH v. 10. 12. 1997 II R 25/94, BStBl 1998 II 114.
[1272] BFH v. 5. 11. 1992 I R 39/92, BStBl 1993 II 388.

mögen auf die Stiftung überträgt, bzw. die Person, der das Stiftungsgeschäft bei wirtschaftlicher Betrachtung zuzurechnen ist. Dieser Begriff ist nach BFH weit auszulegen.

Bezugsberechtigter ist eine Person, die nach der Satzung der Familienstiftung in der Gegenwart oder Zukunft Vermögensvorteile aus der Stiftung erhält oder erhalten wird oder bei der nach der Satzung damit gerechnet werden kann, dass sie Vermögensvorteile erhalten wird. **Anfallsberechtigter** ist eine Person, die die Übertragung des Stiftungsvermögens rechtlich verlangen oder tatsächlich bewirken kann. Der BFH verzichtet auf eine differenzierte Unterscheidung und behandelt de facto beide Alternativen gleich. Bei **Zufallsdestinatären**[1273] entfällt eine Zurechnung. 1375

Eine Zurechnung erfolgt nur, wenn der Stifter, seine Angehörigen und deren Abkömmlinge **zu mehr als der Hälfte bezugs- oder anfallsberechtigt** sind. Es genügt, wenn ein oder mehrere Abkömmlinge allein oder zusammen zu mehr als der Hälfte bezugs- oder anfallsberechtigt sind. Sind mehrere Personen bezugs- oder anfallsberechtigt, so ist das Verhältnis ihrer Berechtigungen für die Aufteilung des Einkommens maßgebend. 1376

Nach § 15 Abs. 5 Satz 1 AStG können Steuern der ausländischen Stiftung entsprechend § 12 Abs. 1 und 2 AStG angerechnet werden.[1274] Die vor dem AmtshilfeRLUmsG (durch Verweis auf § 5 AStG) enthaltene Erstreckung auf erweitert beschränkt Steuerpflichtige ist seit dem Veranlagungszeitraum 2013 entfallen. 1377

Hat ein Unternehmer im Rahmen seines Unternehmens oder als Mitunternehmer eine Stiftung errichtet, die Geschäftsleitung und Sitz außerhalb der Bundesrepublik hat, **so wird die Stiftung wie eine Familienstiftung behandelt,** wenn der Stifter, seine Gesellschafter, von ihm abhängige Gesellschaften, Mitglieder, Vorstandsmitglieder, leitende Angestellte und Angehörige dieser Personen **zu mehr als der Hälfte** bezugsberechtigt oder anfallsberechtigt sind (§ 15 Abs. 3 AStG). 1378

§ 15 Abs. 4 AStG soll ein Besteuerungsrecht der Bundesrepublik auch dann gewährleisten, wenn die Einkünfte von einem ausländischen Rechtsgebilde (Bsp.: Trust)[1275] erzielt werden, das Auskehrungen an im Inland unbeschränkt steuerpflichtige Bezugsberechtigte vornehmen soll. 1379

Unter Einkünften i. S. des § 15 AStG sind diejenigen Einkünfte zu verstehen, die sich bei unterstellter unbeschränkter Steuerpflicht der Familienstiftung ergeben würden. Die Ermittlung der Einkünfte bestimmt sich nach den Grundsätzen des deutschen Steuerrechts (§ 15 Abs. 7 Satz 1 AStG); dazu gehört auch die Gewährung von Pausch- und Freibeträgen. Dem unbeschränkt Steuerpflichtigen sind für die Zwecke der Einkommen- 3180

1273 Zivil- und steuerrechtlich nicht eindeutig geklärter Begriff; Habammer, Der ausländische Trust im deutschen Ertrags- und Erbschaft- und Schenkungsteuerrecht, DStR 2002, 425, vertritt die Auffassung, dass dann, wenn eine Zuwendung nur im Notfalle – der seinerseits definiert werden müsste – erfolgt, ein Fall des Zufallsdestinatärs vorliegt, in einem vergleichbaren Sinne auch Wassermeyer in Flick/Wassermeyer/Becker, Kommentar zum AStG, § 15 AStG, Rdn. 34.3.
1274 Nach Auffassung der Finanzverwaltung (Tz. 15.1.4. Satz 2 AStG-AE) und des FG Düsseldorf (v. 21. 4. 2015 13 K 4163/11 E, EFG 2015, 1374) ist im Falle der Zurechnung des Einkommens einer ausländischen Familienstiftung nach § 15 Abs. 1 AStG eine Anrechnung der Gewerbesteuer nach § 35 EStG allerdings nicht möglich.
1275 BFH v. 18. 4. 2018 I R 2/16, BStBl 2018 II 567, Rdn. 14; v. 2. 2. 1994 I R 66/92, BStBl 1994 II 727; v. 5. 11. 1992 I R 39/92, BStBl 1993 II 388.

steuer die Einkünfte zuzurechnen, die der Familienstiftung während des betreffenden Veranlagungszeitraums zugeflossen sind.[1276] Durch den Verweis auf § 10 Abs. 3 AStG regelt § 15 Abs. 7 Satz 2 AStG, dass bestimmte Steuerbefreiungen (insbes. § 8b Abs. 1 und 2 KStG) nicht anwendbar sind.[1277] Dividenden und Veräußerungsgewinne fließen somit in voller Höhe (nicht nur i. H. v. 5 % gemäß § 8b Abs. 3 und 5 KStG) in den Zurechnungsbetrag ein. Ergibt sich ein negativer Einkommensbetrag, entfällt die Zurechnung, und ist § 10d EStG entsprechend anzuwenden (§ 15 Abs. 7 Satz 3 AStG).

1381 Nach § 15 Abs. 8 Satz 1 AStG sind die nach § 15 Abs. 1 AStG zuzurechnenden Einkünfte bei Personen, die ihre Einkünfte nicht nach dem Körperschaftsteuergesetz ermitteln, Kapitaleinkünfte i. S. des § 20 Abs. 1 Nr. 9 EStG,[1278] soweit sie nicht zu den Einkünften aus Land- und Forstwirtschaft, aus Gewerbebetrieb, aus selbständiger Arbeit oder aus Vermietung und Verpachtung gehören (§ 20 Abs. 8 EStG). Bei (unbeschränkt) körperschaftsteuerpflichtigen Zurechnungsadressaten liegen gemäß § 15 Abs. 8 Satz 3 AStG i.V. mit § 8 Abs. 2 KStG gewerbliche Einkünfte vor. § 8b Abs. 1 und 2 KStG, § 3 Nr. 40 Satz 1 Buchst. d und § 32d EStG sind auf die Einkünfte der Stiftung anwendbar, soweit sie anwendbar wären, wenn der unbeschränkt steuerpflichtige Stifter oder Begünstigte die Einkünfte unmittelbar bezogen hätte, § 15 Abs. 8 Satz 2 zweiter Halbsatz und Satz 3 zweiter Halbsatz AStG.[1279]

1382 Sind die Einkünfte mehreren Personen zuzurechnen, werden die Besteuerungsgrundlagen in entsprechender Anwendung des § 18 Abs. 1 bis 3 AStG einheitlich und gesondert festgestellt (§ 18 Abs. 4 AStG).

3183 Wendet die Familienstiftung einem Stifter, Bezugs- oder Anfallsberechtigten Einkünfte zu, die dieser Person nachweislich schon nach § 15 AStG zugerechnet worden sind, so unterliegen diese Zuwendungen gemäß § 15 Abs. 11 AStG insoweit nicht (ein weiteres Mal) der Besteuerung.

1384 Die Anrechnung in- und ausländischer Steuern der Familienstiftung auf die deutschen Steuern der Stifter, Bezugs- oder Anfallsberechtigten richtet sich nach § 12 AStG i.V. mit § 34c EStG und § 10 Abs. 1 AStG in der jeweils geltenden Fassung. Bei der nach § 34c Abs. 1 Satz 2 EStG anzustellenden Höchstbetragsberechnung treten die zuzurechnenden Einkünfte an die Stelle der „ausländischen Einkünfte" im Sinne der Vorschrift.[1280] Steuern können nur für die Jahre angerechnet werden, in denen sie entrichtet wurden. Ist die Bemessungsgrundlage der ausländischen Einkünfte im Inland niedriger als im Ausland, so ist die anzurechnende ausländische Steuer dennoch ungekürzt bei der Höchstbetragsberechnung nach § 34c Abs. 1 Satz 2 EStG anzusetzen, wenn in ihre ausländische Bemessungsgrundlage keine nicht ausländischen Einkünfte eingegangen sind.[1281]

1276 Vor Inkrafttreten des AmtshilfeRLUmsG konnten nach BFH v. 22. 12. 2010 (I R 84/09, BStBl 2014 II 361) über § 15 AStG Einkünfte nicht dem Stifter zugerechnet werden, wenn die Einkünfte unmittelbar dem Stifter zuzurechnen sind, weil sie nicht von der Stiftung erzielt wurden.
1277 Vgl. BT-Drs. 17/13033, S. 88.
1278 Vgl. auch BFH v. 3. 11. 2010 I R 98/09, BStBl II 2011, 417.
1279 BT-Drs. 17/13033, S. 88 f.
1280 Vgl. Tz. 15.5 AStG-AE noch zur Rechtslage vor Inkrafttreten des AmtshilfeRLUmsG.
1281 BFH v. 2. 2. 1994 I R 66/92, BStBl 1994 II 727.

Ist die Familienstiftung an einer ausländischen Zwischengesellschaft i. S. des § 7 AStG beteiligt, so gehören die Einkünfte dieser Gesellschaft in entsprechender Anwendung der §§ 7 bis 14 AStG mit dem Teil zu den Einkünften der Familienstiftung, der auf die Beteiligung der Stiftung am Nennkapital der Gesellschaft entfällt, § 15 Abs. 9 Satz 1 AStG. Mit dieser durch das AmtshilfeRLUmsG eingeführten Vorschrift soll die Möglichkeit der Umgehung der Vorschriften über die Hinzurechnungsbesteuerung durch Zwischenschaltung einer Stiftung ausgeschlossen werden.[1282] Tatsächliche Gewinnausschüttungen der ausländischen Gesellschaft, denen nachweislich zugerechnete Beträge zugrunde liegen, werden nach § 15 Abs. 9 Satz 2 AStG nicht (doppelt) erfasst.

1385

Auch die weitere Neuregelung im nachfolgenden Abs. 10 soll Umgehungen verhindern. Die Vorschrift ist § 14 AStG nachempfunden und regelt die Zurechnung von Einkünften einer ausländischen Stiftung, deren unmittelbar oder mittelbar Bezugs- oder Anfallsberechtigte zu mehr als der Hälfte eine ausländische Familienstiftung (allein oder zusammen mit den Personen, die in den Abs. 2 und 3 genannt sind) ist. Die Regelung soll verhindern, dass der Zweck des § 15 AStG nicht erreicht wird, weil Einkünfte in einer anderen ausländischen Stiftung anfallen. Die Zurechnung entfällt, wenn die andere Stiftung Geschäftsleitung oder Sitz in einem EU-Mitgliedstaat oder einem EWR-Vertragsstaat hat und die weiteren Voraussetzungen des Abs. 6 gegeben sind. Um Doppelerfassungen zu vermeiden, regelt auch § 15 Abs. 10 Satz 2 AStG, dass die tatsächlichen Zuwendungen der anderen ausländischen Stiftung an die ausländische Familienstiftung nicht zu erfassen sind, denen nachweislich zugerechnete Beträge zugrunde liegen. Der Nachweis obliegt dem Steuerpflichtigen, denn dies kann die Finanzbehörde regelmäßig nicht eigenständig feststellen.

1386

Hat die Stiftung Geschäftsleitung oder Sitz in einem EU- oder EWR-Mitgliedstaat, so scheidet eine Zurechnung nach § 15 Abs. 6 AStG aus, wenn

1387

▶ nachgewiesen wird, dass das Stiftungsvermögen der Verfügungsmacht der in § 15 Abs. 2 und 3 AStG genannten Personen rechtlich und tatsächlich entzogen ist,[1283] und

▶ zwischen dem Sitz- bzw. Geschäftsleitungsstaat der Stiftung und der Bundesrepublik aufgrund der Amtshilferichtlinie oder einer vergleichbaren Vereinbarung, Auskünfte erteilt werden, die erforderlich sind, um die Besteuerung durchzuführen.[1284]

Wenn die Stiftung **nur ihren statuarischen Sitz im Ausland** hat und ihre tatsächliche Geschäftsleitung sich im Inland befindet, dann ist die Stiftung bereits nach § 1 Abs. 1 Nr. 4 oder 5 KStG unbeschränkt steuerpflichtig.[1285] In diesem Falle gehen die Vorschriften über die unbeschränkte Steuerpflicht insoweit den Vorschriften des AStG vor.

1388

Die Regelungen in § 15 AStG und in § 20 EStG schließen sich tatbestandsmäßig wechselseitig aus, § 15 Abs. 1 und 4 AStG gehen § 22 Nr. 1 EStG vor.[1286]

1389

[1282] Vgl. BT-Drs. 17/13033, S. 88.
[1283] Reaktion auf BFH v. 28. 7. 2007 II R 21/05, BStBl 2007 II 696.
[1284] Die durch das AmtshilfeRLUmsG geänderte Verweisung auf die EU-Amtshilferichtlinie bzw. das EUAHiG entspricht der Neuregelung in § 8 Abs. 2 Satz 2 AStG.
[1285] Tz. 15.1.1 AStG-AE.
[1286] BFH v. 2. 2. 1994 I R 66/92, BStBl 1994 II 727.

| KAPITEL 4 | Besonderes Außensteuerrecht |

1390 Von den Bestimmungen des AStG sind die §§ 5 und 12 AStG anwendbar; die §§ 7 bis 14 finden keine Anwendung (§ 15 Abs. 5 AStG).

1391 Die Reform der Hinzurechnungsbesteuerung in den §§ 7 bis 14 AStG-E führt zu (teilweise nur redaktionellen) Folgeanpassungen des § 15 AStG-E durch das **ATADUmsG**. Die Absätze 1 bis 4 sowie 6, 8 und 10 sollen nach dem Referentenentwurf unverändert bleiben. In Abs. 5 wird die Anrechnung künftig selbst geregelt und der bisherige Verweis auf § 12 AStG entfällt. Auf Grund des Wegfalls dieses Verweises auf § 12 AStG wird auch Abs. 11 um einen Satz 2 ergänzt, nachdem die Steuern auf nach § 15 Abs. 11 Satz 1 AStG-E befreite Zuwendungen in entsprechender Anwendung des § 34c Abs. 1 und 2 EStG und § 26 Abs. 1 und 2 Satz 1 KStG anrechenbar sind.

4.2.7 Aufklärungs- und Mitwirkungspflichten (§§ 16, 17 AStG)

4.2.7.1 Überblick

1392 Durch §§ 16, 17 AStG werden die in der AO geregelten Mitwirkungspflichten erweitert. Damit wird dem Umstand Rechnung getragen, dass die deutschen Finanzbehörden im Ausland grundsätzlich keine Sachverhaltsermittlungen durchführen können. Eine verfahrensrechtliche Rechtsfolge der §§ 16, 17 AStG ist in § 171 Abs. 6 AO geregelt (Ablaufhemmung der Festsetzungsfrist).

4.2.7.2 Mitwirkungspflicht (§ 16 AStG)

1393 Eine Sonderregelung für den Abzug von Schulden, Lasten, Betriebsausgaben und Werbungskosten stellt § 16 AStG auf. Nach § 160 AO sind derartige Aufwendungen steuerlich regelmäßig nicht zu berücksichtigen, wenn der Steuerpflichtige auf Verlangen der Finanzbehörde den Empfänger nicht benennt. Hier geht § 16 AStG einen Schritt weiter: Möchte der Steuerpflichtige Aufwendungen steuerlich berücksichtigt wissen, die auf Geschäftsbeziehungen mit einer Person im Ausland beruhen, die mit ihren Einkünften aus diesen Geschäftsbeziehungen nicht oder nur unwesentlich i. S. des § 8 Abs. 3 AStG besteuert werden, so hat der Steuerpflichtige alle mittelbaren und unmittelbaren Beziehungen zu dieser Person offen zu legen.[1287] Der Empfänger einer Betriebsausgabe ist erst dann i. S. des § 160 AO genau bezeichnet, wenn der Steuerpflichtige dieser umfassenden Darlegung nachgekommen ist.[1288] Behauptet der Steuerpflichtige z. B., er habe von einer Anstalt liechtensteinischen Rechts ein Darlehen erhalten und dieser Darlehenszinsen gezahlt, muss er die hinter der Anstalt stehende Person benennen. Sprechen konkrete Anhaltspunkte dafür, dass die Anteile an einer ausländischen Domizilgesellschaft treuhänderisch für Dritte gehalten werden, kann das FA deren Benennung verlangen.[1289]

1287 BFH v. 20. 4. 1988 I R 67/84, BStBl 1988 II 927; v. 24. 3. 1987 I B 156/86, BFH/NV 1988, 208.
1288 BFH v. 1. 6. 1994 X R 73/91, BFH/NV 1995, 2.
1289 BFH v. 1. 4. 2003 I R 28/02, BStBl 2007 II 855.

„Person" i. S. des § 16 Abs. 1 AStG ist jede natürliche oder juristische Person einschließlich einer Personengesellschaft mit Sitz im Ausland. „Beziehungen" i. S. des § 16 Abs. 1 AStG umfasst alle Beziehungen, mittelbare und unmittelbare, in der Vergangenheit und Gegenwart, geschäftliche und private, gesellschaftsrechtliche und familiäre.

1394

> **BEISPIEL:** Verträge aller Art mit der Person; Absprachen aller Art, z. B. über Preise, Zahlungsbedingungen, Gewährleistungsbedingungen, sonstige Bedingungen, Marktaufteilung; mittelbare und unmittelbare gesellschaftsrechtliche Beteiligungen einschließlich stiller Beteiligungen und Unterbeteiligungen; Angaben, ob ein Nahestehen i. S. des § 1 Abs. 2 AStG vorliegt usw.

Erfüllt der Steuerpflichtige die Verpflichtung nach § 16 AStG nicht, so ist der Abzug zu versagen.[1290]

1395

Um die Richtigkeit der Angaben zu erzwingen, kann die Finanzbehörde nach § 16 Abs. 2 AStG die **Abgabe einer Versicherung an Eides statt** (§ 95 AO) verlangen, ohne dass die einengende Vorschrift des § 95 Abs. 1 Satz 2 AO erfüllt sein muss.

1396

4.2.7.3 Sachverhaltsaufklärung (§ 17 AStG)

Die **erhöhte Mitwirkungspflicht** bei grenzüberschreitenden Sachverhalten gemäß § 90 Abs. 2 AO wird durch § 17 AStG konkretisiert, der zur Aufklärung eines Sachverhalts bei zwischengeschalteten Gesellschaften (§ 5 AStG), Zwischengesellschaften (§§ 7 bis 14 AStG) und Familienstiftungen (§ 15 AStG) angewendet werden kann. Aufgrund des § 17 AStG kann dem Steuerpflichtigen aufgegeben werden, alle Geschäftsbeziehungen mit der Gesellschaft im Ausland zu offenbaren (teils weiter als § 16 AStG, teils enger, da nur die Geschäftsbeziehungen offen zu legen sind). Ferner ist er verpflichtet, sachdienliche Unterlagen vorzulegen, d. h. insbesondere Buchführungsunterlagen und Bilanzen der ausländischen Gesellschaft.[1291] Diese müssen auf Verlangen der Finanzbehörde mit dem im Ausland vorgeschriebenen oder üblichen Bestätigungsvermerk versehen sein. Der Steuerpflichtige kann sich seiner Mitwirkungspflicht nicht entziehen, wenn sie ihm möglich gewesen wäre.

1397

Unberührt bleibt die Berechtigung der Finanzbehörde, den allgemeinen Auskunftsverkehr nach DBA, Einzelvertrag, EUAHiG oder auf der Basis der Kulanzauskunft gemäß § 117 Abs. 1 AO in Anspruch zu nehmen (Tz. 17.1.6 AStG-AE).

1398

Kommt der Steuerpflichtige seiner Verpflichtung nicht oder nur ungenügend nach, so können die **Einkünfte aus einer Zwischengesellschaft geschätzt** werden.[1292] Als Mindestsatz sieht § 17 Abs. 2 AStG Einkünfte i. H. von 20 % des gemeinen Werts der vom unbeschränkt Steuerpflichtigen gehaltenen Anteile vor. Abzustellen ist auf die unmittelbar und mittelbar gehaltenen Anteile sowie auf Anteile, die gemäß § 7 Abs. 3 AStG oder §§ 39 ff. AO dem Steuerpflichtigen zuzurechnen sind. Nicht ausgeschlossen wird durch § 17 Abs. 2 AStG, dass auch höhere Einkünfte geschätzt werden.[1293]

1399

1290 Hier gelten die allgemeinen Regeln, die der BFH zu § 160 AO aufgestellt hat.
1291 BFH v. 16. 4. 1986 I R 32/84, BStBl 1986 II 736.
1292 BFH v. 20. 12. 2000 I R 50/00, BStBl 2001 II 381; v. 29. 1. 1992 X R 145/90, BFH/NV 1992, 439.
1293 Vgl. § 90 Abs. 3, § 162 Abs. 4 AO.

4.2.8 Gesonderte Feststellung von Besteuerungsgrundlagen (§ 18 AStG)

1400 Nach § 18 Abs. 1 AStG sind die **Besteuerungsgrundlagen** für die Anwendung der §§ 7 bis 14 AStG sowie § 3 Nr. 41 EStG gemäß §§ 179 ff. AO **gesondert festzustellen;**[1294] sind mehrere unbeschränkt Steuerpflichtige beteiligt, so sind ihnen gegenüber die Feststellungen einheitlich vorzunehmen. Die in einem Feststellungsbescheid i. S. des § 18 Abs. 1 Satz 1 AStG enthaltene Regelung, dass Einkünfte einer ausländischen Gesellschaft bei einem unbeschränkt steuerpflichtigen Gesellschafter gemäß § 7 Abs. 1 AStG steuerpflichtig sind, ist für die Steuerfestsetzung des unbeschränkt steuerpflichtigen Gesellschafters bindend (§ 182 Abs. 1 AO).[1295] Die Vereinfachungsvorschrift des § 180 Abs. 3 AO ist nicht anzuwenden. Was im Einzelnen gesondert festzustellen ist, ist im Gesetz selbst nicht umschrieben; der Umfang ist daher anhand des Zwecks zu ermitteln; alle Steuerbemessungsgrundlagen, die für das Besteuerungsverfahren des unbeschränkt Steuerpflichtigen von Bedeutung sein könnten, sind festzustellen (vgl. die Aufzählung in Tz. 18.1.2 AStG-AE),[1296] z. B. anzusetzender Hinzurechnungsbetrag, Gesamtbetrag der anzurechnenden ausländischen Steuer, abziehbare Steuern gemäß § 10 Abs. 1 Satz 1 AStG usw.

1401 Werden die Einkünfte und Vermögen einer Familienstiftung i. S. des § 15 Abs. 1 AStG mehreren Personen zugerechnet, werden die Besteuerungsgrundlagen in entsprechender Anwendung der Bestimmungen in § 18 Abs. 1 bis 3 AStG einheitlich und gesondert festgestellt, § 18 Abs. 4 AStG i. d. F. des AmtshilfeRLUmsG. Ist eine ausländische Familienstiftung an einer inländischen Personengesellschaft beteiligt, ist der in Deutschland unbeschränkt steuerpflichtige Stifter ungeachtet der Einkommenszurechnung nach § 15 Abs. 1 Satz 1 AStG nicht in die gesonderte und einheitliche Gewinnfeststellung der Personengesellschaft als Feststellungsbeteiligter einzubeziehen.[1297] Ab dem Veranlagungszeitraum 2013 (vgl. § 21 Abs. 21 Satz 4 AStG) werden Einkünfte (und nicht mehr Einkommen) nach § 15 Abs. 1 AStG zugerechnet; ob dies allerdings etwas an den (zur Vorgängerregelung ergangenen) Rechtsprechungsgrundsätzen ändert, ist derzeit noch ungeklärt.

1402 Eine **örtliche Zuständigkeitsregelung** enthält § 18 Abs. 2 AStG. Ist nur ein unbeschränkt Steuerpflichtiger beteiligt, so ist das Finanzamt zuständig, das für die Ermittlung der Einkünfte des Steuerpflichtigen örtlich zuständig ist. Sind mehrere Inländer an der Zwischengesellschaft beteiligt, so ist das Finanzamt des Beteiligten zuständig, dem die höchste mittelbare oder unmittelbare Beteiligung an der Gesellschaft zuzurechnen ist. Bestehen Zweifel über die örtliche Zuständigkeit, bestimmen die zuständigen Landesfinanzbehörden in Zusammenarbeit mit dem BZSt entsprechend § 5 Abs. 1 Nr. 7 FVG

[1294] BFH v. 11. 10. 2000 I R 99/96, BStBl 2001 II 22. Die Frage, ob eine gesonderte und einheitliche Feststellung nach § 18 AStG wegen Beteiligungen an einer ungarischen Kapitalgesellschaft auch zulässig ist, obwohl die ungarische Kapitalgesellschaft in diesem Zeitraum einer tatsächlichen wirtschaftlichen Tätigkeit nachgegangen ist, ist beim BFH unter dem Aktenzeichen I R 59/17 anhängig.
[1295] BFH v. 14. 11. 2018 I R 47/16, BStBl 2019 II 419, Rdn. 10 ff.
[1296] BFH v. 14. 11. 2018 I R 47/16, BStBl 2019 II 419, Rdn. 13 m. w. N.
[1297] BFH v. 13. 5. 2013 I R 39/11, BStBl 2016 II 434.

das zuständige Finanzamt (Tz. 18.2 AStG-AE).[1298] Weiter sind die Regelungen der einzelnen Bundesländer über die zentrale Zuständigkeit bestimmter Finanzämter (§ 17 Abs. 2 FVG) zu beachten.

Zur **Abgabe der Erklärung** zur gesonderten Feststellung ist nach § 18 Abs. 3 AStG jeder verpflichtet, der an der ausländischen Gesellschaft beteiligt ist. Auch den erweitert beschränkt Steuerpflichtigen trifft diese Erklärungspflicht.[1299] Die Verpflichtung kann durch Abgabe einer gemeinsamen Erklärung erfüllt werden. In den Fällen des § 18 Abs. 1 Satz 2 AStG sind die anderen Beteiligten im Rahmen eines Rechtsbehelfsverfahrens gemäß § 360 Abs. 3 AO, § 60 Abs. 3 FGO notwendig beizuladen bzw. notwendig hinzuzuziehen.[1300]

1403

Die Verpflichtung zur Abgabe einer Steuererklärung gilt auch dann, wenn der unbeschränkt Steuerpflichtige nach § 8 Abs. 2 AStG geltend macht, dass eine Hinzurechnung bei einer EU-/EWR-Gesellschaft zu unterbleiben hat.

1404

Auf Grund des geänderten Beherrschungskonzepts in § 7 AStG-E i. d. F. des Referentenentwurfs eines ATADUmsG wird der Anwendungsbereich des § 18 AStG-E durch die Zusätze „unmittelbar oder mittelbar beteiligt" in den Abs. 1 und 3 sowie „unmittelbaren oder mittelbaren Beteiligung" in Abs. 2 auf Fallgestaltungen erweitert, in denen an der Zwischengesellschaft mittelbar beteiligte Gesellschafter vorhanden sind. § 18 Abs. 1 Satz 1 AStG-E enthält eine nicht abschließende Aufzählung („insbesondere") der in das Feststellungsverfahren einzubeziehenden Besteuerungsgrundlagen (Hinzurechnungsbetrag, anrechenbare Steuern, Hinzurechnungskorrekturvolumen und Verlustvortrag). Aus der geänderten (der ATAD entsprechenden) Hinzurechnungstechnik folgt, dass die Zwischeneinkünfte nachgeordneter Gesellschaften dem Steuerpflichtigen unmittelbar zugerechnet werden. Eine übertragende Zurechnung an die ausländische Obergesellschaft gemäß dem bisherigen § 14 AStG entfällt. Verfahrensrechtlich ordnet der neue § 18 Abs. 5 AStG-E an, dass eine Außenprüfung zur Ermittlung der Besteuerungsgrundlagen künftig bei jedem Steuerpflichtigen zulässig sein soll. Hierdurch soll die Prüfung der Tatbestandvoraussetzungen des § 193 Abs. 2 Nr. 2 AO verzichtbar werden.

1405

4.2.9 AStG und DBA (§ 20 AStG)

Das Verhältnis zwischen dem AStG und den einzelnen DBA wird durch § 20 AStG geregelt: Nach § 20 Abs. 1 AStG werden die §§ 7 bis 18 AStG durch ein DBA nicht berührt.

1406

Fallen Einkünfte in einer ausländischen Betriebsstätte eines unbeschränkt Steuerpflichtigen an, und wären diese Einkünfte – ungeachtet des § 8 Abs. 2 AStG[1301] – als Zwischeneinkünfte steuerpflichtig, wenn es sich um eine rechtlich selbständige ausländische Gesellschaft handeln würde, ist nach § 20 Abs. 2 Satz 1 AStG eine Doppelbe-

1407

1298 BMF v. 6. 2. 2012, BStBl 2012 I 241.
1299 BFH v. 28. 11. 1990 I R 71/89, BStBl 1991 II 440.
1300 BFH v. 28. 2. 1990 I R 156/86, BStBl 1990 II 696.
1301 Hierzu Bedenken des BFH in einem obiter dictum: BFH v. 21. 10. 2009 I R 114/08, BStBl 2010 II 774.

steuerung in der Bundesrepublik nicht durch Freistellung, sondern durch Anrechnung der ausländischen Steuer zu vermeiden (**Switch-over-Klausel**).[1302]

1408 Durch das JStG 2010 ist in § 20 Abs. 1 AStG Satz 2 angefügt worden. Diese Vorschrift soll verhindern, dass die Rechtsfolgen des Satzes 1 auch für Betriebsstätten selbständig freiberuflich oder gewerblich tätiger Personen eintreten. Denn der Gesetzgeber hat mit § 20 Abs. 2 AStG nicht das Ziel verfolgt, unbeschränkt Steuerpflichtige, die ihre selbständig freiberufliche oder gewerbliche Tätigkeit (Dienstleistung) durch eine Betriebsstätte in einem Staat ausüben, mit dem ein DBA besteht, von der im jeweiligen Abkommen vorgesehenen Freistellung auszunehmen und die Doppelbesteuerung stattdessen durch Anrechnung der in dem anderen Vertragsstaat gezahlten Steuer zu vermeiden.[1303] D. h., dass es bei der Freistellung bleibt, auch wenn die Einkünfte, wäre die Betriebsstätte eine Gesellschaft, wegen § 8 Abs. 1 Nr. 5 Buchst. a AStG beim inländischen Gesellschafter der Hinzurechnungsbesteuerung unterlägen.

1409 Zu § 20 Abs. 2 Satz 1 AStG in der bis einschließlich Veranlagungszeitraum 2002 gültigen Fassung hat der EuGH entschieden,[1304] dass Art. 49 und 63 AEUV dahin auszulegen seien, dass sie einer Steuerregelung eines Mitgliedstaats nicht entgegenstehen, wonach die Einkünfte einer im Inland ansässigen Person aus Kapitalanlagen in einer Niederlassung mit Sitz in einem anderen Mitgliedstaat ungeachtet eines DBA mit dem Mitgliedstaat des Sitzes dieser Niederlassung nicht von der inländischen Einkommensteuer freigestellt sind, sondern unter Anrechnung der im anderen Mitgliedstaat erhobenen Steuer der inländischen Besteuerung unterliegen. Diese Entscheidung ist auch für die Neufassung ab VZ 2003 zu beachten. Der BFH hat in seiner Folgeentscheidung ausgeführt, dass die Norm nur dann anwendbar sei, wenn die Tatbestandsvoraussetzungen der §§ 7 bis 14 AStG erfüllt seien, was im Streitfall nicht der Fall sei.[1305]

1410 Der Referentenentwurf des ATADUmsG sieht die Einfügung eines neuen **§ 20a AStG-E** vor. Die Regelung soll gewährleisten, dass die einschränkenden Regelungen zur Verlustverrechnung (§ 10 Abs. 3 Satz 5 und 6 AStG-E) des Hinzurechnungsbetrags in Fällen einer ausländischen Betriebsstätte gleichermaßen gelten, wie in Fällen einer beherrschten ausländischen Gesellschaft.

4.3 Sonstige Gesetze

4.3.1 Auslandsinvestitionsgesetz

1411 Die Förderung von Auslandsinvestitionen und des damit zusammenhängenden Kapitalexports ist für die Bundesrepublik von großer volkswirtschaftlicher Bedeutung. Mit

---

[1302] Nach der Entscheidung des BVerfG v. 15. 12. 2015 2 BvL 1/12), in der es die verfassungsrechtliche Zulässigkeit des Treaty Override in § 50d Abs. 8 EStG festgestellt hat, ist momentan davon auszugehen, dass die Begründung verallgemeinerungsfähig ist. In den beiden noch anhängigen Verfahren (2 BvL 15/14 zu § 50d Abs. 10 EStG und 2 BvL 21/14 zu § 50d Abs. 9 EStG) ist momentan mit keiner anderen Entscheidung zu rechnen; ausführlich zum Treaty Override s. o. Rdn. 608.
[1303] BT-Drs. 17/2249, S. 85.
[1304] EuGH v. 6. 12. 2007 C-298/05 Columbus Container Services BVBA & Co., IStR 2008, 63.
[1305] BFH v. 21. 10. 2009 I R 114/08, BStBl 2010 II 774.

dem **Gesetz über steuerliche Maßnahmen bei Auslandsinvestitionen der deutschen Wirtschaft – Auslandsinvestitionsgesetz (AIG)**[1306] – vom 18.8.1969 sollten steuerliche Hindernisse, die sich bei Auslandsinvestitionen hätten störend auswirken können, beseitigt werden; die allgemein für dringend notwendig erachtete Steigerung der deutschen Direktinvestitionen sollte nicht durch steuerliche Bestimmungen behindert werden. Durch das StRefG 1990 ist das Gesetz mit Wirkung vom 1.1.1990 faktisch aufgehoben worden.

Das Gesetz sah folgende Maßnahmen zur Erleichterung von Auslandsinvestitionen vor: 1412

▶ Bildung einer Rücklage bei Überführung von abnutzbaren Wirtschaftsgütern des Anlagevermögens vom inländischen in das ausländische Betriebsvermögen (§ 1 AIG – letztmalig für Wirtschaftsjahre, die vor dem 1.1.1990 enden);

▶ Berücksichtigung von Verlusten einer ausländischen Betriebsstätte, die aufgrund eines DBA bei der deutschen Einkommensbesteuerung außer Ansatz bleiben (§ 2 AIG – letztmals auf Verluste des Veranlagungszeitraums 1989 anzuwenden; für Veranlagungszeiträume ab 1990 bis 1999 einschließlich in § 2a Abs. 3, 4 EStG geregelt);[1307]

▶ Bildung einer Rücklage für Verluste einer ausländischen Tochtergesellschaft (§ 3 AIG – letztmalig für Wirtschaftsjahre, die vor dem 1.1.1990 enden);

▶ Übertragung stiller Reserven aus der Veräußerung von Anteilen an Kapitalgesellschaften auf neu erworbene Anteile an ausländischen Kapitalgesellschaften (§ 4 AIG[1308] – letztmals anwendbar für den Veranlagungszeitraum 1981).

Heute hat das Gesetz Bedeutung für die Überwachung der Auflösung etwa gebildeter Rücklagen sowie die Nachversteuerung[1309] abgezogener Verluste nach § 2 Abs. 1 Satz 3 und 4 und Abs. 2 AIG (vgl. § 8 Abs. 5 Satz AIG). 1413

4.3.2 Entwicklungsländer-Steuergesetz

Um private Entwicklungshilfe steuerlich zu erleichtern, hat der Gesetzgeber seit 1961 verschiedene Maßnahmen ergriffen. So wurde ab 1961 die Kapitalanlage in Entwicklungsländern durch § 34d EStG 1961[1310] gefördert, der dann 1964 durch das sog. **Entwicklungshilfe-Steuergesetz**[1311] vom 23.12.1963 abgelöst wurde. Dieses wiederum wurde durch das **Gesetz über steuerliche Maßnahmen zur Förderung von privaten Kapitalanlagen in Entwicklungsländern – Entwicklungsländer-Steuergesetz (EntwLStG)**[1312] – ersetzt. Aufgrund der Änderung des EntwLStG durch das 2. Haushaltsstrukturge- 1414

1306 BGBl 1969 I 1214; BStBl 1969 I 527.
1307 Vgl. Rdn. 791 ff.
1308 BFH v. 24.3.1998 I R 20/94, BStBl 1999 II 272.
1309 Vgl. Rdn. 792.
1310 In der Fassung des StÄndG vom 13.7.1961, BGBl 1961 I 981; BStBl 1961 I 446.
1311 BGBl 1963 I 1013; BStBl 1964 I 18.
1312 In der Fassung vom 20.12.1974, BGBl 1974 I 3643; BStBl 1975 I 38; Neufassung vom 21.5.1979, BGBl 1979 I 564; BStBl 1979 I 294.

setz[1313] vom 22.12.1981 ist das Gesetz grundsätzlich nur auf Kapitalanlagen anwendbar, die vor dem 1.1.1982 vorgenommen wurden (§ 11 Abs. 1 EntwLStG).

1415 Das Gesetz sah folgende steuerliche Erleichterungen und Vergünstigungen für die Einkommen-, Körperschaft-, Gewerbe- und Vermögensteuer vor:

▶ Bildung einer Rücklage bis 100 % der Anschaffungs- oder Herstellungskosten bei Kapitalanlagen in Entwicklungsländern (§ 1 EntwLStG);[1314]

▶ Bildung einer Rücklage für den Erwerb von Beteiligungen an Kapitalgesellschaften in Entwicklungsländern, die von der Deutschen Gesellschaft für Entwicklungshilfe erworben wurden (§ 2 EntwLStG);

▶ Fortführung der Buchwerte, wenn die Kapitalanlage im Tausch gegen abnutzbare Wirtschaftsgüter erworben wurde bzw. Verzicht auf die Besteuerung der stillen Reserven (§ 3 EntwLStG);

▶ Bildung einer Rücklage für den aufgrund einer Umwandlung einer Personengesellschaft, einer Betriebsstätte oder eines Betriebes in eine Kapitalgesellschaft entstandenen Gewinn, sofern die Umwandlung durch die politischen Verhältnisse in dem Entwicklungsland bedingt war (§ 4 EntwLStG).

1416 Heute hat dieses Gesetz, ebenso wie das AIG, nur noch Bedeutung für die Überwachung der aufgrund dieses Gesetzes gebildeten Rücklagen und deren Auflösung.

4.3.3 Auslandsinvestmentgesetz und Investmentsteuergesetz

1417 Das **Gesetz über den Vertrieb ausländischer Investmentanteile und über die Besteuerung der Erträge aus ausländischen Investmentanteilen – Auslandsinvestmentgesetz (AuslInvestmG)**[1315] – vom 28.7.1969 befasste sich in den §§ 16 bis 20 AuslInvestmG mit der Besteuerung der Ausschüttungen auf ausländische Investmentanteile. In §§ 17, 18 AuslInvestmG[1316] wurde definiert, was zu den Einkünften aus Kapitalvermögen i. S. des § 20 Abs. 1 EStG gehört[1317] und wie sie besteuert werden;[1318] wichtig ist, dass § 3

1313 BGBl 1981 I 1523, 1552; BStBl 1982 I 235.
1314 BFH v. 14.11.1985 IV R 254/84, BStBl 1986 II 182.
1315 BGBl 1969 I 986; BStBl 1969 I 435.
1316 Nach BFH v. 18.11.2008 VIII R 2/06, BFH/NV 2009, 731 und VIII R 24/07, BStBl 2009 II 518, sowie v. 25.8.2009 I R 88, 89/07, BStBl 2016 II 438 verstößt die pauschale Besteuerung sog. schwarzer Fonds gegen die unionsrechtlich verbürgte Kapitalverkehrsfreiheit; hierzu BMF v. 6.7.2009, BStBl 2009 I 770; aufgehoben für Steuertatbestände, die nach dem 31.12.2015 verwirklicht werden, da nicht in der Positivliste des BMF v. 21.3.2016, BStBl 2016 I 486 enthalten.
1317 BFH v. 7.4.1992 VIII R 79/88, BStBl 1992 II 786.
1318 BFH v. 11.10.2000 I R 99/96, BStBl 2001 II 22, ausführlich zur Besteuerung der Kapitaleinkünfte nach dem AuslInvestmG; zur Vereinbarkeit der Strafbesteuerung ausländischer „schwarzen" Investmentfonds gemäß § 18 Abs. 3 AuslInvestmG mit der Kapitalverkehrsfreiheit (Art. 63 AEUV) vgl. EuGH v. 21.5.2015 C-560/13 Wagner-Raith, IStR 2015, 516; zur Unvereinbarkeit der Nachfolgeregelung des § 6 InvStG vgl. EuGH v. 9.10.2014 C-326/12 van Caster und van Caster, IStR 2014, 808; hierzu BFH v. 17.11.2015 VIII R 27/12, BStBl 2016 II 539; der BFH dehnt die Nachweismöglichkeit der Besteuerungsgrundlagen des ausländischen Investmentvermögens gemäß § 5 Abs. 1 InvStG (zur Vermeidung der pauschalen Ermittlung der Kapitalerträge gemäß §§ 2, 6 InvStG) auf Erträge aus Nicht-EU-/EWR-Investmentfonds aus, wenn eine (große) DBA-Auskunftsklausel der Amtshilferichtlinie entsprechende Verifikationsmöglichkeiten für die Finanzverwaltung bereitstellt.

Nr. 40 EStG und § 8b Abs. 1 KStG ausdrücklich nicht anwendbar sind. Soweit im Ausland eine Abzugssteuer entrichtet wurde, die nach § 34c Abs. 1 EStG, § 26 Abs. 1 KStG anrechenbar ist, wird diese Steuer gemäß § 19 AuslInvestmG angerechnet. Die Feststellung der steuerlichen Erträge erfolgt für die deutsche Einkommensbesteuerung verbindlich durch das BZSt (§ 5 Abs. 1 Nr. 4 FVG).

Durch das Gesetz zur Modernisierung des Investmentwesens und zur Besteuerung von Investmentvermögen (Investmentmodernisierungsgesetz)[1319] vom 15. 12. 2003 wurde das AuslInvestmG mit Ablauf des 31. 12. 2003 aufgehoben. Am 1. 1. 2004 ist – zusammen mit dem Investmentgesetz – das **Investmentsteuergesetz (InvStG)**[1320] in Kraft getreten, das (auch) die Besteuerung der Erträge an ausländischen Investmentfonds sowie die Anrechnung bzw. den Abzug der ausländischen Steuer regelt (vgl. insbesondere § 4 InvStG). Durch das JStG 2009 wurde die Abgeltungssteuer auch für diese Kapitalerträge eingeführt (§ 4 Abs. 2 Satz 8, § 7 Abs. 1 Satz 3 InvStG). 1418

Durch das **Investmentsteuerreformgesetz (InvStRefG)**[1321] wird die Investmentbesteuerung ab dem 1. 1. 2018[1322] neu konzipiert und der Anwendungsbereich des InvStG erweitert. Das bisher grundsätzlich (einstufige) System der transparenten Fondsbesteuerung, bei dem die Fonds von der KSt und GewSt befreit waren und unmittelbar die Fondsanleger besteuert wurden, wird ab diesem Zeitpunkt abgelöst durch eine grundsätzlich intransparente (zweistufige) Besteuerung von Publikums-Investmentfonds (§§ 6 ff. InvStG) und Anlegern (§§ 16 ff. InvStG). Die intransparente Besteuerung gilt (mit Ausnahme von Personengesellschaften) für alle Kapitalanlagevehikel unabhängig von ihrer rechtlichen Ausgestaltung und ihrem Anlegerkreis. Daneben wird für sog. Spezial-Investmentfonds das bisherige „semi-transparente" Verfahren beibehalten (§§ 25 ff. InvStG). Anders als bei Personengesellschaften werden bei diesem Verfahren nicht alle Einkünfte den Anlegern zugerechnet. Durch das Reformgesetz sollen die Komplexität und die Gestaltungsanfälligkeit des Investmentsteuerrechts verringert und die EU-rechtlichen Risiken[1323] ausgeräumt werden. 1419

Vorläufig nicht besetzt 1420–1449

[1319] BGBl 2003 I 2676.
[1320] BGBl 2003 I 2724; BStBl 2004 I 5.
[1321] Gesetz zur Reform der Investmentbesteuerung v. 19. 7. 2016, BGBl 2016 I 1730.
[1322] Vgl. § 56 InvStG; zu einzelnen Anwendungsfragen s. BMF v. 21. 5. 2019, BStBl 2019 I 527; v. 17. 1. 2019, BStBl 2019 I 51; v. 18. 1. 2016, BStBl 2016 I 85.
[1323] Vgl. EuGH v. 10. 5. 2012 C-338/11 bis C-347/11 Santander, IStR 2012, 432; v. 10. 4. 2014 C-190/12 Emerging Markets, IStR 2014, 334; v. 9. 10. 2014 C-326/12 van Caster und van Caster, IStR 2014, 808.

KAPITEL 5: DIE EUROPÄISCHE UNION

		Rdn.	Seite
5.1	Grundlagen der Europäischen Union	1450	323
5.2	Ziele, Organe und Rechtsakte	1453	324
5.3	Der Gerichtshof der Europäischen Union	1479	329
5.4	Verhältnis nationales Recht – Europarecht	1484	331
5.5	Steuerliche Zielsetzungen der EU – Steuerharmonisierung	1487	332
5.6	Stand der Harmonisierung	1494	334
	5.6.1 Umsatzsteuer	1494	334
	5.6.2 Direkte Steuern	1495	334
	5.6.2.1 Richtlinien	1495	334
	5.6.2.2 Die Schiedsrichtlinie	1505	336
	5.6.2.3 Streitbeilegungsrichtlinie	1512	338
	5.6.2.4 Unternehmensbesteuerung	1517	339
	5.6.2.5 Rechtsprechung des EuGH	1523	341
	5.6.2.6 Doppelbesteuerungsabkommen	1535	346
	5.6.3 Verbrauch- und Verkehrsteuern	1536	346
5.7	Amts- und Rechtshilfe sowie Informationsaustausch	1538	346
5.8	Die Bekämpfung des Steuerbetrugs, der Steuerhinterziehung und der aggressiven Steuerplanung	1550	349
5.9	Beitreibungshilfe	1556	350

		Rdn.	Seite
5.10	Der Europäische Wirtschaftsraum	1559	351
5.11	Brexit-Übergangsgesetz und Brexit-Steuerbegleitgesetz	1566	352

Kapitel 5: Die Europäische Union

5.1 Grundlagen der Europäischen Union

Die europäische Integration beruht auf vier Gründungsverträgen: 1450

- Dem **Vertrag über die Gründung der Europäischen Gemeinschaft für Kohle und Stahl** (EGKS), der am 18.4.1951 in Paris unterzeichnet worden, am 23.7.1952 in Kraft getreten und am 23.7.2002 ausgelaufen ist;

- dem Vertrag **zur Gründung der Europäischen Wirtschaftsgemeinschaft** (EWG) vom 25.3.1957;

- dem **Vertrag zur Gründung der Europäischen Atomgemeinschaft** (Euratom/EAG), der (wie auch der EWG-Vertrag) am 25.3.1957 in Rom unterzeichnet worden und am 1.1.1958 in Kraft getreten ist. Diese beiden Verträge werden oft als „Verträge von Rom" oder auch als „Römische Verträge" bezeichnet;

- dem **Vertrag über die Europäische Union,** der am 7.2.1992 in Maastricht (**Vertrag von Maastricht**) unterzeichnet worden und am 1.11.1993 in Kraft getreten ist. Durch diesen Vertrag wurde eine neue politische und wirtschaftliche Struktur geschaffen, die drei „Säulen" umfasst: Die Europäischen Gemeinschaften (EG), die Gemeinsame Außen- und Sicherheitspolitik sowie die Polizeiliche und justizielle Zusammenarbeit in Strafsachen. Diese drei Säulen tragen das gemeinsame Dach „Europäische Union".

Die Gründungsverträge sind mehrmals geändert worden, insbesondere mit dem Beitritt neuer Mitgliedstaaten 1973 (Dänemark, Irland und Großbritannien), 1981 (Griechenland), 1986 (Spanien und Portugal), 1995 (Österreich, Finnland und Schweden), 2004 (Estland, Lettland, Litauen, Malta, Polen, Slowakei, Slowenien, Tschechische Republik, Ungarn und Zypern), 2007 (Bulgarien und Rumänien) und 2013 (Kroatien). 1451

Ferner erfolgten weitreichende Reformen mit wesentlichen institutionellen Änderungen und neuen Zuständigkeitsbereichen für die Europäischen Organe durch die nachfolgend angeführten Verträge: 1452

- Der **Fusionsvertrag** wurde am 8.4.1965 in Brüssel unterzeichnet und ist am 1.7.1967 in Kraft getreten. Er führte zur Einsetzung einer gemeinsamen Kommission und eines gemeinsamen Rates der damals drei Europäischen Gemeinschaften; durch Art. 9 des Vertrages von Amsterdam aufgehoben;

- die **Einheitliche Europäische Akte** vom 2.12.1985, die in Luxemburg und Den Haag unterzeichnet wurde, trat am 1.7.1987 in Kraft. Sie ermöglichte die zur Vollendung des Binnenmarkts erforderlichen Anpassungen;

- der **Vertrag von Amsterdam** wurde am 2.10.1997 unterzeichnet und trat am 1.5.1999 in Kraft. Er beinhaltet Änderungen des EU-Vertrags und der EG-Verträge;

- der am 26.2.2001 unterzeichnete **Vertrag von Nizza** trat am 1.2.2003 in Kraft. Er hat u.a. zum Inhalt: Änderung der Arbeitsweise der EU-Organe und Institutionen; das Abstimmen mit qualifizierter Mehrheit (anstatt Einstimmigkeit) wird in vielen Bereichen der EU-Beschlussfassung zur Regel;

- der am 13.12.2007 unterzeichnete **Vertrag von Lissabon** (Vertrag von Lissabon zur Änderung des Vertrags über die Europäische Union und des Vertrags zur Gründung der Europäischen Gemeinschaft) gibt der EU eine einheitliche Struktur und Rechtspersönlichkeit und ersetzt den abgelehnten Vertrag über eine Verfassung für Europa; er ist am 1.12.2009 in Kraft getreten und hat die bestehenden Verträge – EU-Vertrag und EG-Vertrag – abgeändert; es existieren nunmehr die „Konsolidierte Fassung des Vertrags über die Europäische Union" (EUV)[1324] und die „Konsolidierte Fassung des Vertrags über die Arbeitsweise der Europäischen Union" (AEUV);[1325] verbunden mit der Neufassung der Verträge ist eine neue Zählweise. Grundlage der Union, die an die Stelle der Europäischen Gemeinschaft tritt, deren Rechtsnachfolgerin sie ist, sind die beiden Verträge. Beide Verträge sind rechtlich gleichrangig.

5.2 Ziele, Organe und Rechtsakte

1453 Die **Grundlagen der Union** sind in Art. 2 EUV niedergelegt: Danach gründet sich die Union auf der Achtung der Menschenwürde, Freiheit, Demokratie, Gleichheit, Rechtsstaatlichkeit und der Wahrung der Menschenrechte einschließlich der Rechte der Personen, die Minderheiten angehören. Diese Werte sind allen Mitgliedstaaten in einer Gesellschaft gemeinsam, die sich durch Pluralismus, Nichtdiskriminierung, Toleranz, Gerechtigkeit, Solidarität und die Gleichheit von Frauen und Männern auszeichnet.

1454 Die **Ziele der EU** sind in Art. 3 EUV niedergelegt; danach setzt sich die Union u. a. folgende Ziele: Förderung des Friedens und des Wohlergehens ihrer Völker. Sie bietet ihren Bürgerinnen und Bürgern einen Raum der Freiheit, der Sicherheit und des Rechts ohne Binnengrenzen, in dem der freie Personenverkehr gewährleistet ist. Sie errichtet einen Binnenmarkt und wirkt auf die nachhaltige Entwicklung Europas auf der Grundlage eines ausgewogenen Wirtschaftswachstums und von Preisstabilität, einer in hohem Maße wettbewerbsfähigen sozialen Marktwirtschaft, die auf Vollbeschäftigung und sozialen Fortschritt abzielt, sowie einem hohen Maß an Umweltschutz und Verbesserung der Umweltqualität hin. Die Union fördert den wissenschaftlichen und technischen Fortschritt. Sie bekämpft soziale Ausgrenzung und Diskriminierungen und fördert soziale Gerechtigkeit und sozialen Schutz, die Gleichstellung von Frauen und Männern, die Solidarität zwischen den Generationen und den Schutz der Rechte des Kindes. Sie fördert den wirtschaftlichen, sozialen und territorialen Zusammenhalt und die Solidarität zwischen den Mitgliedstaaten. Sie wahrt den Reichtum ihrer kulturellen und sprachlichen Vielfalt und sorgt für den Schutz und die Entwicklung des kulturellen Erbes Europas. Die Union errichtet weiter eine Wirtschafts- und Währungsunion, deren Währung der Euro ist.

1455 Zur Erreichung dieser Ziele hat die Union die ausschließliche Zuständigkeit (Art. 3 AEUV) in den Bereichen Zollunion, Festlegung der für das Funktionieren des Binnenmarkts erforderlichen Wettbewerbsregeln, Währungspolitik für die Mitgliedstaaten, deren Währung der Euro ist, Erhaltung der biologischen Meeresschätze im Rahmen der

---

1324 ABl 2008 C 115, 13.
1325 ABl 2008 C 115, 47.

gemeinsamen Fischereipolitik, gemeinsame Handelspolitik. Die Union hat ferner die ausschließliche Zuständigkeit für den Abschluss internationaler Übereinkünfte, wenn der Abschluss einer solchen Übereinkunft in einem Gesetzgebungsakt der Union vorgesehen ist, wenn er notwendig ist, damit sie ihre interne Zuständigkeit ausüben kann, oder soweit er gemeinsame Regeln beeinträchtigen oder deren Tragweite verändern könnte. Die Zuständigkeit teilen sich Union und Mitgliedstaaten in folgenden Bereichen (Art. 4 AEUV): Binnenmarkt, Sozialpolitik hinsichtlich der in diesem Vertrag genannten Aspekte, wirtschaftlicher, sozialer und territorialer Zusammenhalt, Landwirtschaft und Fischerei, ausgenommen die Erhaltung der biologischen Meeresschätze, Umwelt, Verbraucherschutz, Verkehr, transeuropäische Netze, Energie, Raum der Freiheit, der Sicherheit und des Rechts, gemeinsame Sicherheitsanliegen im Bereich der öffentlichen Gesundheit hinsichtlich der in diesem Vertrag genannten Aspekte.

Die Organe der EU sind in Art. 13 EUV geregelt: 1456

- Das **Europäische Parlament**,
- der **Europäische Rat**,
- der **Rat der Europäischen Union**,
- die **Europäische Kommission**,
- der **Gerichtshof der Europäischen Union**,[1326]
- die **Europäische Zentralbank**,
- der **Rechnungshof**.

Das Europäische Parlament, der Rat und die Kommission werden von einem **Wirtschafts- und Sozialausschuss** sowie einem **Ausschuss der Regionen** mit beratender Aufgabe unterstützt. 1457

Das **Europäische Parlament** (Art. 14 EUV) wird gemeinsam mit dem Rat als Gesetzgeber tätig und übt gemeinsam mit ihm die Haushaltsbefugnisse aus. Es erfüllt Aufgaben der politischen Kontrolle und Beratungsfunktionen nach Maßgabe der Verträge und wählt den Präsidenten der Kommission. Es setzt sich aus Vertretern der Unionsbürgerinnen und Unionsbürger zusammen. Ihre Anzahl darf 750 nicht überschreiten, zuzüglich des Präsidenten. Die Bürgerinnen und Bürger sind im Europäischen Parlament degressiv proportional, mindestens jedoch mit sechs Mitgliedern je Mitgliedstaat vertreten. Kein Mitgliedstaat erhält mehr als 96 Sitze. Die Mitglieder des Europäischen Parlaments werden in allgemeiner, unmittelbarer, freier und geheimer Wahl für eine Amtszeit von fünf Jahren gewählt. 1458

Der **Europäische Rat** setzt sich zusammen aus den Staats- und Regierungschefs der Mitgliedstaaten sowie dem Präsidenten des Europäischen Rates und dem Präsidenten der Kommission (Art. 15 EUV). Der Hohe Vertreter der Union für Außen- und Sicherheitspolitik nimmt an seinen Arbeiten teil. Er gibt der Union die für ihre Entwicklung erforderlichen Impulse und legt die allgemeinen politischen Zielvorstellungen und Prioritäten hierfür fest. Er wird nicht gesetzgeberisch tätig. 1459

[1326] Vgl. ausführlich unten Rdn. 1479.

1460 Im **Rat der Europäischen Union,** kurz „Rat", treten die nationalen Minister aller EU-Mitgliedstaaten zusammen, um Rechtsvorschriften zu verabschieden und politische Strategien zu koordinieren. Er sorgt für die Abstimmung der Grundzüge der Wirtschaftspolitik in den Mitgliedstaaten und schließt internationale Übereinkünfte zwischen der EU und anderen Staaten ab. Er genehmigt den Haushaltsplan der EU und entwickelt die Gemeinsame Außen- und Sicherheitspolitik der EU. Er koordiniert die Zusammenarbeit der nationalen Gerichte und Polizeikräfte der EU-Mitgliedstaaten.

1461 Die **Europäische Kommission** vertritt und wahrt die Interessen der gesamten EU, erarbeitet Vorschläge für neue europäische Rechtsvorschriften und führt das Tagesgeschäft der EU, indem sie deren politische Maßnahmen umsetzt und Mittel verwaltet. Die 28 Kommissare[1327] aus den einzelnen EU-Mitgliedstaaten übernehmen die politische Leitung der Kommission für einen Zeitraum von fünf Jahren. Die Kommission überwacht die Strategien der EU-Politikbereiche und setzt diese um, indem sie dem Parlament und dem Rat Vorschläge für neue Rechtsvorschriften vorlegt, den Haushaltsplan der EU verwaltet, das EU-Recht durchsetzt und die EU auf internationaler Ebene vertritt.

1462 Die wichtigsten Bestimmungen über die **Europäische Zentralbank,** ihre Funktionsweise und Aufgaben finden sich in Art. 282 ff. AEUV; die Satzung der Bank ist dem Vertrag als Protokoll Nr. 4 beigefügt.

1463 Der **Rechnungshof** prüft die Rechnung über alle Einnahmen und Ausgaben der Gemeinschaft (Art. 285 ff. AEUV).

1464 Zur Erfüllung der Ziele des Vertrages erlassen die Organe in Ausübung der Zuständigkeiten der Union **Verordnungen, Richtlinien, Beschlüsse, Empfehlungen** und **Stellungnahmen** (Art. 288 Abs. 1 AEUV).

1465 Die **Verordnung** hat allgemeine Geltung, ist in allen ihren Teilen verbindlich und gilt in jedem Mitgliedstaat unmittelbar (Art. 288 Abs. 2 AEUV). Dies bedeutet, dass der jeweilige Mitgliedstaat die Verordnung nicht in innerstaatliches Recht umsetzen muss, und dass der einzelne Bürger mit Erlass der Verordnung einen unmittelbar klagbaren Anspruch gegen seinen Heimatstaat erwirbt. Im Einzelfall bedarf es u.U. einer innerstaatlichen Ergänzung (Bsp.: Gesetz zur Ausführung der EG-Verordnung über die Europäische Wirtschaftliche Interessenvereinigung vom 14. 4. 1988).[1328]

> **BEISPIEL:** Verordnung (EWG) Nr. 2137/85 des Rates vom 25. Juli 1985 über die Schaffung einer Europäischen wirtschaftlichen Interessenvereinigung (EWIV).

1466 Die Verordnung dient der Gewährleistung einer einheitlichen Anwendung des Gemeinschaftsrechts in allen Mitgliedstaaten. Zugleich werden durch sie nationale Regelungen der einzelnen Mitgliedstaaten ausgeschlossen, die inhaltlich mit dem Regelungsgegenstand der Verordnung unvereinbar sind. D. h., der Erlass von Rechts- und Verwaltungsvorschriften in den einzelnen Mitgliedstaaten ist dann nur noch insoweit erlaubt, als dies in der Verordnung vorgesehen oder sonst zu ihrer wirksamen Durchführung erforderlich ist; entgegenstehendes Recht ist aufzuheben.

[1327] Nach dem Ausscheiden Großbritanniens (Brexit) nur noch 27 Kommissare.
[1328] BGBl 1988 I 514.

> **BEISPIEL:** ▶ Die sog. Fusionskontrollverordnung[1329] regelt, unter welchen Bedingungen nationale und internationale Unternehmenszusammenschlüsse zulässig sind.

Dagegen ist die **Richtlinie** an den jeweiligen Mitgliedstaat gerichtet und nur hinsichtlich des zu erreichenden Ziels verbindlich. Ihm bleibt die Wahl der Form und der Mittel überlassen, um dieses gemeinschaftliche Ziel zu erreichen (Art. 288 Abs. 3 AEUV). 1467

> **BEISPIEL:** ▶ Richtlinie (EU) 2018/822 des Rates vom 25. Mai 2018 zur Änderung der Richtlinie 2011/16/EU bezüglich des verpflichtenden automatischen Informationsaustauschs im Bereich der Besteuerung über meldepflichtige grenzüberschreitende Gestaltungen[1330]

Damit die in der Richtlinie aufgestellten Zielvorgaben für die einzelnen Bürger wirksam werden, ist ein Umsetzungsakt durch den nationalen Gesetzgeber erforderlich, mit dem das nationale Recht an die in der Richtlinie festgelegten Ziele angepasst wird.[1331] Der einzelne Bürger wird grundsätzlich erst durch den Rechtsakt, der zur Umsetzung der Richtlinie in nationales Recht führt, berechtigt und verpflichtet. Die Mitgliedstaaten haben wegen der Bindung nur an die Zielvorgaben der Richtlinie bei ihrer Umsetzung in nationales Recht einen gewissen Gestaltungsspielraum, um den jeweiligen nationalen Besonderheiten Rechnung tragen zu können. Es besteht eine Umsetzungspflicht innerhalb der in der Richtlinie festgesetzten Frist (häufig drei Jahre). 1468

Bei der Umsetzung von Richtlinien müssen die Mitgliedstaaten die innerstaatlichen Formen wählen, die für die Gewährleistung der praktischen Wirksamkeit des Gemeinschaftsrechts am besten geeignet sind. Richtlinien müssen in verbindliche innerstaatliche Rechtsvorschriften umgesetzt werden, die den Erfordernissen der Rechtssicherheit und Rechtsklarheit genügen und für den Einzelnen eine einklagbare Rechtsposition begründen. Aufgrund von Richtlinien erlassene Rechtsvorschriften dürfen nicht mehr entgegen den Richtlinienvorgaben abgeändert werden (Sperrwirkung der Richtlinie). 1469

Richtlinien sind grundsätzlich nicht unmittelbar anwendbar. Der EuGH hat jedoch in ständiger Rechtsprechung entschieden, dass auch einzelne Bestimmungen einer Richtlinie ausnahmsweise in einem Mitgliedstaat unmittelbar anwendbar sein können, ohne dass es zuvor eines Umsetzungsaktes dieses Mitgliedstaates bedarf, nämlich dann, wenn 1470

▶ die Umsetzungsfrist abgelaufen ist und die Richtlinie nicht oder unzulänglich umgesetzt wurde,

▶ die Bestimmungen der Richtlinie inhaltlich unbedingt und hinreichend genau sind, und

▶ die Bestimmungen der Richtlinie dem Einzelnen Rechte verleihen.

Der einzelne Mitgliedsbürger kann sich demnach bei Vorliegen dieser Voraussetzungen gegenüber allen Trägern öffentlicher Gewalt auf die Richtlinienbestimmung berufen.[1332] Als Träger öffentlicher Gewalt gelten auch Organisationen und Einrichtungen, 1471

1329 VO Nr. 139/2004 des Rates v. 20.1.2004, ABl 2004 L 24, 1.
1330 ABl 2018 L 139, 1.
1331 Bsp.: Gesetz zur Umsetzung von EU-Richtlinien in nationales Steuerrecht und zur Änderung weiterer Vorschriften – Richtlinien-Umsetzungsgesetz – EURLUmsG – v. 9.12.2004. BStBl 2004 I 1158.
1332 EuGH v. 17.12.2015 C-402/14 Viamar, StE 2016, 7; v. 12.2.2009 C-138/07 Cobelfret, IStR 2009, 167.

die dem Staat unterstehen oder von diesem mit Rechten ausgestattet sind, die über diejenigen hinausgehen, die sich aus den Vorschriften über die Beziehungen zwischen Privatpersonen ergeben (Bsp.: öffentlich-rechtliche Versorgungsanstalt). Die betroffenen Träger öffentlicher Gewalt haben die unmittelbar anwendbaren Richtlinienbestimmungen dann von Amts wegen zu beachten. Aber auch schon dann, wenn die fragliche Richtlinienbestimmung dem Einzelnen keine Rechte verleihen will, sondern lediglich objektives Recht darstellt, mithin lediglich die ersten beiden der oben genannten Voraussetzungen vorliegen, trifft die Behörden die Pflicht zur Beachtung der nicht umgesetzten Richtlinie. Diese Rechtsprechung wird vor allem mit Argumenten der Sanktionierung vertragswidrigen Verhaltens und des Rechtsschutzes begründet.

1472 Trotz Vorliegens aller drei oben genannten Voraussetzungen kann sich ein Einzelner nicht mit unmittelbarer Wirkung zulasten eines anderen Privaten (sog. horizontale Wirkung) auf die Wirkung einer nicht umgesetzten Richtlinie berufen.

1473 Nach der Rechtsprechung des EuGH kann ein Schadensersatzanspruch des einzelnen Bürgers gegen einen Mitgliedstaat gegeben sein, der eine Richtlinie nicht bzw. nicht ausreichend umgesetzt hat,[1333] wenn

- ▶ die Richtlinie auf die Verleihung von Rechten an Einzelne abzielt,
- ▶ der Inhalt der Rechte auf der Grundlage der Richtlinie bestimmbar ist, und
- ▶ ein Kausalzusammenhang zwischen dem Verstoß gegen die Umsetzungspflicht und dem bei dem Einzelnen eingetretenen Schaden besteht.

1474 Eine Haftung des Mitgliedstaates erfordert unter den vorgenannten Voraussetzungen kein Verschulden. Wenn der Mitgliedstaat bei der Umsetzung über einen Ermessensspielraum verfügt, so muss über die genannten drei Kriterien hinaus der Verstoß durch die fehlerhafte oder fehlende Umsetzung hinreichend qualifiziert, d.h. erheblich und offenkundig sein.

1475 Welche Folgen sich ergeben können, wenn ein Mitgliedstaat eine Richtlinie nicht oder nicht rechtzeitig umsetzt, veranschaulicht ein Beispiel aus der Rechtsgeschichte Deutschlands: Die sog. Reise-Richtlinie 90/314/EWG v. 13.6.1990 (Richtlinie des Rates über Pauschalreisen)[1334] hätte von den einzelnen Mitgliedstaaten umgesetzt werden müssen. Dies hatte Deutschland versäumt. Dann kam es im Sommer 1994 zu einer Reihe von Insolvenzen von Reiseveranstaltern mit der Folge, dass zeitweise mehrere Tausend Urlauber ohne Rückflugmöglichkeit im Ausland festsaßen und zum Teil nicht unerhebliche zusätzliche Aufwendungen für ihre Rückreise tätigen mussten. Daraufhin haben Reiseteilnehmer beim Landgericht Bonn Schadensersatzklage gegen Deutsch-

---

1333 EuGH v. 19.11.1991 C-6/90 und C-9/90 Frankovich, DB 1992, 423.
1334 ABl 1990 L 158, 59.

land erhoben. Dieses hat den EuGH um Vorabentscheidung gebeten. Mit Urteil vom 8.10.1996 hat der EuGH eine Vertragsverletzung festgestellt, die einen Schadensersatzanspruch begründet.[1335, 1336]

Neben Schadensersatzleistungen kann die Kommission beim EuGH auch beantragen, dass der betreffende Mitgliedsstaat wegen der Nichtumsetzung bzw. wegen der verzögerten Umsetzung eine Geldbuße zu zahlen hat.[1337] 1476

Nach dem sog. Emmott-Urteil des EuGH ist es den zuständigen Behörden eines Mitgliedstaates grundsätzlich untersagt, sich auf Vorschriften über Klagefristen zu berufen, wenn der Bürger Rechte wegen nicht ordnungsgemäßer Umsetzung einer Richtlinie in innerstaatliches Recht geltend macht, sofern diese Berufung treuwidrig ist (sog. **Emmott'sche Fristenhemmung**).[1338] Der BFH sieht dies etwas differenzierter.[1339] 1477

Empfehlungen und Stellungnahmen sind unverbindlich (Art. 288 Abs. 5 AEUV).[1340] 1478

5.3 Der Gerichtshof der Europäischen Union

Der **Gerichtshof der Europäischen Union** mit Sitz in Luxemburg besteht aus drei Gerichten: 1479

- ▶ Dem Europäischen Gerichtshof (EuGH);
- ▶ dem Gericht der Europäischen Union (EuG) – früher Gericht erster Instanz;
- ▶ dem Fachgericht Gericht für den öffentlichen Dienst der Europäischen Union; es ist im ersten Rechtszug zuständig für die Entscheidung von Rechtsstreitigkeiten zwischen den Gemeinschaften und ihren Bediensteten gemäß Art. 270 AEUV.

Der Gerichtshof und das Gericht sichern die Wahrung des Rechts bei der Auslegung und Anwendung der Verträge (Art. 251 ff. AEUV). Hat nach Auffassung der Kommission ein Mitgliedstaat gegen eine Verpflichtung aus den Verträgen verstoßen, so gibt sie eine mit Gründen versehene Stellungnahme hierzu ab; sie hat dem Staat zuvor Gelegenheit zur Äußerung zu geben. Kommt der Staat dieser Stellungnahme innerhalb der von der Kommission gesetzten Frist nicht nach, so kann die Kommission den Gerichtshof anrufen (Art. 258 AEUV). Jeder Mitgliedstaat kann den Gerichtshof anrufen, wenn 1480

1335 EuGH v. 8.10.1996 C-178/94, C-179/94, C-188/94, C-189/94 und C-190/94 Dillenkofer, Erdmann u. a., DB 1996, 2218.
1336 Aus den Gründen: „Sind keine Maßnahmen zur Umsetzung einer Richtlinie innerhalb der dafür festgesetzten Frist getroffen worden, um das durch diese Richtlinie vorgeschriebene Ziel zu erreichen, so stellt dieser Umstand als solcher einen qualifizierten Verstoß gegen das Gemeinschaftsrecht dar und begründet daher einen Entschädigungsanspruch für die Geschädigten, soweit das durch die Richtlinie vorgeschriebene Ziel die Verleihung von Rechten an den Einzelnen umfasst, deren Inhalt bestimmbar ist, und ein Kausalzusammenhang zwischen dem Verstoß gegen die dem Staat auferlegte Verpflichtung und dem entstandenen Schaden besteht."
1337 EuGH v. 13.5.2014 C-184/11, Kommission/Spanien, ABl EU 2014, Nr. C 212, 2.
1338 EuGH v. 25.7.1991 C-208/90 Emmott, HFR 1993, 137.
1339 BFH v. 18.8.2015 VII R 5/14, BFH/NV 2016, 74; siehe auch BFH v. 26.11.2010 V B 59/10, BFH/NV 2011, 409: Keine Durchbrechung der Bestandskraft bei nachträglich erkannter fehlerhafter Richtlinienumsetzung.
1340 Bsp.: Empfehlung der Kommission vom 21.12.1993 betreffend die Besteuerung bestimmter Einkünfte, die von Nichtansässigen in einem anderen Mitgliedstaat als dem Wohnsitzstaat erzielt werden, ABl 1994 L 39, 22.

er der Auffassung ist, dass ein anderer Mitgliedstaat gegen eine Verpflichtung aus diesem Vertrag verstoßen hat (Art. 259 AEUV). Der Gerichtshof überwacht die Rechtmäßigkeit der gemeinsamen Handlungen von Europäischem Parlament und Rat sowie Handlungen des Rats, der Kommission, der Europäischen Zentralbank und des Europäischen Parlaments mit Rechtswirkung gegenüber Dritten (Art. 263 AEUV).

1481 Ferner entscheidet der Gerichtshof im Wege der Vorabentscheidung gemäß Art. 267 AEUV über Vorlagen von Gerichten der Mitgliedstaaten.[1341] Der EuGH ist nach der Rechtsprechung des BVerfG[1342] und des BFH[1343] gesetzlicher Richter i. S. des Art. 101 GG. Letztinstanzliche Gerichte, wie der BFH, sind bei der Auslegung von EU-Recht verpflichtet, das Verfahren auszusetzen und die Entscheidung des EuGH einzuholen; erstinstanzliche Gerichte sind nicht zur Vorlage an den EuGH verpflichtet (Art. 267 Abs. 3 AEUV); eine Nichtvorlage durch ein letztinstanzlichs Gericht stellt eine Vertragsverletzung dar.[1344] Urteile des EuGH sind innerhalb kürzest möglicher Frist umzusetzen; anderenfalls verstößt der betreffende Mitgliedstaat gegen EU-Recht.[1345] Geschieht die Umsetzung nicht, macht sich der betreffende Mitgliedstaat schadensersatzpflichtig, und ihm kann ein Zwangsgeld auferlegt werden.[1346]

1482 Seit 1988 existiert das **Gericht** (bis zur Konsolidierung Gericht erster Instanz – Art. 254, 256 AEUV). Es zuständig für:

▶ Direkte Klagen natürlicher oder juristischer Personen gegen Maßnahmen der Gemeinschaftsorgane (die an sie gerichtet sind oder sie unmittelbar und individuell betreffen) oder dagegen, dass diese Organe es unterlassen haben, einen Beschluss zu fassen;

▶ Klagen der Mitgliedstaaten gegen die Kommission;

▶ Klagen der Mitgliedstaaten gegen den Rat in Bezug auf Maßnahmen im Bereich der staatlichen Beihilfen, handelspolitische Schutzmaßnahmen („Dumping") und Maßnahmen, mit denen der Rat Durchführungsbefugnisse wahrnimmt;

▶ Klagen auf Schadensersatz für die von den Gemeinschaftsorganen oder ihren Bediensteten verursachten Schäden;

▶ Klagen auf der Grundlage von Verträgen, die von den Gemeinschaften geschlossen wurden und ausdrücklich die Zuständigkeit des Gerichts vorsehen;

▶ Klagen auf dem Gebiet der Gemeinschaftsmarke.

1341 BFH v. 9.11.2007 IV B 169/06, BFH/NV 2008, 390: Die Beteiligten haben kein Antragsrecht auf Einleitung eines Vorlageverfahrens nach Art. 267 AEUV.
1342 BVerfG v. 4.9.2008 2 BvR 1321/07, UR 2008, 884; v. 22.10.1986 2 BvR 197/83, DStZ/E 1987, 53 (sog. Solange II-Urteil).
1343 BFH v. 7.2.2018 XI K 1/17, BFH/NV 2018, 690.
1344 EuGH v. 4.10.2018 C-416/17 Kommission/Frankreich, EWS 2018, 343.
1345 EuGH v. 25.11.2003 C-278/01 Kommission/Spanien, ABl 2004 C 7, 7: „Artikel 228 EG gibt keine Frist an, innerhalb derer ein Urteil durchgeführt sein muss. Nach ständiger Rechtsprechung verlangt jedoch das Interesse an einer sofortigen und einheitlichen Anwendung des Gemeinschaftsrechts, dass diese Durchführung sofort in Angriff genommen und innerhalb kürzest möglicher Frist abgeschlossen wird."
1346 EuGH v. 18.7.2007 C-503/04 Kommission/Bundesrepublik Deutschland, EWS 2007, 426; v. 25.11.2003 C-278/01 Kommission/Spanien, ABl 2004 C 7, 7.

Gegen Entscheidungen des Gerichts kann beim Gerichtshof innerhalb von zwei Monaten Rechtsmittel eingelegt werden, das allerdings auf Rechtsfragen beschränkt ist.

5.4 Verhältnis nationales Recht – Europarecht

Da die Rechtsordnung der EU im Konfliktsfalle der nationalen Rechtsordnung vorgeht, und aufgrund der besonderen, auf Integration abstellenden Zielsetzung, spricht man auch von einer **supranationalen Gemeinschaft;** dies beinhaltet den Vorrang des Gemeinschaftsrechts. Daraus folgt, dass dem Gemeinschaftsrecht entgegenstehendes nationales Recht grundsätzlich nicht anwendbar ist.

Heute vertritt das BVerfG zum Verhältnis nationales Recht einschließlich GG und Grundrechte zu Gemeinschaftsrecht einschließlich Grundrechtscharta der EU[1347] seit dem Beschluss vom 7.6.2000 zur Bananenmarktordnung[1348] die Auffassung, dass das Gemeinschaftsrecht grundsätzlich dem nationalen Recht – einschließlich GG – vorgeht; denn nach Auffassung des Gerichts gewährleistet der EuGH einen wirksamen Schutz der Grundrechte gegenüber den Hoheitsgewalten der Gemeinschaften.[1349] Bei der Anwendung unionsrechtlich vollständig vereinheitlicher Regelungen sind grundsätzlich nicht die deutschen Grundrechte, sondern allein die Unionsgrundrechte maßgeblich. Das Unionsrecht hat hier gegenüber den Grundrechten des GG Anwendungsvorrang. Der Anwendungsvorrang des Unionsrechts steht nach unter dem Vorbehalt, dass der Grundrechtsschutz durch die Unionsgrundrechte hinreichend wirksam ist. Erforderlich ist deshalb, dass deren Schutz dem vom GG jeweils als unabdingbar gebotenen Grundrechtsschutz im Wesentlichen gleich zu achten ist. Nach dem derzeitigen Stand des Unionsrechts – zumal unter Geltung der Charta – ist dies der Fall. Das BVerfG hat erstmals entschieden, dass es die Anwendung des Unionsrechts durch deutsche Stellen selbst am Maßstab der Unionsgrundrechte prüft, soweit diese die deutschen Grundrechte verdrängen.[1350] Unionsrechtlich nicht vollständig determiniertes innerstaatliches Recht prüft das BVerfG primär am Maßstab der Grundrechte des GG, auch wenn das innerstaatliche Recht der Durchführung des Unionsrechts dient. Dieses Vorgehen stützt sich auf die Annahme, dass das Unionsrecht dort, wo es den Mitgliedstaaten fachrechtliche Gestaltungsspielräume einräumt, regelmäßig nicht auf eine Einheitlichkeit des Grundrechtsschutzes zielt, sondern Grundrechtsvielfalt zulässt. Es greift dann die Vermutung, dass das Schutzniveau der Charta der Grundrechte der EU durch die Anwendung der Grundrechte des GG mitgewährleistet ist.[1351] In seiner Entscheidung zum Vertrag von Lissabon[1352] stellt das BVerfG aber klar, dass es eine Kompetenz zur Prüfung besitze, ob Rechtsakte der europäischen Organe sich unter Wahrung des gemein-

---

1347 ABl 2010 C083, 389.
1348 BVerfG v. 7.6.2000 2 BvL 1/97,HFR2000,839.
1349 Ausführungen zum Rangverhältnis in BFH v. 9.8.2006 I R 31/01, BStBl 2007 II 838.
1350 BVerfG v. 6.11.2019 1 BvR 276/17, NJW 2020, 314.
1351 BVerfG v. 6.11.2019 1 BvR 16/13, NJW 2020, 300.
1352 BVerfG v. 30.6.2009 2 BvE 2/08, 2 BvE 5/08, 2 BvR 1010/08, 2 BvR 1022/08,2 BvR 1259/08 und 2 BvR 182/09, NJW 2009, 2267; vertieft und verfeinert in der Entscheidung zum Euro-Rettungsschirm v. 7.9.2011 2 BvR 987/10, 2 BvR 1485/10, 2 BvR 1099/10, NJW 2011, 2946.

schafts- und unionsrechtlichen Subsidiaritätsprinzips in den Grenzen der ihnen eingeräumten Hoheitsrechte halten würden (sog. Ultra-vires-Kontrolle).[1353] Weiter hat das BVerfG seine Prüfungskompetenz dann verneint, wenn das zu prüfende deutsche Gesetz lediglich zwingendes Europarecht umsetzt;[1354] vgl. ferner die Entscheidung zur Antiterrordatei.[1355] Mit der sog. OMT-Entscheidung[1356] hat das BVerfG erstmals ein Verfahren ausgesetzt und dem EuGH vorgelegt.[1357] Zu dem Rangverhältnis hinsichtlich des Grundrechtsschutzes vgl. auch die BFH-Rechtsprechung.[1358]

1486 Ein wichtiger Unterschied besteht zwischen den Urteilen des BVerfG und denen des EuGH: Verneint das BVerfG die Verfassungsmäßigkeit einer Norm, so ist die Norm grundsätzlich nichtig. Entscheidet dagegen der EuGH, dass eine nationale Vorschrift mit EU-Recht nicht vereinbar ist, so berührt dies grundsätzlich nicht die Gültigkeit der Norm, d. h. die jeweilige nationale Bestimmung bleibt in Kraft. Aber die Anwendung der weiterhin gültigen Norm durch die Verwaltung stellt einen Verstoß dar, der nach der Rechtsprechung des EuGH eine Schadensersatzpflicht des betreffenden Mitgliedstaates auslösen kann.[1359]

5.5 Steuerliche Zielsetzungen der EU – Steuerharmonisierung

1487 Im siebten Titel des AEUV – Gemeinsame Regeln betreffend Wettbewerb, Steuerfragen und Angleichung der Rechtsvorschriften – findet sich das Kapitel 2: Art. 110 bis 113 AEUV – Steuerliche Vorschriften.

1488 **Art. 110 AEUV** statuiert das Verbot, auf Waren aus anderen Mitgliedstaaten weder unmittelbar noch mittelbar höhere inländische Abgaben (weiter als Steuern) zu erheben, als auf gleichartige inländische Waren erhoben werden, sowie auf Waren aus anderen Mitgliedstaaten inländische Abgaben zu erheben, die geeignet sind, andere (nationale) Produkte mittelbar zu schützen (Bsp.: Besteuerung von Kraftfahrzeugen;[1360] Pflichtbeiträge zugunsten eines Absatzförderungsfonds in der Bundesrepublik;[1361] unterschiedliche Bemessungsgrundlage für inländische und eingeführte Erzeugnisse). Dieses **Diskriminierungsverbot,** das sich aus systematischen Gründen nur auf indirekte Abgaben bezieht, hat vor allem wettbewerbsrechtliche Bedeutung. Mit ihm soll sichergestellt werden, dass innerhalb des Binnenmarktes der Handel nicht durch Maßnahmen behindert wird, die geeignet sind, den Wettbewerb zu beeinträchtigen. Daraus folgt, dass über

---

[1353] BVerfG v. 26.8.2010 2 BvR 2661/06, NJW 2010, 3422: Umfang und Grenzen einer Ultra-vires-Kontrolle des Handels von Organen der Europäischen Union durch das BVerfG.
[1354] BVerfG v. 4.10.2011 BvL 3/08, DStR 2011, 2141.
[1355] BVerfG v. 24.4.2013 1 BvR 1215/07, NJW 2013, 1499.
[1356] BVerfG v. 14.1.2014 BvE 13/13, 2 BvR 2728/13, 2 BvR 2729/13, 2 BvR 2730/13, NJW 2014, 907.
[1357] EuGH v. 11.12.2018 C-493/17 Heinrich Weiss und andere, RIW 2019, 139.
[1358] BFH v. 23.2.2010 VII R 8/08, BFH/NV 2010, 1381.
[1359] EuGH v. 25.11.2003 C-278/01 Kommission/Spanien, ABl 2004 C 7, 7.
[1360] EuGH v. 3.9.2015 C-585/14 u.a. Chris u.a., ABl 2015 C 398, 8; v. 14.4.2015 C-76/14 Manea, IStR 2015, 559; v. 15.3.2001 C-265/99 Kommission/Frankreich, BFH/NV 2001, Beilage 2, 109.
[1361] EuGH v. 27.10.1993 C-72/92 Herbert Scharbatke GmbH, ABl 1993 C 316, 6.

den Gesetzestext hinaus auch die Diskriminierung derjenigen Waren, die zur Ausfuhr in einen anderen Mitgliedstaat bestimmt sind, verboten ist.

In dem Zusammenhang mit dem freien Warenverkehr sind auch Art. 111 und 112 AEUV zu sehen:

▶ **Art. 111 AEUV:** Verbot der überhöhten Rückvergütung von inländischen Abgaben bei der Ausfuhr von einem in ein anderes Mitgliedsland,

▶ **Art. 112 AEUV:** Genehmigungsvorbehalt der EU für Rückvergütungen bei Ausfuhr in einen anderen Mitgliedstaat, soweit sich die Rückvergütung auf andere Abgaben als Umsatzsteuer, Verbrauchsabgaben und sonstige indirekte Steuern bezieht.

Steuerliche Kernvorschrift ist **Art. 113 AEUV:** Harmonisierung der Rechtsvorschriften über Umsatzsteuer, Verbrauchsabgaben und sonstige indirekte Steuern. Zu beachten ist, dass die Bestimmungen zur Harmonisierung einstimmig verabschiedet werden müssen. Das Prinzip der Einstimmigkeit ist im Vertrag von Lissabon insoweit beibehalten worden.

Die **Harmonisierung der direkten Steuern** wird im AEUV nicht ausdrücklich erwähnt. Rechtsgrundlage hierfür sind die **Art. 114 ff. AEUV** über die Angleichung derjenigen Rechtsvorschriften, die sich unmittelbar auf die Errichtung oder das Funktionieren des Gemeinsamen Marktes auswirken oder den Wettbewerb verfälschen (Art. 116 AEUV). Eine Verpflichtung zur Harmonisierung besteht nicht.

Um die Funktionsweise der Steuersysteme im Binnenmarkt zu verbessern, haben das Europäische Parlament und der Rat das sog. Fiscalis-Programm 2013 verabschiedet.[1362] Es ist auf folgende Ziele ausgerichtet: Hohes Niveau an Übereinstimmung bei der Auslegung des Gemeinschaftsrechts, effiziente und umfassende Kooperation der Mitgliedstaaten auf dem Gebiet der Steuern, ständige Verbesserung der Verwaltungsabläufe. Dies soll erreicht werden durch eine Vereinfachung und Modernisierung der Rechtsvorschriften, Modernisierung der Verwaltung, Verbesserung der Verwaltungszusammenarbeit und Betrugsbekämpfung. Ergänzt wird dieses Programm durch eine Mitteilung der Kommission über die Gemeinschaftsprogramme „Zoll 2013".[1363] In Fortführung der beiden Programme sind die Programme Fiscalis 2020 bzw. Zoll 2020 verabschiedet worden.[1364]

Ausführliche Informationen zur Steuerpolitik der EU finden sich auf der Webseite der Generaldirektion Steuern und Zollunion der Kommission.[1365]

[1362] ABl 2007 L 330, 1.
[1363] COM(2005) 111 final v. 6. 4. 2005.
[1364] Verordnung (EU) Nr. 1286/2013 v. 11. 12. 2013 zur Festlegung eines Aktionsprogramms zur Verbesserung der Funktionsweise der Steuersysteme in der Europäischen Union für den Zeitraum 2014–2020 (Fiscalis 2020) und zur Aufhebung der Entscheidung Nr. 1482/2007/EG, ABl 2013 L 347, 25, bzw. Verordnung (EU) Nr. 1294/2013 v. 11. 12. 2013 zur Festlegung eines Aktionsprogramms für das Zollwesen in der Europäischen Union für den Zeitraum 2014–2020 (Zoll 2020) und zur Aufhebung der Entscheidung Nr. 624/2007/EG, ABl 2013 L 347, 209.
[1365] https://ec.europa.eu/taxation_customs/taxation_de.

5.6 Stand der Harmonisierung

5.6.1 Umsatzsteuer

1494 Als der entscheidende Erfolg der Harmonisierungsbestrebungen kann die Harmonisierung der Umsatzsteuer in den einzelnen Mitgliedstaaten angesehen werden. Gab es im Jahre 1958 bei Inkrafttreten des EWG-Vertrages in den 6 Mitgliedstaaten noch 4 verschiedene Umsatzsteuersysteme, so gilt heute in allen Staaten der EU das Allphasen-Nettoumsatzsteuersystem mit Vorsteuerabzug. Teilweise harmonisiert ist die Bemessungsgrundlage; Unterschiede zwischen den einzelnen Mitgliedstaaten bestehen insbesondere hinsichtlich der Steuersätze und der Besteuerung bestimmter Fallgruppen.

> **BEISPIEL:** Der Normalsteuersatz (Stand 1.7.2019) schwankt innerhalb der EU zwischen 17% (Bsp.: Luxemburg) und 27% (Bsp.: Ungarn); der normal ermäßigte Steuersatz schwankt zwischen 5% (Bsp.: Polen) und 18% (Ungarn); ferner kennen eine Reihe von Mitgliedstaaten einen sog. Nullsatz, d. h. Steuerbefreiung mit Vorsteuerabzug, z. B. Belgien, Dänemark, Finnland, Italien.[1366]

5.6.2 Direkte Steuern

5.6.2.1 Richtlinien

1495 Eine Rechtssetzungskompetenz im Bereich der direkten Steuern haben ausschließlich die einzelnen Mitgliedstaaten; daher findet eine Harmonisierung der Einkommen- oder Körperschaftsteuer in toto grundsätzlich nicht statt. Stattdessen wird versucht, Einzelaspekte durch Richtlinien, die verbindlich umgesetzt werden müssen, zu regeln. Im Bereich der direkten Steuern sind u. a. folgende Richtlinien verabschiedet worden:

1496 Richtlinie 90/434/EWG über das gemeinsame Steuersystem für Fusionen, Spaltungen, die Einbringung von Unternehmensteilen und den Austausch von Anteilen, die Gesellschaften verschiedener Mitgliedstaaten betreffen, vom 23.7.1990 (sog. **Fusions-Richtlinie**),[1367] umgesetzt in nationales Recht durch die Änderung des UmwStG, aufgehoben und ersetzt durch Richtlinie 2009/133/EG vom 19.10.2009 über das gemeinsame Steuersystem für Fusionen, Spaltungen, Abspaltungen, die Einbringung von Unternehmensteilen und den Austausch von Anteilen, die Gesellschaften verschiedener Mitgliedstaaten betreffen, sowie für die Verlegung des Sitzes einer Europäischen Gesellschaft oder einer Europäischen Genossenschaft von einem Mitgliedstaat in einen anderen Mitgliedstaat;[1368] umgesetzt in nationales Recht durch Änderung des UmwStG;

1366 Quelle: taxud.c.1(2019) – EN, VAT rates applied in the Member States of the EU.
1367 ABl 1990 L 225, 1.
1368 ABl 2009 L 310, 34, zuletzt geändert durch Richtlinie 2013/13/eu v. 13.5.2013.

Richtlinie 90/435/EWG über das gemeinsame Steuersystem der Mutter- und Tochter- 1497
gesellschaften verschiedener Mitgliedstaaten vom 23.7.1990 (sog. **Mutter-Tochter-Richtlinie**[1369]),[1370] umgesetzt in nationales Recht durch die Änderung des EStG, KStG und GewStG; aufgehoben durch Richtlinie 2011/96/EU vom 30.11.2011 über das gemeinsame Steuersystem der Mutter- und Tochtergesellschaften verschiedener Mitgliedstaaten (Neufassung der Mutter-Tochter-Richtlinie), ihrerseits zuletzt geändert durch Richtlinie (EU) 2015/121 des Rates vom 27.1.2015 zur Änderung der Richtlinie 2011/96/EU über das gemeinsame Steuersystem der Mutter- und Tochtergesellschaften verschiedener Mitgliedstaaten;[1371]

Übereinkommen über die Beseitigung der Doppelbesteuerung im Falle von Gewinn- 1498
berichtigungen zwischen verbundenen Unternehmen 90/436/EWG vom 23.7.1990[1372] (sog. **EU-Schiedskonvention** oder **Schiedsrichtlinie**), umgesetzt durch Gesetz vom 26.8.1993[1373]; zu den Einzelheiten der Schiedsrichtlinie vgl. Rdn. 1505 ff.

Als Ergänzung zu der Schiedsrichtlinie ist die Richtlinie (EU) 2017/1852 des Rates vom 1499
10.10.2017 über Verfahren zur Beilegung von Besteuerungsstreitigkeiten in der Europäischen Union (**Streitbeilegungsrichtlinie**) zu sehen.[1374]

Weiter sind in diesem Zusammenhang zu erwähnen die Richtlinie (EU) 2016/1164 des 1500
Rates vom 12.7.2016 mit Vorschriften zur Bekämpfung von Steuervermeidungspraktiken mit unmittelbaren Auswirkungen auf das Funktionieren des Binnenmarkts[1375] (**Anti-Tax-Avoidance-Directive, kurz: ATAD I**), sowie die Richtlinie (EU) 2017/952 des Rates vom 29.5.2017 zur Änderung der Richtlinie (EU) 2016/1164 bezüglich hybrider Gestaltungen mit Drittländern (**Anti-Tax-Avoidance-Directive II, kurz ATAD II**), die zu einer Änderung des AStG geführt haben.

Zu den Richtlinien, die eine Bekämpfung der Steuervermeidung bzw. der Steuerhinter- 1501
ziehung zum Gegenstand haben ist auch die EU-Richtlinie 2018/822 bezüglich des verpflichtenden automatischen Informationsaustausches im Bereich der Besteuerung über meldepflichtige grenzüberschreitende Gestaltungen zu erwähnen (**DAC6**).[1376]

1369 EuGH v. 17.10.1996 C-283/94, C-291, 292/94 Denkavit International BV, DB 1996, 2313, zur Auslegung der Richtlinie sowie der Umsetzung durch das EStG; vgl. ferner EuGH v. 18.9.2003 C-168/01 Bosal, IStR 2003, 666 – hierzu Vorlagebeschluss des BFH v. 14.7.2004 I R 17/03, BFH/NV 2004, 1728.; EuGH v. 25.9.2003 C-58/01 Océ, IStR 2003, 777.
1370 ABl 1990 L 225, 6.
1371 ABl 2015 L 21, 1.
1372 ABl 1990 L 225, 12, in der aktuellen Fassung durch den Beschluss des Rates vom 9.12.2014 über den Beitritt Kroatiens zum Übereinkommen vom 23.7.1990 über die Beseitigung der Doppelbesteuerung im Falle von Gewinnberichtigungen zwischen verbundenen Unternehmen (2014/899/EU), ABl 2014 L 358, 19.
1373 BStBl 1993 I 818.
1374 Rdn. 1512.
1375 ABl 2016 L 193, 1.
1376 Rdn. 162.

1502 Um der Steuerflucht innerhalb der EU zu begegnen, existiert die Richtlinie 2003/48/EG des Rates v. 3.6.2003 im Bereich der Besteuerung von Zinserträgen – sog. **Zinsrichtlinie**.[1377] Diese Richtlinie ist im Wesentlichen mit Wirkung ab 1.1.2016 durch die Richtlinie 2015/2060 vom 10.11.2015 aufgehoben worden.[1378]

1503 In nationales Recht wurde die Zinsrichtlinie umgesetzt durch § 45e EStG sowie die „Verordnung zur Umsetzung der Richtlinie 2003/48/EG vom 3.6.2003 im Bereich der Besteuerung von Zinserträgen (Zinsinformationsverordnung – ZIV)" vom 26.1.2004.[1379] Um ein Ausweichen von Steuerflüchtlingen zu vermeiden, hat die EU Abkommen über die Besteuerung der Zinserträge u.a. mit Andorra, Liechtenstein, Monaco, San Marino und der Schweiz abgeschlossen.[1380] Die Mitgliedstaaten mit abhängigen und assoziierten Gebieten (Großbritannien[1381] und die Niederlande[1382]) haben zugesichert, dass sie dafür sorgen werden, dass in diesen Gebieten in Bezug auf die Besteuerung von Zinserträgen dieselben Maßnahmen getroffen werden wie in der Gemeinschaft, und dass entsprechend den Vorgaben des Verhaltenskodex für die Unternehmensbesteuerung keine neuen schädlichen Regelungen eingeführt bzw. bestehende schädliche Regelungen aufgehoben werden. Zwischenzeitlich haben alle abhängigen und assoziierten Gebiete zugesichert, die Maßnahmen der Richtlinie anzuwenden.

1504 Die Richtlinie 2003/49/EG des Rates vom 3.6.2003 über eine gemeinsame Steuerregelung für Zahlungen von Zinsen und Lizenzgebühren zwischen verbundenen Unternehmen verschiedener Mitgliedstaaten[1383] – geändert durch verschiedene Richtlinien – wurde durch das sog. EG-Amtshilfe-Anpassungsgesetz vom 2.12.2004[1384] umgesetzt. Mit diesem Gesetz wurde die Regelung des § 50g EStG in das Gesetz eingefügt sowie § 50d EStG ergänzt.

5.6.2.2 Die Schiedsrichtlinie

1505 Die Schiedsrichtlinie oder Schiedskonvention sieht, unbeschadet der im innerstaatlichen Recht der Vertragsstaaten vorgesehenen Rechtsbehelfe sowie unbeschadet eines Verständigungsverfahrens nach Art. 25 OECD-MA, ein zwingendes Verständigungs- und Schlichtungsverfahren für den Fall vor, dass aufgrund einer Gewinnberichtigung in einem Vertragsstaat eine Doppelbesteuerung entsteht. Ziel ist es, eine drohende oder bereits eingetretene Doppelbesteuerung zu beseitigen, wenn sich die Mitgliedstaaten nicht innerhalb von zwei Jahren, nachdem der Fall einer der zuständigen Behörden der beteiligten Mitgliedstaaten unterbreitet wurde, auf eine Verständigungsvereinbarung

---

1377 ABl 2003 L 157, 38.
1378 ABl 2015 L 301, 1.
1379 BStBl 2004 I 297 mit nachfolgenden Änderungen.
1380 Bsp.: COM(2004) 564 final v. 17.8.2004 (Andorra), COM(2004) 569 final v. 23.8.2004 (Liechtenstein); das Abkommen zwischen der Schweiz und der EU ist am 1.7.2005 in Kraft getreten (sog. bilaterales Abkommen II v. 26.10.2004, Schweizer Bundesblatt 2004, 5965; ABl 2004 L 385, 30).
1381 Insbesondere die Kanalinseln und die Isle of Man sowie die Gebiete in der Karibik.
1382 Insbesondere die Niederländischen Antillen.
1383 ABl 2003 L 157, 49.
1384 BStBl 2004 I 1148.

zur Beseitigung der Doppelbesteuerung einigen können. Ausführliche Informationen auf den Internetseiten des BZSt.

Das Abkommen gilt für alle Unternehmen unabhängig von der Rechtsform, also für Einzelunternehmen und Gesellschaften, Personen- und Kapitalgesellschaften, und unabhängig davon, ob das Unternehmen Gewinne oder Verluste erzielt; Betriebsstätten gelten als Unternehmen im Sinne der Schiedskonvention. Es gilt nur für die Steuern vom Einkommen (Deutschland: Einkommen-, Körperschaft- und Gewerbesteuer, soweit diese nach dem Gewerbeertrag ermittelt wird). In Art. 4 und 5 Schiedskonvention werden Grundsätze für die Zurechnung von Gewinnen aufgestellt, die in groben Zügen der Regelung des Art. 9 OECD-MA entsprechen. 1506

Kommt es zu einer Berichtigung und ist ein Unternehmen der Auffassung, dass die Finanzverwaltung die in Art. 4 Schiedskonvention festgelegten Grundsätze nicht beachtet hat, kann es die Einleitung eines Verständigungsverfahrens beantragen (Art. 6 Schiedskonvention). Kommt es innerhalb von zwei Jahren seit Antragstellung nicht zu einer einvernehmlichen Lösung, so setzt zwingend das Schlichtungsverfahren (Art. 7 Schiedskonvention) ein. In diesem Schlichtungsverfahren wird ein sogenannter „Beratender Ausschuss" eingesetzt; Einzelheiten der Zusammensetzung sowie des Zusammentretens dieses Ausschusses regeln die Art. 8 bis 10 Schiedskonvention. Aufgabe des Beratenden Ausschusses ist es, innerhalb von sechs Monaten eine Stellungnahme dazu abzugeben, wie die Doppelbesteuerung beseitigt werden soll (Art. 11 Schiedskonvention). Diese Stellungnahme ist in der ersten Stufe nicht verbindlich. Die Finanzverwaltungen der beteiligten Staaten haben die Möglichkeit, innerhalb von weiteren sechs Monaten eine von der Stellungnahme des Beratenden Ausschusses abweichende Vereinbarung über die Beseitigung der Doppelbesteuerung zu treffen. Kommt es hierzu nicht, wird die Stellungnahme des beratenden Ausschusses – zweite Stufe – für die beteiligten Finanzbehörden verbindlich (Art. 12 Schiedskonvention). 1507

Nach Art. 8 Schiedskonvention sind die zuständigen Behörden eines Mitgliedsstaates zur Einleitung eines Verständigungsverfahrens nicht verpflichtet, wenn durch ein Gerichtsurteil endgültig festgestellt ist, dass eines der beteiligten Unternehmen „einen empfindlich zu bestrafenden Verstoß gegen steuerliche Vorschriften begangen hat." Hierzu hat Deutschland erklärt, dass diese Voraussetzung durch jeden Verstoß gegen die Steuergesetze erfüllt wird, der mit Freiheitsstrafe, Geldstrafe oder Bußgeld geahndet wird. Dies bedeutet aus der Sicht der deutschen Finanzverwaltung, dass auch Steuerordnungswidrigkeiten der Einleitung eines Schiedsverfahrens entgegenstehen. 1508

Eine „Beseitigung der Doppelbesteuerung" liegt nach Art. 14 Schiedskonvention nur dann vor, wenn entweder die betreffenden Gewinne nur in einem Staat der Besteuerung unterworfen werden, oder wenn die Steuer in einem Vertragsstaat um den Betrag verringert wird, den der andere Vertragsstaat erhebt. 1509

Es existiert ferner ein Verhaltenskodex zur wirksamen Durchführung des Übereinkommens über die Beseitigung der Doppelbesteuerung im Falle von Gewinnberichtigungen zwischen verbundenen Unternehmen.[1385] 1510

1385 ABl 2009 C 322, 1.

1511 Einzelheiten zum Schiedsverfahren ergeben sich aus dem **Merkblatt zum internationalen Verständigungs- und Schiedsverfahren auf dem Gebiet der Steuern vom Einkommen und vom Vermögen** vom 9.10.2018.[1386]

5.6.2.3 Streitbeilegungsrichtlinie

1512 Am 10.10.2017 wurde die Richtlinie (EU) 2017/1852 des Rates über das Verfahren zur Beilegung von Besteuerungsstreitigkeiten in der Europäischen Union (Streitbeilegungsrichtlinie - SBRL)[1387] verabschiedet, die auf alle ab dem 1.7.2019 eingereichten Beschwerden anzuwenden ist. Diese SBRL tritt neben die bereits bestehende EU-Schiedskonvention und soll die dort nicht abgedeckten Problemfelder erfassen. Denn die Schiedskonvention bezieht sich nur auf die Fälle von Gewinnberichtigung zwischen verbundenen Unternehmen über die Grenze. Dagegen umfasst die neue Streitbeilegungsrichtlinie nunmehr alle Fälle, in denen eine Doppelbesteuerung durch Einkommen- oder Körperschaftsteuer eingetreten ist. Umgesetzt wurde die Richtlinie in deutschen Recht durch das Gesetz zur Umsetzung der Richtlinie (EU) 2017/1852 des Rates vom 10.10.2017 über Verfahren zur Beilegung von Besteuerungsstreitigkeiten in der Europäischen Union[1388]

1513 Ein Doppelbesteuerungssachverhalt entsteht, wenn Steuerverwaltungen zweier oder mehr Mitgliedstaaten auf dasselbe Besteuerungssubstrat zugreifen, wobei der Sachverhalt unter ein Abkommen oder ein Übereinkommen fallen muss (Art. 2 Abs. 1 SBRL), sofern es zu einer zusätzlichen Steuerbelastung, einer Erhöhung einer Steuerverbindlichkeit oder Streichung bzw. Verringerung von verrechenbaren Verlusten führt.

1514 Die bestehenden Streitbeilegungsverfahren sehen grundsätzlich keinen Einigungszwang dieser Staaten durch ein Schiedsverfahren vor, sofern nicht das jeweilige Abkommen eine Schiedsklausel entsprechend Art. 25 Abs. 3 OECD-MA enthält.

1515 Durch die Umsetzung der SBRL wird nun innerhalb der Europäischen Union ein weiteres Streitbeilegungsverfahren eingeführt, das zum einen eine Schiedsverfahrensphase für alle Doppelbesteuerungsstreitigkeiten vorsieht, die im Verständigungsverfahren keiner Lösung zugeführt werden konnten, und zum anderen dem Ablauf des Streitbeilegungsverfahrens durch Zeitfenster und Fristen einen transparente und durchsetzbaren zeitlichen Rahmen gibt.

1516 Zum Ablauf des Verfahrens heißt es in der amtlichen Begründung:[1389]

Das Streitbeilegungsverfahren, das sich grundsätzlich an den Prinzipien der Schiedskonvention orientiert, umfasst insgesamt drei Phasen:

Die erste Phase betrifft die Einreichung der Streitbeilegungsbeschwerde durch die betroffene Person über eine Streitfrage bei den zuständigen Behörden der betroffenen Mitgliedstaaten (Art. 3 SBRL) und endet mit der Entscheidung über die Zulassung der

---

1386 BStBl 2018 I 1122.
1387 ABl 2017 L 265, 14
1388 BGBl 2019 I 2103 – nachfolgende Umsetzungesetz zitiert.
1389 BR-Drs. 227/19, 24.

Beschwerde, ggf. durch Zurückweisung (Art. 5, 6, 16 SBRL bzw. §§ 4 bis 12 Umsetzungsgesetz). Damit stellt der von einem Doppelbesteuerungssachverhalt betroffene Steuerpflichtige den Antrag auf Einleitung eines Verständigungsverfahrens. Die zuständigen Behörden entscheiden über die Zulassung des Antrags (Art. 3 Abs. 3 bis 5, Art. 5, 6, 16 SBRL).

Die zweite Phase betrifft die Durchführung eines Verständigungsverfahrens nach Zulassung der Streitbeilegungsbeschwerde (§§ 13 bis 16 Umsetzungsgesetz). Die zuständigen Behörden der betroffenen Mitgliedstaaten versuchen eine einvernehmliche Lösung des Doppelbesteuerungssachverhalts zu erzielen, indem sie ganz oder anteilig auf ihre Besteuerungsrechte verzichten.

Die dritte Phase des Verfahrens kann als Schiedsverfahrensphase bezeichnet werden (§§ 17 bis 20 Umsetzungsgesetz). Diese schließt sich auf Antrag des Steuerpflichtigen an die Verständigungsverfahrensphase an, wenn die zuständigen Behörden sich nicht innerhalb von zwei Jahren (mit der Möglichkeit der Verlängerung um ein Jahr) über eine Lösung des Doppelbesteuerungssachverhalts verständigen konnten. In der Schiedsverfahrensphase wird die Streitfrage einem Beratenden Ausschuss (Art. 6 SBRL) bzw. einem Ausschuss für alternative Streitbeilegung (Art. 10 SBRL) zur Stellungnahme vorgelegt. Dazu geben der Beratende Ausschuss bzw. der Ausschuss für alternative Streitbeilegung eine Stellungnahme ab (Art. 14 SBRL). Nur dann, wenn die beteiligten Mitgliedstaaten übereinstimmend eine abweichende Einigung erzielen, kann dieser der Streitbeilegung zu Grunde gelegt werden; ansonsten sind die Mitgliedstaaten an die Stellungnahme gebunden (Art. 15 SBRL). Stimmt der Steuerpflichtige der abschließenden Entscheidung über die Streitfrage zu und verzichtet er insofern auf Rechtsbehelfe, sind die fraglichen Steuerbescheide des Steuerpflichtigen entsprechend zu ändern.

5.6.2.4 Unternehmensbesteuerung

Die Kommission hatte 1990 einen Ausschuss zur Untersuchung der Unternehmensbesteuerung in der EG eingesetzt. Aufgabe dieses Ausschusses war es zu untersuchen, inwieweit es einer größeren Harmonisierung der Unternehmensbesteuerung bedarf. Der Ausschuss hat seinen Bericht (sog. Ruding-Bericht) 1992 vorgelegt.[1390] In dem Bericht werden erhebliche Unterschiede in der Art des Körperschaftsteuersystems, bei den Regelsteuersätzen und der Bestimmung der Bemessungsgrundlage, der steuerlichen Behandlung grenzüberschreitender Einkommensströme sowie der Berücksichtigung von Verlusten ausländischer Betriebsstätten und Tochtergesellschaften festgestellt.

1517

In dem Strategiepapier der Kommission vom 23. 5. 2001 – „Steuerpolitik in der Europäischen Union – Prioritäten für die nächsten Jahre" – wird dieser Bericht wieder aufgenommen.[1391] Für den Bereich der Unternehmensbesteuerung hat die EU-Kommission

1518

1390 BT-Drs. 13/4138.
1391 COM(2001) 260 final v. 23. 5. 2001, Tz. 3.2.2; vgl. auch SEK (2001)1681 v. 23. 10. 2001 „Unternehmensbesteuerung im Binnenmarkt".

im November 2003 eine Analyse unter dem Titel „Ein Binnenmarkt ohne unternehmenssteuerliche Hindernisse, Ergebnisse, Initiativen, Herausforderungen" vorgelegt, die ein Programm für die nächsten Jahre vorsieht.[1392] Weiterentwickelt wurde dies in der Mitteilung der Kommission an den Rat und das Europäische Parlament betreffend Umsetzung des Lissabon-Programms der Gemeinschaft.[1393] Die für Steuern und Zollunion zuständige Generaldirektion der Kommission erarbeitet zwei umfassende Ansätze, die auf die Beseitigung steuerlicher Hindernisse für im Binnenmarkt tätige Unternehmen abzielen. Dies sind:

▶ Die **Gemeinsame Konsolidierte Körperschaftsteuer-Bemessungsgrundlage – GKKB (Common Consolidates Corporate Tax Base – CCCTB)**,[1394] und

▶ eine Pilotregelung zur Besteuerung kleiner und mittlerer Unternehmen nach den Regeln des Sitzstaates (**Sitzlandbesteuerung – Homeland Taxation**).[1395]

1519 Im Juni 2015 verabschiedete die Kommission einen Aktionsplan für eine faire und effiziente Unternehmensbesteuerung in der EU.[1396] Im Rahmen dieses Plans sollen die Arbeiten an der GKKB wiederbelebt werden. Die Kommission vertrat die Auffassung, dass die GKKB eine gesamtheitliche Lösung für die gegenwärtigen Probleme im Bereich der Unternehmensbesteuerung in der EU biete. Durch ihre Umsetzung würde sich das Geschäftsumfeld im Binnenmarkt deutlich verbessern, dadurch dass es einfacher und günstiger für Unternehmen würde, über die Grenze hinweg aktiv zu werden. Gleichzeitig könnte sie als sehr wirksames Instrument gegen die Steuervermeidung eingesetzt werden, indem sie dazu beitragen würde, Spielräume zwischen den nationalen Systemen zu beheben und gängige Steuervermeidungsregelungen einzudämmen.

1520 Im Januar 2016 hat die Kommission ein Maßnahmenpaket zur Bekämpfung der Steuervermeidung vorgelegt, welches sich an die BEPS-Ergebnisse anlehnt.[1397] Ferner wurde im Oktober 2016 der Vorschlag einer Richtlinie für die GKKB vorgelegt, der zwischenzeitlich durch die verschiedenen Instanzen beraten wird.[1398] Dieses Paket umfasst

▶ eine Richtlinie zur Bekämpfung der Steuervermeidung mit einer Reihe von rechtsverbindlichen Maßnahmen, die alle Mitgliedstaaten umsetzen sollten, um die wichtigsten Bereiche der aggressiven Steuerplanung zu neutralisieren;

▶ eine Empfehlung zu Steuerabkommen mit Informationen darüber, wie die Mitgliedstaaten ihre Steuerabkommen am besten vor Missbrauch schützen und dabei im Einklang mit dem EU-Recht vorgehen;

▶ eine Überarbeitung der Richtlinie über die Zusammenarbeit der Verwaltungsbehörden, mit der eine länderbezogene Berichterstattung eingeführt werden soll, in deren Rahmen die Steuerbehörden wichtige Steuerinformationen über multinationale Unternehmen austauschen;

1392 COM(2003) 726 final v. 24. 11. 2003.
1393 COM(2005) 532 final v. 25. 10. 2005.
1394 Vorschlag für eine Richtlinie des Rates über eine Gemeinsame Konsolidierte Bemessungsgrundlage, COM(2011) 121 final v. 16. 3. 2011.
1395 COM(2005) 702 final v. 23. 12. 2005.
1396 COM(2015) 302 final v. 17. 6. 2015; MEMO/15/5174.
1397 MEMO/16/160.
1398 COM(2016) 683 final und COM(2016) 685 final.

- eine Mitteilung über eine externe Strategie für effektive Besteuerung, in der ein koordiniertes Vorgehen der EU in Bezug auf externe Steuervermeidungsrisiken und die Förderung des weltweiten verantwortungsvollen Handelns im Steuerbereich vorgestellt wird;
- eine einleitende Mitteilung und eine Arbeitsunterlage der Kommissionsdienststellen, in denen die politischen und wirtschaftlichen Beweggründe der einzelnen Maßnahmen erläutert werden.
- Nach der Neuwahl des Europäischen Parlaments und der EU-Kommission 2019 müssen allerdings diese Pläne wieder neu aufgenommen werden.

Weiter schlug die Europäische Kommission vor, dass die Mitgliedstaaten den kleineren und mittleren Unternehmen gestatten sollen, ihre zu versteuernden Unternehmensgewinne nach den Steuerregelungen des Landes zu ermitteln, in dem ihre Muttergesellschaft bzw. ihre Hauptverwaltung ansässig ist. Somit könnten KMU, die eine Tochtergesellschaft oder eine Zweigniederlassung in einem anderen Mitgliedstaat gründen wollen, ihren Gewinn auf Basis der vertrauten Steuerregelungen ihres Sitzlands ermitteln. Als KMU würden dabei Unternehmen mit weniger als 250 Beschäftigten, einem Jahresumsatz von höchstens 50 Mio. € und/oder einer Jahresbilanzsumme von bis zu 43 Mio. € gelten.

Sitzlandbesteuerung heißt nicht, dass ausschließlich im Sitzland Steuern erhoben werden. Es würde lediglich bedeuten, dass die Steuerbemessungsgrundlage (d.h. die steuerpflichtigen Gewinne) der KMU nach den Vorschriften des jeweiligen Sitzlandes berechnet würde. Jeder teilnehmende Mitgliedstaat würde dann seinen eigenen Körperschaftsteuersatz auf den Anteil der Gewinne anwenden, der entsprechend ihrem Anteil an der Gesamtlohnsumme und/oder des Gesamtumsatzes ermittelt würde.

5.6.2.5 Rechtsprechung des EuGH

Ausgangspunkt der Rechtsprechung des EuGH im Bereich der direkten Steuern (direkte Steuern auf Unternehmensgewinne und Privateinkommen, Gesellschaftssteuern, Körperschaftsteuern, Zins- und Kapitalertragsteuern) ist die Feststellung, dass die Rechtssetzungskompetenz hierfür in die ausschließliche Zuständigkeit der einzelnen Mitgliedstaaten fällt. Zugleich betont er aber immer wieder, dass die Mitgliedstaaten dieses Recht nur unter Beachtung und Wahrung des Gemeinschaftsrechts ausüben dürfen.

Ursprünglich hat sich die Rechtsprechung des EuGH im Bereich der direkten Steuern auf die Frage konzentriert, ob die unterschiedlichen Regelungen in den Einzelsteuergesetzen der Mitgliedstaaten für beschränkt und unbeschränkt Steuerpflichtige im Widerspruch zum Gemeinschaftsrecht stehen, und zwar zu Art. 18 AEUV (Diskriminierungsverbot, insbesondere wegen der Staatsangehörigkeit).[1399] Verboten sind danach nicht nur diskriminierende Maßnahmen, sondern auch ungerechtfertigte Behinderungen steuerlicher Art (sog. versteckte Diskriminierungen)[1400] hinsichtlich der Freizügig-

---

[1399] Bsp.: EuGH v. 4.10.1991 C-246/89 Kommission/Großbritannien, ABl 1991 C 294, 8.
[1400] Bsp.: EuGH v. 12.2.2002 C-385/00 De Groot, IStR 2003, 58.

keit der Arbeitnehmer und der Niederlassungsfreiheit, selbst wenn diese unterschiedslos für eigene und ausländische Staatsangehörige gelten.[1401]

1525 Im Fokus der Rechtsprechung steht die Vereinbarkeit der nationalen Regelung mit den **Grundfreiheiten:**

- ▶ **Freizügigkeit** (Art. 21 AEUV),[1402]
- ▶ **Warenverkehrsfreiheit** (Art. 28 ff. AEUV),[1403]
- ▶ **Freizügigkeit der Arbeitnehmer** (Art. 45 ff. AEUV),[1404]
- ▶ **Niederlassungsfreiheit** (Art. 49 ff. AEUV),[1405] wobei die Niederlassungsfreiheit ausdrücklich auch die Freiheit umfasst, die Rechtsform für die Ausübung der Tätigkeit frei zu wählen (Tochterkapitalgesellschaft, Personengesellschaft, Betriebsstätte oder Einzelunternehmen),[1406] und außerdem die Freiheit, den Geschäftssitz in ein anderes Mitgliedland zu verlegen,
- ▶ **Dienstleistungsfreiheit** (Art. 56 ff. AEUV),[1407]
- ▶ **Kapitalverkehrsfreiheit** (Art. 63 ff. AEUV).[1408]

1526 Nach Auffassung des EuGH wird das Recht auf Freizügigkeit durch die Regelungen der Art. 45 ff. AEUV konkretisiert, d.h. die Art. 45 ff. AEUV gehen als Lex specialis dem Art. 21 AEUV vor.

1527 Das **Verhältnis zwischen Kapitalverkehrsfreiheit und Niederlassungsfreiheit** hat der EuGH in folgender Weise abgegrenzt: Ob eine nationale Regelung unter die eine oder unter die andere Verkehrsfreiheit fällt, entscheidet sich nach dem Gegenstand der betretenden nationalen Regelung: Eine nationale Regelung, die nur auf Beteiligungen anwendbar ist, die es ermöglichen, einen sicheren Einfluss auf die Entscheidungen einer Gesellschaft auszuüben und deren Tätigkeiten zu bestimmen, fällt unter die Niederlassungsfreiheit.[1409] Diese Grundfreiheit ist bei Drittstaatensachverhalten nicht anwendbar. Hingegen sind nationale Bestimmungen über Beteiligungen, die in der alleinigen Absicht der Geldanlage erfolgen, ohne dass auf die Verwaltung und Kontrolle des Unternehmens Einfluss genommen werden soll, ausschließlich im Hinblick auf den freien Kapitalverkehr zu prüfen, unabhängig davon, wie hoch die Beteiligung im Einzelfall ist.[1410] Diese Grundfreiheit ist auch bei Drittstaatensachverhalten anwendbar. Nach der Rechtsprechung des EuGH liegt kein sicherer Einfluss auf die Entscheidungen der Ge-

---

[1401] Bsp.: EuGH v. 14.12.2000 C-141/99 AMID, IStR 2001, 86, zum Problem der sog. Inländerdiskriminierung.
[1402] Bsp.: EuGH v. 9.11.2006 C-520/04 Turpeinen, IStR 2006, 821.
[1403] Bsp.: EuGH v. 14.12.2001 C-463/01 Kommission/Bundesrepublik, EWS 2005, 22.
[1404] Bsp.: EuGH v. 25.1.2007 C-329/05 Meindl, IStR 2007, 143.
[1405] Bsp.: EuGH v. 21.2.2013 C-123/11 A Oy, IStR 2013, 239; v. 12.9.2006 C-196/04 Cadbury Schweppes, IStR 2006, 670; v. 13.12.2005 C-446/03 Marks & Spencer Plc., IStR 2006, 19.
[1406] Bsp.: EuGH v. 23.2.2006 C-253/03 CLT-UFA, IStR 2006, 200; daran anschließend BFH v. 9.8.2006 I R 31/01, BFH/NV 2007, 158, sowie BMF v. 17.10.2007, BStBl I 2007, 766.
[1407] Bsp.: EuGH v. 11.9.2007 C-318/05 Kommission/Bundesrepublik Deutschland, DStRE 2007, 1300.
[1408] Bsp.: EuGH v. 19.7.2012 C-31/11 Scheunemann, IStR 2012, 723; v. 14.11.2006 C-513/04 Mark Kerckhaert, Bernadette Morres, IStR 2007, 66; v. 23.2.2006 C-513/03 van Hilten-van der Heijden, IStR 2006, 309; v. 5.7.2005 C-376/03 Fall D., IStR 2005, 483.
[1409] Bsp.: EuGH v. 11.9.2014 C-47/12 Kronos, IStR 2014, 724.
[1410] EuGH v. 19.7.2012 Scheunemann, C-31/11, IStR 2012, 723, zu § 13a ErbStG (Vorlagebeschluss BFH v. 15.12.2010 II R 63/09, BStBl 2001 II 221).

sellschaft bei weniger als 10 % vor. Eine Beteiligung von mindestens 10 % und mehr lässt nicht zwangsläufig den Schluss zu, dass ein sicherer Einfluss auf die Entscheidungen der Gesellschaft möglich ist; auch für eine Beteiligungsquote von 20 % hat der EuGH dies ausgesprochen.[1411]. Erst ab eine Beteiligung von 25 % und mehr ist lt. EuGH ein sicherer Einfluss möglich.[1412] Ob ein sicherer Einfluss möglich ist, hängt (auch) vom nationalen Recht ab, in Deutschland im Hinblick auf das AktG wohl erst i. d. R. von mehr als 25 %. Der BFH hat sich unter Aufgabe seiner früheren Rechtsprechung der Rechtsprechung des EuGH angeschlossen.[1413] Kann nicht entschieden werden, ob die streitige Vorschrift vorwiegend unter Art. 49 AEUV oder unter Art. 63 AEUV fällt, ist sie dann anhand der Art. 63 AEUV und 65 AEUV wie auch von Art. 49 AEUV zu prüfen.[1414]

Der EuGH hat in vier Urteilen aus den Jahren 1995 und 1996 – Rechtssache **Schumacker**,[1415] Rechtssache Wielockx,[1416] Rechtssache Biehl II[1417] und Rechtssache Asscher[1418] – für die Besteuerung nichtansässiger natürlicher Personen allgemeingültige Regeln aufgestellt, die in den Folgejahren weiterentwickelt und verfeinert wurden.

1528

Der EuGH geht von folgenden Grundsätzen aus:

1529

▶ Die direkten Steuern fallen zwar in die Zuständigkeit der Mitgliedstaaten, aber diese haben unter Wahrung des Gemeinschaftsrechts jegliche offensichtliche oder versteckte Diskriminierung aufgrund der Staatsangehörigkeit zu unterlassen.

▶ Die Vorschriften über die Gleichbehandlung verbieten nicht nur offensichtliche Diskriminierungen aufgrund der Staatsangehörigkeit, sondern auch alle versteckten Formen der Diskriminierung, die durch die Anwendung anderer Unterscheidungsmerkmale tatsächlich zu dem gleichen Ergebnis führen.

▶ Gebietsansässige und Gebietsfremde in einem Staat befinden sich im Hinblick auf die direkten Steuern in der Regel nicht in einer vergleichbaren Situation, denn das Einkommen, welches ein Gebietsfremder im Hoheitsgebiet eines Staates erzielt, stellt meist nur einen Teil seiner Gesamteinkünfte dar, deren Schwerpunkt an seinem Wohnort liegt, und die persönliche Steuerkraft des Gebietsfremden, die sich aus der Berücksichtigung seiner Gesamteinkünfte sowie seiner persönlichen Verhältnisse und seines Familienstands ergibt, kann am leichtesten an dem Ort beurteilt werden, an dem der Mittelpunkt seiner persönlichen Interessen und seiner Vermögensinteressen liegt; dieser Ort ist in der Regel der Ort des gewöhnlichen Aufenthalts der betroffenen Person.

▶ Zwar knüpfen die Ertragsteuern der Mitgliedstaaten nicht an die Staatsangehörigkeit an, aber die Unterschiede zwischen beschränkter und unbeschränkter Steuerpflicht wirken sich hauptsächlich zum Nachteil der Gebietsfremden aus. Demnach

---

1411 EuGH v. 7. 9. 2017 C-6/16 Eqiom und Enka, BB 2017, 2340.
1412 EuGH v. 20. 12. 2017 C-504/16, C-613/16 Deister, IStR 2018, 197.
1413 BFH v. 24. 7. 2018 I R 73/16, BFH/NV 2019, 241.
1414 EuGH v. 13. 3. 2014 C-375/12 Bouanich, RIW 2014, 312.
1415 EuGH v. 14. 2. 1995 C-279/93 Schumacker, NJW 1995, 1207.
1416 EuGH v. 11. 8. 1995 C-80/94 Wielockx, DB 1995, 2147.
1417 EuGH v. 26. 10. 1995 C-151/94 Biehl II, ABl 1995 C 351, 1.
1418 EuGH v. 27. 6. 1996 C-107/94 Asscher, NJW 1996, 2921.

stellen Steuerunterschiede zwischen unbeschränkter und beschränkter Steuerpflicht grundsätzlich eine mittelbare Diskriminierung dar.[1419]

▶ Steuervergünstigungen, die bei beschränkter Steuerpflicht nicht gewährt werden, stellen eine Diskriminierung i. S. des AEUV dar, wenn kein objektiver Unterschied zur unbeschränkten Steuerpflicht besteht, der eine Ungleichbehandlung rechtfertigen würde;[1420] diese Ungleichbehandlung ist dann zu bejahen, wenn die Gesamtheit oder fast die Gesamtheit des Welteinkommens im Arbeitsstaat erzielt wird, sodass die Einkünfte im Wohnsitzstaat nicht hoch genug sind, um eine Berücksichtigung der persönlichen Umstände und Leistungsfähigkeit des Steuerpflichtigen zu ermöglichen.[1421]

▶ Den Mitgliedstaaten ist es verwehrt, durch steuerrechtliche Maßnahmen andere Zwecke zu verfolgen, die eine Diskriminierung in anderen Rechtsbereichen darstellen oder gegen geltende EU-Bestimmungen in anderen Rechtsbereichen verstoßen, z. B. im Bereich des sozialen Systems.

1530 Weiter vertritt der EuGH die Auffassung, dass steuerliche Maßnahmen, die geeignet sind, die Ausübung einer der vorgenannten Grundfreiheiten zu beeinträchtigen, eine europarechtswidrige Grundrechtsbeschränkung darstellen (**Prinzip der Nichtbeschränkung**). Hierzu formuliert er in ständiger Rechtsprechung etwa wie folgt: „Auch wenn die Bestimmungen über die Freizügigkeit [der Arbeitnehmer] nach ihrem Wortlaut insbesondere die Inländerbehandlung im Aufnahmestaat sichern sollen, verbieten sie es doch auch, dass der Herkunftsstaat die freie Annahme und Ausübung einer Beschäftigung durch einen seiner Staatsangehörigen in einem anderen Mitgliedstaat behindert".[1422] Und der BFH hat wie folgt formuliert: Die Grundfreiheiten erfassen die gleichheitswidrige Schlechterbehandlung eines im Inland tätigen Ausländers (oder Gebietsfremden) gegenüber einem ebenfalls im Inland tätigen Inländer (oder Gebietsansässigen) oder eine Ungleichbehandlung eines im Inland ansässigen Klägers mit verwirklichtem ausländischen Sachverhalt gegenüber einem im Inland verbliebenen Gebietsansässigen, nicht hingegen eine Ungleichbehandlung des im Inland ansässigen Klägers, der seine Einkünfte aus einem luxemburgischen Arbeitsverhältnis erzielt, gegenüber den in Luxemburg wohnhaften Angestellten desselben Arbeitgebers.[1423]

1531 Abgelehnt hat der EuGH eine steuerliche Gleichstellung aus Gründen des Meistbegünstigungsprinzips.[1424]

[1419] EuGH v. 28. 2. 2013 C-425/11 Ettwein, BStBl 2013 II 896.
[1420] EuGH v. 18. 6. 2015 C-9/14 Kieback, IStR 2015, 554.
[1421] EuGH v. 19. 11. 2015 C-632/13 Hirvonen, IStR 2015, 971; v. 19. 11. 2015 C-241/14 Bukovansky, IStR 2016, 115.
[1422] EuGH v. 12. 2. 2002 C-385/00 De Groot, IStR 2003, 58.
[1423] BFH v. 25. 1. 2012 I B 103/11, BFH/NV 2012, 1141.
[1424] EuGH v. 5. 7. 2005 C-376/03 Fall D., IStR 2005, 483.

Als Rechtfertigungsgründe für eine Einschränkung der Grundfreiheiten hat der EuGH anerkannt: 1532

- Die Notwendigkeit der Gewährleistung der Kohärenz des nationalen Steuersystems;[1425]
- die Wirksamkeit nationaler steuerlicher Kontrollen (= Wirksamkeit der Steueraufsicht);[1426] allerdings hat der EuGH in ständiger Rechtsprechung darauf verwiesen, dass Schwierigkeiten im Zusammenhang mit der Informationsbeschaffung aus dem Ausland eine Einschränkung der Grundfreiheiten nicht rechtfertigt, da sich die betroffenen Finanzbehörden aufgrund der EU-Amtshilfe-Richtlinie an die Behörden eines anderen Mitgliedstaats wenden können, um alle Auskünfte zu erhalten, die sich als notwendig für die ordnungsgemäße Bemessung der Steuer eines Steuerpflichtigen einschließlich der Frage, ob diesem eine Steuerbefreiung gewährt werden kann, erweisen;[1427]
- vom Unionsrecht anerkannte zwingende Gründe des Allgemeininteresses;[1428]
- die Notwendigkeit, eine ausgewogene Aufteilung der Besteuerungsbefugnis zwischen den Mitgliedstaaten zu wahren;[1429]
- die Verhinderung der Steuerumgehung.[1430]

Aber auch bei diesen Rechtfertigungsgründen muss immer der Grundsatz der Verhältnismäßigkeit gewahrt bleiben.[1431] 1533

In der Rechtsprechungspraxis sind diese Rechtfertigungsgründe vom EuGH nur sehr restriktiv zugelassen worden; in dem meisten Fällen wurden dagegen die jeweiligen nationalen Regelungen als nicht vereinbar mit den Grundfreiheiten angesehen. So hat der EuGH wiederholt entschieden, dass die Bekämpfung der Steuerflucht oder das Ausnützen der steuerlichen Vergünstigungen in einem anderen Mitgliedstaat nicht als Rechtfertigung für eine nationale Regelung dienen kann, die die Grundfreiheiten beschränkt.[1432] 1534

1425 Begründet durch EuGH v. 28.1.1992 C-204/90 Bachmann, RIW 1992, 334, und v. 28.1.1992 C-300/90 Kommission/Belgien, RIW 1993, 777; dieses Prinzip bedeutet, dass unter bestimmten Umständen eine Regelung gerechtfertigt sein kann, die geeignet ist, die Grundfreiheiten zu beschränken, wenn diese Beschränkung in einem unmittelbaren inneren Zusammenhang mit der Gewährung einer steuerlichen Vergünstigung steht, z.B. Abzugsfähigkeit von Versicherungsbeiträgen und Besteuerung derjenigen Leistungen, die von Versicherungsunternehmen im Falle des Versicherungseintritts geschuldet werden.
1426 Bsp.: EuGH v. 14.9.2006 C-386/04 Stauffer, IStR 2006, 675, in dem sich der EuGH u.a. mit dem Einwand auseinandersetzt, dass es an einer ausreichenden Kontrolle fehlt.
1427 Bsp.: EuGH v. 6.12.2018 C-480/17, IStR 2019, 27.
1428 Bsp.: EuGH v. 31.5.2018 C-382/16 Hornbach, IStR 2018, 1221.
1429 Bsp.: EuGH v. 31.12.2018 C-382/16 Hornbach, IStR 2018, 1221.
1430 Bsp.: EuGH v. 18.7.2007 C-231/05 Oy AA, IStR 2007, 631.
1431 Bsp.: EuGH v. 11.9.2007 C-76/05 Schwarz und Gootjes-Schwarz, IStR 2007, 703; v. 11.9.2007 C-318/05 Kommission/Bundesrepublik Deutschland, DStRE 2007, 1300.
1432 Bsp.: EuGH v. 12.9.2006, C-196/04 Cadbury Schweppes, IStR 2006, 670.

5.6.2.6 Doppelbesteuerungsabkommen

1535 Die Bestrebungen, ein EU-weites DBA zu entwickeln und abzuschließen, ruhen de facto. In 2005 hat die Kommission ein Papier vorgelegt (Doppelbesteuerungsabkommen und Recht der Europäischen Gemeinschaft).[1433] Seitdem sind keine neuen Papiere, Entschließungen o. Ä. zu verzeichnen. Welche Pläne die Kommission hat, die ab Herbst 2019 ihr Amt antritt, ist in diesem Bereich bisher noch nicht konkretisiert worden.

5.6.3 Verbrauch- und Verkehrsteuern

1536 Bei den Verbrauch- und Verkehrsteuern sind u. a. folgende Harmonisierungserfolge zu verzeichnen (vgl. auch Richtlinie 2008/118/EG des Rates vom 16. 12. 2008 über das allgemeine Verbrauchsteuersystem):[1434]

- ▶ Harmonisierung anderer Verbrauchsteuern auf Tabakwaren als die Umsatzsteuer;
- ▶ Harmonisierung der Struktur und Annäherung der Steuersätze der Verbrauchsteuern auf Mineralöl, Alkohol und alkoholische Getränke;
- ▶ Einführung von Mindeststeuersätzen ab 1. 1. 1993 für Mineralölsteuer (einschließlich Heizöl), Weinsteuer, Biersteuer und Tabaksteuer;
- ▶ Harmonisierung der indirekten Steuern auf die Ansammlung von Kapital (Gesellschaftsteuer);[1435]
- ▶ Steuerbefreiungen für Privatpersonen. Verschiedene Richtlinien dienen der Erleichterung des grenzüberschreitenden Reiseverkehrs und behandeln so unterschiedliche Dinge wie etwa Steuerbefreiungen bei der Einfuhr von Gegenständen zum privaten Verbrauch (Bsp.: Zigaretten, Spirituosen, Wein), bei der Einfuhr von Treibstoff, bei der Einfuhr von Waren in Kleinsendungen nicht kommerzieller Art usw.

1537 Im Bereich der Verbrauchsteuern existiert eine Verordnung über die Zusammenarbeit der Verwaltungsbehörden auf dem Gebiet der Verbrauchsteuern – VO (EU) 389/2012 v. 2. 5. 2012.[1436]

5.7 Amts- und Rechtshilfe sowie Informationsaustausch[1437]

1538 Der funktionierende Informationsaustausch innerhalb der EU/des EWR aufgrund verschiedener Richtlinien ist in einer ganzen Reihe von Vorschriften des deutschen Steuerrechts Voraussetzung für deren Anwendung (Bsp.: § 6 Abs. 5 Satz 2 AStG).

1433 TAXUD E1/FR DOC (05) 2306.
1434 ABl 2009 L 9, 13.
1435 ABl 1969 L 249, 25.
1436 ABl 2012 L 121, 1, geändert durch VO (EU) Nr. 517/2013 v. 13. 5. 2013, ABl 2013 L 158, 1.
1437 Vgl. hierzu auch Rdn. 1006 ff. bzw. 157 zu der Amts- und Rechtshilfe.

Am 19.12.1977 hatte der Rat die Richtlinie über die gegenseitige Amtshilfe im Bereich der direkten Steuern 77/799/EWG **(Amtshilferichtlinie)** beschlossen.[1438] Mit ihr sollte die Zusammenarbeit zwischen den Steuerverwaltungen innerhalb der Gemeinschaft verbessert und verstärkt werden. Ziel war die Bekämpfung der internationalen Steuerflucht und Steuerumgehung einschließlich künstlicher Gewinnverlagerungen innerhalb von Konzernen insbesondere durch den Austausch von Informationen. In innerstaatliches Recht wurde diese Richtlinie durch das „Gesetz zur Durchführung der EG-Richtlinie über die gegenseitige Amtshilfe im Bereich der direkten und indirekten Steuern (EG-Amtshilfe-Gesetz – EGAHiG)" umgesetzt.[1439] Dieses Gesetz ist mit Wirkung vom 1.1.2013 aufgehoben worden.

1539

Durch die Änderungs-Richtlinie vom 6.12.1979 ist die gegenseitige Amtshilfe auf die Umsatzsteuer erstreckt worden.[1440] Mit der Einführung des Binnenmarktes wurde der Anwendungsbereich ausgedehnt. Es wurden nicht nur der sachliche Umfang, sondern auch die Zielsetzung erweitert: Aufgenommen wurden die Auskünfte bezüglich der Festsetzung und Erhebung der Verbrauchsteuern auf Mineralöl, Alkohol, alkoholische Getränke und Tabakwaren sowie die Überwachung der innergemeinschaftlichen Warenströme, die diesen Verbrauchsteuern unterliegen.

1540

Am 15.2.2011 wurde die neue „Richtlinie 2011/16/EU des Rates über die Zusammenarbeit der Verwaltungsbehörden im Bereich der Besteuerung und zur Aufhebung der Richtlinie 77/799/EWG" verabschiedet.[1441] Sie ist ab dem 1.1.2013 anzuwenden. Die Umsetzung der neuen Richtlinie erfolgte durch das „Gesetz über die Durchführung der gegenseitigen Amtshilfe in Steuersachen zwischen den Mitgliedstaaten der Europäischen Union **(EU-Amtshilfegesetz – EUAHiG)**".[1442] Ergänzt und erweitert wurde diese Richtlinie durch die Änderungsrichtlinie (EU) 2015/2376 vom 8.12.2015.[1443] Die Änderungsrichtlinie wird durch weitere Änderungsrichtlinien bezüglich der Verpflichtung zum automatischen Austausch von Informationen im Bereich der Besteuerung ergänzt. Durch das „Gesetz zur Umsetzung der Änderungen der EU-Amtshilferichtlinie und von weiteren Maßnahmen gegen Gewinnkürzungen und -verlagerungen" vom 20.12.2016[1444] wurde die Änderungsrichtlinie vom 8.12.2015 sowie die weitere Richtlinie umgesetzt durch Änderung und Ergänzung des EUAHiG. Danach sind innerhalb der EU Informationen über grenzüberschreitende steuerliche Vorbescheide und Vorabverständigungen über Verrechnungspreise zwischen international verbundenen Unternehmen automatisch auszutauschen. Ferner übermitteln die Mitgliedstaaten länderbezogene Berichte an die zuständigen Behörden der Mitgliedstaaten, für die in dem länderbezogenen Bericht Angaben i. S. von § 138a Abs. 2 AO[1445] enthalten sind. Bei der

1541

[1438] ABl 1977 L 336, 15; vgl. hierzu EuGH v. 13.4.2000 C-420/98 Fall W.N., IStR 2000, 334, betreffend die Unterrichtung spanischer Finanzbehörden durch die niederländischen Finanzbehörden über Unterhaltszahlungen in die Schweiz.
[1439] BStBl 1985 I 735, mit nachfolgenden Änderungen.
[1440] ABl 1979 L 331, 8.
[1441] ABl 2011 L 64, 1.
[1442] BStBl 2013 I 802.
[1443] ABl 2015 L 332, 1.
[1444] BStBl 2017 I 5.
[1445] Rdn. 1710 ff.

Anwendung des EUAHiG sind das Steuergeheimnis und die gesetzlich erlaubten Durchbrechungen zu beachten.[1446] Schließlich wurde die Amtshilferichtlinie geändert bzw. ergänzt durch die Richtlinie (EU) 2018/822 des Rates vom 25. Mai 2018 zur Änderung der Richtlinie 2011/16/EU bezüglich des verpflichtenden automatischen Informationsaustauschs im Bereich der Besteuerung über meldepflichtige grenzüberschreitende Gestaltungen.[1447]

1542 Nach § 1 Abs. 1 EUAHiG regelt das Gesetz den Austausch von voraussichtlich erheblichen Informationen in Steuersachen zwischen Deutschland und den anderen EU-Mitgliedstaaten. Es ist anzuwenden für jede Art von Steuern, die von einem oder für einen Mitgliedstaat oder dessen Gebiets- oder Verwaltungseinheiten einschließlich der örtlichen Behörden erhoben werden. Nicht anzuwenden ist das Gesetz nach § 1 Abs. 2 auf Umsatzsteuer (einschließlich Einfuhrumsatzsteuer), Zölle, harmonisierte Verbrauchsteuern, Beiträge und Umlagen sowie damit verbundene Abgaben und Gebühren nach dem SGB und Gebühren.

1543 Zuständige Behörde für die Amtshilfe ist grundsätzlich der BMF, zentrales Verbindungsbüro das BZSt. Vorgesehen ist

- Information auf Ersuchen von oder an einen anderen EU-Mitgliedstaat (§§ 4 bis 6 EUAHiG);[1448]
- Automatische Übermittlung von Informationen (§ 7 EUAHiG);
- Spontane Übermittlung von Informationen an andere und von anderen EU-Mitgliedstaaten (§§ 8 und 9 EUAHiG);
- Anwesenheit von Bediensteten in anderen Mitgliedstaaten bzw. in Deutschland (§§ 10 bis 11 EUAHiG);[1449]
- Gleichzeitige Prüfung (§ 12 EUAHiG);[1450]
- Zustellungsersuchen (§§ 13 bis 14 EUAHiG), sowie
- Informationsübermittlung an Drittstaaten (§ 18 EUAHiG).

1544 Die Grenzen des Auskunftsverkehrs werden durch § 4 Abs. 3 EUAHiG geregelt. So ist den deutschen Behörden z. B. der Auskunftsverkehr dann untersagt, wenn dieser die öffentliche Ordnung beeinträchtigt oder wenn die Gefahr besteht, dass durch die Auskunft ein Handels- oder Berufsgeheimnis preisgegeben wird.

1545 Das Ersuchen eines anderen Mitgliedstaates ist unverzüglich, spätestens aber innerhalb von 6 Monaten nach Eingang des Ersuchens zu beantworten (§ 5 EUAHiG).

1546 Obwohl das EUAHiG neu ist, wird man die bisherige Rechtsprechung des BFH zum EGAHiG zur Interpretation der Normen mit der gebotenen Vorsicht heranziehen können.[1451]

[1446] FG Köln v. 13. 4. 2018 2 V174/18, EFG 2018, 1164.
[1447] Rdn. 162.
[1448] FG Köln v. 23. 2. 2018 2 V 814/17, EFG 2018, 852; v. 30. 6. 2017 2 V 687/17, EFG 2017, 1568; BFH v. 12. 9. 2017 I R 97/15, BFH/NV 2018, 177.
[1449] FG Köln v. 20. 10. 2017 2 V 1055/17, juris.
[1450] FG Köln v. 23. 5. 2017 2 V 2498/16, EFG 2017, 1322.
[1451] FG Köln v. 14. 3. 2017 2 K 2733/13, EFG 2017, 1489; v. 7. 9. 2015 2 V 1375/15, EFG 2015, 1769.

Im Hinblick auf den Austausch personenbezogener Daten müssen die Besonderheiten nach § 117a AO beachtet werden. 1547

Einzelheiten für die Abwicklung des Auskunftsverkehrs zwischen den Finanzbehörden sind im **„Merkblatt für die zwischenstaatliche Amtshilfe durch Informationsaustausch in Steuersachen – Stand: 1.1.2019"**[1452] geregelt. In diesen Zusammenhang gehört auch das BMF-Schreiben betreffend „Zwischenstaatliche Rechtshilfe in Steuerstrafsachen"[1453] und das „Merkblatt zum internationalen Verständigungsverfahren und Schiedsverfahren auf dem Gebiet der Steuern vom Einkommen und vom Vermögen"[1454]. 1548

Zur Vermeidung von Umsatzsteuerausfällen hat der Rat die Verordnung über die Stärkung der Zusammenarbeit der Verwaltungsbehörden und die Betrugsbekämpfung auf dem Gebiet der Mehrwertsteuer-Verordnung (EU) Nr. 904/2010 des Rates erlassen.[1455] Diese Verordnung regelt die Grundsätze des Informationsaustausches und der Amtshilfe zwischen den Finanzbehörden der Mitgliedstaaten und der Kommission auf der Basis einer elektronischen Datenbank. Die Verordnung findet keine Anwendung auf die Einfuhrumsatzsteuer. 1549

5.8 Die Bekämpfung des Steuerbetrugs, der Steuerhinterziehung und der aggressiven Steuerplanung

Sowohl die Steuererhebung als auch die Bekämpfung von Steuerbetrug und Steuerhinterziehung liegen grundsätzlich in der Zuständigkeit der EU-Mitgliedstaaten. Allerdings möchte die EU eine Plattform für einen Austausch von Informationen und eine Zusammenarbeit aller EU-Mitgliedstaaten bieten, und zwar hinsichtlich aller Steuern mit den Schwerpunkten Mehrwertsteuer und Besteuerung von Zinserträgen. 1550

In den Zusammenhang mit Bekämpfung der Steuerumgehung gehört ein Maßnahmenpaket vom Januar 2016.[1456] 1551

Am 6.10.2015 hat der Rat der Wirtschafts- und Finanzminister der EU-Mitgliedstaaten sich auf einen automatischen Informationsaustausch über Steuervorbescheide mit grenzübergreifender Wirkung geeinigt.[1457] Dieser automatische Austausch informiert über sog. Advance Tax Rulings (ATR = verbindliche Vorbescheide) und Advance Pricing Agreements (APA)[1458] in einem Turnus von jeweils sechs Monaten. Verabschiedet ist Richtlinie (EU) 2018/822 des Rates vom 25.5.2018 zur Änderung der Richtlinie 2011/16/EU bezüglich des verpflichtenden automatischen Informationsaustauschs im 1552

1452 BMF v. 29.5.2019, BStBl 2019 I 480.
1453 BMF v. 16.11.2006, BStBl 2006 I 698, ergänzt durch BMF v. 10.11.2015, BStBl 2016 I 138.
1454 BMF v. 9.10.2018, BStBl 2018 I 1122.
1455 ABl 2010 L 268, 1, zuletzt geändert durch Verordnung (EU) 2018/1541 v. 2.10.2018.
1456 Rdnr. 1520.
1457 IP/15/5780.
1458 Vgl. Rdn. 1735.

Bereich der Besteuerung über meldepflichtige grenzüberschreitende Gestaltungen.[1459]

1553 Die EU hat mit der Schweiz, Liechtenstein und Monaco Steuertransparenzabkommen geschlossen. Am 30.9.2017 hat der automatische Austausch von Informationen über die Finanzkonten der jeweiligen Gebietsansässigen begonnen.[1460] Die Regelung gilt damit ab dem Jahr, in dem der automatische Austausch nach demselben Standard auch zwischen den Mitgliedstaaten erfolgt. Mit weiteren klassischen Steueroasen werden Verhandlungen geführt.

1554 Die EU hat am 12.4.2016 den Entwurf zu einer Änderung der (Bilanz-)Richtlinie 2013/34/EU zwecks Einführung eines Country-by-Country-Reports vorgelegt[1461] und schließt somit auch in diesem Bereich den OECD-Ergebnissen in Bezug auf BEPS an. Diese Änderungsrichtlinie wurde im Europäischen Parlament diskutiert und es wurden zusätzliche Regeln für die Erweiterung des Country-by-Country-Reports verabschiedet. Ein Kompromissvorschlag kam am 19.12.2017 zu Stande.[1462]

1555 Weitere Maßnahmen zur Bekämpfung von Steuermissbrauch bzw. Steuerumgehung sind die ATAD-I-Richtlinie und die ATAD-II-Richtlinie[1463] sowie die DAC6.[1464]

5.9 Beitreibungshilfe

1556 Zur gegenseitigen Unterstützung der Mitgliedstaaten bei der Vollstreckung von Erstattungen, Interventionen, Abschöpfungen, Zöllen, Verbrauchsteuern, Umsatzsteuern, Steuern vom Einkommen, Ertrag und Vermögen, Steuern auf Versicherungsprämien, Zinsen, von Verwaltungsbehörden verhängte Geldstrafen und Geldbußen sowie Kosten, die im Zusammenhang mit den vorbezeichneten Forderungen stehen, ausgenommen jedoch Sanktionen mit strafrechtlichem Charakter, existierte die EG-Richtlinie 76/308/EWG.[1465]

1557 Umgesetzt wurde die Beitreibungs-Richtlinie durch das Gesetz zur Durchführung der EG-Beitreibungsrichtlinie (EG-Beitreibungsgesetz – EGBeitrG)[1466] vom 10.8.1979.

1558 Am 16.3.2010 hat der Rat die neue „Richtlinie 2010/24/EU über die Amtshilfe bei der Beitreibung von Forderungen in Bezug auf bestimmte Steuern, Abgaben und sonstige Maßnahmen" (**Beitreibungsrichtlinie**) angenommen.[1467] Ziel dieser Richtlinie ist es, ihren Anwendungsbereich auf alle Steuern und Abgaben auszudehnen, die von den Mitgliedstaaten erhoben werden. Die Durchführung der Amtshilfe soll effizienter und effektiver ausgestaltet werden. Die neue Richtlinie ist seit 1.1.2012 anzuwenden. In Deutschland geschieht die Umsetzung der Richtlinie durch das „Gesetz über die Durch-

---

1459 Vgl. Rdn. 162.
1460 Vgl. Rdn. 1030.
1461 COM(2016) 198 final.
1462 ST 13685 2017 REV 1.
1463 Rdn. 244.
1464 Rdn. 1501.
1465 ABl 1976 L 73, 18.
1466 Zu den Voraussetzungen eines Beitreibungsersuchens BFH v. 11.12.2012 VII R 70/11, BStBl 2013 II 475.
1467 ABl 2010 L 84, 1.

führung der Amtshilfe bei der Beitreibung von Forderungen in Bezug auf bestimmte Steuern, Abgaben und sonstige Maßnahmen zwischen den Mitgliedstaaten der Europäischen Union (**EU-Beitreibungsgesetz – EUBeitrG**)".[1468] Mit dem Inkrafttreten trat das EGBeitrG außer Kraft. Einzelheiten ergeben sich aus dem **„Merkblatt zur zwischenstaatlichen Amtshilfe bei der Steuererhebung (Beitreibung) – Stand 1. 7. 2013"**.[1469]

5.10 Der Europäische Wirtschaftsraum

Ausgangspunkt der Entwicklung des Europäischen Wirtschaftsraums – EWR (European Economic Area – EEA) ist die 1960 gegründete European Free Trade Association (EFTA). Gründungsstaaten waren Dänemark, Norwegen, Österreich, Portugal, Schweden, die Schweiz und Großbritannien. Es folgten Finnland, Island und Liechtenstein. Dänemark und Großbritannien traten 1973 der EWG bei, Portugal 1986. Um die möglichst weitgehende Teilnahme der verbleibenden EFTA-Staaten am Binnenmarkt zu ermöglichen, handelten diese und die EU **1992 das Abkommen über den Europäischen Wirtschaftsraum** aus.[1470] Am 1. 1. 1994 trat das Abkommen für Finnland, Island, Norwegen, Österreich und Schweden in Kraft. Da das Abkommen in der Schweiz nicht ratifiziert wurde, erfolgte 1994 eine Anpassung des Abkommens. Zum 1. 1. 1995 traten die EFTA-Staaten Finnland, Österreich und Schweden der EU bei. Schließlich trat das EWR-Abkommen am 1. 2. 1995 für das Fürstentum Liechtenstein in Kraft. Heute sind nur noch Island, Liechtenstein, Norwegen und die Schweiz EFTA-Mitgliedstaaten.

1559

In dem durch die EWR-Übereinkunft bezeichneten Gebiet – EU-Mitgliedstaaten sowie Island, Fürstentum Liechtenstein und Norwegen – haben Unternehmen und Staatsbürger aus den EFTA-Staaten das Recht auf die gleiche Behandlung wie Unternehmen und Staatsbürger der EU-Staaten in der gesamten Europäischen Wirtschaftszone. Dies hat zur Konsequenz, dass im Steuerrecht Vergünstigungen an den geografischen Bereich der EU und des EWR geknüpft werden – Bsp.: § 6 Abs. 5 AStG –, und dieser Bereich i. d. R. einheitlich behandelt wird.

1560

Für die Umsetzung und Entwicklung des EWR-Vertrages wurden eigene Organe geschaffen:

1561

- Der **Rat** als oberstes Organ setzt sich aus den Vertretern der Regierungen der Mitgliedsstaaten zusammen. Er entwickelt die Leitlinien für die Verwirklichung und die Weiterentwicklung des EWR-Vertrages.
- Der **Gemeinsame Ausschuss** ist mit der Durchführung des Vertrages in der Praxis beauftragt.
- Der **Gemischte Parlamentarische Ausschuss** setzt sich aus Mitgliedern des Europäischen Parlaments und der Parlamente der dem EWR angehörenden EFTA-Staaten zusammen. Er kann seine Meinung in Form von Berichten oder Entschließungen abgeben.

1468 BGBl 2011 I 2592; vgl. BFH v. 28. 11. 2017 VII R 30/15, BFH/NV 2018, 405.
1469 BMF v. 23. 1. 2014, BStBl 2014 I 188; vgl. BVerfG v. 23. 5. 2019 1 BvR 1724/18, IStR 2019, 666; BFH v. 28. 11. 2017 VII R 30/15, BFH/NV 2018, 405.
1470 ABl 1994 L 1, 3.

1562 Die Überwachung und Durchsetzung der Vertragsbestimmungen übernehmen in den dem EWR angehörenden EFTA-Staaten eine **EFTA-Überwachungsbehörde** sowie ein unabhängiger **EFTA-Gerichtshof**, der ebenso wie der EuGH seinen Sitz in Luxemburg hat. Entscheidungen des EFTA-Gerichtshofes haben grundsätzlich auch Bedeutung für den EU-Bereich, vor allem, wenn es sich mit den Grundfreiheiten oder über die Auslegung von EU-Richtlinie, die vom EWR übernommen wurden, auseinandersetzt. Die Grundfreiheiten des europäischen Binnenmarktes, der freie Waren-, Dienstleistungs-, Personen- und Kapitalverkehr, gelten entsprechend. Diese übernehmen im Wesentlichen die Binnenmarkt-Regeln der EU, d. h. alle zum Funktionieren des einheitlichen Marktes notwendigen Richtlinien, Verordnungen und Entscheidungen.

1563 Nach dem EWR-Vertrag haben die EFTA-Staaten bei den EU-Entscheidungen gewisse Konsultationsrechte. So zieht die Europäische Kommission bei der Erarbeitung von Rechtsvorschlägen in unter das EWR-Abkommen fallenden Bereichen auch Sachverständige aus den dem EWR angehörenden EFTA-Staaten hinzu. Im gemeinsamen EWR-Ausschuss werden diese EFTA-Staaten über Gesetzesinitiativen der Kommission informiert und konsultiert; sie haben jedoch kein Mitentscheidungsrecht.

1564 Die EFTA-Staaten sind nicht in die gemeinsame Agrarpolitik der EU oder den Binnenmarkt für landwirtschaftliche Erzeugnisse einbezogen. Ferner umfasst das EWR-Abkommen nicht die Bereiche Gemeinsame Steuerpolitik, Außen- und Sicherheitspolitik sowie Justiz und Innenpolitik.

1565 Die **Schweiz** hat als einziger EFTA-Staat das EWR-Abkommen nicht ratifiziert und nimmt somit am EWR nicht teil. Sie genießt jedoch in den EWR-Gremien Beobachtungsstatus. Dies ermöglicht es der Schweiz, die Entwicklung des EWR- und des EU-Rechts aus der Nähe zu verfolgen und ggf. die eigenen Vorschriften entsprechend anzupassen. In der Vergangenheit wurden diverse Abkommen zwischen der EU und der Schweiz abgeschlossen, so z. B. das sog. Freizügigkeitsabkommen (FZA)[1471], welches für die Frage der Besteuerung von grenzüberschreitenden Sachverhalten zwischen der Schweiz und Deutschland Bedeutung besitzt.[1472]

5.11 Brexit-Übergangsgesetz und Brexit-Steuerbegleitgesetz

1566 Der **Austritt des Vereinigten Königreichs** Großbritannien und Nordirland **aus der Europäischen Union**, umgangssprachlich als „Brexit" bezeichnet, wird auch steuerrechtliche Konsequenzen haben, da das Vereinigte Königreich nach dem Austritt aus der EU steuerlich als Drittstaat zu behandeln sein wird. Um mögliche negative Folgen des Brexit

---

[1471] Abkommen zwischen der Europäischen Gemeinschaft und ihren Mitgliedstaaten einerseits und der Schweizerischen Eidgenossenschaft andererseits über die Freizügigkeit vom 21. 6. 1999 (Freizügigkeitsabkommen – FZA –); vgl. Zustimmungsgesetz vom 2. 9. 2001, BGBl II 2001, 810.
[1472] Bsp.: BFH v. 17. 5. 2017 X R 10/15, BStBl II 2017, 1251; v. 9. 5. 2012 X R 3/11, BStBl II 2012, 585; ferner Rechtsprechung des EuGH, z. B. v. 19. 11. 2015 C-241/14 Bukovansky, BStBl II 2017, 238.

für die deutsche Wirtschaft abzumildern hat der Gesetzgeber zwei Gesetze erlassen, das Brexit-Übergangsgesetz (BrexitÜG)[1473] und das Brexit-Steuerbegleitgesetz (Brexit-StBG)[1474]. Obwohl die Gesetze nur wenige Tage hintereinander verabschiedet wurden, regeln Sie zwei unterschiedliche Brexit-Konstellationen: Während das BrexitÜG einen „geordneten" Austritt des Vereinigten Königreichs aus der EU gemäß Art. 50 Abs. 2 Satz 2 EUV (d. h. mit einem Austrittsabkommen) ermöglichen soll, enthält das Brexit-StBG Regelungen, die (vor allem) zum Tragen kommen, wenn der Übergangszeitraum des Austrittsabkommens abläuft oder es zu einem sog. „harten Brexit" (ohne ein Austrittsabkommen) kommt.[1475]

Das **BrexitÜG** ordnet in § 1 als zentrale Rechtsfolge eine Fiktion an. Hiernach gilt das Vereinigte Königreich während des im Austrittsabkommen vorgesehenen Übergangszeitraums weiterhin als Mitgliedstaat der Europäischen Union und der Europäischen Atomgemeinschaft. Auf diese Weise wird das Vereinigte Königreich (während der Übergangsperiode) weiterhin wie ein Mitgliedstaat behandelt, obwohl es rechtstechnisch keiner mehr ist. Der Übergangszeitraum beginnt mit dem Inkrafttreten des Austrittsabkommens und endet am 31. 12. 2020.

Das **Brexit-StBG**, soll verhindern, dass der Brexit für den Steuerpflichtigen nachteilige Rechtsfolgen auslöst, obwohl dieser bereits alle steuerlich relevanten Handlungen vor dem Brexit vollzogen hat („Brexit als schädliches Ereignis"). Die steuerrechtlichen Änderungen enthalten die Artikel 1 bis 6 und werden nachfolgend im Überblick dargestellt:

Mit der Regelung in **§ 3 Nr. 55c Satz 2 Buchst. c EStG** soll die Möglichkeit der steuerfreien Kapitalübertragung auf den überlebenden Ehegatten/Lebenspartner in den Fällen erhalten bleiben, in denen ein geförderter Altersvorsorgevertrag vor dem Brexit-Referendum (23. 6. 2016) abgeschlossen wurde und die Ehegatten/Lebenspartner ihren Wohnsitz oder gewöhnlichen Aufenthalt im Vereinigten Königreich vor dem Zeitpunkt hatten, ab dem das Vereinigte Königreich nicht mehr Mitgliedstaat der EU ist und auch nicht wie ein solcher zu behandeln ist, um so übermäßige Härten bei „Altfällen" zu vermeiden.

§ 4g EStG erhält einen neuen **Abs. 6**, der bestimmt, dass allein der Austritt des Vereinigten Königreichs aus der EU nicht die Rechtsfolge des § 4g Abs. 2 Satz 2 Nr. 2 EStG (gewinnerhöhende Auflösung des Ausgleichspostens) auslöst. Vorbehaltlich anderweitiger Auflösungsgründe können die Ausgleichsposten somit weiterhin regulär über die verbleibende Restdauer von maximal fünf Jahren aufgelöst werden.

Soweit eine nach § 6b Abs. 2a Satz 1 EStG begünstigte Reinvestition in der EU ganz oder teilweise ausbleibt, sind gewährten Ratenzahlung § 6b Abs. 2a Satz 4 bis 7 EStG zu

---

[1473] Gesetz für den Übergangszeitraum nach dem Austritt des Vereinigten Königreichs Großbritannien und Nordirland aus der Europäischen Union (Brexit-Übergangsgesetz – BrexitÜG) v. 27. 3. 2019, BGBl 2019 I 402.

[1474] Gesetz über steuerliche und weitere Begleitregelungen zum Austritt des Vereinigten Königreichs Großbritannien und Nordirland aus der Europäischen Union (Brexit-Steuerbegleitgesetz – Brexit-StBG) v. 25. 3. 2019, BGBl 2019 I 357.

[1475] Das Inkrafttreten ist zwar gemäß Art. 15 Brexit-StBG unabhängig von der Art des Brexit (Brexit-Deal oder No-Deal-Brexit), die meisten Regelungen des Brexit-StBG entfalten aber keine Wirkung, solange das Vereinigte Königreich nach der Fiktion des § 1 BrexitÜG einem Mitgliedstaat gleichgestellt wird.

verzinsen. Bei Reinvestition im Vereinigten Königreich zu einem Zeitpunkt, zu dem das Vereinigte Königreich bereits nicht mehr Mitgliedstaat der EU ist und auch nicht wie ein solcher zu behandeln ist, wäre der gewährte Zahlungsaufschub zu verzinsen. Die Neuregelung in **§ 6b Abs. 2a Satz 7 EStG** verhindert diese rückwirkende Verzinsung, sofern der Antrag auf Ratenzahlung nach § 6b Abs. 2a EStG bereits vor dem Zeitpunkt gestellt worden ist, zu dem das Vereinigte Königreich nicht mehr Mitgliedstaat der EU ist und auch nicht wie ein solcher zu behandeln ist.

1572 Im Rahmen der Riester-Förderung für eine selbstgenutzte Wohnung unterscheidet **§ 92a Abs. 1 Satz 5 EStG** zwischen Altfällen, in denen eine wohnungswirtschaftliche Verwendung (Begünstigung) nach § 92a Abs. 1 EStG bereits vorgelegen hat, während das Vereinigte Königreich noch Mitglied der EU war und Neufällen. Bei den Altfällen tritt keine schädliche Verwendung nach § 93 Abs. 1 EStG ein und die gewährten Altersvorsorgezulagen und ggf. Steuerermäßigungen müssen nicht zurückgezahlt werden. Eine Begünstigung für Verwendungen im Sinne des § 92a Abs. 1 EStG nach diesem Zeitpunkt (Neufälle) ist jedoch ausgeschlossen.

1573 Die Regelung in **§ 93 Abs. 1 Satz 4 Buchst. c EStG** ermöglicht die förderunschädliche Kapitalübertragung des geförderten Altersvorsorgevermögens auf den überlebenden Ehegatten/Lebenspartner in Fällen, in denen der Altersvorsorgevertrag vor dem Brexit-Referendum (23. 6. 2016) abgeschlossen wurde und die Ehegatten/Lebenspartner ihren Wohnsitz oder gewöhnlichen Aufenthalt im Vereinigten Königreich vor dem Zeitpunkt hatten, ab dem das Vereinigte Königreich nicht mehr Mitgliedstaat der EU ist und auch nicht wie ein solcher zu behandeln ist. Auch hierdurch sollen übermäßige Härten bei „Altfällen" vermeiden werden, da bei Abschluss eines Altersvorsorgevertrags vor diesem Zeitpunkt nicht davon ausgegangen werden konnte, dass das Vereinigte Königreich irgendwann einmal nicht mehr Mitgliedstaat der EU sein würde.[1476] Eine entsprechende Regelung für Altfälle trifft auch **§ 95 Abs. 1 Satz 2 EStG** im Hinblick auf den Wohnsitz oder den gewöhnlichen Aufenthalt des Zulageberechtigten im Vereinigten Königreich.

1574 **§ 12 Abs. 3 Satz 4 KStG** verhindert, dass allein der Austritt des Vereinigten Königreichs aus der EU die Auflösungsfiktion von § 12 Abs. 3 Satz 1 KStG und somit die entsprechende Anwendung von § 11 KStG auslöst. Hierzu kommt es erst dann, wenn dieselbe Körperschaft anschließend unter Ausscheiden aus der unbeschränkten Steuerpflicht im Vereinigten Königreich in einen anderen Drittstaat verzieht oder auf Grund des Wegzugs als in einem anderen Drittstaat ansässig anzusehen ist. Bis dahin ist die Körperschaft weiterhin für Zwecke des § 12 Abs. 3 KStG als der unbeschränkten Steuerpflicht in einem Mitgliedstaat der EU unterfallend oder als innerhalb des Hoheitsgebietes eines Mitgliedstaats der EU ansässig anzusehen.

1575 Gesellschaften nach britischem Recht (insbesondere die Limited), die ihren Verwaltungssitz in Deutschland haben, werden nach dem Brexit zivilrechtlich als OHG, GbR oder e. K. behandelt.[1477] Steuerlich bleiben diese Gesellschaften demgegenüber ent-

---

1476 BT-Drs. 19/7959, 35.
1477 Gefestigte Rechtsprechung des Bundesgerichtshofs, vgl. BGH v. 27. 10. 2008, II ZR 158/06, Trabrennbahn, DStR 2009, 59 ff.; BGH v. 1. 7. 2002, II ZR 380/00, DStR 2002, 1678 ff.

sprechend der Rechtsprechung des Bundesfinanzhofs zum zweistufigen Rechtstypenvergleich Subjekt der Körperschaftsteuer, das selbst körperschaftsteuerpflichtige Einkünfte erzielen kann.[1478] **§ 12 Abs. 4 KStG** ordnet die ununterbrochene Zurechnung des Betriebsvermögens zum Körperschaftsteuersubjekt Limited an und stellt damit klar, dass allein der Brexit keine Aufdeckung und Besteuerung der stillen Reserven auslöst.

Zivilrechtlich erlaubt § 122m UmwG britischen Kapitalgesellschaften die Eintragung von Verschmelzungen auch nach dem Brexit, sofern der Verschmelzungsplan nach § 122c Abs. 4 UmwG vor dem Brexit notariell beurkundet worden ist und die Verschmelzung unverzüglich, spätestens aber zwei Jahre nach diesem Zeitpunkt mit den erforderlichen Unterlagen zur Registereintragung angemeldet wird. **§ 1 Abs. 2 Satz 3 UmwStG** stellt sicher, dass eine übertragende Gesellschaft, die von der Übergangsregelung in § 122m UmwG Gebrauch macht, in den persönlichen Anwendungsbereich des Umwandlungssteuergesetzes fällt, obwohl sich der Sitz der Gesellschaft nach dem Austritt des Vereinigten Königreichs Großbritannien und Nordirland außerhalb der EU und des EWR befindet.

Im Umwandlungssteuergesetz ordnet **§ 22 Abs. 8** Satz 1 **UmwStG** an, dass der Brexit allein nicht als schädliches Ereignis i. S. dieser Vorschriften anzusehen ist und nicht zur rückwirkenden Besteuerung eines Einbringungsgewinns I oder II gemäß § 22 Abs. 1 oder 2 UmwStG führt. In zeitlicher Hinsicht ist diese Regelung nur für diejenigen Fälle anwendbar, in denen der zugrundeliegende Einbringungsvorgang (Sacheinlage nach § 20 UmwStG oder Anteilstausch nach § 21 UmwStG) vor dem Brexit erfolgte (§ 22 Abs. 8 Satz 2 UmwStG).

§ 6 Abs. 8 Satz 1 **AStG** regelt, dass der Brexit nicht zum Widerruf der Stundung führt, wenn allein auf Grund dessen die Stundungsvoraussetzungen des § 6 Abs. 5 Satz 1 und 3 AStG (EU-/EWR-Staatsangehörigkeit, Steuerpflicht oder Belegenheitserfordernisse in einem EU-/EWR-Staat) nicht mehr vorliegen. Satz 1 fingiert dabei ausdrücklich nicht das Fortbestehen dieser Voraussetzungen, sondern regelt, dass das Entfallen dieser Voraussetzungen beim Steuerpflichtigen oder seinem Rechtsnachfolger im Sinne des § 6 Absatz 5 Satz 3 Nummer 1 AStG allein auf Grund des Brexits unbeachtlich ist und demzufolge nicht zum Widerruf der Stundung führt. Dementsprechend kann der spätere Übergang der Anteile von einem im Vereinigten Königreich ansässigen Steuerpflichtigen, auf den § 6 Absatz 8 Satz 1 AStG anzuwenden ist, auf eine andere im Vereinigten Königreich ansässige Person zum Widerruf der Stundung nach § 6 Absatz 5 Satz 4 Nummer 2 AStG führen. § 6 Abs. 8 Satz 2 AStG stellt klar, dass § 6 Abs. 5 Satz 4 AStG weiterhin anzuwenden ist und führt in § 6 Abs. 8 Satz 2 Nr. 1, 2 AStG neue Widerrufstatbestände ein, für die die Mitteilungs- und Mitwirkungspflichten des § 6 Abs. 7 AStG entsprechend gelten, § 6 Abs. 8 Satz 3 AStG. Nach § 6 Abs. 8 Satz 2 Nr. 1 AStG ist die Stundung auch bei Entnahmen und anderen Vorgängen zu widerrufen, wenn es zu keiner Aufdeckung stiller Reserven kommt, die Anteile infolgedessen aber auch keiner Betriebsstätte des Steuerpflichtigen im Vereinigten Königreich oder in einem EU-/EWR-Staat mehr zuzuordnen sind (z. B. bei Überführung der Anteile von einer Betriebsstätte

1576

1577

1578

[1478] BFH v. 16. 12. 1992, BStBl 1993 II 399; v. 23. 6. 1992, BStBl 1992 II 972; v. 3. 2. 1988, BStBl 1992 II 588; v. 17. 7. 1968, BStBl 1968 II 695.

im Vereinigten Königreich in einen Drittstaat). Nach § 6 Abs. 8 Satz 2 Nr. 2 AStG führt auch die Verlegung des Wohnsitzes oder gewöhnlichen Aufenthalts in einen Drittstaat zum Widerruf der Stundung, sofern keine mit der deutschen unbeschränkten Einkommensteuerpflicht vergleichbare Steuerpflicht des Steuerpflichtigen im Vereinigten Königreich oder in einem EU-/EWR-Staat mehr besteht.

1579 Nach **§ 37 Abs. 17 ErbStG** gilt, dass bei Erwerben, für die die Steuer vor dem Zeitpunkt entstanden ist, ab dem der Brexit Wirkung entfaltet, das ErbStG insgesamt so anzuwenden ist, als ob die Mitgliedschaft in der EU fortbestehen würde. Auf diese Weise soll im ErbStG der „Status Quo" gewahrt werden.[1479] Die Nachsteuertatbestände des § 13a Abs. 3 ErbStG (Lohnsummenverfehlung) oder des § 13a Abs. 6 ErbStG (Entnahme) werden also nicht durch den Brexit ausgelöst.

1580 Sofern an einer britischen Limited mit inländischer Geschäftsleitung nur ein Gesellschafter beteiligt ist, wird diese zivilrechtlich nach dem Brexit als Einzelkaufmann oder Privatperson behandelt werden.[1480] Steuerlich gibt es verschiedene Fallkonstellationen, in denen somit allein durch den Austritt des Vereinigten Königreichs aus der EU ein grunderwerbsteuerrechtlicher Tatbestand ausgelöst wird.[1481] Die neue Steuerbefreiungsvorschrift des **§ 4 Nr. 6 GrEStG** stellt sicher, dass es nicht allein durch den Brexit zu einer Belastung mit GrESt kommt.

1581 Wenn an einer Limited mit inländischer Geschäftsleitung, der vor dem Brexit eine Steuervergünstigung nach § 6a GrEStG gewährt wurde, nur ein Gesellschafter beteiligt ist, tritt durch den Brexit der Alleingesellschafter an die Stelle der Limited. Der grunderwerbsteuerrechtliche Verbund I. S. des § 6a GrEStG endet dadurch und die Steuervergünstigung des § 6a GrEStG ist zu versagen. Durch den neu eingefügten **§ 6a Satz 5 GrEStG** wird erreicht, dass die Steuervergünstigung des § 6a GrEStG nicht allein durch den Brexit entfällt.

1582–1599 *Vorläufig nicht besetzt*

1479 BT-Drs. 19/7959, 36.
1480 Vgl. BGH v. 27. 10. 2008, II ZR 158/06, Trabrennbahn, DStR 2009, 59 ff.; BGH v. 1. 7. 2002, II ZR 380/00, DStR 2002, 1678 ff.
1481 BT-Drs. 19/7959, 36.

KAPITEL 6: VERRECHNUNGSPREISE

		Rdn.	Seite
6.1	Einführung	1600	359
6.2	Entwicklung der OECD-Regeln über Verrechnungspreise	1603	359
6.3	Rechtsgrundlagen für Verrechnungspreise	1607	360
6.4	Verrechnungspreise – allgemeine Grundsätze	1608	363
6.5	Prüfungsmethoden für die Angemessenheit der Verrechnungspreise	1617	365
6.6	Berichtigung von Einkünften (§ 1 AStG)	1627	368
6.6.1	Einführung	1627	368
6.6.2	Fremdvergleichspreis, Berichtigung von Einkünften (§ 1 Abs. 1 AStG a. F.)	1630	369
6.6.3	Beteiligungsvoraussetzungen für die Anwendung der Abgrenzungsregeln (§ 1 Abs. 2 AStG a. F.)	1635	371
6.6.4	Anwendung der Verrechnungspreismethoden (§ 1 Abs. 3 Satz 1 ff. AStG a. F.)	1642	372
6.6.5	Funktionsverlagerung (§ 1 Abs. 3 Satz 9 ff. AStG a. F.)	1647	373
6.7	§§ 1 ff. AStG i. d. F. des ATADUmsG	1661	377
6.7.1	§ 1 AStG n. F.	1662	377
6.7.2	Finanzierungsbeziehungen (§ 1a AStG)	1669	378
6.7.3	Preisanpassungsklausel (§ 1b AStG)	1670	379
6.7.4	Geschäftsbeziehungen (§ 1 Abs. 4 AStG)	1671	379
6.8	Liefer- und Leistungsverkehr zwischen nahestehenden Personen – Verwaltungsgrundsätze	1676	381
6.8.1	Verwaltungsgrundsätze 1983 (VwG)	1676	381
6.8.2	Umlageverträge	1683	382

			Rdn.	Seite
	6.8.3	Arbeitnehmerentsendung	1687	383
	6.8.4	Verwaltungsgrundsätze – Verfahren	1697	385
6.9	**Dokumentationspflichten**		1699	386
	6.9.1	Rechtsgrundlagen (§ 90 Abs. 3 AO)	1699	386
	6.9.2	Rechtsfolgen bei Verletzung der Dokumentationspflicht (§ 162 Abs. 3 und Abs. 4 AO)	1703	387
	6.9.3	Änderung der Dokumentationspflichten durch BEPS (§ 138a AO)	1710	389
6.10	**Abgrenzungsverordnungen**		1717	391
	6.10.1	Gewinnabgrenzungsaufzeichnungsverordnung (GAufzV)	1717	391
	6.10.2	Betriebsstättengewinnaufteilungsverordnung – BsGaV (§ 1 Abs. 5 AStG)	1727	394
6.11	**Durchführung der Berichtigung**		1728	395
6.12	**Vorteilsausgleich**		1734	396
6.13	**Advance Pricing Agreement (APA)**		1735	396
6.14	**Das EU-Verrechnungspreisforum**		1739	397

Kapitel 6: Verrechnungspreise

6.1 Einführung

Das Hauptthema im internationalen Steuerrecht sowie in jeder Betriebsprüfung, die sich mit grenzüberschreitenden Sachverhalten innerhalb eines internationalen Konzerns, den Leistungs- und Lieferbeziehungen zwischen inländischer Muttergesellschaft und ausländischer (Vertriebs-)Tochtergesellschaft oder ausländischer Muttergesellschaft und inländischer Tochtergesellschaft bzw. zwischen inländischem Stammhaus und ausländischer Betriebsstätte (oder umgekehrt) befassen, ist die Ordnungsmäßigkeit der in Rechnung gestellten Preise (**Verrechnungspreise**). Zwar ist diese Problematik schon seit den späten Siebzigerjahren des 20. Jahrhunderts grundsätzlich bekannt; zum Zentralthema wurde es in Deutschland aber erst aufgrund eines BFH-Urteils vom Oktober 2001,[1482] bei dem der Ansatz der Preise zwischen italienischer Muttergesellschaft und deutscher Vertriebstochtergesellschaft auf der exklusiven Königstraße in Düsseldorf Dreh- und Angelpunkt des Verfahrens waren, und in Deutschland zu einer Reihe erheblicher gesetzlicher Änderungen sowie einer Vielzahl von Verwaltungsvorschriften führte. Hinzugekommen sind insbesondere seit 2015 die Ergebnisse der von der OECD initiierten Untersuchungen von BEPS sowie weitere Entwicklungen in der EU sowie der Rechtsprechung des EuGH. 1600

Zur Begrifflichkeit im Rahmen der Verrechnungspreise vgl. das vom BMF herausgegebene Glossar „Verrechnungspreise".[1483] 1601

Zur Verrechnungspreisproblematik innerhalb der EU Rdn. 1739. 1602

6.2 Entwicklung der OECD-Regeln über Verrechnungspreise

Die aktive und passive Auslandsverflechtung und die sich daraus ergebenden steuerlichen Folgen waren Gegenstand einer umfassenden Untersuchung der OECD, die im Mai 1979 mit dem Bericht „Verrechnungspreise und multinationale Unternehmen" abgeschlossen wurde. Dieser Bericht führte zu der Empfehlung der OECD vom 16.5.1979 an die Mitgliedsstaaten, den Bericht bei der Prüfung und Anpassung von Verrechnungspreisen zwischen nahestehenden Unternehmen sowie zwischen Stammhaus und Betriebsstätte zu beachten. Dieser OECD-Bericht ist in den neunziger Jahren grundlegend überarbeitet, an die allgemeine steuerliche Entwicklung angepasst und als sog. „OECD Transfer Pricing Guidelines" 1995 veröffentlicht worden. Ausschlaggebend waren hierbei u. a. auch die von der US-Steuerverwaltung erarbeiteten, teilweise den OECD-Regeln widersprechenden US-Regulations über Verrechnungspreise. 1603

Im Oktober 1999 veröffentlichte die OECD ein Update der „OECD Transfer Pricing Guidelines for Multinational Enterprises and Tax Administrations".[1484] Diesem war als An- 1604

[1482] BFH v. 17.10.2001 I R 103/00, BStBl 2004 II 171, mit Anwendungsschreiben des BMF v. 26.2.2004, BStBl 2004 I 270.
[1483] BMF v. 19.5.2014, BStBl 2014 I 838; vgl. auch das Glossar als Vorspann der OECD Transfer Pricing Guidelines vom Juli 2017.
[1484] Nachfolgend OECD-Guidelines.

1605 Am 22.7.2010 hat die OECD die Version 2010 der OECD-Guidelines verabschiedet. Die Kapitel I (Fremdvergleichsgrundsatz), II (Verrechnungspreismethoden) und III (Vergleichbarkeitsanalyse) wurden umfassend überarbeitet und ein neues Kapitel IX hinzugefügt: „Verrechnungspreisaspekte von betrieblichen Konzernumstrukturierungen". Ein wichtiges Ergebnis des Update war, dass die bisherige Hierarchie der Verrechnungspreismethoden aufgegeben wurde; die „neuen" Methoden geschäftsvorfallbezogene Nettomargenmethode (TNMM) und geschäftsvorfallbezogene Gewinnaufteilungsmethode (Profit Split) stehen seitdem gleichberechtigt neben Preisvergleichsmethode, Wiederverkaufsmethode und Kostenaufschlagsmethode. Vorrang gebührt jetzt nur noch der am besten geeigneten Methode (most appopriate method).

1606 Aufgrund BEPS wurden die OECD-Guideslines überarbeitet und an die Ergebnisse der einzelnen BEPS Aktionen angepasst. Am 10.7.2017 wurden die OECD Transfer Pricing Guidelines 2017 verabschiedet.[1485] Im Einzelnen geht es insbesondere um die Aktionspunkte 8 (Aktualisierung der Verrechnungspreisleitlinien im Hinblick auf immaterielle Wirtschaftsgüter), 9 (Aktualisierung der Verrechnungspreisleitlinien im Hinblick auf Risiko- und Kapitalzuordnungen) und 10 (Aktualisierung der Verrechnungspreisleitlinien im Hinblick auf andere risikobehaftete Transaktionen) sowie hinsichtlich der Dokumentation der Verrechnungspreise um Aktionspunkt 13 (Überarbeitung der Dokumentationsanforderungen für die Verrechnungspreisermittlungen – Country-by-Country Reporting CbCR). Am 21.6.2018 hat die OECD Revised Guidance on the Application of the Transactional Profit Split Method, under BEPS Action 10 veröffentlicht, mit dem Chapter II Part III Abschnitt C der OECD-Guidelinies vom Juli 2017 ersetzt wurden.[1486] Die Entwicklung geht aber fortlaufend weiter.

6.3 Rechtsgrundlagen für Verrechnungspreise

1607 Folgende Rechtsgrundlagen[1487] sind für die Prüfung von Verrechnungspreisen im Steuerrecht zu beachten:

I. Rechtsgrundlagen international:

- Art. 7 OECD-MA;[1488]
- Art. 9 OECD-MA;
- Art. 11 Abs. 6 OECD-MA;
- Art. 12 Abs. 4 OECD-MA;
- OECD-MK zu den vorgenannten Normen;

1485 Zu finden auf den Internetseiten der OECD.
1486 Zu den Einzelheiten vgl. zum einen die Internetseiten des BMF und zum anderen die Internetseiten der OECD.
1487 Nicht abschließende Aufzählung.
1488 Rechtsgrundlage sind die betreffenden, dem OECD-MA entsprechenden Artikel des jeweiligen DBA; dies gilt auch für die Bestimmungen der VG-DBA.

- OECD Transfer Pricing Guidelines for Multinational Enterprises and Tax Administrations – in der jeweils aktuell von der OECD verabschiedeten Fassung;

II. Rechtsgrundlagen national:

1. Gesetze

- §§ 1, 1a, 1b AStG;
- § 90 Abs. 2 und 3, § 138a, § 162 Abs. 3 und Abs. 4 AO;
- verdeckte Gewinnausschüttung und verdeckte Einlage nach § 8 Abs. 3 Satz 2 und 3 KStG;
- die Korrekturvorschriften für Personengesellschaften.

2. Verordnungen

- Verordnung zu Art, Inhalt und Umfang von Aufzeichnungen i. S. des § 90 Abs. 3 AO (Gewinnabgrenzungsaufzeichnungsverordnung – GAufzV) vom 12. 7. 2017;[1489]
- Verordnung zur Anwendung des Fremdvergleichsgrundsatzes nach § 1 Abs. 1 AStG in Fällen grenzüberschreitender Funktionsverlagerungen (Funktionsverlagerungsverordnung – FVerlV) vom 12. 8. 2008 in der aktuellen Fassung;[1490]
- Verordnung zur Anwendung des Fremdvergleichsgrundsatzes auf Betriebsstätten nach § 1 Abs. 5 AStG (Betriebsstättengewinnaufteilungsverordnung – BsGaV) vom 13. 10. 2014.[1491]

3. BMF-Schreiben[1492]

- BMF-Schreiben vom 23. 2. 1983 – Grundsätze für die Prüfung der Einkunftsabgrenzung bei international verbundenen Unternehmen (Verwaltungsgrundsätze – VwG);[1493]
- BMF-Schreiben vom 24. 12. 1999 – Grundsätze der Verwaltung für die Prüfung der Aufteilung der Einkünfte bei Betriebsstätten international tätiger Unternehmen (Betriebsstätten-Verwaltungsgrundsätze);[1494]
- BMF-Schreiben vom 20. 11. 2000 – Ergänzung der Betriebsstätten-Verwaltungsgrundsätze;[1495]
- BMF-Schreiben vom 9. 11. 2001 – Grundsätze für die Prüfung der Einkunftsabgrenzung zwischen international verbundenen Unternehmen in Fällen der Arbeitnehmerentsendung (Verwaltungsgrundsätze – Arbeitnehmerentsendung);[1496]

1489 BStBl 2017 I 1220.
1490 BGBl 2008 I 1680.
1491 BGBl 2014 I 1603.
1492 Es sind nur die allerwichtigsten BMF-Schreiben aufgeführt.
1493 BStBl 1983 I 218.
1494 BStBl 1999 I 1076.
1495 BStBl 2000 I 1509.
1496 BStBl 2001 I 796.

- BMF-Schreiben vom 14.5.2004 – Grundsätze zur Anwendung des Außensteuergesetzes;[1497]

- BMF-Schreiben vom 29.9.2004 – Grundsätze der Verwaltung zur Bestimmung des Dotationskapitals bei Betriebsstätten international tätiger Kreditinstitute (Verwaltungsgrundsätze – Dotationskapital);[1498]

- BMF-Schreiben vom 12.4.2005 – Grundsätze für die Prüfung der Einkunftsabgrenzung zwischen nahestehenden Personen mit grenzüberschreitenden Geschäftsbeziehungen in Bezug auf Ermittlungs- und Mitwirkungspflichten, Berichtigungen sowie auf Verständigungs- und EU-Schiedsverfahren (Verwaltungsgrundsätze-Verfahren);[1499]

- BMF-Schreiben vom 5.10.2006 – Merkblatt für bilaterale oder multilaterale Vorabverständigungsverfahren auf der Grundlage der DBA zur Erteilung verbindlicher Vorabzusagen über Verrechnungspreise zwischen international verbundenen Unternehmen (sog. „Advance Pricing Agreements" – APAs);[1500]

- BMF-Schreiben vom 25.8.2009 – Grundsätze der Verwaltung für die Prüfung der Aufteilung der Einkünfte bei Betriebsstätten international tätiger Unternehmen (Betriebsstätten-Verwaltungsgrundsätze); Änderung aufgrund des Gesetzes über steuerliche Begleitmaßnahmen zur Einführung der Europäischen Gesellschaft und zur Änderung weiterer steuerrechtlicher Vorschriften – SEStEG;[1501]

- BMF-Schreiben vom 5.1.2010 – Auslegung des Begriffs „Geschäftsbeziehung" in § 1 AStG für Veranlagungszeiträume vor 2003;[1502]

- BMF-Schreiben vom 13.10.2010 – Grundsätze für die Prüfung der Einkunftsabgrenzung zwischen nahestehenden Personen in Fällen von grenzüberschreitenden Funktionsverlagerungen (Verwaltungsgrundsätze – Funktionsverlagerung);[1503]

- BMF-Schreiben vom 29.3.2011 - Anwendung des § 1 AStG auf Fälle von Teilwertabschreibungen und anderen Wertminderungen auf Darlehen an verbundene ausländische Unternehmen;[1504]
  BMF-Schreiben vom 26.9.2014, Anwendung der Doppelbesteuerungsabkommen (DBA) auf Personengesellschaften;[1505]

[1497] BStBl 2004 I Sondernummer I/2004.
[1498] BStBl 2004 I 917; nicht mehr anwendbar für Wirtschaftsjahre, die nach dem 31. Dezember 2014 beginnen (Tz. 464 VwG BsGa).
[1499] BStBl 2005 I 570.
[1500] BStBl 2006 I 594.
[1501] BStBl 2009 I 888.
[1502] BStBl 2010 I 34.
[1503] BStBl 2010 I 774.
[1504] BStBl 2011 I 277.
[1505] BStBl 2014 I 1258.

- BMF-Schreiben vom 22.12.2016, Grundsätze für die Anwendung des Fremdvergleichsgrundsatzes auf die Aufteilung der Einkünfte zwischen einem inländischen Unternehmen und seiner ausländischen Betriebsstätte und auf die Ermittlung der Einkünfte der inländischen Betriebsstätte eines ausländischen Unternehmens nach § 1 Abs. 5 des Außensteuergesetzes (AStG) und der Betriebsstättengewinnaufteilungsverordnung (BsGaV) – VWG BsGaV.[1506]
- BMF-Schreiben vom 11.7.2017, Anforderungen an den länderbezogenen Bericht multinationaler Unternehmensgruppen (Country-by-Country Report).[1507]
- BMF-Schreiben vom 3.5.2018, Steuerliche Behandlung des Arbeitslohns nach den Doppelbesteuerungsabkommen.[1508]

6.4 Verrechnungspreise – allgemeine Grundsätze

Hinsichtlich der Ausgestaltung der Rechtsbeziehungen zwischen international verbundenen Unternehmen gilt der international allgemein anerkannte Grundsatz, dass Aufwendungen nur dann steuerlich anerkannt werden, wenn im Voraus klare und eindeutige Vereinbarungen getroffen sind und der Abschluss und der Zeitpunkt des Abschlusses Dritten gegenüber zweifelsfrei nachgewiesen werden können. Allerdings scheiden Korrekturen allein aufgrund eines Verstoßes gegen Formvorschriften aus.[1509] Im Regelfall empfiehlt sich Schriftform (Beweiszwecke). Den inländischen Steuerpflichtigen treffen die entsprechenden Nachweispflichten (Tz. 3 VwG-Verfahren). Kommt er diesen nicht nach, ergeben sich zum einen die Konsequenzen aus den Grundsätzen des § 160 AO und zum anderen aus § 162 Abs. 3 und Abs. 4 AO (Tz. 4 VwG-Verfahren). Des Weiteren kann bei Nichtvorlage von Unterlagen im Rahmen einer Betriebsprüfung gemäß § 200 AO ein Verzögerungsgeld nach § 146 Abs. 2b AO verhängt werden.[1510]

1608

Als allgemein anerkannten Maßstab für die Überprüfung von Verrechnungspreisen sehen national § 1 Abs. 1 Satz 1 AStG, die VwG und die VG-Verfahren sowie international die OECD-Guidelines[1511] das **dealing-at-arm's-length-Prinzip** oder den **Fremdvergleichsgrundsatz** vor, d.h., es muss ein Fremdvergleich hinsichtlich des jeweiligen konkreten Geschäfts vorgenommen werden. Maßgebend ist, was ein fremder Dritter aufgewendet hätte („Fremdvergleichspreis", „Fremdpreis").[1512] Zur Ermittlung des Fremdpreises sind alle Daten und Umstände heranzuziehen, die preisbildend sein können: Börsenpreis, branchenüblicher Preis, Marktpreis, Preise, die fremde Dritte gezahlt haben, Zahlungsziele, Mengenrabatte, Garantiebedingungen, volkswirtschaftliche Rahmenbedingungen, Kaufkraft, staatliche Beschränkungen oder Förderungen, betriebswirtschaftliche Daten, Art des Versands, Marktgängigkeit der Ware, Ware von besonders hoher

1609

1506 BStBl 2017 I 182.
1507 BStBl 2017 I 974
1508 BStBl 2018 I 643.
1509 Grundlegend BFH vom 11.10.2012 I R 75/11, BStBl II 2013, 1046.
1510 BFH v. 26.6.2014 IV R 17/14, BFH/NV 2014, 1507; v. 28.8.2012 I R 10/12, BStBl 2013 II 266; v. 16.6.2011 IV B 120/10, BStBl 2011 II 855.
1511 Kapitel I OECD-Guidelines – The Arm's Length Principle.
1512 Tz. 2.1.4 bis 2.1.8 VwG; Tz. 3.4.10.2, 3.4.12.1 VwG-Verfahren.

Qualität, bekanntes Markenzeichen, Laufzeit des Vertrages, Marktstellung, Kampf um neue Marktanteile, Kartellabsprachen, Einführung neuer Produkte[1513] usw.

1610 Diese und weitere Faktoren haben Einfluss auf die Bildung der Verrechnungspreise und müssen deshalb berücksichtigt werden. Dahinter steht der Grundsatz, dass ein ordentlicher und gewissenhafter Geschäftsleiter[1514] alle ihm verfügbaren Daten für die Ermittlung des (Verrechnungs-)Preises berücksichtigen würde.[1515] Er wird sich auf ein Geschäft nur zu solchen Bedingungen einlassen, die sicher stellen, dass aus der Vereinbarung für das von ihm vertretene Unternehmen in angemessener Zeit ein angemessener Gewinn zu erwarten ist und z.B. kein gleichwertiges Konkurrenzprodukt zu besseren Bedingungen zur Verfügung steht. Denn es ist seine Aufgabe, den Gewinn der Gesellschaft zu mehren.[1516] Die Gewinnerwartung ist betriebswirtschaftlich zu belegen (Business-Plan); insbesondere sind dafür die vorab erstellte Absatzplanung, Werbestrategie, Gewinnplanung usw. für den erwartbaren bzw. überschaubaren Absatzzeitraum geeignet. Dabei ist ggf. die Tatsache, dass z.B. die inländische Tochtervertriebsgesellschaft von der ausländischen Muttergesellschaft angewiesen wurde, gewisse Preise gleichsam „auf Befehl von oben" zu akzeptieren, grundsätzlich unerheblich.

1611 Bei den Liefer- und Leistungsbeziehungen zwischen Mutter- und Tochtergesellschaft ist zu berücksichtigen, dass bestimmte Leistungen im Konzern nicht verrechenbar sind, die der Muttergesellschaft in ihrer Eigenschaft als Gesellschafterin zurechenbar sind und in deren ureigenstem Interesse liegen, auch wenn rein formal die Leistung auf einer schuldrechtlichen Vereinbarung zwischen den verbundenen Unternehmen beruht (sog. **company costs**). Hierzu gehören z.B. Leitung und Organisation des Unternehmens, Festlegung der Konzernpolitik sowie die Finanzplanung für das Gesamtunternehmen, Überwachung der Tochtergesellschaften; u.U. können hierzu auch Controllingkosten gehören.[1517]

1612 Ebenso darf der sog. **„Rückhalt im Konzern"**, d.h. die Unterstützung durch das Stammhaus bzw. der Konzernobergesellschaft – insb. durch das Recht zur Führung des Firmennamens sowie zur Benutzung des Firmenlogos und der Firmenfarben – grundsätzlich nicht verrechnet werden.[1518]

[1513] BFH v. 6.4.2005 I R 22/04, BFH/NV 2005, 1719; v. 17.10.2001 I R 103/00, BStBl 2004 II 171; v. 17.2.1993 I R 3/92, BStBl 1993 II 457, zu der Übernahme von Einführungskosten eines neuen Produkts sog. Aquavit-Urteil); vgl. ferner Tz. 3.4.11, 3.4.12 VwG-Verfahren, § 1 Abs. 3, §§ 4, 5 GAufzV.

[1514] Dem AktG (§ 93 Abs. 1 AktG) bzw. GmbHG (§ 43 Abs. 1 GmbHG) entnommener Begriff, der vom BFH in ständiger Rechtsprechung als Vergleichsmaßstab genommen wird, z.B. zur Abklärung der Frage, ob, und wenn ja, in welchem Umfang eine vGA vorliegt.

[1515] BFH v. 17.2.1993 I R 3/92, BStBl 1993 II 457.

[1516] BFH v. 28.6.1989 I R 89/85, BStBl 1989 II 854.

[1517] BFH v. 20.7.1988 I R 49/84, BStBl 1989 II 140.

[1518] Hier ist die neuere Rechtsprechung des BFH zur Funktion und Bedeutung des Konzernrückhalts zu beachten (BFH v. 19.6.2019 I R 32/17, DB 2020, 28; v. 27.2.2019 I R 73/16, BFH/NV 2019, 731; v. 27.2.2919 I R 51/17, IStR 2019, 793; v. 27.2.2019 I R 81/17, IStR 2019, 791); vgl. auch BMF v. 29.3.2011, BStBl 2011 I 277, Tz. 13.

Wird der im anderen Staat befindlichen Tochtergesellschaft bzw. Betriebsstätte das Recht zur Benutzung des markenrechtlich geschützten **Firmenlogos** eingeräumt, sind die von der Rechtsprechung hierzu entwickelten Grundsätze zu beachten.[1519]

1613

Verrechenbar sind z. B. Unterstützungsleistungen des Stammhauses / der Konzernspitze im wirtschaftlichen, rechtlichen und technischen Bereich wie z. B. Leistungen aus dem Bereich der EDV, des Rechnungswesens und des Rechtswesens. Auch Geschäftsführung- und Managementleistungen, die in einer echten (Fremd-)Leistung an die Tochtergesellschaft / Betriebsstätte bestehen, können zu Fremdpreisen verrechnet werden.

1614

Die Frage der Verrechnungspreise stellt sich nicht erst im Stadium des konkreten Liefer- und Leistungsverkehrs zwischen Muttergesellschaft und Tochtergesellschaft, zwischen Schwestergesellschaften oder Stammhaus und Betriebsstätte, sondern bereits im Stadium der Planung einer Inbound- oder Outboundinvestition. Denn für die Ermittlung der zutreffenden Verrechnungspreise sind auch die von der künftigen Tochtergesellschaft oder Betriebsstätte übernommenen Funktionen und Risiken maßgebend. Bei einer Veränderung der Risiken sowie Übernahme oder Abgabe von Funktionen ist dann auch zwangsläufig eine Überprüfung der bisherigen Verrechnungspreise vorzunehmen.

1615

Ergibt der anzustellende Fremdvergleich, dass im Inland eine Minderung der Einkünfte eingetreten ist, die ein ordentlicher und gewissenhafter Geschäftsleiter im Umgang mit fremden Dritten nicht eingegangen wäre, so müssen diese berichtigt werden. Rechtsgrundlage für die Änderung können die Grundsätze der vGA, der verdeckten Einlage oder des AStG sein.

1616

6.5 Prüfungsmethoden für die Angemessenheit der Verrechnungspreise

In den OECD-Guidelines[1520] werden die drei sog. Standardmethoden (Traditional transaction methods) aufgeführt, mit denen die Angemessenheit der Verrechnungspreise überprüft werden kann und die grundsätzlich gleichwertig sind:

1617

- ▶ **Preisvergleichsmethode** („comparable uncontrolled price method");[1521]
- ▶ **Wiederverkaufsmethode** („resale price method");[1522]
- ▶ **Kostenaufschlagsmethode** („cost plus method").[1523]

1519 BFH v. 21.1.2016 I R 22/14, BStBl II 2017, 336; v. 9.8.2000 I R 12/99, BStBl 2001 II 140; BMF v. 7.4.2017, BStBl 2017 I 701; grundsätzlich zum Namensrecht und die Möglichkeit ertragsteuerrechtlich ein Wirtschaftsgut darzustellen BFH v. 12.6.2019 X R 20/17, BFH/NV 2019, 1381.
1520 Kapitel II OECD-Guidelines.
1521 Tz. 2.2.2 VwG; Tz. 3.4.10.3 Buchst. a VwG-Verfahren; Kapitel II Teil II Tz. 2.14 ff. OECD-Guidelines.
1522 Tz. 2.2.3 VwG; Tz. 3.4.10.3 Buchst. a VwG-Verfahren; Kapitel II Teil II Tz. 2.27 ff. OECD-Guidelines.
1523 Tz. 2.2.4 VwG; Tz. 3.4.10.2 Buchst. a VwG-Verfahren; Kapitel II Teil II Tz. 2.45 ff. OECD-Guidelines.

1618 Bei der **Preisvergleichsmethode** wird der zwischen verbundenen Unternehmen vereinbarte Preis mit dem Preis verglichen, den ein fremder Dritter für ein gleichartiges Geschäft entrichtet hat.[1524] Dies kann durch **äußeren Preisvergleich** – Preise zwischen unabhängigen Dritten, Börsennotierungen, branchenübliche Preise usw. – und **inneren Preisvergleich** – Preise zwischen dem Steuerpflichtigen oder einem Konzernunternehmen und einem Dritten – geschehen. Sind keine Vergleichspreise zu finden, scheidet diese Methode aus (Bsp.: Die überlassene Technologie wird außerhalb des Konzerns nicht gehandelt, der Steuerpflichtige ist Monopolist hinsichtlich der Waren usw.). Die verglichenen Geschäfte sollen möglichst gleichartig sein (direkter Preisvergleich). Ungleichartige Geschäfte können herangezogen werden, wenn der Einfluss der abweichenden Faktoren eliminiert und der bei diesen Geschäften vereinbarte Preis auf einen Preis für das verglichene Geschäft umgerechnet werden kann (indirekter Preisvergleich; Bsp.: Umrechnung von cif-Preisen in fob-Preise).

1619 **BEISPIEL:** Für die gelieferte Ware existieren Börsenpreise (Bsp.: Kaffeebörse, Getreidebörse, Strombörse; Börsenpreise für Schweinefleisch, Stahl, Zink etc.) oder sind branchenüblich und anhand von Gebührentabellen, Preislisten, allgemein zugänglichen Veröffentlichungen oder Ähnlichem dem Steuerpflichtigen bekannt.

1620 Ausgangspunkt der **Wiederverkaufsmethode**[1525] ist der Preis, der einem fremden Dritten für eine bei einem Nahestehenden gekaufte Ware in Rechnung gestellt wurde. Hiervon rückwärts rechnend werden markt- und branchenübliche Abschläge für Kosten, Risiko und Unternehmergewinn abgezogen (= Rohgewinnmarge) und sodann der angemessene Einstandspreis (= Verrechnungspreis zwischen dem Steuerpflichtigen und dem Nahestehenden) ermittelt. Problematisch ist u.U. in der Praxis die Ermittlung der üblichen Handelsspanne. Auch hier kann – wie bei der Preisvergleichsmethode – ein äußerer oder ein innerer Preisvergleich herangezogen werden, der für die Ableitung der Rohgewinnmarge von Bedeutung ist. Die Wiederverkaufsmethode wird in der Regel dann angewendet werden, wenn das liefernde Unternehmen dasjenige ist, welche Marktgeschehen beherrschen und dem abnehmenden Unternehmen letztlich nur eine untergeordnete Rolle in der Wertschöpfungskette zukommt (Bsp.: Vertriebsgesellschaft).[1526]

BEISPIEL: Bei einer Lieferung im Konzern wird das produzierende Unternehmen, das gleichzeitig die Marktrisiken trägt (sog. Entrepreneur)[1527], die Kosten für die an eine ausländische Vertriebsgesellschaft gelieferten Waren i.d.R. nach der Wiederverkaufsmethode berechnen, wobei die konkret von der ausländischen Vertriebsgesellschaft übernommenen Funktionen mit von Bedeutung sind (Bsp.: Wer trägt Kosten bzw. Risiken für Lagerhaltung, Kundendienst, Werbung, Kundenpflege, Preispolitik, Marktdurchdringung usw.?); Gleiches würde gelten für Lieferungen an einen konzernfremden Handelsvertreter, wobei hier ggf. auch die Kostenaufschlagsmethode zum Tragen kommen kann.

1524 Zur Anwendung der Preisvergleichsmethode BFH v. 6.4.2005 I R 22/04, BStBl 2007 II 658; v. 17.10.2001 I R 103/00, BStBl 2004 II 171; zur Anwendung bei Darlehensgewährung durch Schwestergesellschaft FG Münster v. 7.12.2016 13 K 4037/13 K, F, EFG 2017, 334 – hierzu Revision unter I R 4/17.
1525 Zu dieser Methode BFH v. 6.4.2005 I R 22/04, BStBl 2007 II 658, und v. 17.10.2001 I R 103/00, BStBl 2004 II 171.
1526 BFH v. 6.4.2005 I R 22/04, BStBl 2007 II 658.
1527 Tz. 3.4.10.2 VwG-Verfahren.

Die **Kostenaufschlagsmethode**[1528] beschreitet den umgekehrten Weg. Ausgangspunkt sind die Kosten des Steuerpflichtigen für die Leistung an das nahestehende Unternehmen. Angewendet werden die gegenüber fremden Dritten zugrunde gelegten Kalkulationsmethoden. Dann werden die branchenüblichen Aufschläge vorgenommen. Problematisch kann die Definition des Begriffs „Kosten" sowie die Ermittlung der verschiedenen Aufschläge sein, wenn keine vergleichbaren Geschäfte zu finden sind. Bei der Anwendung der Kostenaufschlagsmethode kann i. d. R. davon ausgegangen werden, dass das empfangende Unternehmen das herrschende Unternehmen ist. Auch bei der Einschaltung von Handelsvertretern ist die Anwendung der Kostenaufschlagsmethode die Regel. Grundsätzlich darf das leistende Unternehmen/Handelsvertreter keine Verluste erwirtschaften, sondern ihm muss ein ständiger angemessener Gewinn verbleiben.

1621

> **BEISPIEL:** Die X-AG, Hamburg, lagert die Produktion der Gussteile für eine Maschine aus Kostengründen nach Montenegro in die dort gegründete Tochterkapitalgesellschaft aus – sog. verlängerte Werkbank / Lohnfertiger. Dann wird der Leistungsverkehr zwischen der X-AG und ihrer Tochtergesellschaft auf der Basis der Kostenaufschlagsmethode abgerechnet, d. h. Kosten des produzierenden Unternehmens plus eines marktüblichen Gewinnzuschlags.

Mit der Anwendung der einzelnen Methoden befasst sich Tz. 2.4 VwG aus dem Jahre 2005, der aber durch die OECD-Guidelines 2010 und die nachfolgenden Fassungen überholt ist;[1529] vgl. ferner § 1 Abs. 3 AStG i. d. F. des ATADUmsG. Bei der Wahl der Methode kann der Steuerpflichtige ergänzend Funktions- und Risikoverteilung zwischen den beteiligten international verbundenen Unternehmen berücksichtigen; hierbei kann ggf. auch eine Wertschöpfungsanalyse[1530] weiterhelfen. Wichtig ist aber, dass der Steuerpflichtige zu dokumentieren hat, warum er eine bestimmte Verrechnungspreismethode gewählt hat; er braucht dagegen nicht zu dokumentieren, warum er eine Verrechnungspreismethode nicht gewählt hat.

1622

Folgende weiteren Verrechnungspreismethoden sind inzwischen aufgrund der OECD-Guidelines in der Fassung ab 2010 nicht mehr nur nachrangig anzuwenden:

1623

▶ **Nettomargenmethode** („transactional net margin method" – TNMM);[1531]

▶ **Geschäftsvorfallbezogene Gewinnaufteilungsmethode** („profit split method" – PSM).[1532]

Bei der **Nettomargenmethode** (TNMM) werden die (Netto-)Renditekennzahlen vergleichbarer Unternehmen (Nettomargen, Kostenaufschläge, Gewinndaten bezogen auf das eingesetzte Kapital, auf die eingesetzten Wirtschaftsgüter, auf die operativen Kosten, auf den Umsatz usw.) für einzelne Arten von Geschäftsvorfällen oder für gemäß

1624

1528 Vgl. hierzu die Ausführungen in BFH v. 17. 10. 2004 I R 103/00, BStBl 2004 II 171.
1529 Tz. 2.2 OECD-Guidelines: „finding the most appropriate methode for a particular case".
1530 Tz. 3.4.11.5 VwG-Verfahren.
1531 Tz. 3.4.10.2 Buchst. b VwG-Verfahren; Kapitel II Teil III Tz. 2.64 ff. OECD-Guidelines; Tz. 2.5 der Anlage 1 zu BMF v. 5. 10. 2006, BStBl 2006 I 594.
1532 Tz. 3.4.10.2 Buchst. c VwG-Verfahren; Kapitel II Teil III Tz. 2.1115 ff. OECD-Guidelines; Tz. 2.6 der Anlage 1 zu BMF v. 5. 10. 2006, BStBl 2006 I 594; durch BEPS Aktion 10 wurde der Anwendungsbereich dieser Methode weiter gezogen.

§ 2 Abs. 3 GAufzV zusammengefasste Geschäftsvorfälle (sog. Palettenbetrachtung)[1533] verwendet. Diese Methode zur Ermittlung des Fremdpreises weist eine große Nähe zur Wiederverkaufs- und Kostenaufschlagsmethode auf. In diesem Zusammenhang ist auch der Datenbankvergleich von Bedeutung.[1534]

1625 Die **geschäftsvorfallbezogene Gewinnaufteilungsmethode** (PSM) kann dann zur Anwendung kommen, wenn die ehemaligen drei Standardmethoden zu keinem oder zu keinem vernünftigen Ergebnis führen.[1535] Dies liegt im Tatsächlichen begründet, z. B. wenn mehrere Unternehmen gemeinsam an einem Vertrag beteiligt sind, ohne dass Einzelbeiträge sinnvoll abgegrenzt werden können. Hier wird versucht, den Gewinn zwischen den beteiligten Unternehmen so aufzuteilen, wie es fremde dritte Unternehmen untereinander (auch) getan hätten. Diese Methode ist grundsätzlich nachrangig bei Vorliegen eingeschränkt vergleichbarer empirischer Drittdaten, gilt aber als die am besten geeignete Methode bei der Bestimmung fremdüblicher Verrechnungspreise für immaterielle Wirtschaftsgüter. Das EU JTPF[1536] hat im März 2019 ein Arbeitspapier zur Anwendung der Profitsplitmethode in der EU veröffentlicht.[1537] Die zuständige Abteilung des IRS hat im Frühjahr 2019 ein Modell einer Excel-basierten Kostenanalyse eingeführt (Functional Cost Diagnostic Model – FCDM).

1626 Nicht anerkannt wird die sog. Gewinnvergleichsmethode („comparable profit method").[1538]

6.6 Berichtigung von Einkünften (§ 1 AStG)

6.6.1 Einführung

1627 Die bis einschließlich VZ 2019 geltende Fassung des § 1 AStG geht strukturell auf das UntStRefG zurück. Ab dem VZ 2020 gilt § 1 AStG in der Fassung des ATADUmsG.[1539] Durch diese Fassung von 2008 wurde erstmals das Verhältnis des § 1 AStG zu anderen Abgrenzungsbestimmungen (§ 1 Abs. 1 Satz 4 AStG) und die Behandlung von Funktionsverlagerungen (§ 1 Abs. 3 AStG) gesetzlich geregelt. Die Norm soll der Berichtigung von Einkünften eines (unbeschränkt oder beschränkt) Steuerpflichtigen zugunsten der inländischen Besteuerung dienen.

1628 Um die Gewinnabgrenzung bzw. Gewinnverteilung für die Besteuerung grenzüberschreitender Vorgänge eindeutig und für Kapitalgesellschaften, Personengesellschaften und Betriebsstätten einheitlich zu regeln, wurden durch das AmtshilfeRLUmsG § 1 Abs. 4 und Abs. 5 AStG geändert. Es wurde gesetzlich normiert, dass auch Geschäfts-

---

[1533] Tz. 3.4.13 VwG-Verfahren.
[1534] Ausführlich Rdn. 1724.
[1535] Tz. 2.4.6 VwG.
[1536] Rdn. 1739.
[1537] JTPF/002/2019/EN.
[1538] Tz. 3.4.10.3 Buchst. d VwG-Verfahren.
[1539] Nachfolgend Darstellung des AStG i. d. F. des ATADUmsG unter Kapitel 6.7.

beziehungen zwischen einem Unternehmen und seiner Betriebsstätte am Fremdvergleichsgrundsatz (des § 1 AStG) zu messen sind.

§ 1 AStG a. F. weist folgende Gliederung auf: 1629

- **Berichtigung von Einkünften, Fremdvergleichspreis, Ermittlung des Fremdvergleichspreises** – Abs. 1 und Abs. 3;
- Definition des Begriffs „**nahestehende Person**"– Abs. 2;
- steuerliche Behandlung von **Funktionsverlagerungen** – Abs. 3;
- Definition des Begriffs „**Geschäftsbeziehungen**"– Abs. 4;
- Einführung des **AOA, Ermittlung des Betriebsstättengewinns** – Abs. 5;
- **Verordnungsermächtigung** – Abs. 6.

6.6.2 Fremdvergleichspreis, Berichtigung von Einkünften (§ 1 Abs. 1 AStG a. F.)

Satz 1 enthält eine beispielhafte Aufzählung dessen, wann eine Einkünfteminderung vorliegt. Danach müssen die Geschäftsbeziehungen zu einer nahestehenden Person im Ausland dem **Fremdvergleichsgrundsatz** standhalten; ansonsten sind die Einkünfte unbeschadet anderer Vorschriften so anzusetzen, wie sie unter den zwischen voneinander unabhängigen Dritten vereinbarten Bedingungen angefallen wären. Hierzu bestimmt § 1 Abs. 1 Satz 3 AStG, dass davon auszugehen ist, dass voneinander unabhängige Dritte alle wesentlichen Umstände der Geschäftsbeziehungen kennen. Einzelnen Kriterien des Fremdvergleichs ist dabei nicht die Qualität unverzichtbarer Tatbestandsvoraussetzungen beizumessen.[1540] 1630

Dies bedeutet Folgendes: Der Gewinn aus einer (einzelnen) Geschäftsbeziehung ist so zu ermitteln, als seien innerhalb der Geschäftsbeziehung angemessene Entgelte bzw. angemessene Bedingungen vereinbart worden. Ist dies nicht der Fall, werden die Einkünfte so angesetzt, wie sie anfallen würden, wenn die Geschäftsbeziehungen zu einem unabhängigen Dritten unterhalten worden wären – Berichtigung. 1631

> **BEISPIEL:** ▶ (1)Die Motor-AG, Frankfurt/Main, hat mehrere Töchter im In- und Ausland. Im Januar 2015 hat sie in den Niederlanden die R-BV gegründet (Beteiligung: 100 %). Die R-BV soll als Konzern-Finanzierungsgesellschaft fungieren; ihr Nennkapital beläuft sich auf 200.000 €. Die R-BV nimmt 2016 eine Anleihe in Höhe von 250 Mio. € auf und zeichnet entsprechende Schuldverschreibungen. Die Motor-AG übernimmt eine unbedingte und unwiderrufliche Garantie für die ordnungsgemäße Bedienung der sich aus den Schuldverschreibungen ergebenden Verbindlichkeiten (harte Patronatserklärung). Für die Übernahme der Garantie berechnet die Motor-AG der R-BV kein Entgelt.
>
> Das FA nimmt nach einer Betriebsprüfung dagegen an, dass für diese Leistung der Patronatserklärung zwischen fremden Dritten ein Entgelt vereinbart worden wäre (Bsp.: Bürgschaft einer Bank). Es erlässt deshalb Steuerbescheide, in denen es von den Steuererklärungen der Motor-AG in der Weise abgewichen ist, dass es um 312.500 € (= 0,125 % von 250 Mio. €) erhöhte Einkünfte angesetzt hat. Der angewandte Prozentsatz ist fremdüblich.

1540 BFH v. 27. 9. 2019 I R 73/16, BFH/NV 2019, 731.

(2) Die deutsche Muttergesellschaft gewährt ihrer schweizerischen Tochtergesellschaft (100 %)

a) ein zinsloses Darlehen,

b) ein Darlehen zu einem nicht fremdüblichen Zinssatz.

Zulässig ist eine Einkünfteberichtigung nach § 1 AStG auf der Grundlage des Fremdvergleichs: „Eine solche Einkünfteberichtigung, ist als Maßnahme zur Wahrung einer ausgewogenen Aufteilung der Besteuerungsrechte zwischen den EU-Mitgliedstaaten geeignet und jedenfalls nicht unverhältnismäßig." (BFH vom 25.6.2014 I R 88/12, BFH/NV 2015, 57).

1632 Soweit nach anderen Vorschriften (Bsp.: vGA, verdeckte Einlage) die Einkünfte zu berichtigen sind, sind diese vor einer Berichtigung nach § 1 Abs. 1 AStG durchzuführen,[1541] § 1 Abs. 1 Satz 4 AStG. Erst nach der Durchführung dieser Berichtigungen sind ggf. Berichtigungen nach § 1 Abs. 1 AStG durchzuführen, wenn diese zu weitergehenden Änderungen führen.

BEISPIEL Die deutsche Tochtergesellschaft zahlt für die Nutzung des geschützten Namens und des geschützten Logos der ausländischen Muttergesellschaft eine unangemessene Lizenzgebühr von 12 %.

Lösung: Aus deutscher Sicht nimmt damit die Tochter eine vGA an die ausländische Muttergesellschaft nach § 8 Abs. 3 Satz 2 KStG vor, die das zu versteuernde Einkommen nicht mindern darf. Somit Korrektur durch Hinzurechnung der vGA (= Zahlung an MG) steuerwirksam außerhalb der Bilanz. Einer Anwendung des § 1 AStG bedarf es daher nicht, da dies nicht zu höheren Einkünften führen würde.

1633 Die Vorschrift des § 1 Abs. 1 AStG findet Anwendung auf unbeschränkt und beschränkt steuerpflichtige natürliche und juristische Personen. Ferner sind auch die Geschäftsbeziehungen von nichtrechtsfähigen Personenvereinigungen und Personenhandelsgesellschaften nach § 1 AStG zu beurteilen, wenn sie Beziehungen zum Ausland unterhalten, § 1 Abs. 1 Satz 2 AStG.[1542]

1634 In der Rechtssache Hornbach hat der EuGH festgestellt, dass Art. 49 AEUV der Regelung des § 1 Abs. 1 AStG a. F. grundsätzlich nicht entgegensteht,[1543] das jeweilige nationale Gericht hat aber zu prüfen, ob die Regelung dem gebietsansässigen Steuerpflichtigen die Möglichkeit des Nachweises einräumt, dass nichtfremdübliche Bedingungen aus wirtschaftlichen Gründen vereinbart wurden, die sich aus der Stellung als Gesellschafter der gebietsfremden Gesellschaft ergeben. Diese durch den EuGH vorgeschriebene Prüfung steht aber nicht im AStG a. F. Der BMF hat zu diesem Urteil ein entsprechendes Schreiben herausgegeben, in der das Urteil aus der Sicht der Finanzverwaltung interpretiert wird.[1544]

1541 Zur Problematik der Berichtigung nach § 1 Abs. 1 AStG und dem Verhältnis zu Art. 9 OECD-MA grundlegend BFH v. 27. 2. 2019 I R 73/16, BFH/NV 2019, 731; die frühere Rechtsprechung – BFH v. 17. 12. 2014 I R 23/13, BFH/NV 2015, 626; v. 24. 3. 2015 I B 103/13, BFH/NV 2015, 1009; v. 24. 6. 2015 I R 29/14, BFH/NV 2015, 1506 – ist damit ausdrücklich aufgegeben (Leitsatz 4).
1542 BFH v. 17. 12. 1997 I B 96/97, BStBl 1998 II 321.
1543 EuGH v. 31. 5. 2018 C-382/16 Hornbach-Baumarkt AG, IStR 2018, 461.
1544 BMF v. 6. 12. 2018, BStBl 2018 I 1305.

6.6.3 Beteiligungsvoraussetzungen für die Anwendung der Abgrenzungsregeln (§ 1 Abs. 2 AStG a. F.)

Voraussetzung für die Anwendung des § 1 AStG ist, dass die Unternehmen miteinander verbunden oder verflochten sind oder einander nahestehen. Eine gesetzliche Definition des Begriffs „international verbundene Unternehmen" oder „verbundene Unternehmen" existiert im deutschen Steuerrecht nicht. Der Begriff „verbundene Unternehmen" wird außerhalb des Steuerrechts erläutert in § 15 AktG sowie in § 271 HGB.

1635

Es sind vier Fälle zu unterscheiden, in denen eine Person einer anderen nahesteht (die VwG sprechen von „Verflechtung"):

1636

- Nahestehen durch wesentliche Beteiligung;
- Nahestehen durch beherrschenden Einfluss;
- Nahestehen durch besondere Einflussmöglichkeiten;
- Nahestehen durch Interessenidentität.

Eine Person steht dem Steuerpflichtigen nahe im Sinne der ersten Alternative – wesentliche Beteiligung[1545] –, wenn entweder

1637

- der Steuerpflichtige an der Person unmittelbar oder mittelbar zu mindestens einem Viertel (= wesentliche Beteiligung) beteiligt ist, oder
- die Person an dem Steuerpflichtigen unmittelbar oder mittelbar wesentlich beteiligt ist, oder
- eine dritte Person sowohl an der Person als auch an dem Steuerpflichtigen wesentlich beteiligt ist.

Mit Beteiligung ist nicht nur die Beteiligung an Kapitalgesellschaften gemeint. Hierzu zählen auch Beteiligungen über eine Personengesellschaft[1546] oder ein Einzelunternehmen, und zwar auch in der Form der stillen Beteiligung oder der verdeckten Kapitaleinlage.[1547]

1638

Der – mittelbare oder unmittelbare – beherrschende Einfluss des Steuerpflichtigen auf die Person bzw. der Person auf den Steuerpflichtigen kann u. a. beruhen auf

1639

- beteiligungsähnlichen Rechten;
- Unternehmensverträgen i. S. der §§ 291, 292 AktG, Eingliederung i. S. des § 319 AktG, Zusammenfassung mehrerer Unternehmen unter einheitlicher Leitung i. S. des § 18 AktG, wechselseitige Beteiligung i. S. des § 19 AktG;
- unmittelbare oder mittelbare Beteiligung derselben Person an der Geschäftsleitung oder der Kontrolle zweier Unternehmen, Unterstellung zweier Unternehmen unter den beherrschenden Einfluss eines dritten Unternehmens (Gewinnverschiebungen zwischen Schwestergesellschaften).

Die besonderen Einflussmöglichkeiten liegen dann vor, wenn jemand auf den Steuerpflichtigen oder die Person Einfluss von einigem Gewicht nehmen kann, der auf recht-

1640

1545 BFH v. 10. 4. 2013 I R 45/11, BStBl 2013 II 771.
1546 BFH v. 17. 12. 1997 I B 96/97, BStBl 1998 II 321; v. 1. 10. 1986 I R 54/83, BStBl 1987 II 459.
1547 Vgl. Tz. 1.3.2.2, 1.3.2.3 VwG.

lichen, tatsächlichen, persönlichen, gesellschaftsrechtlichen oder verwandtschaftlichen Verbindungen beruht.[1548]

1641 Mit der letzten Alternative – Interessenidentität – sollen die Fälle erfasst werden, in denen der Steuerpflichtige oder die Person ein eigenes geschäftliches oder persönliches Interesse an der Erzielung der Einkünfte des anderen hat.[1549]

6.6.4 Anwendung der Verrechnungspreismethoden (§ 1 Abs. 3 Satz 1 ff. AStG a. F.)

1642 Nach § 1 Abs. 3 Satz 1 AStG ist der Verrechnungspreis für eine Geschäftsbeziehung (vorrangig) nach den drei traditionellen Standardmethoden zu bestimmen, wenn Fremdvergleichswerte ermittelt werden können, die nach Vornahme sachgerechter Anpassungen im Hinblick auf die ausgeübten Funktionen der beteiligten Vertragspartner, die eingesetzten Wirtschaftsgüter und die übernommenen Chancen und Risiken (= gesetzliche Definition des Begriffs Funktionsanalyse) für diese Methoden uneingeschränkt vergleichbar sind.

1643 Nun wird es aber in der Praxis häufiger vorkommen, dass solche Fremdvergleichswerte aufgrund der Besonderheiten der gehandelten Waren oder Dienstleistungen nicht zu ermitteln sind, d. h. es gibt keine uneingeschränkt vergleichbaren Preise. Ist dies der Fall, so schreibt § 1 Abs. 3 Satz 2 AStG vor, dass eingeschränkt vergleichbare Werte (Bruttomargen, Kostenaufschlagsätze, Provisionen usw.) nach Vornahme sachgerechter Anpassungen der Anwendung einer geeigneten Verrechnungspreismethode zugrunde zu legen sind, wobei man heute aufgrund der OECD-Guidelines davon auszugehen hat, dass sich dieser Satz auch auf die Methoden TNMM und Profit split bezieht. Sind in derartigen Fällen mehrere eingeschränkt vergleichbare Fremdvergleichswerte feststellbar, ist die sich ergebende Bandbreite einzuengen (§ 1 Abs. 3 Satz 3 AStG). Zur Begründung wird darauf verwiesen, dass wegen der eingeschränkten Vergleichbarkeit die Bandbreite i. d. R größer ist als bei uneingeschränkt vergleichbaren Werten nach § 1 Abs. 3 Satz 1 AStG. Diese Einengung der Bandbreite ist nach den Grundsätzen der VwG-Verfahren vorzunehmen.[1550]

1644 Liegen die vom Steuerpflichtigen für seine Einkünfteermittlung verwendeten Verrechnungspreise außerhalb der von der Finanzverwaltung nach den Grundsätzen der § 1 Abs. 3 Satz 1 bis 3 AStG ermittelten Bandbreite, ist der Median der von der Finanzverwaltung ermittelten Bandbreite maßgeblich (§ 1 Abs. 3 Satz 4 AStG).

> **BEISPIEL:** Die Muttergesellschaft gewährt ihrer ausländischen Tochtergesellschaft ein Darlehen zu einem Zinssatz von 3 %; am Bankenmarkt werden für vergleichbare Darlehen Zinsen i. H. von 8,5 % verlangt und Habenzinsen von 1,5 % gewährt. Nach der Rechtsprechung ist davon

---

1548 BFH v. v. 9.4.1997 I R 52/96, BFH/NV 1997, 808; v. 18.12.1996 I R 139/94, BStBl 1997 II 301; v. 13.12.1989 I R 45/84, BFH/NV 1990, 455 .
1549 BFH v. 19.1.1994 I R 93/93, BStBl 1994 II 725.
1550 Tz. 3.4.12.5 VwG-Verfahren.

auszugehen, dass sich Darlehensgläubiger und Darlehensschuldner im Zweifel die Spanne zwischen banküblichen Haben- und Sollzinsen teilen.

Können keine uneingeschränkt oder eingeschränkt vergleichbaren Fremdvergleichswerte festgestellt werden (wegen der Besonderheiten des Vertragsgegenstandes), hat der Steuerpflichtige für seine Einkünfteermittlung einen sog. **hypothetischen Fremdvergleich** durchzuführen (§ 1 Abs. 3 Satz 5 AStG), weil – so die amtliche Begründung – mangels verwendbarer Vergleichswerte keine andere Möglichkeit zur Bestimmung des Verrechnungspreises besteht. Dazu hat er aufgrund einer Funktionsanalyse und innerbetrieblicher Planrechnungen den Mindestpreis des Leistenden und den Höchstpreis des Leistungsempfängers zu fingieren (Einigungsbereich).[1551] Der Einigungsbereich wird von den jeweiligen Gewinnerwartungen (Gewinnpotenzialen) der Beteiligten bestimmt, § 1 Abs. 3 Satz 6 AStG. Es ist der Preis im Einigungsbereich der Einkünfteermittlung zugrunde zu legen, der dem Fremdvergleichsgrundsatz mit der höchsten Wahrscheinlichkeit entspricht; wird kein anderer Wert glaubhaft gemacht, ist der Mittelwert des Einigungsbereichs zugrunde zu legen, § 1 Abs. 3 Satz 7 AStG. Dabei wird von einer symmetrischen Information der Verhandlungspartner ausgegangen. Es wird beim hypothetischen Fremdvergleich auf die Figur des gedachten gewissenhaften und ordentlichen Geschäftsführers einer Kapitalgesellschaft (§ 43 GmbHG) abgestellt.

1645

> **BEISPIEL:** Die Automobilfabrik X-AG verkauft die gesamten Anlagen zur Herstellung des in Europa nicht mehr absetzbaren Models Typ A an ihre indische Tochtergesellschaft, da nach einer Marktanalyse davon auszugehen ist, dass dieses Modell dort noch mindestens fünf Jahre mit Erfolg absetzbar sein wird. Da wegen der Einmaligkeit der Produktionsanlage und des damit zusammenhängenden Know-hows keine vergleichbaren Werte ermittelt werden können, muss ein hypothetischer Fremdvergleich durchgeführt werden. Dabei ist auf der einen Seite der Mindestverkaufspreis anzusetzen und auf der anderen Seite der Preis, den der Erwerber höchstens aufbringen würde, damit er mit der erworbenen Anlage Gewinne erzielen kann. Die beiden Preisvorstellungen werden sich überschneiden (= Einigungsbereich), im Zweifel ist dann der Mittelwert des Einigungsbereichs anzusetzen. Überschneiden sich die Preisvorstellungen nicht, kommt es zu keinem Vertragsabschluss – so zumindest in der Theorie.

Ist der vom Steuerpflichtigen zugrunde gelegte Einigungsbereich unzutreffend und muss deshalb von einem anderen Einigungsbereich ausgegangen werden, kann auf eine Einkünfteberichtigung verzichtet werden, wenn der vom Steuerpflichtigen zugrunde gelegte Wert innerhalb des anderen Einigungsbereichs liegt (§ 1 Abs. 3 Satz 8 AStG).

1646

6.6.5 Funktionsverlagerung (§ 1 Abs. 3 Satz 9 ff. AStG a. F.)

Mit der Besteuerung von Funktionsverlagerungen befasst sich § 1 Abs. 3 Satz 9 bis 11 AStG a. F. Hinzu kommen die „Verordnung zur Anwendung des Fremdvergleichsgrundsatzes nach § 1 Abs. 1 AStG in Fällen grenzüberschreitender Funktionsverlagerungen (Funktionsverlagerungsverordnung – FVerlV)"[1552] sowie das BMF-Schreiben betreffend „Grundsätze der Verwaltung für die Prüfung der Einkunftsabgrenzung zwischen nahe-

1647

1551 BT-Drs. 16/4881, S. 85, amtliche Begründung zu § 1 Abs. 3 Satz 5 AStG.
1552 BStBl 2009 I 34.

stehenden Personen in Fällen von grenzüberschreitenden Funktionsverlagerungen (Verwaltungsgrundsätze – Funktionsverlagerung)".[1553]

1648 In der amtlichen Begründung[1554] ist ausgeführt, dass die Regelung der Funktionsverlagerung dazu beitragen solle, die Besteuerung in Deutschland geschaffener Werte sicherzustellen, wenn immaterielle Wirtschaftsgüter und Vorteile ins Ausland verlagert würden. Die Übertragung von Funktionen (z.B. Vertrieb, Produktion usw.) ins Ausland bleibe weiter möglich. Es sei aber nicht zu rechtfertigen, wenn immaterielle Wirtschaftsgüter und Vorteile, die mithilfe deutscher Infrastruktur erstellt worden seien, ohne angemessene Besteuerung des inländischen Wertschöpfungsbeitrags im Ausland genutzt würden. Insbesondere im Zusammenhang mit Funktionsverlagerungen sei es für die Finanzverwaltung mangels konkreter gesetzlicher Regelungen kaum möglich, angemessene Verrechnungspreise festzustellen. Diese Schwierigkeiten sollen dadurch gelöst werden, dass gesetzlich geregelt werde, wie die Unternehmen ihre Verrechnungspreise vor allem für immaterielle Wirtschaftsgüter und Funktionsverlagerungen festsetzen sollten. Damit werde für die Steuerpflichtigen, deren steuerliche Berater und die Finanzverwaltung die Rechtssicherheit erhöht. Die angemessene Besteuerung der Verlagerung immaterieller Wirtschaftsgüter und von Funktionsverlagerungen stehe in Übereinstimmung mit dem international anerkannten Fremdvergleichsgrundsatz der OECD.

1649 In diesem Zusammenhang ist darauf hinzuweisen, dass das Kapitel IX der OECD-Guidelines (Transfer Pricing Aspects of Business Restructuring) eine detaillierte Anleitung für die Prüfung von Verrechnungspreisaspekten bei der grenzüberschreitenden Strukturveränderung zwischen verbundenen Unternehmen beinhaltet.

1650 Der Begriff „Funktionsverlagerung" wird in § 1 Abs. 3 Satz 9 AStG wie folgt definiert: Verlagerung einer Funktion einschließlich der dazugehörigen Chancen und Risiken und der mitübertragenen oder überlassenen Wirtschaftsgüter und sonstigen Vorteilen. In § 1 Abs. 1 FVerlV wird Funktion definiert als „Geschäftstätigkeit, die aus einer Zusammenfassung gleichartiger betrieblicher Aufgaben besteht, die von bestimmten Stellen oder Abteilungen eines Unternehmens erledigt werden. Sie ist ein organisatorischer Teil eines Unternehmens, ohne dass ein Teilbetrieb im steuerlichen Sinne vorliegen muss." Funktionsverlagerung definiert § 1 Abs. 2 FVerlV als Übertragung von Wirtschaftsgütern und sonstigen Vorteilen sowie den damit verbundenen Chancen und Risiken von dem verlagernden Unternehmen auf ein anderes, nahestehendes, übernehmendes Unternehmen, damit das übernehmende Unternehmen eine Funktion ausüben kann, die bisher von dem verlagernden Unternehmen ausgeübt worden ist, und dadurch die Ausübung der betreffenden Funktion durch das verlagernde Unternehmen eingeschränkt wird.

1651 Unter Funktionsverlagerung kann man ganz allgemein die Verlagerung von bestimmten Aufgaben – Forschung und Entwicklung, Produktion, Vertrieb (einschließlich Um-

---

[1553] BMF v. 13.10.2010, BStBl 2010 I 774; das Schreiben ist in der Literatur umstritten, u.a. weil es mit anderen Veröffentlichungen und Verordnungen nicht kompatibel ist; hierauf hat das Institut der Wirtschaftsprüfer in einem Schreiben vom 5.7.2011 hingewiesen.
[1554] BT-Drs. 16/4841, S. 84.

stellung von Vertriebswegen und -formen), Garantieleistungen, Marketing, Buchführung, Kundenstamm usw. – von einem inländischen Unternehmen auf ein international verbundenes Unternehmen (oder umgekehrt) oder von einem unabhängigen Dritten (Bsp.: Handelsvertreter) auf ein verbundenes Unternehmen und umgekehrt verstehen. So können z. B. einzelne Produktionsfunktionen (Bsp.: Verlagerung einer Produktionssparte) oder ein Funktionsbündel im Rahmen der Produktionsverlagerung als Teil der Funktionsverlagerung auftreten, oder die grundlegende Umstrukturierung des Vertriebs kann gleichzeitig eine Funktionsverlagerung beinhalten. Es wird jegliche Erscheinungsform der Funktionsverlagerung wie Funktionsausgliederung, Funktionsabspaltung, Funktionsabschmelzung, Funktionsausweitung erfasst.

> **BEISPIEL:** (1) Die inländische X-AG stellt Holzspielzeug her; sie verlagert die Fertigung der Holzrohlinge aus Kostengründen nach Bulgarien; die Fertigstellung erfolgt in der Bundesrepublik = Verlagerung von Lohnfertigung (verlängerte Werkbank).
>
> (2) Die Chemie AG, Hamburg, gliedert die Herstellung von Ton- und Videobändern aus und überträgt die gesamte Sparte auf die neu gegründete verbundene Tape S.A., Rumänien; ihr wird erlaubt, unter dem bisherigen Firmennamen, dem bisherigen Firmenlogo und den Firmenfarben ihre Waren auf eigenes Risiko zu vertreiben = Verlagerung von Eigenhändlerfunktion.
>
> (3) Das inländische Versandhandelsunternehmen V gliedert seine gesamte telefonische Auftragsannahme sowie Kundenbetreuung auf eine neue Service Inc., Irland aus = Dienstleistungsverlagerung.[1555]
>
> (4) Das deutsche Automobilunternehmen „Auto AG" überführt die für die Produktion des in der Bundesrepublik nicht mehr rentabel zu produzierenden Modells „K" benötigten Werkzeuge und Maschinen nach Mexiko in die dortige Tochtergesellschaft; in Mexiko wird für den südamerikanischen Markt noch das Model „K" produziert und auch in die Bundesrepublik (re-)importiert = Verlagerung einer Produktsparte.

Aus den vorgenannten Beispielen wird deutlich, dass fast jede abgrenzbare Funktion im Rahmen eines Unternehmens ausgegliedert und verlagert werden kann. 1652

Jegliche Funktionsverlagerung bedarf der genauen Sachverhaltsermittlung. So ist z. B. bei der Verlagerung von Distributionsfunktionen zwischen einem Eigenhändler, der über das volle unternehmerische Risiko verfügt und demnach auch einen entsprechenden Anteil am Gewinn erhalten muss, dem Kommissionär und dem Handelsvertreter zu unterscheiden. Letzterer hat in Bezug auf das Produkt das geringste unternehmerische Risiko, während beim Kommissionär die Frage des unternehmerischen Risikos – und damit die des angemessenen Gewinns und der angemessenen Verrechnungspreise – nach den übernommenen Risiken zu entscheiden ist. Demnach ist die Frage nach dem zutreffenden Fremdvergleichspreis für die Funktionsverlagerung nur nach genauer Analyse der Funktionen der beteiligten Unternehmen vor und nach der Funktionsverlagerung zu beantworten. 1653

Die Fälle der Funktionsverlagerung sind abzugrenzen von anderen Übertragungsfällen wie der Verlagerung von einzelnen Wirtschaftsgütern, Erbringung von Dienstleistungen, Personalentsendung, Betriebsaufgabe, Betriebsveräußerung, Sitzverlegung, Fällen 1654

1555 Hierzu § 1 Abs. 7 FVerlV.

des Umwandlungssteuerrechts usw. Alle vorgenannten Konstellationen sind nach anderen steuerlichen Grundsätzen zu regeln.

1655 Im Rahmen einer Funktionsverlagerung sind zwei unterschiedliche steuerliche Aspekte näher zu durchleuchten: Zum einen der Übertragungsvorgang als solcher – Welche materiellen und insbesondere welche immateriellen Wirtschaftsgüter werden übertragen? Wird ungeschütztes Know-how übertragen? Welche Patente, welche Rechte (Namen, Firmenlogo) werden zur Ausübung übertragen? Wird ein Firmenwert mit übertragen? Wer übernimmt etwaige Stilllegungskosten im Inland? – und zum anderen die Leistungsbeziehungen nach der Funktionsverlagerung; denn mit einer Funktionsverlagerung geht i.d.R. eine Veränderung der Risiken der beteiligten Unternehmen einher, die in veränderten bzw. den neuen Risiken angepassten Verrechnungspreisen ihren Niederschlag finden müssen.

1656 Das Entgelt für eine Funktionsverlagerung soll, wenn für die übergegangene Funktion als Ganzes (= Transferpaket) kein zumindest eingeschränkt vergleichbarer Fremdvergleichswert festgestellt werden kann, nach § 1 Abs. 3 Satz 9 AStG anhand des übergegangenen Gewinnpotenzials aufgrund eines hypothetischen Fremdvergleichs unter Berücksichtigung funktions- und risikoadäquater Kapitalisierungszinssätze bestimmt werden. Das bedeutet, dass aus der Sicht des abgebenden Unternehmens und aus der Sicht des übernehmenden Unternehmens die Gewinnaussichten beurteilt werden. Das Gewinnpotenzial sind die prognostizierten Gewinne nach Steuern, ggf. unter Berücksichtigung von Standortvorteilen und -nachteilen sowie von Synergieeffekten. Dabei muss auch ein angemessener Kapitalisierungszinssatz zugrunde gelegt werden.

1657 Der Einigungsbereich für das Entgelt umfasst den Mindestpreis des abgebenden Unternehmens (zu dem die Funktion gerade noch übertragen wird) und den Höchstpreis des übernehmenden Unternehmens, den es gerade noch bereit ist, für den Erwerb der Funktion aufzuwenden. Grundsatz ist, dass fremde Dritte den Mittelwert zwischen beiden Eckpunkten ansetzen würden.

1658 Drei Ausnahmen – sog. Escapeklauseln – von der Transferpaketlösung, nämlich Einzelverrechnungspreise für alle betroffenen Wirtschaftsgüter und Dienstleistungen, sind in § 1 Abs. 3 Satz 10 AStG vorgesehen.

1659 Als weitere heftig umstrittene Klausel ist die Preisanpassungsklausel in § 1 Abs. 3 Satz 11 AStG zu nennen. Voraussetzung ist, dass wesentliche immaterielle Wirtschaftsgüter und Funktionen übertragen wurden. Stellt sich nunmehr eine erhebliche Abweichung der tatsächlichen von der prognostizierten Gewinnentwicklung heraus, die der Verrechnungspreisbestimmung zugrunde lag, ist widerlegbar zu vermuten, dass zum Zeitpunkt des Geschäftsabschlusses Unsicherheiten im Hinblick auf die Preisvereinbarung bestanden, und unabhängige Dritte eine sachgerechte Anpassungsregelung vereinbart hätten. Wurde eine solche Regelung nicht vereinbart und tritt innerhalb der ersten zehn Jahre nach Abschluss des Übertragungsvertrags eine erhebliche Abweichung im vorgenannten Sinne ein, ist für eine deshalb vorzunehmende Berichtigung einmalig ein angemessener Anpassungsbetrag auf den ursprünglichen Verrechnungspreis der Besteuerung des Wirtschaftsjahres zugrunde zu legen, das dem Jahr folgt, in dem die Abweichung eingetreten ist (§ 1 Abs. 3 Satz 12 AStG). Umstritten ist in der Literatur, ob die hier vom Gesetzgeber aufgestellten Prämissen realitäts- und praxisgerecht sind sowie der internationalen Praxis entsprechen.

§ 1 Abs. 6 FVerlV befasst sich mit der Funktionsverdoppelung. Hierunter ist zu verstehen, dass zwar die Voraussetzungen einer Funktionsverlagerung i. S. des § 1 Abs. 2 FVerlV vorliegen, es aber innerhalb von fünf Jahren nach Aufnahme der Funktion durch das nahestehende Unternehmen zu keiner Einschränkung der Ausübung der betreffenden Funktion durch das verlagernde Unternehmen kommt. 1660

> **BEISPIEL:** Die X-AG stellt Autositze her. Ihr Auftraggeber P-AG entschließt sich, ein neues Werk in den USA zu bauen, um die Produktion vor Ort auszuweiten. Die P-AG verlangt, dass die X-AG in den USA in der Nähe der neuen Automobilfabrik ein neues Zweigwerk errichtet, um eine Just-in-Time-Lieferung der Pkw-Sitze sicherzustellen. Mit der Errichtung des neuen Zweigwerks in den USA kommt es zwar zur Übertragung von Funktionen, aber zu keiner Einschränkung der Funktion bei der X-AG.

6.7 §§ 1 ff. AStG i. d. F. des ATADUmsG

Aufgrund des Zwangs, dass AStG an die Erfordernisse der ATAD-Richtlinie bzw. ATAD II-Richtlinie anpassen zu müssen, hat der Gesetzgeber die Bestimmungen über die Verrechnungspreise im AStG auch überarbeitet und den Erfordernissen der Entwicklung bei BEPS sowie der EuGH- und BFH-Rechtsprechung angepasst; neu gefasst wurden § 1 Abs. 1 bis 3 sowie eingefügt Abs. 3a, 3b und 3c sowie § 1a und § 1b AStG 1661

6.7.1 § 1 AStG n. F.

Der Text des Abs. 1 wurde lediglich redaktionell angepasst; sachlich entspricht er der bisherigen Fassung, so dass die bisherige Rechtsprechung, Verwaltung und Literatur grundsätzlich weiter angewendet werden kann. 1662

Der Abs. 2 befasst sich, wie bisher, mit der nahestehenden Person. Eine wesentliche Änderung und Erweiterung gegenüber der bisherigen Fassung befindet sich lediglich in § 1 Abs. 2 Satz 1 Buchst. a AStG, welcher zusätzliche Kriterien für die wesentliche Beteiligung einführt in Anlehnung an Art. 2 Abs. 4 Buchst. a ATAD; somit wird künftig auch auf die Beteiligung am Gewinn oder am Liquidationserlös abgestellt (Bsp.: stimmrechtslose Anteile, Stimmbindungsverträge). Außerdem wird klargestellt, dass im Verhältnis zwischen Person und Steuerpflichtigem unterschiedliche Kriterien bestehen können. 1663

Abs. 3 befasst sich mit der Bestimmung des Fremdvergleichspreises. Wichtig ist, dass im Gegensatz zum bisherigen Recht von einer Aufzählung der anzuwendenden Methoden abgesehen wird und, wie in den OECD-Guidelines, es allein auf die am besten geeignete Verrechnungspreismethode ankommt. Eine Funktions- und Risikoanalyse des jeweiligen Geschäftsvorfalls ist die Grundlage für die Vergleichbarkeit (Vergleichbarkeitsanalyse). Abzustellen ist auf die Verhältnisse zum Zeitpunkt der Vereinbarung des Geschäftsvorfalls. Die Regelungen über sachgerechte Anpassungen sowie den hypothe- 1664 tischen Fremdvergleich werden aus der bisherigen Fassung des § 1 AStG übernommen, sodass auf die obigen Ausführungen verwiesen werden kann.

1665 Der neue Abs. 3a befasst sich mit der Bandbreiteneinengung des ermittelten Fremdvergleichspreises, ausgehend von der Tatsache, dass die Anwendung des Fremdvergleichsgrundsatzes grundsätzlich nicht dazu führt, dass ein einziger Wert ermittelt werden kann. Als Methode ist die sog. Interquartilsmethode anzuwenden, bei der das Viertel der kleinsten und das Viertel der größten Werte unberücksichtigt bleiben.

1666 Der neue Abs. 3b nimmt den Inhalt aus dem bisherigen § 1 Abs. 3 Satz 9 AStG (Funktionsverlagerung) auf; dieser wird redaktionell an die Neufassung des §1 Abs. 1 bis 3 AStG angepasst; ferner erfolgt eine gesetzliche Definition des Transferpaketes. Die sog. Escape-Klauseln sind nicht mehr im Gesetz enthalten.

1667 Ohne Vorbild ist die Regelung des Abs. 3c, der sich mit immateriellen Wirtschaftsgütern, deren Definition sowie deren steuerlicher Behandlung im Rahmen von Verrechnungspreisen befasst. Der Text des Abs. 3c orientiert sich im Wesentlichen an den OECD-Guidelines (Kapitel VI: Special Considerations for Intangibles). Dabei wird das international anerkannte System der DEMPE-Funktionen übernommen. DEMPE steht für Development (Entwicklung/Erschaffung), Enhancement (Verbesserung), Maintenance (Erhalt/Wartung), Protection (Schutz) und Exploitation (Verwertung). Für diese Analyse im Rahmen dieses DEMPE-Konzepts ist eine eigene Funktions-und Risikoanalyse erforderlich. Hierfür ist festzustellen, welche Gesellschaften in Bezug auf die Entwicklung, Verbesserung, Erhaltung, den Schutz und die Verwertung immaterieller Werte die maßgeblichen (Personal-) Funktionen ausüben, die personellen und finanziellen Kapazitäten zur Übernahme und Kontrolle der damit verbundenen Risiken haben und wertvolle immaterielle Werte einsetzen. Dies führt dazu, dass der Inhaber bzw. der Eigentümer eines immateriellen Werts nicht zwingend berechtigt ist, die Erträge aus einem immateriellen Wert für sich zu „behalten". Im Extremfall könnte gar kein Ertrag mehr bei diesem verbleiben.

> **BEISPIEL:** Die von der X-AG, Deutschland, entwickelte Technik wird an die X-BV in den Niederlanden verkauft, die sie ihrerseits an alle weltweiten Tochtergesellschaften des Konzerns überlässt. Die Lizenzgebühren werden in den Niederlanden lediglich gering besteuert.

1668 Der bisherige Abs. 6 wird lediglich redaktionell überarbeitet; unberührt bleiben § 1 Abs. 4 und 5 AStG.

6.7.2 Finanzierungsbeziehungen (§ 1a AStG)

1669 Ohne Vorbild ist der neu eingefügt § 1a AStG über die Finanzierungsbeziehungen; als Finanzierungsbeziehungen gelten insbesondere ein Darlehensverhältnis sowie die Bereitstellung von Fremdkapital oder fremdkapitalähnlichen Instrumenten. Hierbei handelt es sich um eine auf internationaler Ebene nicht abgestimmtes Vorpreschen des deutschen Gesetzgebers, wie auch in der amtlichen Begründung offen eingeräumt wird. Ziel dieser Vorschrift sind nur inländische Steuerpflichtige, wobei die Vorschrift mit einem treaty overriding beginnt. Nach Auffassung des Gesetzgebers existieren zwei Fallgestaltungen, die zu einer nicht akzeptierten Einkunftsminderung führen, die rückgängig zu machen ist: Es sei denn, es kann glaubhaft gemacht werden, dass der Schuldner den Kapitaldienst der Transaktion (Zins- und Tilgungszahlung) über die Laufzeit des Darlehens bedienen kann (und von Anfang an hätte bedienen können), das Darlehen aus geschäftlicher Sicht erforderlich ist und die Mittel für den Unternehmenszweck verwendet werden. Der Fremdvergleichszinssatz soll dem Zinssatz entsprechen, zu dem sich die Gruppe insgesamt am Kapitalmarkt finanzieren könnte.

6.7.3 Preisanpassungsklausel (§ 1b AStG)

Entsprechend der bisherigen Regelungen in § 1 Abs. 3 Satz 11 und 12 AStG a. F. wird die Regelung der Preisanpassung nun generell auf alle Arten der Geschäftsvorfälle, die wesentliche immaterielle Werte oder Vorteile zum Gegenstand haben, ausgedehnt. Der Betrachtungszeitraum wird auf 7 Jahre herabgesetzt. Außerdem werden die Voraussetzungen geregelt, in denen eine Anpassung nicht erfolgt. Die grundsätzlichen Ausführungen oben zu § 1 Abs. 3 AStG a. F. gelten weiterhin.

1670

6.7.4 Geschäftsbeziehungen (§ 1 Abs. 4 AStG)

Diese Regelung im AStG wurde durch das ATADUmsG nicht berührt.

1671

Der BFH hatte unter Geschäftsbeziehungen Beziehungen verstanden, die ein Betrieb im Sinne der Gewinneinkünfte unter Teilnahme am allgemeinen wirtschaftlichen Verkehr eingeht.[1556] Ferner hatte er die Auffassung vertreten, dass unter Geschäftsbeziehungen nicht diejenigen Beziehungen zu verstehen seien, die das Nahestehen überhaupt erst begründen oder der Tochtergesellschaft erst ermöglichen, die ihr zugedachte Funktion im Konzern zu erfüllen.[1557] Da diese Auffassung vom Gesetzgeber nicht geteilt wurde, wurde die Norm ab VZ 2003 geändert; eine weitere wesentliche Änderung der Vorschrift erfolgt durch das AmtshilfeRLUmsG.[1558] Danach ist unter Geschäftsbeziehung jeder den Einkünften zugrunde liegende Geschäftsvorfall (wirtschaftlicher Vorgang) zu verstehen, der keine gesellschaftsrechtliche Vereinbarung ist (§ 1 Abs. 4 Satz 1 Nr. 1 Buchst. b AStG) und entweder beim Steuerpflichtigen oder bei der nahestehenden Person Teil einer Tätigkeit ist, auf die §§ 13, 15, 18 oder 21 EStG Anwendung finden (§ 1 Abs. 4 Satz 1 Nr. 1 Buchst. a AStG). Somit fallen rein private Beziehungen sowie Einkünfte aus Kapitalvermögen aus dem Anwendungsbereich des § 1 AStG heraus.[1559]

Der § 1 Abs. 4 Satz 2 AStG stellt klar, dass Geschäftsbeziehungen ohne oder ohne nachweisbare schuldrechtliche Vereinbarungen so behandelt werden, als ob ihnen schuld-

1672

[1556] BFH v. 5.12.1990 I R 94/88, BStBl 1991 II 287.
[1557] BFH v. 29.4.2009 I R 26/08, BFH/NV 2009, 1648; v. 27.8.2008 I R 28/07, BFH/NV 2009, 123; v. 29.11.2000 I R 85/99, BStBl 2002 II 720; v. 30.5.1990 I R 97/88, BStBl 1990 II 875; Klarstellung hinsichtlich der Frage, ob die Gewährung eines unverzinslichen Gesellschafterdarlehens eine Geschäftsbeziehung begründet, durch BFH v. 23.6.2010 I R 37/09, BStBl 2010 II 895.
[1558] BStBl 2013 I 802.
[1559] Tz. 1.4 AStG-AE.

rechtliche Vereinbarungen zugrunde lägen. Die gesetzliche Vermutung kann jedoch vom Steuerpflichtigen im Einzelfall widerlegt werden.[1560]

1673 Aus dem Wort „Geschäftsbeziehungen" folgt, dass **mindestens 2 Personen** beteiligt sein müssen. Geschäftsvorfälle zwischen dem Unternehmen eines Steuerpflichtigen (Stammhaus) und seiner in einem anderen Staat gelegenen Betriebsstätte – zivilrechtlich betrachtet irrelevante In-sich-Geschäfte – erfüllt diese Voraussetzung grundsätzlich nicht. Deswegen definiert das Gesetz in § 1 Abs. 4 Satz 1 Nr. 2 AO derartige Beziehungen ebenfalls als Geschäftsbeziehungen im Sinne des Gesetzes und bezeichnet sie **als anzunehmende schuldrechtliche Beziehungen (dealings)**. Damit ist es rechtlich möglich, die Leistungs- und Lieferbeziehungen zwischen Stammhaus und Betriebsstätte in den Fremdvergleich einzubeziehen und das gesamte Instrumentarium der Bildung und Überprüfung von Verrechnungspreise anzuwenden.

1674 Eine Geschäftsbeziehung zum Ausland i. S. des § 1 Abs. 1 AStG erfordert grundsätzlich eine personale Beziehung zwischen dem inländischen Steuerpflichtigen und einer nahestehenden Person im Ausland. Daran fehlt es bei Gewährung eines Darlehens durch den Steuerpflichtigen an eine inländische nahestehende Person dann, wenn die nahestehende Person mit dem hingegebenen Kapital eine ausländische Betriebsstätte finanziert.[1561]

1675 Die Geschäftsbeziehungen müssen nicht notwendigerweise zu im Ausland ansässigen Personen unterhalten werden.[1562] Geschäftsbeziehungen zum Ausland im Sinne des AStG liegen u. a. auch in folgenden Fällen vor:

▶ Geschäftsbeziehungen zwischen der inländischen Betriebsstätte des unbeschränkt steuerpflichtigen A und der ausländischen Betriebsstätte des dem A nahestehenden unbeschränkt steuerpflichtigen B;

▶ Geschäftsbeziehungen zwischen der inländischen Betriebsstätte des beschränkt steuerpflichtigen C und der ausländischen Betriebsstätte des dem C nahestehenden beschränkt steuerpflichtigen D.

> **BEISPIEL:** (1) Die ausländische Z-AG verkauft Maschinenteile unter Gestehungskosten an die Schweizer Betriebsstätte ihrer inländischen Tochtergesellschaft Y-AG.
>
> (2) Die inländische Betriebsstätte der US-amerikanischen Firma A kauft von der französischen Betriebsstätte der belgischen Tochtergesellschaft Produktionsteile zu überhöhten Preisen.

[1560] BR-Drs. 139/13, S. 164.
[1561] BFH v. 28. 4. 2004 I R 5, 6/02, BFH/NV 2004, 1442; hierzu Nichtanwendungserlass des BMF v. 22. 7. 2005, BStBl 2005 I 818.
[1562] Tz. 1.4.3 AStG-AE.

6.8 Liefer- und Leistungsverkehr zwischen nahestehenden Personen – Verwaltungsgrundsätze

6.8.1 Verwaltungsgrundsätze 1983 (VwG)[1563]

Die VwG enthalten allgemeine Grundsätze für die Prüfung der internationalen Einkunftsabgrenzung bei Geschäftsbeziehungen über die Grenze zwischen nahestehenden Personen. Sie sind entwickelt worden aus den Regelungen über vGA, verdeckte Einlage und die Berichtigung von Einkünften gemäß § 1 AStG. Die allgemeinen gesetzlichen Bestimmungen, z. B. §§ 39 bis 42 AO, gehen den VwG vor. Gleiches gilt für die Abgrenzungsklauseln in den einzelnen DBA; in diesen Fällen greifen die VwG nur unterstützend ein. Die Grundsätze zur Anwendung des AStG vom 14. 5. 2004 verweisen in Tz. 1.0 ausdrücklich auf die VwG.[1564]

1676

Die VwG befinden sich seit 1998 in der Phase der fortlaufenden Überarbeitung; erster Teil dieser Überarbeitung war das BMF-Schreiben v. 30. 12. 1999: Grundsätze für die Prüfung der Einkunftsabgrenzung durch Umlageverträge zwischen international verbundenen Unternehmen.[1565] Mit diesem Schreiben wurde Tz. 7 der VwG ersetzt

1677

Als weiteres BMF-Schreiben zur Ergänzung der VwG ist zu nennen: Grundsätze für die Prüfung der Einkunftsabgrenzung zwischen international verbundenen Unternehmen in Fällen der Arbeitnehmerentsendung (Verwaltungsgrundsätze – Arbeitnehmerentsendung).[1566]

1678

Die Tz. 8 und 9 der VwG wurden durch das BMF-Schreiben betreffend Grundsätze für die Prüfung der Einkunftsabgrenzung zwischen nahestehenden Personen mit grenzüberschreitenden Geschäftsbeziehungen in Bezug auf Ermittlungs- und Mitwirkungspflichten, Berichtigungen sowie Verständigungs- und EU-Schiedsverfahren (Verwaltungsgrundsätze – Verfahren)[1567] aufgehoben und ersetzt.

1679

Weiterhin anwendbar ist das BMF-Schreiben vom 24. 12. 1999 betreffend die Grundsätze der Verwaltung für die Prüfung der Aufteilung der Einkünfte bei Betriebsstätten international tätiger Unternehmen (Betriebsstätten-Verwaltungsgrundsätze), welches in einer Reihe von Punkten nicht mehr dem aktuellen Stand der Entwicklung im internationalen Steuerrecht entspricht und demgemäß überarbeitet werden soll.

1680

In Tz. 2 VwG sind die „Allgemeinen Grundsätze zur Einkunftsabgrenzung" dargestellt. Da aber die verschiedenartigen Leistungsbeziehungen zwischen nahestehenden Personen wegen der sachlich bedingten Besonderheiten verschiedene Prüfungsmaßstäbe erfordern, werden in Tz. 3 bis 6 VwG ergänzende Bestimmungen getroffen, die im Rahmen der einzelnen Vertragsarten zusätzlich oder anstatt der allgemeinen Grundsätze anzuwenden und zu beachten sind. Hierbei handelt es sich um folgende Problemkreise:

1681

[1563] BMF v. 23. 2. 1983, BStBl 1983 I 218.
[1564] BStBl I Sondernummer 1/2004.
[1565] BMF v. 30. 12. 1999, BStBl 1999 I 1122.
[1566] BMF v. 9. 11. 2001, BStBl 2001 I 796.
[1567] BMF v. 12. 4. 2005, BStBl 2005 I 570.

- Warenlieferungen und Dienstleistungen – Tz. 3 VwG;
- Zinsen und ähnliche Vergütungen – Tz. 4 VwG;
- Nutzungsüberlassung von Patenten, Know-how und anderen immateriellen Wirtschaftsgütern; Auftragsforschung – Tz. 5 VwG;
- verwaltungsbezogene Leistungen im Konzern – Tz. 6. VwG.

1682 Die erforderliche Dokumentation und die erforderlichen Nachweise werden durch § 90 Abs. 2 und Abs. 3 AO, die GAufzV und VwG-Verfahren geregelt.

6.8.2 Umlageverträge

1683 Unter dem Datum 30.12.1999 wurden die Grundsätze für die Prüfung der Einkunftsabgrenzung durch Umlageverträge zwischen international verbundenen Unternehmen veröffentlicht.

1684 Umlageverträge sind Verträge, die international verbundene Unternehmen untereinander abschließen, um im gemeinsamen Interesse, in einem längeren Zeitraum, durch Zusammenwirken in einem Pool Leistungen zu erlangen bzw. zu erbringen (Bsp.: Forschung und Entwicklung in einem Konzern, zentraler Einkauf). Die Leistungen müssen im Interesse der empfangenden Unternehmen erbracht werden und einen Vorteil erwarten lassen, z. B. durch Ersparnis von Aufwand oder Steigerung der Erlöse. Die für den Poolzweck entstehenden Aufwendungen werden nach einem Schlüssel, der sich grundsätzlich nach dem Nutzen der Poolmitglieder bestimmt, auf diese verteilt. Die Unternehmen bilden insoweit eine Innengesellschaft, ohne eine Mitunternehmerschaft oder Betriebsstätte zu begründen.

1685 Nach Auffassung der Finanzverwaltung können Mitglieder eines steuerlich anzuerkennenden Pools nur Unternehmen sein, die gleichgerichtete Interessen verfolgen, d. h. die die Leistungen für die Interessengemeinschaft in wirtschaftlich gleicher Weise nutzen. Damit ist der Teilnehmerkreis eines Umlagevertrags auf Unternehmen beschränkt, die aus den Leistungen, die sie gegenüber der Innengesellschaft erbringen, für sich selbst Vorteile ziehen. Vertragspartner des Pools, die Leistungen im Interesse der Poolmitglieder erbringen, ohne die Ergebnisse selbst zu nutzen oder zu verwerten (bloße Auftragnehmer – Bsp.: Auftragsforschung), stehen außerhalb des Umlagevertrags. Handelt es sich dabei um ein innerhalb des Pools stehendes verbundenes Unternehmen, sind diese Leistungen zu Fremdpreisen an den Pool zu verrechnen.[1568] Der an den Pool verrechnete Betrag ist im Wege der Umlage auf die Poolmitglieder aufzuteilen.

1686 Nach dem BMF-Schreiben v. 5.7.2018[1569] gelten für die Prüfung der Einkunftsabgrenzung durch Umlageverträge zwischen international verbundenen Unternehmen die Grundsätze des Kapitels VIII der OECD-Verrechnungspreisleitlinien 2017 – Cost Contribution Arrangements (CCA); das bisherige BMF-Schreiben vom 30.12.1999 wurde aufgehoben.

1568 BFH v. 23.6.1993 I R 72/92, BStBl 1993 II 801, zu der Frage, wie eine konzerneigene Steuerberatungsgesellschaft ihre Leistungen an Konzerngesellschaften abzurechnen hat.
1569 BStBl 2018 I 743.

6.8.3 Arbeitnehmerentsendung[1570]

Das BMF hat mit dem Schreiben vom 9.11.2001 die „Grundsätze für die Prüfung der Einkunftsabgrenzung zwischen international verbundenen Unternehmen in Fällen der Arbeitnehmerentsendung (Verwaltungsgrundsätze – Arbeitnehmerentsendung)" veröffentlicht.

1687

Ausgangspunkt des Schreibens ist die Tatsache, dass die zunehmende industrielle Verflechtung und Globalisierung dazu führen, dass zwischen international verbundenen Unternehmen in großem Umfang Arbeitnehmer entsendet werden.

1688

Für die Arbeitnehmer ist eine Auslandtätigkeit regelmäßig mit finanziellen und persönlichen Belastungen verbunden. Um sie zu einer Auslandtätigkeit zu motivieren, werden daher neben der bisherigen Entlohnung und ggf. Altersversorgung u.U. zusätzliche Zahlungen geleistet, wie z.B. erhöhtes Grundgehalt, Ersatz der Mehraufwendungen für doppelte Haushaltsführung, Umzugskostenerstattung, Auslandszulagen, Schulgeld, Kosten für einen Sprachkurs, Ausgleich der ausländischen Steuerbelastung, Übernahme von Steuerberatungskosten usw.

1689

Das Schreiben will Regelungen zur Anwendung des Grundsatzes des Fremdvergleichs bei der Prüfung von verbundenen Unternehmen in den Fällen der grenzüberschreitenden Arbeitnehmerentsendung aufstellen. Anhand der Regelungen soll bestimmbar sein, ob und in welchem Umfang das entsendende und/oder das aufnehmende Unternehmen jeweils ein betriebliches Interesse an der Arbeitnehmerentsendung hat[1571] und demzufolge den Aufwand bzw. Teile davon für den entsandten Arbeitnehmer tragen muss.

1690

Das BMF-Schreiben hat folgende Gliederung:

1691

- ▶ Ausgangslage und Zielsetzung – Tz. 1;
- ▶ Begriffe – Tz. 2;
- ▶ Beurteilungskriterien für die Einkunftsabgrenzung – Tz. 3;
- ▶ steuerliche Behandlung – Tz. 4;
- ▶ Verfahren, Mitwirkung und Nachweise – Tz. 5;
- ▶ Anwendung bei der Einkunftsaufteilung zwischen Betriebsstätten – Tz. 6;
- ▶ Anwendungsvorschriften – Tz. 7.

Eine Arbeitnehmerentsendung liegt grundsätzlich nur dann vor, wenn ein Arbeitnehmer mit seinem bisherigen Arbeitgeber (entsendendes Unternehmen) vereinbart, für eine befristete Zeit bei einem verbundenen Unternehmen (aufnehmendes Unternehmen) tätig zu werden, und das aufnehmende Unternehmen entweder eine arbeitsrechtliche Vereinbarung mit dem Arbeitnehmer abschließt oder als wirtschaftlicher Ar-

1692

1570 BFH v. 10.4.2014 VI R 11/13, BStBl 2014 II 804 auch zur Frage der Unterscheidung zwischen vorübergehender Entsendung und dauerhafter Entsendung; Anmerkung des BMF zum zweiten Leitsatz, BStBl 2014 II 804: Ab dem Veranlagungszeitraum 2014 gelten neue gesetzliche Regelungen zur Bestimmung der ersten Tätigkeitsstätte und der auswärtigen beruflichen Tätigkeit – § 9 Abs. 4 EStG; BFH v. 23.2.2005 I R 46/03, BStBl 2005 II 547 zur konzerninternen Arbeitnehmerentsendung.
1571 Vgl. BFH v. 23.2.2005 I R 46/03, BFH/NV 2005, 1191.

beitgeber[1572] anzusehen ist; das bisherige Arbeitsverhältnis bleibt weiter bestehen, es kann aber ruhen. Ferner können bestimmte betriebliche Leistungen weiterhin gewährt werden (Bsp.: Weitergewährung des Anteils zur betrieblichen Altersversorgung).

Keine Arbeitnehmerentsendung liegt demnach vor, wenn ein Arbeitnehmer in Erfüllung seiner arbeitsvertraglichen Verpflichtungen bei einem anderen verbundenen Unternehmen tätig wird und sein Arbeitslohn Preisbestandteil der Dienst- bzw. Werkleistung ist (Bsp.: Montagearbeiten).

Ebenfalls keine Entsendung liegt vor, wenn das bisherige Arbeitsverhältnis beendet und ein neues mit dem aufnehmenden Unternehmen begründet wird, ohne dass eine Rückkehrzusage seitens des bisherigen Arbeitgebers vorliegt.

1693 Ausgangspunkt für die Einkunftsabgrenzung zwischen den verbundenen Unternehmen ist die Beantwortung der Frage, in wessen Interesse die Entsendung erfolgt: Liegt die Tätigkeit im ausschließlichen betrieblichen Interesse des aufnehmenden Unternehmens oder ist die Tätigkeit des entsandten Arbeitnehmers ganz oder teilweise durch das Interesse des entsendenden oder eines übergeordneten Unternehmens verursacht (Bsp.: Konzern-Controlling)?

Bei der Prüfung der Interessenlage ist zu berücksichtigen, dass der ordentliche und gewissenhafte Geschäftsleiter eines unabhängigen Unternehmens nur Personal beschäftigen würde, das er für seinen Betrieb benötigt und nur den Aufwand tätigen würde, der ihm für die Beschäftigung eines vergleichbaren Arbeitnehmers bei sonst gleichen Verhältnissen entstehen würde, d. h. nur den Aufwand, der ihm bei Beschäftigung eines Vor-Ort-Arbeitnehmers entstehen würde.

1694 Die Tätigkeit eines entsandten Arbeitnehmers im ausschließlichen Interesse des aufnehmenden verbundenen Unternehmens bedeutet nicht notwendigerweise, dass stets der volle Aufwand als Betriebsausgabe bei dem aufnehmenden Unternehmen zu behandeln ist. Verursacht der entsandte Arbeitnehmer beim aufnehmenden Unternehmen höhere Aufwendungen als ein am örtlichen Markt zu rekrutierender Arbeitnehmer mit vergleichbaren Funktionen und Aufgaben, hat das aufnehmende Unternehmen nachzuweisen, dass der höhere Teil des Gesamtaufwands in seinem Interesse gezahlt wird (Bsp.: Der Arbeitnehmer verfügt über Spezialwissen, das dem aufnehmenden Unternehmen ermöglicht, über den Ausgleich des Mehraufwands hinausgehende höhere Erlöse zu erzielen). Kann dieser Nachweis nicht geführt werden, ist nach Auffassung der Finanzverwaltung davon auszugehen, dass der Mehraufwand durch das Nahestehen veranlasst und vom entsendenden Unternehmen zu tragen ist.[1573]

1695 Die Prüfung der Angemessenheit ist vorrangig nach der Preisvergleichsmethode vorzunehmen. Hierbei wird der angemessene Aufwand durch betriebsinternen oder betriebsexternen Fremdvergleich ermittelt. Sind keine Vergleichsdaten verfügbar, ist ein hypothetischer Fremdvergleich durchzuführen.

1572 Ausführlich Rdn. 908 ff.
1573 Tz. 3.1.2 VwG-Entsendung.

Besetzt das entsendende Unternehmen ständig Arbeitsplätze beim aufnehmenden Unternehmen im Rotationsverfahren, ist davon auszugehen, dass die Entsendung auch den Interessen des entsendenden Unternehmens dient und es deshalb den Aufwand, der über den für einen vergleichbaren heimischen Arbeitnehmer des aufnehmenden Unternehmens hinausgeht, zu tragen hat. Ob ein solches Rotationssystem vorliegt, entscheidet sich nach dem Gesamtbild der Verhältnisse.

1696

Werden Arbeitnehmer ausschließlich zu Aus- oder Fortbildungszwecken (Bsp.: trainee on the job) entsandt, hat das entsendende Unternehmen den Mehraufwand, u.U. auch den gesamten Aufwand zu tragen, wenn die Tätigkeit vor Ort für das aufnehmende Unternehmen keinen messbaren Erfolg bedeutet.

6.8.4 Verwaltungsgrundsätze – Verfahren

In dem Schreiben des BMF vom 12.4.2005 betreffend Grundsätze für die Prüfung der Einkunftsabgrenzung zwischen nahestehenden Personen mit grenzüberschreitenden Geschäftsbeziehungen in Bezug auf Ermittlungs- und Mitwirkungspflichten, Berichtigungen sowie Verständigungs- und EU-Schiedsverfahren (Verwaltungsgrundsätze – Verfahren) hat sich die Finanzverwaltung eingehend zu den Dokumentationspflichten bei der Einkunftsabgrenzung zwischen international verbundenen Unternehmen geäußert. Dieses Schreiben ist in der Literatur teilweise deutlich kritisiert worden; gerichtliche Überprüfungen der Rechtsauffassung der Finanzverwaltung fehlen bisher. Nach Auffassung der Finanzverwaltung soll dieses Schreiben zur Rechtssicherheit in der international an Bedeutung gewinnenden Rechtsmaterie (der Einkunftsabgrenzung) beitragen. Es stelle im Kern die Ermittlungsgrundsätze der Finanzbehörden im Rahmen der steuerlichen Betriebsprüfung, die Mitwirkungspflichten des Steuerpflichtigen in Form seiner Verpflichtung zur sog. Sachverhaltsdokumentation und der Angemessenheitsdokumentation seiner Verrechnungspreise dar. Angesichts der Änderungen in den OECD-Guidelines, in der Rechtsprechung des EuGH sowie des BFH und den verschiedenen gesetzlichen Neuerungen (Bsp.: ATADUmsG) ist dieses Schreiben nur noch sehr zurückhaltend anzuwenden, da mit einer grundlegenden Änderung zu rechnen ist.

1697

Das Schreiben weist folgende Gliederung auf:

1698

- ▶ Allgemeines – Tz. 1;
- ▶ Pflichten der Finanzbehörden – Tz. 2;
- ▶ Mitwirkungspflichten der Beteiligten – Tz. 3;
- ▶ Rechtsfolge bei Verstößen gegen die Mitwirkungspflichten – Tz. 4;
- ▶ Durchführung von Berichtigungen und ihre steuerliche Beurteilung – Tz. 5;
- ▶ Abwicklung von Verrechnungspreisberichtigungen und Verständigungs- bzw. Schiedsverfahren (EU) Tz. 6. Dieser Abschnitt befasst sich mit den Folgen einer innerstaatlichen Berichtigung der Verrechnungspreise und dem Verhältnis zu den abge-

schlossenen DBA, insbesondere zu Art. 9 OECD-MA sowie zu einem Verständigungsverfahren nach DBA[1574] und der EU-Schiedskonvention;[1575]

▶ Aufhebung von Verwaltungsregelungen – Tz. 7.

6.9 Dokumentationspflichten

6.9.1 Rechtsgrundlagen (§ 90 Abs. 3 AO)

1699 Als Reaktion des Gesetzgebers auf das Urteil des BFH v. 17.10.2001[1576] wurde durch das StVergAbG die Regelung des § 90 Abs. 3 AO sowie der § 162 Abs. 3 und Abs. 4 AO in das Gesetz eingefügt. Somit existiert seit dem Veranlagungszeitraum 2003 eine Aufzeichnungspflicht für eine den Grundsatz des Fremdvergleichs beachtende Vereinbarung von Preisen und anderen Geschäftsbedingungen mit nahestehenden Personen (Dokumentationspflicht). § 90 Abs. 3 AO ist zugleich Rechtsgrundlage für die Gewinnabgrenzungsaufzeichnungsverordnung. Durch das „Gesetz zur Umsetzung der Änderungen der EU-Amtshilferichtlinie und von weiteren Maßnahmen gegen Gewinnkürzungen und -verlagerungen" vom 20.12.2016 (sog. BEPS-Umsetzungsgesetz I) wurde § 90 Abs. 3 AO an die internationale Entwicklung angepasst und gilt in der überarbeiteten Fassung für Wirtschaftsjahre, die nach dem 31.12.2016 beginnen (Art. 97 § 22 Abs. 2 EGAO).

1700 In der amtlichen Begründung zu § 90 Abs. 3 AO heißt es:[1577] Der neue Abs. 3 legt für Steuerpflichtige, die Geschäftsbeziehungen zum Ausland mit nahestehenden Personen i.S. des § 1 Abs. 2 AStG unterhalten, eine Verpflichtung fest, diese Geschäftsbeziehungen einschließlich der Grundlagen ihrer Entscheidungen über die Festsetzung von Verrechnungspreisen und sonstigen Geschäftsbedingungen zu dokumentieren. Die Steuerpflichtigen sind damit gehalten, schriftliche Unterlagen über Vergleichsdaten und andere Grundlagen zur Verfügung zu stellen, die zur Beurteilung der Angemessenheit der nach diesen Vorschriften anzusetzenden Verrechnungspreise erforderlich sind sowie ihre Entscheidungen über die Preisfestsetzung im Rahmen ihrer Geschäftsbeziehungen zum Ausland zu begründen. Die Regelung soll vor allem die Möglichkeit der Prüfung der Einkunftsabgrenzung zwischen international verbundenen Unternehmen sichern. Sie ist erforderlich, da die bestehenden gesetzlichen Vorschriften über die erhöhten Mitwirkungspflichten und die Beweisvorsorgepflicht der Beteiligten bei der Aufklärung von Sachverhalten mit Auslandsbezug eine Pflicht zur Erstellung von Aufzeichnungen für die Prüfung von Verrechnungspreisen nicht mit hinreichender Klarheit ergeben. Mit § 90 Abs. 3 AO folgt die Bundesrepublik Deutschland im Übrigen der internationalen Entwicklung.[1578] Diese Ausführungen gelten grundsätzlich auch für die Neufassung des § 90 Abs. 3 AO.

[1574] Vgl. Rdn. 993 ff.
[1575] Vgl. Rdn. 1502 ff.
[1576] BFH v. 17.10.2001 I R 103/00, BStBl 2004 II 171.
[1577] BT-Drs. 15/119, S. 52.
[1578] BFH v. 10.4.2013 I R 45/11, BStBl 2013 II 771, bejaht die Vereinbarkeit dieser Norm mit dem Unionsrecht.

Nach § 90 Abs. 3 Satz 1 AO hat der Steuerpflichtige bei Sachverhalten mit Auslandsbeziehungen zu nahestehenden Personen Aufzeichnungen über Art und Inhalt der Geschäftsbeziehungen zu fertigen (sog. **Sachverhaltsdokumentation**).[1579] Des Weiteren hat er nach § 90 Abs. 3 Satz 2 AO Aufzeichnungen über die wirtschaftlichen und rechtlichen Grundlagen für eine den Fremdvergleichsgrundsatz beachtende Vereinbarung von Bedingungen, insbesondere Preisen (Verrechnungspreisen), sowie insbesondere Informationen zum Zeitpunkt der Verrechnungspreisbestimmung, zur verwendeten Verrechnungspreismethode und zu den verwendeten Fremdvergleichsdaten zu erstellen (sog. **Angemessenheitsdokumentation**).[1580] Die Vorlage der Aufzeichnungen richtet sich nach § 97 AO und hat jeweils auf Anforderung innerhalb einer Frist von 60 Tagen zu erfolgen (§ 90 Abs. 3 Satz 7 AO). In begründeten Einzelfällen kann die Vorlagefrist verlängert werden. Die Finanzbehörde soll die Vorlage von Aufzeichnungen im Regelfall nur für die Durchführung einer Außenprüfung verlangen (§ 90 Abs. 3 Satz 5 AO).

1701

Bei außergewöhnlichen Geschäftsvorfällen sind die Aufzeichnungen nach § 90 Abs. 3 Satz 8 AO zeitnah zu erstellen und innerhalb einer Frist von 30 Tagen nach Anforderung durch die Finanzbehörde vorzulegen wobei es aber in der Literatur überwiegend für rechtlich bedenklich gehalten wird, dass das Gesetz nicht erläutert, was unter außergewöhnlichen Geschäftsvorfällen zu verstehen ist; dies geschieht vielmehr in der aufgrund der Ermächtigung in § 90 Abs. 3 Satz 11 AO erlassenen Rechtsverordnung: In § 3 Abs. 2 GAufzV wird der Ausdruck anhand von Beispielen erläutert. Weiter bestimmt lediglich § 3 Abs. 1 Satz 2 GAufzV, was „zeitnah" bedeutet; Aufzeichnungen gelten als noch zeitnah erstellt, wenn sie innerhalb von sechs Monaten nach Ablauf des Wirtschaftsjahres gefertigt werden, in dem sich der Geschäftsvorfall ereignet hat. Zu kritisieren ist, dass hier in großem Umfang mit unbestimmten Rechtsbegriffen gearbeitet wird.

1702

6.9.2 Rechtsfolgen bei Verletzung der Dokumentationspflicht (§ 162 Abs. 3 und Abs. 4 AO)

In der amtlichen Begründung zu § 162 Abs. 3 und Abs. 4 AO ist Folgendes ausgeführt:[1581] § 162 Abs. 3 Satz 1 AO begründet bei einer Verletzung der Dokumentationspflicht nach § 90 Abs. 3 AO eine Vermutung dahin gehend, dass die Einkünfte des Steuerpflichtigen aus Geschäftsbeziehungen zu nahestehenden Personen durch das Nahestehen gemindert wurden, also nicht dem angemessenen Preis nach dem Grundsatz des Fremdverhaltens entsprechen. In einem solchen Fall sind die Einkünfte aus den Geschäftsbeziehungen zu schätzen. Der Steuerpflichtige behält aber die Möglichkeit, die Angemessenheit seiner Verrechnungspreise nachzuweisen. § 162 Abs. 3 Satz 2 AO trägt dem für die Prüfung der Gewinnabgrenzung zwischen verbundenen Unternehmen bedeutsamen Umstand Rechnung, dass es in der Praxis „den" zutreffenden Verrechnungspreis nicht gibt, dass Fremdvergleichspreise am Markt vielmehr stets variieren

1703

1579 Vgl. § 1 Abs. 2 GAufzV.
1580 Vgl. § 1 Abs. 3 GAufzV; zur Rechtmäßigkeit BFH v. 10. 4. 2013 I R 45/11, BStBl 2013 II 771.
1581 BT-Drs. 15/119, S. 52.

und sich allenfalls – unter Umständen sehr weite – Preisspannen feststellen lassen. Die Finanzbehörden sind nicht verpflichtet, eine Schätzung stets zugunsten des Steuerpflichtigen an der unteren Grenze einer Preisspanne vorzunehmen.[1582] Durch das „Gesetz zur Umsetzung der Änderungen der EU-Amtshilferichtlinie und von weiteren Maßnahmen gegen Gewinnkürzungen und -verlagerungen" vom 20.12.2016 (sog. BEPS-Umsetzungsgesetz I) wurden § 162 Abs. 3 und 4 AO an die Änderungen in § 90 Abs. 3 AO angepasst.

1704 § 162 Abs. 3 AO sieht folgende Alternativen vor, bei denen widerlegbar vermutet wird, dass die vom Steuerpflichtigen erklärten Einkünfte niedriger sind als die tatsächlich steuerpflichtigen Einkünfte:

▶ Nichtvorlage;

▶ Verspätete Vorlage nach Aufforderung;

▶ Nicht zeitnahe Erstellung bei außergewöhnlichen Geschäftsvorfällen;

▶ Im Wesentlichen nicht verwertbare Aufzeichnungen, wobei im unklar ist, was im „Wesentlichen nicht verwertbare Aufzeichnungen" darstellen sollen, zumal die Finanzverwaltung gehalten ist, den Steuerpflichtigen auf die mangelnde Verwertbarkeit hinzuweisen und ihm eine Möglichkeit zur Nachbesserung einräumen muss;

▶ Mangelnde Mitwirkung.

1705 Wird in den vorgenannten Fällen eine Schätzung erforderlich, dann ergibt sich aus § 162 Abs. 3 Satz 2 AO die Berechtigung der Finanzverwaltung, einen etwa vorhandenen Schätzungsrahmen zulasten des Steuerpflichtigen auszuschöpfen.

1706 § 162 Abs. 4 AO bestimmt, dass bei Verletzung der Mitwirkungs- und Aufzeichnungspflichten nach § 90 Abs. 3 AO ein Zuschlag zur Steuer festzusetzen ist. Bei einer Steuerfestsetzung nach verspäteter Einreichung ordnungsgemäßer Aufzeichnungen wird der Zuschlagsrahmen nach oben begrenzt. Die Finanzbehörde setzt den Zuschlag innerhalb der vom Gesetz bestimmten Grenzen nach ihrem pflichtgemäßen Ermessen fest. Absatz 4 Satz 4 nennt die Maßstäbe für die Ermessensausübung und verdeutlicht den hauptsächlichen Zweck des Zuschlags, die Steuerpflichtigen zur Erstellung und fristgerechten Vorlage der Dokumentation anzuhalten. Von der Festsetzung eines Zuschlags kann ganz abgesehen werden, wenn die Nichterfüllung der Mitwirkungs- und Aufzeichnungspflichten nach § 90 Abs. 3 AO entschuldbar erscheint, namentlich in Fällen höherer Gewalt.

1707 Wird eine nach § 90 Abs. 3 AO erforderliche Dokumentation nicht vorgelegt oder sind vorgelegte Aufzeichnungen im Wesentlichen unverwertbar, ist nach § 162 Abs. 4 Satz 1 und Satz 2 AO ein Zuschlag (Steuerstrafzuschlag = penalties) i. H. von mindestens 5 % und höchstens 10 % des Mehrbetrags der Einkünfte, der sich nach einer Berichtigung aufgrund der Anwendung des § 162 Abs. 3 AO ergibt, mindestens aber 5 000 € festzusetzen. Bei verspäteter Vorlage von verwertbaren Aufzeichnungen beträgt der Zuschlag nach § 162 Abs. 4 Satz 3 AO bis zu 1 Mio. €, mindestens jedoch 100 € für jeden vollen Tag der Fristüberschreitung.

1582 Anders noch ausdrücklich BFH v. 17.10.2001 I R 103/00, BStBl 2004 II 171.

Der Zuschlag nach § 162 Abs. 4 AO stellt eine steuerliche Nebenleistung i. S. des § 3 Abs. 4 AO dar, der zur Einkommen- oder Körperschaftsteuer erhoben wird und wie diese nicht abzugsfähig ist (§ 12 Nr. 3 EStG, § 10 Nr. 2 KStG). Unabhängig von der Festsetzung eines Zuschlags nach § 162 Abs. 4 AO können auch Verspätungszuschläge sowie Zinsen nach § 233a AO festgesetzt werden.

Hinzuweisen ist darauf, dass § 162 Abs. 3 und Abs. 4 AO noch nicht einer abschließenden höchstrichterlichen Überprüfung unterzogen wurden.

6.9.3 Änderung der Dokumentationspflichten durch BEPS (§ 138a AO)

BEPS Aktion 13 befasst sich mit dem neuen globalen Standard für die Verrechnungspreisdokumentation. Ergebnis ist die Neufassung des Kapitels V der OECD-Guidelines „Documentation" sowie der Anhang I bis III zu Kapitel V.

Die wesentlichste Neuregelung ist der neue **Country-by-Country-Report – CbCR** (sog. Länderbezogene Berichterstattung), welche im Rahmen eines Drei-Komponenten-Ansatzes zusätzlich zum **Master-File** (sog. Stammdokumentation) – vgl. § 90 Abs. 3 Satz 3 und 4 AO – und **Local-File** (sog. landesspezifische Dokumentation nach GAufzV) zu erstellen ist.[1583]

Der CbCR[1584] enthält Informationen hinsichtlich der globalen Aufteilung der Erträge des multinationalen Konzerns und der von ihm bezahlten Steuern. Der Anhang III zu Kapitel V der OECD-Guidelines enthält ein Musterformular für die Berichterstattung des Konzerns über die Aufteilung der Erträge, Steuern und Geschäftstätigkeiten eines multinationalen Konzerns auf Ebene der einzelnen Staaten. Dieses Musterformular ist fester Bestandteil des CbCR. Ausgenommen von der Erstellung des CbCR sind diejenigen multinationalen Unternehmen, die im unmittelbar vorangegangenen Finanzjahr weniger als 750 Mio. € (oder vergleichbaren Betrag in der Heimatwährung) Umsatz erzielt haben. Nach Auffassung der OECD fallen mit dieser Einschränkung 85 bis 90 % aller internationalen Unternehmen aus der Pflicht heraus. Es ist geplant, den Schwellenwert von 750 Mio. € im Rahmen eines Reviews im Jahr 2020 zu überprüfen und ggf. anzupassen. Die Sprache, in der die Dokumentation vorzulegen ist, wird weiterhin durch das jeweilige nationale Recht bestimmt. Allerdings werden die OECD-Mitgliedstaaten ausdrücklich dazu aufgefordert, häufig verwendete Sprachen (beispielsweise Englisch oder eine andere vom Dokumentationspflichtigen bevorzugte Geschäftssprache) für die Erstellung der Dokumentation vorerst zuzulassen und erst im Nachgang, falls notwendig, eine Übersetzung in die jeweilige Landessprache zu verlangen. CbCR sollen erstmalig für Wirtschaftsjahre erstellt werden, die nach dem 31.12.2015 beginnen. Für die Erstellung des Reports ist eine Frist von einem Jahr ab Ende des Wirtschaftsjahres 2016 vorgesehen, womit die ersten Reports zum 31.12.2017 vorzulegen waren.

1583 Kapitel V Teil C, E OECD-Guidelines.
1584 Hierzu die neueste Fassung der Guidance on the Implementation of Country-by-Country Reporting: BEPS Action 13 – Update vom November 2019.

1713 Die Aufnahme des CbCR in die Verrechnungspreisrichtlinien war eines der Kernziele der OECD-Mitgliedsstaaten, um den betreffenden Finanzbehörden erstmals einen klaren Überblick darüber zu geben, in welchen Ländern multinationale Konzerne Erträge erzielen und korrespondierend dazu, in welchen Ländern sie auf diese Erträge Steuern zahlen. Der CbCR kann Lücken oder Unregelmäßigkeiten in der jeweiligen Verrechnungspreis-Richtlinie des Konzerns bzw. dessen Umsetzung aufzeigen, z.B. dann wenn Gewinne und die daraus resultierende Steuerlast nicht in den Ländern anfallen, in denen objektiv erhebliche Beiträge zur konzernweiten Wertschöpfung erwirtschaftet werden. Aus Sicht der Finanzverwaltung soll das CbCR ein Risikoerkennungstool darstellen und ist dementsprechend kein Ersatz für eine eingehende Funktions- und Risikoanalyse. Es stellt auch keine alleinige Grundlage für die Angemessenheitsprüfung konzerninterner Verrechnungspreise und etwaige Verrechnungspreisanpassungen dar.

1714 Das Europa-Parlament hat in einem Beschluss vom 4.7.2017 entschieden, dass die Berichtspflicht auf deutlich mehr Unternehmen ausgeweitet werden soll.[1585]

1715 Als notwendige Bedingungen hinsichtlich des Umgangs der beteiligten Staaten- und Finanzverwaltungen mit dem Thema CbCR werden

- ▶ Vertraulichkeit,
- ▶ Konsistenz und
- ▶ eine angemessene Verwendung der erlangten Informationen

herausgestellt. Um die Vertraulichkeit der im CbCR enthaltenen Informationen zu gewährleisten, möchte die OECD, dass der Datenschutz beim zwischenstaatlichen Austausch der Reports mindestens so weitreichend ist wie bisher bei Daten, die aufgrund eines TIEA oder eines DBA ausgetauscht werden. Finanzverwaltungen, die die Vertraulichkeit und die damit verbundenen Regelungen nicht einhalten, sollen zukünftig vom Informationsaustausch ausgeschlossen werden.

1716 Die Umsetzung in nationales Recht ist durch § 138a AO erfolgt, der sich ausschließlich an diejenigen Unternehmen wendet, die im Konzernabschluss einen konsolidierten Umsatzerlös im vorangegangenen Wirtschaftsjahr von mindestens 750 Mio. € ausweisen. Es handelt sich bei dem § 138a AO um die inhaltliche Festlegung des CbCR. Rechtsgrundlage für den Austausch ist das Gesetz zu der Mehrseitigen Vereinbarung vom 27.1.2016 zwischen den zuständigen Behörden über den Austausch länderbezogener Berichte.[1586] Ferner wurden im BMF-Schreiben vom 11.7.2017 die Anforderungen an den länderbezogenen Bericht multinationaler Unternehmensgruppen (Country-by-Country Report) geregelt[1587], ergänzt durch BMF-Schreiben vom 27.9.2019[1588] Schließlich kommt noch hinzu die Verordnung nach Art. 2 des Gesetzes zu der Mehrseitigen Vereinbarung vom 27.1.2016 zwischen den zuständigen Behörden über den Austausch

---

[1585] Pressemitteilung des EU-Parlaments vom 4.7.2017
[1586] Gesetz v. 19.10.2016, BGBl 2016 I 1178; vgl. hierzu die gemeinsame Erklärung des BMF und des US-amerikanischen IRS vom 16.8.2018, BStBl 2018 I 978.
[1587] BStBl 2017 I 974
[1588] BStBl 2019 I 946.

länderbezogener Berichte vom 11.6.2018[1589] sowie die Änderungsverordnung vom 27.2.2019.[1590] Eine Grundlage für den Austausch der erlangten Informationen ist auch das Übereinkommen über die gegenseitige Amtshilfe in Steuersachen.[1591]

6.10 Abgrenzungsverordnungen

6.10.1 Gewinnabgrenzungsaufzeichnungsverordnung (GAufzV)

In § 90 Abs. 3 Satz 11 AO findet sich die Rechtsgrundlage zum Erlass einer Rechtsverordnung i.S. des Art. 80 GG. Diese Ermächtigungsgrundlage wurde ausgefüllt durch die Verordnung zu Art, Inhalt und Umfang von Aufzeichnungen i.S. des § 90 Abs. 3 AO (Gewinnabgrenzungsaufzeichnungsverordnung – GAufzV) 2017 vom 12.7.2017.[1592] Nach § 8 GAufzV ist die Verordnung zum 20.7.2017 in Kraft getreten. Diese Verordnung ist erstmals für Wirtschaftsjahre anzuwenden, die nach dem 31.12.2016 beginnen. Die GAufzV 2017 löst die GAufzV 2003 ab.

1717

Der § 1 GAufzV enthält gegenüber der Vorgängervorschrift in der GAufzV 2003[1593] lediglich redaktionelle Änderungen und Anpassungen sowie Klarstellungen. So wurde z.B. verdeutlicht, dass sich die Aufzeichnungspflicht auf sämtliche, für die Verrechnungspreisbestimmung steuerlich bedeutenden Tatsachen des zu prüfenden Geschäftsvorfalls bezieht, um eine umfassende Verrechnungspreisprüfung durchführen bzw. die vereinbarten Verrechnungspreise nachvollziehen zu können. Es sind somit nicht nur die zivilrechtlichen Beziehungen, sondern auch sämtliche wirtschaftlichen Umstände, die für die Verrechnungspreisbestimmung relevanten sind (Bsp.: Staatliche Marktregulierungsvorschriften, Einfuhrbeschränkungen, technische Vorgaben usw.), darzustellen.

1718

Neu ist in § 1 GAufzV der Satz 4 in Abs. 3. Er verdeutlicht, dass im Rahmen einer Funktions- und Risikoanalyse, eine vorgenommene Gewichtung und in diesem Zusammenhang vorgenommene Verteilung von Funktionen und Risiken darzustellen und zu erläutern sind. Werden Verrechnungspreise insbesondere anhand der geschäftsvorfallbezogenen Gewinnaufteilungsmethode (profit split) bzw. mittels einer Wertschöpfungsbeitragsanalyse[1594] bestimmt, dann sollte neben der Beschreibung auch eine für die Finanzbehörde verifizierbare nummerische Gewichtung vorgenommen werden. Durch diese Aufzeichnungen soll in quantitativer Hinsicht nachvollziehbar sein, welcher der Beteiligten an einem Geschäftsvorfall welche Funktionen tatsächlich in welchem Umfang ausgeübt und welche Risiken dieser tatsächlich in welchem Ausmaß übernommen hat. Eine rein subjektive und nicht nachvollziehbare Einschätzung der für die Beurteilung eines Geschäftsvorfalls relevanten Funktionen und Risiken soll dementsprechend ausgeschlossen werden.

1589 BGBl 2018 II 259.
1590 BGBl 2019 II 91.
1591 Vgl. Rdn. 1027.
1592 BGBl 2017 I 2367.
1593 GAufzV 2003 vom 13.11.2003, BGBl 2003 I 2296.
1594 BMF vom 12.4.2005, BStBl 2005 I 570, Tz. 3.4.11.5.

1719　Art, Inhalt und Umfang der Dokumentation regelt § 2 GAufzV detailliert. Sie bestimmen sich nach den Umständen des Einzelfalls, insbesondere nach der vom Steuerpflichtigen angewandten Verrechnungspreismethode, und sind grundsätzlich geschäftsvorfallsbezogen zu erstellen.

1720　Zu dem Problem der zeitnahen Erstellung der Dokumentation bei außergewöhnlichen Geschäftsvorfällen – Definition in § 3 Abs. 2 GAufzV – nimmt § 3 GAufzV Stellung. Sie gelten als noch zeitnah erstellt, wenn sie innerhalb von sechs Monaten nach Ablauf des Wirtschaftsjahres gefertigt werden, in dem sich der Geschäftsvorfall ereignet hat. Die normale Dokumentation ist innerhalb von 60 Tagen nach Aufforderung vorzulegen (§ 90 Abs. 3 Satz 7 AO.

1721　Das Schwergewicht der Änderungen gegenüber der GAufzV 2003 liegt in der Neufassung des § 4 GAufzV, der auch schon von der Überschrift her die Abweichung und den neuen Bezug zu BEPS Aktion 13 verdeutlicht – „Landesspezifische, unternehmensbezogene Dokumentation" („Local file") – sowie der Einfügung eines vom Inhaltlichen völlig neuen § 5 GAufzV, der nunmehr mit „Stammdokumentation" („Master file") überschrieben ist.

Im Unterschied zur bisherigen Regelung wird der neue § 4 GAufzV in drei Absätze gegliedert. Absatz 1 bringt den Konnex zu der Neufassung des § 90 Abs. 3 Satz 1 und 2 AO und stellt das Kernstück der Verrechnungspreis-Dokumentation dar. Die erforderlichen Aufzeichnungen werden ferner an die Empfehlungen in Anhang II des Abschlussberichts zu BEPS Aktion 13 angepasst.

1722　Von den Änderungen, Klarstellungen und Ergänzungen in § 4 GAufzV sind insbesondere zu erwähnen:

Die Beschreibung der Management- und Organisationsstruktur des inländischen Unternehmens soll Aufschluss über die strategische sowie operative Führung und das System der Arbeitsstrukturen des Unternehmens ergeben. Aus dieser Beschreibung sollten sich auch die in dem Unternehmen vorhandenen und die für die konkreten Geschäftsbeziehungen tatsächlich ausgeübten Kompetenzen zum Treffen strategischer und operativer Entscheidungen ergeben.

Die Beschreibungen der Tätigkeitsbereiche des Steuerpflichtigen zu Beginn des Prüfungszeitraums sowie die Beschreibung der Veränderungen der Tätigkeitsbereiche und der Geschäftsstrategie innerhalb des Prüfungszeitraums sind als Hintergrundinformationen für die Bewertung der angewandten Verrechnungspreise von Bedeutung. Dies gilt auch für die Beschreibungen der Geschäftsstrategien und deren Veränderungen; denn sie geben Aufschluss darüber, welche strategische Ausrichtung der Steuerpflichtige verfolgt und ggf. welche Veränderungen zur Erreichung der Ziele des Steuerpflichtigen vorgenommen werden bzw. wurden.

Wichtig ist, dass der bisher verwandte Begriff „immaterielle Wirtschaftsgüter" durch den Begriff „immaterielle Werte" ersetzt wird, um zu einer Vereinheitlichung der verwandten Begriffe im Bereich der Verrechnungspreise zu gelangen. Die Formulierung entspricht der in § 2 Abs. 6 Satz 2 Nr. 2 BsGaV. Gleiches gilt für den Begriff „Wirtschaftsgüter", welcher durch den Begriff „Vermögenswerte" ersetzt wird (vgl. § 2 Abs. 6 Satz 2 BsGaV).

Durch die Angabe des Zeitpunkts der Verrechnungspreisbestimmung soll deutlich werden, ob der Steuerpflichtige den Verrechnungspreis im Zeitpunkt des Geschäftsvorfalls bestimmt hat. Hat der Steuerpflichtige die bestehenden gesetzlichen Verpflichtungen gemäß § 90 Abs. 3. Satz 8 AO, § 3 Abs. 1 GAufzV nicht beachtet, so droht nach § 162 Abs. 3 Satz 1 und 2 AO eine Schätzung der im Inland steuerpflichtigen Einkünfte.

Die Verpflichtung zur Aufzeichnung der im Zeitpunkt der Verrechnungspreisbestimmung verfügbaren und bedeutsamen Informationen dient der Kontrolle durch die Finanzverwaltung, ob alle verfügbaren Informationen auch genutzt worden sind, sowie der Nachvollziehbarkeit der Verrechnungspreise.

Der neue Absatz 2 des § 4 GAufzV 2017 ersetzt inhaltlich den bisherigen § 5 GAufzV 2003; sachliche Änderungen sind nicht zu verzeichnen. 1723

Da es sich in der Praxis eingebürgert hat, Verrechnungspreise mit Hilfe von Datenbankanalysen zu ermitteln bzw. zu verifizieren, hat sich der Verordnungsgeber dazu entschlossen, hierfür einen äußeren Rahmen in § 4 Abs. 3 GAufzV vorzugeben; als Datenbank im Sinne der Verordnung ist jede eigene oder fremde Datensammlung von und über Unternehmen, Finanzdaten, Lizenzen oder Ähnliches anzusehen; gebräuchlich sind z. B. die Datenbanken AMADEUS, DAFNE, DIANE, MARKUS, ORBIS sowie diverse Lizenzdatenbanken, z. B. Life Edgar. 1724

Satz 1 bestimmt, dass der Steuerpflichtige bei Benutzung von Datenbanken seinen Suchprozess hinsichtlich aller Einzelheiten und Parameter offen zu legen hat. Dies betrifft neben der eigentlichen maschinen-gestützten Recherche auch einen sich ggf. anschließenden manuellen Selektionsprozess. Diese Verpflichtung zur umfassenden Offenlegung des Suchprozesses ermöglicht eine rasche Reproduzierbarkeit des durch den Steuerpflichtigen gefundenen Ergebnisses.

Für eine zügige und effektive Vergleichbarkeitsprüfung ist es zwingend notwendig, dass auch die Konfiguration der vom Steuerpflichtigen verwendeten Datenbank dokumentiert wird, um den Suchprozess insoweit prüfen und mit denselben Einstellungen reproduzieren zu können.

Die so ermittelten Daten sind der Finanzbehörde entsprechend § 147 Abs. 6 AO in elektronischer Form im Rahmen des technisch und rechtlich Möglichen zur Verfügung zu stellen; denn nur so kann seitens der Finanzverwaltung auf Basis der vom Steuerpflichtigen genutzten Daten die Überprüfung effektiv vornehmen und selbständig auch Alternativrechnungen durchführen, um festzustellen, ob der Steuerpflichtige alle relevanten Informationen berücksichtigt hat.

Kernstück der neuen GAufzV ist die Bestimmung über die Stammdokumentation (Master file). Hierzu bestimmt § 90 Abs. 3 Satz 3 und 4 AO: Hat ein Steuerpflichtiger eine Local file für ein Unternehmen zu erstellen, das Teil einer multinationalen Unternehmensgruppe ist, so gehört zu den vorzulegenden Aufzeichnungen auch ein Überblick über die Art der weltweiten Geschäftstätigkeit der Unternehmensgruppe und über die von ihr angewandte Systematik der Verrechnungspreisbestimmung, wenn der Umsatz des Unternehmens insgesamt (mit und ohne nahestehende Unternehmen) im vorangegangenen Wirtschaftsjahr mehr als 100 Mio. € (durch das ATADUmsG herabgesetzt auf 50 Mio. € mit Wirkung von Wirtschaftsjahren, die nach dem 31. 12. 2020 begin- 1725 nen) betragen hat. Eine multinationale Unternehmensgruppe i. S. der AO besteht aus mindestens zwei in verschiedenen Staaten ansässigen, einander nahestehenden Unternehmen oder aus mindestens einem Unternehmen mit mindestens einer Betriebsstätte in einem anderen Staat.

Der § 5 Abs. 1 GAufzV regelt, dass zur Erstellung der Stammdokumentation verpflichtete Unternehmen die in der Anlage zu der GAufzV enthaltenen Punkte aufzuzeichnen und entsprechende Unterlagen vorzulegen haben. Die einzelnen Punkte dieser Anlage 1 entsprechen der Empfehlung in Anhang I des G20/OECD-Abschlussberichts zu BEPS Aktion 13. Mit dieser Stammdokumentation soll der Finanzbehörde ein Überblick über die Geschäftätigkeit der multinationalen Unternehmensgruppe gegeben werden, sodass die Finanzbehörde in die Lage versetzt wird, einschätzen zu können, ob wesentliche steuerliche Risiken bezogen auf die Verrechnungspreisgestaltung innerhalb der multinationalen Unternehmensgruppe bestehen. Daher sollen mit der Stammdokumentation Anhaltspunkte für eine Beurteilung der Verrechnungspreispolitik eines Unternehmens in ihrem wirtschaftlichen, rechtlichen, finanziellen und steuerlichen Zusammenhang gegeben werden. Zur Erleichterung ist bestimmt, dass auch eine entsprechend ausländischen Anforderungen erstellte Stammdokumentation der multinationalen Unternehmensgruppe verwendet werden darf; demnach kann eine deutsche Tochtergesellschaft einer ausländischen Muttergesellschaft zur Erfüllung der Verpflichtung aus § 90 Abs. 3 AO den Master file der Muttergesellschaft den deutschen Finanzbehörden vorlegen, ggf. nach Vornahme von Ergänzungen und Anpassungen.

Bei der Erstellung der Stammdokumentation soll das betreffende Unternehmen eine vernünftige kaufmännische Beurteilung walten lassen, wie die in der Stammdokumentation dokumentierten Ziele mit angemessenem Aufwand zu erreichen sind.

1726 Erleichterungen bei den Aufzeichnungspflichten für kleinere Unternehmen und Steuerpflichtige mit anderen als Gewinneinkünften sind in § 6 GAufzV geregelt. Kleinere Unternehmen sind nach § 6 Abs. 2 GAufzV Unternehmen, bei denen jeweils im laufenden Wirtschaftsjahr weder die Summe der Entgelte für die Lieferung von Gütern oder Waren aus Geschäftsbeziehungen mit nahestehenden Personen i. S. des § 1 Abs. 2 AStG 6 Mio. € übersteigt noch die Summe der Vergütungen für andere Leistungen als die Lieferung von Gütern oder Waren aus Geschäftsbeziehungen mit solchen Nahestehenden mehr als 600 000 € beträgt. Die Erleichterung besteht darin, dass die Dokumentationspflichten hier durch die Erteilung mündlicher Auskünfte erfüllt werden können. Diese Erleichterungen stehen aber unter dem Vorbehalt, dass ausreichende mündliche Auskünfte, die den Anforderungen des § 2 Abs. 1 GAufzV entsprechen, fristgerecht erteilt und vorhandene Unterlagen fristgerecht vorgelegt werden.

6.10.2 Betriebsstättengewinnaufteilungsverordnung – BsGaV (§ 1 Abs. 5 AStG)

1727 Das Prinzip, dass eine Betriebsstätte zur Anwendung des Fremdvergleichsgrundsatzes wie ein eigenständiges und unabhängiges Unternehmen zu behandeln ist, wird seit dem AmtshilfeRLUmsG in § 1 Abs. 5 Satz 2 erster Halbsatz AStG geregelt. Zu den Einzelheiten der BsGaV[1595] sowie das dazu gehörige BMF-Schreiben.[1596]

6.11 Durchführung der Berichtigung

Wenn aufgrund des Fremdvergleichs feststeht, dass im Inland Einkünfte gemindert wurden, muss das steuerliche Ergebnis berichtigt werden. Hierbei gilt Folgendes:[1597] 1728

Zuerst ist zu entscheiden, ob eine Berichtigung innerhalb der Bilanz oder außerhalb der Bilanz nach den Grundsätzen der Bilanzierung bzw. Bilanzberichtigung möglich und notwendig ist: 1729

▶ Bei vGA ist eine außerbilanzielle Gewinnberichtigung vorzunehmen;
▶ Entnahmen sind nach § 6 Abs. 1 Nr. 4 EStG zu bewerten;
▶ bei verdeckter Einlage ist der Beteiligungswert in der Steuerbilanz zu erhöhen;[1598]
▶ bei Berichtigung nach § 1 Abs. 1 AStG ist ein Zuschlag außerhalb der Bilanz vorzunehmen.[1599]

Die Berichtigung ist jeweils für das Jahr vorzunehmen, in dem sich die Minderung auf den Gewinn ausgewirkt hat. Auf den Berichtigungsbetrag, der derselben Einkunftsart zuzurechnen ist wie die zu berichtigenden Einkünfte, sind ggf. die Bestimmungen eines DBA anzuwenden. 1730

Steuern, die der Nahestehende im Ausland für den Teil des Gewinns entrichten muss, der dem Berichtigungsbetrag in Deutschland entspricht, können mangels Subjektidentität nicht vom inländischen Steuerpflichtigen angerechnet werden. 1731

Wird die Einkommensminderung nachträglich durch Ausgleichszahlungen beseitigt,[1600] so stellt dieser Vorgang steuerlich entweder eine Einlage (bei vGA), Kapitaleinkünfte nach § 20 Abs. 1 Nr. 1 EStG (bei verdeckter Einlage) oder Rechnungsposten (bei Berichtigung nach § 1 AStG) dar, der mit dem Zuschlag nach dem VwG verrechnet wird.[1601] 1732

Um eine Gegenberichtigung im Ausland zu erreichen, muss der Steuerpflichtige oder das verbundene Unternehmen ggf. den Weg einer Verständigungsvereinbarung oder eines Schiedsverfahrens nach DBA[1602] bzw. nach der EU-Schiedsrichtlinie[1603] oder der Streitbeilegungsrichtlinie[1604] beschreiten. Dabei ist auch zu berücksichtigen, dass ggf. im Ausland kürzere Festsetzungsfristen als im Inland existieren, sodass eine Gegenberichtigung nicht mehr durchgeführt werden kann. 1733

[1595] Rdn. 778 ff.
[1596] BMF v. 22. 12. 2016, BStBl 2017 I 182.
[1597] Vgl. im Einzelnen Tz. 5 VwG-Verfahren.
[1598] BFH v. 30. 5. 1990 I R 97/88, BStBl 1990 II 875; v. 16. 4. 1991 VIII R 100/87, BStBl 1992 II 234; v. 29. 7. 1997 VIII R 57/94, BStBl 1998 II 652.
[1599] BFH v. 19. 1. 1994 I R 93/93, BStBl 1994 II 725.
[1600] Tz. 5.5 VwG-Verfahren.
[1601] BFH v. 30. 5. 1990 I R 97/88, BStBl 1990 II 875.
[1602] Rdn. 993 ff.
[1603] Rdn. 1502 ff.
[1604] Rdn. 1512 ff.

6.12 Vorteilsausgleich

1734 Es wird immer wieder vorkommen, dass der Steuerpflichtige bei Geschäften mit international verbundenen Unternehmen auf für ihn ungünstige Geschäftsbedingungen eingeht, die an sich den Tatbestand des § 1 AStG – Minderung von Einkünften im Inland – erfüllen, um seinerseits von dem Geschäftspartner Vorteile zu erlangen (Vorteilsausgleich). Tz. 2.3 VwG bestimmt, dass ein Vorteilsausgleich steuerlich nur dann anzuerkennen ist, wenn fremde Dritte untereinander auch einen solchen Ausgleich vorgenommen hätten. Zwischen den verschiedenen Geschäften muss ein innerer Zusammenhang bestehen, und die Vorteilsverrechnung muss entweder ausdrücklich vereinbart sein oder zur Geschäftsgrundlage des nachteiligen Geschäfts gehören. Erfolgt der Ausgleich nicht innerhalb desselben Wirtschaftsjahres, muss am Ende des Wirtschaftsjahres bestimmt sein, wann und durch welche Vorteile die Nachteile ausgeglichen werden. Spätestens am Ende des dritten Wirtschaftsjahres, das auf das Wirtschaftsjahr des Vorteils oder Nachteils folgt, muss der Ausgleich stattgefunden haben.[1605]

6.13 Advance Pricing Agreement (APA)

1735 Im März 1991 wurde von den US-Steuerbehörden das sog. Advance Pricing Agreement-Programm eingeführt. Hierbei handelt es sich – vereinfacht ausgedrückt – um eine Vereinbarung zwischen der US-Finanzverwaltung (Internal Revenue Service – IRS)[1606] und dem Steuerpflichtigen über die angemessenen und anzuerkennenden Verrechnungspreise bei Leistungsbeziehungen im Konzern bzw. zwischen Stammhaus und Betriebsstätte. Zu diesem Zweck stellt das Unternehmen einen entsprechenden Antrag[1607] und legt dabei den zu beurteilenden Sachverhalt in vollem Umfang offen. Ziel ist eine bindende Vereinbarung zwischen Finanzverwaltung und Unternehmen über die anzuwendenden Verrechnungspreise und Verrechnungspreismethoden (Vermeidung von Verrechnungspreiskonflikten), um insbesondere die Strafzuschläge nach US-Steuerrecht bei Berichtigung der Einkünfte zu vermeiden. Man unterscheidet

- ▶ einseitige APA (= Vereinbarung mit einer Finanzverwaltung),
- ▶ bilaterale APA (= Vereinbarung, an der zwei Finanzverwaltungen beteiligt sind), und
- ▶ multilaterale APA.

1736 Zwischenzeitlich haben viele weitere Staaten derartige Möglichkeiten geschaffen, u. a. Australien, China, Belgien, Frankreich, Großbritannien, Italien, Japan, Kanada, Korea, die Niederlande, Singapur, Spanien.

1737 Nach der bis Mitte 2006 praktizierten Auffassung der deutschen Finanzverwaltung bestand keine Bindung an derartige Absprachen zwischen ausländischer Finanzverwaltung und dem Steuerpflichtigen.[1608] Zwar wurden derartige „Vereinbarungen" nach

---

[1605] Tz. 2.3.3 VwG; zur Dokumentation eines Vorteilsausgleichs vgl. Tz. 3.4.15 VwG-Verfahren sowie § 4 Abs. 2 Nr. 1 GAufzV.
[1606] "An APA is a binding contract between the IRS and a taxpayer ...".
[1607] Zum Prozedere vgl. die Angaben auf der Homepage des IRS.
[1608] FinMin Ba-Wü v. 28.11.1994, IStR 1995, 34.

deutschem Steuerrecht nicht abgelehnt, aber restriktiv gehandhabt. In Betracht kam in diesem Zusammenhang ggf. eine verbindliche Vorwegauskunft.[1609] Andererseits ist eine von einer ausländischen Finanzbehörde erteilte Verrechnungspreisauskunft eine vom Steuerpflichtigen vorzulegende Aufzeichnung (§ 4 Abs. 2 Nr. 3 GAufzV).

In 2006 hat das BMF das „Merkblatt für bilaterale oder multilaterale Vorabverständigungsverfahren auf der Grundlage der Doppelbesteuerungsabkommen zur Erteilung verbindlicher Vorabzusagen über Verrechnungspreise zwischen international verbundenen Unternehmen (sog. „Advance Pricing Agreements" – APAs)" veröffentlicht.[1610] Damit wurde auch für Deutschland eine Grundlage für die Beantragung, die Prüfung und den Vollzug sowie die Wirkungen und die Durchführung von Vorabverständigungsverfahren zur Erteilung verbindlicher Vorabzusagen über Verrechnungspreise zwischen international verbundenen Unternehmen geschaffen. Mit Art. 6 Nr. 3 ATAD-UmsG wurde der **§ 89a AO „Vorabverständigungsverfahren"** eingefügt, der nunmehr eine eigenständige nationale Rechtsgrundlage für Vorabverständigungsverfahren schafft, um zu verdeutlichen, dass der Wille besteht, solche Verfahren einzuleiten und auch dem Steuerpflichtigen eine klare Rechtsgrundlage zu geben. Die Regelung des § 89a AO übernimmt die bisherige Verwaltungspraxis aufgrund des BMF-Schreibens und ist nunmehr die alleinige Rechtsgrundlage für die Durchführung eines Vorabverständigungsverfahrens.

1738

Für die verbindliche Auskunft im Rahmen eines APA-Antrags sind Gebühren zu erheben; bisher war dies in § 178a AO geregelt, der aber aufgehoben und durch § 89a Abs. 7 AO ersetzt wird. Die Umsetzung einer Vorabverständigungsvereinbarung richtet sich nach § 175a AO in der Fassung des ATADUmsG.

6.14 Das EU-Verrechnungspreisforum

Auf Vorschlag der Kommission wurde im Juni 2002 ein „Gemeinsames EU-Forum für Verrechnungspreise" (sog. EU-Verrechnungspreisforum = EU Joint Transfer Pricing Forum – EU JTPF) errichtet.[1611] Das Forum befasst sich mit zwei Hauptaufgaben:

1739

▶ Schiedsübereinkommen zur Beilegung von Streitfällen in Verrechnungspreisfällen;

▶ andere Probleme im Zusammenhang mit Verrechnungspreisen.

Der Rat hat am 27.6.2006 einen Verhaltenskodex für die Dokumentation bei der Ermittlung von Verrechnungspreisen für verbundene Unternehmen in der EU verabschiedet (Verhaltenskodex zur Verrechnungspreisdokumentation für verbundene Unternehmen in der Europäischen Union – EU TPD).[1612] Der Verhaltenskodex zielt darauf ab, dass multinationale Unternehmen den Steuerbehörden eine standardisierte Dokumen-

1740

[1609] BMF v. 29.12.2003, BStBl 2003 I 724.
[1610] BMF v. 5.10.2006, BStBl 2006 I 594, ergänzt durch BMF vom 9.1.2017, BStBl 2017 I 89, betreffend Merkblatt über koordinierte steuerliche Außenprüfungen mit Steuerverwaltungen anderer Staaten und Gebiete (Tz. 5).
[1611] Ausführliche Darstellung über das JTPF und seine Tätigkeit unter http://ec.europa.eu/taxation_customs/taxation/company_tax/transfer_pricing/forum/index_de.htm.
[1612] ABl 2006 C 176, 1.

tation über die Ermittlung ihrer Verrechnungspreise für grenzüberschreitende konzerninterne Transaktionen vorlegen können („Verrechnungspreisdokumentation"). Dieser Verhaltenskodex, der auf den Arbeiten des Gemeinsamen EU-Verrechnungspreisforums basiert, soll die steuerlichen Schwierigkeiten der Unternehmen bei Transaktionen mit verbundenen Unternehmen in anderen Mitgliedstaaten verringern. Zwischenzeitlich haben in diesen Bereichen die einzelnen BEPS Ergebnisse und deren Umsetzung mehr Bedeutung erlangt z. B. durch Änderung der AO.

1741 Für das Verhalten der Finanzverwaltung im Rahmen von Verrechnungspreisen existiert seit 2004 ein sog. Verhaltenskodex zur effektiven Durchführung der Schiedskonvention, der auf den Vorarbeiten des Verrechnungspreisforums basiert. Dieser Verhaltenskodex regelt vor allem formale Dinge und interpretiert die einzelnen Vorschriften der Schiedskonvention.

1742 Die Kommission erstattet in regelmäßigen Abständen Bericht über die Tätigkeit des EU JTPF. So hat sich etwa im Oktober 2018 das Forum auf einen koordinierten Ansatz für Verrechnungspreiskontrolle in der EU geeinigt, und im März 2019 wurde ein Bericht über die Profit Split Methode veröffentlicht.

1743–1749   *Vorläufig nicht besetzt*

KAPITEL 7: STEUERAUSLÄNDER MIT INLANDSBEZIEHUNGEN – DIE EINZELSTEUERGESETZE

			Rdn.	Seite
7.1	Einkommensteuerrecht		1750	401
	7.1.1	Beschränkte Steuerpflicht – § 1 Abs. 4 EStG	1750	401
	7.1.2	Inländische Einkünfte – § 49 EStG	1753	401
		7.1.2.1 Überblick	1753	401
		7.1.2.2 Einkünfte aus Land- und Forstwirtschaft – § 49 Abs. 1 Nr. 1 EStG	1757	402
		7.1.2.3 Einkünfte aus Gewerbebetrieb – § 49 Abs. 1 Nr. 2 EStG	1761	403
		7.1.2.4 Einkünfte aus selbständiger Arbeit – § 49 Abs. 1 Nr. 3 EStG	1775	409
		7.1.2.5 Einkünfte aus nichtselbständiger Arbeit – § 49 Abs. 1 Nr. 4 EStG	1779	409
		7.1.2.6 Einkünfte aus Kapitalvermögen – § 49 Abs. 1 Nr. 5 EStG	1783	411
		7.1.2.7 Einkünfte aus Vermietung und Verpachtung – § 49 Abs. 1 Nr. 6 EStG	1789	413
		7.1.2.8 Sonstige Einkünfte – § 49 Abs. 1 Nr. 7 bis 10 EStG	1792	414
		7.1.2.9 Internationale Luft- und Schifffahrt – § 49 Abs. 3 und Abs. 4 EStG	1800	415
	7.1.3	Durchführung der Besteuerung	1801	416
		7.1.3.1 Sondervorschriften für beschränkt Steuerpflichtige – § 50 EStG	1801	416
		7.1.3.1.1 Ermittlung des zu versteuernden Einkommens – § 50 Abs. 1 EStG	1802	416
		7.1.3.1.2 Steuerabzug mit abgeltender Wirkung – § 50 Abs. 2 EStG	1805	417
		7.1.3.1.3 Anrechnung und Abzug ausländischer Steuern – § 50 Abs. 3 EStG	1810	419
		7.1.3.1.4 Steuererlass, Steuerpauschalierung – § 50 Abs. 4 EStG	1811	419
		7.1.3.2 Steuerabzug bei beschränkt Steuerpflichtigen – § 50a EStG	1814	420
		7.1.3.2.1 Darbietungen – § 50a Abs. 1 Nr. 1 EStG	1815	421
		7.1.3.2.2 Verwertung von Darbietungen – § 50a Abs. 1 Nr. 2 EStG	1818	422
		7.1.3.2.3 Nutzungsvergütungen – § 50a Abs. 1 Nr. 3 EStG	1820	422
		7.1.3.2.4 Aufsichtsratsvergütungen – § 50a Abs. 1 Nr. 4 EStG	1821	423

				Rdn.	Seite
		7.1.3.2.5	Bruttobesteuerung und Steuersatz – § 50a Abs. 2 EStG	1823	424
		7.1.3.2.6	Ausnahme: Nettobesteuerung – § 50a Abs. 3 EStG	1826	425
		7.1.3.2.7	Steuerabzug auf der „zweiten Stufe" – § 50a Abs. 4 EStG	1830	426
		7.1.3.2.8	Verfahrensregelungen – § 50a Abs. 5 EStG	1831	426
	7.1.3.3	Zinsen und Lizenzgebühren – § 50g EStG		1837	427
	7.1.3.4	Besonderheiten bei Doppelbesteuerungsabkommen – Entlastung von Abzugsteuern nach § 50d EStG		1842	428
	7.1.3.5	Besteuerung bestimmter Einkünfte und Anwendung von Doppelbesteuerungsabkommen gemäß § 50i EStG		1864	437
	7.1.3.6	Versagung der Entlastung von Kapitalertragsteuern in bestimmten Fällen, § 50j EStG		1866	438

7.2	Körperschaftsteuerrecht		1869	439
	7.2.1	Beschränkte Körperschaftsteuerpflicht – § 2 Nr. 1 KStG	1869	439
	7.2.2	Steuerermäßigung bei ausländischen Einkünften	1883	443

7.3	Erbschaft- und Schenkungsteuerrecht	1885	443

Kapitel 7: Steuerausländer mit Inlandsbeziehungen – Die Einzelsteuergesetze

7.1 Einkommensteuerrecht

7.1.1 Beschränkte Steuerpflicht – § 1 Abs. 4 EStG

Wie bereits oben ausgeführt (Rdn. 20, 174), unterliegen diejenigen natürlichen Steuerpflichtigen, die zwar inländische Einkünfte beziehen, aber im Inland weder über einen Wohnsitz noch über einen gewöhnlichen Aufenthalt verfügen, nach § 1 Abs. 4 EStG lediglich mit diesen Einkünften aus im Inland belegenen Quellen der beschränkten Steuerpflicht.[1613] D.h. die persönliche beschränkte Einkommensteuerpflicht bezieht sich (nur) auf die inländischen Einkünfte i.S. des § 49 Abs. 1 EStG (Objektbezug). Diese Bestimmung orientiert sich im Grundsatz an den für die unbeschränkte Steuerpflicht maßgeblichen sieben Einkunftsarten nach § 2 Abs. 1 EStG, weist aber einen geringeren Umfang auf. Für jede der sieben Einkunftsarten werden sog. inländische Anknüpfungsmerkmale festgelegt. Diese sind im Laufe der Zeit immer weiter ausdifferenziert worden (vgl. § 49 Abs. 1 Nr. 1 bis 10 EStG).

1750

Die einzelnen Tatbestände orientieren sich an international anerkannten Anknüpfungspunkten für die Besteuerung. Folgende Systematik lässt sich erkennen. Einkünfte aus Land- und Forstwirtschaft (§ 49 Abs. 1 Nr. 1 EStG) und Einkünfte aus Vermietung und Verpachtung (§ 49 Abs. 1 Nr. 6 EStG) unterfallen dem **Belegenheitsprinzip**. Für Einkünfte aus Gewerbebetrieb (§ 49 Abs. 1 Nr. 2 EStG) gilt weitgehend das **Betriebsstättenprinzip**. Für die Einkünfte aus selbständiger Arbeit (§ 49 Abs. 1 Nr. 3 EStG) und aus nichtselbständiger Arbeit (§ 49 Abs. 1 Nr. 4 EStG) kommt es auf den **Ort der Tätigkeit oder der Verwertung** der Arbeit an, während die Besteuerung von Einkünften aus Kapitalvermögen (§ 49 Abs. 1 Nr. 5 EStG) im Grundsatz dem Quellenprinzip folgt. Insgesamt hat die beschränkte Steuerpflicht wegen dieser Anknüpfungspunkte einen objektsteuerähnlichen Charakter und beruht auf dem **Territorialitätsprinzip**.

1751

Mit Wirkung ab dem 1.1.2009 wurden die Vorschriften über die beschränkte Steuerpflicht durch das JStG 2009[1614] an unionsrechtliche Vorgaben und an die Regelungen in den deutschen DBA angepasst. Darauf wird im Folgenden näher eingegangen.

1752

7.1.2 Inländische Einkünfte – § 49 EStG

7.1.2.1 Überblick

Oben wurden zu § 34d EStG die ausländischen Einkünfte eines unbeschränkt Steuerpflichtigen dargestellt (Rdn. 186 ff.). Die Korrespondenzvorschrift, die sich mit den in-

1753

1613 Zum Umfang der „einfach" beschränkten Steuerpflicht sowie zum Verhältnis zur „erweitert" beschränkten Steuerpflicht gemäß § 2 AStG BFH v. 19.12.2007 I R 19/06, BStBl 2010 II 398 und BMF v. 7.4.2010, BStBl 2010 I 368; allgemein zur erweitert beschränkten Steuerpflicht gemäß §§ 2 bis 5 AStG vgl. Rdn. 1206 ff.
1614 BGBl 2008 I S. 2794, 2803.

ländischen Einkünften im Sinne der beschränkten Einkommensteuerpflicht befasst, ist § 49 Abs. 1 EStG, die aber, worauf schon an dieser Stelle hinzuweisen ist, kein absolutes Spiegelbild zu § 34d EStG darstellt.

1754 Die Tätigkeiten des Steuerausländers müssen einen Inlandsbezug aufweisen, der durch die in § 49 Abs. 1 EStG aufgeführten Merkmale konkretisiert werden soll (eingeschränktes Territorialprinzip). Soweit in der nachfolgenden Darstellung der Begriff „**Inland**" verwendet wird, vgl. oben die Ausführungen zum Begriff „Ausland" (Rdn. 99 ff.).

1755 Ein besonderes Problem, das sich u. a. auch an der Regelung des § 49 Abs. 2 EStG zeigt, ist die sog. **isolierende Betrachtungsweise.**[1615] Grundlage ist ein Urteil des BFH aus dem Jahre 1970,[1616] in dem das Gericht ausführt: Die isolierende Betrachtungsweise knüpft an den objektsteuerartigen Charakter der beschränkten Steuerpflicht an und zieht daraus die Folgerung, die Zuordnung bestimmter Einkünfte zu einer der in § 49 Abs. 1 EStG genannten Einkunftsart kann nur an Hand der Verhältnisse im Inland vorgenommen werden. D. h. z. B. die Verhältnisse im Ausland dürfen nicht dazu führen, Einkünfte, die ihrem objektiven Wesen nach einer bestimmten Einkunftsart zuzuordnen sind, nur weil sie einem im Ausland befindlichem Gewerbebetrieb zugeflossen sind, als Einkünfte aus Gewerbebetrieb zu behandeln. Im Ausland gegebene Besteuerungsmerkmale bleiben demnach außer Betracht, wenn bei ihrer Berücksichtigung Einkünfte i. S. des § 49 Abs. 1 EStG nicht angenommen werden können (§ 49 Abs. 2 EStG).

1756 § 49 Abs. 2 EStG ist dahin zu verstehen, dass nur die Priorität des inländischen Sachverhalts bei der Bestimmung der Einkunftsart sichergestellt werden soll: Ausländische Besteuerungsmerkmale sind nur insoweit unbeachtlich, als ihre Berücksichtigung eine nach den Verhältnissen im Inland begründete Steuerpflicht ausschließen würde.[1617] Für die Problematik der „Liebhaberei" z. B. bedeutet dies, dass auch bei beschränkt Steuerpflichtigen das Vorhandensein einer Einkunftserzielungsabsicht positiv festgestellt werden muss.[1618] Entscheidend ist, ob die Tätigkeit insgesamt in der Absicht der Gewinnerzielung oder ob sie aus persönlichen Gründen (Liebhaberei) betrieben wird.

7.1.2.2 Einkünfte aus Land- und Forstwirtschaft – § 49 Abs. 1 Nr. 1 EStG

1757 Die Vorschrift ist mit § 34d Nr. 1 EStG inhaltsgleich. Voraussetzung für inländische Einkünfte aus einer im Inland betriebenen Land- und Forstwirtschaft (§§ 13, 14 EStG) ist die **Inlandsbelegenheit der bewirtschafteten Flächen.**[1619] Zu den Einkünften aus einer im Inland betriebenen Land- und Forstwirtschaft können auch Einkünfte aus der Ver-

---

[1615] R 49.3 EStR.
[1616] BFH v. 4. 3. 1970 I R 149/66, BStBl 1970 II 428; zuvor schon die Entwicklung dieser Rechtsgrundsätze in BFH v. 20. 1. 1959 I 112/57 S, BStBl 1959 III 133, und v. 13. 12. 1961 I 209/60 U, BStBl 1962 III 85, unter Hinweis auf Rechtsprechung des RFH; zuletzt BFH v. 27. 7. 2011 I R 32/10, IStR 2012, 74, Tz. 9 m. w. N.
[1617] BFH v. 1. 12. 1982 I B 11/82, BStBl 1983 II 367.
[1618] BFH v. 7. 11. 2001 I R 14/01, BStBl 2002 II 861; der zunächst ergangene Nichtanwendungserlass (BMF v. 11. 12. 2002, BStBl 2002 I 1394) wurde durch BMF v. 25. 11. 2010, BStBl 2010 I 1350 zwischenzeitlich ausdrücklich (vgl. Tz. 118) aufgehoben.
[1619] BFH v. 17. 12. 1997 I R 95/96, BStBl 1998 II 260.

äußerung von Wirtschaftsgütern und Kapitalanteilen, Einkünfte aus Kapitalvermögen, Einkünfte aus Vermietung und Verpachtung und sonstige Einkünfte zählen, soweit sie wirtschaftlich zu den Einkünften aus Land- und Forstwirtschaft gehören.

Werden von einem ausländischen Betrieb im Inland belegene Grundstücke bewirtschaftet, so ist bei einer Gewinnermittlung nach § 13a EStG der auf die inländischen Grundstücke entfallende Gewinn in der Weise zu ermitteln, dass der Gesamtgewinn nach dem Verhältnis der in- und ausländischen Grundstücke aufgeteilt wird.[1620]

Bei buchführungspflichtigen Landwirten wird vorab ein Teil des Gesamtgewinns dem Hof zugerechnet und sodann die Aufteilung des Restgewinns nach dem Verhältnis der Flächen vorgenommen.

Verluste aus einer im Inland betriebenen Land- und Forstwirtschaft sind grundsätzlich zu berücksichtigen (vgl. § 50 Abs. 1 Satz 3 EStG). Die Steuererhebung erfolgt durch Veranlagung (§ 50 Abs. 2 Satz 2 Nr. 1 EStG) und nicht durch Steuerabzug.

7.1.2.3 Einkünfte aus Gewerbebetrieb – § 49 Abs. 1 Nr. 2 EStG

Die Vorschrift ist § 34d Nr. 2 EStG grundsätzlich vergleichbar, aber differenzierter strukturiert.

Die gewerblichen Einkünfte nach § 49 Abs. 1 Nr. 2 Buchst. a EStG müssen durch eine **im Inland belegene Betriebsstätte** (§ 12 AO) oder einen dort tätigen **ständigen Vertreter**[1621] (§ 13 AO) erzielt werden.[1622] Hierbei ist zu beachten, dass auch das gesetzliche Vertretungsorgan einer Kapitalgesellschaft (etwa der GmbH-Geschäftsführer) ständiger Vertreter i. S. des § 13 AO sein kann.[1623]

Für die Begründung inländischer Einkünfte genügt es, dass im Inland eine Betriebsstätte für den Gewerbebetrieb einer ausländischen Personengesellschaft unterhalten wird und die Betriebsstätteneinkünfte anteilig dem beschränkt Steuerpflichtigen zuzurechnen sind.[1624] Ist der beschränkt Steuerpflichtige an einer inländischen Personengesellschaft beteiligt, wird der Gesellschafter so behandelt, als betreibe er mit seinem Gesellschaftsanteil ein eigenes, von den Mitgesellschaftern unabhängiges Unternehmen, für das er eine Betriebsstätte am Ort der Geschäftseinrichtung der inländischen Personengesellschaft unterhält.[1625] Auch eine nach § 15 Abs. 3 Nr. 2 EStG gewerblich geprägte (inländische) KG vermittelt ihren (ausländischen) Gesellschaftern eine Betriebsstätte i. S. von § 49 Abs. 1 Nr. 2 Buchst. a EStG, da der Begriff des Gewerbebetriebs (§ 49 Abs. 1 Nr. 2 EStG) sich mit dem Verweis (u. a.) auf § 15 EStG auf alle dort angeführten Einzeltatbestände und damit auch auf die Gewerblichkeitsfiktion des § 15 Abs. 3 Nr. 2 Satz 1 EStG bezieht.[1626]

1620 BFH v. 17. 12. 1997 I R 95/96, BStBl 1998 II 260.
1621 BFH v. 28. 6. 1972 I R 35/70, BStBl 1972 II 785.
1622 R 49.1 EStR; s. a. Rdn. 682 ff.
1623 BFH v. 23. 10. 2018 I R 54/16, BStBl 2019 II 365, Rdn. 12 ff.
1624 BFH v. 16. 10. 2002 I R 17/01, BStBl 2003 II 631, m. w. N.
1625 Vgl. BFH v. 12. 6. 2013 I R 47/12, BStBl 2014 II 770; BMF v. 26. 9. 2014, BStBl 2014 I 1258, Tz. 3.1.
1626 BFH v. 29. 11. 2017 I R 58/15, BFH/NV 2018, 684, Rdn. 18.

1764 Ferner fallen unter die gewerblichen Einkünfte nach § 49 Abs. 1 Nr. 2 Buchst. b EStG **Einkünfte aus dem Betrieb von Seeschiffen und Luftfahrzeugen zwischen inländischen und von inländischen zu ausländischen Häfen**[1627] einschließlich der Einkünfte aus anderen mit solchen Beförderungen zusammenhängenden, sich auf das Inland erstreckenden Beförderungsleistungen.[1628] Für derartige Einkünfte sieht § 49 Abs. 3 EStG eine besondere Besteuerung vor: Bei Schifffahrt- und Luftfahrtunternehmen sind die Einkünfte pauschal mit 5 % der für diese Beförderungsleistungen vereinbarten Entgelte anzusetzen.[1629] Das gilt auch, wenn solche Einkünfte durch eine inländische Betriebsstätte oder einen inländischen ständigen Vertreter i. S. des § 49 Abs. 1 Nr. 2 Buchst. a EStG erzielt werden. Diese Vergünstigung gilt nicht, soweit das deutsche Besteuerungsrecht nach einem DBA ohne Begrenzung des Steuersatzes aufrechterhalten bleibt.

1765 Als Sonderregelung zu § 49 Abs. 1 Nr. 2 Buchst. b EStG ist die in § 49 Abs. 1 Nr. 2 Buchst. c EStG enthaltene Regelung anzusehen: die Besteuerung der von einem Unternehmen im Rahmen einer internationalen Betriebsgemeinschaft oder eines Pool-Abkommens, bei denen ein Unternehmen mit Sitz oder Geschäftsleitung im Inland die Beförderung durchführt, aus Beförderungen und Beförderungsleistungen nach § 49 Abs. 1 Nr. 2 Buchst. b EStG erzielten Einkünfte. Hier gilt allerdings nicht die Vergünstigung des § 49 Abs. 3 EStG.

1766 Eine Vorschrift, die erhebliche praktische Bedeutung hat, ist die Regelung in § 49 Abs. 1 Nr. 2 Buchst. d EStG.[1630] Danach gehören zu den inländischen gewerblichen Einkünften diejenigen Einkünfte, soweit sie nicht zu den Einkünften im Sinne der Nummern 3 (Einkünfte aus selbständiger Arbeit) und 4 (Einkünfte aus nichtselbständiger Arbeit) gehören, **die durch im Inland ausgeübte oder verwertete künstlerische,**[1631] **sportliche,**[1632] **artistische, unterhaltende oder ähnliche Darbietungen**[1633] erzielt werden, einschließlich der Einkünfte aus anderen mit diesen Leistungen zusammenhängenden Leistungen,[1634] unabhängig davon, wem die Einnahmen zufließen; eine Betriebsstätte oder ein ständiger Vertreter braucht im Inland nicht unterhalten zu werden (R 49.1 Abs. 3 EStR). Die Regelung erfasst auch den Fall, dass eine Tätigkeit im Ausland ausgeübt und im Inland

---

1627 BFH v. 2. 3. 1988 I R 57/84, BStBl 1988 II 596.
1628 R 49.1 Abs. 2 EStR.
1629 Zweifel an der Vereinbarkeit dieser Regelung mit den Diskriminierungsbestimmungen eines DBA: BFH v. 22. 4. 1998 I R 54/96, BFH/NV 1998, 1920 und v. 14. 9. 1994 I B 40/94, BFH/NV 1995, 376; vgl. ferner BFH v. 24. 1. 2001 I R 81/99, BStBl 2001 II 868.
1630 Diesem Umstand trägt auch das BMF mit einem umfangreichen Schreiben (mit 118 Tz. und 26 Bsp.) Rechnung, BMF v. 25. 11. 2010, BStBl 2010 I 1350.
1631 BFH v. 2. 2. 1994 I B 143/93, BFH/NV 1994, 864, zu der Konstellation, dass eine ausländische Kapitalgesellschaft, die im Inland weder Betriebsstätte noch ständigen Vertreter hat, in der Bundesrepublik eine Konzerttournee mit einem ausländischen Sänger durchführt.
1632 Zum Problem Bandenwerbung vgl. BFH v. 16. 5. 2001 I R 64/99, BStBl 2003 II 641: Werbung anlässlich einer sportlichen Veranstaltung ist keine Werbung durch eine sportliche Veranstaltung.
1633 Zum Begriff der „ähnlichen Darbietung" vgl. BFH v. 17. 10. 2007 I R 81, 82/06, BFH/NV 2008, 356 m. w. N.
1634 BFH v. 25. 11. 2002 I B 69/02, BStBl 2003 II 189, zu der Frage, ob Einkünfte aus technischen (Neben-)Leistungen, derer es bedarf, um die Inlandstournee einer ausländischen Künstlergruppe durchführen zu können, nicht auch unter § 49 Abs. 1 Satz 1 Nr. 2 Buchst. d EStG fallen. Vgl. ferner BFH v. 28. 7. 2010 I R 93/09, BFH/NV 2010, 2263; v. 4. 3. 2009 I R 6/07, BStBl 2009 II 625; Vergütungen für Werbeleistungen im Motorsport stehen in Zusammenhang mit der im Inland ausgeübten sportlichen Darbietung, vgl. BFH v. 6. 6. 2012 I R 3/11, BStBl 2013 II 430; v 16. 11. 2011 I R 65/10, BFH/NV 2012, 924 stellt auf das objektive Erscheinungsbild ab.

verwertet wird (Arbeitsort- bzw. Wirkungsprinzip).[1635] Die Vorschrift wird durch die Abzugsregelung in § 50a Abs. 1 Nr. 1 EStG ergänzt.

Durch das JStG 2009 ist die Regelung in § 49 Abs. 1 Nr. 2 Buchst. d EStG ab dem Veranlagungszeitraum 2009 um das Tatbestandsmerkmal „**unterhaltende Darbietungen**" erweitert worden, um sie den bestehenden DBA-Regelungen anzupassen.[1636] Damit wird der Anwendungsbereich der Vorschrift erheblich ausgedehnt. Es werden seither auch Darbietungen ohne spezifischen künstlerischen, sportlichen usw. Gehalt erfasst, und ihnen wird damit ebenfalls ein gewisser eigenschöpferischer Charakter zugesprochen. Damit hat der Gesetzgeber die vom BFH[1637] noch offen gelassene Frage bejaht, ob sämtliche Darbietungen mit vergleichbarem Unterhaltungscharakter oder das gesamte Show- und Unterhaltungsgeschäft unter den Begriff der ähnlichen Darbietungen fallen. Erfasst wird jetzt also insbesondere auch die Teilnahme an einer Talkshow,[1638] einer Quizsendung, einer Castingshow, einer sog. Homestory oder an einem Interview.[1639]

1767

> **BEISPIEL:** ▶ Ein ausländischer Golfprofi gewinnt ein inländisches Golfturnier. Hierfür erhält er neben dem Preisgeld vom inländischen Veranstalter einen Sachpreis von einem inländischen Sponsor. Nach dem Turnier gibt er bezahlte Interviews für inländische Zeitschriften und tritt im Inland in einer Fernseh-Talkshow auf.
>
> Sowohl das Preisgeld als auch der Sachpreis sind gemäß § 1 Abs. 4 EStG i.V. mit § 49 Abs. 1 Nr. 2 Buchst. d EStG beschränkt einkommensteuerpflichtige inländische gewerbliche Einkünfte, die durch im Inland ausgeübte sportliche Darbietungen erzielt werden. Im Hinblick auf das Preisgeld hat der Veranstalter als Vergütungsschuldner den Steuerabzug nach § 50a Abs. 1 Nr. 1 EStG vorzunehmen. Ob der Veranstalter daneben auch für den Sachpreis die Abzugsverpflichtung nach § 50a EStG trägt oder der Steuerabzug vom auslobenden Sponsor vorzunehmen ist, hängt davon ab, ob der Sachpreis vom Sponsor zunächst an den Veranstalter und unmittelbar an den ausländischen Golfprofi übereignet wird. Im letztgenannten Fall ist der Sponsor Vergütungsschuldner und hat damit den Steuerabzug gemäß § 50a Abs. 1 Nr. 1 EStG vorzunehmen.[1640] Die Vergütungen für die Interviews und den Talkshowauftritt sind seit dem Veranlagungszeitraum 2009 als im Inland ausgeübte unterhaltende Darbietungen beschränkt einkommensteuerpflichtig nach § 49 Abs. 1 Nr. 2 Buchst. d EStG und unterliegen ebenfalls dem Steuerabzug nach § 50a Abs. 1 Nr. 1 EStG, unabhängig davon, ob sie mit sportlichen Darbietungen zusammenhängen (Interviews) oder nicht (Talkshowauftritt). Durch Art. 17 OECD-MA wird das Besteuerungsrecht Deutschlands für das Preisgeld, den Sachpreis und die Vergütungen für die Interviews und den Talkshowauftritt auch nicht beschränkt.[1641]

Als gewerbliche Einkünfte werden nach § 49 Abs. 1 Nr. 2 Buchst. e EStG diejenigen Einkünfte betrachtet, die unter den Voraussetzungen des § 17 EStG (**Veräußerung von An-**

1768

1635 Vgl. den Sachverhalt in BFH v. 17. 12. 1997 I R 18/97, BStBl 1998 II 440, der zur Änderung des § 49 Abs. 1 Nr. 2 Buchst. d EStG durch das StEntlG führte: Im Ausland hergestelltes Musikwerk wird im Inland verbreitet.
1636 Vgl. BT-Drs. 16/10189, S. 58.
1637 BFH v. 17. 10. 2007 I R 81, 82/06, BFH/NV 2008, 356.
1638 Bisher als künstlerische Tätigkeit verneint; vgl. BFH v. 21. 4. 1999 I B 99/98, BStBl 2000 II 254.
1639 Der Gang über den roten Teppich, das Posen, sich fotografieren lassen und das Geben von kurzen Interviews und Autogrammen (für das dem Prominenten eine „appearance-fee" gezahlt wird) verleihen der Darbietung einen gewissen eigenschöpferischen Charakter; vgl. FG Köln v. 15. 2. 2018 2 K 2612/16, IStR 2019, 429 ff.; NZB eingelegt (Aktenzeichen beim BFH I B 40/18).
1640 Vgl. BMF v. 25. 11. 2010, BStBl 2010 I 1350, Tz. 92.
1641 Vgl. BMF v. 25. 11. 2010, BStBl 2010 I 1350, Tz. 94.

teilen an Kapitalgesellschaften) erzielt werden, wenn es sich um Anteile an einer Kapitalgesellschaft handelt, die entweder ihren Sitz (§ 11 AO) oder ihre Geschäftsleitung (§ 10 AO) im Inland hat (Doppelbuchst. aa) oder bei deren Erwerb auf Grund eines Antrags nach § 13 Abs. 2 oder § 21 Abs. 2 Satz 3 Nr. 2 UmwStG nicht der gemeine Wert der eingebrachten Anteile angesetzt worden ist oder auf die § 17 Abs. 5 Satz 2 EStG anzuwenden war (Doppelbuchst. bb). Bei der Regelung in Doppelbuchst. bb) handelt es sich um eine ab dem Veranlagungszeitraum 2006 anzuwendende Tatbestandserweiterung infolge des SEStEG. Gewinne aus hinausgeschobener Entstrickung sollen auch bei späterer beschränkter Steuerpflicht erfasst werden. Zum Verhältnis zu § 6 AStG vgl. H 49.1 EStH.

1769 Der bisher auf private Veräußerungsgeschäfte von Anteilen i. S. des § 17 EStG (die innerhalb der Spekulationsfrist vollzogen werden) vorrangig anzuwendende § 49 Abs. 1 Nr. 8 Buchst. c EStG wurde durch das UntStRefG 2008[1642] mit Wirkung ab 1. 1. 2009 aufgehoben. Einkünfte, die nach dem 31. 12. 2008 zufließen, sind somit ausschließlich nach § 49 Abs. 1 Nr. 2 Buchst. e Doppelbuchst. bb EStG zu behandeln. Damit wird den umfassenden Änderungen von §§ 20 und 23 EStG Rechnung getragen, wonach nunmehr eine generelle und besitzzeitunabhängige Besteuerung von Veräußerungsgewinnen erfolgt (sog. „Wertzuwachssteuer"). Durch das JStG 2018[1643] wurde § 49 Abs. 1 Nr. 2 Buchst. e EStG um einen Doppelbuchst. cc) erweitert. Durch die Neuregelung werden nach dem 31. 12. 2018 (vgl. § 52 Abs. 45a Satz 1 EStG) auch Einkünfte aus der Veräußerung von Anteilen an ausländischen Kapitalgesellschaften (ohne Sitz oder Geschäftsleitung im Inland) erfasst, sofern der Wert der Anteile zu irgendeinem Zeitpunkt während der 365 Tage vor der Veräußerung unmittelbar oder mittelbar zu mehr als 50 % auf inländischem unbeweglichem Vermögen beruhte und die Anteile dem Veräußerer zu diesem Zeitpunkt nach § 39 AO zuzurechnen waren. Die Ermittlung der Quote des inländischen unbeweglichen Vermögens am Gesamtvermögen der Kapitalgesellschaft erfolgt nach § 49 Abs. 1 Nr. 2 Buchst. e Doppelbuchst. cc Halbsatz 2 EStG auf Basis der Buchwerte.

1770 Eine Art Auffangvorschrift stellt § 49 Abs. 1 Nr. 2 Buchst. f EStG dar: Danach gehören (auch) zu den gewerblichen Einkünften diejenigen Einkünfte, die durch **Veräußerung von inländischem unbeweglichen Vermögen,**[1644] **von Sachinbegriffen**[1645] **oder Rechten,** die im Inland belegen oder in ein inländisches öffentliches Buch oder Register eingetragen sind **oder deren Verwertung** in einer inländischen Betriebsstätte oder anderen Einrichtung erfolgt, erzielt werden, sofern sie nicht bereits zu den gewerblichen Einkünften nach § 49 Abs. 1 Nr. 2 Buchst. a EStG gehören. Seit 2007 (StÄndG 2007) erfasst die Vorschrift über die zeitlich begrenzte Rechtsüberlassung hinaus auch Fälle der Rechtsveräußerung (insbesondere die Fälle der sog. **verbrauchenden Rechtsüberlassung,** wie z. B. die Überlassung von Banden-Werberechten bei einer Sportveranstaltung). Als Ein-

---

1642 BGBl 2007 I 1912.
1643 Gesetz zur Vermeidung von Umsatzsteuerausfällen beim Handel mit Waren im Internet und zur Änderung weiterer steuerlicher Vorschriften v. 11. 12. 2018, BGBl 2018 I 2338.
1644 BFH v. 5. 6. 2002 I R 105/00, BFH/NV 2002 1433, zu der Berechnung des Veräußerungsgewinns bei einer Immobilie, sowie v. 5. 6. 2002 I R 81/00, BStBl 2004 II 344.
1645 Rdn. 217.

künfte aus Gewerbebetrieb gelten auch die Einkünfte aus Tätigkeiten im Sinne dieser Norm, die von einer Körperschaft ohne Sitz oder Geschäftsleitung im Inland erzielt werden, die einer inländischen Kapitalgesellschaft i. S. des § 1 Abs. 1 Nr. 1 KStG oder einer sonstigen juristischen Person des privaten Rechts, die nach den Vorschriften des Handelsgesetzbuchs zur Führung von Büchern verpflichtet ist,[1646] gleichsteht.

Im JStG 2009 ist der Tatbestand des § 49 Abs. 1 Nr. 2 Buchst. f EStG durch Einfügen des Doppelbuchstabens aa **Vermietung und Verpachtung** erweitert worden. Zuvor führte die Vermietung von inländischem Grundbesitz oder von im Inland verwerteten Rechten, auch wenn sie der gewerblichen Tätigkeit des beschränkt Steuerpflichtigen zuzurechnen war, zu Vermietungseinkünften nach § 49 Abs. 1 Nr. 6 i.v. mit § 21 EStG; es sei denn, die Einkünfte waren einer inländischen Betriebsstätte zuzurechnen oder im Inland war ein ständiger Vertreter bestellt. Dagegen zählte der Veräußerungserlös eines solchen Grundstücks oder Rechts nach § 49 Abs. 1 Nr. 2 Buchst. f EStG zu den gewerblichen Einkünften. Dadurch wurden einheitliche wirtschaftliche Vorgänge in verschiedene Einkunftsarten aufgespalten und damit einhergehend kamen unterschiedliche Einkunftsermittlungsarten zur Anwendung, ohne dass es dafür eine einleuchtende Rechtfertigung gab. Mit der Änderung des § 49 Abs. 1 Nr. 2 Buchst. f EStG besteuert der Gesetzgeber nunmehr ab dem Veranlagungszeitraum 2009 die einer gewerblichen Tätigkeit des beschränkt Steuerpflichtigen zuzuordnenden Einkünfte aus der zeitlich begrenzten Überlassung von Grundbesitz und Rechten unabhängig von einer inländischen Betriebsstätte oder einem ständigen Vertreter im Inland als gewerbliche Einkünfte.[1647] Damit unterliegen in diesen Fällen sowohl die laufenden Vermietungseinkünfte als auch der Veräußerungserlös den gleichen Gewinnermittlungsvorschriften (§§ 4 ff. EStG; Betriebsvermögensvergleich statt Einnahmen-Überschuss-Rechnung).[1648] „Andere Gesetze" i. S. des § 140 AO können auch ausländische Rechtsnormen sein.[1649] Steuerausländer, die in Deutschland nur beschränkt Steuerpflichtige, aber nach ausländischem Recht buchführungspflichtig sind, sind somit im Inland grundsätzlich[1650] ebenfalls nach § 140 AO (derivativ) buchführungspflichtig. Ab dem VZ 2017 wurde ein neuer Satz 2 in § 49 Abs. 1 Nr. 2 Buchst. f EStG eingefügt,[1651] der regelt, dass die Anschaffung oder Veräußerung einer unmittelbaren oder mittelbaren Beteiligung an einer Personengesellschaft entsprechend § 23 Abs. 1 Satz 4 EStG als Anschaffung oder Veräußerung der an-

1771

1646 Nach § 238 Abs. 1 Satz 1 HGB ist der „Kaufmann" verpflichtet, Bücher zu führen; dies führt zu den §§ 1 bis 6 HGB; somit zählen hierzu z. B. Genossenschaften, VVaG usw.

1647 Vgl. BT-Drs. 16/10189, S. 58 f.

1648 Eingehend zu Buchführungspflichten und zur Gewinnermittlung: BMF v. 16. 5. 2011, BStBl 2011 I 530; im Gegensatz zu Tz. 8 dieses Schreibens gehört nach Auffassung des BFH (v. 7.12.2016 I R 76/14, BStBl 2017 II 704) ein aus einem Darlehensverzicht resultierender Ertrag nicht zu den gemäß § 49 Abs. 1 Nr. 2 Buchst. f EStG beschränkt steuerpflichtigen inländischen Einkünften aus Gewerbebetrieb, da es sich weder um Einnahmen aus der Vermietung noch aus der Veräußerung eines Grundstücks handelt.

1649 BFH v. 14.11.2018 I R 81/16, BStBl 2019 II 390, Rdn. 14 ff.; bislang offen gelassen zuletzt BFH v. 15.10.2015 I B 93/15, BStBl 2016 II 66; BMF v. 16. 5. 2011, BStBl 2011 I 530 Tz. 3.

1650 Sollte die Anwendung der ausländischen Buchführungsvorschriften zu einem Ergebnis führen, das mit wesentlichen Grundsätzen des deutschen Rechts – insbesondere mit den Grundrechten – unvereinbar ist, ist die Regelung in entsprechender Anwendung des kollisionsrechtlichen ordre public Vorbehalts (Art. 6 EGBGB) ausnahmsweise unanwendbar, vgl. BFH v. 14.11.2018 I R 81/16, BStBl 2019 II 390, Rdn. 17.

1651 Durch das InvStRefG v. 19. 7. 2016, BGBl 2016 I 1730.

teiligen WG gilt (anteiliger Durchgriff durch vermögensverwaltende Personengesellschaften). Seit 1.1.2019[1652] werden Wirtschaftsgüter, die mit dem inländischen unbeweglichen Vermögen in Zusammenhang stehen (insbesondere Verbindlichkeiten aus der Fremdfinanzierung) gemäß § 49 Abs. 1 Nr. 2 Buchst. f Satz 4 EStG steuerlich verstrickt. Der Gesetzgeber reagiert hiermit auf eine Entscheidung des BFH,[1653] in der die Rechtsprechung nicht der Auffassung der Finanzverwaltung[1654] gefolgt ist und den Ertrag aus dem gläubigerseitigen Verzicht auf eine Darlehensforderung nicht im Inland der beschränkten Steuerpflicht unterworfen hat (rechtsprechungsbrechende Regelung).

1772 Gegenüber § 49 Abs. 1 Nr. 2 Buchst. f EStG ist § 49 Abs. 1 Nr. 6 EStG subsidiär (s. u. Rdn. 1790). Überlässt ein im Ausland ansässiger Anbieter Software zur Nutzung im Inland, kann er mit seinen inländischen Einkünften nach § 49 Abs. 1 Nr. 2 Buchst. f oder nach § 49 Abs. 1 Nr. 6 EStG der beschränkten Steuerpflicht unterliegen.[1655]

> **BEISPIEL:**[1656] Die deutsche D-GmbH mit Sitz und Geschäftsleitung in Düsseldorf lässt sich von der im Ausland ansässigen „Software Ltd." Verbreitungs-, Vervielfältigungs-, Veröffentlichungs- und Bearbeitungsrechte an einer Software einräumen, die auf Deutsch übersetzt und als Teil eines aus verschiedenen Programm-Elementen bestehenden Software-Pakets vertreibt. Die ausländische „Software Ltd." selbst unterhält im Inland weder eine Betriebsstätte, noch ist ein ständiger Vertreter bestellt.
>
> Die von der deutschen D-GmbH gezahlten Lizenzgebühren stellen inländische Einkünfte der ausländischen „Software Ltd." i. S. von § 49 Abs. 1 Nr. 2 Buchst. f Doppelbuchst. aa EStG dar. Die ausländische „Software Ltd" hat der deutschen D-GmbH umfassende Nutzungsrechte eingeräumt. Die überlassene Software wird als Teil eines Software-Pakets im Inland verwertet.

1773 Seit dem Veranlagungszeitraum 2010 stellen sog. **Transferleistungen,** die ein inländischer Sportverein an einen nicht im Inland ansässigen Sportverein für die vertragliche Verpflichtung eines Berufssportlers bezahlt, gemäß § 49 Abs. 1 Nr. 2 Buchst. g EStG beschränkt einkommensteuerpflichtige inländische Einkünfte aus Gewerbebetrieb dar.[1657] Die beschränkte Steuerpflicht gilt sowohl für die zeitlich begrenzte Spielerleihe als auch für den endgültigen Spielertransfer, während der Steuerabzug gemäß § 50a Abs. 1 Nr. 3 EStG nur bei der befristeten Spielerleihe Anwendung findet. Durch die Begrenzung des Tatbestands auf Berufssportler und das Einfügen einer Freigrenze i. H. von 10 000 € wollte der Gesetzgeber vermeiden, dass der Amateursport von der beschränkten Steuerpflicht betroffen wird.[1658]

1774 Zu **nachträglichen Einkünften aus Gewerbebetrieb** vgl. H 34d EStH, sowie Rdn. 196 und 762: Einkünfte nach Beendigung der werbenden Tätigkeit (= Schließung der Betriebsstätte, z. B. nach Beendigung der Tätigkeit der Betriebsstätte werden noch Kundenforderungen eingezogen) sind in dem Staat zu besteuern, in dem die aktive Tätigkeit aus-

---

1652 Vgl. § 52 Abs. 45a Satz 2 EStG.
1653 BFH v. 7.12.2016 I R 76/14, BStBl 2017 II 704.
1654 BMF v. 16.5.2011, BStBl 2011 I 530, Tz. 8.
1655 Zu den Einzelheiten der beschränkten Steuerpflicht und des Steuerabzugs bei grenzüberschreitender Überlassung von Software und Datenbanken s. BMF v. 27.10.2017, BStBl 2017 I 1448.
1656 Vgl. BMF v. 27.10.2017, BStBl 2017 I 1448, Tz. 7.
1657 Einfügung des neuen Buchst. g durch das JStG 2010. Hierdurch wollte der Gesetzgeber die zuvor bestehende Besteuerungslücke bei Spielerleihe im Profifußball schließen, die der BFH mit Urteil v. 27.5.2009 I R 86/07, BStBl 2010 II 120 aufgedeckt hatte.
1658 Vgl. BT-Drs. 17/2249, S. 100.

geübt wurde, sofern die frühere Tätigkeit der Betriebsstätte ursächlich für diese Einkünfte ist.[1659]

7.1.2.4 Einkünfte aus selbständiger Arbeit – § 49 Abs. 1 Nr. 3 EStG

Zu den inländischen Einkünften zählen die Einkünfte aus selbständiger Arbeit, die im Inland ausgeübt oder verwertet wird oder worden ist, oder für die im Inland eine feste Einrichtung oder eine Betriebsstätte unterhalten wird; auf die Ausführungen oben zu § 34d Nr. 3 EStG wird verwiesen (Rdn. 199). 1775

Einkünfte der in § 49 Abs. 1 Nr. 3 EStG bezeichneten Art können nur natürliche Personen erzielen.[1660] 1776

§ 49 Abs. 1 Nr. 3 EStG trifft nicht den Fall, bei dem ein Manuskript als Ergebnis einer selbständigen Arbeit nicht durch denjenigen verwertet wird, der dieses Ergebnis bewirkt hat.[1661] Zu nachträglichen Einkünften aus selbständiger Tätigkeit vgl. Rdn. 1774 entsprechend.[1662] Nicht zur selbständigen Tätigkeit gehören Honorare für die Mitwirkung bei Talkshows; derartige Einkünfte unterliegen der beschränkten Steuerpflicht nach § 49 Abs. 1 Nr. 2 Buchst. d EStG (vor dem Veranlagungszeitraum 2009 nach § 49 Abs. 1 Nr. 9 EStG)[1663]. 1777

Durch die ab 1.1.2004 geltende Ergänzung des § 49 Abs. 1 Nr. 3 EStG – Aufnahme der Worte „oder für die im Inland eine feste Einrichtung oder eine Betriebsstätte unterhalten wird" – soll erreicht werden, dass ausländische Mitglieder einer inländischen Sozietät mit ihrem Gewinnanteil der inländischen Besteuerung unterliegen – sog. einrichtungsbezogene Gewinnabgrenzung (Bsp.: Die in dem Büro in München arbeitenden Rechtsanwälte aus London einer internationalen Kanzlei mit Sitz in München). 1778

7.1.2.5 Einkünfte aus nichtselbständiger Arbeit – § 49 Abs. 1 Nr. 4 EStG

Diese Vorschrift entspricht in ihrer Struktur § 34d Nr. 5 EStG, so dass grundsätzlich auf die obige Darstellung verwiesen wird (Rdn. 203); allerdings ist zu beachten, dass bei Zahlungen einer öffentlichen Kasse die beschränkte Steuerpflicht in § 49 Abs. 1 Nr. 4 Buchst. b EStG nicht voraussetzt, dass ein Dienstverhältnis zum Kassenträger besteht[1664] – vgl. ferner § 50d Abs. 7 EStG, in dem die Auslegung von Kassenstaatsklauseln i. S. von Art. 19 OECD-MA (Rdn. 971 ff.) dergestalt geregelt ist, dass allein das Aufbringen „ganz oder im Wesentlichen aus öffentlichen Mitteln das ausschließliche deutsche 1779

1659 BFH v. 15.7.1964 I 415/61 U, BStBl 1964 III 451.
1660 BFH v. 20.2.1974 I R 217/71, BStBl 1974 II 511.
1661 BFH v. 16.12.1970 I R 137/68, BStBl 1971 II 200; v. 7.7.1971 I R 41/70, BStBl 1971 II 771; Bsp.: Die ausländische X-AG besitzt die Nutzungsrechte an einem Roman des im Ausland lebenden Autors Y und vergibt nun die Filmrechte an den unbeschränkt Steuerpflichtigen D – keine Einkünfte i. S. des § 49 Abs. 1 Nr. 3 EStG.
1662 BFH v. 12.10.1978 I R 69/75, BStBl 1979 II 64; v. 18.10.1989 I R 126/88, BStBl 1990 II 377.
1663 BFH v. 21.4.1999 I B 99/98, BStBl 2000 II 254.
1664 BFH v. 28.3.2018 I R 42/16, BStBl 2019 II 671, Rdn. 14; v. 23.9.1998 I B 53/98, BFH/NV 1999, 458.

Besteuerungsrecht begründen soll.[1665] Die Wesentlichkeitsgrenze liegt bei einem 75%-igem inländischen Finanzierungsanteil, wobei EU-Mittel nicht zu den (inländischen) öffentlichen Mitteln zählen.[1666] § 49 Abs. 1 Nr. 4 Buchst. b Halbsatz 2 EStG[1667] nimmt sog. lokal Beschäftigte[1668] mit Einkünften aus inländischen öffentlichen Kassen von der Besteuerung in Deutschland aus, wenn sie in einem Staat tätig sind, für den kein DBA anzuwenden ist. Die Besteuerung dieser lokal Beschäftigten ist – anders als bei in das Ausland entsandtem Personal, für welches grundsätzlich das Kassenstaatsprinzip gilt – vorrangig Aufgabe des jeweiligen Tätigkeits- oder Wohnsitzstaats, so dass ohne ein DBA eine Doppelbesteuerung drohen würde.

1780   Zusätzlich ist in § 49 Abs. 1 Nr. 4 Buchst. c EStG die Besteuerung der Vergütung, die für eine Tätigkeit als Geschäftsführer (weit zu fassen), Prokurist (§§ 48 ff. HGB) oder Vorstandsmitglied einer Gesellschaft[1669] mit Geschäftsleitung im Inland bezogen wird, geregelt.[1670] Dies gilt somit auch für das Arbeitsverhältnis mit einer Gesellschaft, die ihren formalen Sitz im Ausland hat (Bsp.: Deutscher Geschäftsführer einer formell in Delaware/USA ansässigen Inc.).

1781   Mit Wirkung ab 1.1.2004 wurde durch das StÄndG 2003 die Bestimmung des § 49 Abs. 1 Nr. 4 Buchst. d EStG in das Gesetz aufgenommen: Steuerpflichtig sind Entschädigungen im Sinne des § 24 Nr. 1 EStG, die für die Auflösung eines Dienstverhältnisses gezahlt werden, soweit die für die zuvor ausgeübte Tätigkeit bezogenen Einkünfte der inländischen Besteuerung unterlegen haben.[1671] Nach der amtlichen Begründung dient diese Vorschrift der Klarstellung, dass auch **Abfindungszahlungen** der beschränkten Steuerpflicht unterworfen sind. Das Besteuerungsrecht nach § 49 Abs. 1 Nr. 4 Buchst. d EStG für Abfindungen an beschränkt Steuerpflichtige wird bei Bestehen eines DBA regelmäßig durch Art. 15 Abs. 1 bzw. Art. 18 OECD-MA dem ausländischen Wohnsitzstaat zugewiesen (vgl. Rdn. 967).[1672] Einen Rückfall des Besteuerungsrechts an Deutschland als ehemaligen Tätigkeitsstaat durch eine Verständigungsvereinbarung erkannte der BFH mangels gesetzlicher Grundlage nicht an, da Konsultationsvereinbarungen i. S. des Art. 25 Abs. 3 Satz 1 OECD-MA ohne Transformation in einfaches Gesetzesrecht nur für die beteiligten Finanzverwaltungen bindend sind.[1673] Aus diesem Grund hat der Gesetzgeber § 2 AO durch das JStG 2010 um einen neuen Absatz 2 ergänzt.[1674] Die Neuregelung enthält eine Verordnungsermächtigung zugunsten des BMF, welches hierdurch in

---

1665 Vgl. BT-Drs. 13/5952, S. 49 f.
1666 BFH v. 28. 3. 2018 I R 42/16, BStBl 2019 II 671, Rdn. 27; BMF v. 13. 11. 2019, BStBl 2019 I 1082, Rdn. 4.
1667 Mit Wirkung ab dem VZ 2020 eingefügt durch das JStG 2019 (v. 12. 12. 2019, BGBl. 2019 I 2451).
1668 Anders als entsandte Mitarbeiter sind lokale Beschäftigte Arbeitnehmer, die im Ausland gewonnen werden und zuvor keinen inländischen Wohnsitz hatten; vgl. BMF v. 13. 11. 2019, BStBl 2019 I 1082, Rdn. 14 ff.
1669 Das betreffende Gesetz muss ausdrücklich den Begriff „Vorstand" verwenden (vgl. §§ 76 ff. AktG).
1670 Zur abkommensrechtlichen Behandlung von Vergütungen der Organe einer Kapitalgesellschaft, vgl. BMF v. 3. 5. 2018, BStBl 2018 I 643, Tz. 307 ff.; sowie oben Rdn. 892; zur abkommensrechtlichen Behandlung von Abfindungszahlungen ist beim BFH ein Revisionsverfahren unter dem Aktenzeichen I R 76/17 anhängig.
1671 BMF v. 1. 11. 2013, BStBl 2013 I 1326.
1672 BMF v. 3. 5. 2018, BStBl 2018 I 643, Tz. 220 ff.
1673 BFH v. 2. 9. 2009 I R 111/08, BStBl 2010 II 387; v. 2. 9. 2009 I R 90/08, BStBl 2010 II 394.
1674 JStG 2010, BGBl 2010 I 1768; vgl. Rdn. 896.

die Lage versetzt wurde, mit Zustimmung des Bundesrates Rechtsverordnungen zur Umsetzung von Konsultationsvereinbarungen zu erlassen. Durch die aufgrund von § 2 Abs. 2 AO erlassenen Konsultationsvereinbarungsverordnungen sollte nach Auffassung der Finanzverwaltung die umfassende Bindungswirkung dieser Vereinbarungen (ggf. auch rückwirkend) gewährleistet werden.[1675] Der BFH hat allerdings die Bindungswirkung der Konsultationsvereinbarungsverordnung wegen Verstoßes gegen den Bestimmtheitsgrundsatz i. S. von Art. 80 Abs. 1 Satz 1 GG und wegen Verstoßes gegen den Vorrang des Gesetzes i. S. von Art. 20 Abs. 3 GG abgelehnt und die Rechtsverordnung des BMF verworfen.[1676] Mit Wirkung ab dem VZ 2017 soll der neu eingefügte[1677] § 50d Abs. 12 EStG bestimmte Abfindungszahlungen der deutschen Besteuerung unterwerfen. § 50d Abs. 12 EStG tritt zu den bestehenden Regelungen (§ 49 Abs. 1 Nr. 4 Buchst. d EStG und § 2 Abs. 2 AO) hinzu und fingiert, dass Abfindungen entgegen der Rechtsprechung des BFH als nachträglicher Arbeitslohn für die in der Vergangenheit erbrachte Tätigkeit zu behandeln sind. Anders als § 49 Abs. 1 Nr. 4 Buchst. d EStG ist der Anwendungsbereich dieser gesetzlichen Auslegungsregel nicht auf die Fälle der beschränkten Steuerpflicht begrenzt, sondern erfasst auch die unbeschränkte Steuerpflicht.

§ 49 Abs. 1 Nr. 4 Buchst. e EStG enthält einen Besteuerungstatbestand für (nicht in Deutschland ansässiges) Bordpersonal eines im internationalen Luftverkehr eingesetzten Luftfahrzeugs, das von einem Unternehmen mit Geschäftsleitung (§ 10 AO) im Inland betrieben wird. Hintergrund des Tatbestandes ist die Regelung in Art. 15 Abs. 3 OECD-MA, die das Besteuerungsrecht für solche Einkünfte dem Tätigkeitsstaat zuweist.[1678] Für diese Einkünfte fehlte bis 2007 eine inländische Besteuerungsgrundlage mit der Folge der völligen Steuerfreiheit bei Freistellung durch den Ansässigkeitsstaat. Aus diesem Grund ist der Anwendungsbereich des § 49 Abs. 1 Nr. 4 Buchst. e EStG auf den Bereich des internationalen Luftverkehrs beschränkt.

1782

7.1.2.6 Einkünfte aus Kapitalvermögen – § 49 Abs. 1 Nr. 5 EStG

Diese Vorschrift weicht deutlich von der Korrespondenzvorschrift des § 34d Nr. 6 EStG ab und unterlag in den letzten Jahren wiederholt einer Änderung. Grundsätzlich ist aber auch hier der Anknüpfungspunkt des inländischen Schuldners bei Kapitaleinkünften i. S. des § 20 Abs. 1 Nr. 1, 2, 4, 6 und 9 EStG (§ 49 Abs. 1 Nr. 5 Buchst. a EStG) bzw. der inländischen dinglichen Sicherheit bei Kapitaleinkünften i. S. des § 20 Abs. 1 Nr. 5 bis 7 EStG (§ 49 Abs. 1 Nr. 5 Buchst. c Doppelbuchst. aa EStG)[1679] festzuhalten. Ab dem VZ 2018[1680] fallen Investmenterträge unter § 20 Abs. 1 Nr. 3 und Nr. 3a EStG. Daher

1783

1675 Vgl. BMF v. 3. 5. 2018, BStBl 2018 I 643, Tz. 227 ff. mit Verweisen auf die einzelnen Verordnungen zur Umsetzung der Konsultationsvereinbarungen mit Belgien, Großbritannien, Luxemburg, den Niederlanden, Österreich und der Schweiz.
1676 BFH v. 10. 6. 2015 I R 79/13, BStBl 2016 II 326.
1677 Durch Gesetz v. 20. 12. 2016, BGBl 2016 I 3000.
1678 Ausführlich BMF v. 3. 5. 2018, BStBl 2018 I 643, Tz. 345 ff.
1679 BFH v. 28. 3. 1984 I R 129/79, BStBl 1984 II 620; v. 6. 2. 1985 I R 87/84, BFH/NV 1985, 104; v. 13. 4. 1994 I R 97/93, BStBl 1994 II 743.
1680 Vgl. § 52 Abs. 45a EStG.

wurde § 49 Abs. 1 Nr. 5 Buchst. a EStG geändert und § 49 Abs. 1 Nr. 5 Buchst. b EStG gestrichen.

1784 Durch das UntStRefG 2008 wurde die beschränkte Steuerpflicht ab dem Veranlagungszeitraum 2009 auf Veräußerungsgeschäfte ausgedehnt, die dem Kapitalsteuerabzug unterliegen (§ 49 Abs. 1 Nr. 5 Buchst. c Doppelbuchst. cc EStG a. F.). Diese Regelung wurde durch das JStG 2009 als § 49 Abs. 1 Nr. 5 Buchst. d EStG neu gefasst und ihr Anwendungsbereich (§ 43 Abs. 1 Nr. 9 EStG) wird ab dem Veranlagungszeitraum 2009 auf Schaltergeschäfte (Tafelgeschäfte) beschränkt, bei denen die Erträge einem nicht nach § 154 AO legitimierten (unbekannten) Depotinhaber ausgezahlt werden.[1681]

1785 Ist der beschränkt Steuerpflichtige Gläubiger der Kapitalerträge, so ist grundsätzlich die Kapitalertragsteuer in der in § 43a EStG genannten Höhe vom Schuldner der Kapitalerträge einzubehalten, anzumelden und abzuführen (§ 44 EStG). Dem Gläubiger ist die Bescheinigung nach § 45a EStG zu übergeben. Eine Erstattung der Steuer kommt nicht in Betracht, sofern es sich nicht um den Sonderfall des § 44a Abs. 5 EStG handelt. Die Einkommensteuer gilt grundsätzlich durch den Steuerabzug als abgegolten (§ 50 Abs. 2 Satz 1 EStG; seit 1.1.2009 auch § 43 Abs. 5 EStG). Seit 2009 wird der Sparer-Pauschbetrag des § 20 Abs. 9 EStG in Höhe von 801 € gewährt (vgl. § 50 Abs. 1 EStG).[1682]

1786 Ist der Gläubiger in einem Staat ansässig, mit dem ein allgemeines DBA abgeschlossen worden ist, so gilt auch hier grundsätzlich, dass die Kapitalertragsteuer – unabhängig von der im Abkommen vereinbarten Höhe der Kapitalertragsteuer – in der Höhe lt. § 43a EStG einzubehalten und an das FA abzuführen ist (§ 50d Abs. 1 Satz 1 EStG – Treaty Override). Da aber die dem beschränkt Steuerpflichtigen aus dem Abkommen zustehenden Rechte durch das nationale Recht nicht beschnitten werden dürfen, ist dann auf Antrag des Gläubigers das Erstattungsverfahren nach § 50d Abs. 1, 1a EStG durchzuführen (vgl. Rdn. 1842).

1787 Als weitere Besonderheit ist bei den Kapitalerträgen beschränkt Steuerpflichtiger die Umsetzung der Mutter-Tochter-Richtlinie in § 43b EStG zu berücksichtigen: Nach § 43b Abs. 1 EStG wird auf – an das BZSt zu stellenden – Antrag die Kapitalertragsteuer nicht auf die Gewinnanteile erhoben, die eine inländische Tochtergesellschaft an ihre Muttergesellschaft mit Sitz und Geschäftsleitung im Ausland (Bsp.: X-GmbH, Hamburg, schüttet an die italienische Muttergesellschaft aus) oder an eine im EU-Ausland belegene Betriebsstätte ausschüttet (Bsp.: X-GmbH schüttet an die in Paris befindliche Betriebsstätte ihrer italienischen Muttergesellschaft aus). Letzteres gilt auch dann, wenn es sich um eine im EU-Ausland befindliche Betriebsstätte einer unbeschränkt steuerpflichtigen Muttergesellschaft handelt (Bsp.: Y-GmbH, München, schüttet an die in Mailand befindliche Betriebsstätte ihrer deutschen Muttergesellschaft aus). Der Begriff der Muttergesellschaft sowie der Umfang der Beteiligung wird in § 43b Abs. 2 und 3

1681 Vgl. BT-Drs. 16/11108, S. 28.
1682 Der Sparer-Freibetrag gemäß § 20 Abs. 4 EStG a. F. wurde vor dem 1.1.2009 beschränkt Steuerpflichtigen nicht gewährt.

EStG, der Begriff der Betriebsstätte in § 43b Abs. 2a EStG definiert.[1683] Die Einzelheiten der Steuerfreistellung regelt § 50d Abs. 2 EStG.

Ist der beschränkt Steuerpflichtige Gläubiger von Erträgen aus sonstigen Kapitalforderungen i. S. des § 20 Abs. 1 Nr. 7 EStG, so ist eine Zinsabschlagsteuer nicht zu erheben.[1684] Ist sie irrtümlich erhoben worden, so hat der Steuerpflichtige seinen Erstattungsanspruch bei dem Betriebsstättenfinanzamt des Schuldners geltend zu machen.[1685]

1788

7.1.2.7 Einkünfte aus Vermietung und Verpachtung – § 49 Abs. 1 Nr. 6 EStG

Die Vorschrift entspricht in ihrer Struktur § 34d Nr. 7 EStG, so dass grundsätzlich hierauf verwiesen wird (Rdn. 217). Eine Erweiterung erfährt die Vorschrift insofern, als steuerpflichtige Einkünfte auch dann vorliegen, wenn das vermietete Wirtschaftsgut lediglich in ein inländisches öffentliches Buch oder Register (Bsp.: Grundbuch, Luftfahrzeugrolle[1686]) eingetragen ist, ohne dass es sich im Inland befindet oder in einer inländischen Betriebsstätte oder in einer anderen Einrichtung verwertet wird. Zur Überlassung von Nutzungsrechten durch einen ausländischen Rechtsinhaber an die inländische Tochtergesellschaft vgl. BFH v. 27. 2. 2002.[1687]

1789

Wegen der Tatbestandserweiterung in § 49 Abs. 1 Nr. 2 Buchstabe f EStG durch das JStG 2009 (s. o. Rdn. 1772) wurde in § 49 Abs. 1 Nr. 6 EStG gleichzeitig eine Subsidiaritätsklausel eingefügt, wonach Einkünfte nur noch insoweit von § 49 Abs. 1 Nr. 6 EStG erfasst werden, als sie nicht zu den Einkünften im Sinne der Nummern 1 – 5 gehören. Damit unterliegen Einkünfte, die sowohl § 49 Abs. 1 Nr. 2 Buchst. f EStG als auch der Nr. 6 der Vorschrift zugeordnet werden können, vorrangig der erstgenannten Norm.

1790

Die entgeltliche (zeitlich begrenzte) Überlassung von Persönlichkeitsrechten (Namensrecht gemäß § 12 BGB, Recht am eigenen Bild gemäß §§ 22, 23 KunstUrhG) für Werbezwecke durch einen ausländischen Rechteinhaber führt zu inländischen Einkünften aus Vermietung und Verpachtung i. S. von § 49 Abs. 1 Nr. 6 i. V. mit § 21 Abs. 1 Nr. 3 EStG.[1688] Die Verpflichtung zum Steuerabzug ergibt sich in sämtlichen Fällen der Rechteüberlassung – unabhängig von der Qualifikation als inländische Einkünfte aus Gewerbebetrieb i. S. von § 49 Abs. 1 Nr. 2 Buchst. d EStG, als inländische Einkünfte aus selbständiger Tätigkeit i. S. von § 49 Abs. 1 Nr. 3 EStG oder als inländische Einkünfte aus Vermietung und Verpachtung i. S. von § 49 Abs. 1 Nr. 6 EStG – aus § 50a Abs. 1 Nr. 3 EStG.[1689]

1791

1683 Als Lex specialis Vorrang vor § 12 AO und dem jeweiligen DBA.
1684 Vgl. BMF v. 18. 1. 2016, BStBl 2016 I 85, Tz. 313.
1685 BMF v. 18. 1. 2016, BStBl 2016 I 85, Tz. 307.
1686 BFH v. 2. 5. 2002 IX R 71/96, BFH/NV 2002, 1288.
1687 BFH v. 27. 2. 2002 I R 62/01, BFH/NV 2002, 1142.
1688 BFH v. 19. 12. 2007 I R 19/06, BStBl 2010 II 398; BMF v. 2. 8. 2005, BStBl 2005 I 844.
1689 Ausführlich Bsp. 3 des BMF v. 25. 11. 2010, BStBl 2010 I 1350, Tz. 94.

7.1.2.8 Sonstige Einkünfte – § 49 Abs. 1 Nr. 7 bis 10 EStG

1792 Die sonstigen Einkünfte sind bei beschränkter Steuerpflicht weiter gefasst als in § 34d Nr. 8 EStG:

1793 So regelt § 49 Abs. 1 Nr. 7 EStG die Besteuerung der sonstigen inländischen Einkünfte im Sinne des § 22 Nr. 1 Satz 3 Buchst. a EStG, die von den inländischen gesetzlichen Rentenversicherungsträgern, den inländischen landwirtschaftlichen Alterskassen, den inländischen berufsständischen Versorgungseinrichtungen, den inländischen Versicherungsunternehmen oder sonstigen inländischen Zahlstellen gewährt werden.[1690] Ab dem Veranlagungszeitraum 2010 dehnt ein in § 49 Abs. 1 Nr. 7 EStG angefügter zweiter Halbsatz die beschränkte Steuerpflicht auf ausländische Zahlstellen aus,[1691] wenn die den Leistungen zugrundeliegenden Beiträge im Inland als Sonderausgaben gemäß § 10 Abs. 1 Nr. 2 EStG berücksichtigt wurden (sog. Förderstaatsprinzip).

1794 Die Bestimmung des § 49 Abs. 1 Nr. 8 EStG befasst sich mit der beschränkten Steuerpflicht der sonstigen Einkünfte im Sinne des § 22 Nr. 2 EStG – private Veräußerungsgeschäfte –, soweit es sich um private Veräußerungsgeschäfte mit inländischen Grundstücken oder mit inländischen Rechten, die den Vorschriften des bürgerlichen Rechts über Grundstücke unterliegen, handelt.

1795 Wie erwähnt (s. o. Rdn. 1769), wurde § 49 Abs. 1 Nr. 8 Buchst. c EStG durch das JStG 2009 aufgehoben, weil die Gewinne aus der Veräußerung von Anteilen an Kapitalgesellschaften i. S. des § 17 EStG künftig bereits über § 49 Abs. 1 Nr. 2 Buchst. e EStG erfasst werden.

1796 Sonstige Einkünfte im Sinne des § 22 Nr. 4 EStG – Leistungen an Abgeordnete – werden der beschränkten Steuerpflicht nach § 49 Abs. 1 Nr. 8a EStG unterworfen. Ein Steuerabzug ist nicht vorgesehen; die Steuererhebung erfolgt durch Veranlagung.

1797 § 49 Abs. 1 Nr. 9 ESG stellt einen Auffangtatbestand dar, der sonstige Einkünfte im Sinne des § 22 Nr. 3 EStG – Leistungen, die zu keiner anderen Einkunftsart gehören – der beschränkten Steuerpflicht unterwirft, auch wenn sie bei Anwendung dieser Vorschrift einer anderen Einkunftsart zuzurechnen wären, soweit es sich um Einkünfte aus der Nutzung beweglicher Sachen im Inland oder aus der Überlassung der Nutzung oder des Rechts auf Nutzung von gewerblichen, technischen, wissenschaftlichen und ähnlichen Erfahrungen, Kenntnissen und Fertigkeiten, z. B. Plänen, Mustern und Verfahren, handelt, die im Inland genutzt werden oder worden sind;[1692] dies gilt nicht, soweit es sich um steuerpflichtige Einkünfte im Sinne der Regelungen in § 49 Abs. 1 Nr. 1 bis 8 EStG handelt.

1798 Entsprechend der Tatbestandserweiterung in § 49 Abs. 1 Nr. 2 Buchst. d EStG (s. o. Rdn. 1767) ist durch das JStG 2009 auch die enumerative Aufzählung in § 49 Abs. 1

[1690] Ab 1.1.2013 wurde § 49 Abs. 1 Nr. 7 EStG an die Neuordnung der landwirtschaftlichen Sozialversicherung angepasst, BGBl 2012 I 579. Die abkommensrechtliche Behandlung von deutschen gesetzlichen Sozialversicherungsrenten ist Gegenstand eines beim BFH unter dem Aktenzeichen I R 17/19 anhängigen Revisionsverfahrens.
[1691] BGBl 2010 I 386.
[1692] BFH v. 10.4.2013 I R 22/12, BStBl 2013 II 728, zur Vermietung von Lkw; BFH v. 13.11.2002 I R 90/01, BStBl 2003 II 249, zur Überlassung von Kundenadressen.

Nr. 9 EStG insoweit ergänzt worden, als ab dem Veranlagungszeitraum 2009 auch Einkünfte aus inländischen **unterhaltenden Darbietungen** besteuert werden können.

Das JStG 2009 hat den Katalog der beschränkt steuerpflichtigen Einkünfte des § 49 EStG ferner um eine Nr. 10 ergänzt. Danach sollten ursprünglich Leistungen aus Pensionsfonds, Pensionskassen und Direktversicherungen gemäß § 22 Nr. 5 Satz 1 EStG auch dann einer (nachgelagerten) Besteuerung im Quellenstaat Deutschland unterliegen, wenn der Empfänger nicht unbeschränkt steuerpflichtig ist,[1693] soweit die entsprechenden Zuwendungen, Beiträge oder Leistungen an diese Institutionen gemäß § 3 Nrn. 56, 63 und 66 EStG steuerfrei waren. Zur konsequenten nachgelagerten Besteuerung von Alterseinkünften wurde mit Wirkung ab dem Veranlagungszeitraum 2010 auch dieser Tatbestand – wie die Regelung des § 49 Abs. 1 Nr. 7 EStG – auf ausländische Zahlstellen ausgeweitet. In diesem Zusammenhang ist auch die ursprüngliche Beschränkung des § 49 Abs. 1 Nr. 10 EStG (Verweisungen auf § 3 Nr. 56, 63 und 66 EStG) entfallen und stattdessen wird auf die vorherige Berücksichtigung der Beitragsleistungen als Sonderausgaben gemäß § 10 Abs. 1 Nr. 2 EStG abgestellt. Von der Regelung betroffen sind vor allem deutsche Arbeitnehmer, die ihren Wohnsitz (§ 8 AO) und gewöhnlichen Aufenthalt (§ 9 AO) nach dem Eintritt in den Ruhestand ins Ausland verlegt haben.

1799

7.1.2.9 Internationale Luft- und Schifffahrt – § 49 Abs. 3 und Abs. 4 EStG

Während § 49 Abs. 3 EStG noch eine (unwiderlegbare) Gewinnvermutung in Höhe von 5 % der für die Beförderung vereinbarten Entgelte für beschränkt steuerpflichtige Schifffahrt- und Luftfahrtunternehmen enthält, sind nach § 49 Abs. 4 EStG die Einkünfte aus § 49 Abs. 1 Nr. 2 EStG (Rdn. 1761 ff.) steuerfrei, die ein beschränkt Steuerpflichtiger mit Wohnsitz oder gewöhnlichem Aufenthalt in einem ausländischen Staat durch den Betrieb eigener oder gecharterter Schiffe oder Luftfahrzeuge aus einem Unternehmen bezieht, dessen Geschäftsleitung sich in dem ausländischen Staat befindet. Voraussetzung für die Steuerbefreiung ist, dass dieser ausländische Staat Steuerpflichtigen mit Wohnsitz oder gewöhnlichem Aufenthalt in der Bundesrepublik eine entsprechende Steuerbefreiung für derartige Einkünfte gewährt und dass das Bundesministerium für Verkehr und digitale Infrastruktur die Steuerbefreiung für verkehrspolitisch unbedenklich erklärt hat.[1694] Eine vergleichbare Regelung findet sich in § 12 Abs. 2 VStG (Rdn. 501).

1800

1693 Vgl. BT-Drs. 16/10189, S. 59.
1694 Für das Sultanat Oman s. BMF v. 18. 10. 2018, BStBl 2018 I 1036; für die Republik Fidschi s. BMF v. 21. 12. 2015, BStBl 2015 I 1087; für die Republik Malediven s. BMF v. 31. 8. 2015, BStBl 2015 I 675.

7.1.3 Durchführung der Besteuerung
7.1.3.1 Sondervorschriften für beschränkt Steuerpflichtige – § 50 EStG

1801 Die Sondervorschriften des § 50 EStG bestimmen, ob und in welcher Weise beschränkt Steuerpflichtige mit ihren inländischen Einkünften i. S. des § 49 EStG zu veranlagen sind. Durch das JStG 2009 ist § 50 EStG neu gefasst worden, um seine Regelungen ab dem Veranlagungszeitraum 2009 den Vorgaben des Unionsrechts anzupassen.[1695]

7.1.3.1.1 Ermittlung des zu versteuernden Einkommens – § 50 Abs. 1 EStG

1802 Die Einkünfte und das zu versteuernde Einkommen sind grundsätzlich nach den Bestimmungen des EStG zu ermitteln. Aber eine Reihe von (subjektiven) steuerlichen Vergünstigungen (insbes. Sonderausgaben und außergewöhnliche Belastungen) werden beschränkt Steuerpflichtigen nicht gewährt, um dem objektsteuerartigen Charakter der beschränkten Steuerpflicht Rechnung zu tragen. So bestimmt § 50 Abs. 1 Satz 1 EStG, dass Betriebsausgaben (§ 4 Abs. 4 bis 8 EStG) oder Werbungskosten (§ 9 EStG) nur insoweit berücksichtigt werden dürfen, als sie mit inländischen Einkünften in wirtschaftlichem Zusammenhang[1696] stehen. Wegen europarechtlicher Bedenken wurde die Bestimmung des bisherigen § 50 Abs. 1 Satz 2 EStG aufgehoben, wonach § 10d EStG nur anzuwenden war, wenn sich Verluste aus Unterlagen ergaben, die im Inland aufbewahrt wurden. Aus demselben Grund werden die §§ 9a und 24a EStG (und ab dem Veranlagungszeitraum 2012 auch § 9c EStG und § 9 Abs. 5 Satz 1 EStG, soweit er § 9c Absatz 1 und 3 EStG für anwendbar erklärt) nicht mehr bei den für beschränkt Steuerpflichtige nicht anwendbaren Vorschriften aufgezählt. Seit dem Veranlagungszeitraum 2017[1697] sind gemäß § 50 Abs. 1 Satz 3 EStG der § 10 Abs. 1, 1a Nr. 1, 3 und 4, Abs. 2 bis 6, die §§ 10a, 10c, § 16 Abs. 4, die §§ 24b, 32, § 32a Abs. 6, die §§ 33, 33a, 33b, 35a (und ab dem VZ 2020 auch § 35c)[1698] EStG für beschränkt Steuerpflichtige nicht anwendbar. Die nicht anzuwendenden Vorschriften beziehen sich überwiegend auf die persönlichen Verhältnisse des Steuerpflichtigen. Diese zu berücksichtigen ist grundsätzlich Aufgabe des Wohnsitzstaates und nicht des Quellenstaates.[1699] Der Katalog der nicht anwendbarer Abzugsvorschriften in § 50 Abs. 1 Satz 3 EStG ist im Hinblick auf dessen Vereinbarkeit mit dem Unionsrecht sukzessive eingeschränkt worden.[1700] Zuletzt hat der

---

1695 Vgl. BT-Drs. 16/10189 S. 59.
1696 Hierzu BFH v. 24. 4. 2007 I R 93/03, BStBl 2008 II 132; im Anschluss an EuGH v. 15. 2. 2007 C-345/04 Centro Equestre, IStR 2007, 212.
1697 Vgl. § 52 Abs. 46 Satz 1 EStG.
1698 Die im VZ 2020 durch Gesetz v. 21. 12. 2019, BGBl 2019 I 2886 neu in § 35c EStG eingefügte Steuerermäßigung für energetische Maßnahmen bei zu eigenen Wohnzwecken genutzten Gebäuden wird beschränkt Steuerpflichtigen somit nicht gewährt.
1699 Vgl. EuGH v. 14. 9. 1999 C-391/97 Gschwind, DStR 1999, 1609.
1700 EuGH v. 31. 3. 2011 C-450/09 Schröder, DStR 2011, 664; v. 24. 2. 2015 C-559/13 Grünewald, DStR 2015, 474; hierzu: BMF v. 18. 12. 2015, BStBl 2015 I 1088; zum Verstoß des Ausschlusses der steuerlichen Anerkennung von Steuerberatungskosten bei beschränkter Steuerpflicht gegen die Niederlassungsfreiheit (Art. 49 AEUV) s. EuGH v. 6. 7. 2006 C-346/04 Conijn, BStBl 2007 II 350; BFH v. 20. 9. 2006 I R 113/03, BFH/NV 2007, 220.

Gesetzgeber durch das BEPS-UmsG[1701] den Sonderausgabenabzug für Versorgungsleistungen nach § 10 Abs. 1a Nr. 2 EStG auch beschränkt Steuerpflichtigen ermöglicht.[1702] Gemäß § 50 Abs. 1 Satz 3 EStG ist § 10 Abs. 1 Nr. 2 Buchst. a EStG bei der Besteuerung von Einkünften beschränkt Steuerpflichtiger (§ 1 Abs. 4 EStG) nicht anwendbar. Beiträge an berufsständische Versorgungseinrichtungen können daher aufgrund der bisherigen Regelung nicht als Sonderausgaben berücksichtigt werden. Dies verstößt gegen die Niederlassungsfreiheit (Art. 49 AEUV).[1703] Im Vorgriff auf eine gesetzliche Neuregelung des § 50 Abs. 1 EStG für den Sonderausgabenabzug von Beiträgen an berufsständische Versorgungseinrichtungen i. S. des § 10 Abs. 1 Nr. 2 Buchst. a EStG bei der Besteuerung beschränkt Steuerpflichtiger gewährt die Finanzverwaltung den Sonderausgabenabzug für Pflichtbeiträge an berufsständische Versorgungseinrichtungen im Erlassweg.[1704]

§ 50 Abs. 1 Satz 2 EStG regelt den Grundsatz, dass beschränkt Steuerpflichtige ohne Grundfreibetrag (§ 32a Abs. 1 Nr. 1 EStG) veranlagt werden.[1705] Von diesem Grundsatz wird zugunsten von Arbeitnehmern, die beschränkt steuerpflichtige Einkünfte gemäß § 49 Abs. 1 Nr. 4 EStG beziehen, anteilig abgewichen. Die Ausnahme gilt für alle beschränkt steuerpflichtigen Arbeitnehmer (auch solche aus Drittstaaten). Darüber hinaus können beschränkt steuerpflichtige Arbeitnehmer bestimmte Sonderausgaben (Altersvorsorgeaufwendungen und Beiträge zur Kranken- und Pflegeversicherung) anteilig geltend machen. Durch die Neufassung von § 50 Abs. 1 Satz 2 und Satz 4 EStG durch das BeitrRLUmsG[1706] wird die Bindung der Gewährung von Grundfreibetrag und Sonderausgabenabzug an beschränkt steuerpflichtige Einkünfte aus nichtselbständiger Arbeit enger. 1803

Die bisher in § 50 Abs. 3 Satz 2 EStG a. F. enthaltene Regelung eines Mindeststeuersatzes von 25 % für beschränkt Steuerpflichtige wurde mit Rücksicht auf das Urteil des EuGH vom 12. 6. 2003 ab dem Veranlagungszeitraum 2009 durch die Regelung in § 50 Abs. 1 Satz 2 EStG ersetzt, nach der sich die Einkommensteuer bei beschränkt Steuerpflichtigen durchgängig nach dem Tarif für unbeschränkt Steuerpflichtige (§ 32a Abs. 1 EStG) bemisst.[1707] 1804

7.1.3.1.2 Steuerabzug mit abgeltender Wirkung – § 50 Abs. 2 EStG

Das bisher in § 50 Abs. 2 EStG a. F. normierte Verbot des Verlustausgleichs bei Einkünften, die dem Steuerabzug unterliegen, ergibt sich nach der Neufassung der Vorschrift 1805

1701 Art. 8 Nr. 10 des G v. 20. 12. 2016, BGBl 2016 I 3000.
1702 Bereits vor Inkrafttreten der gesetzlichen Neuregelung ließ die Finanzverwaltung den Sonderausgabenabzug gemäß § 10 Abs. 1a Nr. 2 EStG für beschränkt Steuerpflichtige (auch aus Drittstaaten) in allen noch offenen Fällen zu, vgl. BMF v. 18. 12. 2015, BStBl 2015 I 1088.
1703 EuGH v. 6. 12. 2018 C-480/17 Frank Montag, IStR 2019, 27.
1704 Dies gilt nicht für freiwillige Beiträge zu einem berufsständischen Versorgungswerk; Einzelheiten s. BMF v. 26. 6. 2019, BStBl 2019 I 624.
1705 Technisch erfolgt dies durch Hinzurechnung des Grundfreibetrags zum zu versteuernden Einkommen i. S. von § 2 Abs. 5 EStG; die Versagung des Grundfreibetrags für beschränkt Steuerpflichtige ist weder verfassungs- noch unionsrechtswidrig, FG Baden-Württemberg v. 12. 7. 2012 3 K 4435/11, EFG 2012, 1932; zur Europarechtskonformität vgl. EuGH v. 1. 7. 2004 C-169/03 Wallentin, IStR 2004, 688; v. 12. 6. 2003 C-234/01 Gerritse, BStBl 2003 II 859.
1706 BGBl 2011 I 2592.
1707 EuGH v. 12. 6. 2003 C-234/01 Gerritse, BStBl 2003 II 859; BFH v. 10. 1. 2007 I R 87/03, BStBl 2008 II 22.

im JStG 2009 bereits aus der Abgeltungswirkung des § 50 Abs. 2 Satz 1 EStG. Die alte Regelung ist deshalb entfallen. Die abgeltende Wirkung des Steuerabzugs führt dazu, dass die betroffenen Einkünfte keine Veranlagung des beschränkt Steuerpflichtigen auslösen können und dass sie im Falle einer aus anderen Gründen durchzuführenden Veranlagung dort nicht berücksichtigt werden.

1806 Aus europarechtlichen Gründen ist ferner das zusätzliche Verbot des Verlustausgleichs bei Einkünften i. S. des § 20 Abs. 1 Nr. 5 und 7 EStG entfallen.[1708] Auch bei diesen Einkünften gilt das Verlustausgleichsverbot daher nur noch, soweit die Einkünfte einem abgeltenden Steuerabzug unterliegen.

1807 Die Abgeltungswirkung des Steuerabzugs vom Arbeitslohn (§§ 38 ff. EStG), vom Kapitalertrag (§§ 43 ff. EStG) und gemäß § 50a EStG bei beschränkt Steuerpflichtigen bleibt grundsätzlich erhalten, § 50 Abs. 2 Satz 1 EStG. § 50 Abs. 2 Satz 2 EStG regelt Ausnahmen von diesem Grundsatz. Zunächst sind die Einkünfte eines inländischen Betriebs (Nr. 1) und beschränkt Steuerpflichtige, deren beschränkte Steuerpflicht erst nachträglich festgestellt wurde (Nr. 2) zu veranlagen. Bei einem unterjährigen Wechsel zwischen unbeschränkter und beschränkter Steuerpflicht sind die beschränkt steuerpflichtigen inländischen Einkünfte in die Veranlagung zur unbeschränkten Steuerpflicht mit einzubeziehen (Nr. 3 unter Verweis auf § 2 Abs. 7 Satz 3 EStG; s. a. Rdn. 184). In § 50 Abs. 2 Satz 2 Nr. 4 EStG ist für Einkünfte aus nichtselbständiger Arbeit i. S. des § 49 Abs. 1 Nr. 4 EStG normiert, dass die Abgeltungswirkung nicht greift, wenn als Lohnsteuerabzugsmerkmal ein Freibetrag nach § 39a Abs. 4 EStG gebildet worden ist und der im Kalenderjahr insgesamt erzielte Arbeitslohn 11 900 € übersteigt (Buchst. a),[1709] wenn die Veranlagung zur Einkommensteuer beantragt wird (Buchst. b) oder in den Fällen des § 46 Abs. 2 Nr. 2, 5 und 5a EStG (Buchst. c).[1710] Die Antragsveranlagung[1711] ist beschränkt steuerpflichtigen Arbeitnehmern aus EU- und EWR-Staaten vorbehalten, § 50 Abs. 2 Satz 7 EStG.[1712]

1808 Das Erstattungsverfahren nach § 50 Abs. 5 Satz 2 Nr. 3 EStG (a. F.) ist im JSG 2009 durch das **Veranlagungswahlrecht für alle beschränkt Steuerpflichtigen** aus EU- und EWR-Staaten in § 50 Abs. 2 Satz 2 Nr. 5 EStG ersetzt worden. Es gilt für alle Einkünfte, die dem Steuerabzug aufgrund des § 50a Abs. 1 Nrn. 1, 2 oder 4 EStG unterliegen.

1708 BT-Drs. 16/10189, S. 60.

1709 Dies entspricht der Regelung bei unbeschränkt Steuerpflichtigen, für die in entsprechenden Fällen ebenfalls eine Pflichtveranlagung vorgesehen ist (vgl. § 46 Abs. 2 Nr. 4 i.V. mit § 39a Abs. 1 EStG). Durch das JStG 2019 (v. 12. 12. 2019, BGBl 2019 I 2451) wurde die Bagatellgrenze i. H. von 11 900 € von § 46 Abs. 2 Nr. 4 EStG in § 50 Abs. 2 Satz 2 Nr. 4 Buchst. a EStG mit Wirkung vom VZ 2020 überführt.

1710 Seit dem VZ 2020 verweist der durch das JStG 2019 (v. 12. 12. 2019, BGBl 2019 I 2451) neu eingefügte § 50 Abs. 2 Satz 2 Nr. 4 Buchst. c EStG auf drei Pflichtveranlagungstatbestände in § 46 Abs. 2 EStG, die unmittelbar für unbeschränkt steuerpflichtige Arbeitnehmer gelten. Durch den Verweis werden beschränkt steuerpflichtige Arbeitnehmer gleichbehandelt.

1711 Der Antrag ist durch Abgabe einer ESt-Erklärung zu stellen (§ 50 Abs. 2 Satz 2 Nr. 4 Buchst. b i.V. mit § 46 Abs. 2 Nr. 8 Satz 2 EStG; eine konkludente Antragstellung ist nicht ausreichend, vgl. auch BFH v. 12. 8. 2015 I R 18/14, BStBl 2016 II 201.

1712 Für Staatsangehörige der USA ergibt sich aus dem deutsch-amerikanischen Freundschaftsvertrag kein Anspruch auf Antragsveranlagung, vgl. FG Baden-Württemberg v. 7. 6. 2016 6 K 1213/14, EFG 2016, 1980; die Revision ist beim BFH unter dem Aktenzeichen: I R 80/16 anhängig.

Durch Artikel 8 eines Begleitgesetzes zur zweiten Föderalismusreform wurde die Zuständigkeit für das Antragsverfahren des § 50 Abs. 2 Satz 2 Nr. 5 EStG dem BZSt zugewiesen (§ 50 Abs. 2 Satz 8 EStG).[1713] Damit werden das Steuerabzugsverfahren nach § 50a Abs. 1 EStG (Finanzamt, an das der Steuerabzug abzuführen und bei dem die Steueranmeldung einzureichen ist) und die auf Antrag im Nachhinein erfolgende Veranlagung bei einer Finanzbehörde zentralisiert. Die Maßnahme dient der Gleichmäßigkeit der Besteuerung. Sie vermeidet Zweifelsfragen über das aufgrund der Vorschriften der AO im Einzelfall zuständige Finanzamt und erleichtert das Besteuerungsverfahren für Steuerpflichtige und Finanzverwaltung.[1714] Das BZSt ist erstmals zuständig für die Durchführung der Veranlagung nach § 50 Abs. 2 Satz 2 Nr. 5 EStG für nach dem 31.12.2013 zufließende Vergütungen.[1715] Davor bestimmte sich die örtliche Zuständigkeit der Finanzämter nach § 19 Abs. 2 AO.[1716] Das Veranlagungswahlrecht wird durch § 50 Abs. 2 Satz 2 Nr. 6 EStG auf Kapitalerträge aus Versicherungsleistungen (§ 20 Abs. 1 Nr. 6 Satz 2 EStG) ausgedehnt, damit die in § 20 Abs. 1 Nr. 6 Satz 2 EStG geregelte Freistellung auch bei beschränkt Steuerpflichtigen berücksichtigt werden kann.[1717]

1809

7.1.3.1.3 Anrechnung und Abzug ausländischer Steuern – § 50 Abs. 3 EStG

In § 50 Abs. 3 EStG wird vom JStG 2009 die bisherige Regelung des Abs. 6 übernommen. Die Anrechnung eigener inländischer Abzugsteuer i. S. des § 36 Abs. 2 Nr. 2 EStG entfällt bei Vorrangigkeit des abgeltenden Abzugsverfahrens nach § 50 Abs. 2 Satz 1 EStG. Unter bestimmten Voraussetzungen (Einkünfte aus Land- und Forstwirtschaft, Gewerbebetrieb oder selbständiger Arbeit mit inländischem Betrieb) sieht § 50 Abs. 3 EStG auch bei beschränkt Steuerpflichtigen Steuerermäßigungen um entsprechende Auslandsteuern nach § 34c Abs. 1 bis 3 EStG vor.[1718]

1810

7.1.3.1.4 Steuererlass, Steuerpauschalierung – § 50 Abs. 4 EStG

Nach § 50 Abs. 4 EStG kann die Einkommensteuer bei beschränkt Steuerpflichtigen ganz oder zum Teil erlassen oder in einem Pauschbetrag festgesetzt werden, wenn dies im besonderen öffentlichen Interesse liegt. Dies wird in zwei Tatbestandsalternativen konkretisiert. Danach besteht das besondere öffentliche Interesse zum einen an der inländischen Veranstaltung international bedeutsamer kultureller und sportlicher Ereignisse, um deren Ausrichtung ein internationaler Wettbewerb stattfindet, also z. B. die Ausrichtung einer sportlichen Weltmeisterschaft; zum anderen besteht es am inländischen Auftritt einer ausländischen Kulturvereinigung (z. B. Tanzgruppe), wenn ihr Auf-

1811

[1713] Entsprechende Änderungen finden sich in § 50a und § 52 EStG sowie in den §§ 73d, 73e und 73g EStDV. Der Zeitpunkt der erstmaligen Anwendung dieser Änderungen wird durch Rechtsverordnung der Bundesregierung bestimmt, die der Zustimmung des Bundesrates bedarf; er darf nicht vor dem 31.12.2011 liegen, § 52 Abs. 46 Satz 2 EStG.
[1714] Vgl. BT-Drs. 16/12400, S. 28.
[1715] Vgl. § 1 Nr. 2 der VO v. 24.6.2013, BGBl 2013 I 1679.
[1716] Vgl. auch BMF v. 25.11.2010, BStBl 2010 I 1350, Tz. 65, 73.
[1717] Die Vorschrift des § 50 Abs. 2 Satz 2 Nr. 6 EStG ist erstmals auf Kapitalerträge anzuwenden, die nach dem 31.12.2016 zufließen, § 52 Abs. 46 Satz 3 EStG.
[1718] Einzelheiten zum Anrechnungsverfahren s. o. Rdn. 269 ff.

tritt wesentlich aus öffentlichen Mitteln gefördert wird[1719] – Rdn. 963. Die beiden Tatbestandsalternativen in § 50 Abs. 4 Nr. 1 und 2 EStG wurden durch das JStG 2010 dahingehend eingeschränkt, dass ein besonderes öffentliches Interesse an den genannten Veranstaltungen unmittelbar selbst bestehen muss. Ereignisse, die nur in Verbindung mit solchen Veranstaltungen stehen, werden nicht (mehr) erfasst.[1720] Seit dem Wegfall des einleitenden Wortes „insbesondere"[1721] bilden die beiden Fallgruppen keine Regelbeispiele mehr;[1722] sondern eine abschließende Aufzählung aller Fälle, in denen ein besonderes öffentliches Interesse vorliegt.

1812 Bei sportlichen Großereignissen (Welt- oder Europameisterschaften, Olympiade, etc.) hat die Finanzverwaltung in der Vergangenheit auch den beschränkt steuerpflichtigen Teilnehmern (ausländische Vereine und ausländische Sportler) die Einkommensteuer erlassen.[1723] Dies geschah auch während der Fußball Weltmeisterschaft 2006.[1724] Zwischenzeitlich haben mehrere europäische Länder den Abschluss von Gegenseitigkeitsvereinbarungen abgelehnt, so dass ab dem 1. 1. 2010 für beschränkt einkommensteuerpflichtige Sportler wieder die Besteuerung durchzuführen ist.[1725]

1813 Erlass und Pauschalierung sind Billigkeitsentscheidungen, die im Ermessen (§ 5 AO) der zuständigen Behörde liegen, wenn die tatbestandsmäßigen Voraussetzungen des § 50 Abs. 4 EStG erfüllt sind.[1726] Zuständig ist die Oberste Landesfinanzbehörde mit Delegationsmöglichkeit auf die Finanzämter. Die Zustimmung des BMF ist erforderlich.

7.1.3.2 Steuerabzug bei beschränkt Steuerpflichtigen – § 50a EStG

1814 In § 50a EStG wird der besondere Steuerabzug für bestimmte Einkünfte beschränkt Steuerpflichtiger geregelt. Dieser Steuerabzug nach § 50a EStG wurde durch das JStG 2009 mit Wirkung ab dem Veranlagungszeitraum 2009 neu strukturiert. Er wird in einer modifizierten Form beibehalten, die den Anforderungen der EuGH-Rechtsprechung,[1727] dem DBA-Recht, aber auch den Anforderungen an eine effektive Besteuerung dieser Einkünfte entspricht.[1728] Die Trennung von Aufsichtsratsvergütungen (§ 50a Abs. 1 EStG a. F.) und sonstigen Einkünften (§ 50a Abs. 4 EStG a. F.) wurde aufgegeben und der sachliche Anwendungsbereich des Steuerabzugs enger gefasst.[1729] Bislang waren die einzelnen Tatbestände für die Verpflichtung zum Steuerabzug nach § 50a EStG

1719 Wenigstens ein Drittel der Kosten des inländischen Auftritts; zu Einzelheiten s. BMF v. 25.11.2010, BStBl 2010 I 1350 Tz. 89 f.; v. 20.3.2008, BStBl 2008 I 538; v. 20.7.1983, BStBl 1983 I 382; LfSt Bayern v. 24.10.2011, IStR 2012, 124; OFD Berlin v. 21.7.1998, DStR 1999, 26.
1720 Vgl. BT-Drs. 17/3549, S. 26.
1721 Durch Art. 3 Nr. 9 StÄndG 2015 v. 2.11.2015, BGBl 2015 I1834.
1722 Mit Wirkung für alle offenen Fälle, vgl. § 52 Abs. 46 Satz 3 EStG.
1723 Vgl. BMF v. 20.3.2008, BStBl 2008 I 538.
1724 OFD Münster v. 10.2.2006, DStR 2006, 376.
1725 BMF v. 21.1.2010, BStBl 2010 I 49.
1726 Vgl. BFH v. 7.3.1999 I R 98/05, BStBl 2008 II 186.
1727 Vgl. EuGH v. 18.10.2012 C-498/10 X, IStR 2013, 26; v. 3.10.2006 C-290/04 Scorpio, BStBl 2007 II 352; dazu s. BFH v. 24.4.2007 I R 39/04, BStBl 2008 II 96; v. 11.1.2012 I R 25/10, BFH/NV 2012, 871.
1728 Vgl. BT-Drs. 16/10189, S. 61.
1729 Vgl. BT-Drs. 16/10189, S. 62; ferner s. OFD Karlsruhe v. 14.1.2009, IStR 2009, 214 ff.

auf die Absätze 1 und 4 verteilt. Nunmehr werden alle Tatbestände in Absatz 1 zusammengefasst und es wird eine Unterteilung durch Nummerierung vorgenommen.

7.1.3.2.1 Darbietungen – § 50a Abs. 1 Nr. 1 EStG

Die Regelung knüpft an die in § 49 Abs. 1 Nr. 2 Buchst. d EStG genannten Tätigkeiten an (s. o. Rdn. 1766 f.). Sie unterwirft **künstlerische, sportliche, artistische und ähnliche Darbietungen** einschließlich der Einkünfte aus anderen mit diesen Leistungen zusammenhängenden Leistungen[1730] dem Steuerabzug, unabhängig davon, wem die Einkünfte zufließen (§ 49 Abs. 1 Nr. 2 bis 4 und 9 EStG), soweit es sich nicht um Einkünfte aus nichtselbständiger Arbeit handelt, die dem Lohnsteuerabzug nach § 38 Abs. 1 Satz 1 EStG unterliegen.[1731]

1815

Auch in § 50a EStG wurde durch das JStG 2009 das Tatbestandsmerkmal „**unterhaltende Darbietungen**" eingefügt (vgl. Rdn. 1767) und die Vorschrift damit an § 49 Abs. 1 Nr. 2 Buchst. d und Nr. 9 EStG angepasst. Der Steuerabzug soll mit den einschlägigen DBA-Regelungen möglichst konformgehen, nach denen es weniger auf den Status der auftretenden Person als Künstler, Sportler oder Artist ankommt, als vielmehr auf den unterhaltenden Charakter der Darbietung.

1816

> **BEISPIEL:** Ein im Ausland ansässiger Fernsehmoderator moderiert für einen deutschen Privatsender eine Fernsehsendung. Er übt diese Tätigkeit selbständig und entgeltlich aus. Durch seine unterhaltende Darbietung erzielt der ausländische Fernsehmoderator beschränkt einkommensteuerpflichtige inländische Einkünfte aus Gewerbebetrieb i. S. von § 1 Abs. 4 i.V. mit § 49 Abs. 1 Nr. 2 Buchst. d EStG, die dem Steuerabzug nach § 50a Abs. 1 Nr. 1 EStG unterliegen. Dies gilt auch dann, wenn ein Teil des Entgelts für die Überlassung des Rechtes zur späteren Ausstrahlung gezahlt wird, da auch bei Aufzeichnungen die Gage des Moderators üblicherweise nicht für die Übertragung von Leistungsschutzrechten, sondern für die unterhaltende Tätigkeit gezahlt wird.[1732]

Die Einkünfte sog. **werkschaffender Künstler** (wie z. B. Maler, Bildhauer, Komponisten, Bühnenbildner, Choreographen, Drehbuchautoren, Regisseure, Schriftsteller, Journalisten und Bildberichterstatter) einschließlich solcher Tätigkeiten für den Rundfunk oder Fernsehfunk (§ 49 Abs. 1 Nr. 2 bis 4 EStG),[1733] unterliegen dagegen **nicht mehr** (vgl. § 50a Abs. 4 Nr. 2 EStG a. F.) dem Steuerabzug nach § 50a Abs. 2 EStG, es sei denn, die Einkünfte unterfallen dem Steuerabzug vom Arbeitslohn (nach § 39b EStG, soweit sie zu den Einkünften aus nichtselbständiger Arbeit gehören und von einem inländischen Arbeitgeber i. S. des § 38 Abs. 1 Satz 1 Nr. 1 EStG gezahlt werden) oder dem Steuerabzug nach einer anderen Vorschrift des § 50a EStG. Dies sind z. B. Künstler, die keine Darbietung im Inland erbracht haben, aber z. B. ein Bild oder eine Statue ins Inland verkauft

1817

1730 Zur Abzugsteuerpflicht bei Werbeleistungen eines ausländischen Motorsport-Rennteams, vgl. BFH v. 6. 6. 2012 I R 3/11, BStBl 2013 II 430.
1731 Zur Frage, ob die Abzugsverpflichtung gemäß § 50a EStG auch bei fehlender Einkünfteerzielungsabsicht eines staatlichen, staatlich subventionierten und als Non-Profit-Organisation agierenden Künstlerensembles besteht, sind derzeit zwei Revisionsverfahren beim BFH unter den Aktenzeichen I R 8/18 und I R 9/18 anhängig.
1732 Vgl. BMF v. 25. 11. 2010, BStBl 2010 I 1350, Tz. 103.
1733 BMF v. 13. 3. 1998, BStBl 1998 II 351.

haben. Die Änderung trägt nach der Gesetzesbegründung[1734] dem Umstand Rechnung, dass nach den einschlägigen DBA das Besteuerungsrecht nur dann dem Quellenstaat zusteht, wenn die Vergütung aufgrund einer persönlich im Inland ausgeübten Tätigkeit bezahlt wird (sog. vortragende oder darbietende Künstler, wie z. B. Musiker).[1735] Daher wird jetzt – vorbehaltlich § 50a Abs. 3 EStG – der Steuerabzug nur noch auf die Verwertung inländischer Tätigkeiten beschränkt. Darüber hinaus ist der Steuerabzug nach dem bisherigen § 50a Abs. 4 Nr. 1 EStG (a. F.) zur Erfassung nichtselbständiger Arbeit (§ 49 Abs. 1 Nr. 3 und 4 EStG) nicht mehr erforderlich, weil der Steuerabzug nach § 50a Abs. 1 EStG jetzt nicht mehr gewerbliche Einkünfte des beschränkt Steuerpflichtigen voraussetzt.

7.1.3.2.2 Verwertung von Darbietungen – § 50a Abs. 1 Nr. 2 EStG

1818 Die Verwertung von Darbietungen i. S. des § 50a Abs. 1 EStG, also die finanzielle Ausnutzung der Darbietungsleistung in grundsätzlich jeder Form, unterlag schon früher nach § 50a Abs. 1 Satz 1 Nr. 1 EStG (a. F.) dem Steuerabzug. Seit dem Veranlagungszeitraum 2009 verlangt § 50a Abs. 1 EStG einen **doppelten Inlandsbezug.** Es muss sich um die inländische Verwertung einer im Inland erbrachten Darbietung handeln. Die Verwertung ausländischer Darbietungen wird also nicht mehr erfasst, weil für diese nach den DBA regelmäßig ein Besteuerungsrecht des Quellenstaates nicht besteht. Zwischen den einzelnen Einkunftsarten (§ 49 Abs. 1 Nr. 2 bis 4 und 6 EStG) wird auch hier nicht mehr unterschieden.

1819 Die Regelung erfasst nicht nur die eigene Verwertung durch den beschränkt steuerpflichtigen Künstler, Sportler usw., sondern auch die **Verwertung durch Dritte** wie z. B. eine Künstleragentur.[1736]

> **BEISPIEL:** ▶ Ein ausländischer Sänger wird von einem deutschen Veranstalter über dessen (zwischengeschaltete) ebenfalls nicht im Inland ansässige Künstleragentur (Kapitalgesellschaft) gebucht. Der Sänger hat im Rahmen eines Rechteüberlassungsvertrages seine sämtlichen Rechte entgeltlich seiner Künstleragentur überlassen, die Vergütungsgläubigerin hinsichtlich aller Leistungen ist. Die Künstleragentur hat keine Betriebsstätte im Inland. Die Künstleragentur ist mit inländischen Einkünften aus Gewerbebetrieb gemäß § 49 Abs. 1 Nr. 2 Buchst. d EStG i.V. mit § 2 Nr. 1, § 8 Abs. 1 KStG beschränkt körperschaftsteuerpflichtig. Die Körperschaftsteuer wird gemäß § 50a Abs. 1 Nr. 2 EStG im Wege des Steuerabzugs erhoben. Der Steuerabzug ist gemäß § 50a Abs. 5 Satz 2 und 3 EStG vom inländischen Veranstalter vorzunehmen und an das BZSt abzuführen.[1737]

7.1.3.2.3 Nutzungsvergütungen – § 50a Abs. 1 Nr. 3 EStG

1820 § 50a Abs. 1 Nr. 3 EStG ordnet den Steuerabzug für Einkünfte aus der zeitlich befristeten Überlassung der Nutzung oder des Rechts auf Nutzung von Rechten (insbesondere

---

1734 Vgl. BT-Drs. 16/10189, S. 62.
1735 Vgl. BMF v. 25. 11. 2010, BStBl 2010 I 1350, Tz. 38, 80.
1736 Vgl. BMF v. 25. 11. 2010, BStBl 2010 I 1350, Tz. 20.
1737 Vgl. BMF v. 25. 11. 2010, BStBl 2010 I 1350, Tz. 98.

Urheberrechten, gewerblichen Schutzrechten und Persönlichkeitsrechten)[1738] und sog. Know-how[1739] an, da für derartige Einkünfte in DBA häufig ein Quellensteuerungsrecht (nach einem Satz von 5 %–15 %) vorgesehen ist. Entgelte für Werbung bei Online-Suchmaschinen, Vermittlungsplattformen, für Social-Media-Werbung, Bannerwerbung und vergleichbare sonstige Onlinewerbung werden weder für eine zeitlich begrenzte Rechteüberlassung nach § 49 Abs. 1 Nr. 2 Buchst. f EStG noch für die Nutzung von Knowhow nach § 49 Abs. 1 Nr. 9 EStG geleistet.[1740] Bei urheberrechtlich geschützten Werken wie z. B. bei Software ist eine Rechteüberlassung grundsätzlich als zeitlich begrenzt anzusehen, weil eine vollständige Übertragung bei urheberrechtlich geschützten Rechten ausgeschlossen ist (§ 29 Abs. 1 UrhG).[1741] Hierbei stellt auch eine umfassende Übertragung sämtlicher Nutzungsrechte eines urheberechtlich geschützten Werkes einschließlich des Bearbeitungs- und Veränderungsrechts sowie des Rechts zur Weiterübertragung auf Dritte gegen Pauschalvergütung (sog. „total buy out") lediglich eine zeitlich begrenzte Überlassung von Rechten (auf unbestimmte Dauer) und keine Rechteübertragung dar.[1742] Seit dem Veranlagungszeitraum 2010 werden vom Steuerabzug auch Transferleistungen für die vorübergehende vertragliche Verpflichtung von Berufssportlern („Spielerleihe") erfasst, die nach § 49 Abs. 1 Nr. 2 Buchst. g EStG beschränkt steuerpflichtig sind (Rdn. 1773). Ein befristeter (und kein endgültiger) Transfer liegt insbesondere vor, wenn der Sportler nach Ablauf des vereinbarten Zeitraums wieder beim ursprünglichen Verein eingesetzt werden soll. Ob die Rückkehr zum ursprünglichen Verein später tatsächlich erfolgt, soll für die Anwendung des Abzugsverfahrens unerheblich sein.[1743]

BEISPIEL: ▶ Ein ausländischer Sänger produziert im Ausland eine CD. Ein inländischer Musikverlag erwirbt den Tonträger von dem ausländischen Sänger und die damit verbundenen Rechte zur zeitlich begrenzten Verbreitung und Vervielfältigung der Aufnahme. Die befristete Rechteüberlassung erfüllt den Verwertungstatbestand des § 49 Abs. 1 Nr. 2 Buchst. f oder Nr. 6 EStG, so dass nach § 50a Abs. 1 Nr. 3 EStG ein Steuerabzug vorzunehmen ist. Eine zeitlich unbegrenzte Überlassung (= Rechteveräußerung) unterliegt nicht dem Steuerabzug des § 50a EStG.[1744]

7.1.3.2.4 Aufsichtsratsvergütungen – § 50a Abs. 1 Nr. 4 EStG

Nach Art. 16 OECD-MA (hierzu s. o. Rdn. 939 ff.) können Aufsichtsrats- und Verwaltungsratsvergütungen sowie ähnliche Zahlungen, die eine in einem Vertragsstaat ansässige Gesellschaft an ihre im anderen Vertragsstaat ansässigen Mitglieder des Auf-

1821

1738 BFH v. 28. 1. 2004 I R 73/02, BStBl 2005 II 550; hierzu BMF v. 2. 8. 2005, BStBl 2005 I 844.
1739 Die Frage, ob ein beabsichtigter Know-how- bzw. Technologietransfer, der aber nicht tatsächlich verwirklicht wurde, für beschränkte Steuerpflicht nach § 49 Abs. 1 Nr. 9 EStG, und die Abzugsverpflichtung nach § 50a Abs. 1 Nr. 3 EStG ausreicht oder nicht, ist Gegenstand des anhängigen Revisionsverfahrens I R 18/18.
1740 BMF v. 3. 4. 2019, BStBl 2019 I 256. Daher unterliegen Vergütungen, die ausländische Plattformbetreiber und Internetdienstleister für die Platzierung oder Vermittlung von elektronischer Werbung auf Internetseiten erhalten, auch nicht dem Steuerabzug nach § 50a Abs. 1 Nr. 3 EStG.
1741 Vgl. BMF v. 27. 10. 2017, BStBl 2017 I 1448, Tz. 11 unter Hinweis auf BMF v. 25. 11. 2010, BStBl 2010 I 1350, Tz. 23.
1742 BFH v. 24. 10. 2018 I R 69/16, BStBl 2019 II 401, Rdn. 16 ff.; v. 24. 10. 2018 I R 83/16, BFH/NV 2019, 522, Rdn. 17 ff.;
1743 Vgl. BT-Drs. 17/2249, S. 101.
1744 Vgl. BMF v. 25. 11. 2010, BStBl 2010 I 1350, Tz. 105.

sichts- oder Verwaltungsrats für Überwachungs- und Kontrolltätigkeit tätigt, **grundsätzlich im Sitzstaat der Gesellschaft** besteuert werden (vgl. § 18 Abs. 1 Nr. 3, § 49 Abs. 1 Nr. 3 EStG, §§ 73a ff. EStDV).[1745] In der Bundesrepublik wird bei beschränkt steuerpflichtigen Aufsichtsratsmitgliedern die sog. Aufsichtsratsteuer nach § 50a Abs. 1 Nr. 4 EStG erhoben. Werden Reisekosten (Tagegelder und Fahrtauslagen) besonders gewährt, so gehören sie zu den Aufsichtsratsvergütungen nur insoweit, als sie die tatsächlichen Auslagen übersteigen.

1822 Der Schuldner, d. h. die Gesellschaft, hat die innerhalb eines Kalendervierteljahres einbehaltene Steuer jeweils bis zum 10. des dem Kalendervierteljahr folgenden Monats an das BZSt abzuführen (§ 50a Abs. 5 EStG; § 73e EStDV),[1746] und zwar ungeachtet etwaiger Steuerbefreiungen aufgrund des Abkommens (§ 50d Abs. 1 EStG); zum Erstattungsverfahren bzw. zur Freistellung nach § 50d EStG vgl. Rdn. 1842 ff.

7.1.3.2.5 Bruttobesteuerung und Steuersatz – § 50a Abs. 2 EStG

1823 Der Steuerabzug beträgt in den Fällen des § 50a Abs. 1 Nr. 1 – 3 EStG (Darbietungen, Verwertungen und Überlassung von Rechten) nur noch 15 % der gesamten Einnahmen (§ 50a Abs. 2 Satz 1 EStG). Durch die Absenkung des **Steuersatzes** von 20 % (§ 50a Abs. 4 EStG a. F.) auf **15 % ab dem Veranlagungszeitraum 2009** soll pauschal die Nichtberücksichtigung von Betriebsausgaben und Werbungskosten ausgeglichen werden. Für die Einkünfte aus Aufsichtsratsvergütungen (§ 50a Abs. 1 Nr. 4 EStG) beträgt der Steuersatz 30 % der gesamten Einnahmen.

1824 Bemessungsgrundlage sind die **Bruttoeinnahmen,** vermindert um die vom Vergütungsschuldner ersetzten oder übernommenen Reisekosten (§ 50a Abs. 2 Satz 2 EStG). Diese sind der Höhe nach begrenzt auf die tatsächlichen Kosten im Falle von Fahrt- und Übernachtungsauslagen und auf die Pauschbeträge von § 4 Abs. 5 Satz 1 Nr. 5 EStG im Falle von Vergütungen für Verpflegungsmehraufwand. Demgegenüber gehört die Umsatzsteuer zu den maßgeblichen Einnahmen, es sei denn, sie wird im Rahmen des sog. Reverse-Charge-Verfahrens gemäß § 13b UStG vom Vergütungsschuldner als inländischem Leistungsempfänger getragen.[1747]

1825 Wegen der Absenkung des Steuersatzes auf 15 % und der Herausnahme von besonders gewährten Reisekosten aus der Bemessungsgrundlage wurde im JStG 2009 die bisherige Regelung eines Staffeltarifs (§ 50a Abs. 4 Satz 5 EStG a. F.) ab dem Veranlagungszeitraum 2009 bis auf die **Geringfügigkeitsgrenze** für Einkünfte aus Darbietungen gestrichen. Bei Einkünften bis 250 € bleibt es aufgrund der Regelung in § 50a Abs. 2 Satz 2 EStG auch weiterhin (vgl. § 50a Abs. 4 Satz 5 Nr. 1 EStG a. F.) dabei, dass ein Steuerabzug nicht erhoben wird. Bei mehreren Darbietungen ist die Milderungsregel pro Auftritt anzuwenden, auch wenn die Auftritte an einem Tag liegen und von ein und demselben

---

1745 Zur Neufassung s. Art. 2 JStG 2009, BGBl 2008 I S. 2810 f.; vgl. ferner BT-Drs. 16/10189, S. 67 f.
1746 Zu Inhalt und Wirkungen einer Steueranmeldung nach § 73e EStDV vgl. BFH v. 17. 11. 2004 I R 20/94, BFH/NV 2005, 892.
1747 BFH v. 5. 5. 2010 I R 104/08, BFH/NV 2010, 1814; v. 5. 5. 2010 I R 105/08, BFH/NV 2010, 2043; v. 24. 4. 2007 I R 39/04, BStBl 2008 II 95; BMF v. 25. 11. 2010, BStBl 2010 I 1350, Tz. 45.

Veranstalter organisiert werden.[1748] Sind mehrere Personen an der Darbietung beteiligt, ist die Milderungsregelung für jede Person auf die auf sie entfallende Vergütung anzuwenden.[1749]

7.1.3.2.6 Ausnahme: Nettobesteuerung – § 50a Abs. 3 EStG

Abweichend von § 50a Abs. 2 EStG kann der Vergütungsschuldner die nach § 50a Abs. 5 EStG einzubehaltende und abzuführende Abzugsteuer gemäß § 50a Abs. 3 EStG auch auf der Grundlage eines **Nettobetrags** ermitteln. Diese Regelung setzt das EuGH-Urteil v. 3.10.2006 um.[1750] In diesem Urteil hat der EuGH festgestellt, dass es mit dem EG-Vertrag nicht vereinbar ist, wenn im Steuerabzugsverfahren für beschränkt Steuerpflichtige die im unmittelbaren Zusammenhang mit der inländischen Tätigkeit stehenden Betriebsausgaben des beschränkt Steuerpflichtigen, die er dem Vergütungsschuldner mitgeteilt hat, nicht geltend gemacht werden können. Die gesetzliche Änderung sieht deshalb vor, dass Betriebsausgaben oder Werbungskosten in den Fällen des § 50a Abs. 1 Nr. 1, 2 und 4 EStG von der Bemessungsgrundlage des Steuerabzugs abgezogen werden können. Die Regelung gilt somit nicht für Einkünfte gemäß § 50a Abs. 1 Nr. 3 EStG (Nutzungsüberlassung; siehe Rdn. 1820), und sie gilt nur für EU- bzw. EWR-Staatsangehörige und nur für bestimmte beschränkt steuerpflichtige KSt-Subjekte (Körperschaften, Personenvereinigungen oder Vermögensmassen i. S. des § 32 Abs. 4 KStG).

1826

Ferner werden die Betriebsausgaben und Werbungskosten nur dann berücksichtigt, wenn sie in einem **unmittelbaren wirtschaftlichen Zusammenhang** mit den betreffenden Einkünften stehen.[1751] Das ist der Fall, wenn sie mit diesen untrennbar verbunden sind bzw. ohne diese nicht angefallen wären. Die einzelnen Aufwendungen (z. B. Reise-, Transport- und Unterkunftskosten) sind bestimmten Bezügen konkret zuzuordnen. Dabei kommt es weder auf den Ort noch auf den Zeitpunkt der Kostenentstehung an.[1752] Damit können inländische und ausländische ebenso wie vorweggenommene und nachträgliche Aufwendungen berücksichtigt werden. Betriebsausgaben können im Abzugsverfahren nicht gemäß § 162 AO geschätzt werden.[1753]

1827

Im Fall der Nettobesteuerung beträgt der **Steuersatz** für Vergütungen an natürliche Personen und Personenvereinigungen **30 %** (statt 15 %), weil der 30 %-ige Steuersatz der Mitte des Spektrums der Steuersätze bei unbeschränkt Einkommensteuerpflichtigen (15 % bis 45 %) entspricht. Bei beschränkt steuerpflichtigen Körperschaften bleibt der Steuersatz bei 15 %, weil aufgrund des 15 % betragenden linearen Steuertarifs des § 23 Abs. 1 KStG ein höherer Nettosteuersatz aus europarechtlichen Gründen nicht in Betracht kommt.[1754]

1828

1748 BMF v. 25.11.2010, BStBl 2010 I 1350, Tz. 55.
1749 BMF v. 25.11.2010, BStBl 2010 I 1350, Tz. 54.
1750 EuGH v. 3.10.2006 C-290/04 Scorpio, BStBl 2007 II 352; dazu BFH v. 22.8.2007 I R 46/02, BStBl 2008 II 190; v. 24.4.2007 I R 39/04, BStBl 2008 II 95.
1751 BMF v. 17.6.2014, BStBl 2014 I 887, Tz. 1.
1752 Vgl. BFH v. 27.7.2011 I R 32/10, BStBl 2014 II 513; v. 24.4.2007 I R 93/03, BStBl 2008 II 132; EuGH v. 3.10.2006 C-290/04 Scorpio, BStBl 2007 II 352.
1753 BFH v. 5.5.2010 I R 105/08, BFH/NV 2010, 2043.
1754 Vgl. BT-Drs. 16/10189, S. 63.

1829 § 73d Abs. 1 Satz 3 EStDV verpflichtet den Vergütungsschuldner, über die abgezogenen Betriebsausgaben oder Werbungskosten Aufzeichnungen zu führen und die abgezogenen Betriebsausgaben und Werbungskosten in einer für das BZSt nachprüfbaren Form zu dokumentieren. Höhe und Art der abgezogenen Betriebsausgaben oder Werbungskosten müssen dem BZSt grundsätzlich auf elektronischem Weg übermittelt werden (§ 73e Satz 4 EStDV).

7.1.3.2.7 Steuerabzug auf der „zweiten Stufe" – § 50a Abs. 4 EStG

1830 § 50a Abs. 4 EStG regelt den Steuerabzug bei mehrstufigen Sachverhalten, d. h. wenn eine Vergütung von einem beschränkt steuerpflichtigen Gläubiger an einen weiteren beschränkt Steuerpflichtigen weitergereicht wird. Das kann beispielsweise der Fall sein, wenn ein inländischer Konzertveranstalter eine Vergütung an eine beschränkt steuerpflichtige Konzertagentur zahlt, die ihrerseits einen beschränkt steuerpflichtigen Künstler vergütet. Wurde der Steuerabzug auf der ersten Stufe (Konzertveranstalter) von den Bruttoeinnahmen (§ 50a Abs. 2 EStG) vorgenommen, dann kann auf der zweiten Stufe (Konzertagentur) von einem weiteren Steuerabzug abgesehen werden. Wurde jedoch auf der ersten Stufe der Steuerabzug von den Nettoeinnahmen (§ 50a Abs. 3 EStG) vorgenommen, dann muss auf der zweiten Stufe erneut ein Steuerabzug nach § 50a Abs. 2 oder 3 EStG erfolgen.[1755] Beim Steuerabzug von den Nettoeinnahmen ist die Vornahme des Steuerabzugs auf jeder Stufe gerechtfertigt, weil die weitergereichten Vergütungen regelmäßig als Betriebsausgaben oder Werbungskosten abgezogen werden können.

7.1.3.2.8 Verfahrensregelungen – § 50a Abs. 5 EStG

1831 § 50a Abs. 5 EStG regelt den Zeitpunkt der Entstehung der Steuer (abweichend von § 38 AO), der Einbehaltung und Anmeldung der Steuer sowie die Haftung des Vergütungsschuldners[1756] für die Einbehaltung und Abführung der Steuer.

1832 Ergänzt wird die Regelung des § 50a Abs. 5 EStG durch die Bestimmungen der §§ 73e ff. EStDV.

1833 Der Schuldner der Vergütungen hat den Steuerabzug für Rechnung des beschränkt steuerpflichtigen Gläubigers vorzunehmen und an das BZSt abzuführen. Er ist verpflichtet, dem beschränkt steuerpflichtigen Gläubiger der Vergütungen auf Verlangen eine Steuerbescheinigung zu erteilen (§ 50a Abs. 5 Satz 6 EStG).

1834 Hat der Vergütungsschuldner keine oder eine zu geringe Abzugsteuer einbehalten, kommt eine **Haftung** des Vergütungsschuldners (gemäß § 50a Abs. 5 Satz 4 EStG, § 73g EStDV, § 219 Satz 2 AO) oder eine **Nachforderung** beim Steuerschuldner (gemäß § 50a Abs. 5 Satz 5 EStG) in Betracht. Daher kann das BZSt den Vergütungsschuldner und den

---

1755 BMF v. 17. 6. 2014, BStBl 2014 I 887, Tz. 8; v. 25. 11. 2010, BStBl 2010 I 1350, Tz. 35 ff..
1756 BFH v. 7. 11. 2002 I R 14/01, BStBl 2002 II 861.

beschränkt steuerpflichtigen Steuerschuldner in gleicher Weise für die Steuer in Anspruch nehmen, wenn der Steuerabzug nicht vorschriftsmäßig vorgenommen worden ist.[1757]

Sieht ein DBA vor, dass die abzugspflichtigen Einkünfte nicht oder nur nach einem niedrigeren Steuersatz besteuert werden können, kann nach § 50d EStG die volle oder teilweise Entlastung von der Abzugsteuer beantragt werden (vgl. Rdn. 1842 ff.). 1835

Einzelheiten bezüglich der Besteuerung ergeben sich aus den Merkblättern des BZSt über die Entlastung von Abzugsteuer aufgrund DBA[1758] sowie den entsprechenden Schreiben des BMF.[1759] Das Finanzamt des Vergütungsgläubigers kann gemäß § 50a Abs. 7 Satz 1 EStG zur Sicherung des Steueranspruchs im Einzelfall anordnen, dass der Schuldner der Zahlung einen Steuerabzug einzubehalten und abzuführen hat (sog. **Sicherungseinbehalt**). Der Steuersatz beträgt 25 % für natürliche Personen bzw. 15 % für juristische Personen; das Finanzamt kann die Höhe des Steuerabzugs hiervon abweichend an die voraussichtlich geschuldete Steuer anpassen, § 50a Abs. 7 Satz 2 EStG.[1760] Das Veranlagungsverbot des § 50 Abs. 2 Satz 1 EStG gilt nach § 50a Abs. 7 Satz 4 EStG nicht, so dass der Sicherungseinbehalt keine abgeltende Wirkung sondern nur vorläufigen Charakter hat (§ 36 Abs. 2 Nr. 2 EStG). 1836

BEISPIEL:[1761] ▸ Die F-SARL mit Sitz in Paris hat mehrere Grundstücke im Inland, die sie vermietet. Die F-SARL ist beim Finanzamt M steuerlich erfasst. Anfang 2019 wird über Presseberichte bekannt, dass die F-SARL beabsichtigt, zwei Grundstücke an die D-GmbH mit Sitz in München zu verkaufen. Der Kaufpreis soll 10 Mio. € betragen. Sofern die für die F-SARL zuständige Veranlagungsstelle des Finanzamt M rechtzeitig von dem Verkauf informiert wird, kann sie den Steuerabzug nach § 50a Abs. 7 EStG gegenüber dem Vergütungsschuldner (= Käufer) anordnen. Dieser hat 15 % des Kaufpreises zzgl. Solidaritätszuschlag einzubehalten, dem Finanzamt M anzumelden und abzuführen.

7.1.3.3 Zinsen und Lizenzgebühren – § 50g EStG

Bereits oben wurde darauf hingewiesen, dass die EU am 3. 6. 2003 eine Richtlinie über eine gemeinsame Steuerregelung für Zinsen und Lizenzgebühren verabschiedet hat, die die Bundesrepublik im Rahmen des EGAHiG in nationales Recht umgesetzt hat (Rdn. 1502). Mit diesem Gesetz wurde § 50g EStG in das Gesetz eingefügt. 1837

Grundsätzlich unterliegen Zinsen, die ein inländischer Schuldner an einen beschränkt steuerpflichtigen Gläubiger zahlt, dem Kapitalertragsteuerabzug nach § 43 EStG; weiter wird die Einkommensteuer bei beschränkt Steuerpflichtigen im Wege des Steuerabzugs erhoben, wenn es sich um Lizenzzahlungen i. S. des § 50a Abs. 1 Nr. 3 EStG handelt. Da diese Besteuerung aber unter dem Vorbehalt des AEUV steht, dass zum einen 1838

1757 BMF v. 25. 11. 2010, BStBl 2010 I 1350, Tz. 58.
1758 Veröffentlicht auf den Internetseiten des BZSt.
1759 BMF v. 25. 11. 2010, BStBl 2010 I 1350 und v. 7. 5. 2002, BStBl 2002 I 521.
1760 Das KroatienAnpG v. 25. 7. 2014 (BGBl 2014 I 1266) eröffnet der Finanzverwaltung für den Steuerabzug nach dem 31. 12. 2014 (vgl. § 52 Abs. 47 Satz 2 EStG) eine Ermessensentscheidung. Außerdem werden Anmeldung und Abführung der Steuer (zuvor nur vierteljährlich seither) auch monatlich ermöglicht (§ 50a Abs. 7 Satz 3 zweiter Halbsatz EStG).
1761 Vgl. Anwendungsbeispiel Nr. 1 LfSt Bayern v. 27. 1. 2017, S 2411.1.1-8/11 St32, IStR 2017, 545.

beschränkt Steuerpflichtige nicht diskriminiert und dass zum anderen die Grundfreiheiten des AEUV (hier insbesondere die Freiheit des Kapitalverkehrs, Art. 63 AEUV) nicht durch eine Besteuerung eingeschränkt werden dürfen, ist die Möglichkeit geschaffen worden, diese Einkünfte steuerfrei zu belassen (§ 50g Abs. 1 Satz 1 EStG).

1839 Voraussetzung ist, dass Schuldner der Zinsen oder Lizenzgebühren (Definition in § 50g Abs. 3 Nr. 4 Buchst. b EStG) ein inländisches Unternehmen oder eine in der Bundesrepublik belegene Betriebsstätte eines in der EU[1762] ansässigen Unternehmens ist (Definition in § 50g Abs. 3 Nr. 5 Buchst. a EStG). Gläubiger muss entweder ein in einem anderen EU-Staat ansässiges Unternehmen oder eine in einem anderen EU-Staat belegene Betriebsstätte eines in der EU ansässigen Unternehmens (einschließlich eines unbeschränkt steuerpflichtigen Unternehmens) sein (Definition in § 50g Abs. 3 Nr. 5 Buchst. a EStG).

1840 Weitere Voraussetzung ist, dass der Gläubiger ein mit dem Schuldner verbundenes Unternehmen (Definition in § 50g Abs. 3 Nr. 5 Buchst. b EStG) ist.

1841 Die Missbrauchsklausel findet sich in § 50g Abs. 4 EStG, eine Ausschlussklausel für directive shopping (Rdn. 1037) in § 50g Abs. 1 Satz 4 EStG.

7.1.3.4 Besonderheiten bei Doppelbesteuerungsabkommen – Entlastung von Abzugsteuern nach § 50d EStG

1842 Können Einkünfte, die dem Steuerabzug vom Kapitalertrag oder dem Steuerabzug auf Grund des § 50a EStG unterliegen, nach §§ 43b, 50g EStG oder nach einem DBA nicht oder nur nach einem niedrigeren Steuersatz besteuert werden, so sind die Vorschriften über die Einbehaltung, Abführung und Anmeldung der Steuer durch den Schuldner der Kapitalerträge oder Vergütungen ungeachtet der §§ 43b und 50g EStG und des Abkommens anzuwenden – Treaty Override (vgl. Rdn. 608). Diese Regelung stellt aus der Sicht des Gesetzgebers das (einstweilige) Steueraufkommen sicher. Da aber insbesondere bei Vorliegen eines DBA ohne Erstattungsmöglichkeit gegen das Abkommen verstoßen werden würde, wenn es nicht zu einer abkommensgerechten Besteuerung käme, sieht § 50d Abs. 1 Satz 2 EStG ein Erstattungsverfahren vor.[1763]

1843 Die Erstattung erfolgt auf Antrag des Gläubigers der Kapitalerträge oder Vergütungen auf der Grundlage eines Freistellungsbescheids; der Antrag ist nach amtlich vorgeschriebenem Vordruck (§ 50d Abs. 1 Satz 3 EStG) an das BZSt zu stellen. Um Doppelerstattungen zu vermeiden, muss dem Antrag die Originalsteuerbescheinigung (vgl. § 45a Abs. 2, § 50a Abs. 5 Satz 6 EStG) beigefügt werden.[1764] Die Frist für den Antrag auf Erstattung beträgt vier Jahre nach Ablauf des Kalenderjahres, in dem die Kapitalerträge oder Vergütungen bezogen worden sind. Weitere Einzelheiten sind in § 50d Abs. 1

[1762] Für Zahlungen nach dem 30. 6. 2005 gelten §§ 50g und 50h EStG auch für Schweizer Unternehmen gemäß § 50g Abs. 6 EStG.

[1763] Einzelheiten auf der Homepage des BZSt; Zur Erstattung von Abzugsteuern auf Vergütungen für Fernsehübertragungsrechte, deren Besteuerung in Deutschland Art. 17 Abs. 1 Satz 2 und 3 DBA-Österreich 2000 nicht gestattet, s. BFH v. 13. 6. 2012 I R 41/11, BStBl 2012 II 880.

[1764] Die amtlich vorgeschriebenen Muster I bis Muster III zur Ausstellung von Steuerbescheinigungen für Kapitalerträge nach § 45a Abs. 2 und 3 EStG finden sich im Anhang des BMF v. 15. 12. 2017, BStBl 2018 I 13.

Satz 5 bis 13 sowie Abs. 4 EStG geregelt.[1765] Für hybride Gesellschaften[1766] ordnet § 50d Abs. 1 Satz 11 EStG[1767] den Erstattungsanspruch (ohne Wahlrecht) derjenigen Person zu, der die Kapitalerträge oder Vergütungen nach den Steuergesetzen des anderen Vertragsstaats als Einkünfte oder Gewinne einer ansässigen Person zugerechnet werden.[1768] Denn es entspricht dem Sinn und Zweck der DBA, dass der Quellenstaat die Entlastung von Kapitalertrags- und Abzugsteuern der Person gewährt, der die Einkünfte nach dem Steuerrecht des anderen Staates zugerechnet werden.[1769] Der nach § 50d Abs. 1 Satz 2 EStG bestehende Anspruch eines Gesellschafters einer hybriden Gesellschaft auf Entlastung geht für Zwecke seiner Geltendmachung auf die hybride Gesellschaft über, und zwar auch in den Fällen, in denen der Gesellschafter in einem anderen Staat als dem Quellenstaat oder dem Sitz- bzw. Geschäftsleitungsstaat einer ausländischen Gesellschaft ansässig ist.

Der nach § 50d Abs. 1 EStG i.V. mit § 50g EStG zu erstattende Betrag ist zu verzinsen (vgl. §§ 233 ff. AO); die Einzelheiten der **Verzinsung** regelt § 50d Abs. 1a EStG. 1844

In den Fällen der §§ 43b, 50a Abs. 1 sowie § 50g EStG kann der Schuldner der Kapitalerträge oder Vergütungen den Steuerabzug unterlassen oder nach einem niedrigeren Steuersatz vornehmen, wenn das BZSt dem Gläubiger auf Grund eines von ihm nach amtlich vorgeschriebenem Vordruck gestellten Antrags vorher[1770] bescheinigt, dass die Voraussetzungen dafür vorliegen (**Freistellung im Steuerabzugsverfahren – § 50d Abs. 2 EStG**[1771]).[1772] Diese Regelung gilt auch bei Kapitalerträgen, die einer nach einem DBA im anderen Vertragsstaat ansässigen Kapitalgesellschaft, die am Nennkapital einer inländischen Tochtergesellschaft zu mindestens 10 % unmittelbar beteiligt ist und im Staat ihrer Ansässigkeit den Steuern vom Einkommen oder Gewinn unterliegt, ohne davon befreit zu sein, von der inländischen Tochtergesellschaft zufließen (Bsp.: Die inländische T-GmbH schüttet an die amerikanische Y-Inc., die zu 15 % an der T-GmbH beteiligt ist, aus).[1773] Die Voraussetzungen und Einzelheiten der Freistellungsbescheinigung regelt § 50d Abs. 2 Satz 2 bis 8 EStG. 1845

1765 Die Frage, ob die dort enthaltenen Regelungen in § 50d Abs. 1 Satz 7 und 8 EStG bei der Erteilung eines Freistellungsbescheids gemäß § 155 Abs. 1 Satz 3 AO analog anwendbar sind, ist Gegenstand des anhängigen Revisionsverfahrens I R 31/18.

1766 Gesellschaften, die nach deutschem und ausländischem Steuerrecht jeweils unterschiedlich als steuerlich transparent oder intransparent behandelt werden; zur US-amerikanischen S-Corporation vgl. BFH v. 26. 6. 2013 I R 48/12, BStBl 2014 II 367.

1767 I. d. F. des AmtshilfeRLUmsG; erstmals auf Zahlungen anzuwenden, die nach dem 30. 6. 2013 erfolgen.

1768 Zur Entlastungsberechtigung einer im Ausland intransparent besteuerten Personengesellschaft s. BMF v. 26. 9. 2014, BStBl 2014 I 1258, Tz. 2.1.2.

1769 So und wie folgt: BR-Drs. 302/12, S. 95.

1770 Bei nachträglicher Vorlage steht der Anspruch auf Erstattung der Kapitalertragsteuer gemäß § 37 Abs. 2 AO, § 50d Abs. 1 Satz 2, § 43b Abs. 1 EStG dem Gläubiger der Kapitalerträge (= der ausländischen Muttergesellschaft) zu, vgl. BFH v. 29. 1. 2015 I R 11/13, BFH/NV 2015, 950.

1771 BFH v. 29. 1. 2003 I R 10/02, BStBl 2003 II 687; v. 11. 10. 2000 I R 34/99, BStBl 2001 II 291.

1772 Für sonstige Freistellungen außerhalb des § 50d EStG ist nicht das BZSt, sondern das FA des Vergütungsgläubigers zuständig, vgl. BFH v. 28. 6. 2005 I R 33/04, BStBl 2006 II 489; v. 19. 11. 2003 I R 21/02, BFH/NV 2004, 1076.

1773 Zur Abstandnahme vom Steuerabzug gemäß § 50d Abs. 2 Satz 1 EStG bei sog. „abgesetzten Beständen" von Clearstream-Kunden s. BMF v. 5. 7. 2013, BStBl 2013 I 847.

1846 Um einem **Treaty Shopping** (Rdn. 1034) entgegen zu wirken, bestimmt § 50d Abs. 3 Satz 1 EStG, dass eine ausländische Gesellschaft keinen Anspruch auf völlige oder teilweise Entlastung von den Abzugsteuern hat, soweit Personen an ihr beteiligt sind, denen die Erstattung oder Freistellung nicht zustände, wenn sie die Einkünfte unmittelbar erzielten, **und** die von der ausländischen Gesellschaft im betreffenden Wirtschaftsjahr erzielten Bruttoerträge nicht aus eigener Wirtschaftstätigkeit stammen, **sowie** in Bezug auf diese Erträge für die Einschaltung der ausländischen Gesellschaft wirtschaftliche oder sonst beachtliche Gründe fehlen (Nr. 1) **oder** die ausländische Gesellschaft nicht mit einem für ihren Geschäftszweck angemessen eingerichteten Geschäftsbetrieb am allgemeinen wirtschaftlichen Verkehr teilnimmt (Nr. 2).[1774] Die durch das JStG 2007 eingeführte zusätzliche 10% Regelung, der zufolge ein Missbrauchsfall pauschal angenommen wurde, wenn die die Entlastung beanspruchende ausländische Gesellschaft nicht mehr als 10% ihrer Bruttoerträge aus eigener Wirtschaftstätigkeit erzielte (§ 50d Abs. 3 Satz 1 Nr. 2 EStG a. F.), wurde durch das BeitrRLUmsG mit Wirkung ab dem 1.1.2012 gestrichen (vgl. § 52a Abs. 16b EStG). Der Gesetzgeber verknüpft die einzelnen Entlastungstatbestände in § 50d Abs. 3 Satz 1 EStG mit der Konjunktion „und" und mit der Konjunktion „sowie". Semantisch stellt die letztgenannte eine subordinierende Konjunktion dar, so dass die (zusätzlichen) Voraussetzungen von § 50d Abs. 3 Satz 1 Nr. 1 „oder" Nr. 2 EStG (alternativ) nur dann vorliegen müssen, wenn die von der ausländischen Gesellschaft im betreffenden Wirtschaftsjahr erzielten Bruttoerträge nicht aus eigener Wirtschaftstätigkeit stammen. Folgende drei Entlastungsmöglichkeiten sind unabhängig voneinander anwendbar:

1. Bei Gesellschaftern, denen die völlige oder teilweise Entlastung auch selbst zustehen würde, wenn sie die Einkünfte der ausländischen Gesellschaft selbst unmittelbar erzielten (fiktive eigene Entlastungsberechtigung),[1775] müssen keine weiteren Voraussetzungen erfüllt sein oder

2. bei Gesellschaftern ohne eigene Entlastungsberechtigung müssen die im betreffenden Wirtschaftsjahr von der ausländischen Gesellschaft erzielten Bruttobeträge aus eigener wirtschaftlicher Tätigkeit stammen oder

3. bei Gesellschaftern ohne eigene Entlastungsberechtigung und ohne eigene wirtschaftliche Tätigkeit der Gesellschaft müssen für die Einschaltung der ausländischen Gesellschaft wirtschaftliche oder sonst beachtliche Gründe vorliegen und die ausländische Gesellschaft muss mit einem für ihren Geschäftszweck angemessen eingerichteten Geschäftsbetrieb am allgemeinen wirtschaftlichen Verkehr teilnehmen.

Maßgebend sind ausschließlich die Verhältnisse der ausländischen Gesellschaft; organisatorische, wirtschaftliche oder sonst beachtliche Merkmale der Unternehmen, die der ausländischen Gesellschaft nahestehen (§ 1 Abs. 2 AStG), bleiben außer Betracht. An einer eigenen Wirtschaftstätigkeit fehlt es, soweit die ausländische Gesellschaft

---

[1774] Beispiele zur Entlastungsberechtigung ausländischer Gesellschaften gemäß § 50d Abs. 3 EStG finden sich im BMF v. 24.1.2012, BStBl 2012 I 171; In Fällen, in denen der Gläubiger der Kapitalerträge einen Anspruch auf Entlastung nach § 43b EStG geltend macht, vgl. BMF v. 4.4.2018, BStBl 2018 I 589.

[1775] Nach BMF v. 24.1.2012, BStBl 2012 I 171, Tz. 4.2 soll eine mittelbare eigene Entlastungsberechtigung ausreichen.

ihre Bruttoerträge aus der Verwaltung von Wirtschaftsgütern erzielt oder ihre wesentlichen Geschäftstätigkeiten auf Dritte überträgt (§ 50d Abs. 3 Satz 3 EStG). Nach dieser Vorschrift werden rein vermögensverwaltende (im Gegensatz zu sog. geschäftsleitenden) Holdinggesellschaften nicht begünstigt.[1776] Die Einschränkungen des § 50d Abs. 3 Sätze 1 bis 3 EStG gelten nach Satz 5 der Vorschrift nicht für Börsenhandels- und Investmentgesellschaften.

Durch das BeitrRLUmsG wurde in § 50d Abs. 3 Satz 4 EStG eine Feststellungslast für die ausländische Gesellschaft bezüglich des Vorliegens der wirtschaftlichen oder sonst beachtlichen Gründe sowie des angemessen eingerichteten Geschäftsbetriebs eingeführt.[1777] Diese gesetzlich geregelte Beweislastverteilung sollte zugleich die vom EuGH geforderte „Möglichkeit des Gegenbeweises" gewähren, da Treaty Shopping Regelungen unionsrechtlich ohne zwingende Rechtfertigungsgründe im öffentlichen Interesse als Missbrauchsnormen auf rein künstliche Konstruktionen, die nur auf Umgehung des nationalen Steuerrechts angelegt sind, beschränkt sein müssen.[1778] Anders als die Parallelregelung in § 8 Abs. 2 AStG ist § 50d Abs. 3 Satz 4 EStG nicht auf EU-/EWR-Staaten beschränkt, sondern kann auch von in Drittstaaten ansässigen Gesellschaften beansprucht werden. Unlängst hat der EuGH sowohl die alte Fassung des § 50d Abs. 3 EStG 2007 (in den verbundenen Rechtssachen Deister Holding und Juhler Holding)[1779] also auch die neue Fassung des § 50d Abs. 3 EStG 2012 (in der Rechtssache GS)[1780] für unionsrechtswidrig erklärt. Als Reaktion auf die erste Entscheidung des EuGH (Deister Holding)[1781] zur Altregelung des § 50d Abs. 3 EStG 2007 hat das BMF ein Schreiben erlassen, das die Neuregelung des § 50d Abs. 3 EStG 2012 in der Anwendung modifiziert bzw. versucht diese unionsrechtskonform auszulegen.[1782] Nach der zweiten Entscheidung des EuGH (GS)[1783] steht jetzt aber fest, dass auch die Neuregelung des § 50d Abs. 3 EStG 2012 nicht mit dem Unionsrecht vereinbar ist.[1784] Aus diesem Grund ist eine erneute Änderung des § 50d Abs. 3 EStG überwiegend wahrscheinlich.

1847

Abweichend vom Freistellungsverfahren nach § 50d Abs. 2 EStG kann das BZSt in den Fällen des § 50a Abs. 4 Satz 1 Nr. 2 und 3 EStG den Schuldner der Vergütung auf Antrag allgemein ermächtigen, den Steuerabzug zu unterlassen oder nach einem niedrigeren Steuersatz vorzunehmen (**Kontrollmeldeverfahren**).[1785] Die Einzelheiten regelt § 50d Abs. 5 Satz 2 bis 7 EStG.

1848

1776 Zum Erfordernis aktiver Beteiligungsverwaltung s. BMF v. 24. 1. 2012, BStBl 2012 I 171, Tz. 5.2 mit Verweis auf BFH v. 9. 12. 1980 VIII R 11/77, BStBl 1981 II 339; für passive Beteiligungsverwaltung modifiziert durch BMF v. 4. 4. 2018, BStBl 2018 I 589.
1777 Zur erhöhten Mitwirkungspflicht bei Auslandssachverhalten s. a. § 90 Abs. 2 AO, § 76 Abs. 1 Satz 4 FGO.
1778 EuGH v. 14. 12. 2006 C-170/05 Denkavit, IStR 2007, 62; v. 12. 9. 2006 C-196/04 Cadbury-Schweppes, IStR 2006, 670.
1779 EuGH v. 20. 12. 2017 C-504/16 Deister Holding, C-613/16 Juhler Holding, IStR 2018, 197.
1780 EuGH v. 14. 6. 2018 C-440/17 GS, IStR 2018, 543.
1781 EuGH v. 20. 12. 2017 C-504/16 Deister Holding, C-613/16 Juhler Holding, IStR 2018, 197.
1782 BMF v. 4. 4. 2018, BStBl 2018 I 589.
1783 EuGH v. 14. 6. 2018 C-440/17 GS, IStR 2018, 543.
1784 Die Frage ob § 50d Abs. 3 EStG einschränkend geltungserhaltend unionsrechtskonform ausgelegt werden muss, ist Gegenstand des beim BFH unter dem Aktenzeichen I R 27/19 anhängigen Revisionsverfahrens.
1785 BZSt v. 1. 1. 2016, BZSt St – S 1300/07/00010, veröffentlicht auf der Internetseite des BZSt; BMF v. 18. 12. 2002, BStBl 2002 I 1386; v. 7. 5. 2002, BStBl 2002 I 521.

1849 Zu den Zahlungen einer öffentlichen Kasse vgl. § 50d Abs. 7 EStG – abweichende Regelung gegenüber Art. 19 OECD-MA (vgl. Rdn. 971).[1786]

1850 Nach § 50d Abs. 8 EStG ist zu beachten, dass die in einem DBA vereinbarte Freistellung der Einkünfte eines unbeschränkt Steuerpflichtigen aus unselbständiger Arbeit nur zu gewähren ist, soweit der Steuerpflichtige nachweist, dass der Staat, dem nach dem DBA das Besteuerungsrecht zusteht, auf dieses Besteuerungsrecht verzichtet hat oder dass die in diesem Staat auf die Einkünfte festgesetzten Steuern entrichtet wurden.[1787] Das BVerfG hat entschieden, dass der **Treaty Override** des § 50d Abs. 8 EStG nicht verfassungswidrig ist.[1788] Bei Mehrstaatensachverhalte ergibt sich aus dem Wortlaut des § 50d Abs. 8 EStG die Notwendigkeit, die nationale Bedingung für die Freistellung auf den Staat zu beziehen, mit dem die Freistellung vereinbart ist.[1789] Somit genügt es für die Nachweiserbringung nicht, wenn ein dritter Staat die Einkünfte besteuert, sondern § 50d Abs. 8 EStG ist auf bilateraler Ebene zu prüfen.

1851 § 50d Abs. 9 EStG enthält eine durch das JStG 2007 aufgenommene unilaterale **Switch-over-Klausel** (vgl. Rdn. 607) zur Vermeidung einer dem Sinn und Zweck der Freistellungsmethode widersprechenden (doppelten) Nichtbesteuerung (sog. weiße Einkünfte) in DBA-Fällen. Der Begriff der Einkünfte i. S. des § 50d Abs. 9 EStG erfasst positive und negative Einkünfte (Gewinne und Verluste).[1790] Da § 50d Abs. 9 EStG nur unbeschränkt Steuerpflichtige erfasst, ist die Regelung nur auf Outboundbeziehungen und nicht auf Inboundbeziehungen (Rdn. 70) anwendbar.[1791] Die Erfüllung einer Tatbestandsalternative (Nr. 1 oder Nr. 2) reicht aus, damit die DBA-Freistellung nicht gewährt, sondern unilateral von der Freistellungs- zur Anrechnungsmethode gewechselt wird.[1792] Die Vorschrift stellt somit einen Treaty Override (Rdn. 608) dar.[1793]

1852 Voraussetzung für die Anwendung des § 50d Abs. 9 Satz 1 Nr. 1 EStG ist, dass der andere DBA-Staat Abkommensregelungen anders auslegt als Deutschland und dass er dadurch gänzlich auf eine Besteuerung verzichtet oder nur eine der Höhe nach beschränkte Besteuerung vornimmt,[1794] d. h. dass die Nichtbesteuerung auf einem abkommens-

---

[1786] Die Frage, ob ein DBA den Treaty-Override des § 50d Abs. 7 EStG nach den Kollisionsregeln „lex posterior derogat legi priori" und „lex specialis derogat legi generali" verdrängen kann, ist Gegenstand des beim BFH anhängigen Revisionsverfahrens I R 17/18.

[1787] BMF v. 3. 5. 2018, BStBl 2018 I 643, Tz. 45; zu § 50d Abs. 8 EStG – Rückfallklausel bei Einkünften aus nichtselbständiger Arbeit – vgl. Rdn. 603; zur Nachweispflicht vgl. ferner BFH v. 25. 11. 2014 I R 27/13, BStBl 2015 II 448.

[1788] BVerfG v. 15. 12. 2015, 2 BvL 1/12, IStR 2016, 191.

[1789] BFH v. 10. 10. 2018 I R 67/16, BFH/NV 2019, 394, Rdn. 26. Durch die Anwendung der Rückfallklausel können Verluste, die eigentlich nach DBA freigestellt wären (Symmetriethese), in den Fällen in denen ein (negativer) Qualifikationskonflikt vorliegt, ungeachtet des Abkommens im Inland abgezogen werden.

[1790] BFH v. 11. 7. 2018 I R 52/16, BStBl. II 2019, 105, Rdn. 24.

[1791] BFH v. 2. 9. 2009 I R 90/08, BStBl 2010, 394.

[1792] Vgl. BT-Drs. 16/2712, S. 61.

[1793] Da es sich bei dem in § 50d Abs. 9 Satz 1 Nr. 1 und Nr. 2 EStG geregelten Treaty Override ebenfalls um einen Treaty Override zur Verhinderung einer doppelten Nichtbesteuerung („Keinmalbesteuerung") handelt, wie in § 50d Abs. 8 Satz 1 EStG sollten die Grundsätze der hierzu ergangenen Entscheidung des BVerfG (v. 15. 12. 2015, 2 BvL 1/12, IStR 2016, 191) übertragbar sein; die konkrete Normenkontrolle (BFH v. 20. 8. 2014 I R 86/13, BStBl 2015 II 18) ist allerdings noch beim BVerfG unter dem Az. 2 BvL 21/14 anhängig.

[1794] BT-Drs. 16/2712, S. 108.

rechtlichen (negativen) **Qualifikationskonflikt** im weitesten Sinne, d. h. auf einem Subsumtionskonflikt, einem Auslegungskonflikt oder einem Konflikt infolge abweichenden innerstaatlichen Rechts beruht.[1795] Ursache für die Nichtbesteuerung muss aber immer die Anwendung des Doppelbesteuerungsabkommens sein. Dies ist typischerweise bei der steuerlichen Behandlung von denjenigen Gesellschaften der Fall, die nach deutschem Steuerrecht als Personengesellschaften behandelt werden.[1796] Steuerbefreiungen nach nationalem Recht, wie beispielsweise der Verzicht auf das abkommensrechtlich zugewiesene Besteuerungsrecht, rechtfertigen für sich betrachtet nicht die Anwendung des § 50d Abs. 9 Satz 1 Nr. 1 EStG (Bsp.: Sachverhalt des Urteils des BFH vom 24. 8. 2011).[1797]

Nach § 50d Abs. 9 Satz 1 Nr. 2 EStG wird die DBA-Freistellung nicht gewährt, soweit[1798] die Einkünfte in dem anderen Staat nur deshalb nicht steuerpflichtig sind, weil sie von einer Person bezogen werden, die in diesem Staat nicht aufgrund ihres Wohnsitzes, ständigen Aufenthalts, des Ortes ihrer Geschäftsleitung, des Sitzes oder eines ähnlichen Merkmals unbeschränkt steuerpflichtig ist.[1799] Abs. 9 Satz 2 macht für solche Dividenden eine Ausnahme von Abs. 9 Satz 1 Nr. 2, die nach einem DBA von der deutschen Steuer ausgenommen sind (zur Besteuerung von Schachteldividenden, s. o. Rdn. 838 f.). Dem liegt der Gedanke zugrunde, dass die Einkünfte auf der ersten Ebene (bei der ausschüttenden Gesellschaft) der Besteuerung unterlegen haben und somit keine weißen Einkünfte zu befürchten sind. Zu einer Rückausnahme kommt es jedoch, soweit die Dividenden bei der Ermittlung des Gewinns der ausschüttenden Gesellschaft abgezogen worden sind (wie z. B. Vergütungen stiller Gesellschafter).

1853

Der Referentenentwurf eines ATADUmsG vom 10. 12. 2019 sieht eine Erweiterung in § 50d Abs. 9 Satz 1 Nr. 3 EStG-E zur Neutralisierung sog. hybrid branches vor.[1800] Die Regelung soll die DBA-Freistellung solcher Einkünfte versagen, die im ausländischen Staat nur deshalb nicht steuerpflichtig sind, weil sie dieser Staat einer Betriebsstätte in einem anderen Staat zuordnet oder die auf Grund einer anzunehmenden schuldrechtlichen Beziehung die steuerliche Bemessungsgrundlage in dem anderen Staat mindern.

1854

1795 So und wie folgt: BFH v. 24. 8. 2011 I R 46/10, BStBl 2014 II 764, Tz. 29; zu den ernstlichen Zweifeln des BFH an der verfassungsrechtlichen Zulässigkeit der Rückwirkung von § 50d Abs. 9 EStG und des Treaty Override allgemein vgl. AdV-Beschl. v. 19. 5. 2010 I B 191/09, BStBl 2011 II 156, Tz. 31 ff.
1796 Vgl. BMF v. 26. 9. 2014, BStBl 2014 I 1258, Tz. 4.1.3.
1797 BFH v. 24. 8. 2011 I R 46/10, BStBl 2014 II 764 m. w. N.; v. 6. 6. 2012 I R 6, 8/11, BStBl 2012 II 111.
1798 Ab dem VZ 2017 wurde durch das AHRL-ÄndUmsG in § 50d Abs. 9 Satz 1 EStG die (qualitativ-konditionale) Konjunktion „wenn" durch die (quantitativ-konditionale) Konjunktion „soweit" ersetzt. Durch die Neuregelung soll sichergestellt werden, dass § 50d Abs. 9 EStG auf den Teil der Einkünfte Anwendung findet, die im ausländischen Staat nur teilweise nicht besteuert werden oder nur teilweise einer geringen Besteuerung unterliegen. Die Neuregelung ist eine gesetzgeberische Reaktion auf die Entscheidungen des BFH v. 20. 5. 2015 I R 68/14, BStBl 2016 II 90; v. 20. 5. 2015 I R 69/14, BFH/NV 2015, 1395 und v. 19. 12. 2013 I B 109/13, BFH/NV 2014, 623.
1799 Die Frage, ob § 50d Abs. 9 EStG auch in Dreieckssachverhalten auf sog Drittstaateneinkünfte anwendbar ist, ist beim BFH unter dem Aktenzeichen I R 30/18 anhängig. Die Frage ob die Voraussetzungen von § 50d Abs. 9 Satz 1 Nr. 2 EStG vorliegen, wenn ein unbeschränkt Steuerpflichtiger Einkünfte aus der nichtselbständigen Tätigkeit an Bord eines Seeschiffes erzielt, ist beim BFH unter dem Aktenzeichen I R 28/19 anhängig.
1800 Die geplante Neuregelung entspricht der Empfehlung 1.1 (Limitation to the scope of the branch exemption) des OECD hybrid branch-Berichts (Neutralising the Effects of Branch Mismatch Arrangements 2017, ISSN 2313-2612).

1855 Mit Urteil vom 11.1.2012 hat der BFH (entgegen der Rechtsauffassung der Finanzverwaltung) entschieden, dass § 50d Abs. 8 EStG zu § 50d Abs. 9 Satz 1 Nr. 2 EStG im Verhältnis der Spezialität steht.[1801] Damit schied bei Einkünften aus nichtselbständiger Arbeit, für die in einem DBA die Freistellungsmethode vorgesehen ist, die Anwendung von § 50d Abs. 9 EStG aus. Dies führte zu einer Nichtbesteuerung von Einkünften, wenn der ausländische Quellenstaat von einem in Deutschland unbeschränkt steuerpflichtigen Arbeitnehmer erzielte Einkünfte von der Besteuerung ausnahm. Durch die Neufassung des § 50d Abs. 9 Satz 3 EStG i. d. F. des AmtshilfeRLUmsG soll § 50d Abs. 9 EStG neben § 50d Abs. 8 EStG anwendbar und damit die aufgezeigte „Besteuerungslücke" geschlossen worden sein.[1802] Da die Vorschrift dem systematischen Verständnis des BFH widerspricht,[1803] ist fraglich, ob die in § 52 Abs. 59a Satz 9 EStG angeordnete Rückwirkung den verfassungsrechtlichen Vorgaben genügt.[1804] Durch § 50d Abs. 9 Satz 4 EStG soll sichergestellt werden, dass das Besteuerungsrecht für unversteuerte Einkunftsteile auch dann an Deutschland zurückfällt, wenn der ausländische Staat nur teilweise nicht besteuert.

1856 Durch das JStG 2009 wurde in § 50d EStG ein Absatz 10 eingefügt. Damit reagierte der Gesetzgeber auf das Urteil des BFH v. 17.10.2007[1805] und legt – davon abweichend und dem BMF[1806] folgend (sog. **rechtsprechungsbrechende Regelung**) – fest, dass Zinsen zu den in Deutschland zu besteuernden Betriebsstättengewinnen einer Mitunternehmerschaft zählen, die diese an einen ausländischen Gesellschafter zahlt. Voraussetzung dafür ist, dass das DBA keine ausdrückliche anderweitige Festlegung trifft. Systematisch soll § 50d Abs. 10 EStG die nationale Vorschrift des § 15 Abs. 1 Satz 1 Nr. 2 Satz 1 zweiter Halbsatz EStG ergänzen und Sonderbetriebseinnahme auch für Zwecke der Abkommensanwendung zu gewerblichen Einkünften umqualifizieren. Nachdem der BFH in drei Entscheidungen[1807] § 50d Abs. 10 EStG wegen gesetzestechnischer Defizite nicht angewandt hat, wurde der Absatz durch das AmtshilfeRLUmsG (rückwirkend) ergänzt.[1808]

1857 Der Anwendungsbereich von § 50d Abs. 10 Satz 1 EStG erfasst nur (Sonder-)Vergütungen i. S. von § 15 Abs. 1 Satz 1 Nr. 2 Satz 1 zweiter Halbsatz EStG, also Vergütungen, die der Gesellschafter von der Gesellschaft für seine Tätigkeit im Dienst der Gesellschaft oder für die Hingabe von Darlehen oder für die Überlassung von Wirtschaftsgütern bezogen hat. Nicht erfasst werden nachträgliche Einkünfte i. S. von § 15 Abs. 1 Satz 1 Nr. 2 i.V. mit Satz 2 und § 24 Nr. 2 EStG.[1809] Abs. 10 tritt hinter ausdrücklichen DBA-Regelun-

---

1801 BFH v. 11.1.2012 I R 27/11, BFH/NV 2012, 862.
1802 Vgl. auch BMF v. 3.5.2018, BStBl 2018 I 643, Tz. 69.
1803 BFH v. 11.1.2012 I R 27/11, BFH/NV 2012, 862.
1804 Zum Rückwirkungsverbot BFH v. 11.12.2013 I R 4/13, BStBl 2014 II 791 (bei BVerfG anhängig unter Az: 2 BvL 15/14).
1805 BFH v. 17.10.2007 I R 5/06, BStBl 2009 II 356 (Anwendung des Zinsartikels gemäß Art. 11 Abs. 1 OECD-MA, nicht des Artikels über Unternehmensgewinne gemäß Art. 7 Abs. 1 OECD-MA); v. 9.8.2006 II R 59/05, BStBl 2009 II 758.
1806 BMF v. 26.9.2014, BStBl 2014 I 1258, Tz 5.1; v. 24.12.1999, BStBl 1999 I 1076 Tz 1.2.3.
1807 BFH v. 7.12.2011 I R 5/11, BFH/NV 2012, 556; v. 8.11.2010 I R 106/09, BStBl 2014 II 759; v. 8.9.2010 I R 74/09, BStBl 2014 II 788.
1808 Ausführlich BMF v. 26.9.2014, BStBl 2014 I 1258, Tz. 5.
1809 BFH v. 8.11.2010 I R 106/09, BStBl 2014 II 759.

gen zurück. Als Rechtsfolge **fingiert** § 50d Abs. 10 Satz 1 EStG, dass die Einkünfte für die Zwecke der Anwendung des DBA als Unternehmensgewinne (i. S. von Art. 7 OECD-MA) des vergütungsberechtigten Gesellschafters gelten. Damit soll die in § 15 Abs. 1 Satz 1 Nr. 2 Satz 1 zweiter Halbsatz EStG getroffene Zuordnung dieser Einkünfte zu den Einkünften aus Gewerbebetrieb in den Bereich der DBA-Anwendung übertragen werden. § 50d Abs. 10 Satz 2 EStG dehnt die Reichweite der Fiktion auf die durch das Sonderbetriebsvermögen veranlassten Erträge und Aufwendungen aus. § 50d Abs. 10 Satz 3 EStG regelt die, für den Besteuerungszugriff notwendige Vorfrage der, Zurechnung[1810] dergestalt, dass die Vergütung der Betriebsstätte zuzurechnen ist, die diese als Aufwand/Betriebsausgaben geltend macht. Die Zurechnung wird gemäß § 50d Abs. 10 Satz 4 EStG auch auf mittelbar beteiligte Gesellschafter i. S. des § 15 Abs. 1 Satz 1 Nr. 2 Satz 2 sowie auf Vergütungen, die als nachträgliche Einkünfte bezogen werden (§ 15 Abs. 1 Satz 2, § 24 Nr. 2 EStG), ausgedehnt.

§ 50d Abs. 10 Satz 5 und 6 EStG enthalten einen **speziellen Anrechnungstatbestand** für ausländische Steuern, die der Steuerpflichtige auf Vergütungen oder Erträge entrichten muss, die in den Anwendungsbereich von § 50d Abs. 10 Satz 1 bis 4 EStG fallen. Die aus der Qualifikation resultierende mögliche Doppelbesteuerung (Qualifikationskonflikt) soll dadurch beseitigt werden, dass die anteilig auf die betreffenden Einkünfte entfallende ausländische Steuer bis zur Höhe der anteiligen, auf diese Einkünfte entfallenden deutschen Steuer angerechnet wird. Die Anrechnung setzt den Nachweis voraus, dass der andere Staat die Einkünfte besteuert, ohne dass es zu einer Anrechnung der in Deutschland gezahlten Steuer kommt. Außerdem muss der Steuerpflichtige Festsetzung und Zahlung der ausländischen Steuer nachweisen. Ermäßigungsansprüche mindern den anrechenbaren Betrag. Der verbleibende Steuerbetrag ist anzurechnen. Die Höhe der Anrechnung ist auf die anteilig auf die betreffenden Einkünfte entfallende deutsche Einkommensteuer beschränkt. Nach § 50d Abs. 10 Satz 6 EStG sind in DBA geregelte Kollisionsnormen vorrangig anzuwenden. 1858

Einerseits schränkt § 50d Abs. 10 Satz 7 Nr. 1 EStG den Anwendungsbereich von § 50d Abs. 10 Satz 1 bis 6 EStG dahingehend ein, dass die Regelungen nicht für gewerblich geprägte Personengesellschaften. i. S. von § 15 Abs. 3 Nr. 2 EStG gelten. Andererseits erweitert § 50d Abs. 10 Satz 7 Nr. 2 EStG den Anwendungsbereich durch die entsprechende Anwendung von § 50d Abs. 10 Satz 1 bis 6 EStG auf Einkünfte aus selbständiger Arbeit i. S. des § 18 EStG. Wenn ein DBA eine (Art. 14 OECD-MA entsprechende) Verteilungsnorm für Einkünfte aus selbständiger Arbeit enthält, werden Sondervergütungen zu Einkünften aus selbständiger Arbeit (anstatt zu Unternehmenseinkünften) umqualifiziert und diesen zugerechnet. 1859

Nach § 50d Abs. 10 Satz 8 EStG wird § 50d Abs. 9 EStG nicht verdrängt. Damit soll sichergestellt werden, dass die als Unternehmensgewinne zu behandelnden Einkünfte nicht von der Besteuerung ausgenommen werden, wenn der Staat die Vergütung nicht dem Art. 7 des DBA über die Unternehmensgewinne zuordnet. Auf diese Weise werden Sondervergütungen, die ein in Deutschland unbeschränkt steuerpflichtiger Gesellschafter von einer ausländischen Personengesellschaft erhält und die einer ausländischen 1860

[1810] BFH v. 8. 9. 2010 I R 74/09, BStBl 2014 II 788.

Betriebsstätte zuzurechnen sind, nicht von der Besteuerung ausgenommen, wenn sie wegen der fehlenden Zuordnung zu den Unternehmensgewinnen im ausländischen Betriebsstättenstaat nicht oder nur zu einem durch Abkommen begrenzten Steuersatz besteuert werden.

1861 Mit Wirkung zum 1.1.2012 wurde § 50d EStG um einen Abs. 11 ergänzt.[1811] Die Norm beschränkt die in den DBA vorgesehene Steuerfreistellung von ausländischen **Schachteldividenden**, soweit die Dividenden unabhängig von der Qualifikation des Empfängers als Kapitalgesellschaft nach deutschem Recht einer anderen Person zuzurechnen sind (Bsp.: KGaA). Die Freistellung soll nur erfolgen, wenn auch der Zahlungsempfänger nach DBA von der Steuer freigestellt wäre (Vermeidung einer Keinmalbesteuerung). Die Vorschrift stellt ebenfalls ein sog. „Nichtanwendungsgesetz" als Reaktion auf die Rechtsprechung des BFH dar.[1812] Zweck der Regelung ist es, den steuerfreien Bezug von (Schachtel-)Dividenden bei persönlich haftenden Gesellschaftern von hybriden Gesellschaften[1813] auszuschließen.

1862 Ab dem VZ 2017 bildet § 50d Abs. 12 EStG eine neue gesetzliche Grundlage für die inländische Besteuerung von **Abfindungen**, die für eine ehemals im Inland ausgeübte Tätigkeit bezahlt werden. Auch diese Neuregelung stellt eine Reaktion des Steuergesetzgebers auf die Rechtsprechung des BFH (zu § 49 Abs. 1 Nr. 4 Buchst. d EStG) dar.[1814] Mittels einer gesetzlichen Fiktion und eines Treaty Override werden Abfindungen, die anlässlich der Beendigung eines Dienstverhältnisses gezahlt werden,[1815] abkommensrechtlich als für frühere Tätigkeit geleistetes zusätzliches Entgelt qualifiziert (§ 50d Abs. 12 Satz 1 EStG).[1816] Damit wird das Besteuerungsrecht dem früheren Tätigkeitsstaat zugeordnet, wenn das einschlägige DBA keine Sonderregelungen enthält, § 50d Abs. 12 Satz 2 EStG. Nach § 50d Abs. 12 Satz 3 EStG bleiben § 50d Abs. 9 Satz 1 Nr. 1 EStG sowie Rechtsverordnungen gemäß § 2 Abs. 1 Satz 1 AO unberührt. Die beiden Ausnahmen sollen einen Rückfall des Besteuerungsrechts bewirken und die Entstehung unversteuerter („weißer") Einkünfte bei einem negativen Qualifikationskonflikt verhindern.

1863 Ab dem VZ 2020[1817] werden Dividendenkompensationsleistungen[1818] für Zwecke der Anwendung eines DBA den Dividenden, die von dieser Gesellschaft gezahlt werden, gemäß § 50d Abs. 13 EStG gleichgestellt, wenn der Erwerber Aktien einer Gesellschaft mit

---

1811 BGBl 2012 I 1030.
1812 BFH v. 19.5.2010 I R 62/09, BFH/NV 2010, 1919 zu einer KGaA.
1813 Typisches Beispiel für eine hybride Gesellschaft ist die amerikanische LLC, die für deutsche Besteuerungszwecke als Personengesellschaft/Mitunternehmerschaft und für US-Steuerzwecke als Kapitalgesellschaft behandelt wird, so dass Qualifikationskonflikte entstehen.
1814 Zuletzt BFH v. 10.6.2015 I R 79/13, BStBl 2016 I 326; ausführlich hierzu bereits oben unter Rdn. 1781.
1815 Abfindungen, die aus anderem Anlass gezahlt werden (bspw. Abfindungen mit Versorgungscharakter), fallen nicht unter die Regelung; s.a. BMF v. 3.5.2018, BStBl 2018 I 643, Rdn. 225.
1816 Vgl. auch Nr. 2.7 zu Art. 15 OECD-MK.
1817 Art. 39 Abs. 2 JStG 2019 (v. 12.12.2019, BGBl. 2019 I 2451).
1818 Inhaltlich entspricht die Formulierung in § 50d Abs. 13 EStG der Formulierung in § 20 Abs. 1 Nr. 1 Satz 4 EStG („wenn die Aktien mit Dividendenberechtigung erworben, aber ohne Dividendenanspruch geliefert werden"). Dividendenkompensationsleistungen sind demgemäß Zahlungen, die an die Stelle der Dividende treten, weil die im Erfüllungsgeschäft gelieferten Aktien den im Verpflichtungsgeschäft versprochenen Anspruch auf die Dividende nicht vermitteln.

Sitz oder Geschäftsleitung im Inland mit Dividendenberechtigung erwirbt, die aber ohne Dividendenanspruch geliefert werden. Unter die Regelung fallen somit nur tatsächliche Leerverkäufe, bei denen die Aktien „Cum Dividende" verkauft, aber „Ex Dividende" geliefert werden (sog. **Cum/Ex-Geschäfte**); nicht hingegen die anderen Fälle des Dividendenstrippings, bei denen die Aktien „Cum Dividende" veräußert und aus einer Wertpapierleihe „Cum Dividende" geliefert werden (sog. Cum/Cum-Geschäfte).

7.1.3.5 Besteuerung bestimmter Einkünfte und Anwendung von Doppelbesteuerungsabkommen gemäß § 50i EStG

Zur Sicherstellung des deutschen Besteuerungsrechts bei **grenzüberschreitenden gewerblich geprägten Personengesellschaften** ist § 50i EStG durch das AmtshilfeRLUmsG in das Gesetz eingefügt worden. § 50i Abs. 1 Satz 1 EStG regelt den Fall, dass Wirtschaftsgüter des Betriebsvermögens oder Anteile i. S. von § 17 EStG vor dem 29. 6. 2013 in das Betriebsvermögen einer Personengesellschaft i. S. des § 15 Abs. 3 Nr. 2 EStG zu Buchwerten übertragen oder überführt worden sind (§ 50i Abs. 1 Satz 1 Nr. 1 EStG). Im Zeitpunkt der Übertragung bzw. Überführung muss die Besteuerung der stillen Reserven unterblieben sein (§ 50i Abs. 1 Satz 1 Nr. 2 EStG) und nach § 50i Abs. 1 Satz 1 Nr. 3 EStG muss das Recht der Bundesrepublik Deutschland hinsichtlich der Besteuerung des Gewinns aus der Veräußerung oder Entnahme der WG oder Anteile i. S. des § 50i Abs. 1 EStG ungeachtet der Anwendung der Norm vor dem 1. 1. 2017 ausgeschlossen oder beschränkt worden sein.[1819] In diesem Fall soll der Gewinn, den ein Steuerpflichtiger, der im Sinne eines DBA im anderen Vertragsstaat ansässig ist, aus der Veräußerung bzw. Entnahme erzielt, ungeachtet der Bestimmungen des DBA zu versteuern sein.[1820]

1864

> **BEISPIEL:** ▶ A ist unbeschränkt einkommensteuerpflichtig und an einer inländischen D-GmbH i. S. von § 17 EStG beteiligt. Dies Beteiligung hat A 2010 gemäß § 4 Abs. 1 Satz 8 EStG i. V. mit § 6 Abs. 1 Nr. 5 Buchst. b EStG mit den Anschaffungskosten in eine gewerblich geprägte GmbH & Co. KG eingelegt.[1821] Anschließend hat A 2011 seinen Wohnsitz in einen DBA-Staat verlegt. Im Zeitpunkt des Wegzugs wurden die stillen Reserven in den Anteilen an der D-GmbH nicht wegzugsbesteuert, weil § 6 AStG nur für Anteile i. S. des § 17 EStG gilt, also nur für solche die sich im Privatvermögen befinden und nicht für im Betriebsvermögen befindliche Anteile. Auch eine Entstrickung nach § 4 Abs. 1 Satz 3 und 4 EStG kann unterbleiben, wenn Deutschland auch nach dem Wegzug weiterhin das Besteuerungsrecht an den in den Anteilen ruhenden stillen Reserven nach Art. 7 Abs. 1 OECD-MA zusteht. Hierfür reichte nach Auffassung der Finanzverwaltung die gewerbliche Prägung einer GmbH & Co. KG gemäß § 15 Abs. 3 Nr. 2 EStG aus,[1822] so dass in der Vergangenheit eine Entstrickung im oben geschilderten Fall vermieden werden konnte. Nach Auffassung des BFH müssen „gewerbliche Gewinne eines Unterneh-

---

1819 Der Entstrickungsschutz von § 50i Abs. 1 EStG ist somit auf Altfälle beschränkt. Kommt es nach dem 1. 1. 2017 zu einer Entstrickung, ist § 50i Abs. 1 EStG tatbestandlich nicht einschlägig und die allgemeinen Entstrickungsregelungen der § 4 Abs. 1 Satz 3 EStG bzw. des § 12 Abs. 1 Satz 1 KStG kommen zur Anwendung.
1820 BMF v. 26. 9. 2014, BStBl 2014 I 1258, Tz. 2.3.3.
1821 Zur Behandlung der Einbringung zum Privatvermögen gehörender Wirtschaftsgüter in das betriebliche Gesamthandsvermögen einer Personengesellschaft s. a. BMF v. 11. 7. 2011, BStBl 2011 I 713.
1822 Vgl. BMF v. 26. 9. 2014, BStBl 2014 I 1258, Tz. 2.2.1.

mens" i. S. von Art. 7 Abs. 1 OECD-MA ihrer Art nach einer „unternehmerischen" Tätigkeit entspringen,[1823] sodass an die Definition des § 15 Abs. 2 EStG anzuknüpfen ist und die GmbH & Co. KG originär gewerbliche Einkünfte erzielen muss. Veräußert A die Anteile an der D-GmbH in 2016 soll § 50i EStG zur Anwendung kommen und in Altfällen den Steuerausfall vermeiden, der dadurch entsteht, dass ein Gesellschafter nach steuerfreier Einbringung von GmbH-Anteilen in eine gewerblich geprägte Gesellschaft ins Ausland verzogen ist, ohne dass eine Wegzugsbesteuerung nach § 6 AStG (Rdn. 1230 ff.) oder eine Entstrickung nach § 4 Abs. 1 Satz 3 und 4 EStG (Rdn. 232 ff.) vorgenommen wurde.

1865   Im Wege einer Fiktion bezieht § 50i Abs. 1 Satz 2 EStG Buchwerteinbringungen gemäß § 20 UmwStG in den Anwendungsbereich des § 50i Abs. 1 Satz 1 EStG ein. Nach § 50i Abs. 1 Satz 3 EStG sind auch die laufenden Einkünfte der in Satz 1 beschriebenen Personengesellschaft ungeachtet der Bestimmungen eines DBA in Deutschland zu besteuern. § 50i Abs. 1 Satz 4 EStG ordnet die entsprechende Anwendung der Sätze 1 und 3 an, wenn die Personengesellschaft in Folge einer **Betriebsaufspaltung** Einkünfte aus Gewerbebetrieb erzielt.[1824] Der Anwendungsbereich von § 50i Abs. 2 EStG wurde rückwirkend beschränkt, so dass die Erweiterung, die die Vorschrift durch das KroatienAnpG zwischenzeitlich erfahren hatte, zu keinem Zeitpunkt anzuwenden ist.[1825] § 50i Abs. 2 EStG bezweckt steuergestalterische Umgehungen des § 50i Abs. 1 EStG über § 20 UmwStG auszuschließen,[1826] indem die Wirtschaftsgüter und Anteile im Sinne des § 50i Abs. 1 EStG bei einer Einbringung mit dem gemeinen Wert anzusetzen sind, soweit das Besteuerungsrecht der Bundesrepublik Deutschland diesbezüglich ausgeschlossen oder beschränkt ist. Auch § 50i EStG normiert ein Treaty Override („ungeachtet entgegenstehender Bestimmungen eines Abkommens zur Vermeidung der Doppelbesteuerung").[1827]

7.1.3.6 Versagung der Entlastung von Kapitalertragsteuern in bestimmten Fällen, § 50j EStG

1866   In Ergänzung zu § 50d Abs. 1 EStG normiert § 50j EStG ab dem 1. 1. 2017 zusätzliche Voraussetzungen für die Erstattung von KapESt, wenn die Kapitalerträge nach einem DBA nicht oder nur nach einem niedrigeren Steuersatz besteuert werden.[1828] In diesem Fall müssen die Voraussetzungen beider Vorschriften kumulativ vorliegen. Sind nur die Voraussetzungen des § 50d Abs. 1 EStG, nicht aber die Voraussetzungen des § 50j EStG erfüllt, muss die Erstattung nach § 50d Abs. 1 EStG unterbleiben. § 50j EStG ist eine spezielle Missbrauchsverhinderungsnorm, die einer ungerechtfertigten Inanspruchnahme von Abkommensvorteilen durch das sog. Cum/Cum Treaty Shopping entgegenwirken soll.[1829] Der Begriff „Cum/Cum Treaty Shopping" beschreibt Fälle, in denen sich der

---

1823 BFH v. 24. 8. 2011 I R 46/10, BStBl 2014 II 764; v. 25. 5. 2011 I R 95/10, BStBl 2014 II 760; v. 4. 5. 2011 II R 51/09, BStBl 2014 II 751; v. 9. 12. 2010 I R 49/09, BStBl 2011 II 482; v. 19. 5. 2010 I B 191/09, BStBl 2011 II 156; v. 28. 4. 2010 I R 81/09, BStBl 2014 II 754; BMF v. 26. 9. 2014, BStBl 2014 I 1258, Tz. 2.3.1.
1824 BMF v. 26. 9. 2014, BStBl 2014 I 1258, Tz. 2.3.3.4.
1825 BMF v. 5. 1. 2017, BStBl 2017 I 32.
1826 Vgl. BT-Drs 18/9956, S. 6.
1827 Rdn. 608.
1828 Vgl. BT-Drs. 18/10506, S. 79.
1829 Vgl. BT-Drs. 18/10506, S. 86.

Empfänger einer aus dem Inland fließenden Dividende mittels einer künstlichen Gestaltung einen niedrigeren DBA-Quellensteuersatz verschafft, auf den er sonst keinen Anspruch hätte.[1830] § 50j EStG erstreckt die parallele Regelung des § 36a EStG auf internationale Sachverhalte; daher wurde der Gesetzestext weitgehend wörtlich von § 36a EStG übernommen.

§ 50j Abs. 1 Satz 1 EStG enthält in Nr. 1 – 3 folgende drei zusätzliche Erstattungsvoraussetzungen, die kumulativ gegeben sein müssen: Zunächst muss der Gläubiger der Kapitalerträge während der 45-tägigen Mindesthaltedauer (die in § 50j Abs. 2 näher geregelt ist) ununterbrochen wirtschaftlicher Eigentümer (i. S. von § 39 AO) der den Kapitalerträgen zugrundeliegenden Anteile oder Genussscheine sein (Nr. 1). Daneben muss er während der Mindesthaltedauer ein (in § 50j Abs. 3 EStG legal definiertes) Mindestwertveränderungsrisiko tragen (Nr. 2) und schließlich darf er nicht verpflichtet sein, die Kapitalerträge ganz oder überwiegend, unmittelbar oder mittelbar einer anderen Person zu vergüten (Nr. 3). Nach § 50j Abs. 1 Satz 2 EStG gilt die Vorschrift entsprechend für im Ausland girosammelverwahrte Anteile oder Genussscheine, soweit sie zu inländischen Kapitalerträgen i. S. von § 43 Abs. 3 Satz 1 EStG führen.

1867

Die Einschränkungen in § 50j Abs. 4 EStG sollen den Anwendungsbereich auf die risikobehafteten und fiskalisch relevanten Fälle begrenzen.[1831] § 50j Abs. 4 Satz 1 Nr. 1 EStG verlangt, dass die Steuer auf die Kapitalerträge nach einem DBA 15 % des Bruttobetrags der Kapitalerträge unterschreitet. Zusätzlich muss es sich nach § 50j Abs. 4 Satz 1 Nr. 2 EStG um Streubesitzdividenden (und nicht Schachtelbeteiligungen mit einer mindestens 10%-igen Beteiligungsquote) handeln. Nicht anzuwenden ist § 50j EStG, wenn der Gläubiger der Kapitalerträge bei Zufluss der Kapitalerträge seit mindestens einem Jahr ununterbrochen wirtschaftlicher Eigentümer i. S. von § 39 AO der Aktien oder Genussscheine gewesen ist, § 50j Abs. 4 Satz 2 EStG. Gemäß § 50j Abs. 5 EStG (Parallelregelung zu § 36a Abs. 7 EStG) soll § 50j EStG weder der Anwendung weitergehender Missbrauchsregelungen aus DBA noch der Anwendung von § 42 AO oder andere steuerlicher Vorschriften entgegenstehen.[1832]

1868

7.2 Körperschaftsteuerrecht

7.2.1 Beschränkte Körperschaftsteuerpflicht – § 2 Nr. 1 KStG

§ 2 KStG regelt den Kreis der lediglich beschränkt körperschaftsteuerpflichtigen Subjekte sowie den Umfang der objektiven beschränkten Körperschaftsteuerpflicht (Womit sind die beschränkt steuerpflichtigen Subjekte im Inland steuerpflichtig?). Dabei wird zwischen zwei Gruppen von beschränkt steuerpflichtigen Körperschaften unterschieden: Körperschaften, Personenvereinigungen und Vermögensmassen, die weder Sitz (§ 11 AO) noch Geschäftsleitung (§ 10 AO) im Inland haben (= ausländische Körper-

1869

[1830] BT-Drs. 18/10506, S. 90; Eine allgemeine Begriffsbestimmung von Cum/Cum-Transaktionen und -Gestaltungen enthält das BMF Schreiben v. 17. 7. 2017, BStBl 2017 I 986, Rdn. 1 f.
[1831] Vgl. BT-Drs. 18/10506, S. 80.
[1832] Zum Verhältnis von speziellen Missbrauchsverhinderungsnormen zu § 42 AO vgl. BFH v. 18.12.2013 I R 25/12, BFH/NV 2014, 904 m.w. N. unter Rdn. 18 (II.2.c.aa),

schaftsteuersubjekte, die hinsichtlich ihrer rechtlichen Struktur einer deutschen Kapitalgesellschaft entsprechen – vgl. Rdn. 831 ff.) sowie sonstige Körperschaften, Personenvereinigungen und Vermögensmassen, die zwar Sitz oder Geschäftsleitung im Inland haben, die aber aus anderen Gründen nicht unbeschränkt steuerpflichtig sind.[1833]

1870 **Ausländische Körperschaftsteuersubjekte** unterliegen mit ihren inländischen Einkünften der beschränkten Körperschaftsteuerpflicht.[1834] Der Kreis der nach § 2 Nr. 1 KStG beschränkt steuerpflichtigen Körperschaftsteuersubjekte ist nicht nur auf rechtsfähige Körperschaftsteuersubjekte beschränkt.[1835] Anders als in § 1 Abs. 1 KStG werden die Körperschaftsteuersubjekte nicht näher bezeichnet, sondern es wird die allgemeine Umschreibung verwandt, was zugleich bedeutet, dass unter § 2 Nr. 1 KStG u.U. auch Gebilde fallen können, die nicht unter § 1 Abs. 1 KStG zu subsumieren sind. Die beschränkte Steuerpflicht kann ferner auch dadurch ausgelöst werden, dass die ausländische Körperschaft im Inland (lediglich) eine rechtlich unselbständige Betriebsstätte (§ 12 AO)[1836] oder einen ständiger Vertreter (§ 13 AO)[1837] unterhält.

1871 Zur steuerlichen Behandlung von **ausländischen Familienstiftungen** i. S. des § 15 AStG vgl. Rdn. 1372 ff.

1872 **Ausländische Körperschaften des öffentlichen Rechts** unterliegen – im Gegensatz zu inländischen Körperschaften des öffentlichen Rechts (§ 4 Abs. 1, 4 KStG) – mit allen ihren inländischen Einkünften uneingeschränkt der beschränkten Körperschaftsteuerpflicht, d. h. sie sind auch mit den Einkünften aus Land- und Forstwirtschaft sowie Vermietung und Verpachtung steuerpflichtig.

1873 Zur steuerlichen Behandlung von sog. ausländischen Zwischengesellschaften i. S. der §§ 7 ff. AStG vgl. Rdn. 1271 ff. Die Hinzurechnungsbesteuerung der von der ausländischen Zwischengesellschaft erzielten Einkünfte bei den unbeschränkt Steuerpflichtigen (vgl. § 10 AStG) lässt eine eigene beschränkte Körperschaftsteuerpflicht der ausländischen Körperschaft, Personenvereinigung oder Vermögensmasse hinsichtlich der von ihr erzielten inländischen Einkünfte unberührt.[1838]

1874 Die **beschränkte Körperschaftsteuerpflicht** i. S. des § 2 Nr. 1 KStG **beginnt,** wenn entweder eine Körperschaft, Personenvereinigung oder Vermögensmasse, die im Übrigen die Voraussetzungen des § 2 Nr. 1 KStG erfüllt, inländische Einkünfte erzielt, d. h. wenn ihr Einkünfte steuerlich zuzurechnen sind (R 2 Abs. 1 Satz 1 KStR). Der bloße Besitz von im Inland belegenen Wirtschaftsgütern oder von inländischen Beteiligungen führt für sich

---

[1833] Bei den zuletzt genannten „sonstigen Körperschaften" wurde § 2 Nr. 2 KStG durch Gesetz v. 14. 8. 2007 (BStBl 2007 I 630) um einen zweiten Halbsatz ergänzt, der Umgehungsgestaltungen im Zusammenhang mit der sog. Wertpapierleihe verhindern soll; vgl. hierzu auch § 32 Abs. 3, § 5 Abs. 2 Nr. 1 und § 8b Abs. 10 KStG.

[1834] BFH v. 21. 8. 1974 I R 183/72, BStBl 1974 II 776; v. 9. 8. 2006 I R 31/01, BStBl 2007 II 838.

[1835] BFH v. 3. 2. 1988 I R 134/84, BStBl 1988 II 588. Ausländische Investmentfonds (§ 2 Abs. 3 InvStG) gelten als persönlich beschränkt steuerpflichtige Vermögensmassen nach § 2 Nr. 1 KStG, vgl. BMF v. 21. 5. 2019, BStBl 2019 I 527, Tz. 6.1.

[1836] BFH v. 3. 2. 1993 I R 80, 81/91, BStBl 1993 II 462.

[1837] Nach BFH v. 23. 10. 2018 I R 54/16, BStBl 2019 II 365, Rdn. 12 kann auch das Vertretungsorgan einer juristischen Person (wie z. B. der GmbH-Geschäftsführer) ständiger Vertreter nach § 13 Satz 1 AO sein.

[1838] Vgl. Tz. 7.0.4 AStG-AE; zur Steueranrechnung in diesem Fall vgl. § 12 AStG (Rdn. 1340).

allein noch nicht zur beschränkten Steuerpflicht; denn Sinn und Zweck der Steuerpflicht ist es, Einkünfte zu besteuern.

Ferner beginnt die unbeschränkte Körperschaftsteuerpflicht dann, wenn eine Körperschaft, Personenvereinigung oder Vermögensmasse Geschäftsleitung und Sitz vom Inland ins Ausland und somit aus der unbeschränkten Steuerpflicht hinaus verlegt. Schließlich kann § 2 Nr. 1 KStG dann erfüllt sein, wenn eine ausländische Körperschaft, Personenvereinigung oder Vermögensmasse als Körperschaftsteuersubjekt entsteht und inländische Einkünfte erzielt. 1875

Die **beschränkte Körperschaftsteuerpflicht endet,** wenn entweder das Subjekt keine inländischen Einkünfte mehr erzielt, das Körperschaftsteuersubjekt aufhört als juristische Person zu existieren oder wenn die unbeschränkte Körperschaftsteuerpflicht beginnt. 1876

Die Körperschaftsteuerpflicht gemäß § 2 Nr. 1 KStG erstreckt sich nur auf die **inländischen Einkünfte.**[1839] Wegen der Verweisung des § 8 Abs. 1 KStG auf die Vorschriften des EStG bestimmt sich der Begriff der inländischen Einkünfte nach § 49 EStG;[1840] die ergänzenden Bestimmungen, z. B. §§ 50 ff. EStG, sind dabei zu berücksichtigen (vgl. R 8.1 Abs. 1 Nr. 1 KStR). Besonders zu berücksichtigen ist bei der Besteuerung der ausländischen Körperschaft die isolierende Betrachtungsweise gemäß § 49 Abs. 2 EStG. 1877

Von den in § 49 Abs. 1 EStG genannten inländischen Einkünften kann aus der Natur der Sache heraus die ausländische Körperschaft keine Einkünfte aus selbständiger Arbeit (§ 49 Abs. 1 Nr. 3, § 18 EStG), aus nichtselbständiger Arbeit (§ 49 Abs. 1 Nr. 4, § 19 EStG), aus Leistungen gesetzlicher Rentenversicherungen (§ 49 Abs. 1 Nr. 4, § 22 EStG) sowie sonstige Einkünfte gemäß § 49 Abs. 1 Nr. 8a, § 22 Nr. 4 EStG erzielen, da diese Einkünfte eine natürliche Person als Subjekt der Einkünfteerzielung voraussetzen. 1878

Zu den inländischen Einkünften gehört in der Praxis vor allem der Gewinn aus Gewerbebetrieb i. S. des § 49 Abs. 1 Nr. 2 i.V. mit § 2 Abs. 1 Nr. 2, § 15 Abs. 1 Nr. 1 und Abs. 2 EStG und § 8 Abs. 1 KStG. Dabei ist gemäß § 49 Abs. 1 Nr. 2 Buchst. a EStG vorrangig zu prüfen, ob eine Betriebsstätte (§ 12 AO) oder ein ständiger Vertreter (§ 13 AO) im Inland existiert.[1841] Anders als bei der unbeschränkten Körperschaftsteuerpflicht, bei der gemäß § 8 Abs. 2 KStG alle Einkünfte als Einkünfte aus Gewerbebetrieb umqualifiziert werden, kann eine beschränkt steuerpflichtige Körperschaft auch inländische Einkünfte aus Kapitalvermögen (§ 49 Abs. 1 Nr. 5 EStG)[1842] und aus Vermietung und Verpachtung (§ 49 Abs. 1 Nr. 6 EStG)[1843] erzielen, da diese Einkünfte nicht an natürlichen Personen vorbehaltene Tätigkeitsmerkmale anknüpfen. Zwei wichtige Besonderheiten sind bei der Ermittlung der Überschusseinkünfte beschränkt Körperschaftsteuerpflichtiger zu 1879

[1839] BFH v. 18. 9. 1996 I R 59/95, BFHE 181, 419; v. 27. 1. 1982 I R 5/78, BStBl 1982 II 374; v. 18. 12. 1974 I R 161/73, BStBl 1975 II 464.
[1840] BFH v. 9. 8. 2006 I R 31/01, BStBl 2007 II 838; v. 3. 2. 1993 I R 80-81/91, BStBl 1993 II 462; vgl. R 2 Abs. 1 Satz 1 KStR.
[1841] Nach BFH v. 31. 5. 2017 I R 37/15, BStBl 2018 II 144, geht die Fiktion nichtabziehbarer Betriebsausgaben nach Maßgabe von § 8b Abs. 3 Satz 1 KStG (Schachtelstrafe) ins Leere, wenn die veräußernde Kapitalgesellschaft im Inland über keine Betriebsstätte und keinen ständigen Vertreter verfügt.
[1842] In diesem Zusammenhang muss seit dem Veranlagungszeitraum 2009 die durch das JStG 2009 eingefügte Sondervorschrift des § 8 Abs. 10 KStG beachtet werden.
[1843] Das Subsidiaritätsprinzip des § 21 Abs. 3 EStG wurde durch JStG 2009 auch ausdrücklich in § 49 Abs. 1 Nr. 6 EStG aufgenommen.

beachten: Erstens sind bei (beschränkt steuerpflichtigen) Körperschaften im Zuge der Überschussermittlung auch die §§ 9, 9a und 11 EStG anzuwenden. Zweitens sind Werbungskosten nicht abziehbar, wenn wegen ausschließlich abzugspflichtiger Einkünfte keine Veranlagung stattfindet (§ 8 Abs. 6 KStG).

1880 Die **Ermittlung der (Gewinn-)Einkünfte** (des sog. Betriebsstättengewinns) richtet sich nach deutschem Steuerrecht durch Betriebsvermögensvergleich (§ 4 Abs. 1 EStG i.V. mit § 8 Abs. 1 KStG).[1844] Die Anwendung der deutschen Gewinnermittlungsvorschriften ist dabei auf den durch die inländische Zweigniederlassung erzielten Gewinn beschränkt.[1845] Bei der Gewinnermittlung darf die Körperschaftsteuer nicht gewinnmindernd abgezogen werden (§ 10 Nr. 2 KStG). Die Buchführungspflicht einer ausländischen Kapitalgesellschaft nach ausländischem Recht bewirkt die Buchführungspflicht nach § 140 AO.[1846]

1881 Die **Besteuerung** richtet sich nach den allgemeinen Grundsätzen (§ 31 Abs. 1 Satz 1 KStG), so wie sie oben zu den unbeschränkt steuerpflichtigen Körperschaften dargestellt wurde; insbesondere ist auch § 8b KStG in vollem Umfang anwendbar. Der bis einschließlich Veranlagungszeitraum 2000 geltende Sondersteuersatz von 40% gilt seit der Körperschaftsteuerreform 2001 nicht mehr. Im Hinblick darauf, dass der tarifliche Körperschaftsteuersatz seit der Unternehmensteuerreform 2008 15% (§ 23 Abs. 1 KStG), der Kapitalertragsteuersatz gemäß § 43, § 43a Abs. 1 EStG aber 25% beträgt, erfolgt gemäß § 44a Abs. 9 EStG für beschränkt körperschaftsteuerpflichtige Gläubiger der Kapitalerträge eine Erstattung der Kapitalertragsteuer i. H. von 2/5.

1882 Von den oben dargestellten Vorschriften für beschränkt Einkommensteuerpflichtige gelten diejenigen, die nicht an eine natürliche Person als beschränkt Steuerpflichtigen anknüpfen. Als Sondervorschrift ist § 32 Abs. 1 Nr. 2, Abs. 2 KStG zu berücksichtigen. Die mangelnde Erstattungsfähigkeit von Kapitalertragsteuer für beschränkt körperschaftsteuerliche Kapitalgesellschaften außerhalb des Anwendungsbereichs der Mutter-Tochter-Richtlinie, insbesondere unterhalb der Mindestbeteiligungsquote von 10%, verstieß gegen die Kapitalverkehrsfreiheit (Art. 63 AEUV).[1847] Diese Diskriminierung wurde für Bezüge, die nach dem 28. 2. 2013 zufließen (§ 34 Abs. 7a Satz 2 KStG), durch Einführung einer Steuerpflicht auch für inländische Streubesitzdividenden beseitigt, § 8b Abs. 4 KStG.[1848] Nicht von der Neuregelung erfasst sind Pensionsfonds, da die von Pensionsfonds bezogenen Dividenden nach § 8b Abs. 8 Satz 1 und 5 KStG nicht von der Steuerbefreiung nach § 8b Abs 1 KStG erfasst sind.[1849]

1844 BFH v. 13.9.1989 I R 117/87, BStBl 1990 II 57.
1845 BFH v. 17.12.1997 I R 95/96, BStBl 1998 II 260.
1846 BFH v. 14.11.2018 I R 81/16, BStBl. II 2019, 390, Rdn. 14; AEAO zu § 140 Satz 4.
1847 EuGH v. 20.10.2011 C-284/09 Europäische Kommission/Bundesrepublik Deutschland, IStR 2011, 840; zur analogen Anwendung von § 50d Abs. 1 EStG und zur Zuständigkeit der Finanzämter s. BFH v. 11.1.2012 I R 25/10, BFH/NV 2012, 871; v. 11.1.2012 I R 30/10, BFH/NV 2012, 1105.
1848 BGBl 2013 I 561; s. o. Rdn. 416.
1849 Der EuGH hat in seinem Urteil v. 13.11.2019 (C-641/17 College Pension Plan of British Columbia, IStR 2019, 933) festgestellt, dass die unterschiedliche Besteuerung von inländischen und ausländischer Pensionsfonds die Kapitalverkehrsfreiheit (Art. 63 Abs. 1 AEUV) verletzt. Zwar sind die Dividenden in beiden Fällen nach § 8b Abs. 8 KStG steuerpflichtig, jedoch werden „versicherungstechnische Rückstellungen proportional" zu den vereinnahmten Dividenden dotiert und nur bei inländischen Pensionsfonds zum Abzug als Betriebsausgabe zugelassen.

7.2.2 Steuerermäßigung bei ausländischen Einkünften

Die Möglichkeit zur Steueranrechnung und zum Steuerabzug ist für beschränkt steuerpflichtige Körperschaften i. S. des § 2 Nr. 1 KStG in § 26 Abs. 1 Satz 1 Nr. 2 KStG geregelt.[1850] Durch das KroatienAnpG[1851] und das ZollkodexAnpG[1852] wurde § 26 KStG neugefasst und enthält nunmehr (statt eines eigenen Regelungsgehalts) eine Verweisung auf die Anrechnungsvorschriften des § 50 Abs. 3 und des § 50d Abs. 10 EStG. § 50 Abs. 3 EStG gewährt die Anrechnung bzw. den Abzug ausländischer Steuern nur, soweit der beschränkt Steuerpflichtige im ausländischen Staat nicht in einem der unbeschränkten Steuerpflicht ähnlichen Umfang zu einer Steuer vom Einkommen herangezogen wird. Wäre der Steuerpflichtige im ausländischen Staat unbeschränkt steuerpflichtig, dann würde der ausländische Staat, die deutschen Einkünfte durch Steueranrechnung oder -abzug entlasten und eine Doppelbesteuerung verhindern. In diesem Fall besteht also kein Bedarf, die deutsche Besteuerung abzumildern.

1883

> **BEISPIEL:** Die chilenische C SA unterhält in Frankfurt eine rechtlich unselbständige Zweigniederlassung ihrer in Santiago/Chile gelegenen Maschinenfabrik. Zu den Einkünften der deutschen Niederlassung zählen Gewinne aus einer Montage in Riad/Saudi-Arabien. Soweit in Saudi-Arabien eine Ertragsteuer erhoben wurde, kann diese Steuer im Rahmen der Steuerermäßigung nach § 26 Abs. 1 Satz 1 Nr. 2 KStG i.V. mit § 50 Abs. 3, § 34c Abs. 1 bis 3 EStG angerechnet werden.

§ 26 Abs. 1 Satz 1 Nr. 2 KStG ordnet auch die entsprechende Anwendung des § 50d Abs. 10 EStG (Rdn. 1855 ff.) und die Steueranrechnung bei grenzüberschreitenden Sondervergütungen an. Die Vorschrift soll sicherstellen, dass Sondervergütungen eines beschränkt steuerpflichtigen Mitunternehmers wie Gewinnanteile als Unternehmensgewinne (gemäß Art. 7 Abs. 1 OECD-MA) in Deutschland besteuert werden können.[1853] Unterliegen die Sondervergütungen auch im ausländischen Staat der Besteuerung, da dieser die Sondervergütungen – entsprechend dem OECD-MA – nicht als Unternehmensgewinne sondern als Dividenden, Zinsen oder Lizenzen qualifiziert (Qualifikationskonflikt), entsteht eine Doppelbesteuerung. Anders als § 34c EStG sieht § 50d Abs. 10 Satz 5 EStG daher eine Anrechnungspflicht auch bei fehlender unbeschränkter Steuerpflicht vor. Der BFH ist davon überzeugt, dass § 50d Abs. 10 EStG (auch) wegen Verstoßes gegen das Rückwirkungsverbot (Art. 20 Abs. 3 GG) verfassungswidrig ist und hat die Norm (auch) aus diesem Grund dem BVerfG[1854] zur Entscheidung vorgelegt.[1855]

1884

7.3 Erbschaft- und Schenkungsteuerrecht

Bereits oben (Rdn. 503) wurden die verschiedenen grenzüberschreitenden Konstellationen dargestellt, die der Besteuerung nach dem ErbStG unterliegen. Die beschränkte

1885

[1850] Zur Steueranrechnung bei unbeschränkt Körperschaftsteuerpflichtigen gem. § 26 Abs. 1 Satz 1 Nr. 1 KStG s. o. Rdn. 387 ff.
[1851] Gesetz v. 25. 7. 2014, BGBl 2014 I 1266.
[1852] Gesetz v. 22. 12. 2014, BGBl 2014 I 2417.
[1853] Vgl. BR-Drs. 139/13, S. 140 f.
[1854] Die konkrete Normenkontrolle ist dort unter dem Az. 2 BvL 15/14 anhängig.
[1855] BFH v 11. 12. 2013 I R 4/13, BStBl 2014 II 791.

Erbschaft- und Schenkungsteuerpflicht ist in § 2 Abs. 1 Nr. 3 ErbStG geregelt. Sie ist dann zu bejahen, wenn weder der Erblasser noch der Erbe bzw. weder der Schenker noch der Beschenkte Inländer i. S. von § 2 Abs. 1 ErbStG sind und sich die betroffenen Vermögensgegenstände im Inland befinden.

1886 Der beschränkten Erbschaft- und Schenkungsteuerpflicht unterliegt nicht das gesamte Vermögen, sondern nur der Vermögensanfall, **der in Inlandsvermögen im Sinne des § 121 Nr. 1 bis 9 BewG** besteht. Die Zuordnung einzelner Wirtschaftsgüter zu den in § 121 BewG aufgezählten Vermögensgruppen richtet sich ausschließlich nach dem deutschem Recht (sog. isolierende Betrachtungsweise) – s. a. Rdn. 513.

1887 Bei **Anteilen an Kapitalgesellschaften** verlangt § 121 Nr. 4 BewG i. V. mit § 2 Abs. 1 Nr. 3 ErbStG, dass der Erblasser/Schenker mindestens zu 10 % am Grund- oder Stammkapital der inländischen Kapitalgesellschaft beteiligt war, so dass die Beteiligungshöhe des Erwerbers vor oder nach der Zuwendung unerheblich ist. Bei der Berechnung der Beteiligungsquote des Erblassers/Schenkers zählen auch mittelbar gehaltene Anteile mit (R E 2.2 Abs. 3 Satz 3 ff. ErbStR).

1888 Wird nur ein Teil einer solchen Beteiligung durch Schenkung zugewendet, gelten die weiteren Erwerbe aus der Beteiligung, soweit die Voraussetzungen des § 14 ErbStG erfüllt sind, auch dann als Erwerb von Inlandsvermögen, wenn im Zeitpunkt ihres Erwerbs die Beteiligung des Erblassers oder Schenkers weniger als ein Zehntel des Grund- oder Stammkapitals der Gesellschaft beträgt (vgl. § 2 Abs. 1 Nr. 3 Satz 3 ErbStG).

1889 Zum **Inlandsvermögen** gehören weiter u. a. land- und forstwirtschaftliches Vermögen, Grundbesitz,[1856] Beteiligungen an Personengesellschaften im Inland (einschließlich der Beteiligung an einer Komplementär-GmbH), Urheberrechte (R E 2.2 Abs. 4 ErbStR), typisch stille Beteiligungen (R E 2.2 Abs. 5 ErbStR), Nutzungsrechte wie z. B. Patente, Know-How (R E 2.2 Abs. 6 ErbStR), Hypotheken, Grundschulden (H E 2.2 ErbStH).

1890 Umgekehrt gehören zu den **steuerfreien Vermögensgegenständen** all diejenigen Wirtschaftsgüter, Gegenstände und Rechte, die in § 121 BewG nicht aufgezählt sind, z. B. Bank- und Sparguthaben bei deutschen Kreditinstituten, der Übergang von ungesicherten Forderungen gegen inländische Schuldner, der Übergang in Deutschland deponierter Wertpapiere, der Übergang im Inland befindlicher Kunstgegenstände oder Hausrat.

1891 Ein Abzug von Schulden und Lasten ist nur insoweit möglich, als sie in wirtschaftlichem Zusammenhang mit steuerpflichtigen Vermögensgegenständen stehen (§ 10 Abs. 6 Satz 2 ErbStG, R E 10.10 ErbStR). Die Rechtsprechung nimmt einen wirtschaftlichen Zusammenhang zwischen einem Vermögensgegenstand und einer Schuld oder Last an, wenn deren Entstehung ursächlich und unmittelbar auf Vorgängen beruht, die diesen Vermögensgegenstand betreffen.[1857] Besonderheiten können sich aus dem einzelnen DBA ergeben (vgl. z. B. Art. 10 DBA-USA/ErbSt, Art. 9 DBA-Schweiz/ErbSt).

[1856] Die Frage, ob ein Sachvermächtnis über ein inländisches Grundstück ebenso der beschränkten Steuerpflicht des § 2 Abs. 1 Nr. 3 ErbStG i. V. mit § 121 Nr. 2 BewG unterliegt wie die unmittelbare Eigentumsübertragung des inländischen Grundstücks selbst, ist bei BFH unter dem Aktenzeichen II R 37/19 anhängig.

[1857] BFH v. 21. 7. 1972 III R 44/70, BStBl 1973 II 3.

Die sachlichen Steuerbefreiungen werden bei beschränkter Erbschaftsteuerpflicht vollständig, die persönlichen Steuerbefreiungen dagegen nur anteilig gewährt (§ 16 Abs. 2 Satz 1 ErbStG).[1858] Der anteilige persönliche **Freibetrag** entspricht gemäß § 16 Abs. 2 Satz 2 ErbStG dem Verhältnis der Summe der Werte des in demselben Zeitpunkt erworbenen, nicht der beschränkten Steuerpflicht unterliegenden Vermögens und derjenigen, nicht der beschränkten Steuerpflicht unterliegenden Vermögensvorteile, die innerhalb von zehn Jahren von derselben Person angefallen sind, zum Wert des Vermögens, das insgesamt innerhalb von zehn Jahren von derselben Person angefallen ist. Hierbei sind frühere Erwerbe mit ihrem früheren Wert anzusetzen (§ 16 Abs. 2 Satz 3 ErbStG).

1892

Mit der anteiligen Gewährung reagiert der Gesetzgeber auf die (zweite) Entscheidung des EuGH zur Gewährung von persönlichen Freibeträgen für beschränkt Steuerpflichtige.[1859] Zuvor wurde beschränkt erbschaftsteuerpflichtigen Personen (mit Wohnsitz im Gebiet der EU bzw. des EWR) der Freibetrag des § 16 Abs. 1 ErbStG nur nach vorherigem Antrag gemäß § 2 Abs. 3 ErbStG a. F. (bei Option zur unbeschränkten Steuerpflicht) gewährt.[1860] Ohne einen solchen Antrag (sowie bei Ansässigkeit in Drittstaaten) reduzierte sich der Freibetrag gemäß § 16 Abs. 2 ErbStG a. F. auf 2 000 €. Bereits diese Optionslösung war eine Reaktion des Gesetzgebers auf ein (erstes) Urteil des EuGH.[1861] Vor dem Inkrafttreten der Neuregelung in § 16 Abs. 2 ErbStG durch das StUmgBG[1862] fehlte es an einer gesetzlichen Grundlage für die Minderung des persönlichen Freibetrags um den Teil, der auf das (nicht der beschränkten Steuerpflicht unterliegende) Auslandsvermögen entfällt, so dass der BFH die persönlichen Freibeträge beschränkt Steuerpflichtigen ungekürzt (also in gleichem Umfang wie bei unbeschränkter Steuerpflicht) gewährte.[1863]

1893

Durch das Anfügen des § 17 Abs. 3 ErbStG wird der besondere **Versorgungsfreibetrag** nach § 17 Abs. 1, 2 ErbStG auch beschränkt Steuerpflichtigen gewährt, wenn durch die Staaten, in denen der Erblasser ansässig war oder der Erwerber ansässig ist, Amtshilfe in Form eines Auskunftsaustausches gewährt wird.[1864] Die Verknüpfung der Gewährung des Versorgungsfreibetrags mit der Leistung von Amtshilfe soll gewährleisten, dass die deutschen Finanzbehörden im Bedarfsfall Auskünfte über die dort bezogenen, nicht der Erbschaftsteuer unterliegenden Versorgungsbezüge bei ausländischen Behörden einholen können.[1865] Anders als bei den persönlichen Freibeträgen sieht § 17 Abs. 3 ErbStG für den Versorgungsfreibetrag keine (dem § 16 Abs. 2 ErbStG vergleichbare) quotale Minderung vor.

1894

1858 § 16 Abs. 2 ErbStG (i. d. F. des Steuerumgehungsbekämpfungsgesetzes v. 23. 6. 2017, BGBl 2017 I 1682) ist gemäß § 37 Abs. 14 ErbStG auf Erwerbe anzuwenden, für die die Steuer nach dem 24. 6. 2017 entsteht.
1859 EuGH v. 8. 6. 2016 C-479/14 Hünnebeck, DStR 2016, 1360.
1860 Bei allen Erwerben, bei denen die ErbSt nach dem 13. 12. 2011 entsteht, vgl. § 37 Abs. 7 Satz 1 ErbStG.
1861 EuGH v. 22. 4. 2010 C-510/08 Mattner, DStR 2010, 861.
1862 G. v. 23. 6. 2017, BGBl 2017 I 1682.
1863 BFH v. 10. 5. 2017 II R 53/14, BStBl 2017 II 1200; im Wesentlichen inhaltsgleich mit BFH v. 10. 5. 2017 II R 2/16, BFH/NV 2017, 1319.
1864 Gemäß § 37 Abs. 13 ErbStG ist § 17 ErbStG in der am 25. 7. 2017 geltenden Fassung auf Erwerbe anzuwenden, für die die Steuer nach dem 24. 7. 2017 entsteht, sowie auf Erwerbe, für die die Steuer vor dem 25. 7. 2017 entstanden ist, soweit Steuerbescheide noch nicht bestandskräftig sind.
1865 Vgl. BT-Drs. 18/11132, S. 36.

1895 Die deutsche Erbschaftsteuer entsteht endgültig; eine Anrechnung nach § 21 ErbStG scheidet aus, da diese nur in den Fällen des § 2 Abs. 1 Nr. 1 ErbStG (also der unbeschränkten Steuerpflicht) zulässig ist. Die Steuersätze (§ 19 ErbStG) sind bei beschränkter Steuerpflicht dieselben wie bei unbeschränkter Steuerpflicht.

1896 Die „normale" beschränkte Erbschaft- und Schenkungsteuerpflicht wird um die Regelungen der sog. **erweiterten beschränkten Steuerpflicht** in den § 4, § 5 Abs. 1 Satz 2 AStG ergänzt. Diese sollen die Umgehung der deutschen Erbschaftsteuerpflicht durch Auswanderung des Erblassers/Schenkers verhindern und den Anreiz zur Wohnsitzverlagerung in Niedrigsteuergebiete verringern.

1897 Personen, die aus Deutschland in ein aus ertragsteuerlicher Sicht sog. Niedrigsteuerland oder in ein Land mit einer sog. Vorzugsbesteuerung ausgewandert sind und vorher lange Zeit in Deutschland ansässig und deutsche Staatsangehörige gewesen sind, werden gemäß § 4 AStG i.V. mit § 2 Abs. 1 Satz 1 AStG noch für 10 Jahre von der erweiterten beschränkten Erbschaftsteuerpflicht erfasst. Der Erbschaftsteuer unterliegt dann das sog. **erweiterte Inlandsvermögen.** Das ist vereinfacht gesagt alles Vermögen, das nicht Auslandsvermögen ist (vgl. Tz. 4.1.1 AStG-AE).[1866]

1866 BMF v. 14. 5. 2004, BStBl 2004 I Sondernummer 1 (Anwendungserlass).

STICHWORTVERZEICHNIS

(Es sind jeweils die Randnummern – Rdn. – angegeben.)

183-Tage-Regelung 585, 899 ff., 918, 920, 924 f.

A

Abfindungen 667, 896, 942, 967, 1781, 1862
Abgabenpflichtiger, Identität des 51, 95
Abkommensberechtigung (DBA) 609 ff., 618 ff., 852, 1034, 1036, 1038, 1040
Abkommensmissbrauch 89, 581, 1033, 1040
Abzug der Steuer bei der Ermittlung der Einkünfte 66 ff., 306 ff., 314 f., 392 ff.
Abzugsteuer 1810, 1826, 1834 ff.
Advance Pricing Agreement APA 1552, 1735 ff.
Advance Tax Rulings ATR 1552
Aggressive Steuerplanung 72, 83, 89
Aktive Einkünfte 1291 ff.
Aktive Tätigkeit 196, 260, 1774
Aktivitätsklausel 264 f., 327, 363, 747, 834, 839
Amts- und Rechtshilfe 157, 1006 ff., 1021, 1028, 1032, 1530, 1538
Amts- und Rechtshilfeverträge 1028, 1032
Amtsermittlungspflicht 153
Angemessenheitsdokumentation 1697, 1701
Anlagen (DBA) 564 f.
Anrechnung
– AStG 1340 ff.
– DBA 589 ff.
– ErbStG 504, 519 ff.
– EStG 269 ff.
– fiktive Steuer 65, 318, 345, 471, 590 f., 842
– InvStG 272, 1418
– KStG 387 f.
– VStG 500
Anrechnungsüberhang 295, 318, 371, 390, 528
Ansässigkeit (DBA) 644 ff.
Anti-Organ-Klausel 742
APA s. Advance Pricing Agreement
Arbeitgeber (DBA) 908, 917, 934, 1692
Arbeitnehmer, Freizügigkeit s. Freizügigkeit
Arbeitnehmerentsendung 3, 920 ff., 1687 ff.

Arbeitnehmerverleih 912 ff., 934
Arbeitslohn 175, 208, 228, 338 ff., 890, 895 f., 919 f., 1692, 1781, 1807, 1817
Arbeitsortsprinzip 207, 885
Artisten s. Einkünfte als Künstler oder Sportler
ATAD 244 ff., 423, 1661, 1555,
Atomisierung 600
Attraktionsprinzip 730, 746
Atypisch stille Gesellschaft 820
Aufsichtsrat s. Einkünfte aus Aufsichtsrats- oder Verwaltungsratstätigkeit
Aufsichtsratsteuer 1821
Aufsichtsratsvergütungen s. Einkünfte aus Aufsichtsrats- oder Verwaltungsratstätigkeit
Aufzeichnungspflichten 1699, 1706, 1717 ff.
Auskunftsklausel (große, kleine) 1010 ff., 1028, 1302
Ausland (Begriff) 99 ff.
Ausländische Einkünfte s. Einkünfte
Ausländische Steuer (Begriff) 276 ff.
Ausländische Währung s. Umrechnung
Auslandstätigkeitserlass ATE 332 ff.
Auslandsvermögen 449, 521 ff., 1893, 1897
Auslegung (DBA)
– dynamische 572
– statische 572
Ausschüttungsfiktion 1272, 1329
Ausschließliche Wirtschaftszone 100 f.
Außergewöhnliche Geschäftsvorfälle 1702, 1704, 1720
Authorised OECD Approach AOA 745, 750, 752, 768, 770 f., 911, 1205, 1629
Autor, Autorenrechte 200, 217, 878, 1817

B

Bagatellgrenze 1315
Ballooningmodell 413
Bananenmarktverordnung 1485

Stichwörter

Basisgesellschaft   170, 1200
Bauausführung   703 ff.
Beherrschender Einfluss   1636, 1639
Beitreibung   15, 579, 1027, 1032 ff., 1252, 1556 ff.
Benennung von Dritten   151, 169 ff., 1394
BEPS   88 ff.
Berlin-Klausel   654
Berufssportler   3, 1773; s. auch Sportler
Beschränkte Steuerpflicht   s. Steuerpflicht
Besonderer Steuersatz   65, 331, 349, 356
Besteuerung
- extra-territoriale   823
- nach dem Aufwand   1218, 1885
- nach der Leistungsfähigkeit   1, 85, 350, 584, 1048
- niedrige   1216 f., 1312 ff.

Betriebsgemeinschaft   799, 1765
Betriebsstätte (Begriff - AO, DBA)   681 ff.
Betriebsstättenausnahmen   721 ff.
Betriebsstättengewinn
- Ermittlung   749 ff., 753 ff., 768 f., 770 ff., 1631

Betriebsstättengewinnaufteilungsverordnung   245, 752, 778 ff., 1607, 1727
Betriebsstättenvorbehalt   726, 745, 821 f., 846, 859, 986
Betriebsstättenvermögen   444, 467, 471, 480, 486, 490, 496
Bewegliches Vermögen   s. Vermögen
Beweisbeschaffungspflicht, -vorsorgepflicht   151, 1700
Bezahlte Untätigkeit   893 f.
Billige Flaggen   252
Binnenschiffe, Binnenschifffahrt   s. Schifffahrt
Brexit   1566 ff.
Briefkastengesellschaft   165, 636, 1200
Briefwechsel (DBA)   564
Bundesbahn   210
Bundesbank   210, 978
Bundesrepublik Deutschland (Begriff, DBA)   654 ff.
Büsingen   103

C

Centros-Fall   634
Common Reporting Standard CRS   1030

Company costs   1611
Container   43, 685
Controlled foreign corporation CFC   89, 1273
Cross-Border-Leasing   93
Country by Country Report CbCR   1607, 1711 ff.

D

Datenbank   1724
DAC 6   162, 1501, 1555
DBA   550 ff.
DBA
- Aufbau   573
- Auslegung   556, 568 ff.
- Erbschaftsteuer   529 f., 558
- Geltungsbereich, allgemein   609 ff.
- Geltungsbereich, persönlicher   609 ff.
- Geltungsbereich, räumlich   652 ff.
- Geltungsbereich, sachlich   652 ff.
- Geltungsbereich, steuerlich   659 ff.
- Geltungsbereich, zeitlicher   663 ff.
- Verhältnis zum AStG   1406
- Zuordnungsprinzipien   665 ff.

DDR   99, 657
Dealings   750, 768, 772, 774, 788, 1673
Dealing-at-arm's-length   755, 1609
DEMPE   1667
Dienstleistungsbetriebsstätte   695, 709, 760
Dienstleistungsfreiheit   1525
Diplomaten   33, 60, 376 ff., 579, 1044
Directive shopping   1037, 1841
Diskriminierung, Diskriminierungsverbot   579, 642, 930, 973, 1045 ff., 1454, 1488, 1524, 1529, 1838, 1881
Dividenden (DBA)   814 ff.
Dokumentationspflicht   155, 1031, 1697, 1699 ff., 1703 f., 1710
Domizilgesellschaft   169, 315, 322, 1200, 1338, 1350, 1393
Doppelbesteuerung
- effektive   53, 72, 74, 94, 550
- Methoden zur Vermeidung   62 ff., 573, 578
- virtuelle   53, 72, 74, 594
- wirtschaftliche   809

Doppelte Ansässigkeit   645, 651
Dotationskapital   224, 760, 768, 773, 779, 1607
Double Dip   83, 93, 240

E

Effektive Doppelbesteuerung s. Doppelbesteuerung

EFTA 1559 ff.

EG-Amtshilfe-Gesetz 1504, 1539

EG-Beitreibungsgesetz 1557

Einkommensteuerpflicht s. Steuerpflicht

Einkünfte
- aktive 1291 ff.,
- als Künstler oder Sportler 3, 179, 199, 584, 874, 887, 957 ff., 1773, 1812, 1816, 1819 f.
- als Schriftsteller 200, 1817
- andere 331, 378, 798, 985 f., 1797
- aus Aufsichtsrats- oder Verwaltungsratstätigkeit 179, 587, 875, 939 ff., 1814, 1821, 1823
- aus Dienstleistungen 695, 1299 ff.
- aus Dividenden 93, 253 ff., 278, 398, 401 f., 409, 584, 589, 625, 814 ff., 824 ff., 838 ff., 944, 1334, 1380, 1853, 1861, 1868, 1884
- aus Gewerbebetrieb 93, 192 ff., 326, 369, 430, 692, 826, 856, 961, 1221, 1330, 1360, 1381, 1751, 1755, 1761 f., 1770, 1773, 1774, 1791, 1810, 1819, 1856, 1863, 1878
- aus Handel 1296
- aus Kapitalvermögen 213 ff., 814 ff., 844 ff.
- aus Land- und Forstwirtschaft 187 ff., 260, 269, 669 ff.
- aus Lizenzen 179, 200, 217, 327, 857 ff.
- aus nichtselbständiger Arbeit s. aus unselbständiger Arbeit
- aus öffentlichen Kassen 175, 209 f., 329, 642, 930, 963, 968, 971 ff., 1779, 1849
- aus Renten 220, 929, 967, 970, 985, 1793, 1877
- aus Ruhegehältern 895, 967 ff.
- aus selbständiger Arbeit 199, 680, 869 ff., 940
- aus unbeweglichem Vermögen 217 ff., 665 ff.
- aus unselbständiger Arbeit 207 ff., 332, 358, 885 ff.
- aus Veräußerungen 203, 862 ff.
- aus Vermietung und Verpachtung s. Einkünfte aus unbeweglichem Vermögen
- aus Zinsen 217, 254, 278 ff., 844 ff.; s. auch Einkünfte aus Kapitalvermögen
- Ermittlung 54, 66, 179, 253 255, 292, 306, 314, 347, 358, 384, 392, 434, 673, 772, 1353, 1380, 1402
- graue 72
- gemischte 1315, 1324, 1342
- Journalist 179, 1817
- nachträgliche 196, 762, 798, 895, 967, 1774, 1776, 1781, 1857

- negative ausländische 260 f., 602
- passive 430, 494, 1306 ff., 1320, 1330, 1355 f.
- sonstige 180, 213, 366, 985, 1757, 1792 ff.

Einkunftsabgrenzung 1647, 1676 ff., 1683, 1687, 1693, 1697, 1853 ff.

Emmot'sche Fristenhemmung 1477

Empfehlung (EU) 1464, 1478

Entscheidungsharmonie 569, 571

Entstrickung 232, 423, 448, 463, 470, 495, 498, 1235, 1768, 1863

Entwicklungshilfe 335, 974, 1414 ff.

Entwicklungsländer, -staaten 65, 71, 79, 551, 560, 842, 880, 974, 1012, 1414

Erbanfallsteuer 524

Ermäßigungsanspruch 269, 278, 314, 344, 388, 519, 525, 527, 854, 1261, 1858

Ermittlung der Einkünfte s. Einkünfte

Erbschaftsteuerpflicht s. Steuerpflicht

Erstattung von Steuern 1036, 1865

Erweitert beschränkte Einkommensteuerpflicht s. Steuerpflicht

Erweitert beschränkte Erbschaftsteuerpflicht s. Steuerpflicht

Erweitert unbeschränkte Steuerpflicht 175

EU-Amtshilfegesetz 1020, 1541

EU-Beitreibungsgesetz 1558

Europäische Gerichtshof EuGH 1479 ff.

EWR (Begriff) 1559 ff.

F

Familienstiftung 1372 ff., 1397, 1401, 1871

Farm 258, 261, 702

FATCA 86, 1029, 1039

Ferienwohnung 256, 262, 363, 646

Feste Einrichtung 326, 677, 695, 850, 871, 879, 1775, 1778

Festlandsockel 85, 656

Filmrechte 217, 1775

Filmschauspieler 893

Finale Betriebsaufgabe 233

Finale Entnahme 232 ff.

Finaler Verlust 790 ff.

Fishing Expeditions 1024

Fliegende Bauten 685
Flugzeug s. Luftfahrt
Förderstaatsprinzip 1793
Freier Beruf 873, 876
Freigrenze (AStG) 1315 ff., 1366
Freihäfen 103
Freistellung (von der Besteuerung) 63, 66 f., 355, 585
Freizonen 103
Freizügigkeit (EU) 258, 333, 1208, 1248, 1525 ff., 1530
Freizügigkeitsabkommen FZA 258, 333, 1231, 1565
Fremdvergleich, Fremdvergleichsgrundsatz, Fremdvergleichspreis 229, 750, 755, 772 f., 778, 812, 853, 920, 1304, 1605, 1609 ff., 1642 ff., 1664 ff., 1673, 1695, 1701, 1727
Funktionaler Zusammenhang
– AStG 1307
Funktionsverlagerung 3, 82, 1627, 1647 ff., 1666,
Fusions-Richtlinie 465, 482, 493 f., 1496

G

Gastdozent, Gastlehrer 887, 981 ff.
Gebietshoheit 11, 13 ff., 16 f., 223
Gebot der Nichteinmischung 11
Geltungsbereich s. DBA
Gemeinsame konsolidierte Körperschaftssteuer-Bemessungsgrundlage - GKKB 1518
Gemischte Einkünfte s. Einkünfte
Genuine Link 636
Geschäftsführungskosten 760, 1611
Geschäftsleiter, ordentlicher und gewissenhafter 1610, 1616, 1693
Geschäftsleitung 40 ff., 651, 697
Geschäftsleitung
– Ort der tatsächlichen 381, 651, 799, 864, 932, 989
Geschäftsleitungsbetriebsstätte 697, 1215
Geschäftsstellen 699
Geschäftsvorfallbezogene Gewinnaufteilungsmethode 1605, 1623 ff.
Gesellschaft (Begriff - DBA) 611, 613
Gesellschaft, hybride 490, 1843

Gesellschafterfremdfinanzierung 422
Gewerbliche Einkünfte s. Einkünfte
Gewinnabgrenzungsaufzeichnungsverordnung GAufzV 1717 ff.
Gewinnermittlungsmethode
– Direkte, indirekte 245, 254, 756 f., 766 f.
Gewinnverlagerung 88, 759, 802, 1204, 1539
Gewöhnlicher Aufenthalt 34 ff., 648
Grenzgänger 920, 923 ff., 964, 973
Grundbesitz s. Vermögen, unbewegliches
Grundfreiheiten 1525 ff., 1530 ff., 1838
Gründungstheorie 633 f., 641
Gruppenanfrage 1024

H

Handelsschiffe s. Schifffahrt
Helgoland 103
Hilfs- oder Nebentätigkeiten 335, 686, 722, 724 f., 779
Hinzurechnungsbesteuerung 88 f., 186, 1271 ff., 1873
Hohe See 101, 692, 936
Homeland Taxation 1518
Hybride Finanzierungsinstrumente 400 ff.
Hybride Gestaltungen, Strukturen 240 ff.

I

Inbound 70, 480, 1615, 1851
Informationsaustausch 72, 85 ff., 551, 579, 1006 ff., 1020, 1022, 1025 f., 1029 ff., 1467, 1501, 1538 ff., 1548, 1552
Inland (Begriff) 99 ff.
Inlandsvermögen 509, 514, 517, 1221, 1227, 1886 ff.
Interessenidentität 1636, 1641
Internationale Kanzlei 1778
Internationaler Gerichtshof 1004
Internationales Schachtelprivileg s. Schachtelprivileg
Internationales Steuerrecht (Begriff) 2 ff.
Internet-Server 693
Investmentvermögen 581, 1058, 1418
Isolierende Betrachtungsweise 1755, 1875, 1884

J

Journalist s. Einkünfte

K

Kapitalanlagecharakter s. Zwischeneinkünfte

Kapitalanlagen, Schutz von 552

Kapitaleinkünfte s. Einkünfte

Kapitalgesellschaft (Begriff) 630 ff.

Kapitalspiegelmethode 245

Kapitalverkehrsfreiheit (EU) 258, 535 ff., 1525, 1527, 1838, 1880

Kassenstaatsprinzip 209, 971 f., 974 ff.

Kehrbezirk (Betriebsstätte) 685

Keinmalbesteuerung 72, 93, 240, 749, 1861

Klein-Walsertal 103

Körperschaftsteuerpflicht s. Steuerpflicht

Kohärenz-Prinzip 1532

Konsuln 33, 60, 376 ff., 579

Konsultationsvereinbarung, Konsultationsverfahren 651, 896, 1000 ff., 1781

Kontroll- und Koordinierungsstellen 699

Kontrollorgan s. Aufsichtsrat

Konzernrückhalt s. Rückhalt im Konzern

Korrekturvorschriften
– ErbStG 536

Kostenaufschlagsmethode 1605, 1617, 1621 ff.,

Kostenumlage 760

Kraftfahrzeugsteuer 552, 566, 1032, 1032

Künstler s. Einkünfte als

Kulanzauskunft 1021, 1398

Kulturaustausch 959, 963

Kundendienstbüro 699

Kursgewinne 229 f.

L

Land- und Forstwirtschaft s. Einkünfte aus

Lehrlinge 979

Lex-fori-Prinzip 571

Lizenz, Lizenzbox 200, 217, 241 ff., 278, 327, 589 f., 745, 760, 852, 857 ff., 1046, 1052, 1504, 1724, 1772, 1837 ff.

Lizenzschranke 241 ff.

LoB-Klausel 1038, 1040, 1043

Local-File 1711

Lohnfertiger 1621

Luftfahrt 59, 102, 552, 678, 799, 1051, 1764, 1800

Luftsäule (Staatsgebiet) 102

M

Maastricht-Vertrag 1450

Malta-Modell 1313

Master-File 1711

Mehrfachansässigkeit s. doppelte Ansässigkeit

Meistbegünstigungsklausel 1054, 1531

Methodenartikel 578, 597, 747, 830

Mezzanines Kapital 824

Mindeststeuersatz 1536, 1804

Missbrauch s. Abkommensmissbrauch

Mittelpunkt der geschäftlichen Oberleitung 41 ff.

Mittelpunkt der Lebensinteressen 29, 646, 647 f.

Mitwirkungspflichten 150 ff., 170, 346, 520, 1262 ff., 1392 ff., 1587, 1679, 1697 ff., 1847

MLI 681, 1056 ff.

Monaco-Fall 1034

Montage, Montagebetriebsstätte 766, 789

Motivtest 1308 f., 1356, 1364

Mutter-Tochter-Richtlinie 597, 834 f., 839, 1497, 1787, 1882

N

Nacherklärungspflicht 348 f.

Nachlasssteuer 524

Nachträgliche Einkünfte s. Einkünfte

Nachversteuerung 371, 791 ff., 1413

Nachweispflichten s. Mitwirkungspflichten

Nachzahlung von Arbeitslohn 895, 967

Nahestehende Personen 88, 155, 242, 244, 403, 740, 890, 1281, 1295 ff., 1356 ff., 1635 ff., 1663

NATO-Angehörige 33, 376 ff.

Nebenerträge 821, 1306 ff.

Nettomargenmethode s. TNMM

Nexus-Ansatz 244

Nichtbesteuerung, doppelte   72, 83, 89, 240, 244, 598, 605, 993, 1008, 1851 f., 1855

Nichteinmischung, Gebot der   11

Nichtselbständige Arbeit   s. Einkünfte aus unselbständiger Arbeit

Niederlassungsfreiheit (EU)   235, 258, 442, 455, 460, 541, 634 f., 1274, 1524, 1527

Niedrigere Besteuerung   s. Besteuerung

Notenaustausch (DBA)   563

Nutzungsberechtigter   816 f., 844, 853, 1013,

O

Oasenbericht   s. Steueroasen

Oasenländer   551, 1200

Obergesellschaft (AStG)   1348 ff., 1405

OECD   555

OECD-Musterabkommen 1963   555

OECD-Musterabkommen 1966 (Erbschaften)   558

OECD-Musterabkommen 1977   555

OECD-Musterkommentar   555

OECD Transfer Pricing Guidelines   768, 1603 ff.

Öffentliche Kasse   s. Kassenstaatsprinzip

Öffentlicher Dienst   971

Organschaft   368, 414, 417 ff., 639

Ort der Leitung   696 f.

Outbound   70, 1615, 1851

P

Paraphierung (DBA)   563, 565

Partiarisches Darlehen   260, 820, 827

Passive Einkünfte   s. aktive Einkünfte

Pauschalierung   67, 323 ff., 394, 502, 1343, 1811, 1813

Pauschalierungserlass   326 ff.

Payroll-Split-Modell   921

Penalities   1707

Pension   s. Einkünfte aus öffentlichen Kassen

Pensionsfonds   435, 890, 1040, 1799

Per-Country-Limitation   298, 532

Person (Begriff, DBA)   609 ff.

Personalhoheit   14 f., 19

Personengesellschaft (DBA)   617 ff.

Personenvereinigung (Begriff, DBA)   614

Pool   799, 1684 ff., 1785

Praktikanten   979

Preisvergleichsmethode   1605, 1617 ff.

Principal-Purpose-Test PPT   719, 1042

Prinzip der Nichtbeschränkung   1530

Private Equity   826

Produktivitätsklausel   s. Aktivitätsklausel

Profit Split   1605, 1623, 1643

Progressionsvorbehalt   63, 348 ff., 372, 380, 386, 504, 535 ff., 582, 585 ff., 622, 665, 747, 799, 883, 890, 898, 922, 938, 956, 1225

Progressionsvorbehalt
 – negativer   259, 360, 421, 790, 798

Protokoll (DBA)   564

Q

Qualifikationskonflikt   92 ff., 402, 420, 607, 939, 1852, 1858, 1862, 1884

Qualifizierter Geschäftsbetrieb   1297

Quellensteuer, fiktive   345, 590 ff., 842

Quintett-Beteiligung   836, 1035

R

Ratifikation   563, 565, 567, 663, 811, 1027, 1057

Real Estate Investment Trust REIT   675, 865, 1290

Rechtshilfe   s. Amts- und Rechtshilfe

Remittance-Base-Prinzip   596, 605

Renten   s. Einkünfte aus

Richtlinie EU (Begriff)   1467

Rohrleitung   685

Rückfallklausel   596 ff.,

Rückhalt im Konzern   760, 853, 1612

Rückwirkung (DBA)   563

Ruhegehälter   s. Einkünfte aus

Rule shopping   1037

S

Sachverhaltsdokumentation   1701

Schachteldividenden   584, 585, 589, 597, 816, 828 ff., 838 ff., 1853, 1861

Schätzungsrahmen   1705

Schiedskonvention, Schiedsrichtlinie 1498, 1505 ff., 1741

Schiedsverfahren 87, 994, 1001 ff., 1498, 1505 ff., 1733

Schifffahrt, Schiffe 15, 46, 59, 68, 101, 195, 248 ff., 260, 327, 362, 393, 428, 501, 666, 678, 692, 799 ff., 864, 932 ff., 1051, 1764, 1800 ff.

Schriftsteller 200, 1817

Selbständige Arbeit, selbständige Tätigkeit s. Einkünfte aus

Sitztheorie 632 ff.

Sondervergütung 628, 856, 942, 1859 f., 1884

Sonstige Einkünfte s. Einkünfte

Souveränität 9 ff., 638, 971, 993

Spontanauskunft 1019

Sportler s. Einkünfte, s. Berufssportler

Staatenlose 11, 1053

Staatsangehörigkeit 14, 175 ff., 181, 376, 507, 509, 512, 609, 641 ff., 930, 975, 1046 ff., 1207, 1210 ff., 1234, 1254, 1261, 1529

Staatsgebiet 4, 8 ff., 14 f., 17 ff., 102, 652

Ständige Einrichtung 677

Ständige Wohnstätte 646 f.

Ständiger Aufenthalt 644, 1853

Ständiger Vertreter 192, 621, 693, 734, 741, 775, 1762, 1764, 1766, 1771 f., 1879

Stammdokumentation 1721, 1725

Steueranrechnung s. Anrechnung

Steuerbefreiung s. Freistellung

Steuerdumping 72

Steuerflucht 72, 77 ff., 84 ff., 1024, 1204 ff., 1226, 1502, 1534, 1539

Steuergefälle 1204

Steuergeheimnis
– Internationales 1014

Steuerharmonisierung 61, 71, 95, 1487 ff.

Steueroase 3, 12, 83, 152, 551, 1028, 1200 ff., 1553

Steuerpflicht
– beschränkte – ErbStG 1885 ff.
– beschränkte – EStG 1750 ff.
– beschränkte – KStG 1869 ff.
– erweiterte beschränkte – EStG 273, 510, 1210 ff.
– Erweiterte beschränkte – ErbStG 1227 ff.
– erweiterte unbeschränkte – EStG 175 f.

– unbeschränkte – ErbStG 506 f.
– unbeschränkte – EStG 174 ff.
– unbeschränkte – KStG 381 ff.
– unbeschränkte auf Antrag – EStG 177 ff., 365
– Wechsel 184 f., 1807
– zeitweise unbeschränkte 352

Steuerumgehung 72, 83, 1039, 1200 f., 1229, 1532, 1539, 1551, 1555

Steuerwettbewerb 72, 84, 241

Stiller Gesellschafter 260, 820, 1853

Streitbeilegungsrichtlinie 1499, 1512 ff.

Streubesitz 416, 816, 836, 1334, 1867, 1882

Studenten 887, 979 f.

Subjektidentität 95 ff., 1731

Subject-to-tax-Klausel 596 f.

Supranationale Maßnahmen 61, 71, 1484

Switch-over-Klausel 607, 1407, 1851

Symmetrie-These 360, 790, 794

T

Tätigkeitsortsprinzip 892

Territorialhoheit, Territorialitätsprinzip 11, 14 ff., 20, 796, 1751, 1754

TIEA 1006, 1025 ff., 1715

Tie-breaker-rule 645, 922

TNMM 1605, 1623 f., 1643

Tonnagebesteuerung 248, 385, 393

Transferpaket 1656, 1658, 1666

Treaty Override 216, 395, 402, 567, 608, 1786, 1842, 1850, 1862, 1864

Treaty Shopping 1034 f., 1846 f., 1865

Trust 865, 1379

U

Überdachende Erbschaftsbesteuerung 509 f., 507, 541

Übersetzung 346, 520, 1712

Überweisungsklausel 605 f.

Umlageverträge 1677, 1683 ff.

Umrechnung 221 ff.

Unbewegliches Vermögen s. Vermögen

Ungleichbesteuerung 85

Unselbstständige Arbeit s. Einkünfte aus

Untätigkeit, bezahlte 893 f.
Untergesellschaft 1310, 1348 ff.
Unternehmensgewinne 585, 676, 741 ff., 804, 822, 1521, 1523, 1857, 1860, 1884
Unterzeichnung (DBA) 563
Ursprungsprinzip 871

V

Venezuela-Fall 640
Venture Capital 825
Verbundene Unternehmen 802 ff., 853, 1052, 1635, 1740
Verflechtung 803, 1201, 1603, 1636
Verlustabzug, Verlustausgleich 258 ff., 292, 302, 309 f., 597, 791, 794, 797, 1325, 1367, 1805 f.
Vermietung und Verpachtung s. Einkünfte aus
Vermögen
- bewegliches 666, 987 ff.
- unbewegliches 666 ff.
Vermögensbesteuerung 18, 500, 577, 862 ff.
Vermögenszuwachsbesteuerung 1230 ff., 1265
Verordnung (EU) 1461 ff.
Verrechnungspreisdokumentation 1606, 1697, 1699 ff.
Verständigungsverfahren 94, 570, 579, 612, 813, 944, 991 ff., 1244, 1505 ff., 1515, 1738
Vertreter, Vertreterbetriebsstätte (AO, DBA) 725 ff., 735 ff., 741
Verwaltungskosten, allgemeine 254, 760
Verwertung 200 f., 208, 878, 1751, 1770, 1817, 1818 ff.
Verwurzelung 691, 720
VG-DBA 561
Virtuelle Doppelbesteuerung 50, 69, 71, 594 ff.
Vollstreckung 1014, 1? f, 1556
Vorabentscheidung ?, 1802
Vorteilsausgleich 1734 ff.
Vorzugsbesteuerung 1217 ff., 1897

W

Währung 228 ff., 621
Währungsverlust 229 f., 231
Waffen 264, 327
Wegzugsbesteuerung 868, 1230 ff., 1265 ff., 1863
Weiße Einkünfte 72, 1851
Welteinkommen 1, 17, 20, 174, 227, 258, 349, 383, 489, 790, 1225, 1529
Welterbe 506
Wertzuwachssteuer 520, 868, 1769
Wesentliche Beteiligung 1637 f.
Wiederverkaufsmethode 1605, 1620 f.
Wiener Übereinkommen 60, 354, 562, 1044
Wirtschaftliche Interessen 1213, 1221
Wirtschaftszone 100
Wohnsitz (Begriff) 23 ff.
Wohnsitzbesteuerung 18 ff., 50, 55, 899
Wohnstätte, ständige 646 f.

Z

Zahlungsempfänger, Benennung von 169 ff., 1392
Zinsen 217, 254, 278, 401, 667, 745, 760, 814, 844 ff., 1052, 1311, 1504, 1556, 1644, 1837 ff., 1856, 1884
Zinsinformationsverordnung ZIV 1503
Zinsschranke 239, 422
Zustimmungsgesetz 223, 567, 992
Zweigniederlassung 534, 634, 696, 698, 1521, 1880
Zwischeneinkünfte 1271 ff., 1367
Zwischeneinkünfte
- mit Kapitalanlagecharakter 1285 ff., 1370
Zwischengesellschaft 1222, 1229 ff., 1291, 1308, 1347, 1873
Zwölf-Seemeilen-Zone 101